균열일터, 당신을 위한 회사는 없다

The Fissured Workplace

©2014 by the President and Fellows of Harvard Collage
Published by arrangement with Harvard University Press.

Korean translation copyright © 2015 Taurus Books.
This Korean edition is published by arrangement with Harvard University Press through Yu Ri Jang Literary Agency, Seoul, Korea

이 책의 한국어판 저작권은 유리장 에이전시를 통해 저작권자와 독점 계약한 황소자리 출판사에 있습니다. 저작권법에 의해 한국 내에서 보호를 받는 저작물이므로 무단 전재와 무단 복제를 금합니다.

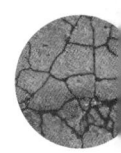

균열 일터

당신을 위한 회사는 없다

데이비드 와일 | 송연수 옮김
강수돌(고려대 교수) 감수 및 추천사

황소자리

일러두기

- **원어 표기**: 주요한 인명이나 단체명, 법규 등은 외래어 표기용례에 따라 맨 처음, 주요하게 언급될 때 원어 및 약자를 병기했다. 단, 널리 알려진 지명이나 인명은 원어를 병기하지 않은 채 사용했다.
- **도서 및 용어**: 본문에 나오는 도서나 용어는 원어 그대로 번역하는 것을 원칙으로 하되, 국내에 다른 제목으로 번역되거나 한국식으로 굳어진 용어는 일반적인 표현을 따랐다.
- **주석**: 저자의 주석은 후주로 처리하고, 옮긴이 주석은 본문에 괄호를 두어 따로 병기했다.

추천의 말

강수돌(고려대학교 경영학부 교수)

이 책의 원 제목은 《균열일터The Fissured Workplace》이다. 쉽게 표현하면 회사가 낱낱이 쪼개진다는 말이다. 실제로, 약 20년 전부터 기업들은 사내 하청, 사외 하청, 해외 하청, 소사장제, 프렌차이즈, 위탁경영, 도급계약 같은 식으로 이미 조직적 변신을 왕성하게 해왔다. 이 책은 대체로 미국 사례들을 상세히 다루고 있지만, 일본이나 한국에서도 이러한 조직적 변화들을 쉽사리 볼 수 있다.

저자 데이비드 와일 교수는 이런 식으로 일터에서 균열이 발생하는 배경을 크게 두 가지로 설명한다. 하나는 자본시장의 요구, 다른 하나는 혁신기술의 효과다. 자본시장의 요구란 한마디로 주주 이익을 극대화하라는 것이며, 혁신기술의 효과란 한마디로 신기술 덕에 일터를 더 쉽게 쪼갤 수 있다는 것이다. 주주 이익의 극대화와 정보기술 혁신은 신자유주의 세계화와 맞물린다. 이윤과 배당을 높이기 위해 복지와 세금, 인건비를 줄이라는 게 신자유주의의 요구다.

그리하여 이제 기업들은 '균열일터'를 통해 기존의 대기업이 지녔던 대규모 복합 조직, 관료제, 그리고 대기업병 등 여러 가지 문제점을 일거에 털어낼 수 있게 되었다. 흔히 보는 청소나 경비와 같은 업무만이 아니라 생산이나 유통의 기본 기능조차 쪼개어 하청이나 도급으로 내맡긴다. 심지어 인사나 회계 업무까지 제3자에게 위탁하기도 한다. 핵심역량에 집중하는 모델, 비용절감에 초점을 두는 모델, 목표달성 효과를 높이기 위한 조직화 모델 등 다양한 비즈니스 모형이 개발된다.

이 모든 변화의 결과는 결국, 노동의 불안정화이다. 이제 평생직장 개념은 급속히 사라진다. 기업의 경계선이 불명확해지고 유동적으로 되면서 노동자의 소속감도 흐려진다. 임시직, 기간제, 파견직, 촉탁직, 시간제, 일용직, 호출직 등의 이름이 붙는 노동자가 상용직이나 정규직 노동자보다 많아지는 세상이 온 것이다. 이제 안정된 직장을 가졌던 기존 세대 노동자들이 사라지면 정규직 평생직장 같은 것은 구시대의 유물이 될지 모른다. 이것이 노동시장 유연화 또는 노동시장 탈규제화라 부르는 것의 내용이다.

프랑스의 비비안 포레스테는 이미 오래 전에 《경제적 공포 *L'horreur Economique*》에서 '완전 고용'의 신화는 더 이상 도래하기 어려울 것이라 말한 바 있다. 실업과 비정규 노동이 우리 삶을 압도적으로 지배할 것이라는 이야기다.

그렇다면 우리는 이러한 문제에 어떻게 대처할 것인가? 물론, 법이나 제도를 개선하고 보완하여 노동자 삶의 안정성을 드높이는 방식이 있을 것이다. 유럽에서는 대체로 유연성과 안정성을 동시에 도모하는

'유연안정성' 모델이 대안처럼 제시된 바 있다. 즉, 파트타이머처럼 자기가 원하는 시간에만 짧고 유연하게 노동하되, 정규직 풀타임 노동자와 다름없는 노동조건이나 사회보장 제도를 안정되게 누릴 수 있다는 것이다. 물론 이 모델조차 지속 가능한 것인가 하는 점은 다소 불확실하다.

이 책의 저자도 법, 제도적인 접근과 더불어 노동조합이나 사용자 단체, 국제기구의 역할을 중시한다. 현재 미국 오바마 정부 노동부 산하의 근로기준법 담당 행정관이기도 한 저자는 균열된 일터에서의 노동권 강화에 세세한 관심을 기울인다. 기업의 사회적 책임이나 공공 정책의 중요성도 강조한다. 그가 제시하는 다양한 아이디어는 유사한 경험을 하고 있는 우리나라 노동자들에게도 상당한 시사를 준다.

특히 한국의 노동조합은 개별 기업의 노동조건 문제에만 관심을 가질 것이 아니라 전 사회적 차원에서 노동자의 삶을 살필 필요가 있다. 일례로 주거 문제, 양육 문제, 교육 문제, 의료 문제, 노후 문제 등을 사회공공적으로 해결해내기만 한다면, 우리는 굳이 인생 전체를 노동에 바칠 필요가 없다. 사실, 우리가 굳이 열심히 일하는 까닭도 결국은 일 자체가 아니라 행복한 삶이 목적 아니던가.

이런 식으로 삶의 질을 드높이는 운동을 하기 위해서라도, 한국의 노동조합은 기업별 조직의 울타리를 넘어 산업별, 지역별 조직으로 활기차게 거듭나야 한다. 대기업과 중소기업, 남성과 여성, 정규직과 비정규직, 한국인과 외국인으로 나눠진 '분단 노동시장'을 노동자의 생동하는 연대를 통해 극복해야 한다. 그렇게 해서 현재의 노조 조직률 10% 상태를 최소한 30% 이상으로 끌어올릴 때 한국 노동조합도 당당하게 사회적 발언을 할 수 있을 것이다.

그러나 조직률 제고보다 더 중요한 것은 대안적 비전이다. 우리가 과연 어떤 방식으로 일하며 살 것인지, 어떤 사회를 원하는지, 스스로 밑그림을 분명히 그려내야 한다. 와일 교수가 이 책에서 그런 비전을 모두 제시하지는 않지만, 성찰의 계기는 마련해준다. 우리 노동자들도 이 책을 계기로 경제 및 기업의 조직화 방식, 미래지향적 삶의 방식에 대해 성찰적 토론을 왕성히 해나가면 좋겠다.

저자의 말처럼, 우리도 "이제는 임금과 노동조건, 공정성이 대폭 낮아진 긴 터널에서 빠져나올 때"이기 때문이다.

차례

추천의 말 5

제1부 현대 일터의 풍경

1장 균열일터가 몰고온 파장 · 21
고용 핵심의 근본적인 변화 22
그렇다면 왜 균열인가? 25
양날의 칼 31
균열일터의 개선 39
균열의 갖가지 원인 43
이 책의 구성 46

2장 균열 이전 일터의 고용 · 48
성장하는 회사, 변화하는 경계 49
보이는 손과 현대 기업의 기원 53
변화하는 소유권 구조 56
내부 노동시장 발달 60
대해체 예고 64

3장 왜 균열인가? · 67
자본시장의 요구 69

핵심역량 추구와 그 영향　76
　　　신기술과 조율비용 하락　92
　　　접착제 역할　96
　　　처음으로 돌아와서, 고용 이전에 대한 자본시장의 반응　107

4장 균열일터의 임금 결정 • 111

　　　유력 용의자는?　112
　　　대기업, 구매자 독점 파워, 그리고 임금 결정　115
　　　공정성과 임금 결정　119
　　　수평적 평등과 임금체계　122
　　　수직적 평등과 보수　125
　　　내 직원들을 데려가줘, 제발!　127
　　　균열고용의 사회적 영향　133

제2부 균열일터의 형태와 그 영향

5장 하청 • 142

　　　서막에 불과한 과거, 균열 탄광과 "새로운" 하청 모델　145
　　　아이폰, 기지국 철탑, 그리고 통신 균열　153
　　　달콤한 하청, 허쉬의 균열 레시피　162
　　　독립 케이블 설치기사　170
　　　문제는 조율 실패 가능성　172

6장 균열과 프랜차이징 • 175

균열 프랜차이징의 최우선 원칙 176
균열 패스트푸드 181
프랜차이징과 청소용역업계 균열 189
호텔업계의 하이브리드 균열 203
대기업의 일거양득 220

7장 공급체인과 균열일터 • 223

로지스틱스 산업에서 배가된 균열 225
공급체인, 아웃소싱, 오프쇼어링 235

제3부 균열일터 개선 방안

8장 사회적 책무 제고 • 255

누가 책임자인가? 연방법에 의거한 고용주 정의 256
관습법, 대리 책임, 그리고 균열의 비도덕적 혜택 259
세 가지 균열 형태에서의 통제권 265
공급체인 관계 281
균열 결정의 균형 확보 법안 284
정치적 현실과 법적 해결 291

9장 새로운 법 시행 접근 • 298

재원 압박 298

기존 법 시행 접근의 한계 306
상위단계에 집중하기 308
투명성과 명성, 그리고 새로운 균형 324
악덕 고용주 막아내기 326
균열 결정의 균형 확보 334

10장 깨진 유리창 고치기 · 335

제 목소리 높이기 338
깨진 유리창 고치기 345
고용주의 역할과 그 협회 354
글로벌 공급체인과 국제 모니터링 362
안전한 거리, 공정한 일터 366

11장 균열경제 · 370

균열일터는 얼마나 만연해 있는가? 372
균열일터의 신개척지 378
균열일터와 임금 불평등 386
경기순환에 따른 고용과 임금 390

12장 어떤 길로 갈 것인가 · 395

옮긴이의 말 401
주석 405
참고문헌 501
찾아보기 522

제1부

현대 일터의 풍경

The Fissured Workplace

한 여성은 샌프란시스코 피셔맨즈 워프에 있는 메리어트 호텔에서 객실 청소원으로 일한다. 그녀의 일터인 이 호텔 건물은 숙박 전문 부동산업체 호스트 호텔 앤 리조트 주식회사Host Hotels and Resorts Inc. 소유다. 한편 그녀의 근무시간과 급여, 일일 감독 및 평가는 제3의 호텔경영업체 크레스트라인 호텔 앤 리조트 주식회사Crestline Hotels and Resorts Inc.가 맡고 있다. 그렇지만 청소와 객실 정돈, 전반적인 업무 속도, 서비스 품질기준 등 모든 업무방식과 절차(위반 시 각오해야 할 해고 위험까지)는 유명 브랜드인 메리어트 호텔이 정한 기준을 따라야 한다.

오하이오 데이턴의 한 케이블 설치기사는 케이블 설치회사인 캐스콤 주식회사Cascom Inc.로부터 작업 단위로 돈을 받는 독립계약자(말하자면 자영업자)다. 캐스콤의 주 고객은 미국 전역 케이블시스템을 장악한 거대 미디어기업 타임워너Time Warner 사다. 그는 그저 작업 단위로 돈을 지급받는 계약자일 뿐, 정식직원에게 주어지는 각종 보장은 꿈도 꾸지 못한다. 그럼에도 불구하고 모든 설치 계약이 캐스콤을 거쳐 들어오는 것은 물론, 작업 단가를 결정하고 대금을 회수하는 쪽도 캐스콤이다. 설치기사는 업무 중 캐스콤 로고가 부착된 셔츠를 반드시 착용해야 하지만, 최소 할당량이나 품질기준 미달 시 혹은 회사 임의대로 언제든지 계약이 해지될 수 있는 처지다.

최근 꿈을 안고 미국으로 이민 와 보스턴에 둥지를 튼 한 사업자(이를 테면 자영업자)는 청소용역업계 선두주자인 커버롤Coverall 사와 프랜차이즈 계약을 맺고 개인사업을 시작했다. 커버롤 가맹점주인 그는 뱅크 오브 아메리카Bank of America 지점을 포함한 고객회사 청소를 맡아 매일 장시간 일한다. 그가 커버롤 사로부터 고객 명단을 넘겨받은 대신 커버롤은 서비스 가격과 품질기준을 결정하고 그의 관할지역을 지정했으며, 가맹점 개설에 필요한 자본을 융자해주었다. 커버롤 사가 정한 청소용역 시세에서 가맹본사에 내야 할 로열티와 융자상환금 및 기타 비용을 제하고 나면, 이동하는 데 드는 유류비며 차량경비, 가맹점주 본인과 직원들이 받을 보수를 "커버(충당)"하기에 턱없이 부족하다.

서던캘리포니아의 어느 부두 하역인부는 프리미어 웨어하우징 벤처스 Premier Warehousing Ventures LLC(줄여서 PWV, 비정규 인력공급회사이다)로부터 트럭 대당 노동시간 기준으로 다른 인부들과 품삯을 나눠 지급받는다. PWV는 월마트Walmart의 물류를 책임진 화물운송회사 슈나이더 로지스틱스Schneider Logistics에 작업 트럭 대수로 정산한 대금을 청구한다. 슈나이더 로지스틱스는 월마트가 정한 가격과 시간 요건, 수행기준에 근거해 자체 수익 목표를 세우고, PWV를 포함한 여러 인력중개업체와 계약관계를 맺는다.

몰도바 출신의 한 교환학생은 펜실베이니아 팔미라 소재 허쉬Hershey Company 초콜릿 포장전문업체에서 일한다. 이 일은 미국무부 J-1비자 프로그램을 통해 해외학생들에게 미국 문화 체득 기회를 제공한다는 취지 하에서 비영리조직인 미국교육여행위원회The Council for Educational Travel, USA: CETUSA가 알선한 것이다. 미국교육여행위원회CETUSA는 허쉬가 계약한 엑셀

15

Exel이라는 포장시설 관리업체에 이 학생을 포함한 400명의 일자리를 마련했고, 엑셀은 인력공급업체인 SHS 온사이트 솔루션스SHS OnSite Solutions로부터 J-1비자 소지 학생들을 비롯한 노동자들을 공급받았다. 이 문화교류 프로그램에 참여하기 위해 3,500달러를 지불한 학생들은 냉장시설에서 오후 10시부터 아침 6시까지 꼬박 작업하는 야근조에 배정되었다. 시간당 8달러에 불과한 급료에서 방세와 기타 경비까지 공제하고 나면 학생들이 경험한 "문화교류" 몫으로는 남는 게 거의 없다.

예전 같으면 메리어트, 타임워너, 뱅크 오브 아메리카, 월마트, 허쉬 등 유명 상품이나 서비스를 내놓는 대기업들은 위에 나열한 상황에서 직원들을 직접 고용했을 것이다. 하지만 이제 더 이상 그런 일은 없다. 대기업들이 비즈니스 핵심전략으로 자사 브랜드 구축과 충성고객 유치에 과감히 투자하는 반면, 상품과 서비스 제공을 담당하는 일선 직원들의 직접 고용주 역할은 털어버리고 있기 때문이다.

위 사례들에서 보듯이, 각각 다른 고용주 밑으로 옮겨간 일자리들은 대개 임금이 더 낮고, 의료보험이나 연금, 기타 수당과 혜택은 제한적이거나 전무하며, 직업안정성도 훨씬 떨어진다. 그러다 보니 노동자들로선 부당한 급료를 군말 없이 받아들이거나 노동법규에 반하는 노동조건을 순순히 참아내는 상황에 직면한다. 허쉬 포장시설에서 일하는 몰도바 학생 투도 우리히Tudor Ureche는 참다못해 "[원문 그대로 옮기자면] 내가 처한 이 비참한 상황에서 구해달라."는 이메일을 미 국무부에 보낼 수밖에 없는 지경에 이르렀다. 야근조에 편성되어 냉장시설에 갇힌 채 20~30킬로그램이나 되는 박스들을 수차례 들어올리는 일을 한다면서. 매사추세츠 로웰에 거주하는 피우스 아우아Pius Awuah는 자신의 노후대비 저축을 커버롤 프랜차이즈 계약에 쏟아부었다. 하지만 결국 내 돈을 내고 피고용인이 된 셈이나 다름없었다(그것도 최저임금 규정과 초과근무 기준을 위반한 노동조건 하에서). 슈나이더 로지스틱스 관리 업체에서 일하는 에버라도 카릴로Everardo Carrillo와 동료들은 공정근로기준법the Fair Labor Standards Act, FLSA을 위반한 근무조건에 대해 이의를 제기했다가 결국 해고당했다.

이 사례들은 결코 이례적인 특정인의 얘기가 아니다. 오히려 위에 기술한 업계뿐 아니라 점점 더 많은 부문과 직종에서 드러나고 있는 관행을 대표한다. 하지만 이러한 노동조건 악화가 특정 직업군의 속성이나 세계화와 같은 무형의 힘에서 비롯된 불가피한 귀결은 아니다. 경제 전반에 걸친 근본적인 고용 구조조정의 결과인 것이다.

현대 일터 풍경은 기업의 비즈니스 방식 자체의 본질적인 변화를 여실히 반영하고 있다. 그럼에도 불구하고 이러한 변화가 소비자의 입장에서는 잘 눈에 띄지 않는다. 가령 우리는 메리어트 호텔 프런트데스크에서 손님을 응대하거나 객실청소를 담당하는 사람들이 모두 이 명망 높은 브랜드에 소속된 직원(그들이 입은 유니폼이 확신시키듯)이라고 생각한다. 또 우리 집을 방문한 케이블 설치기사도 당연히 우리가 매달 이용료를 내는 미디어 회사 직원이라 여긴다. 요컨대 소비자 구매를 촉진할 브랜드 가치 제고에 수백만 달러를 아낌없이 투자하는 회사들이 의당 제품 생산에 필요한(해당 비즈니스에 몸담은 모든 직원의 고용주 역할을 포함해서) 전 과정을 책임지고 있다고 우리는 생각한다.

하지만 그러한 가정은 더이상 들어맞지 않는다. 이미 1980년대 후반과 1990년대 초반부터 많은 회사들이 불안정한 자본시장에 부딪혀 핵심 비즈니스 모델에 직결되지 않는다고 간주하는 경제활동 영역들을 과감히 털어버렸기 때문이다. 그 결과 떨어져나온 직종이 청소부와 경비원, 경리, IT 기술자 등이다. 여기서 그치지 않고 한때 핵심적이라 생각했던 다른 영역들도 뒤를 이었다. 호텔 체크인을 담당하는 프런트데스크 직원, 가정이나 사무실을 직접 방문하는 택배기사, 광고에 나온 대로(그래서 가격 프리미엄까지 붙은) 중단 없는 통신서비스를 책임진 기지국 철탑 노동자, 심지어 중요 비즈니스 거래를 처리하는 변호사와 유명 회계법인에 근무하는 컨설턴트도 우리가 생각하는 것처럼 회사와 고용—피고용 관계가 아닌, 일정 거리를 둔 독립적 관계를 맺고 있다.

직접 고용 문제를 털어버린 대기업은 과거 사내에서 이루어지던 활동이나 서비스를 외부업체에 맡김으로써 경비 절감은 물론 고용주의 법적 책무도 함께 전가했다. 또한 이러한 변화 뒤에 자리잡은 정보통신 기술이 비즈니스 전략 핵심인 품질기준의 공표 및 시행을 가능케 한 덕분에 기업은 공들여 쌓은 상품과 서비스 명성을 그대로 지켜나가는 동시에 충성고객층으로부터 가격 프리미엄까지 거둬들일 수 있게 되었다.

새로운 일터 조직은 기업이 창출한 가치를 전체가 함께 나누던 기존 메커니즘의 근간을 뒤흔들어놓았다. 대기업이 고용을 외부로 돌리면서 임금 설정 문제가 대기업 울타리 밖의 계약 결정사안으로 바뀜에 따라 원래 사내에 있던 대다수 직종의 실질임금이 사실상 정체되어버린 것이다.

한편 기본적인 근로기준을 보장하고 노동자의 건강과 안전을 수호하기 위해 마련된 규제법안은 엉뚱한 방향에 초점을 맞추느라 이러한 변화를 간과하고 있다. 특히 노동관계 법들은 대개 20세기 전반부에 제정되어 단순하고 직접적인 고용—피고용 관계만 따지고 있기 때문이다. 기업의 책무에 대해 소비자로서 흔히 떠올리는 내용과 비슷한 가정과 전제 하에 기업 이면에서 벌어지는 커다란 변화를 무시한 결과다. 이렇듯 기존 법 시행방식만으로는 새로운 일터 구조 아래 깔린 수많은 관계를 제대로 볼 수가 없다. 다시 말해 기본적인 근로기준을 지키고, 건강과 안전 위험을 줄이며, 사고나 불황으로 인한 충격을 완충하기 위해 고안된 법이 정작 제 역할을 못한다는 의미다.

이 모든 상황을 종합해보건대, 기업의 일거양득 행태(소비자와 자본시장에 맞춰 가치를 창출하는 핵심활동으로 이익을 얻는 동시에 상품과 서비스의 실질적 생산활동을 털어버리는 행위)를 민간 전략과 공공정책이 방치해온 셈이다. 기업으로서는 꿩 먹고 알 먹기라고 볼 수 있다.

그렇다면 일터는 어떻게 지금과 같이 균열되었는가? 균열이 가져온 충격은 무엇인가? 고용 털어버리기는 유연한 현대 경제의 불가피한 결과일 수밖에 없는가? 지속되는 고용 털어버리기 압력 아래서 노동자들의 공정한 처우를 보장할 방법은 과연 무엇인가? 이러한 질문들이 이 책에서 살펴보려는 중심 주제다.

THE FISSURED WORKPLACE

1장

균열일터가 몰고온 파장

 현대의 일터는 크게 변모했다. 고용은 더 이상 단일 고용주와 노동자 사이에 맺어지는 명확한 관계가 아니다. 고용의 기본조건(채용, 평가, 급여, 관리감독, 교육훈련, 조율)은 이제 여러 조직의 산물이 되었고, 노동조건에 대한 책임 소재도 모호해졌다. 시간이 흐를수록 점점 깊게 벌어지는 바위틈처럼 일터도 지난 30년간 균열을 겪었다. 그리고 균열은 사람들이 고용과 더불어 믿고 의지했던 기반(노동자와 그 가족들에게 돌아가는 몫, 업무 중 노출되는 건강 및 안전 위험, 그리고 직장의 법적 근로기준 준수)에도 심대한 영향을 끼쳤다.
 앞서 1부를 열며 소개한 사례들은 우리에게 이례적인 일터 풍경이 아니다. 1960년대 대부분의 호텔 직원들은 정문에 걸려 있는 브랜드 소속이었다. 하지만 오늘날 전 직원 중 80% 이상은 호텔 프랜차이즈 가맹업체 피고용인으로, 자신이 일하는 건물에 박힌 브랜드와는 전혀 상관없는 별도 조직의 감독을 받는다. 20년 전 주요 제조업체나 소매업체의 유통센터 직원들은 해당 회사에 의해 직접 채용·관리·평가되고 급여도 받았다. 그러나 오늘날에는 인력공급회사로부터 급료를 받고 화물운송회사 인사과의 관리를 받는 한편, 업무 자체는 그 회사들이 서비스를 제공하는 유명 소매업체나 소비자 브랜드사가 정한 운영기준에 따른다. 과거 상승세의 아이비엠IBM은 디자이너와 엔지니어부터 생산공장 노동자에 이르기까지 전 직원들을 직접 고용했다. 이에 반해 애플Apple은 디자인, 제조, 조립, 판매를 담당하는 전 세계 75만 명 중 단 6만 3,000명만을 직접 고용한 미국 최고의 고부가가치 기업이라 할 수 있다.

고용 핵심의 근본적인 변화

20세기 대부분 기간 동안, 대표적인 고용관계는 대기업과 직원이었다. 업계 최고 위치에서 국내외적 명성을 쌓은 대기업(또는 "선두기업"으로 지칭)은 이제 고객과 투자자에게 가치를 전달하는 데 역점을 두는 대신 다수의 상품 생산이나 서비스 제공 인력은 더 이상 직접 고용하지 않는다. 시장 주도 기업들이 적극적으로 털어버린 고용은 소규모 사업 단위로 이루어진 복잡다단한 네트워크로 이전되었고, 이들 하위 업체들은 고용을 전가한 상위 기업들보다 훨씬 더 치열한 시장에서 경쟁을 벌이고 있다.

이 상황은 임금과 복지혜택 감소 압력을 초래했고 노동조건의 책임

소재를 흐림으로써 기본적 근로기준이 지켜지지 않을 가능성을 높였다. 대부분의 경우, 균열은 업계 선두기업들의 수익성을 높인 반면 하위 업체 종사자들의 노동조건을 더욱 위태롭게 만들었다.

그러나 균열일터Fissured Workplace는 단순히 임금을 절감하고 복지혜택을 줄이려는 의도에서 빚어진 결과가 아니다. 그보다는 수익과 비용 그리고 효율적인 목표달성을 위한 "접착(조직화)" 기능에 초점을 맞춘, 세 가지 비즈니스 전략의 교차점을 대변한다고 보는 편이 더 정확하다. 이 요소들은 고용 문제가 아니라, 핵심역량(투자자와 소비자를 위한 가치 생산)에 집중하라는 자본시장의 요구에서 시작되었다. 이는 브랜드 구축, 혁신적인 제품 및 서비스 창출, 범위와 규모의 경제 운용, 복잡한 공급체인 조율을 의미한다. 동시에 핵심에 집중한다는 것은 한때 중심적이라 여겼던 경제활동들을 다른 조직에 이전함으로써 고용-피고용 관계를 상호 독립적인 시장 거래로 전환시키는 것을 의미하기도 한다. 결국 균열은 상충되는 경제활동들을 상품 및 서비스 전달 기준의 정립·점검·시행이라는 효과적 조직화 기능을 통해 잘 짜맞춰나가는 과정을 내포하고 있다. 이를 가능하게 한 것은 첨단 정보통신 기술 도입이며 프랜차이징, 하청, 제3자 경영 같은 조직 모델의 뒷받침이다.

그 결과 비즈니스와 산업은 새로운 방식으로 재편되었다. 과거 기업의 핵심 비즈니스였던 임금 설정과 관리감독이 수많은 하부조직으로 전가됨에 따라 이들 개개의 조직들은 대기업의 철저한 기준에 맞춰야 하는 한편 치열한 경쟁 압력에 봉착한 것이다. 엄격한 목표와 기준을 설정하고 상세한 수행 요건을 제시하는 쪽은 대기업이지만, 노동자들에 대한 실질적인 책임과 관리감독은 다른 조직의 몫이다. 직접적인 고용관계를 균열일터로 대체함으로써 고용은 그 자체로 불안정해졌고, 일터에서 벌어질 수 있는 각종 위험마저 독립사업자로 내몰린 영세 고용주와 개인 노동자들에게 고스란히 떠넘겨진 셈이다.

균열일터의 여파

균열일터가 경제 전반으로 확산되면서 한때 중산층 수준의 임금과 복지혜택을 제공하던 일자리들은 많이 줄어들었다. 괜찮은 수입과 안정성을 보장하던 대기업 소속 일자리가 지금은 치열한 경쟁 하에서 임금을 결정해야 하는 외부 고용업체로 옮겨갔기 때문이다. 대기업이 전 직원과 함께 수익을 나누던 곳에 균열이 일어나면서 경제활동으로 창출된 가치를 배분하는 방식에도 불평등이 점증하고 있다.

노동자를 보호하는 각종 법은 균열일터가 만들어낸 새로운 경계선을 미처 따라가지 못하는 실정이다. 건강하고 안전한 근무조건에 대한 신념은 달라지지 않았지만 무자비한 하청계약이 그러한 책임을 흐리고, 노동자들을 위험한 상황으로 밀어넣고 있다. 제3자 위탁경영은 최저임금 규정 위반으로 이어지기 쉽다. 균열고용의 한 형태(인식조차 되지 않은 경우가 많지만)인 프랜차이징 역시 가맹본사의 까다로운 품질기준 요구가 가맹점의 법규 위반 동기를 부채질하기도 한다.

심지어 경기순환 주기마저 균열 확산의 영향에서 자유롭지 않다. 역사적으로 대기업 고용이 경제 회복을 이끌었다. 총수요의 회복 기미가 보이면 대기업은 즉각 고용을 늘렸다. 그러나 이제 많은 업계에서 고용 결정은 균열구조가 좌우한다. 균열 관계의 복잡다단한 층위를 거치면서 회복 시기가 둔화될 뿐만 아니라, 늘어난 일자리들의 구성도 균열 관계 자체를 반영하고 있음을 의미한다. 이러한 맥락에서 볼 때, 대침체Great Recession(미국 서브프라임모기지 붕괴에서 촉발된 2008년 금융위기를 일컬으며, 2차 세계대전으로 이어진 1929년 대공황the Great Depression과는 구별됨.―옮긴이) 직후에 생겨난 대다수 일자리들이 임금 분포 맨 하단에 위치한다는 사실은 그리 놀라운 일도 아니다.

그렇다면 왜 균열인가?

균열에는 다양한 동기가 중첩되어 있다. 대기업이 외부업체로 고용을 떠넘기는 관행은 급격한 수요 증가를 감당하기 위한 단기적 조치의 일환일 수도 있지만,[1] 많은 경우 인건비와 책무를 소규모 비정규인력 조달회사나 제3의 인력중개업체로 전가하려는 의도를 반영한다. 여기에는 명백한 계산에 근거한 동기가 있다. 고용을 외부에 이전시킴으로써 고용주는 사회적 지불의무(가령 실업이나 산재보험 또는 급여세)를 피할 수 있으며, 노동자들을 독립계약자로 분류함으로써 산업재해(작업장 부상) 책임도 덜 수 있기 때문이다.[2] 이러한 형태의 고의적 오분류misclassification는 건설이나 청소용역서비스 같은 업종에서는 특히 심각한 문제다.

그러나 균열일터는 단지 악의적 동기의 소산만은 아니다. 기술적 진보가 기업의 핵심역량 집중을 가능케 하면서 상대적으로 부차적인 활동들이 떨어져나간 결과다. 또한 첨단 정보통신 기술의 수혜에 따른 조율비용 하락으로 기업과 전 산업의 경계선 재조정이 자연스레 이루어진 결과이기도 하다. 이는 소프트웨어, 인터넷과 정보기술, 크리에이티브 아트처럼 지적 자본을 창출하는 산업에는 익히 잘 알려진 현상이다. 가령, 소프트웨어 엔지니어와 게임 개발자들은 새로운 앱을 개발하기 위해 지정된 물리적 장소나 특정한 회사에서 일할 필요가 없어졌다. 이 분야의 균열일터는 지적 콘텐츠 생산 및 전달의 변화상을 반영하는 동시에 여러모로 긍정적인 발전을 나타낸다.

그러나 보다 근본적인 시각에서 볼 때, 균열일터는 자본시장의 거센 압력에 대한 대응이자 정보통신 기술을 통한 비즈니스 거래 조정 비용 하락의 산물이다. 시간이 흐를수록 전 산업 영역으로 파급되고 있는 이러한 변화는 그 양상 면에서 상이하지만 노동자들이 직면한 상황은 동일하다.

앞에서도 언급했듯이, 균열일터는 세 가지 뚜렷한 전략적 요인의 조합에서 비롯되었다. 첫째, 수익(핵심역량 집중). 둘째, 비용(고용 털어버리기). 셋째, 전체적인 효율성을 높일 '접착제(조직화)' 기능(기준 마련 및 시행).

핵심역량 집중

균열일터를 초래한 첫 번째 요인은 1970년대 후반으로 거슬러 올라간다. 이때부터 기업이 비즈니스 핵심역량에 초점을 맞추도록 촉구하는 대대적인 움직임이 시작되었다. 자본시장이 변화하면서 투자자와 금융기관이 기업 경영진을 점점 더 압박하는 양상을 띠자 기업은 최대 부가가치를 내는 활동(이를테면 상품 디자인, 제품 혁신, 비용 및 품질 효율성, 기타 고유 강점)에 집중하는 반면 그외 활동은 다른 조직으로 이전시키기 시작했다. 즉, 필수 전략(브랜드 이미지 제고, 상품 및 서비스의 소비자 인지도 향상, 신상품이나 신디자인 도입 역량 구축, 규모와 범위의 경제 운용)에 초점을 맞추는 대신, 나머지 활동들은 털어버리게 된 것이다.

그러니까 고객 상담은 제3의 콜센터에서, 부품 조립은 하청업체에서 도맡아 하는 식이다. 이렇게 민간조직, 공공조직, 비영리조직 할 것 없이 청소부터 경비, 경리, 인사까지 모든 기능을 외부 계약업체로 넘겨버리고 있다.

고용 털어버리기

선두기업들은 핵심역량을 제외한 여타 활동에 대한 고용관계와 제반사항들을 손쉽게 털어버림으로써 적잖은 비용을 절감할 수 있게 되었다. 이러한 문제들을 외부(특히 경쟁이 치열한 시장에서 영업활동을 하는 업체들)로 돌린다는 것은 더 이상 회사 소속이 아닌 노동자들에게 대기업이 통상 제공해오던 높은 임금과 복지혜택을 지급할 필요성도, 일관성 있는 인사정책을 준수할 의무도 사라졌음을 의미한다.

균열의 이 같은 측면이 각종 근로규정(아울러 관련 공공정책) 엄수 의무를 다른 업체들로 밀어버리는 빌미가 된 것이다.

기준 마련 및 시행

균열 전략의 첫 두 요소(수익과 비용) 간에는 내재적인 긴장이 자리 잡고 있다. 가령, 대기업이 서비스 제공을 다른 업체로 넘긴 후 품질 기준이 제대로 지켜지지 않으면 브랜드 명성에 심각한 금이 간다. 대기업이 믿고 맡긴 하청업체가 물건을 제때 공급하지 않는 경우도 마찬가지다. 그러므로 세 번째 전략요소는 하위업체들이 따라야 할 청사진과 같은, 분명하고 명시적이며 상세한 기준 마련이다. 하지만 이것만으로는 충분치 않다. 기업은 지속적인 기준 점검은 물론, 기준 위반시 실질적인 비용 부과가 가능하도록 계약 내용 및 조직구조를 구체적으로 정립해야 한다.

이러한 맥락에서 확산되는 균열일터에 다양한 기준과 시행 점검이 수반될 수밖에 없다는 것은 결코 우연이 아니다. 그 구체적 방안으로 바코드, 전자문서교환EDI 프로토콜, 제품 식별, 적하 및 인도기준, 위성위치확인시스템GPS, 제품 추적 방식, 고객서비스 모니터링 등이 포함된다. 아울러 한때 몇몇 업계(가령, 패스트푸드 업체)에 국한되었던 프랜차이징 같은 다양한 조직 형태가 청소용역부터 조경, 홈헬스케어 부문에까지 점차 확산되고 있다.

일거양득

균열일터는 비즈니스 정책상 기본적인 모순을 내재하고 있다. 핵심 역량 집중을 통해 시장 확장과 수익성 제고를 추구하는 동시에 지속적으로 비용을 발생시킬 만한 비본질적 활동들은 과감히 포기하는 일이기 때문이다. 핵심 사업은 온전히 쥐고 있되(브랜드나 핵심역량 원천은 지키되) 그 밖의 활동들을 털어버리기 위해 기업이 선택한 대응책은 여러 조직적·기술적 방법을 활용한 기준 정립과 시행 점검이다. 균열일터 모델의 결정판은 결국 군더더기를 제거한 가장 기본적인 형태라고 볼 수 있다. 바로 이 점이 균열일터의 다양한 형태가 어째서 과거가 아닌 지금 확산되는가, 또 어째서 여러 사업모델의 본질적 요소를 대변하는가 하는 의문들을 설명해준다. 아래 서로 다른 세 개 산업이 공시한 각각의 기준들을 살펴보자.

- 패스트푸드—가맹점에 대한 던킨도넛Dunkin' Donuts 기준: 모든 던킨도넛 매장은 본사의 상세 기준에 따라 운영되어야 한다. 던킨도넛 전 매장에서 판매하는 제품은 동일해야 하므로, 각 가맹점은 판매 상품에 대해 어떠한 재량권도 가질 수 없다.[3]
- 호텔 및 모텔—제휴시설에 대한 마이크로텔Microtel 브랜드 기준: 제휴시설은 호텔 시스템Hotel System 산하 마이크로텔 호텔 운영자로서 (…) 호텔 시스템은 '고급 호텔'과 '중저가 호텔' 병행 운영이 목적이므로, 경제적인 호텔을 선택한 고객들에게 일관된 표준서비스와 편의가 제공되도록 전 마이크로 호텔은 호텔 시스템 기준을 준수해야 한다.[4]
- 소매—판매자에 대한 삭스 핍스 애비뉴Saks Fifth Avenue 기준: 공급체인(공급망)의 효율성이 경쟁력과 고객만족도 유지에 필수적이므로 이를 숙지한 판매자와의 협력적 파트너십은 매우 중요하다. 이에 따라 판매자는 '판매준비 완료' 상품 운송, 전자문서교환EDI을 통한 상거래, 기

타 포장, 배송, 송장 지침을 준수해야 한다.[5]

주요 경제 부문을 아우르는 각각의 예는 현대 비즈니스 시스템의 기준을 특징짓는 일반성과 특수성을 잘 보여준다. 컴퓨터, 금융, 소매, 서비스부터 전통적인 제조 분야에 이르기까지 전 산업의 핵심전략은 엄격한 기준과 점검 없이는 결코 실행되기 어렵다.

하지만 면밀한 기준 시행에 의존하는 많은 기업들이 고용 의무에 관해서는 하위조직과 인위적인 거리를 두고 있다. 유명 브랜드 레스토랑은 음식 준비와 제공, 서비스 방식은 물론 청소 순서와 방법, 일정, 심지어 청소용품까지 상세 기준과 지침을 일일이 적시해놓은 반면 가맹점이 직원에게 초과근무 수당을 제공해야 한다거나 점주가 직원에게 저지르는 성희롱을 근절하는 문제, 또는 위험한 청소 자재에 대한 노출을 억지하는 책임에는 오히려 몸을 사린다. 가령 어느 전자회사는 공급업체에 상품 품질 및 생산에 관한 모든 측면을 구체적으로 명시하고 가격을 결정하며 인도기준까지 제시하지만, 법정 최저임금 준수 책임에는 뒷짐을 지고 있다.

공공정책 수립가들이 서비스 및 제품 생산과 전달이 어떤 식으로 이루어지는지 제대로 파악하지 못한다면, 대기업의 양손에 떡을 쥐어주는 꼴이나 다름없다. 엄격한 기준 도입으로 하위조직에 엄청난 지배력을 행사하도록 허용하면서도 그러한 통제가 가져온 결과로부터는 멀찌감치 물러앉아 있게 만들기 때문이다.

전체적인 맥락에서, 균열일터는 기존 모델과는 전혀 다른 새로운 경제구조를 낳았다고 볼 수 있다. 20세기 경제 시스템은 경제적 가치 창출과 힘, 고용이 집중된 대기업에 좌우되었다. 균열경제도 대기업의 강력한 영향력 하에 놓여 있다는 점에서는 마찬가지지만 고용이라는 배턴은 이제 선두기업, 즉 가치 창출 중심지와 동떨어진, 훨씬 치열한 시장의 다음 주자들에게로 넘겨졌다. 고용과 근무조건, 전반적인 경제 기능에 미치는 균열일터의 영향력은 깊고 크다.

양날의 칼

거센 시장의 힘에 직면한 대기업들은 첨단기술의 도움으로 균열고용을 적극 받아들였다. 이 책의 중심 사례들을 통해 살펴보겠지만 핵심역량에 집중하기, 고용 털어버리기, 기준 강화하기라는 세 가지 요소들을 한데 모은 다양한 조직 형태들(하청, 프랜차이징, 제3자 경영, 아웃소싱)은 이미 전 산업과 경제 전반으로 퍼져나갔다.

시장에서 광범위하게 채택되는 이러한 조직 형태는 유리한 자원 할당 방식으로 간주되기도 한다. 일단의 생산물(상품과 서비스)이 새로운 생산조직을 통해 보다 낮은 비용으로 산출될 수 있음을 의미하기 때문이다. 경제학자들까지 나서서 우리 사회를 전반적으로 윤택하게 만드는 길이라는 주장을 펼쳤다. 만약 같은 수의 상품을 보다 적은 자원으로 생산할 수만 있다면, 더 많은 자원이 다른 곳에 유용하게 쓰일 것이라는 근거에서다. 균열일터를 이끈 추진요인 이면에는 적어도 누군가에게 향상된 성과를 가져다주리라는 확신이 자리잡고 있었다. 그렇지 않다면야 균열일터가 이처럼 확산될 수 있었겠는가?

이와 같이 기업과 투자자, 소비자를 위한 생산조직 개편에는 긍정적인 측면이 물론 존재한다. 또 새로운 생산조직 모색이 사회적 복지와 안녕을 제고하는 데 기여할 수도 있다. 유연한 조직 형태의 수혜를 톡톡히 이용하면서 핵심역량과 전문 영역에 집중하다보면, 낮은 비용으로 더 좋은 상품을 개발하는 결실을 거둘 수 있다. 하지만 다른 한편으로 사회적 악영향을 초래할 가능성도 명백하게 존재한다. 조직을 변화시키는 기업이 자신의 행위에 따른 비용과 결과를 충분히 헤아리지 않는다면 말이다.

균열근로, 취약 고용

전 산업에 걸쳐 다양한 방식으로 진행되는 균열일터가 노동조건에 미친 영향은 거의 유사하다. 대기업이 서비스 제공이나 생산 부문을 다른 고용주에게 넘기면서 그들 간 경쟁적인 시장이 조성되었으며 이윤 저하 압력도 그만큼 가중되었다. 같은 일감을 두고 치열하게 경쟁하는 고용주들로선 직원에게 제공해야 할 임금과 노동조건에서 적잖은 압박을 받을 수밖에 없다. 노동력 공급이 탄력적인 업종이나 숙련 요건이 비교적 낮은 업종, 그리고 인건비가 전체 비용의 대부분을 차지하는 업종에서는 특히 그렇다.

미국 대다수 노동자들이 갈수록 힘들어지는 일터에 놓여 있음을 입증하는 증거는 많다. 이미 2007~2009년 대침체 전부터 나타난 현상으로 실질임금과 고용안정성 하락, 복지혜택 축소, 문제제기 위축이 눈에 띄는 고용 풍경의 단면이다. 노동시장 동향(특히 저임금 업종), 노동법 준수 기록, 정부기관 조사결과 등은 최근 수십 년간 악화된 일터 환경 및 취약한 상황에 놓인 노동자들을 다음과 같이 묘사한다.[6]

- 평균 노동자들(임금분포 50번째 백분위수에 위치한 노동자들)의 실질임금은 2000~2012년 사이 겨우 0.5% 상승했다. 시간당 평균소득(임금과 복지혜택) 역시 5% 상승에 그쳤다. 이에 반해 생산성(근로시간당 상품 및 서비스 산출량)은 같은 기간 무려 23%나 뛰었다.
- 연금혜택 노동자 수가 점점 감소하고 있다. 연금 수혜 민간부문 노동자 비율이 1979년 51%에서 2009년 43%로 줄어들었고, 그들 중 대다수는 퇴직소득 위험을 노동자에게 떠넘기는 확정갹출형 퇴직수당제도 Defined Contribution Plan에 가입돼 있다.[7]
- 미 노동통계국the U.S. Bureau of Labor Statistics, BLS은 2007년 전국직업소득조사National Compensation Survey, NCS에서 임금분포 하위 5분위수에 속한 노동자의 24%만 고용주 부담 건강보험 혜택을 받은 반면, 임금분포 중간 5분위수에 해당하는 노동자의 62%가 같은 혜택을 받았다.[8]
- 2012년 미 노동부the U.S. Department of Labor는 고용주로부터 기록적 수준의 체불임금을 반환받았다. 이는 노동자들이 실제로 받는 임금과 고용주가 법적으로 지불해야 할 임금 간 현격한 차이가 있음을 보여주는 실례다.

최근 조사결과, 근로기준 위반이 잦고 고용조건이 악화된 산업 부문과 균열이 상당히 진행된 산업 부문이 상호 일치하는 것으로 드러났다. 대표적으로 식당, 숙박업, 청소용역 서비스, 제조업, 건설, 홈헬스케어 등이다. 그 외에도 균열은 소매업, 통신, IT 부문, 병원, 공립학교, 자동차 부품, 운송, 로지스틱스 서비스 부문에도 존재한다. 심지어 법률, 회계, 언론 등 전문직에도 점점 증가하는 추세다. 사실상, 균열은 다양한 경제 부문에서 서로 다른 형태를 띤 조직적 포맷이라 할 수 있다.

균열일터가 미치는 사회적 파장을 우려하는 이유는 크게 세 가지다. 첫째, 기본 근로기준이 종종 침해된다. 둘째, 고용관계 해체로 인한 조율 실패가 사고·부상·재해 등 소위 외부효과라 불리는 문제들을 야기할 가능성이 높다. 셋째, 발생된 잉여 수익이 노동자로부터 투자자로 전이되는 분배 불평등 문제가 초래된다.

법 준수

일터 규제는 장시간 노동으로부터 아동과 여성을 보호한다는 기본법에서 시작해 이후 일련의 다양한 입법 경로를 거쳐왔다. 산재와 실직 보상, 최저임금 및 초과근무 기준, 노조 구성과 단체교섭 권리, 인종·성별·연령 차별금지, 건강하고 안전한 근무환경, 그리고 가족의료 휴가제도 등이 그것이다.

역사적으로 기업은 이러한 법안 통과에 대체로(종종 격렬히) 반발했지만, 일단 입법화되고 나면 관련 기준과 요건을 기업 운영의 일부로 삼는 준법체계 정비에 돌입했다. 일부 기업에서는 유능한 직원을 확보하기 위해 혹은 구성원 사기를 진작하고 공정성 요구에 부응하기 위해 자발적으로 비숙련 노동자에게까지 최저기준을 상회하는 임금을 지급하거나 연금 및 의료 휴가를 제공하기도 했다(이에 대해서는 4장에서 다시 언급할 것임). 또 회사 규모상 감사나 처벌, 공적조사 등 세간의 이목에서 자유롭지 못하다는 점을 의식해 솔선수범하기도 했다.[9]

하지만 고용을 외부업체로 넘기는 균열고용은 그와 같은 동기에도 커다란 변화를 가져왔다. 가령 청소와 보안 업무를 하청업체나 프랜차이즈 가맹업체에 위탁한 대기업은 최저임금이나 초과근무 기준 준수, 급여와 실업 및 산재보험금 지불이라는 책임에 더 이상 신경 쓸 필요가 없어졌다. 대기업이 털어버린 활동을 대신 떠안은 소규모 업체들은 경쟁이 치열한 시장에서 비용절감이라는 엄청난 압력에 시달리고 그 과정에서 각종 근로기준 위반이 초래되기 일쑤다.

가장 높은 비율의 근로기준 위반은 균열이 많이 진행된 업계에서 주로 일어난다. 미국 주요 도시 세 곳(뉴욕, 시카고, 로스엔젤리스)의 저임금 직종에 관한 획기적인 조사보고서에서 번하트Bernhardt et al는 근로규정 위반율이 저임금 산업 전반에서 가장 높게 나타났다고 지적했다. 그림 1.1은 위에 언급된 업종 다수에서 위반율이 가장 높게 나타난 시간 외 근무, 초과근무, 최저임금 요건을 각각 나타낸 그래프다.

전체적으로 볼 때, 세 개 도시 표본집단에서 노동자의 26%가 최저 기준 이하의 임금을 받았으며, 주 40시간 이상 근무한 노동자 중 76%가 잔업수당을 아예 받지 못했다. 근무시간보다 일찍 오거나 늦게까지 남아 일하도록 요구받은 노동자의 70%가 시간 외 근무수당을 받지 못했으며, 근무조건에 대해 어떤 식으로든 이의를 제기한 노동자들은 고용주로부터 보복성 불이익을 당했다.[10]

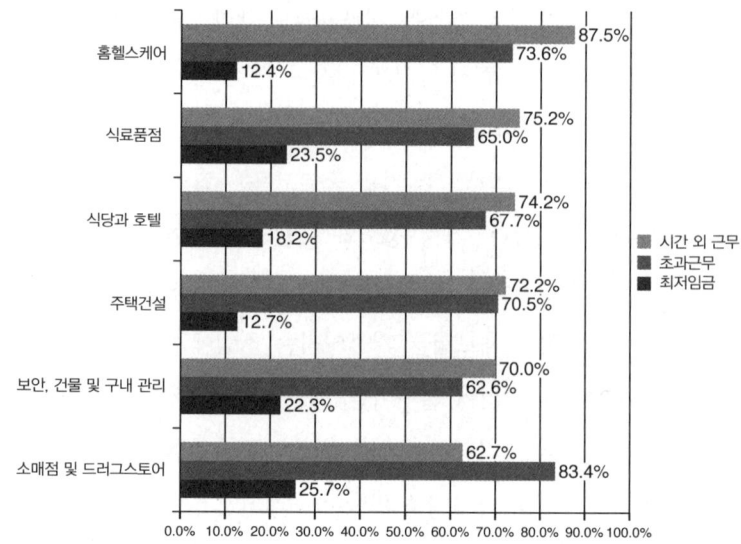

그림 1.1 상기 산업에서의 근로기준 위반율(백분율), 출처: 번하트, 밀크먼 외, 2009년.

외부효과

 균열일터와 연관된 두 번째 사회적 문제(외부효과)를 설명하기 위해 플라스틱 용기 제조업체를 예로 들어본다. 회사는 생산목표 설정에 앞서 인건비와 자재비, 자본 비용을 따져본 다음 제품 가격을 정한다. 만약 용기를 만드는 과정에서 대기와 수질오염이 야기되더라도 따로 치러야 할 대가가 없다면, 회사는 그 비용을 제로라 간주하고 행동한다. 다른 말로 하면 회사가 사회에 지우는 오염 비용을 무시한다. 그 결과 생산의 사회적 비용이 반영되지 않은 채 제품 가격은 책정되고, 저렴한 판매가에 이끌린 소비자는 보다 많은 용기를 소비해 또다시 엄청난 오염을 초래한다. 용기 제조업체와 소비자가 각자의 결정에 오염 대가를 포함시키는 상황과 비교해 사회적 여건을 악화시키는 결과를 낳는 게 바로 오염의 외부효과다.

유사한 외부효과는 균열일터에서도 발생한다. 고용관계가 해체되면서 고용주의 비용과 직접 관련이 없는 중요 결정들이 균열 틈새로 빠져버리기 때문이다. 생산에 얽힌 복잡한 체계는 조율이 필수적이지만 고용이 여러 곳으로 분산되면서 조율 실패가 종종 사고로 이어지기도 한다. 2009년 BP 딥워터 호라이즌the BP Deepwater Horizon 원유 유출사고는 그 극명한 예이다. 2012년 여름 미 화학안전위원회the U.S. Chemical Safety Board 조사팀은 시추를 담당한 세 업체 간 업무조율 실패가 이 엄청난 재앙의 주된 원인이라고 결론짓고, 그중 BP와 트랜스오션Deepwater Horizon, Transocean 간 위험진단 시스템에 특히 문제가 있었다고 지적했다. 트랜스오션 측의 증언이다.

BP와 트랜스오션 위험진단 시스템에는 문제가 많았다. 가령 BP와 트랜스오션 간 안전관리 조율문서는 낙하보호장비 사용 신장 제한 등 6가지 개인 안전문제에만 초점을 맞춘 간이서류에 불과했다. 그 문서로는 유정관리 소홀 같은 대형사고 위험에 대한 대처가 전혀 불가능했다.[11]

이러한 조율 실패 결과 11명이 현장에서 사망했으며 멕시코만 연안지역과 생태계에 수십억 달러에 달하는 엄청난 환경 손실이 발생했다. 균열고용은 제2부에서 상세히 다루게 될 기지국 건설부터 운송업에 이르기까지 다른 여러 산업에도 유사한 결과를 불러왔다.

분배: 파이 나누기

균열일터는 기업이 창출한 경제적 파이를 나누는 문제와도 직결된다. 가령 기업이 상품 제조가와 서비스 비용을 낮추면 소비자가격, 투자자 수익, 노동자 임금과 고용에 고스란히 영향을 미친다.

다양한 스펙트럼의 노동자들(고숙련 엔지니어와 전문경영인부터 미숙련 생산직 노동자, 청소부와 건물 관리인에 이르기까지)을 고용한 대기업이 20세기 중반 일터의 주된 특징이었다. 다양한 기술과 능력을 가진 사람들이 한 지붕 아래 모여 일한다는 것은 회사가 시장에서 얻은 수익을 전 직원과 함께 나눈다는 중요한 의미를 내포한다. 노조가 있든 없든 임금은 정해진 방식대로 지급되었다. 일부 기업은 자선행위 차원에서, 또 대다수 기업은 소위 '계몽된 이기심enlightened self-interest(남을 위한 것이 결국 나에게도 이익이라는 실리적 선택. —옮긴이)'에 따라 수익을 공유했다. 공정성 문제는 직원들의 사기와 직결되었기 때문에 임금 결정을 포함한 인사정책에서 중요한 고려사항이었다. 특히 내가 받는 금액이 다른 사람이 받는 금액과 무관치 않다는 점에서 기업은 사내에서 함께 일하는 임원, 비서, 엔지니어, 정비공, 청소부 간 임금구조가 어떻게 받아들여지는지 의식하지 않을 수 없었다. 공장 노동자 임금에 맞춰 청소부 임금도 끌어올려지는 것이 비근한 예다.

균열경제는 선두기업의 사업 경계선을 (하청, 제3자 경영, 프랜차이징을 통해) 근본적으로 변화시켰다. 대기업은 사내활동을 사외로 돌림으로써(가령, 청소부나 경비원을 아웃소싱함으로써) 임금 설정 문제를 가격 책정 문제로 바꿔버린 것이다. 앞으로 자세히 살펴보겠지만, 이는 하위 협력업체 노동자들의 임금을 끌어내림과 동시에 대기업의 직접적인 비용은 낮추는 결과로 이어졌다. 균열은 노동자들보다는 투자자 지향의 재분배를 가져와 소득분포 격차를 더욱 벌려놓았다.

균열일터의 개선

균열고용은 고용 책임의 범위와 한계에 관한 의문을 새로이 대두시켰다. 미 연방고용법과 개개의 주고용법은 "피고용인"을 각 법의 목적에 따라 조금씩 다르게 정의한다. 따라서 누구를 피고용인으로 지칭할 것인지에 관한 (꽤 격렬한) 논란이 촉발되고 있다. 관습법상 고용주는 피고용인의 업무 수행을 "지시하고 통제"할 권한을 가진 당사자로 정의된다. 법원은 주어진 상황에 그러한 지시와 통제가 존재하는지 여부를 가리기 위해 생산작업 지시, 근로시간과 장소 결정, 도구와 자재 제공 등 다양한 요소들을 적용시킨다.[12]

관련 연방법 역시 고용주와 피고용인을 정의하고 있으나 문제는 법규마다 매우 상이하다는 점이다. 두 가지 예를 들어보자. 최저임금과 초과근무 기준을 수립하고 아동 노동을 규제하는 공정근로기준법the Faor Labor Standards Act, FLSA은 피고용인을 "고용주에 의해 고용된 개인"이라 정의하고, "고용하다는 일하도록 허용하다 또는 시키다라는 뜻을 포함한다"라고 기술하고 있다. 이처럼 모호한 정의를 보완하고자 법원은 노동자와 고용주를 둘러싼 개개의 고용상황 평가시 달라지는 경제현실을 적용하고, 법 시행 책임기관에 변화하는 고용 실태를 반영

할 재량권을 부여하고 있다.¹³

노조 구성과 단체교섭을 관장하는 전국노동관계법the National Labor Relations Act, NLRA 역시 경제현실을 토대로 고용을 정의한다. 그러나 길거리에서 신문을 위탁판매한 소년들이 독립계약자라는 허스트 코퍼레이션Hearst Corporation의 주장을 뒤엎고 이 회사의 피고용인이라고 확정한 1944년 대법원 판결이 의회 보수파의 격분을 사면서, 1947년 독립계약자 면제를 구체적으로 명시한 개정안이 통과되었다.¹⁴ 이는 국가노동관계법의 범위와 적용에 있어서 역사상 매우 협소한 해석을 낳는 결과로 이어졌다.

"피고용인"을 어떻게 정의하느냐 하는 문제는 독립계약자를 피고용인으로 재분류하는 문제를 둘러싸고 최근 몇 년간 뜨거운 논란을 일으켰다. 독립계약자는 일종의 기업 주체로 간주되기 때문에 공정근로기준법의 최저임금과 초과근무 기준, 산재와 실업보험, 직업안전보건국Occupational Safety and Health Administration: OSHA 규정, 전국노동관계법NLRA, 사회보장제도에서 제외된다.¹⁵

그러나 제1부 현대 일터의 풍경에서 살펴본 것처럼, 균열고용은 안 그래도 흐릿한 물을 더 탁하게 만들고 있다. 관련 법 대다수가 기업 소유주를 궁극적인 책임자로 본다 하더라도, 대개 고용주는 고용 정책이나 그 시행 현장에 명목상으로만 연관돼 있는 경우가 허다하기 때문이다. 다시 호텔을 예로 들면, 전반적인 업무 속도와 분위기는 브랜드(이를 테면, 힐튼)가 정하고, 그날그날의 직무 수행과 직원 관리감독은 별개의 호텔 운영회사(이를 테면, 타럴드슨 로징)가 맡아 하며, 직원들 봉급은 호텔 운영회사가 고용한 다른 인력회사가 지급하는 식이기 때문에 호텔 소유주는 결국 돈을 나눠주는 돈주머니 역할에 불과한 셈이다.[16] 그러므로 균열일터의 고용관계는 우리가 노동법과 관련해 쉽게 떠올리는 명확한 양자관계와는 사뭇 다르다.

균열고용 구조에서 비롯된 문제를 살펴보기에 앞서, 먼저 선두기업과 그 아래 수많은 하위조직 간 관계부터 파악할 필요가 있다. 근로기준법 시행을 담당하는 각 주와 연방기관이 힘든 싸움에 직면한 건 어제오늘의 얘기가 아니다. 근로기준법 규제 대상 일터가 약 850만 개인데 반해, 관련 인력은 연방 근로기준 감사관 1,000여 명과 주 감사관 약 660명이 전부다. 따라서 일터 한 곳이 감사받을 확률은 연간 100분의 1에도 못 미치며, 균열이 심화된 업종들로 좁히면 1000분의 1이 될까말까 한 정도다.[17]

균열 심화는 노조와 노동자 연합은 물론 정부기관이 불안정한 고용 문제를 어떻게 해결할 것인가에 대해 전혀 다른 시각으로 바라봐야 할 필요성을 한층 부각시킨다. 직원들을 사내에 집중시킨 대기업이 좌지우지하는 경제도 감시하기 수월한 건 아니지만, 대부분의 고용(특히 기술 수준과 인터넷 활용도가 낮은 노동자들)이 회사 밖으로 옮겨간 경제는 기존 방식의 규제로 얼마나 효과를 볼 수 있을지 의문이다.

균열의 의미에는 노동조건의 문제를 넘어선 거시적 차원의 결과까지 내포돼 있다. 미 노동자의 생산성은 1973년 이래 꾸준히 높아져 특히 1990년대 중반부터 2010년까지 가파르게 증가했지만, 같은 시기 시간당 평균임금은 거의 제자리 수준이었다. 그럼에도 불구하고 월등히 잘사는 사람들은 언제나 따로 있었다. 지난 사반세기 동안 노동자 임금은 정체된 반면, 최고경영진들이 받는 보수는 크게 치솟았다.

1979년 직접 보상 총액으로 생산직 노동자가 받은 평균금액 대 CEO들이 챙긴 평균 금액 비율은 1:37.2였다. 그러다 2007년(대침체 직전 해)에 이르자 1:277로 크게 벌어졌다.[18]

이러한 추세와 함께 고소득 가정이 소득의 상당부분을 자본수익이나 기타 비근로 소득으로 얻는다는 사실에 비춰, 미 소득분포는 1920년대 이래 조금씩 차이를 벌리다가 2007년도에 이르자 소득 상위 1%가 국민소득의 23.5%나 차지한 것으로 나타났다. 더욱 놀라운 것은 상위 1%의 실질소득이 1993년부터 2010년 사이 무려 58%가 증가한 반면, 나머지 99%의 실질소득은 6.4% 상승에 그쳤다.[19] 이러한 변화는 복합적인 요인에 따른 것이지만, 변천하는 고용 양태와 대기업 테두리 밖으로 내몰린 일자리 변동도 한몫 했다고 볼 수 있다.

심지어 경기순환 모델도 균열의 영향권 안에 들어와 있다. 역사적으로 경기회복은 대기업이 이끌었다. 수요가 되살아나면 대기업은 즉각 고용을 늘렸다. 그러나 이제 많은 업계의 고용 결정에는 균열구조가 개입되어 있다. 이는 고용 결정이 균열관계를 "일일이 거치느라" 경기회복 시기를 늦추고, 나아가 추가된 일자리 구성 자체도 균열관계를 반영하고 있음을 의미한다. 이런 점에서, 2007~2009년 대침체를 겪고 난후 새로 추가된 일자리들이 임금 스펙트럼의 맨 왼쪽(최하 임금)을 차지했다는 사실은 전혀 놀라운 일이 아니다. 2009~2010년의 경기회복기 총소득 증가 중 93%가 소득분포 상위 1%에 몰려 있었다는 사실 역시 마찬가지다.[20]

그러므로 노동조건, 임금, 고용 문제를 다루기 이전에 균열조직의 영향부터 자세히 파헤쳐볼 필요가 있다. 동시에 균열일터로 인해 노동자가 입은 불이익과 소비자 및 주주들이 얻은 혜택을 균형 있게 바라보는 자세도 요구된다. 균열이 제기하는 새로운 문제와 과제의 원인과 경과, 그 의미를 이해하는 것이야말로 향후 개선책의 열쇠이기 때문이다.

균열의 갖가지 원인

임시직, 하청, 특수고용, 오프쇼어링offshoring(해외 하청. —옮긴이), 저임 노동 문제는 지난 20년간 누적되어온 주지의 현상이다.[21] 제2차 세계대전 이래 괜찮은 실질임금, 후한 복지혜택, 합리적이고 안전한 고용을 제공했던 많은 기업들은 1980~1981년의 경기불황에서 빠져나오면서 이러한 전통과 단절한 관행을 속속 도입하기 시작했다.[22] 특정 서비스를 외부계약으로 돌리는 실험을 단계적으로 진행해오던 기업들은 아예 해외에서 대체인력을 구하거나 종전 조직 안에서 소화하던 노동들을 아웃소싱으로 대체해 인건비를 최소화하느라 여념이 없다.

고용주들은 이제 평생직장은 고사하고 과거 당연시했던 정규직 일자리를 다른 유형의 고용 계약으로 대체해나갔다. 시간제, 임시직, 기타 "기간제" 고용이 〈포춘Fortune〉 500개 회사의 인사 포트폴리오를 차지하고, 고급 전문기술을 가진 소수 개인에 국한되었던 독립계약(최근에는 전형적인 고용관계를 떠난 노동자들이 이전 고용주에게 서비스를 제공하는 사업자로 바뀌거나 분류되는 것)이 특정 영역을 떠나 점차 대세로 자리잡고 있다.

분석가들은 이 같은 경향을 익히 알려진 다음 원인들과 연관짓고 있다. 산업의 세계화, 노조 조직화 위축, 신기술과 새로운 작업 프로세스, 변화하는 산업구성, 정부의 미비한 규제정책 등등. 이 모든 요인으로 인한 변화가 압력으로 작용해 기업은 인건비를 절감하고 유연성을 확보할 방안을 찾아나섰고, 시장과 경쟁은 비정규 근로와 외부 계약이라는 결과를 낳은 것이다.

하지만 균열고용은 위 원인들에만 한정시킬 수 없는, 그 이상의 환경적 변화와 연관되어 있다. 단지 고용 변화라는 일반적 설명만으로는 조직구조가 왜, 이렇게 바뀌었는지에 대한 큰 그림을 담아내지 못한다. 또한 일터와 경제에 미친 변화의 함의를 정확히 파악할 수 없으며 제대로 된 진단을 내리기도 어렵다. 균열고용은 부분적으로 비용 절감이 원인이지만, 그것만이 이야기의 전부는 아니다(위에 써놓은 설명 이상으로 광범위한 목적에 따른 문제다).[23] 균열일터는 손익계산서 차원의 고려에서 기업이 선택한, 좀더 통합적이고 포괄적인 전략을 반영하고 있다. 즉, 자본시장의 수익 개선 압력에 직면해 균열고용 전략을 채택한 회사들은 수익성 향상을 주된 목표로 삼아 회사의 핵심가치에 총력을 기울이는 반면, 실질적인 상품 생산이나 서비스 제공 기능은 과감히 털어버린다.

균열일터는 기간제 노동뿐만 아니라 다양한 조직 형태를 낳았다. 그 중 가장 눈에 띄는 것이 프랜차이징이다. 한때 몇 안 되는 산업 부문에 유행했던 이 조직 형태는 이제 경제 전반으로 확산되고 있다. 프랜차이징은 복제가능한 비즈니스 모델을 다른 업체에 제공하되 통제는 본사가 맡는 조직 형태로서, 브랜드 수익을 공유하는 상호호혜적인 수단일 뿐만 아니라 상품 및 서비스 제공이라는 힘든 업무를 외부 업체로 밀어낸 독창적인 매커니즘을 창출했다. 이를 가능케 한 것은 바로 기업이 정한 상품과 서비스 내용을 외부업체가 임의로 변경하지 못하도록 철저히 제한한 프랜차이즈 계약이다. 프랜차이징은 널리 알려진 부문(패스트푸드와 호텔)에서부터 시작해 의외의 부문(청소용역과 홈헬스케어)으로까지 널리 확대되었다.

그 외에도 호텔, 물류, 교육, 제조에 이르기까지 다양한 산업에 적용되는 제3자 경영은 기업이 여기저기 흩어져 있는 조직을 직접 운영하기보다 핵심 기준 고수에만 집중하고 나머지는 제3자에게 맡김으로써 효율성을 높이는 형태다. 경우에 따라서는 기업 핵심역량 밖이라 여겨지는 기능(가령, 대형병원 내 외식 부문 또는 한 학군 내 교통 담당)을 감독할 외부 경영자를 영입하기도 하고, 또 다른 경우(가령, 호텔)에는 외부 경영진이 핵심 기능까지 관장하기도 한다. 이 같은 유형을 살펴보건대 기업으로서는 제3자 경영자나 운영자가 반드시 준수할, 그리고 그 평가의 근거가 될 엄격한 기준을 만들고 유지해야만 한다.

마지막으로 공급체인 시스템은 기업이 균열 모델을 시행할 수 있도록 해주는 부가적인 조직 형태다. 주요 제조업체와 소매업체에 상품을 제공하는 공급체인의 범위 확대와 글로벌한 영향권은 월마트 같은 회사에게 효율성을 높여주는 동시에 재고 위험과 수요변동 노출(소매업계의 골칫거리) 위험을 획기적으로 줄여주었다. 소매업계나 제조업계의 공급체인에는 공급기지가 지켜야 할 기술, 적하, 배송, 상품 기준에 대한 기업의 상세 명시가 반드시 따라붙는다. 공급체인 운영과정에 내재한 위험도와 이를 고려한 기준의 구체성 정도는 매우 본질적인 사안이기 때문이다.

　이러한 관점에서, 이 장 첫머리에 묘사한 취약한 근무조건은 특정 직종이나 산업의 불가피한 결과가 아니라 해당 부문이 조직화되는 방식에서 비롯되었다고 볼 수 있다.

이 책의 구성

　이 책은 크게 3부로 구성되어 있다. 제1부 2장과 3장에서는 현대 기업의 기원을 더듬어보고 균열이 미국 경제의 견고한 조직을 어떻게 변화시켰는지를 설명할 것이다(2장). 경제학자들(그리고 일부 회의론자들)은 종종 이런 질문을 던진다. "만약 균열이 기업활동에 정말 유리하다면, 어째서 기업들이 진작 채택하지 않았을까?" 이에 답하기 위해 먼저 3장에서 대기업이 고용을 털어버리도록 압박한 변화 요인과 이를 가능케 한 기술 및 표준 혁신에 대해 논한 다음 4장으로 넘어가 제1부에서 언급한 조직 변화로 임금 설정 문제가 어떻게 바뀌었는지 분석해보기로 한다.

　균열일터 기저에 깔린 근본구조가 서로 다른 부문에 뚜렷한 방식으로 영향을 미치고 있다는 사실은 이 문제를 바로잡는 정책을 수립하는 데 있어 매우 중요한 함의를 제공한다. 따라서 제2부는 균열일터를 가능케 한 대표적인 조직 형태인 하청(5장), 프랜차이징(6장), 공급체인(7장)을 차례대로 살펴보고, 각 조직 형태의 고유 매커니즘을 드러내는 대표 사례를 통해 고용주와 노동자들에게 미치는 영향을 심도 있게 고찰할 것이다.

제3부는 균열일터를 어떻게 개선할 것인가가 주요 논점이다. 8장은 현행 근로규정이 실제 고용문제 처리에 왜 부적합한가를 검토하고, 이 문제를 해결할 법적 개혁방안을 제시한다. 그러나 이와 동시에 법적 해결의 한계도 유념하면서, 9장에서는 현행 법 아래에서 정부 정책이 균열고용에 어떻게 적용되고 있는가, 그리고 앞으로 어떻게 적용될 것인가도 따져볼 것이다. 10장은 다른 일터 관련 조직들(노조, 노동자 연합, 고용주협회, 국제 감시기구 등)이 균열일터에서 발생한 "깨진 유리창" 문제를 어떻게 해결할 수 있을까를 생각해보고, 마지막 결론 부분인 11장과 12장에서는 균열고용과 균열일터가 경제 주요 부문에 끼친 광범위한 영향을 되새기면서 앞으로 나아갈 길을 모색하기로 한다.

2장

THE FISSURED WORKPLACE

균열 이전 일터의 고용

20세기 주요 경제 부문의 주된 고용관계는 대기업과 노동자였다. 대기업인 제너럴모터스General Motors, 유에스 스틸U.S. Steel, 알코아Alcoa, Aluminum Co. of America.(미 알루미늄 제조회사)가 제조업의 대부분을 지배했다. 첨단산업에서 두각을 나타낸 코닥Kodak, 아이비엠IBM, 제록스Xerox 같은 기업들이 상품시장은 물론 노동시장에서 인력을 끌어모으는 거대 조직으로 성장했다. 주로 미국에 기반을 두고 있긴 하지만 서비스 부문 역시 국가대표급 기업들(호텔업계의 힐튼과 메리어트, 소매업계의 메이시스와 시어스)이 노동자 수천 명을 고용했다.[1]

균열일터를 이해하기 위해서는 20세기 현대 기업의 기원부터 살펴볼 필요가 있다. 균열고용이라는 단어는 대기업 구조의 어느 측면이 더 이상 이익이 되지 않는다는 관점에서 한때 핵심이라 간주했던 활동 일부를 다른 업체로 넘겨버린다는 의미를 내포한다. 이러한 변화를 자세히 들여다보기에 앞서, 대기업이 애초에 해당 업계를 어떻게 지배했는지 개괄해보기로 하자.

성장하는 회사, 변화하는 경계

소매 분야의 경계선 변동

20세기 대기업의 부상은 당시 미국에서 빠르게 성장했던 소매업 역사에서 포착할 수 있다. 국내 시장을 휩쓸고 공급망 위에 군림하는 대기업(가령 미국 슈퍼마켓 회사인 A&P. ―옮긴이)의 압도적인 영향력은 깊은 우려감을 불러오기도 했다. 당대 그 어느 회사 못지않은 명성을 구가한 소매업체 A&P는 일단의 핵심활동을 내부화함으로써 식료품 공급비용을 획기적으로 줄였고, 그 결과 낮은 가격과 높은 시장점유율을 바탕으로 범위와 규모면에서 크게 성장했다.[2]

수십 년 동안, 농부의 손에서 식품가공업자를 거쳐 소비자에게로 이동하는 과정은 중간업자들(생산업자에게 상품을 사서 집적한 다음, 다른 유통업체나 작은 소매업체로 이동시키는 도매업체를 일컬음)이 얽힌 복잡한 체인을 통해 관리되었다. 이러한 유통과정은 복합적 시장거래(그리고 각 단계에서 발생하는 비용)가 요구된다.

1900년대 첫 20년 동안 소비자들은 주로 동네 식료품점을 이용했다. 그러한 가게들은 대개 중개상, 그러니까 소량의 상품을 거래하는 작은 도매상으로부터 물품을 구매했다. 중개상은 대규모 도매상을 통하거나 간간히 제조업체 혹은 중앙상품시장에서 직접 구매했다. 중개상에 전화를 걸어 상품을 주문하게 되면서, 동네 식료품점들은 물품을 사기 위해 장거리 여행을 하거나 재고를 쌓아두는 수고로움을 덜 수 있었다. 하지만 각 중개상들이 취급하는 상품 종류가 그리 많지 않았기 때문에 식료품점은 여러 중개상을 상대할 수밖에 없었다. 게다가 선반이나 비축공간이 넉넉하지 않은 탓에 중개상들은 물품을 일주일에 여러 번씩 배달해야 했다.[3]

규모를 활용한 조직 혁신을 통해 A&P는 전형적으로 중개인이나 도매상이 맡고 있던 일(즉, 공급업자로부터 물품을 사들여 소규모 식료품점에 되파는 일)을 내부화함으로써 소비자에게 식료품을 제공하는 비용을 획기적으로 줄였다. A&P는 다른 중개상들의 창고관리나 배송서비스에 의존하기보다 이 기능을 회사 테두리 내로 끌어들여 중개상(관련 비용도 함께)이라는 한 층을 제거해버렸다. 이로써 규모의 경제 이점을 살리고, 상품 재고관리 능력을 개선시켰다.[4] 소비자 수요의 변덕스러운 속성은 소매업자들에게는 (심지어 지난 세기 전환기까지만 해도) 적지 않은 골칫거리였다. 이후 월마트가 다시 한 번 입증했듯이, 재고비용과 위험의 효율적 관리는 소매업자에게 커다란 이익을 안겨주었다.

A&P의 전략은 경쟁 상대인 다른 소규모 소매업체들에 비해 압도적으로 우월한 비용 혜택을 가져다주었다. 경쟁업체들보다 낮은 가격으로 물건을 판매할 수 있는 여력은 눈부신 성장을 이끄는 동력이자 공급업체와의 가격 협상력을 제고시키는 방편으로 작용했다. 이와 같이 비용우위를 지렛대 삼아 미국 전역의 시장점유율을 확대해나가는 과정에서[5] A&P는 식품 소매업계의 본질뿐만 아니라 경쟁에 나선 기업

들의 조직화 방식까지 변화시켰다. 그 결과 이 업계에 몸담은 회사들은 사업 경계선을 재조정해, 과거 A&P가 부상하기 전 시장 거래를 통해 이루어지던 많은 기능들을 통합시키기에 이르렀다.

사업 경계선 조정

로널드 코어스Ronald Coarse는 경제학 역사에서 가장 유명한 논고 중 하나인 《기업의 본질The Nature of the Firm》이라는 책에서, 사업 경계선을 이해하려면 먼저 조직 안에서 할 일과 밖에서 할 일의 구분 결정요인을 따져봐야 한다고 주장했다. 기업활동의 상당수는 자원할당 문제와 결부되어 있다(이는 바로 시장이 하는 일이기도 하다). 여기서 코어스는 '만약 그렇다면 어째서 조직이 우세한가?'라는 질문을 던졌다. 그가 내놓은 답은 특정 상황 하에서 시장을 통한 거래비용이 더 큰 경우 조직이 효율적인 해결책을 내놓을 수 있다는 것이다. 당사자 간 거래비용이 높은 업계에서 대다수 활동이 기업 테두리 안으로 들어오게 되는 이유다.[6] 생산자로부터 소비자의 주방으로 식료품을 직접 가져다주는 A&P의 비즈니스 모델은 도매상과 소매점을 두루 거치는 시장 거래 고리에 비해 가격을 현저하게 낮춰주었다.

코어스의 생각에서 더 나아간 올리버 윌리엄슨Oliver Williamson은 거래비용 경제학이라는 이론을 발전시켰다. 조직의 주된 목적과 영향을 복잡한 상품 및 서비스 생산과정에서 거래비용을 경제화하는 것으로 바라본 학설이다. 윌리엄슨이 주창한 거래비용이라는 틀에서 산업을 구성하는 비즈니스 조직은 단순히 시장에 내놓을 상품을 생산하기 위해 자본, 노동, 자재를 조합하는 사업체(전통적인 경제학의 관점)가 아니다. 그렇다고 경제적 영향권에서 풀려나와 마음대로 기능할 수 있는 조직(일부 비즈니스 전문가나 경영학자들의 주장)도 아니다. 경쟁 세력들이 조직 의사결정권자에게 서서히 영향을 끼치는 과정 속에서 어떤 기능은 조직 내부로 들어오고, 어떤 기능은 다양한 유형의 관계(제휴, 프랜차이징, 기타 계약관계)를 만들어내며, 또 어떤 기능은 시장 거래를 통한다는 것이다.[7]

1980년대 재산권(또는 효율적 계약) 이론가들은 거래비용 문제를 해결할 계약서만으로는 시장 거래를 증대시킬 수 없다는 이유를 내세우면서, 사업 경계선 조정 근거에 관한 코어스와 윌리엄슨의 논지에 이의를 제기했다.[8] 모든 예외 상황을 포함해 당사자(기업과 기업, 구매자와 공급자, 고용주와 피고용인) 간 이익과 비용을 전부 담아낸 "완벽한 계약서"를 작성할 수만 있다면 그것으로 충분한 시장 거래가 되겠지만, 삶의 모호성과 불확실성을 감안할 때 가능한 모든 결과를 포괄한 계약서를 작성한다는 것은 결코 가능하지 않다는 논리다. 설사 가능하다 한들 여러 가지 결과를 어느 한 편이 직접 관찰할 수 없는 상황에서 상대편에게 계약조건을 강제하기 쉽지 않으며, 또 적잖은 금액을 투자한 당사자가 거래 중단 손실비용이 크다는 이유로 상대편의 "발목을 잡는" 역기능적 인센티브가 작용하기도 한다. 그러한 문제 발생 우려가 커질수록 관련 조항을 계약서에 추가할 필요성도 높아지게 된다. 결국 계약만으로는 불충분할 수밖에 없기 때문에 특정 문제에 관한 한 조직적 해결이 불가피하며, 이는 일부 활동이 회사 경계선 밖보다는 안에서 이루어져야 함을 대변한다.

보이는 손과 현대 기업의 기원

미국 남북전쟁 이후 불과 몇 년만에 철도와 증기선, 전신이 시장 규모를 엄청나게 변모시켰다. 빠른 통신과 낮은 거래비용 덕에 시장이 전국을 뛰어넘어 해외로 확대되면서 국내 시장 수요 충족에만 머물던 제조업체는 사업 규모 확장에 열을 올리기 시작했다.⁹

이와 동시에 A&P 혁신 이전의 거대한 통합 물결이 유통망을 재편함으로써 복잡한 커미션 시스템을 통해 제품을 공급하던 다수의 개별 도매상을 대규모 도매채널(A&P가 후에 소매업계 효율성 제고를 통해 축출한 시스템)로 대체시켰다. 개개의 시장을 대신한 전국적 시장이 수요를 효율적으로 통합하면서 생산규모를 늘리는 토대가 되었다.

기술혁신이 불러온 기계화 공정도 제품 생산비용을 현격히 줄이고 생산규모를 늘리는 데 기여했다. 1880년대 합성염료와 합성섬유, 플라스틱, 기타 무수한 화학제품이 대량생산되면서 단위당 생산비를 크게 떨어뜨려 독일과 영국, 미국 등에서 거대 화학업체가 부상하는 계기를 마련했다. 1880년대 초 본쌕 기계(미국인 발명가 제임스 본쌕James Bonsack의 이름을 딴 권련제조기. — 옮긴이) 도입이 담배 생산방식을 변모시켰듯, 식품업계의 신기술 역시 식물성 기름과 정제설탕, 사료 등을 대규모로 생산하게 했다.

제조업체들은 혁신적인 생산기술과 효율적 에너지를 활용해 엄청난 수익을 거둬들였다. 또 늘어나는 시장, 줄어드는 생산비, 높아지는 시장점유율, 규모의 경제를 통해 비용절감이라는 선순환의 이점까지 누렸다.¹⁰

점증하는 국내외 시장에 발맞춘 생산량 확대와 기술혁신의 융합은 막대한 비용 혜택을 가져다주었다. 예를 들어, 강철 생산의 기술적 위업으로 알려진 베세머법(1860년 영국의 발명가이자 실업가인 헨리 베세머 Henry Bessemer가 고안한 강철 대량생산 방식. ─옮긴이) 채택은 앤드류 카네기 제강공장의 레일 생산비용을 1870년대 초 톤당 약 100달러에서 1890년대 후반 12달러로 크게 떨어뜨렸다.[11] 마찬가지로 1913년 헨리 포드는 부품 표준화와 세분화된 단계별 작업방식을 조립라인에 도입하면서 종전 12시간 30분 걸리던 모델T 한 대의 조립시간을 1시간 33분으로 단축시켰다.[12]

   규모의 경제는 얼핏 생산량 대 단위비용 문제로 비춰지기 쉽다. 하지만 그 본질상 조직적 역량 구축이 뒷받침되지 않으면 불가능하다. 기업은 근대적 생산방식에 적합한 인센티브를 창출하고 감독할 시스템을 개발하는 동시에 기업구조를 조직화해 각 부문을 통합할 근대적 경영기법을 개발해야만 했다. 특히 복잡하고 광범위한 철도 시스템과 전신망을 원활하게 조율하거나, 화학제조업 등에서 자본 활용의 극대화를 꾀하는 동시에 안정적인 자재 유통망을 확보하기 위해서는 다양한 층위의 전문경영자, 감독관, 현장 전문가들이 반드시 필요했다.

   위계적 경영이 처음으로 등장한 곳은 복잡하게 얽힌 기차와 전신망을 조율하는 철도산업이다. 그 다음은 자잘한 시장으로 이뤄진 구식 유통망을 교통통신 시스템을 이용해 획기적으로 변모시킨 시어 스로벅Sears, Roebuck and Company(우편주문으로 유명해진 미국의 종합유통업체. ─옮긴이) 같은 기업들이다.[13] 이러한 위계적 경영은 생산기술이 규모의 경제와 경쟁력 우위를 이끈 화학, 석유 정제, 철강 생산, 기계류 제조

같은 업계에서도 나타나기 시작했다.

규모를 통한 경쟁력 확보는 상품 보급기반을 확장시키고 서비스 능력을 제고시켰다. 규모의 경제는 여타 생산영역에서의 우위와 명성, 안정적 유통망의 이점을 바탕으로 신상품 출시에서도 경쟁력을 선점할 수 있게 만들었다. 다시 말해, 신상품 도입 비용이 소규모 경쟁업체들에 비해 훨씬 낮다는 뜻이다. 식품업계의 제너럴 푸즈General Foods, 합성제품 업계의 듀퐁DuPont, 자동차업계의 제너럴모터스 같은 대표기업은 제품 보급기반 확대를 통해 지배력을 높인 셈이다. 이는 결과적으로 새로운 생산조직과 상품 유통의 근간이 되었다.[14]

비교우위를 점한 기업체들은 (1) 규모와 범위의 경제운용에 충분한 생산시설, (2) 국내외적 마케팅 및 유통 네트워크, (3) 생산과 유통을 조율할 경영시스템에 투자하는 한편, 이 세 가지 요소의 통합을 최대한 활용했다. 이러한 방향으로 재빨리 움직여 소규모 경쟁자들을 제쳐버린 기업들은 1900년대 초반 이미 독과점 업체로 부상했다. 또한 한 회사 내에 생산, 유통, 경영을 담당할 다수의 숙련, 반숙련, 미숙련 노동자들을 고용하면서 몸집을 불려왔다.

결론적으로 제너럴모터스와 듀퐁 같은 기업들은 멀티 생산, 멀티 유통기지에 요구되는 일종의 경영조율기구로 진화한 사업부제기업 multidivisional organization(각 산업 부문을 이익중심점으로 삼아 효율성을 높인 조직 형태. ─옮긴이)을 발전시켰다고 볼 수 있다.

물론 그 이전에도 대기업은 존재했다. 하지만 단일 가족 혹은 기껏해야 몇몇 파트너에 소유권이 집중된 형태였다. 전형적으로 이러한 조직은 사업 일부를 담당하는 가족 구성원이나 파트너들이 느슨하게 묶인(대개 상당한 자치권을 가진) 사업연합체(말하자면 모회사나 지주회사)에 가까웠다.

근대적 기업은 연합체 구조와는 달리 일정 수준의 조율과 통합을 필요로 했다. 사업부제기업은 서로 다른 기능(가령 생산, 재고관리, 적하, 마케팅)이나 지리적 영역을 담당하는 별도의 사업부로 이루어지지만, 그 위에 최종 결정권을 행사하며 하부조직의 활동을 관리감독하는 중앙 경영조직이 자리잡고 있다. 위계적 경영은 조직에 대한 상층부의 궁극적 통제권을 강화시킨 반면 인사정책, 회계시스템, 실적관리 등에는 권한 위임을 허용했다.[15]

변화하는 소유권 구조

대기업과 근대적 경영의 부상은 사업소유권 측면에도 변화를 가져왔다. 생산규모 면에서든 근대적 기업 확장을 뒷받침할 투자자본 면에서든 개인이 유일한 금융재원이 되기에는 역부족이었다.

이전과는 확연히 다른 자본 조달 규모에 맞춰 새로운 차원의 금융시장이 부상하기 시작했다. 금융시장이 혁신(트러스트, 증권시장 팽창, 채권시장 융자)을 거치면서 기업은 가족단위 소그룹이나 내부 투자자들에 의존하던 행태에서 벗어나 새로운 자금 출처와 자본구조를 찾아 나섰고, 기계류 투자도 그만큼 활성화되었다.[16]

근대적 기업이 주식 발행을 통해 자금을 조달하고 개인이 감당키 어려운 대규모 융자를 통해 자본 한계의 돌파구를 마련했다면, 시장은 투자자로부터 끌어모은 자금을 각 산업에 효율적으로 이전하는 새로운 매커니즘과 수단을 개발해냈다(아울러 원치 않은 농간이 개입될 가능성도 커졌다).

생산과 경영 변화에 발맞춰 기업형 조직이 확산되었으며, 자본 집중화와 경영 정교화가 뒤따랐다. 미국의 첫 기업모델은 19세기 초 로웰Francis Cabot Lowell(미 최초로 역직기를 제작한 방적업자로 매사추세츠 월섬에 미 공장 제조의 시초로 알려진 보스턴 제조회사를 창설함. —옮긴이)이라는 인물로 거슬러 올라가지만, 19세기 후반이 되자 공공사업에서부터 철도, 제조, 은행과 보험 영역으로까지 확대되었다.[17]

이처럼 많은 회사들이 자본 축적과 사업운영의 원천을 근대적 기업 형태에 의존하기 시작했다는 사실은 곧 소유와 경영의 분리 심화를 의미했다. 이제 기업의 소유권은 주주들에게 넘어가고, 복잡한 조직 운영은 전문경영인이 맡게 된 것이다.

소유와 경영 분리는 주식과 자본시장을 통해 점점 더 많은 투자자금을 끌어들여 기업 규모를 획기적으로 키우는 데 공헌했다. 하지만 정보 입수와 인센티브 제고, 성과 점검의 길이 묘연해졌으며, 나아가 한 조직에서 일하는 수백수천 명의 활동을 소유주의 이해와 어떻게 일치시킬지 등 여러 가지 난제를 낳기도 했다. 소유와 경영 분리를 최초로 연구한 학자들 중 두 명인 아돌프 버얼Adolph Berle과 가디너 민즈Gardiner Means는 다음과 같이 지적했다.

소유권 분리는 이익 추구가 소유주의 효율적 자산운용에 박차를 가한다는 오래된 가정의 근간을 무너뜨렸으며, 사업체의 개인 주도라는 근본적 경제원칙도 뒤흔들어놓았다. 이는 사업 추진 동력과 근대 기업의 경영 목적에 대한 전반적인 재검토를 요구하는 문제다.[18]

버얼과 민즈는 소유주 분산에 따른 관리감독 약화를 대체하기 위해 소위 전문경영진에게 운영을 맡기는 근대 기업의 잉여수익과 힘의 집중현상을 눈여겨 관찰했다. 그 결과 머지않아 기업이 국가의 정치적 힘에 필적할 만한 경제적 영향력을 행사하게 될 것이라고 전망했다. "미래는 현재 기업으로 대표되는 경제적 유기체를 목도하게 될 것이다. 단지 국가와 같은 선상에 올라서는 것을 넘어서 어쩌면 국가를 대체할 우월한 조직체가 될지도 모른다."[19]

실제로 대기업은 지난 20세기 전반부터 제조, 통신, 식품 생산, 소매영역을 지배하기 시작했다. 생산 및 유통 규모와 정교한 조직체계를 성장동력으로 삼은 기업은 특정 생산라인과 브랜드, 경쟁력 있는 주력 분야를 구축하고 확장하는 데 주력했다. 제너럴모터스 설립자이자 CEO인 알프레드 슬론Alfred P. Sloan은 산업합병 시기에 인수한 자동차 회사들의 느슨한 연합체를 통합적 거대 기업으로 변모시킨 업적으로 널리 알려져 있다. 자동차에만 집중해야 한다는 신념이 확고했던 슬론은 GM이 고효율 연료인 에틸가솔린을 생산할 기회가 찾아왔을 때에도 이를 단호히 거부했다. 연료는 "기계와는 전혀 다른 화학제품"이기 때문에 전적으로 새로운 유통 매커니즘이 필요하다고 보았기 때문이다.[20]

그러나 시간이 지나면서 일부 회사들은 자신의 비교우위를 훌쩍 벗어난 규모와 범위로까지 영역을 확대하기 시작했다. 1960년대 슬론과 달리 비즈니스 반경 넓히기에 혈안이 된 경영자들은 회사 고유의 주력 분야와 동떨어진 업체들을 마구잡이로 인수·합병해나갔고, 결국 문어발식 거대 복합기업 형태를 낳기에 이르렀다. 가령 비어트리스Beatrice(이후 브라 제조업체인 플레이텍스Playtex, 자동차 렌탈회사인 에이비스Avis 같은 다양한 업체들을 손에 넣었다), 리턴 인더스트리스Litton Industries(주요 방위산업체 겸 조선업체였으나 사무기기와 전자레인지 제조, 레스토랑 운영, 포장음식 유통에도 뛰어들었다), 그리고 ITT 코퍼레이션 ITT Corporation(1920년에 전신전화 회사로 출발했지만 1960년대 쉐라톤 호텔 체인과 컨티넨탈 브레드Continental Bread 등 300개 이상의 업체들을 사들임으로써 거대 복합기업으로 몸집을 불렸다) 등이 여기에 속한다. 이른바 "질주" 시대가 최고조에 다다랐을 무렵, 상위 25개 회사 중 11개가 거대 복합기업으로 분류되었고, 이 그룹은 1961~1968년 사이 500개 이상의 업체들을 인수했다.[21]

대기업의 인수·합병 행위를 옹호하는 자들은 이러한 다각화를 통해 다양한 부문에 자원을 효율적으로 할당할 내부 자본시장을 창출할 수 있었다고 주장한다.[22] 한편 반대 입장에 선 분석가들은 소유와 경영의 간격을 지나치게 벌려놓은 주된 요인으로 거대기업의 탐욕적 인수 행위를 지목하며 이 같은 추세를 부정적으로 바라봤다. 단지 조직을 키우고 존속시키는 데 혈안이 된 고위 경영진의 목적이 투영된 결과라는 것이다.

기존 제품군에 초점을 둔 성장전략을 통해서든 아니면 거대 복합기업 전략을 통해서든, 전후 시대 주요 기업들은 위험 감수보다는 안정을 추구했다. 이는 대장 따라하기식 가격 정책(많은 업계에서 대기업 지배를 통해 안정화된), 주요 공급업체와의 가격 및 하청 장기계약, 그리고 광고와 마케팅을 통한 정교한 수요관리에 그대로 반영되었다. 영속적이고 계획적이며 지속적으로 성장하는 기업체라는 개념은 존 케네스 갤브레이스John Kenneth Galbraith가 다음과 같이 잘 설명하고 있다.

회사는 신기술에 자본을 댈 수 있을 만한 규모여야 한다. 또 시장을 지배할 만큼 커야 한다. 이는 과거와 전혀 다른 시각이다. (…) 제너럴모터스의 규모는 독점이나 규모의 경제가 아니라, 계획에 기반한 것이다. 그리고 계획—공급 통제, 수요 관리, 자본 조달, 위험 최소화—에 관한 한, 바람직한 규모의 상한선은 없다. 오히려 크면 클수록 좋다. 기업 형태는 이러한 여러 요구에 부응해야 하기 때문이다. 바로 이 점이 기업을 점점 크게 만드는 요인이다.[23]

내부 노동시장 발달

1900년대 전반기 기업의 주요 경영과제는 수천 명이나 되는 사내 직원들의 고용과 훈련, 평가와 보상이었다. 더 이상 주먹구구식으로 자금운용을 할 수 없는 것과 마찬가지로, 복잡한 인적자원을 담당할 체계적 수단을 마련하는 것이 조직관리의 필수 사안이 되었다. 1930년대 제조업 등이 노조 부상과 확대에 발맞춰 단체교섭을 비롯한 노사관계 정교화에 대응하는 사이, 비노조 기업들은 각자 서로 다른 노선으로 이러한 기능을 담당할 자체 정책을 개발해나갔다.

이처럼 일터에서 이루어진 일련의 변화들은 피터 데린저Peter Doeringer와 마이클 피오레Michael Piore가 내부 노동시장이라 일컬은 시스템(임금, 고용, 기타 일터 요소를 정하는 사내 체계)으로 수렴되었다. 물론 이 이론 자체가 노조 기업에서 흔히 나타나는 내부 노동시장의 특징을 다루지만, 데린저와 피오레(그리고 이들을 추종하는 학자들)는 경제 전반을 지배하는 대기업 일터가 더 이상 외부 노동시장의 수요·공급 조건이 아닌, 사내 제도적 임금 결정방식과 절차에 따른다는 사실에 주목했다.[24]

이 원칙의 주된 특징은 "외부" 노동시장에 대해 배타적이라는 사실이다. 즉 수요·공급 변동에 취약한 외부 노동시장과 완전히 격리되지는 않더라도, 내부 노동시장 구조 및 그 안에서의 이동은 외부적인 조건과 연관성이 적으며, 내부 노동시장 진입·퇴출 여부도 사내 원칙에 의해 좌우된다는 뜻이다.

근대적 경영방식과 사업부제 조직구조를 발판으로 성장한 대기업은 내부 노동시장에 힘입어 기술 습득, 안정적 승진체계, 직원 충성도를 강화시켜나갈 수 있었다. 일단 내부 노동시장 안으로 진입한 노동자(철강회사 생산직 노동자든 대형 식품업체 관리직원이든 화학업체 중견간부든)는 누구나 고용안정성과 체계적 임금 인상, 명확한 승진요건(생산현장이든 사내 위계든)을 기대하고 예측할 수 있었다.

고용주 입장에서도 내부 노동시장은 철강 제조, 화학제품 생산, 호텔 서비스 제공 등 각 분야별 필수능력을 갖춘 인력조달 안정화를 의미했다. 고용주는 진입 통로를 제한함으로써 회사와 직원 간 장기 애착관계 확립과 더불어, 임금 설정에 관한 일정 수준의 시장지배력을 거머쥘 수 있었다.[25] 직원은 회사에 충성을 다하는 대가로 고용 유지와 보수 상승을 보장받았고, 고용주는 점점 성장하는 시장에서 생산 및 서비스 담당인력을 안정적으로 확보하게 된 것이다.[26]

내부 노동시장은 제2차 세계대전 이후 노조와 비노조 부문 모두에서 확대, 심화되었다. 대표적 노조 부문인 자동차, 철강, 고무 산업에서 단체교섭 과정을 거쳐 상세 직무분류체계가 마련되는가 하면, 핵심 단체협약에 따른 교섭기준이 다른 업계에 채택되기도 했다(가령, 상세 직무분류체계가 적합하지 않은 곳에 선뜻 도입되는 경우도 있었다).[27]

내부 노동시장은 비노조 기업들에도 꾸준히 정착되었다. 코닥, 아이비엠, 애트나 같은 회사들도 노조 기업과 동일한 당면과제 해결(다수의 인력을 효율적으로 관리하고 직원과 회사 간 이해관계를 수렴시키기 위한 인센티브 제공)을 목표로 승진, 채용, 평가, 훈련, 보상에 관한 공식 체계를 마련해나가기 시작했다.

시장 확장, 제품군 확대, 조직운영 복잡성이 증대하면서 분쟁 해결 매커니즘과 유능한 직원 보유방안을 마련할 사내 정책 수립 필요성이 커졌기 때문이다.[28]

인적자원 담당 부서들도 이 시기에 동반성장했다. 1955년 대기업 대표 표본 중 30% 가량이 사내에 인사관리 부서를 두었고 1965년에는 약 35%로 그 비율이 상승했다. 연금, 직업 안전과 건강(직업안전보건법OSHA 포함)에 대한 의식, 차별 금지, 1960년대 후반과 1970년대 초반에 통과된 소수자 우대정책affirmative action 등 새로운 근로규정에 부응할 필요성이 강화되면서, 인사과를 배치한 회사도 급격히 증가했다. 1975년에는 그 비율이 50%에 이르렀으며 1985년이 되자 무려

70%까지 올라섰다.[29]

겉으로 드러나는 인사과나 인사관리자들에 의한 인적자원 정책만이 내부 노동시장을 갖춘 대기업의 특징은 아니다. 1970~1980년대 대기업 노동자들은(노조 유무와는 상관없이) 다른 중소기업 근무자들보다 더 많은 보수를 받았으며, 동일한 능력과 생산성을 보이는 "같은 직종"과 비교해서도 월등한 복지혜택과 근무조건을 누렸다.[30] 이러한 대기업 임금효과는 1990년대로 접어들어서야 점차 줄어들기 시작했다(아예 사라지지는 않았지만).[31]

또 내부 노동시장은 대기업 종사자들의 복지혜택 폭을 더욱 늘리는 결과를 가져왔다. 이는 대기업 노동자들의 전체 보수(임금 외에 연금, 건강보험, 산재보상 같은 법적 혜택)에서 임금이 차지하는 몫이 점차 하락한 사실에서 알 수 있다. 1951년 민간부문 대기업을 조사한 결과 임금이 총보수의 약 83%를 차지했지만, 1961년에는 78%, 1971년에는 74%로 줄어들었고 1979년이 되자 70%까지 떨어졌다.[32]

임금과 마찬가지로, 전반적인 혜택 상승은 대기업 정책을 특징적으로 반영한다고 할 수 있다. 1979년 연금보장 혜택을 받는 직원 비율은 노동자 1~24명 종사 회사 21%, 25~99명이 일하는 회사 48%였다. 반면 100~499명 근무 회사 71%였고, 1000명 이상 노동자를 고용한 대기업은 89%였다. 건강보험 혜택 역시 노동자 24명 이하 회사 34%, 100~499명 회사 76%인데 반해 1000명 이상을 고용한 대기업은 86%로 점점 올라가는 추세를 보였다.[33]

대해체 예고

위에 언급한 기업 유형에 고용된 미국 중간계층 노동자 대부분에게 1940년대 후반부터 1970년대 후반까지는 꽤 호의적인 시기였다. 물론 위험하고 불안정한 노동시장 조건 아래서 근무하는 노동자들(특히 소수인종이나 특정 지역민 혹은 이주자 집단)도 적지 않았다.[34] 그럼에도 불구하고, 미국 경제에서 한창 번성하던 제조 부문(자동차, 철강, 고무, 식품)에서 일했던 노동자들은 임금 상승, 복지혜택(건강보험과 연금)의 질과 범위 증대, 그리고 노조를 매개로 한 사측과의 소통이라는 이점을 누렸다.

당시 이 업계 고용주들은 산업국가의 제조 부문이라는 말에서 흔히 연상되는 시장과는 전혀 다른 상품시장을 거쳤다. 즉, 회사들은 국내외 자사 상품 수요증가에 따라 가격 결정력을 행사할 수 있었으며, 자본 접근성 제고를 토대로 기업 확장 여력을 높일 수 있었다. 가격 외 부문에서도 전 세계 소비자를 대상으로 한 광고는 물론 다양한 제품군 출시를 통해 시장점유율을 높여나갔다. 이는 노동자를 위한 보수와 혜택, 각종 노동정책 수립에 있어 매우 안정적인 환경을 제공했다. 사실 파업이나 기타 생산중단 행위를 수반하는 노사 불화의 잠재적 위험성을 감안할 때, 기업 확장 전략의 일부로서 노사 평화까지 이룰 수 있다는 것은 사측으로서도 합당한 선택이었다.[35]

노동운동이 가장 활발하게 일어났던 시기도 바로 이때였다. 1935년 전국노동관계법NLRA 통과를 필두로 노동자 수와 노조가입 노동인구 비율이 급격히 증가해, 법안 통과 당시 총고용의 7%에 머물던 수치가

1954년에는 35%까지 올라갔다.[36] 특히 제조와 건설 부문 노조 비율은 임금과 복지혜택, 근무조건을 포괄한 단체교섭 합의 건수와 더불어 최고조에 다다랐다.

제2차 대전 이후 중단 없는 상승이 이어진 핵심 제조산업(전산, 통신, 건설, 금융서비스 같은 신흥 산업들도 마찬가지지만)은 안정적인 직업훈련과 승진체계를 갖춘 인사정책 마련의 시초를 열어주었다. 인사와 복지혜택, 노사관계 담당부서의 중앙 집중화는 복잡한 건강보험 및 연금제도를 관리하고 노사 간 분쟁을 원활히 해결하기 위한 조처였다.

그러니까 노사관계 시스템과 정교한 내부 노동시장은 상대적 안정성을 특징으로 한 상품 및 자본시장이라는 토대 위에 구축된 셈이다. 그러나 인플레이션 압력과 과열된 거시경제적 수요 하에서 1970년대부터 서서히 드러난 새로운 변화 조짐은 미 경제 핵심 부문이 전 세계적 경쟁과 맞닥뜨리면서 기존 체계의 근간까지 위협하기 시작했다. 환경적 요소가 극적으로 변모하자 근무조건을 포함한 회사의 기본 전략 일체가 심각한 도전에 직면한 것이다.[37]

* * *

1970년대 미 경제 각 부문에서 두각을 나타낸 대기업들, 그 중 제너럴모터스, 힐튼, IBM, 보잉Boeing, 시어스Sears 같은 회사들은 핵심 서비스, 제조, 연구개발, 유통, 소매 부문을 담당할 인력을 수천 개로 나뉜 일터에 대거 포진시켰다. 본사와 각 부서는 금융, 인사관리, 노사관계, 회계, IT 등의 지원을 받아 마케팅, 제품 시험, 연구, 유통 같은 전략적 활동들을 수행했다.

　미국의 대형 소매점이나 호텔, 제조시설을 비롯한 각 조직 단위에서, 핵심 업무(차량 제조, 프런트데스크의 고객 응대, 창고 관리, 컴퓨터 하드웨어 개발 등)를 맡은 피고용인들은 지원 기능(청소, 시설관리, 보안, 행정)을 담당하는 다른 피고용인들과 함께 근무했다. 정교한 내부 노동시장 시스템은 임금과 복지혜택, 기타 인사정책을 자체적으로 수립함으로써 같은 회사 내에서 일하는 다양한 사람들을 잘 엮어놓는 역할을 해왔다.[38]

　이러한 시스템은 기업과 시장이 직면한 복잡한 조율 문제에 대해 뚜렷한 해법을 제시해주었다. 그러나 A&P의 소매유통 혁명이 새로운 조율방식을 예고했듯이, 20세기 마지막 20년간 진행된 조율비용의 근본적인 변화(산술속도와 기억장치의 획기적 발전, 바코드·GPS·전자센서 같은 신기술 도입, 그리고 다량의 정보 공유기준 마련)는 기업이 회사 테두리 안과 밖에서 각각 무엇을 할지 선택하는 문제에 있어 대대적인 변화를 가져왔다.

THE FISSURED WORKPLACE

3장

왜 균열인가?

과거 대기업은 명확한 경계선을 가지고 있었다. 대부분의 고용이 회사 울타리 내에 존재했다는 뜻이다. 오늘날 대기업은 어떻게 보면 작은 태양계에 비유될 수 있다. 중심에 대기업이 있고 소규모 일터들이 그 주변궤도를 돌고 있으며, 또 일부 행성 주위에는 달이 돌고 있다. 주변 일터들이 대기업에서 멀어질수록 얻을 수 있는 이윤 폭도 그만큼 줄어들고, 그 영향은 고스란히 노동자들에게 미치게 된다.

수익성의 핵심에서 벗어나는 활동을 밖으로 내보내고 싶은 기업으로선 동일한 활동이 외부에서 더 낮은 비용으로 수행될 수 있다면 두말할 필요 없이 그 쪽을 선택할 것이다. 하지만 이 같은 관행을 더욱 만연하게 만든 변화는 과연 무엇일까? 임시직이라든지 불안정 고용, 노동력의 취약성 증대 등이 많은 문제를 안고 있다고 지적하는 분석은 많지만, 정작 그 요인들이 어째서 이러한 관행의 배경이 되었는지에 대해서는 충분한 설명을 제시하지 못하고 있다. 이를테면, 대부분의 업계가 전 세계적으로 치열한 경쟁에 노출된 것은 사실이지만, 그렇다고 기업이 일자리를 외부계약으로 돌려야 할 필연적 상황에 처해 있다고는 단정짓기 힘들다는 얘기다.

그 해답을 찾기 위해 2장에서 언급한 대기업의 역사로 되돌아가볼 필요가 있다. 만약 20세기 상당 기간 동안 경제를 지배했던 근대적 기업 부상이 그 시절 기업에 작용한 시장과 기술적 힘에 대한 대응책을 반영한 결과라면, 상당수 활동을 외부업체로 넘기려는 작금의 결정 역시 회사에 미치고 있는 새로운 힘과 이에 부응하려는 기술 및 조직 변화를 함축한다고 볼 수 있다.

균열일터는 거센 압력에 직면한 회사들이 핵심역량에 집중하는 동시에 고용문제를 털어버리게 만든, 두 가지 상호연관된 변화요인을 보여주는 현상이다. 첫째는 자본시장의 요구에 따른 변화로, 자본시장의 작동방식과 기업 평가기준이 달라졌음을 나타낸다. 소유와 경영의 분리가 근대 기업을 일종의 성역으로 만들 것이라는 버얼과 민즈의 경고는 이제 자본시장의 지나친 개입이 기업의 근시안적 행태를 부추길 것이라는 우려로 대체되었다. 급변하는 금융환경은 기업이 회사 경계선 자체를 다시 긋게 만든 강력한 계기로 작용했다.

둘째는 기술혁신에 따른 변화로, 회사 안팎의 활동들을 계획하고 점검하는 방법이 새로 고안되었음을 대변한다. 기업은 사내에 있던 일부 활동들을 덜어내는 한편 외부 하청업체의 업무기준 이행 여부를 감시할 수 있게 되었다. 최근 30년 사이, 상품 생산이나 서비스 제공 활동을 외부에 맡기는(다른 조직과 하청계약을 맺거나 아예 새로운 조직을 만드는) 편이 훨씬 비용이 덜 드는 선택이 된 것이다. 이는 어떤 활동을 회사 경계선 안에서 혹은 밖에서 해야 할지에 대한 계산법이 근본적으로 달라졌음을 의미한다. 그 결과 기업은 자본시장이 요구하는 핵심활동들(그리고 직접적인 고용관계)에 초점을 맞추는 대신 예전에 했던 실질적 업무의 상당부분을 과감히 털어버렸다. 이 장에서는 지금 말한 두 가지 변화를 좀더 자세히 살펴볼 것이다.

자본시장의 요구

  1930년대 초, 아돌프 버얼과 가디너 민즈는 근대 기업의 발전과정을 기술하면서 소유와 경영 분리가 가져온 사회적 파장에 깊은 우려감을 표했다. 그로부터 다시 30년 후 존 케네스 갤브레이스는 이 같은 분리가 경영이 지배하는 시대로 이어질 거라고 내다보면서 기업 리더 및 그 하수들의 자리보전과 안정 추구가 기업 문화의 병폐가 될 것이라고 꼬집었다. 주류 경제학자들도 소유와 경영 분리에 내재한 주인/대리인 문제를 지적하면서, 점점 비대하고 게을러진 기업이 주주들의 가치 창출 요구에 둔감해진 나머지 일본과 신흥강국들과의 경쟁에서 뒤처지게 될 것이라고 경고했다.

  이를 케케묵은 시각으로 간주한 경제학자들은 몇 년 후 전혀 새로운 견해를 내놓기 시작했다. 이들은 자본시장의 단련효과를 내세우는 한편, 주주들(소위 기업 생산물의 잔여청구권자)에 대한 비즈니스 가치 극대화를 실현할 경영의 역할을 강조했다.[1] 주식 가치는 회사 가치와 미래 전망에 대한 금융시장의 해석을 담고 있다. 자본시장은 극도로 경쟁적이기 때문에 소유주 측(이들의 분산 정도와는 상관없이)의 이해에 확연히 반하는 경영진은 떨어지는 주가와 주주들의 경영진 교체 요구에 금세 발목 잡히게 마련이다.² 금융시장의 엄청난 변화는 특히 대침체 이후 많은 저술의 논제로 다루어졌으므로, 여기서 더 자세히 다루지는 않을 것이다.³ 그러나 기업이 당면한 몇 가지 중대한 변화와 공적자본 및 민간자본의 요구 증대에 관해서는 간략하게나마 짚고 넘어갈 필요가 있다고 생각한다.

기관투자자들

민간기업과 공공기업을 들락거리며 엄청난 자금을 쥐락펴락하는 노련한 기관투자가들은 경영진의 행위를 감시하고 그들의 관심을 오로지 수익에만 묶어두는 데 결정적인 힘을 행사한다. 그 결정적 추진 동기중 하나는 가계 은퇴자산 적립방식의 변화에서 비롯되었다. 1980년 연금을 받는 봉급생활자의 약 58%는 확정급여형 연금제도Defined Benefit pension plan(DB형, 노동자가 퇴직시 받을 연금 급여액을 미리 정해놓고 적립금은 회사가 주식이나 채권 등에 투자하여 마련하는 방식. ―옮긴이)에, 10% 미만은 확정기여형 연금제도Defined Contribution pension plan(DC형, 회사의 기여금 수준이 사전에 결정되고 노동자가 받을 연금 급여액은 적립금 운용실적에 따라 변동되는 방식. ―옮긴이)에 가입되어 있었다(나머지는 이 두 제도의 혼합형에 가입). 2011년이 되자 이 비율은 완전히 역전되어, 연금을 받는 10% 미만의 노동자들만이 확정급여형 연금제도

(DB형)에, 60% 이상이 확정기여형 연금제도(DC형)에 가입되었다.[4] 변화의 파장은 매우 컸다. 우선, 확정기여형 연금제도(DC형)는 수혜자인 노동자가 고용주 분담금을 추후 은퇴자금이 될 주식, 채권, 기타 자산에 투자하는 것이다.

확정기여형 연금계좌(401(k) 퇴직연금 계좌) 증가와 IRAIndividual Retirement Account(개인연금계좌, DB형 연금 대체 계좌)의 증가는 엄청난 가계 금융자본 유입으로 이어졌다. 1980년에는 투자회사가 보유한 미 가계 금융자산이 3%에 불과했지만 2011년에 이르자 그 수치는 23%로 껑충 뛰었다. 401(k)와 IRA 계좌 상당수가 뮤추얼펀드를 통해 관리되었고 이는 곧 투자신탁회사 자산의 폭발적 증가로 이어졌다.[5] 구체적인 수치만 보더라도, 자산규모 1,340억 달러에 불과했던 1980년과 비교해, 2011년에는 무려 11조 6,000억 달러로 불어났다.[6]

뮤추얼펀드(유가증권 투자를 목적으로 설립된 법인회사로 주식 발행을 통해 투자자를 모집하고 모집된 투자자산을 전문적인 운용회사에 맡겨 그 운용수익을 투자자에게 배당금 형태로 되돌려 주는 투자회사. ─옮긴이)는 미 발행 주식의 주요 투자자로, 2011년 말 유통 주식(사외주)의 25%를 보유했다.[7] 뮤추얼펀드(투자회사) 자산 집중화 양상을 살펴보면, 2011년 상위 5개 회사가 총순자산의 40%(1990년에는 34%), 상위 10개 회사로 보면 총순자산의 53%, 상위 25개 회사로 범위를 넓히면 총순자산의 73%를 관리했다.[8] 그 정점에 자리잡은 몇 안 되는 회사들 중 2011년 3조 5,000억 달러를 관리한 블랙락BlackRock은 1,800여 개 미 기업 주식의 5% 이상, 피델리티Fidelity는 677개 미 기업 주식의 5% 이상, 뱅가드Vanguard는 524개 미 기업 주식의 5%를 소유했다. 말하자면, 블랙

락은 미 기업 5분의 1, 피델리티와 뱅가드는 미 기업 10분의 1의 최대 주주였던 셈이다.[9]

블랙락, 뱅가드, 피델리티 같은 회사들은 그 자산규모와 대체성, 접근가능한 대안투자 수로 볼 때 위험수준 대비 실적이 저조한 주식에 인내심을 보이지 않는다. 주식을 사서 보유하기보다는 자주 사고파는 뮤추얼펀드 속성상 기업의 소유권 변동성과 기업 가치 변화에 대한 민감도는 증대될 수밖에 없다.[10] 가령 2011년 펀드 포트폴리오의 가중평균 주식회전율은 연 52%로, 지난 40년간의 평균 주식회전율 58%와 거의 맞먹는 수준이다.[11] 뮤추얼펀드에서 주식공개기업(공개매매회사 publicly traded company, 또는 대중소유회사 publicly held company, 즉 상장기업을 의미함. ─옮긴이)으로 흘러들어가는 돈은 "참을성이 없으며" 위험수준 대비 높은 수익률을 찾아 빈번히 이동한다.[12] 캘퍼스 CalPERS(미국 최대 연기금인 캘리포니아 주 정부공무원 연금. ─옮긴이), 헤지펀드, 보험회사 같은 공적연금 시스템 등 다른 기관투자자들 또한 점점 다양해지는 투자수단을 이용해 직접적(시장에서의 영향력을 통해) 혹은 간접적(일일 거래활동을 통해)으로 소유 기업의 생사에 공격적으로 관여한다.[13]

비공개 기업 투자모델

사모펀드 Private Equity Firm(증권시장과 같은 공개시장이 아닌, 소수의 투자자로부터 모은 자금으로 기업을 인수해 구조조정으로 가치를 높인 뒤 되팔거나 주식시장에 상장해 수익을 얻는 회사로 비공개 기업투자회사라고도 함. ─옮긴이)의 부상은 대기업 구조조정에 막대한 영향을 미쳤다.[14]

사모펀드 거래의 수효와 가치는 2008년 대침체 이전 몇 해에 걸쳐 급격히 증가했다. 2001년 불과 20건, 3,350억 달러 규모에 그쳤던 거래가 2005년에는 171건, 1조 770억 달러로 치솟았다. 그리고 이 추세는 2007년도에 정점을 찍어 607건, 1조 5,000억 달러를 기록했으며 인수에 초점을 맞춘 펀드가 투자자본의 약 3분의 2를 차지했다. 사모펀드 자금이 당시 인수회사가 빌린 자본을 지렛대로 삼고 있었음을 감안하더라도(아래 참조), 사모펀드 인수 거래로 쓰인 자금 액수는 2011년 3조 달러를 훨씬 넘어선 것으로 추정된다.[15]

블랙스톤 그룹BlackStone Group, KKR 앤 컴퍼니KKR and Company, 베인 캐피털Bain Capital 같은 회사들은 기업을 사고파는 일에만 관심을 두기보다 인수한 회사의 경영에 직접적으로 영향력을 행사하기 시작했다. 전형적인 거래에서 사모펀드 파트너들("무한책임 출자자general partners)은 일단의 유한책임 출자자limited partners, 이를테면 연금펀드, 학술기금, 부유한 개인들로부터 투자자금을 모집하며 그렇게 모인 자본은 기업 인수자금의 토대가 된다. 무한책임 출자자들은 유한책임 출자자들로부터 통상 투자자금의 2%를 수수료로 받는 것 외에, 유한 출자자의 절사율(목표이익률)만 넘기면 인수 수익금의 20%를 벌어들인다.

사모펀드는 투자자금을 이용해 시장에서 저평가된 회사들을 인수한다. 과거 기업담보차입매수Leveraged buyout(LBO, 인수대상 기업의 자산을 담보로 투자자금을 빌려 기업을 인수한 후 투자를 통해 기업 가치를 올리는 것. ─옮긴이)와 유사한 방식으로, 투자자들은 투자자금의 일부만 이용해 회사를 인수한다.[16] 나머지 자본(투자자들로부터 모집한 금액보타 훨씬 더 큰)은 투자은행, 헤지펀드, 기타 금융기관으로부터 회사 가치에 상응하는 단기(고이율) 대출을 받는다.[17] 투자 기간이 끝나면 수익금을 산출해 펀드 파트너들에게 분배한다.

사모펀드 포트폴리오에서 자기자본에 비해 차입금 비중이 과도하게 높은 회사들은 새 소유권 집단의 강력한 구조조정 압박을 받게 된다. 소유권은 인수한 회사의 가치를 끌어올려 이익을 남기고 매각하는 데 필수적이라 간주되는 모든 조치(사업단위 매각, 구조조정, 특정 활동 외부 이전)를 취할 수 있는 권리를 부여하며, 이를 뒷받침할 강력하고 직접적인 수단이 동원된다.[18]

임원 보수와 기업 실적

기업 실적을 향상시키라는 투자자의 요구는 CEO와 고위 경영진에 대한 인센티브 위주 보수시스템과 맞물려 더욱 거센 압박으로 작용했다. 실적 기반 보수시스템은 재산권을 중시하는 시각에서 고안된 아이디어다. 회사 소유주가 수익을 높이고자 한다면, 경영진에게 인센티브를 제공하는 계약이 선행되어야 한다는 것이다.[19]

미국 50대 기업 CEO 보수는 1930년대 후반부터 1970년대 초까지 보통 100만 달러 선(2000년도 달러 가치로)을 유지해왔다. 그러다가 1970년대 중후반부터 그 액수가 점점 올라가기 시작해, 1990년대 들어 가파른 성장세를 보이다 급격히 치솟았다. 상위 50대 기업의 CEO 평균보수(2000년도 달러 가치로)는 1970년대 120만 달러에서 1980년대 180만 달러로 증가했으며, 1990년대에 훌쩍 뛰어 410만 달러를 기록했다. 그리고 2000년부터 2005년까지 이 그룹 CEO의 실질 평균보수

는 무려 920만 달러에 달했다.[20]

이러한 상승은 주가 및 스톡옵션과 연계한 실적 위주 보수체계 양상을 그대로 반영한 것이다. 1936년부터 1950년까지는 봉급과 보너스가 미국 50대 기업 CEO 총보수의 전부(100%)였으나, 1960년대에는 그 비율이 총보수의 87%, 1980년대에는 74%로 떨어졌으며, 1990년대에 이르자 53%까지 떨어졌다. 주식, 스톡옵션, 보수 총액이 정점에 달한 2000~2005년 사이, 봉급과 보너스가 총보수의 40%를 차지한 반면 23%는 주식과 성과급(장기 인센티브 플랜으로 대부분 양도제한부 주식restricted stock: 스톡옵션의 일종으로 일반적인 스톡옵션을 받은 임직원이 주가가 오르면 권리행사 후 바로 퇴직하는 부작용을 막기 위해 고안됨.—옮긴이), 나머지 37%는 스톡옵션인 것으로 나타났다.[21]

학계 자료와 뉴스 보도를 통해 알려진 대로, 보수는 실적에 비례해 동반 상승하지만 주가가 약세를 보일 때(심지어 급격히 떨어졌을 때)도 임원들의 보수는 꽤 높은 편이었다. 그 한 가지 이유는 실적 기반 보수정책이 일반적으로 CEO와 최고경영진 간, CEO와 이사진 간 인센티브 계획 수립 시 "상호 독립적인 협상모델"을 취하고 있기 때문이다. 그러나 루시언 베브척Lucian Bebchuck과 제시 프리드Jesse Fried 같은 학자들이 입증했듯, 현실은 이와 달랐다. 여러 가지 근거로 볼 때, 기업 소유 경영 구조상 독립적 모델을 취하고 있다 해도 실제로는 경영진과 이사진 간 관계가 훨씬 밀접히 연관되어 있다는 것이다.[22]

의도된 실적 효과와 숨겨진 자기 거래가 내재된 보수체계는 타 직원들에 비해 최고경영진의 소득을 월등히 끌어올려 놓았다. 직접 총보수로 CEO가 받는 보수와 평균 생산직 노동자 간 급료 비율은 1979

년 37.2:1에서 2007년 277:1로 크게 벌어졌다. 경기 불황 여파로 다소 주춤하긴 했지만 2009년 185:1로 그 격차는 여전했다.[23]

자본시장은 이러한 임원 보수 추세에 전혀 동요하지 않았다. 오히려 투자자들은 이러한 보수체계를 채택한 회사들을 두 팔 벌려 환영했다. CEO와 경영진들이 가치 제고를 위해 도입한 정책들 때문이다.

* * *

오늘날, 소유와 경영 간 거리두기가 갤브레이스가 예견한 신산업국가와 "계획 사회"를 유도한다고 주장하기는 어려울지 모른다. 자본시장의 종착점이 효율적일지 근시안적일지는 여전히 첨예한 논란거리지만, 많은 핵심 제조업에서 미국의 우세가 시들해지고 자본시장이 점점 더 유동적으로 변하면서 기업 경영이 1970년대 중반 이래 엄청난 압박에 시달리고 있다는 점을 부인하기는 힘들 것이다.[24] 이러한 일련의 압력에 고스란히 노출된 대기업들은 경영전략을 대대적으로 변경했고, 급기야 고용을 균열시킬 정책들에 시동을 걸기 시작했다.

핵심역량 추구와 그 영향

공적자본 시장과 사모펀드가 발신한 새 메시지는 1980년대 후반과 1990년대 초반에 이르자 보다 뚜렷하게 들려왔다. 경영학 교수들과 컨설턴트 군단의 명확한 목소리도 메아리처럼 울려퍼졌다.

메시지는 간단했다. 회사들은 경쟁시장에서 확실한 비교우위가 있는 핵심역량에 관심과 자원을 집중해야 하며, 그외 모든 것은 다음 사항에 따라 재평가받아야 한다는 내용이었다. (1) 과연 비즈니스의 일부로 남을 필요가 있는가? (2) 효율성 확보를 위한 구조조정이 시급한가? (3) 아웃소싱을 통한 비용절감이 가능한가?

요는 이거다. 결정적 핵심역량을 찾아 거기에 집중하라, 그리고 나머지는 모두 버려라.

핵심역량이라는 개념은 해당 기업에 과연 무엇이 "핵심"인지 끊임없는 질문을 던지게 만든다. 이 개념을 옹호하는 학자들은 핵심역량이란 단지 기업이 성공을 거둔 특정 서비스나 상품 혹은 기능이 아니라, 그 상품이나 서비스를 일관되게 내놓을 근본적인 기술이나 총체적 지식, 또는 비즈니스 기조라고 강조한다. 자동차 부품업체의 핵심역량은 탁월한 생산품 자체라기보다 새로운 상품을 꾸준히 개발하고 개선해온 능력을 의미한다. 호텔 운영업체의 핵심역량은 어느 중요 도시에 특정 건물을 소유하고 운영하는 데 있는 것이 아니라 출장자나 여행객을 만족시킬 수 있는 고객 경험을 일관성 있게 제공하는 능력을 말한다. 또 소매업체의 핵심역량은 매장에 다양한 상품을 구비하고 재고 위험을 관리하는 능력을 뜻한다.[25]

널리 인용되는 논문에서 프라할라드Prahalad와 하멜Hamel은 핵심역량을 이렇게 설명했다. "1980년대 최고경영자들은 구조조정, 문제 해결, 간소화 능력으로 평가되었다. 1990년대에는 성장을 지속시키는 핵심역량의 발견과 발전·활용 능력으로 판단될 것이다. 이를 위해서는 기업 개념 자체를 다시 생각해야 한다."[26]

핵심역량은 당장의 상품이나 전략적 사업단위 차원을 뛰어넘는 개념이다. 집중 육성산업에 매진하는 기업들도 경쟁을 피할 수 없는 판국에 현재의 상품이나 서비스가 가져다주는 수익이 장기적 성공을 보장한다고 가정하는 것은 현실을 도외시하는 처사다. 핵심역량을 가장 잘 표현할 수 있는 말로 바꾸면, 회사가 꾸준한 수익을 거두기 위해서는(계속해서 투자자들의 호의를 사기 위해서는) 현재 거두고 있는 성공 요인을 향후에도 재창출할 수 있어야만 한다. 이것이 바로 경쟁자들을 제칠 장기적 우위를 확보하는 비결이다. 요컨대 차별화된 신상품을 만들어 시장에 내놓을 수 있는 능력, 다양한 시장에 고품격 서비스를 일관되게 제공할 수 있는 능력, 상품 제조비용을 지속적으로 절감할 수 있는 능력이다.

애플의 비즈니스 역사가 바로 그 실례라고 할 수 있다. 지난 10년간의 수익 급상승은 상품 그 자체가 아니라 고객 취향의 첨단 디지털 상품을 기획하고 제조하고 시판할 수 있는 능력에서 나왔기 때문이다. 단순 제조가 아니라 상품 디자인과 마케팅, 판매에 주안점을 둔 비즈니스 모델은 애플II 시절로 거슬러 올라간다(1977년에 처음 내놓은 가정용 컴퓨터의 성공적 초창기 라인). 애플II 시리즈의 약 70%가 그때 이미 다른 업체에 의해 위탁생산되고 있었을 뿐 아니라 마케팅, 프린팅, 심지어 디자인까지 아웃소싱한 것으로 알려져 있다.[27]

이러한 아웃소싱 의존은 애플 설립자인 스티브 잡스가 회사에서 쫓겨난 뒤 극히 어려운 시기였던 1986~1997년까지도 회사의 기본 전략으로 남아 있었다. 1997년 잡스가 CEO 자리로 되돌아왔을 때, 애플은 아이팟iPod과 이에 맞춘 아이튠즈 스토어(2001), 아이폰iPhone(2007),

아이패드iPad(2010) 등 자체 컴퓨터라인을 뛰어넘는 새로운 디지털 상품 도입으로 시장에 신선한 충격을 던졌다. 애플은 디자인, 신상품 개발, 소비자 판매(애플스토어를 포함해)에 일관되게 주력했다. 2011년 2월 실리콘밸리 경영진들과의 저녁모임 중 "미국 내에서 애플 제품을 만들려면 어떻게 해야 할까?"라는 버락 오바마 대통령의 질문에 잡스는 1초도 망설이지 않고 이렇게 답했다. "그 일자리는 다시 돌아오지 않을 겁니다." 2012년 애플이 직접 고용한 직원은 6만 3,000명(디자인과 엔지니어링, 소매). 그 외에 애플 제품 제조, 조립, 유통 부문에서 전 세계 75만 명에 달하는 사외 노동자가 일을 하는 상황이었다.[28] 투자자들은 상품개발과 제조를 분리시킨 전략이 가져다준 결과에 희희낙락했다. 2003년 7달러에 머물던 애플의 주가가 2012년 600달러 이상으로 껑충 뛰었기 때문이다.

이러한 핵심역량 추구(그리고 핵심역량 채택과 이행이 가져온 성공을 투자자에게 입증할 필요성)는 그 후로도 계속되고 있다. 시간이 지나면서 그 결과가 다른 방식으로 나타나긴 하지만, 넓게 보아 3단계로 구분할 수 있다.

첫째, 핵심역량 추구는 대개 공룡기업 해체로 이어졌다. 바꾸어 말하면, 사모투자자와 인수 전문가들의 주된 관심인, 일부 사업단위 매각을 통한 보다 집중화된 회사로의 전환을 의미한다.

둘째, 회사 운영에 필수적이되 지엽적이라 판단되는 활동들이 점차 외부로 이전되었다. 즉, 급속한 성장 시기에 광범위하게 포진했던 인사, 회계, 재무, 최근의 정보통신기술IT 같은 일단의 대기업 본사 기능을 말한다. 또 회사 운영에는 필수적이지만 핵심 사업과 사실상 동떨어진 시설관리 청소 경비 등, 회사 최전방에 위치한 활동들(제조 공장이나 소매점에서든, 또는 서비스제공 단위에서든)도 이에 해당된다.

셋째, 이러한 집중화 요구가 더욱 거세지면서 기업들은 핵심역량 자체에 속하던 활동들까지 과감히 털어버리고 있다. 그러니까 거의 모든 것이 외부로 밀려나는 현 상황 아래서는 핵심역량을 구성하는 요소들마저 더 이상 안전할 수 없게 된 것이다.

안녕, 대기업

1962~1969년 사이 〈포춘〉 500대 기업 중 22%가 인수·합병된 것으로 나타났다. 이러한 추세를 등에 업고 상호연관성이 없는 다양한 상품과 브랜드를 내세운 거대 복합기업이 전면에 등장했다. 거대 복합기업은 그 성장 시기부터 논란거리였다. 연방무역위원회는 개별 제품군의 수익성을 가리는 대기업 회계를 "기만 술수"라 일컫기도 했다.[29] 그러나 많은 대기업이 보여준 우수한 실적은 규모의 경제나 유리한 자본 접근성에 관한 논란의 싹을 제거하기에 충분했다. 대신 불만에 찬 주주들과 사모투자자들이 전반적인 인수 전략 결과에 의문을 제기하기 시작했다.[30]

1960년대 후반 거시경제 지표 부진과 주가 하락은 고도로 다각화된 거대 기업의 가치를 투자자들에게 입증해야만 하는 거센 압력으로 작용했다. 공격자들은 이러한 거대 복합기업이 다루기 어려운데다 실적도 못 내는 괴물이라고 몰아붙였다. 투자자들은 기업 인수를 통해 회사들을 사들여 느슨하게 연관된(혹은 연관성이 없는) 사업단위를 과감히 잘라낸 후 핵심 사업단위에서 실적을 올림으로써 가치를 추출했다. 동시에 여타 사업단위는 더 큰 가치를 창출할 수 있는 외부 투자자들에게 팔아버리는 것으로 이득을 챙겼다. 이러한 시각에서 거대 복합기업 해체는 조각조각 나뉜 사업단위가 한 덩어리의 기업보다 더 가치가 있다는 걸 나타내는 반증이었다.[31]

비어트리스 푸즈Beatrice Foods의 흥망성쇠는 그 교훈적인 예이다.[32] 이 회사는 1894년 네브래스카 비어트리스에서 비어트리스 크리머리 컴퍼니Beatrice Creamery Company라는 이름으로 처음 설립되었다. 초기에 다른 유제품 생산업체의 그레이딩 작업을 대행하던 이 회사는 자체 상표와 생산라인을 갖춘 버터 제조업체 겸 유제품 제조공장으로 급부상했다. 이후 포장과 유통방식 혁신으로 성장발판을 마련한 이 회사는 1900년대 초 상품 유통에도 뛰어들었다. 1930년에는 당시 미 식품산업의 요충지라 불리던 시카고로 본사를 이전해 매년 3,000만 갤런의 우유와 1,000만 갤런의 아이스크림을 생산했다. 제2차 세계대전 후 급증한 식품 수요에 발맞춰 다른 유제품 공장 인수와 생산 확대를 통해 발전을 거듭했다. 1950년대에 다른 업체 브랜드들을 인수한 이 회사는 보다 포괄적인 의미를 담은 비어트리스 푸즈로 이름을 바꾸고 관련 식품 분야로 사업을 확장해 헌츠Hunt's(케첩), 트로피카나Tropicana(오렌지주스), 웨슨Wesson(식용유), 라 초이La Choy(포장중식), 오빌 레덴바허Orville Redenbacher's(팝콘) 같은 유명 업체와 식품 브랜드를 연이어 인수했다. 그리고 1970년대 들어 인수 양상이 달라지면서 졸리 랜처Jolly Rancher(사탕), 굿앤플랜티Good & Plenty(사탕), 컬리건Culligan(정수기), 에이비스Avis(차량 렌트), 플레이텍스Playtex(내의), 샘소나이트Samsonite(가

방), 에어스트림Airstream(트레일러) 등의 회사와 브랜드를 사들였다.³³

기업담보차입매수 전문 사모펀드 회사인 콜버그 크래비스 앤 로버츠Kohlberg Kravis and Roberts, KKR는 다수가 인지하지 못하는 사실(비어트리스가 100개를 훨씬 넘은 주요 브랜드를 사들였다는 점)을 간파했다. 1986년 87억 달러에 비어트리스를 인수한 이 투자사는 1990년 콘아그라ConAgra에 최종 매각한 것을 마지막으로 4년에 걸쳐 산하 브랜드와 회사들을 차례차례 팔아치웠다.

1960년대에 재계 선두주자였던 거대 복합기업들은 1980년대 말, 콜버그 크래비스 앤 로버츠같은 사모펀드 회사를 위시해, 티 분 피켄스T. Boone Pickens 같은 기업 매수자, 마이클 밀리컨Michael Milliken 같은 기업 담보 차입매수 전문가들을 통해 하나씩 해체되었다. 그러나 비어트리스와 같은 공룡기업 조각내기는 핵심역량 집중 노력의 서막에 불과했다. 주변부 사업단위 매각을 신호탄으로, 비핵심 영역 털어버리기는 내부에서부터 끈질기게 계속되었다.

기업 주변부 잘라내기

20세기 상당기간 동안 회사 본사와 각 부서는 규모와 범위 면에서 절정을 구가했다. 하지만 시간이 지날수록 회계, 인사, 정보기술을 아우르는 다양한 지원활동이 비용절감 대상으로 눈총을 받기 시작했다. 비용우위를 내세운 경험 있는 외부업체가 이러한 활동들을 더 효율적으로 수행할 수 있다는 주장이 힘을 얻었기 때문이다.

인적자원, 복지혜택, 노사관계 관련 부서들은 과거 사내에서 급성장한 대표 분야였다. 20세기 중반 노조 증가와 단체교섭 합의 요구에 직면한 회사들이 노사문제와 임금정책을 다룰 부서를 크게 키워나간 덕분이다. 이후 안전 및 건강, 차별이나 복지 등에 관한 법안 통과로 보다 전문성을 요하는 여건이 전개되면서 이들 부서는 단순한 규정 준수 차원을 넘어 잠재적 효율성, 나아가 전략적 우위의 원천이라는 시각에서 중요 인사기능으로 자리매김했다.[34]

그러나 이 부서들은 그 속성상 이익센터라기보다 대부분 비용센터여서 아웃소싱의 이른 표적이 될 수밖에 없었다. 급여 관리는 표준화가 가능한 기능이라는 점에서 인사부서 1순위 아웃소싱 표적이었다. 연방정부와 주정부 정책의 상세한 법적 요건 및 절차들을 통합시킨 공동 업무기반, 대량 정보처리를 대신할 소프트웨어 시스템을 갖춘 오토매틱 데이터 프로세싱ADP, 페이첵스Paychex Inc., 세리디언 코퍼레이션Ceridian Corporation 같은 급여 수당 전문회사들이 성장세를 타기 시작했다.[35]

아웃소싱 대상 범위는 점차 확대되어 디자인, 조직개발, 복지제도 시행, 인력 다양화 프로그램까지 포괄하기에 이르렀다. 특히 날로 복잡다단해지는 법률 분야에 맞서 기업체는 일부 까다로운 영역들을 점차 외부로 돌리기 시작했다. 21세기 초까지, 인력자원 아웃소싱 산업이 거둬들인 연간 217억 달러 가량의 수익은 인력자원 지출 총액의 8%에 해당하는 액수다. 업체들은 거의 모든 인력자원 정책을 망라한 서비스를 제공했고, 다양한 업계의 많은 기업들이 이 서비스에 의존했다. 예를 들어 1998년 BP는 소규모 신생회사인 이그절트Exult에 보수, 수당, 급여, 조직개발, 실적관리, 사원교육, 훈련, 모집, 배치 등을 맡기는 7년짜리 장기계약을 체결했다. 그 사이 아웃소싱 과정이 진행되면서 BP 내부 인력 중 약 40%가 잘려나갔다.[36] 이그절트와 훗날 이 업체를 인수한 일련의 회사들은 뱅크 오브 아메리카, 인터내셔널 페이퍼, 푸르덴셜 파이낸셜 외 다수 기업과 대규모 계약을 잇달아 체결했다.[37]

정보기술 기능 역시 아웃소싱을 염두에 둔 기업들의 또 다른 공동 표적이 되었다. 급여관리 아웃소싱을 필두로 과잉비용 정리에 나선 회사들은 IT 기능을 외부 경쟁입찰에 부치기 시작했다. 빠르게 진화하는 IT 속성도 이를 부추기는 요인이었다. 즉 IT의 엄청난 변화 속도 때문에, 회사(심지어 큰 회사조차)들은 소프트웨어와 하드웨어는 물론 인터넷 기반 혁신까지 따라잡지 않으면 안 되는 도전에 직면한 것이다. 특히 IT가 핵심역량이 아닌 회사들에게 외부계약은 최첨단 서비스에 손쉽게 접근할 수 있는(자체적으로 새로 만드는 것보다 훨씬 저렴한 비용으로) 이점을 제공했다.

IT 아웃소싱의 경우 1990년대에 처음 시작되었음에도 불구하고 1998년에 이르자 조사 기업 중 38%가 이 기능을 외부업체에 넘긴 것으로 나타났다.[38] 인적자원 분야의 급여관리 기능과 마찬가지로 외부로 떨어져나간 1순위 IT 기능은 모든 회사에 표준화된 통상적 기능이거나 회사가 사전 경험을 갖고 있지 않은 신서비스 기능, 가령 데이터센터 운영이나 어플리케이션 유지점검, 네트워크 관리 등이다.[39] IT 특유의 속성상 아웃소싱 범위는 서서히 확대되어 마케팅(웹디자인과 관리를 통해), 사용자 지원, 어플리케이션 개발 등 보다 핵심적인 활동을 제공하는 영역으로까지 번져나갔다. 최근 조사로 드러났듯이, 높은 보안 등급의 클라우드 기반 서버를 제공하는 회사들이 등장하면서 고객맞춤 영역으로의 확장도 활발하게 진행되고 있다.[40]

일터 주변부 잘라내기

과거 대기업은 조경사, 청소부, 관리직원, 보안직원을 직접 고용해 시설물 청결과 유지관리, 환경미화를 담당케 했다. 그러나 급여관리, 홍보, 인사, 정보기술 등의 부서가 이익센터가 아닌 비용센터로 분류되었듯, 상품 제조 및 서비스 제공과 직접적 관련성이 없는 이들 활동은 핵심역량에 초점을 맞추라는 거센 압력에 굴복해 기업 외부로 밀려나야 할 대상이 되어버렸다

논리는 명확하다. 수많은 외부업체들이 일을 달라며 줄을 섰는데 기업이 왜 사내 직원들에게 비싼 돈 줘가며 바닥과 화장실, 매트 청소나 잔디 깎기를 시켜야 하는가? 더욱이 사내 일부 집단에는 단체교섭권이 없는 반면 다른 그룹(특히 시설관리 서비스)에만 노조가 있다면, 회사 측에서는 이런 유혹이 더 강할 수밖에 없다.

이 기능들은 비교적 따로 떼어져 있기 때문에 다른 업체에 넘기기로 결정하는 순간 비용을 현격히 낮출 수 있다. 게다가 외부 이전이 진행될수록 서비스 시장은 더 커지고, 제공업체 간 경쟁이 격화되면서 가격이 떨어지는 혜택은 고스란히 기업에게 돌아간다.[41]

가령 대기업은 다른 대형 업체, 이를테면 35억 달러 규모의 관리·보안·청소용역회사인 에이비엠 인더스트리스ABM Industries를 고용한다. 그리고 이 업체는 해당 서비스를 제공할 직원들을 직접 채용해 훈

련시킨다. 이 경우는 숙련된 인력만이 할 수 있는 특화된 활동, 이를 테면 특수기술이나 능력을 요하는 청소 업무 등에 적용된다.

아니면 유지관리 업무, 예를 들어 건물 청소나 부지 조경 같은 일을 함께 할 제3의 업체를 복수 고용하는 경우도 있다. 이 회사들은 건설업계 하도급 방식과 마찬가지로 다른 소규모 업체에 다시 하청을 준다. 심지어 한 회사 내 서로 다른 층을 별도 청소업체가 맡는 경우도 있다. 하청 단계가 많아질수록 일과 고용은 점점 더 분리될 수밖에 없다.[42]

이와 더불어 프랜차이징도 점점 확산되었다. 특히 기업이 직접 관리할 수 없는 시간대인 정규 근무시간 이후에 일하는 청소업계의 경우, 용역 제공업체들은 모든 직원이 품질기준을 준수하는 믿을 만한 업체임을 고객들에게 확인시키기 위한 방안으로 서비스를 브랜드화하기 시작했다. 프랜차이징을 통해 중대형 기업 고객들에게 브랜드 서비스를 제공하는 신산업이 형성된 것이다.

관리 전문 대형업체든 하청 네트워크든 프랜차이즈 업체든, 주변부 활동의 외부 이전은 이제 광범위한 현상이 되었다. 2000년 기준 청소부의 약 45%가 하청계약 조건으로 일을 했으며, 경비원의 70% 이상이 계약직으로 고용되었다.[43]

더 깊게 잘라내기

계속되는 핵심역량 집중 압박 아래 놓인 기업은 비핵심 활동을 털어냄으로써 비용을 줄이고 수익성을 높일 수단을 보다 적극적으로 강구해나갔다. 경영학자와 컨설턴트들은 굼뜨고 성가신 비즈니스 절차를 간소화할 아이디어들을 앞다투어 내놓았다. 이러한 시각에서 볼 때, 그간 회사들은 군살처럼 붙은 불필요한 활동들과 비효율적이고 비생산적인 절차에 짓눌려온 것이나 다름없었다. 경쟁에서 살아남기 위해서는 핵심 이외의 군더더기를 과감히 잘라내는 한편 핵심사업의 결정적 요소는 무엇인지, 있다면 어떻게 구축할지를 면밀히 분석할 필요가 있었다.

"리엔지니어링reengineering(기업의 체질과 구조, 경영방식을 근본적으로 혁신시켜 경쟁력을 확보해야 한다는 개념. ―옮긴이)은 해머와 챔피Hammer and Champy가 처음 고안한 이후 여러 경영학 교수와 컨설턴트들에 의해 채택된 영향력 있는 접근방식으로, 제품을 만들거나 서비스를 제공하는 과정 각 요소들을 분리시킨다는 내용이다. 가령 생산과정 리엔지니어링은 각 요소에 대한 철저한 점검을 통해 낭비를 줄이고, 처리량을 늘리며, 배달 시간을 단축하고, 생산성을 높이는 것을 의미한다. 이 과정을 통해 회사들은 생산품을 보다 낮은 비용으로 제공할 수 있게 된다.[44]

핵심 이외의 활동을 잘라내는 보다 심화된 노력 중 한 예는 물류유통 영역에서 찾아볼 수 있다. 중간생산품을 다른 단계의 생산과정으로 전달하거나 소매업체 및 고객들에게 배송하는 일은 생산의 본질적인 부분이다. 앞으로 설명할 소매업의 변화는 유통을 더욱 더 중요한 요소로 끌어올렸다. 린 생산방식lean production(일본 도요타자동차가 창안한 방식으로 작업공정 혁신을 통해 비용을 줄이고 생산성을 높이는 것을 말함. ―옮긴이)의 자동차 제조회사에 부품을 제공하는 업체는 비교적 단시간에 부품을 전달할 효율적인 유통시스템을 갖추고 있어야 한다.

마찬가지로 린 방식 소매업체들 역시 신속한 재고 보충과 정교한 유통시스템을 요구한다.

유통업무 외부 이전 전략을 세운 제조업체와 소매업체들은 종전 사내 교통편을 통해 이루어지던 운송 기능을 1980년대부터 전문 운송업체들에 맡기기 시작했다. 1990년대 DHL 같은 회사들이 포장, 분류, 라벨링처럼 보다 확장된 서비스를 고객들에게 제공했으며, 21세기 초반 정보기술과 물류 기능이 통합되면서 UPS와 슈나이더 로지스틱스 Schneider Logistics 등이 제품 반송 같은 특정 운송활동을 맡기에 이르렀다. 더 최근에는 대기업의 물류 기능을 전부 관할하는 책임까지 수반하고 있다.[45]

다른 사례와 마찬가지로 비핵심활동을 잘라내는 첫 번째 단계는 간소화와 표준화이다. 물류업체들은 최상의 물류설비 활용, 효율적 자원할당, 발송절차 단축은 물론 한 번에 여러 고객에게 서비스를 제공하는 경제성을 통해 비용절감을 꾀하고 다양한 수요패턴에 직면한 회사들의 들쭉날쭉한 주문도 무리 없이 수용할 수 있게 되었다. 그 결과 운송과 물류 기능은 회사 밖으로 신속히 이전되었으며, 관련 서비스 시장은 점점 커졌으며, 이 서비스를 이용하는 회사들의 재정적 이득은 갈수록 탄탄해졌다.[46]

자, 그렇다면 물류에서 실현한 경제성을 제조나 조달 부문에 적용시킬 수는 없을까? 호텔의 경우, 조경과 청소를 외부업체가 맡아 하는 상황에서 객실청소와 식당 운영을 책임질 업체는 왜 없겠는가? 비핵심활동 잘라내기 논리는 잠재적으로 핵심 비즈니스 영역까지 더 깊게 적용될 수 있다. 핵심역량이라는 '왕관'만 건드리지 않는다면 말이다.

과도한 이전의 위험성

아웃소싱의 혜택과 비용을 따지는 일은 핵심역량에 가까운 기능들이 잘려나갈수록 점점 더 복잡해진다. 아웃소싱된 기능이 핵심역량의 중요 결정과 결부되거나 고객, 시장, 기타 외부요소들에 대한 미묘한 이해와 맞닿아 있을 경우, 거기서 발생하는 위험을 감수할 수밖에 없다. 가령 주요 인적자원과 IT 기능을 이전하는 일은 핵심 직급 개발에 걸림돌이 되거나 전략적 데이터시스템을 비롯한 IT 관련 서비스 구축을 침해하는 역효과를 불러올 수 있다. 문제는 한번 외부로 떨어져나간 기능을 다시 사내로 끌어오기는 쉽지 않다는 사실이다.

핵심 생산활동 외부 이전 사례는 1980년대의 후반 제조 부문에서 찾아볼 수 있다. 자동차 부품회사의 임시고용 대행업체 이용에 관한 상세연구에서, 에릭섹Erickcek과 하우스먼Houseman, 칼레버그Kalleberg는 조사대상 부품회사 중 네 곳이 임시고용 대행업체를 이용했으며, 그 회사들 중 두 곳이 생산 인력의 20% 이상을 임시고용 대행업체에 의존했다고 밝혔다.[47] 급성장 시기 부품회사들이 비교적 높은 급료를 지급하는 사내 인력 외에 낮은 급료로 임시근로자들을 고용했던 것이다.

이 전략에 문제가 없지는 않았다. 임시근로자들을 광범위하게 활용하면서 생산품 품질에 문제가 생기기 시작한 것이다. 임시고용 대행업체 소속 노동자들 수가 전체 인력의 25% 수준을 넘어서면서 문제는 한층 더 심각해졌다. 인사담당자는 품질을 걱정하는 공장 관리자와 비용절감에만 관심이 있는 경영진 사이의 긴장을 다음과 같이 묘사했다.

품질에 조금씩 문제가 생기기 시작했습니다. (…) 당연히 "임시직 비율을 다시 낮춰야 한다"는 주장이 힘을 얻었죠. 조금씩 줄어서 20%로, 그 다음 15%로. (…) 하지만 줄곧 이런 얘기도 나옵니다. "임시직을 유지하는 게 비용 면에서 더 효율적이잖아." 그러다보니 임원들이 임시직 비율을 낮추는 데 주도적으로 나설 것 같지는 않아요. 이런 저런 말은 많지만, 그 비율을 다시 낮추기는 힘들 겁니다.[48]

공장 관리자의 말로는 경영진이 제기한 비용절감 의견이 더 힘을 얻자 결국 임시직 고용율을 20~25% 선에서 유지하는 것으로 타결되었다는 것이다. "우리가 줄곧 반대 의사를 밝혀도 그 숫자는 올라가면 올라갔지 내려가지는 않더군요. (…) 인사담당자는 (…) 좀더 낮춰야 한다고 합니다만."

자동차 부품회사 사례는 균열에서 비롯된 긴장, 소위 주인/대리인 딜레마를 잘 보여준다. 균열 기능 제공자와 사용자의 관심 및 목적이 서로 다르기 때문에, 전자의 이익이 후자의 목적 일부를 침해할 수 있다는 것이다. 즉, 균열 기능 제공자가 자기 이익을 추구하느라 품질하락이 예상되는 비숙련 노동자를 고용하거나 기본 근로규정을 위반할 가능성이 높다는 얘기다. 이렇듯 균열 기능 제공자의 이익이 사용자와 어긋나면 어긋날수록 문제는 더 커지게 마련이다.

외부업체에 기능을 이전시키는 일은 또 다른 문제를 야기한다. 고용을 외부에 맡긴 뒤 제공된 서비스에 대해 비용만 지불하는 기업으로선 실제 그 일을 하는 사람들이 다른 조직에 소속되어 있는 탓에 업무수행 점검이 사실상 어려워진다. 이 문제는 기업이 일을 명확히 구분해 실적이 눈에 보이도록 만듦으로써 부분적으로 해결할 수가 있다. 그 경우 기업은 최소한 원하는 실적을 얻는지 감지할 수 있으며, 아울러 하위업체 시장의 실적 기반 가격책정을 유도할 수도 있다(이점이 포인트다). 그러나 만약 실적이 쉽사리 관측되지 않는다면, 보다 나은 정보를 제공할 다른 매커니즘을 고안해야만 한다.

활동을 외부로 이전할 때 발생하는 세 번째 문제는 "지연 방해" 위협을 자초한다는 점이다. 기업의 중요 활동을 맡은 외부업체가 균열에 의해 생성되는 혜택을 얻기 위해 잠재적 영향력을 지렛대 삼아 해당 활동을 고의로 지연시킬 위험이 있다는 뜻이다. 기술 통제 등을 통해 외부업체가 유리한 입장에 설 여지가 큰 경우에는 특히 더 그렇다.

성공적 균열을 위한 중심 과제는 전략적 외부 이전을 통해, 브루클린 다저스의 유명 아나운서 레드 바버Red Barber의 표현처럼 "유리한 고지"를 선점하는 일이다. 다른 말로 하면, 외부업체에 제한된 힘만 허용함으로써 기업 핵심권에 대한 접근을 막는다는 의미다. 지연 방해 가능성을 최대한 줄일 한 가지 방안은 균열 기능을 제공할 잠재적 업체들을 되도록 많이 확보하는 것이다. 이 시장의 경쟁이 치열하면 할수록, 어느 한 회사가 혜택을 차지하기 위해 껄끄러운 요구를 할 여지도 줄어들기 때문이다.[49]

그러므로 균열일터는 양자택일의 전략이라기보다는 세심한 균형잡기의 문제라고 볼 수 있다. 수익모델을 추진할 핵심역량을 보호하고 제고하는 한편 가능한 범위 내에서 비핵심 기능을 최대한 외부로 돌리는 데 있어 신중한 균형잡기가 요구된다. 일을 과도하게 외부로 이전하거나 업체를 제대로 선정하지 못한다면, 고객과 투자자의 중요

관심사인 핵심역량이라는 왕관에 손상을 준다. 양쪽을 결합시킬 접착제가 필요한 이유가 바로 여기에 있다.

신기술과 조율비용 하락

20세기 기업은 기업과 시장의 경계선 문제를 해결할 나름의 통신 기술, 모니터링, 조율 매커니즘, 계약체계 위에 구축된 일단의 조직적 대비책을 갖추고 있었다. 연산력 혁명(또 통합회로의 트랜지스터 수가 18~24개월마다 2배로 증가한다는 무어법칙의 영향)은 정보습득 비용을 크게 낮춰주었고,[50] 이후 인터넷과 디지털 통신시스템에 힘입은 통신 확장과 편재성ubiquity도 정보처리 및 공유 비용을 절감시켰다.

저비용 데이터 수집 및 즉각적 전송을 뒷받침하는 각종 보완기술 발달(바코드에서부터 스캐너(2-D와 현재 3-D), 모트mote(무선센서 네트워크의 일부로 작동하는 배터리 가동 센서 노드. ─옮긴이)를 포함한 갖가지 소형, 초소형 무선센서 기술, 지역 코드 무선응답기)도 지리적 특수성을 반영한 상세정보를 거의 실시간으로 추적할 수 있는 무소불위의(두려울 정도의) 역량을 창출해냈다. 종합하건대 이러한 기술들이 비즈니스와 시장 그리고 그 경계선에 관한 새로운 관계설정을 가능케 해주었다고 볼 수 있다.

위에 언급한 하이테크 비용절감 방식과 동시에 전개된 로테크 방식은 1980년대 들어 점차 자리잡기 시작한 다양한 종류의 조직 계약으로 나타났는데, 그 중 가장 눈에 띄는 것이 프랜차이징이다. 유통 편의를 꾀하기 위해 도입된 독특한 비즈니스 형태인 전형적 프랜차이징은 몇몇 업계를 필두로 이미 오래 전부터 등장했지만, 패스트푸드에 이어 다른 부문으로 적용되면서 좀더 유연한 구조로 변모했다. 새로운 형식의 계약과 법규정이 확립되고 경험이 축적되면서 균열이라는 개념은 전혀 다른 업계와 관계로 저렴하게 적용·확대되었다.[51]

발전하는 디지털 세상에 비추어볼 때, 만일 정보수집 및 모니터링 비용이 획기적으로 하락하지 않았다면 균열일터는 급속도로 퍼져나가지 못했을 것이다. 아래 두 업계 이야기는 이 같은 정보통신기술 발전의 함의를 잘 보여주는 사례다.

운송업계 정보비용 하락

운송업체 운영은 본질상 값비싼 정보 문제를 이미 내포하고 있다고 해도 과언이 아니다. 운송업체는 짐이 차량에 실린 다음 내려질 때까지 거의 대부분 모니터링이 불가능한 상태에서 고객의 소중한 물건을 무사히 운반할 사람들을 고용해야 한다. 짐 자체도 귀중할 뿐만 아니라 이를 운반하는 차량 또한 값비싼 물품이다. 상품의 안전과 함께 제시간에 물건을 배달하는 일은 고객과 운송업체가 기대하는 핵심 결과물이다. 따라서 운송업체는 능력 있고 믿을 만한 배송기사를 채용하는 일과 그들이 차량을 운전해 물건을 배달하는 과정을 점검해야 하는 두 가지 문제에 직면한다.

정보통신기술 대중화는 이에 대해 획기적인 해결책을 가져다주었다. 위성탑재 컴퓨터onboard computing: OBC가 바로 그것이다. OBC 덕택에 배송기사는 최적의 루트를 찾아냄으로써 배송 지연 위험성을 줄일 수 있으며, 더 중요하게는 회사 측 역시 배송기사가 언제 어디에 있는지 금세 파악할 수 있게 되었다. 그러므로 OBC의 도입과 이에 따른 정보비용 하락은 회사와 배송기사 간 관계를 새로 정립하는 계기가 되었다고 볼 수 있다. 베이커와 허바드Baker and Hubbard는 이러한 변화에 관한 논문에서, OBC가 운송업체에 다음 두 가지 측면에서 영향을 미쳤다고 지적했다. 우선, 배송기사를 모니터링하는 직접 비용을 낮춰 회사가 이들을 보다 철저히 관리할 수 있게 해주었다. 실시간 정보를 이용해 배송기사가 쓸데없는 우회나 정지를 하지 않으면서 일정대로 업무를 수행하도록 하는(아울러 고속도로 과속 주행이나 졸음운전 같은 위험 행위를 예방하는) 이점은 물론 회사 측의 직접고용 인력 유지에도 도움이 된다.[52]

한편 OBC의 실시간 위치정보 제공으로 배송기사들 간 조율비용이 낮아진 덕에 회사로서는 물품을 제시간에 정확히 운송하는 서비스를 보다 낮은 비용으로 확보하는(달리 말해 대기업 급여체계 밖 독립계약자들을 배송기사로 고용하는) 쪽이 훨씬 유리한 선택이 되었다. 바로 이 점이 회사가 운송기능을 기존 사내체계에 맡기기보다 외부계약으로 돌리기 시작한 계기였다.[53]

OBC 사례는 정보비용 하락이 빚은 균열이 단순히 예스 혹은 노의 결정이 아니라(물론 보다 저렴한 비용을 고려해 외부 이전 쪽으로 기울기는 하지만) 위에서 말한 두 요소 사이의 미묘한 균형맞추기임을 다시 한 번 상기시킨다.

소매업계 정보비용 하락

운송업계와 마찬가지로 린 방식 소매혁명을 불러온 기술 발달 역시 외부계약의 비용과 혜택 간 균형잡기와 연관되어 있다. 컴퓨터 가격 하락과 함께 바코드, 스캐너, 전자데이터 교환EDI같은 기술혁신으로 소매기업은 엄청난 양의 실시간 판매데이터를 활용할 수 있게 되었다. 동시에 공급업체에 대한 업무수행 모니터링 비용이 낮아짐에 따라 대규모 후방 통합backward integration(공급원을 확보하기 위한 통합을 의미하며, 반대로 생산물시장 확보를 위한 통합은 전방 통합forward integration이라 함. —옮긴이)이 가능해졌다. 이러한 의미에서 디지털 정보시스템은 주요 공급업체를 관할할 수 있는 기업 능력을 향상시켜, 1930년대 포드가 시도한 야심찬 후방통합 문제를 해결하는 데 도움을 주었다.

한편, 운송업계와 마찬가지로 디지털 기술은 공급업체 간 조율을 보다 용이하게 해주었다. 이는 유통 부문 '규모의 경제' 조율자인 소매기업이 생산 부문에 강점을 가진 제조업체에 상품 조달을 맡김으로써 기업의 로지스틱스 역량을 최대한 발휘할 수 있게 되었음을 의미한다. 공급업체가 생산기능을 담당하는 대신 소매기업이 전체 시스템을 조율하는 역할을 맡는 형태로의 전환은 기업의 향상된 모니터링 능력이 공급업체를 빈틈없이 감시할 수 있게 해준 덕분이다. 점점 더 글로벌해지는 공급체인 내 복수 공급업체들을 휘하에 거느린 소매업체는 이익은 이익대로 취하면서 지연 방해나 기타 위험을 피하는 효과를 동시에 누리고 있다.

접착제 역할

성공적 균열을 위해 기업은 주변궤도를 돌고 있는 업체들의 활동이 기업의 핵심전략과 양립할 수 있는 매커니즘을 면밀히 고안하고 활용해야 한다.[54] 더 중요한 것은, 그러한 매커니즘 하에서 하위업체가 기업의 핵심역량(예를 들어 브랜드 이미지, 제품 품질, 조율 효율성) 토대를 침해하지 않도록 해야 한다.[55] 하지만 실제 상황은 매우 까다롭다.

정보는 비용이 들기 때문에 주인/대리인 문제, 즉 일을 맡기는 쪽(주인)이 다른 한 쪽(대리인)을 이용하면서 직면하는 어려움이 발생한다.

첫째, 주인이 대리인을 선정하기 위해 정보를 수집하는 비용부터 만만치 않다. 주인의 목적에 해가 될 자질을 숨기고 있는 대리인도 얼마든지 있다. 대리인의 특성을 유독 파악하기 힘든(대가가 비싼) 경우, 먼저 주인에게 접근하는 대리인은 사실상 주인이 피하고 싶은 자일 수 있다. 역선택adverse selection(정보의 불균형으로 인해 불리한 의사결정을 하는 상황을 말함. —옮긴이)이라 불리는 이 문제는 주인이 대리인에 관한 정보를 많이 가질수록 그 위험이 경감된다.[56]

두 번째 문제는 일단 고용한 대리인을 감시하는 비용에서 파생된다. 주인이 대리인에게 맡기고 싶은 활동 중 상당수는 직접 관찰하기가 어렵다(이 책에서 말하는 균열고용은 바로 임금 설정과 연관된 이 문제를 다루고 있다). 대리인을 관찰하고 감시하는 일이 어려우면 어려울수록(다시 말해서 비용이 많이 들수록), 활동 결과는 주인이 바라던 기대와 격차가 벌어질 가능성이 더 높다.[57]

그 격차를 좁히는 접착제 역할을 성공적으로 해내기 위해, 기업은 외부업체에 기준을 명확히 전달하고 그 준수 여부를 면밀히 점검해야 한다. 원하는 바를 단순히 목록으로 제시하는 것을 넘어 적잖은 투자를 요구하는 작업이다. 기준과 그에 동반한 정책은 구체적으로 다음 세 가지가 반드시 전제되어야 한다.

1. 기대하는 바를 분명하게, 명시적으로 알린다. 형식은 다양하지만 많은 기업들이 공표하는 기준의 핵심이 바로 이것이다.
2. 기준 이행 여부를 확인할 점검 및 감사체계를 갖춘다.
3. 기준 위반시 치러야 할 불이익을 제시한다.

물론 명시적인 기준이 주어지더라도 불충분한 계약의 문제는 여전히 남는다. 일을 외부업체에 넘기되 핵심가치를 보호한다는 목적 아래 장문의 계약서를 작성한다든가 유능한 변호사를 동원한다고 해도 추후 발생할 모든 사태에 대비할 수 있는 것은 아니다. 그러나 새로 등장한 계약시스템, 그리고 그와 관련한 여러 조직 형태는 향후 발생 가능한 주인/대리인 문제를 최대한 줄이기 위한 노력의 반영이다. 균열의 핵심요소 간 상호 침해를 방지하자는 기업 의지를 담은 기준의 세 가지 요건들을 각각 살펴보기로 하자.

명시적 기준: 우리가 원하는 것을 하라

균열고용의 접착제란, 기업이 만들고 그 하부조직이 따라야 할 상세하고 명시적인 기준이다. 그럼에도 불구하고 기준과 상세 내용의 중요성은 지금껏 불충분한 계약을 다룬 대부분의 논문에서 간과되어 왔다.[58] 그 한 가지 이유는 기준이 회사의 핵심역량과 주요 전략(전매특허에 가까운)을 노출시킨다는 점 때문이다. 그만큼 쉬쉬되어온 경향이 있으며 입수하기도 어려웠다. 제2부에서 균열 형태를 살펴보면서 서로 다른 기준의 여러 가지 예를 제시하겠지만 여기서는 몇 가지 사례를 통해 그 일반적인 속성을 알아보기로 한다.

소매혁명 기반이 된 정보기술 및 관련 시스템은 상품 구매부터 고객 전달까지의 소요 시간 간격을 현격히 줄여주었다. 또한 이 같은 기술적 기반은 특히 상품 인도와 재고 보충에 필요한 유통과정을 구체화시킴으로써, 소매기업과 공급업체 네트워크 간 관계도 크게 변화시켰다.

고급 고객 취향에 맞춘 백화점 업체인 삭스 핍스 애비뉴Saks Fifth Avenue는 린 소매 원칙을 기업 핵심역량의 일부로 채택했다. 판매회사의 엄격한 배송기준 이행이 필수적인 백화점 측은 상호관계의 명확한 지침이 담긴 매뉴얼을 제시했다. 이 매뉴얼은 지불방식에서부터 주문 배송 프로토콜, 기준 위반시 치러야 할 불이익에 이르기까지 상세히 적시하고 있다. 삭스 핍스 애비뉴의 매뉴얼 전문을 살펴보면, 핵심역량 보호를 위한 기준 이행의 중요성이 명확히 드러난다.

삭스 핍스 에비뉴는 공통상품코드Universal Product Code, UPC, 전자데이터 교환Electric Date Interchange, EDI, 그리고 GS1 US(물류유통을 비롯한 전 산업에 사용되는 '상품 식별용 바코드' '전자문서' '전자카탈로그' 등의 표준화를 주도해 온 민간 국제표준기구로, 월마트, P&G 등 유통, 물류, 제조산업의 글로벌기업 100만여 회사가 회원사로 참여, 사실상 국제표준을 선도함으로써 산업계에 막강한 영향력을 행사함.―옮긴이) 기준을 전적으로 따르고 있다. 이러한 기술과 지침을 바탕으로 판매현장에 상품을 신속히 전달하고, 재고를 효율적으로 관리하며, 판매를 촉진시키고, 고객서비스를 향상시킬 수 있을 뿐만 아니라, 판매업체들과도 상호 이익이 되는 성공적인 파트너십을 유지해나갈 수 있다.[59]

삭스 핍스 애비뉴 판매자 기준 매뉴얼 첫 장에도 판매자의 기준 준수 중요성에 관한 내용이 적시돼 있다. 가령 "모든 가능한 기술을 기반으로 공급체인 효율성 제고 및 관리 개선, 신속한 상품 확보와 고객서비스 증진을 위해" 모든 상품의 주문, 상표부착, 포장에 관한 명확한 지침이 제시된다. 이 기준에 따라 판매자는 소매기업이 일일이 요구하지 않더라도 각 상품을 정확히 출하해 100% "매장 판매 준비"를 완료해야 할 뿐만 아니라, 지정된 옷걸이와 기타 디스플레이 자재 이용(상세 그림 포함 8쪽 분량), 상표 부착(8쪽 분량) 등을 둘러싼 복잡한 요건도 이행해야 한다.

기술 분야 하청계약도 이와 유사한 상세기준 및 지침을 담고 있다. 특정 업무가 언제 어떻게 수행되어야 하는가에 대한 구체적인 조건은 물론, 완수해야 할 업무 품질 및 속도에 관한 까다로운 조건까지 포함한다. 예를 들어, AT&T가 기지국 철탑 유지관리를 맡은 하청업체에 제시한 상세업무 매트릭스에는 계약 노동자에게 요구하는 특정 작업 내용은 물론 그 작업에 대한 AT&T와 하청업체 간 모니터링 역할 구분까지 전부 기재되어 있다.

패스트푸드 레스토랑들은 브랜드명 자체가 핵심역량 정의와 다름

없다는 주장 하에 상품, 서비스, 시설 등을 망라해 프랜차이즈 가맹점의 엄격한 기준 준수를 요구한다. 프랜차이즈 가맹점 계약서류에는 소위 사업운영상 요구되는 기준의 중요성이 명시적으로 나타나 있다. 가령 던킨도넛 프랜차이즈 계약은 이러한 원칙을 전형적으로(직설적으로) 기술하고 있다. "모든 던킨도넛 가맹점은 본사의 상세기준에 맞춰 운영해야 한다. 던킨도넛 가맹점에서 판매되는 모든 상품은 동일해야 하므로, 각 가맹점은 판매상품에 대해 어떠한 재량권도 가질 수 없다."[60] 타코 벨 프랜차이즈 계약도 이와 유사하다.

> 가맹점은 [본사 프랜차이즈 운영매뉴얼]에 기재된 모든 지침, 요건, 기준, 사양, 체계, 절차를 성실하고 완벽하게 그리고 지속적으로 수행, 달성, 준수, 이행해야 한다. 여기에는 모든 식품과 음료의 선택, 구매, 저장, 준비, 포장, 제공, 판매(메뉴 콘텐츠 및 프리젠테이션 포함), 레스토랑 건물, 부지, 설비, 집기, 장비의 관리 유지 및 보고, 직원의 용모와 복장, 회계, 부기, 기록, 그리고 기타 비즈니스 시스템, 절차와 운영에 관한 모든 사항이 포함되어 있다.[61]

모든 패스트푸드 프랜차이즈 가맹본사는 잠재 가맹점들에게 조건 이행기준을 제시하며, 일단 가맹점이 되고 난 후에는 보다 상세한 운영 매뉴얼을 제공한다.[62] 표 3.1은 몇몇 패스트푸드 프랜차이즈 계약서 중 일부를 발췌한 것으로, 상세기준뿐 아니라 프랜차이즈 가맹점들이 반드시 준수해야 할 이행 요건이 기재되어 있다.

표 3.1 브랜드 기준 관련 프랜차이즈 계약 내용: 패스트푸드 업체 사례

식음료 브랜드	프랜차이즈 계약서에서 발췌
데어리 퀸(Dairy Queen)	본 운영 합의는 을과 갑 ADQ(American Dairy Queen) 간 계약이다. 을은 DQ 그릴 앤 칠(DQ Grill & Chill), 데어리 퀸 프랜차이즈 가맹점과 라이선스 인가업체로 이루어진 국내외 프랜차이즈 시스템의 일원이므로 ADQ가 확립하고 정기적으로 수정, 변경하는 품질 및 통일성에 관한 다양한 시스템 기준뿐만 아니라 갑이 정기적으로 확립, 수정, 변경하는 기준과 요건을 준수해야 한다. 을은 ADQ의 국내 인가 트레이드 마크와 서비스 마크를 사용한다; DQ 시스템의 독특한 운영 관리 특징을 활용한다; ADQ의 전국 및 지역 판촉 프로그램에 참여한다; 그리고 다양한 형태의 교육연수, 개업 및 운영지원을 포함한 국내 인가 프랜차이즈 시스템 관련 혜택을 얻는다(제11항 참조).[1]
던킨도넛(Dunkin' Donuts)	프랜차이즈 계약 체결과 동시에 을은 던킨도넛 프랜차이즈 가맹점 운영자 자격을 얻는다. 프랜차이즈 합의 하에서 갑은 을에 던킨도넛 매장 운영권리(그리고 의무)를 부여한다. 던킨도넛 매장은 도넛과 커피, 베이글, 머핀 외에 특정 베이커리 제품, 크라상, 피자, 스낵, 그리고 갑이 인정하는 기타 샌드위치와 음료를 판매한다. 갑은 정기적으로 시스템, 메뉴, 기준, 시설, 간판 및 표기, 설비와 집기 요건을 변경할 수 있다. 을은 그러한 변경 요구가 있을시, 또는 매장 설비나 집기가 오래되거나 낡았을 경우, 아니면 기타 이유로(예를 들어, 시스템 기준이나 코드 변경에 따라 필요시) 가맹기간 동안 정기적으로 추가 투자를 해야 한다. 모든 던킨도넛 매장은 갑의 상세기준에 따라 운영되어야 한다. 모든 던킨도넛 매장에서 판매되는 상품은 동일해야 하므로 을은 판매제품에 관한 어떠한 재량권도 가질 수 없다. 프랜차이즈 계약은 단일 업체에 한정적이므로 갑은 을의 경쟁 대상이 될 수 있는 타 매장 운영권은 물론, 프랜차이즈 영업권이나 라이선스 부여 권한을 가진다. (…) 던킨도넛 시스템의 차별화된 특징은 독특한 실내외 디자인과 장식, 색상, 가구, 브랜드 정체성; 특수한 메뉴 아이템, 기준, 운영 및 절차, 제조, 유통, 배달; 제공되는 제품 및 서비스 품질, 관리 프로그램, 교육 훈련 및 지원, 마케팅, 광고, 판촉 프로그램을 포함하며, 갑은 상기한 전부를 변경, 보완, 개선할 수 있다.[2]
아인슈타인 브로스. 베이글 (Einstein Bros. Bagels)	레스토랑은 갑 고유의 시스템(이하 "시스템")을 특징으로 한다. "시스템"은 특수설계된 건물 또는 시설, 특수개발된 설비, 집기 배치, 간판 및 표기, 독특한 실내외 디자인, 장식, 제품, 운영 절차; 상품 및 서비스 품질과 통일성; 운영방법 및 재고관리; 교육훈련 및 지원; 그리고 광고 및 판촉 프로그램을 포함한다.

	갑은 정기적으로 시스템 일부를 바꾸고 개선할 수 있다. (…) 갑의 기밀 운영매뉴얼(이하 "매뉴얼")에 제시되어 있는 대로, 을은 갑의 기준과 절차에 따라 레스토랑을 운영해야 한다. 갑은 프랜차이즈 계약 기간 동안 을에 매뉴얼 사본을 대여한다. 추가로, 갑은 을에 "아인슈타인 브로스." 마크, 기타 상표명, 시스템 이용을 위한 서면 지정 마크("전매 등록 상표") 사용권한을 부여한다.³
KFC	KFC 매장 설계는 KFCC(Kentucky Fried Chicken Corporation)가 인정한 상세기준에 따른다. KFC 운영기준 총서(이하 "기준 총서")는 KFC 매장에서 판매되는 제품 준비 및 매장 운영에 요구되는 기준을 상세히 담고 있다(기준 총서—전관1 첨부 목록 참조). KFC 매장은 차별화된 고유 시스템으로 운영되며, 여기에는 특수제조법, 메뉴 항목, 독특한 디자인, 장식, 색채 배열, 설비와 집기; 운영 기준, 사양 및 절차; 품질관리 방법, 교육훈련 및 지원; 그리고 광고 및 판촉 프로그램(일명 "시스템")이 모두 포함되어 있다.⁴
롱존 실버스(Long John Silver's)	LJS 레스토랑은 생선과 해산물, 가금류 및 관련 아이템을 전문으로 제한된 메뉴를 제공한다. 레스토랑은 음식을 신속히 제공하며 내부에서 식사를 하거나 음식을 포장해갈 수 있다. 또한 상당수 매장에서는 차에 탄 채로 이용 가능하도록 설계되었다. 매장은 LSJ의 상세규정에 따라 지어져야 하며, LJS 기준에 상응하여 운영되어야 한다.⁵
피자헛(Pizza Hut)	다양한 스펙트럼의 고객들이 고품질 피자와 관련 상품 및 서비스를 경험하기 위해 피자헛 레스토랑을 애용한다. 피자헛을 차별화시키는 고유시스템은 특수제조법, 양념, 메뉴 아이템; 독특한 디자인, 장식, 색채 배열, 설비와 집기, 기준, 사양, 운영절차; 품질관리 방법; 교육훈련 및 지원 프로그램, 광고 및 판촉 프로그램(한마디로, "시스템")이다. 피자헛 주식회사(PHI)가 지정한 트레이드마크, 서비스마크, 슬로건, 로고, 앰블럼은 시스템의 브랜드 정체성이다. 피자헛 주식회사(PHI)는 첫 매장을 연 1958년 이래 피자헛 "빨간 지붕(Red Roof)" 레스토랑으로 영업해왔다. 이어 1959년에는 피자헛 빨간 지붕 레스토랑 프랜차이즈 사업에 뛰어들었으며, 1984년에는 피자헛 "배달 전문" 레스토랑을 처음으로 선보였고, 1987년부터는 피자헛 "익스프레스" 레스토랑(공시문건에는 제시되어 있지 않은 개념)도 함께 운영하고 있다.⁶
타코벨(Taco Bell)	을은 타코벨이 상세히 제시한 방법, 기준, 절차(일명 "시스템")에 따라 매장을 운영해야 한다. 타코벨이 단독 소유한 시스템은 응답시스템(Answer System, 일명 "매뉴얼")이라 지칭되는 프랜차이즈 운영매뉴얼에 구현되어 있다. 타코벨은 을에 응답시스템 1, 2, 3, 5권은 무상으로, CD 포맷의 4, 6권은 주문시 유상으로 제공한다.

매뉴얼은 프랜차이즈 계약의 일부이자 참고사항으로 통합되어 있으며, 다른 계약조항들과 동일한 효력과 효과를 가진다. 타코벨은 기밀 웹사이트를 통해 매뉴얼을 제공하며, 이 경우 매뉴얼 전부 또는 일부가 웹사이트에 게재되었음을 가맹점에 고지한다. 을은 타코벨이 전 직원을 위해 만든 웹사이트 접근권을 매장 직원들(나머지 사람들은 제외)에게 제공할 책임이 가맹점에 있음을 인정한다. 매뉴얼에 기재된 시스템에 불응하는 것은 프랜차이즈 합의 위반이다.[7]

1. 아메리칸 데어리 퀸 코퍼레이션: 데어리 퀸 프랜차이즈 공시문건, 2009년 4월 17일. 캘리포니아 프랜차이징 데이터베이스 참고. http://134.186.208.233/caleasi/Pub/Exsearch.htm.
2. 던킨도넛 프랜차이징 LLC: 던킨도넛 프랜차이즈 공시 문건, 2008년 3월 28일. http://www.bluemaumau.org/ufocs_free_and_without_a_salesman_attached.
3. 아인슈타인 앤 노아 코퍼레이션: 아인슈타인: 아인슈타인 브로스 레스토랑 프랜차이즈 공시 문건, 2005년 12월 20일. http://www.freefranchisedocs.com/einstein-and-noah-corporation-UFOC.html.
4. KFC 코퍼레이션: KFC 프랜차이즈 공시 문건. 2009년 3월 24일. 캘리포니아 프랜차이징 데이터베이스 참고. http://134.186.208.233/caleasi/Pub/Exserach.htm.
6. 피자헛 주식회사: 피자헛 프랜차이즈 공시 문건, 2009년 3월 25일. 캘리포니아 프랜차이징 데이터베이스 참고. http://134.186.208.233/caleasi/Pub/Exsearch.htm.
7. 타코벨 코퍼레이션: 타코벨 프랜차이즈 공시 문건, 2009년 3월 24일. 캘리포니아 프랜차이징 데이터베이스 참고. http://134.186.208.233/caleasi/Pub/Exsearch.htm.

점검 및 감사: 우리가 요구한 것을 하라

특정 기능을 수주한 업체가 원청 의도대로 하고 있는지 확인하기 위해 기업은 계약, 기준 매뉴얼, 프랜차이즈 합의사항에 지속적인 모니터링 요건을 포함시키고 있다. 보통 자체감사 외에 제3자가 대신하거나 기업이 직접 실시하는 감사(간혹 실시되는 깜짝조사, 말하자면 프랜차이즈 본사 직원이 고객으로 위장해 방문하는 경우)가 혼용된다.

삭스 핍스 애비뉴는 판매업체 출고물품이 물류센터에 도착하는 즉시 정확성 여부와 재무감사를 실시한다. 이를 테면 "국제표준코드 체계인 GS1-128 라벨(판매점, 스타일, 색상, 사이즈, 수량)과 연계된 ASN(사전 출하 통보서, Advanced Ship Notice)이나 청구서에 전송된 전자정보를 상자 속 실제 내용물과 비교, 검증함으로써" 출하 정확성 여부를 확인한다. 나아가 무작위 감사를 통해 정확도를 측정한 후 각 판매업체의 수행지수를 "플래티넘(최고)"부터 "목표수준(최하)"으로 구분해 순위를 매긴다.

제2부에서 살펴볼 계약 형태 중 하청의 경우 품질, 시한 등 규정준수 실태를 파악해 단계적으로 확대하고 감사하는 형식을 취한다. 그 전형적인 사례가 대형 통신업체와 유지관리 업무를 맡은 하청업체 간 계약으로, 위반건수가 많아질수록 감사 횟수도 늘어나는 시스템이다. 가령 싱귤러Cingular가 명시한 내용은 다음과 같다.

동일 시장 내 모든 작업현장의 15%를 판매자 비용으로 감사한다. (…) 만약 그 15% 중 1% 이상에서 심각한 결함이 발견될 경우, 싱귤러는 판매자 단독비용으로 추가 5%에 대한 감사를 요청할 수 있다.[63]

프랜차이징 계약 역시 본사의 가맹점 감사에 관한 한 거의 무제한의 권리를 보장한다. 일례로, 타코벨 프랜차이즈 계약을 보자.

회사는 레스토랑의 운영 상태가 계약서와 매뉴얼에 포함된 기준과 요건, 지침에 부합하는지 점검할 목적으로 혹은 레스토랑 운영과 관련한 기타 합리적인 목적으로 본사 대표단이 레스토랑을 언제라도, 시시 때때로, 예고 없이, 드나들 수 있는 권리를 갖는다.[64]

깜짝시찰 외에도, 식음료 체인업계는 기준 준수 여부와 정도를 파악하기 위해 "비밀 고객secret shoppers"을 활용하기도 한다.

불이익과 대가

기준체계는 궁극적으로 기준을 따라야 하는 업체들에 부과할 잠재적 비용만큼의 효과를 가진다. 물론 그 비용이란 것이 유형별로 천차만별인데다 기준 위반과 품질 하락 정도에 따라 단계적으로 달라지지만, 균열고용이 기반하고 있는 기준은 위반할 경우 치러야 할 심각한 결과들을 전부 포함한다. 이러한 불이익을 크게 두 가지 형태로 나누자면, 첫 번째는 기준 위반에 따른 수수료나 위약금으로, 먼저 경고로 시작해 계약 위반 수수료, 약정 손해배상금 또는 벌과금 순으로 이어진다.

예를 들어 삭스 핍스 에비뉴 판매자 계약서에 의거해 삭스는 다음과 같이 명시했다.

스타일, 사이즈, 색상, 수량, 품질 등 갑의 구매 주문 상세내역에 부합하지 않는 모든 상품, 또는 출하일자 전이나 취소일자 후에 출하된 상품, 유효한 구매 주문번호나 매장번호가 없는 상품을 거부하거나 반품할 권리를 가진다. (…) 상품이 기준과 조건에 맞춰 출하되지 않을 경우 구매 주문을 전체 혹은 부분 취소하기 위해. (…) 상품이 취소일자 후에 출하된 경우, 구매 주문을 전체 혹은 부분 취소하기 위해(…).[65]

매뉴얼에는 기준 위반으로 회사에 끼친 "비용을 상쇄"할 장황한

"상쇄비용 및 코드" 내역이 제시되어 있다. 가령 판매자가 하나의 상자에 구매 주문 한 건 이상을 포함시킬 경우, 상자당 5달러나 출하당 150달러 혹은 그 이상이 청구된다. 상품에 잘못된 소매가격을 붙일 경우, 출하당 25달러 외에 단위당 0.05달러가 추가된다. 출하통지가 늦을 경우, 상자당 5달러의 비용이 발생한다. 삭스는 판매자에게 지불할 상품대금에서 총비용을 공제하거나 "판매자 기준 매뉴얼에 기재된 상쇄비용을 청구"할 권리를 가진다. 배송시간대를 맞추지 못해 주문이 취소되는 경우만큼이나 꽤 높은 비용이 청구될 수 있다.

통신회사 계약은 주로 시간엄수를 기준으로 (손해배상 형태의) 위약금이 산정된다. "공급자는 인도날짜 엄수 중요성을 인지하고 다음 손해배상 조항과 절차에 합의한다." 만약 쌍방 간 지연 문제 해결 시도 후에도 공급자가 시한을 맞추지 못하면, 회사는 주문을 취소하고 계약에 명시된 약정 손해배상금을 회수할 권리를 가진다. 손해배상금은 (ㄱ) "지연 자재 혹은 지연 서비스 가격의 15%, 또는 (ㄴ) 지연일자 수에 해당하는 지정금액 이상"이다

보다 대가가 큰 두 번째 유형의 불이익은 계약관계나 프랜차이즈 상실이다. 명시적으로 제시되는 계약철회 권한은 기업에 상당한 힘을 쥐어준다. 다시 통신회사의 예로 돌아가서, 싱귤러와 하청업체 간 계약조건에 따르면, "싱귤러는 계약이나 주문을 편의상 이유 없이, 별도의 책임이나 의무 없이, 서면통고 즉시, 전체 혹은 부분 종결할 수 있다."고 되어 있다.[66]

프랜차이징 계약은 감사 중 적발된 기준 위반을 가맹점이 시정하도록 요구하며, 만약 이에 응하지 않을 경우 본사가 직접 시정한 다

음 해당 비용을 가맹점에 청구할 권리를 명시하고 있다. 피자헛 프랜차이즈 계약은 기준 위반이 직원이나 고객의 건강과 안전을 잠재적으로 위협한다고 판단될 경우, 해당 업체의 영업을 종료할 권리가 있음을 분명히 하고 있다.[67] 기준 위반에 따른 종국적 불이익은 프랜차이즈 계약 및 관련 투자금 상실이다. 투자 규모를 감안할 때, 이는 적잖은 갈등과 소송을 야기할 수 있다. 그럼에도 불구하고 프랜차이즈 본사는 가맹점 영업을 종결시킬 막강한 권한을 행사한다.[68]

처음으로 돌아와서: 고용 이전에 대한 자본시장의 반응

금융시장은 기업이 주주 가치에 집중하도록 점점 거세게 몰아붙이고 있다. 더 이상 핵심가치로 간주되지 않는 사업과 상품을 털어버리는 것은 물론 핵심에 있으되 주변부로 간주될 만한 나머지 활동들도 가지치기하도록 유도한다. 최근 들어 자본시장 압력과 고용 구조조정 사이의 연관성을 드러내는 증거자료들이 쏟아져나오고 있다.

사모펀드가 고용에 미치는 영향

스티븐 데이비스 등은 1980년부터 2005년까지 사모펀드들이 인수한 3,200개 기업과 15만 개 연관업체를 조사한 뒤 비인수 유사 기업과 업체들로 이루어진 통제표본과 비교해 사모펀드 기업 인수가 고용에 미치는 영향을 분석했다. 연구결과 사모펀드 대상 산하업체들은 기업 인수 후 2년간 3%, 5년간 6%의 고용하락을 경험한 것으로 나타났다. 그는 이에 대해 "사모펀드의 기업 인수 후 기존 일자리 상실 가능성이 더 커졌음을 입증하는 자료"라며, 특히 사모펀드에 의해 인수된 공기업이 민간회사로 전환될 때 고용하락 폭이 더 컸다고 지적했다.[69]

한편, 이 연구로 밝혀진 또 다른 사실은 인수 후 새로 문을 연 회사의 고용이 증가했다는 점이다. 그 증가폭을 포함시키면, 피인수회사의 순일자리 손실은 1% 미만이다. 그럼에도 불구하고, 공기업–사기업 전환 인수에서 대상 회사의 순고용에 미친 영향은 여전히 크다. 실제로, 이후 2년간 10% 이상의 순손실이 발생했기 때문이다.[70]

또한 사모펀드가 인수한 업체의 생산성 조사에 따르면,[71] 통제 표본보다 피인수 회사의 노동생산성이 더 높게 나타났다. 이 같은 결과는 생산성이 떨어지는 사업단위를 줄이거나 없애버린 것에 기인하며, 이 장에서 언급한 털어버리기 과정과 정확히 일치한다. 연구는 인수 이후 제거된 직종이나 나중에 새로 생긴 직종에 대한 직접적인 증거는 제시하지 않지만, 순고용 변화와 생산성 효과는 사모펀드 회사가 더 이상 핵심이 아니라고 판단한 사업단위, 생산 영역, 기능에 속한 일자리들을 제거한 대신 핵심활동과 직접적으로 연관된 영역의 일자리들을 확대한 것과 궤를 같이 한다.[72]

다운사이징(대규모 인원삭감)이 주식시장에 미치는 영향

2012년 6월 제너럴모터스의 CEO 댄 애커슨Dan Akerson은 "빛을 잃어가는 자동차 제조업체의 주가를 끌어올리기 위한 최우선 조치로" 유럽과 캐나다 지역 고용인원을 삭감하는 한편 글로벌 제품 개발기능을 능률화(간소화)하는 일련의 새로운 정책을 내놓았다.[73] 발표가 나간 지 며칠 만에 GM 주가는 급등했다.

이렇게 금융시장이 기업으로 하여금 기존 활동을 축소하고 핵심역량에만 집중하도록 밀어붙이는 이유는 고용 삭감과 주가상승 사이에 분명한 연관성이 존재하기 때문이다. 대기업이 다양한 대규모 인력을 고용하던 지난 세기 중반, 투자자에게 대량 해고는 오히려 수요 하락세 전망에 따른 회사의 긴축재정과 고용 감축 필요성의 역력한 증거로 받아들여지곤 했다. 인원 삭감은 회사와 투자자들에게는 나쁜 결과를 의미했고, 주가도 하락하기 일쑤였다.

그러나 행크 파버Hank Farber와 캐빈 핼록Kevin Hallock의 연구에 반영되어 있듯이, 인원 삭감 발표와 뒤이은 주식시장의 반응은 1990년대 들어 변화하기 시작했다.[74] 이는 대량 해고의 대외적 사유가 바뀌고 있음을 반증한다. 과거에는 (누구든 쉽게 떠올리듯이) 경기에 따른 수요 급감과 직접적으로 연관된 요소들에 화살을 돌렸다. 하지만 1970~1980년대와 달리 1990~2000년대로 접어들자 이런 식의 얘기들은 더 이상 오르내리지 않고 있다. 특히 최근 몇 년간 경기후퇴를 경험하면서 구조조정이 해고 사유로 자주 들먹여진다. 또 다른 사유인 비용관리 문제에 관한 언급 빈도 역시 1970년대 모든 해고 통보의 6.5%, 1980년대 10%, 그리고 1990년대 17%로 계속 높아지는 추세다.

가장 놀라운 사실은 감원 발표 전후의 주가 변화다.[75] 감원 발표가 주가에 부정적 영향을 주었던 과거와 달리 1990년대 들어서면서 주가가 오히려 상승했으며 21세기 첫 10년 동안에는 별다른 영향을 주지 않았다. 자본시장이 감원 발표에 그다지 부정적으로 반응하지 않았다는 점, 핼록과 파버의 추산에 나와 있듯이 오히려 긍정적으로 반응했다는 점은 최근 몇십 년간 대량해고가 대기업 시대와는 다른 시각으로 받아들여지고 있음을 시사한다. 투자자들은 이 상황을 기업 입지 약화의 결정적 증거로 보기보다 기껏해야 통상적인 기업활동의 하나로, 심지어 할 일과 하지 않을 일의 선을 분명히 긋는 회사 경영진 결의의 증거로 간주한다.

4장

균열일터의 임금 결정

자본시장의 압력과 기술혁신, 새로운 조직 형태 도입은 다양한 업계 많은 회사의 조직 구조를 대대적으로 변모시키는 요인으로 작용했다. 회사 테두리 안에 머물던 각종 기능을 밖으로 이전하는 과정은 고용방식을 변화시켰으며, 3장에서 언급했듯이 균열일터 심화와 확산으로 이어졌다. 다시 반복하지만, 고용에 미친 영향은 심대했다.

20세기 대기업에서 내부 노동시장이 얼마나 복잡하게 등장했는가 하는 문제도 2장에서 설명했다. 그렇다면, 금세기 기업활동의 외부 이전은 고용의 본질을 어떻게 변화시키고 있는가? 이 질문은 미묘하고 근원적이어서 전문가들조차 종종 답을 놓치곤 한다. 아웃소싱, 하청, 심지어 특수 고용을 통한 고의적 오분류까지 순전히 법적 의무를 회피하기 위한 기업의 전술로만 바라보기 때문이다.

고용을 밖으로 돌리는 것이 왜 더 큰 이점이 되는가 하는 이야기는 다소 복잡하다. 깊이 들어가기에 앞서 본론부터 말하자면 다음과 같다. 성공적인 회사들은 대개 이윤을 두 그룹이 나누어 갖는다. 노동자(높은 임금과 복지혜택이란 형태로)와 투자자(높은 투자수익 형태로). 2장에서 언급한 대로 기업이 다수의 노동자를 직접 고용하는 시장에서 그들은 임금과 복지혜택 양쪽에서 상당한 몫을 차지했다. 하지만 균열은 수익이 공유되는 방식을 근본적으로 변화시켰다. 다시 말해, 특정한 일을 외부로 이전함으로써, 회사는 그 일에 관한 임금 결정 문제와 더 이상 맞닥뜨릴 필요가 없어졌다. 대신 그 일을 두고 경쟁하는 회사들 중 한 곳을 선정할 때 가격책정 문제만 고려하면 된다. 이는 매우 중대한 변화다. 정작 그 일을 담당하는 노동자들에게 돌아갈 수익은 대폭 줄어든 반면, 투자자들의 수익은 높아지기 때문이다. 그 이유를 알기 위해 임금을 결정짓는 요소들부터 하나씩 파헤쳐보기로 하자.

유력 용의자는?

시장 상황이 어떻든 사업을 운영하는 기업체는 최대한 비용을 낮추는 게 목표다. 경쟁이 심할수록 그 압박감은 더 크다. 물론 자본시장 변화가 이 압박을 극대화시켰지만 시장에 늘 존재해온 문제라는 사실을 간과해서는 안 된다.

그러므로 사업체가 인건비 절감 방법을 강구하는 것은 자명한 수순이다. 단위노동 비용은 두 가지 요소에 의해 결정된다. 노동대가(임금과 복지혜택)와 노동 투입 단위당 산출량(생산성). 아웃소싱 등을 통한 고용 이전이 상품이나 서비스 품질 저하 없이 인건비를 줄여준다면, 자연히 그 방향으로 움직이게 된다는 얘기다.

균열 요인들에 대한 여러 가지 논의들(하청계약, 아웃소싱, 임시직 활용 증가)은 인건비 절감이라는 동기에 초점을 맞추고 있다. 그 첫 번째가 노조 결성을 막으려는 기업의 장기적 노력이다. 노조는 임금을 상승시키고, 복지혜택을 증가시키며, 노동자를 일방적으로 해고할 사측의 권한을 제한하고, 근로규정 준수 감사를 강화시킨다. 이를테면, 전국노동관계법NLRA은 고용주가 노조를 이유로 직장을 폐쇄하거나, 노조를 구성할 경우 직장을 폐쇄하겠다고 위협하는 행위를 금하고 있다.[1] 반면 고용 털어버리기는 단합된 노조 인력구조에서 법률 · 전략 · 역사적으로 노조 구성 자체가 어려운 고용구조로 일을 이전해버리는 교묘한 방안이다(제2부에서 다양한 사례를 통해 살펴볼 것이다).

두 번째는 실업보험, 산재보험 등 필수 보험료와 퇴직금, 각종 민간 보험료를 외부로 이전시키려는 의도에서 비롯된다. 이러한 혜택들은 고용주에게 임금보다 훨씬 더 큰 비용 부담이 된다. 미국 노동자들의 임금은 근로시간당 고용주 비용의 69.4%를 차지한다. 고용주 비용의 추가 7.8%는 연방정부 차원의 혜택(사회보장, 의료보험, 실업보험)과 주정부 차원의 혜택(실업보험, 산재보험)과 연관되어 있다. 여기에 민간보험(건강, 생명, 장애)이나 퇴직금 등으로 평균 13.5%가 추가로 든다.[2]

대기업과 하청 계약을 맺은 업체들이 근로규정을 준수한다면, 이러한 사회적 필수부담금이 대기업에 청구하는 금액에 잡혀 있어야 한다. 그러나 빈번한 노동자 오분류 행태, 초과근무 등 법적요건을 무시하는 급여체계, 은밀한 현금 지급 관행을 감안할 때, 하청업체들이 근로규정을 준수하기란 현실적으로 불가능한 일이다.

법적으로 요구되는 혜택만 보더라도, 하청업체들이 노동자에게 제공하는 보험료나 퇴직금은 훨씬 적거나 전혀 없을 가능성이 높기 때문에 결국 대기업이 부담해야 할 비용은 크게 낮아지는 셈이다. 노동자 혜택을 규정한 연방법에 따르면, 건강보험 등의 혜택이 한 노동자에게 제공되었다면 동일 기업 내 다른 모든 노동자들에게 공히 제공되어야 한다고 규정하고 있다. 그러나 고용을 다른 업체(노동자에게 건강보험 혜택을 제공하지 않은 임시기관)에 넘기게 되면, 회사는 노동자를 추가로 고용할 때의 실질비용을 낮출 수 있다.[3]

고용 털어버리기의 세 번째 목표는 책임 최소화이다. 고용에는 재해와 질병, 사망뿐만 아니라 차별, 성희롱, 부당해고 등의 결과에 대한 책임도 뒤따르기 때문이다. 고용 털어버리기가 책임을 다른 쪽에 넘기는 것이라면, 대기업이 부담할지 모르는 예상비용도 함께 낮아진다는 얘기다. 그러므로 책임은 균열의 중요 논점이라 할 수 있다. 이 문제는 8장에서 좀더 자세히 다룰 것이다.

위에서 설명한 모든 내용이 회사의 노동비용과 고용 관련 위험을 감소시킨 요인임에는 틀림없지만, 균열 급증을 단지 여기에만 돌린다면 대기업이 고용 이전에 따른 비용절감 혜택과 사내직원 활용 혜택 사이에서 어떻게 균형을 맞추는가, 그리고 균열일터가 어째서 지속적으로 확산·심화되는가라는 질문에 속시원한 해답을 찾기가 어렵다.

이러한 균열 현상에는 본질적으로 그보다 더 미묘한 문제가 자리잡고 있기 때문이다. 먼저 대기업 내 임금 결정에 관해 알아보기로 하자.

대기업, 구매자 독점 파워, 그리고 임금 결정

> 독재와 횡포가 가장 심한 고용주는
> 임금을 노동자 등급별 기준율로 정한다.
> 마치 대형상점이 고객과의 흥정이 아닌
> 비용 대비 확정수익율로 가격을 정하는 것처럼.
> - 시드니 웹과 비어트리스 웹Sidney and Beatrice Webb, 1897

20세기 대부분의 시간 동안 재계를 주름잡은 대기업은 전형적인 노동시장 모델의 고용주와는 다른 위치에 서 있었다. 단일 고용주가 사실상 노동시장의 유일한 일거리를 제공하는 일명 컴퍼니타운에서는 극단적인 상황이 전개된다. 이러한 상황에서는 단일 고용주(또는 수요자 독점)가 고용인원을 늘릴 때 더 높은 임금비용을 고려해야 한다.[4] 유사직종 노동자에게 동일한 임금을 지급하는 단일 고용주에게 추가 고용된 노동자에 대한 비용이란 해당 노동자의 임금뿐만 아니라 같은 업종에 이미 고용된 모든 노동자들에 대한 증분원가까지 반영하는 셈이다. 회사는 제일 나중에 고용한 노동자에게 지급하는 것과 똑같은 임금을 모든 노동자에게 지급하기 때문이다. 결국 단일 고용주는 고용주가 여럿인 경쟁적인 노동시장에 비해 더 적은 숫자의 노동자를 고용하고 더 낮은 임금을 지불하게 된다.[5]

컴퍼니타운은 거의 드물지만, 고용주가 일정 수준의 구매자 독점 파워를 휘두르기 위해 굳이 어느 탄광촌을 통째로 장악할 필요는 없다.[6] 노동시장에서 고용주 파워의 공통적인 원천은 정보 문제에서 나오기 때문이다. 노동시장은 노동자들의 일자리 선호와 고용주의 노동자 수요를 서로 접합시키는 기능을 한다. 노동시장 작동에는 정보가 결정적인 윤활유로 작용한다. 순수 노동시장 모델(노동시장이 마치 자유분방한 증권거래소같이 움직인다고 가정하는 모델)은 그러한 정보비용이 미미하다고 간주한다. 고용주인 구혼자가 자신의 짝인 노동자를 손쉽게 찾는다고 보는 것이다.

그러나 정보는 공짜가 아니다. 더욱이 노동시장에서는 모든 당사자들이 정보를 똑같이 공유하는 것도 아니다. 실제로 노동자의 구직활동은 시간, 지식, 지역의 제약을 받는다. 대기업 고용주는 상대적으로 구조와 전문성, 규모의 경제에 힘입어 더 확실한 정보를 확보한다. 이에 반해 노동자들은 고용 내용에 관한 정보 부족뿐만 아니라 이동 의지를 제한하는 가정적, 사회적, 지리적 유대로 인해 노동시장에서 "탐색마찰search frictions(구인자와 구직자가 직접 접촉하지 않고 탐색하는 과정에서 양측의 수요가 서로 충족되지 않는 현상을 일컬음. —옮긴이)"에 직면한다. 정보 불균형과 탐색마찰은 일정 수준의 구매자 독점파워를 유발한다. 이는 고용주가 노동시장의 임금상승률을 수용하기보다 임금을 직접 설정한다는 것을 의미한다. 물론 고용주의 임금정책이 노동력 공급과 노동자의 생산기여분을 반영해야 하지만, 현실적인 상황은 고용주의 임금정책 수립에 더 큰 재량권을 쥐어주는 셈이 된다.[7]

임금을 설정할 때 어느 정도의 구매자 독점 통제권 및 재량권은 모든 경제 영역 대기업들의 인사 및 보수정책 기저에 깔려 있다. 20세기 전환기 비어트리스 웹과 시드니 웹 같은 사회과학자들에 따르면, 당시 경제 전반과 노동시장을 지배했던 대기업들은 여러 가지 이유로 통합된 인사 및 보수정책과 내부 노동시장을 필요로 했다. 행정적 효율성의 이점을 활용하고, 기업 정책 일관성을 유지하며, 법규 위반 노출을 최소화하기 위해서였다.[8]

내부 노동시장과 대기업 임금 프리미엄을 경쟁적 노동시장 작동과 연결시키는 견해도 많다.

그 중 첫 번째 주장에 따르면, 이러한 현상이 경쟁적인 노동시장 기능과 양립할 수 없다기보다 단지 생산 투입요소로서 노동의 복잡성(고용 과정에서 생산성이 변화하는 것)을 반영한다는 것이다. 월터 오이 Walter Oi는 대기업 임금정책을 노동의 준고정비용 속성의 결과물로 설명한다. 말하자면 고용 행위는 해당 노동자가 회사에 얼마나 오래 남아 있을지와는 전혀 상관없이 기업이 탐색 및 훈련비용을 투자하도록 만든다는 뜻이다. 이러한 고정요소로 인해 고용주는 많은 내부 노동시장 정책이 제공하는 장기적 애착형성(높은 임금이나 근속수당 제공)을 통해 이 비용을 회수할 보수시스템을 수립하려 한다. 이러한 맥락에서 벡커Becker는 보수시스템의 특징을 회사가 고용 과정에서 인적자본 투자금을 회수할 인센티브를 창출하는 방법으로 설명한다. 인사정책상 회사는 노동자가 일을 배우는 재직 초기에는 그들의 한계생산성을 다소 상회하는 수준으로 임금을 지급하지만, 시간이 지남에 따라 한계생산성 이하의 임금을 지불함으로써, 기존 투자금을 회수하는 한편 노동자에게 근속 인센티브를 제공한다는 것이다.[9]

두 번째 이론은 내부 노동시장과 "암묵적 계약implicit contract(단기적 경제침체에 고용량은 민감하게 반응하지만 실질임금은 쉽게 변동하지 않는다는 실질임금의 경직성에 대한 이론. —옮긴이)"을 설명하는 이론으로서,

이 계약 하에서 위험중립적인 고용주와 위험회피적인 노동자는 양측 의견을 절충해 임금을 안정되게 유지하도록 합의한다. 이러한 합의는 내부 노동시장의 특징을 일부 포함하지만(가령, 내부 관행과 연계된 직무 분류나 등급, 임금), 근본적으로 수요와 공급의 특성에서 비롯된 것이다.

세 번째 견해는 노동자와 고용주 간 고용계약이 본질적으로 불충분하다는 점(즉 노동자에 대한 고용주 요구의 복잡하고 변화하는 속성을 일일이 문서화하기가 쉽지 않다는 점)을 감안해, 지연방해 가능성을 극복할 방안으로 내부 노동시장을 설명한다. 결국, 명시적 계약과 암묵적 계약을 조합한 장치는 양측이 상대를 속이는 행위를 예방하기 위한 것이다. 즉, 고용관계는 양쪽이 지속적인 고용 과정에서 함께 공유할 방법을 모색하지 않으면 안 되는 나름의 가치를 만들어낸다. 그러므로 계약은 외부 노동시장 조건과 내부 상대적인 협상능력을 모두 반영한 것이라 할 수 있다.[10]

그러나 위 설명들 중 어느 것도 일터의 근본적 측면을 제대로 포착해내지 못한다. 바로 대규모 인원이 함께 모여 일한다는 점과 사람은 본질적으로 대단히 사회적인 존재라는 점이 바로 그것이다. 한 지붕 아래 함께 일하는 노동자들은 서로 소통하게 마련이며 그 과정에서 서로에 관한 정보를 쉽사리 알아낸다. 나와 동일한 일을 하는 옆 칸 동료가 나보다 임금을 더 많이 받는지 적게 받는지도 당연히 정보에 포함된다. 유사한 일을 하는 노동자에게 서로 다른 임금을 지급한다면 생산성에 악영향을 미칠 뿐 아니라 이직률을 높이고 심지어 노조 결성 동기를 부채질하기도 한다. 생산성이 상이한 개인들에 대해 일관성 있는 인사정책 및 단순화한 보상구조를 적용하는 건 직원들 사이의 마찰을 줄이는 핵심요소다.

공정성과 임금 결정

공정성은 중요한 문제다. 사람들이 오직 자신과 관련한 이익 극대화에만 관심을 갖는다는 전통적인 경제학 가정과 달리 심리학, 의사결정학, 보다 최근의 행동경제학은 자신의 이익을 넘어 타인의 이익에도 신경 쓴다는 사실에 견해를 모은다. 사실 누구나 다른 사람과 비교해 자신의 혜택 규모를 가늠한다. 그리고 때로는 공정성을 중시하느라 자신의 이익 일부를 기꺼이 희생하기도 한다.

"최후통첩 게임"은 인간관계에서 공정성의 중요함을 가장 잘 보여주는 예로, 실험적으로뿐만 아니라 실제 현장에서도 광범위하게 검증된 바 있다. 게임은 간단하다. 두 사람에게는 서로 나눠가질 돈(말하자면 10달러)이 있다. 한 사람은 어떻게 나눌지 결정할 수 있고, 나머지 한 사람은 그 결정을 수용하거나 거부할 수 있다. 단 거부하면 두 사람 다 한 푼도 받지 못한다. 만약 사람들이 철저히 이기적이라면, 예상 결과는 자명하다. 전자가 거의 모든 돈을 갖고, 후자에게 소량(이를테면 동전)만 남기는 것이다. 후자가 게임 시작 전에 비해 게임 후 얻은 그나마 적은 돈(예를 들어, 50센트)이라도 만족한다면, 어떤 제안이든 받아들일 것이다.

하지만 실제 게임 결과는 그렇지 않다. 후자의 입장에 처한 사람은

(한 푼도 얻지 못하는 대가를 치르더라도) 대개 지나치게 낮은 제안은 거부한다(연구결과에 따르면, 20% 이하를 제시하는 안은 보통 거부당한다). 마찬가지로 이를 간파한 전자도 후자에게 40%~50% 정도의 몫을 제안한다.[11] 여러 가지 형태로 반복해서 시행한 후 나온 결과는 공정성의 가치를 확연히 입증해준다. 사실 이 실험은 전자에게는 가능한 한 많이 가지려는 인센티브가, 후자에게는 어떤 제안이라도 받아들이려는 인센티브가 높은 일회성(반복되지 않는) 게임에 의거하기 때문이다. 최후통첩 게임을 여러 차례 다양한 시나리오로 시행해봐도, 가능한 한 주어진 몫을 공유하려는 경향은 여전히 높게 나타났다.

공정성 의식은 현실세계 모든 종류의 상호작용과 관계에 영향을 미친다. 관계는 일터의 본질적인 부분이므로 공정성 의식은 그곳에서 이루어지는 임금 결정방식의 기초가 된다. 가령 임금을 높일 때, 그 결정의 기반이 되는 요소는 노동자가 제공해야 할 추가적 산출량에 대한 고용주의 고려가 아니라 그 임금의 공정성 여부에 대한 노동자의 의식이다. 행동경제학 주창자들 중 한 명인 대니얼 카너먼Daniel Kahneman에 따르면 임금삭감에서도 마찬가지로, 그 이유에 대한 사람들의 생각이 바로 공정성 의식의 원천이라는 것이다. 일례로 실업 증가(그에 따라 더 많은 사람들이 일거리를 구하는 상황)로 인한 임금 삭감은 부당하게 간주되지만 파산 위기에 처한 회사의 임금 삭감은 호의적으로 받아들여진다. 최후통첩 게임의 전자처럼 이런 사실을 간파하고 있는 회사들은 명목임금을 웬만해서는 삭감하지 않는다.[12]

보수에 관한 공정성 의식 역시 절대적인 기준에서 내가 얼마나 받을 자격이 있는지의 문제뿐만 아니라 다른 사람과 비교해 얼마를 받는지와 밀접하게 관련된다. 그렇다면 과연 누가 비교 대상인가? 이 질문에 대한 판단은 먼저 내 위치가 어디인가에 달려 있다. 만약 내가 일자리를 찾고 있는 상황이라면, 그 판단은 (전통적인 경제이론이 예상하는 대로) 내가 바라보는 노동시장 상황에 따라 달라진다. 내가 얻을 수 있는 정보가 불충분할지라도 탐색과정에서 유사한 일자리들을 살펴볼 것이고,[13] 임금안에 대한 수락가능성도 노동시장의 전반적인 조건에 따라 달라질 것이다.

그러나 일단 내가 조직 안에 들어와 있으면, 나와 관계된 임금 수준은 동료들에게 초점이 맞춰진다. 앞서 언급한 실험에서 두 사람이 공동 이익을 어떻게 나누느냐가 그들 각자의 이익 절대치만큼이나(아니면 더욱) 중요한 것처럼, 길 건너편에서 나와 같은 일을 하는 사람이 다른 고용주로부터 얼마를 받는지보다 내 옆 칸 동료가 얼마를 받는지에 더 신경을 쓰게 된다.[14] 따라서 "상대적 임금"은 나와 유사한 일을 하는 다른 사람이라는 측면에서뿐만 아니라 조직에서 나보다 더 높거나 더 낮은 수준에 있다고 여겨지는 사람이라는 측면에서도 굉장히 중요하다. 대기업이 과거 몇십 년 동안 활용해온 임금체계와 내부노동시장을 채택한 이유는 무엇인지, 그리고 현재 대기업이 균열을 향해 나아가는 이유는 무엇인지 이해하기 위해서는 우리가 흔히 임금에 적용하는 두 가지 공정성 개념(수평적 평등과 수직적 평등)을 다시 한 번 고찰해볼 필요가 있다.

수평적 평등과 임금체계

시드니 웹과 비어트리스 웹의 논지는 수평적 평등 쪽에서 가장 명백하게 드러난다. 내가 유사한 일을 하는 다른 사람들과 동일한 임금을 받고 있는 걸까?

이러한 공정성 문제는 실적 및 품질향상을 위한 인센티브를 지급하는 것으로 균형을 맞출 수도 있다. 고용주가 쉽게 실적을 추적할 수 있다면, 당연히 임금정책에 실적 관련 요소가 포함될 것이다. 실적 관측이 용이하고 회사에 중요한 영향을 끼칠수록 그 둘을 연계한 정책의 필요성은 더 커진다. 물론 같은 등급의 모든 노동자에게 똑같은 임금을 적용하는 것의 이점도 있지만 말이다.[15]

그 한 가지 방식이 생산단가를 토대로 한 임금 지불이다. 산출량과 연계된 기준률을 지급함으로써 바로 옆자리 동료라 하더라도 높은 생산성을 올리는 노동자가 생산성이 낮은 노동자보다 돈을 더 많이 벌게 되는 방식이다.[16]

생산단가는 비교적 제한된 산업 영역(농업, 의류생산, 일부 제조업)에서 줄곧 이용되었으나, 노동시장에서 힘을 가진 대기업과는 연관성이 적었다. 생산단가 체계 이상으로 임금과 실적 간 연계 혜택을 고려해 볼 때, 인센티브 보수체계는 예상보다 훨씬 드물었다. 프레드 폭스Fred Foulks가 1980년에 지적한 바에 따르면, "조사대상 비노조 회사들에서 성과급 제도는 잘 알려져 있었지만, 다양한 이유에서 생각보다 자주 시행되지는 않았다"며, 대신 연공서열, 자동 진급, 동등 대우 원칙에 훨씬 더 많은 무게가 실렸다"는 것이다.[17] 그로부터 20년 후 불리

Bewley 역시 성과급 제도에 다소 유보적인 입장을 취했다. 왜 그런 것일까?

자주 거론되는 가장 흔한 이유는 대부분의 직무 현장에서 실적을 제대로 측정하기가 사실상 매우 힘들다는 것이다.[18] 첫째, 일터의 많은 결과물이 순전한 개인의 활동이라기보다 팀워크의 산물이기 때문이다. 팀의 산출물에서 개인의 기여를 정확히 알아내기란 쉬운 일이 아니다. 둘째, 생산의 본질 자체가 개인이 통제할 수 없는 외부요소의 영향(긍정적으로든 부정적으로든)을 받는다. 가령 휴양지에서의 저조한 판매실적은 열의 없는 판매직원뿐만 아니라 궂은 날씨나 장기불황의 결과일 수 있다. 셋째, 실적 영향을 산출할 수 있다 쳐도 산출 자체에 비용이 든다. 조직의 규모나 복잡성이 커질수록 그 비용은 훨씬 더 늘어난다.[19] 넷째, 고용주는 대개 한 가지 결과가 아닌 복합적 결과에 더 신경을 쓰기 때문에, 서로 다른(종종 상충하는) 목적에 맞춘 인센티브 제도를 만들기는 매우 어려운 일이다.[20]

하지만 다시 강조하건대, 실적에 따른 보수 지급이 광범위한 관행이 아니라는 사실은 공정성에 대한 사람들의 근본 인식을 반증한다고 볼 수 있다. 인센티브 보수체계는 개인들이 노력을 기울일 인센티브가 있어야만 더 열심히 일한다는 가정에 따른 것이다. 그러나 경험적 증거로 볼 때, 사람들은 공정한 보수를 받고 있다고 믿으면 자신의 일에 최소한의 노력 이상을 기울인다. 또 높은 보수는 공정성 의식을 가진 개인들에게서 더 많은 노력을 이끌어낸다("회사가 나에게 돈을 더 주는 이유니까"). "반복게임" 상황이 되면, 행동은 더욱 강화된다("회사가 나를 잘 대우했으니, 내가 더 노력해야지. 회사가 다음에도 그렇게 해줄 거라고 믿으니까"). 상당수 직원들이 자기만 챙기는 "자기이익 극대화주의자들"인 곳에서조차, 소수의 이타적인 노동자가 존재한다는 사실은 고용주로 하여금 공정성 존중 차원에서 더 높은 수준의 임금을 설정하도록 유도한다.[21]

그 결과 대기업은 비슷한 위치에 있는 사내 직원들에게(실적이 다양하다 하더라도) 일관된 보수를 지급함으로써 수평적 보상 문제를 그럭저럭 넘겨왔다. 불리의 보수정책 조사에 응한 대다수 기업들(78%)은 보수 형평성이 중요한 결정적 이유로 "사내 조화와 사기 진작"을 꼽았다.[22] 노동시장 연구는, 노동자 간 생산성 차이가 상당한 현실을 감안할 때 사내 임금 격차가 예상보다 훨씬 적다는 사실을 잘 보여준다.[23] 회사들은 복수 임금정책에서 비롯될 부정적 결과를 피하기 위해 유사 기술/능력을 가진 노동자들에 대한 단일 임금정책을 지향하고 있다.

실적 관련 인센티브를 얼마간 제공하면서 공정성이라는 목적을 달성할 수 있는 매우 흔한 방법은 연공서열이다. 연공서열 제도는 근무 연한에 따라 지속적인 임금 증가를 보장해준다. 근속이 최소한의 실적기준 부합 신호라는 가정 아래, 시간이 흐를수록 노동자의 실적이 향상되므로 보수도 따라서 움직인다는 논리다. 만약 내 급여가 시간 흐름과 맞물려 내 직장 동료와 똑같이 오를 거라고 예상할 수 있다면 나는 이 시스템을 공정하다고 판단할 것이며, 고용주 역시 향상되는 내 실적으로부터 수익을 거둬들이게 될 것이다(그리고 보다 높은 임금 형태로 그 수익을 공유하게 될 것이다).[24]

수직적 평등과 보수

 그러나 임금에 대한 만족 여부는 조직 내 유사한 직무나 위치에 있는 사람들뿐만 아니라 위아래 사람들과의 비교에 의해서도 좌우된다. 특히 여러 실험적·경험적 증거는 사람들이 자신의 임금을 판단하는 데 있어 "위를" 본다는 사실을 공통적으로 지적한다. 즉 조직 사다리 윗 단계에 위치한 일과 비교해 내 임금은 과연 적정한가?라고 질문한다는 것이다. 만약 바로 위 그룹 임금이 나와 비교해 지나치게 높다면 (또 그 격차가 시간이 지나면서 점점 벌어진다면) 임금 절대치와는 상관없이 내가 받는 보수에 점점 덜 만족할 것이다.

 심리학자들은 사람들이 소득보다 손실(아무리 작더라도)에 더 크게 신경 쓴다는 사실을 오래 전에 짚어냈다.[25] 이 효과(손실혐오라 불린다)는 상황 개선에 따른 기분 상승보다 상황 변화의 역효과에 따른 기분 저하가 훨씬 크게 느껴진다는 것을 확인해준다. 그러니까 노동자의 임금 상황이 부당하게 여겨지는 쪽으로 변화하는 경우가 공정하게 개선되는 쪽으로의 변화보다 심리적 영향이 더 크다는 뜻이다.

 서로 다른 직업이나 업무에 대한 임금 비교는 바로 이러한 효과를 유발할 수 있다. 가령 어느 한 직장에서 다른 일에 비해 스스로 "더 낫다고 여기는(이를 테면, 더 높은 기술이나 지식을 요하는)" 일을 하고 있다고 치자. 어느 날 그 일을 하는 사람이 얼마를 받는지 알게 되고, 내가 그보다 더 적게 받는다는 사실을 깨달았을 때 느낀 분노는 반대로 내가 더 많이(동일한 차액) 받는다는 사실을 깨달을 때 느낄 행복감보다 훨씬 더 크다. 이는 내가 공정한 보수를 받는지 아닌지를 가늠하는 데 있어서 임금구조의 아래보다는 위를 보는 경향이 있음을 그대로 반영한다. 자동차 공장에서 일하는 청소부는 바깥 잔디 상태를 책임지는 관리인의 임금보다는 자신이 청소하는 공장 조립라인 노동자들의 임금에 더 신경이 쓰인다.

대규모 조직에서 이 같은 수직적 형평성 문제는 특히 더 까다롭고 복잡하다. 제조업계 노조와 회사는 이 문제를 단체교섭(대개 상대적 임금은 그대로 놔둔 채 전체 임금체계의 점진적 상향조정)을 통해 해결했다. 이런 합의가 공정성 기대를 일부 명료하게 해준 측면도 있다(적어도 노조협상위원회에 의해 일터 요구사항이 부분적으로 반영되었기 때문이다).

대규모 비노조 일터 역시 임금정책 수립에 있어 단체교섭에 얽매이지는 않더라도 수직적 형평성 요구를 아주 외면할 수는 없다. 이러한 맥락에서 높은 임금은 노조 조직화를 막으려는 노력뿐만 아니라, 위에서 언급한 내부마찰을 피하려는 노력의 반영이라고 볼 수 있다.[26] 임금정책 연구에서 뷸리는 비노조 경영진이 형평성을 기준으로 공식적인 내부 임금구조를 정립했음을 밝혀냈다:[27] 조사에 응한 기업의 69%가 등급 간 임금 격차가 유용한 인센티브로 작용한다는 것을 인정하면서도 "사내 평등 및 조화, 공정성 제고, 사기 진작"을 정책 수립의 주된 기준으로 들었다.[28]

수직적 형평성을 유지할 필요성은 대기업으로 하여금 내부 노동시장 안정을 위해 임금체계 말단에 있는 노동자들에게 그들이 선호하는 임금보다 더 높은 액수를 지급하는 상황으로 이어지게 했다. 앞으로 살펴보게 되겠지만, 대다수 연구는 임금 설정 과정에서 일어나는 이 현상을 다루고 있다.

내 직원들을 데려가줘, 제발!

수평적·수직적 형평성 문제를 한꺼번에 해결하기 위해 대기업은 조직 내 모든 직급에 대한 임금 수준을 상대적으로 높이는 경향을 보였다. 이 같은 양상은 2장에서 언급한 대기업 임금 프리미엄을 잘 설명해준다.

기본적인 수요자 독점 모델은 고용주가 독점 상황에서 일명 가격차별정책(말하자면, 소비자들마다 다른 가격을 청구하는 것)을 따르기보다 특정 유형(기술이나 직업) 노동자들에 대해 단일임금률을 적용할 것이라 가정한다. 하지만 단일임금률 아래서 해당 유형 노동자들을 추가 고용할 경우, 고용주의 비용을 끌어올리는 결과를 낳는다. 추가 고용되는 직원의 임금뿐 아니라 같은 직종 기존 직원들에 대해 더 많은 임금을 지급해야 하기 때문이다.[29]

원칙적으로 수요자 독점 파워를 가진 고용주는 복수 임금정책을 고수해 노동자의 개별 생산기여도(또는 "한계 생산물", 노동자 한 명당 추가 산출량)에 따라 보수를 지급할 수 있다. 그러나 이는 지금까지 말한 공정성 원칙에 배치되며 널리 활용된 보수 형태도 아니다. 임금 차별(가격 차별과 마찬가지로)은 나름의 이점에도 불구하고 대기업에서는 찾아보기 힘들다. 노동자들이 한지붕 밑에서 일하는 한 수직적·수평적 형평성 문제가 여전히 남기 때문이다.

그러나 대기업이 회사 자체의 경계선을 변화시킴으로써 임금을 차별화할 수 있다면 어떻게 될까? 대규모 인력의 임금 문제와 맞닥뜨리는 대신 회사 밖 업체에 맡긴 일에 대해 가격 책정만 할 수 있는 상황으로 바뀐다면? 다수의 소규모 업체들은 대기업이 내놓은 일을 맡기 위해 치열하게 경쟁하고, 노동자 임금도 각자 알아서 지급할 것이다. 이러한 구조 하에에 대기업 고용주(이제 전 고용주)는 개별 실무 노동자들의 임금을 직접 설정하고 지급할 필요 없이, 계약업체의 서비스나 생산품에 대한 대가만 지불하면 된다.

위와 같이 대기업 고용주는 서로 다른 공급업체 간 일거리 경쟁을 유도하고, 수행능력 평가를 바탕으로 그들에게 대금을 지급한다. 유능한 생산업체가 그보다 못한 생산업체보다 돈을 더 많이 받을 수 있는 시스템이다. 이런 식으로 대기업은 노동에 대한 임금이 아니라 서비스에 대한 대가라는 명세서만 받을 뿐, 보수 지급 의무는 서비스나 생산품 제공자에게 넘겨버린다. 사실상 대기업이 고용활동을 소규모 공급업체 네트워크에 맡기면서, 서비스 제공자 네트워크 형식의 매커니즘(과거 직접 고용을 통해 사내에서 이루어졌던 서비스 활동에 대한 경쟁적인 시장)이 생겨났다.

결국 같은 사업 내에서 일하는 두 명의 노동자가 서로 다른 임금을 받는, 다시 말해 대기업에 직접 고용된 경우에 비해 직원별 한계생산성을 보다 확실히 반영해주는 효율적 해결이 가능해진 것이다.[30] 그러한 매커니즘은 같은 일을 하면서도 천차만별의 생산성을 보이는 노동자들에 대해 단일임금률을 정하는 경우보다 고용주에게는 훨씬 더 이득이 된다.

일을 사외로 옮기는 것과 관련한 논쟁은 내부 노동시장에서의 수직적 형평성 기대가 초래한 문제들에서 비롯되었다. 노동자들마다 기술 수준과 직무가 서로 다름에도 불구하고 사내 수직적 형평성 기준을 의식해 내부 노동시장에서 높은 임금을 받는 노동자들의 보수가 참고 임금이 되면서 기술 수준이 낮은 노동자들에게까지 비교적 높은 임금을 지불해 왔다.[31] 하지만 이제 이 문제는 기술 수준이 낮은 일자리를 외부로 내보냄으로써 간단히 해결할 수 있게 되었다.

가격 책정에 따른 임금 설정

DW 호텔(이하 DW)이 모든 직원(정원사부터 객실 청소원, 주차담당 직원, 프런트데스크 직원까지)을 직접 고용했다고 치자. 수평적 형평성은 같은 등급에 있는 직원들에게(심지어 한 도시 내 전 호텔에 근무하는 직원들에게) 유사한 월급을 지불할 것을 요구한다. 한편, 수직적 형평성은 정원사의 임금을 정하는 데 객실 청소원과 주차담당 직원의 임금을, 프런트데스크 직원의 임금을 정하는 데 지배인의 임금을 함께 고려할 것을 요구한다. 그렇게 하려면 DW는 포괄적인 임금 및 인사정책을 수립하고 시행해나가야 한다.

그러나 DW가 호텔 관리업무를 더 이상 핵심 비즈니스 전략으로 삼지 않는다면 어떻게 될까? DW는 잡다한 호텔 운영업무를 다른 조직(특히, 치열한 경쟁 속에서 낮은 입찰가를 부르는 업체)에 맡길 것이다. 이제 DW는 이들 업무를 다수의 하청업체들이 모인 시장으로 옮기고, 해당 서비스(DW가 직접 해오던 활동)들은 제공업체가 일정 가격에 맡아 처리하게 될 것이다.

결과적으로 DW는 여러 업체가 특정 활동을 두고 경쟁하게 만든 다음, 그들의 기여도에 대한 평가를 토대로 값을 지불한다. 효율성이 낮은 업체는 생산성이 높은 업체에 비해 값을 적게 받을 수도 있다. 이렇게 해서 DW는 노동 대가인 임금이 아니라 서비스 대가라는 가격 명세표를 받게 되며, 보상이라는 복잡한 문제는 각각의 서비스 제공 업체에 넘겨버리는 것이다.[32] 사실상 기업은 고용활동을 소규모 업체 네트워크에 이전함으로써 서비스 제공자 네트워크 형식의 매커니즘 (과거 직접 고용을 통해 사내에서 이루어지던 서비스를 놓고 다수가 경쟁하는 시장)을 만들어낸 셈이다.

경쟁적인 시장에 놓인 소규모 조직에 고용 기능을 이전시킴으로써 대기업 고용주는 한 지붕 아래서 확연히 다른 임금을 받는 노동자들로 인해 생기는 문제를 털어낸 것이다. 또한 그 과정에서 고용주는 각 노동자의 개별 추가 생산성과 과거 회사가 정한 단일임금률 사이의 격차를 확실히 포착할 수 있게 되었다.[33]

결국 공급체인 맨 위에 자리잡은 기업들이 고용 기능을 과감히 떼어낸 뒤 수익성 높은 활동에 집중하면서, 자연히 상품 제조나 서비스 제공 부문은 균열 수순을 밟게 된 것이다. 이는 기업 수익성이 공유되는 방식에 있어 중요한 시사점을 내포한다. 과거 통합적인 모델에서 대기업은 사내 공정성을 의식해 보다 높은 급여 형태로 직원들과 수익 일부를 공유했고, 따라서 소비자나 투자자와 이익을 공유하는 몫은 상대적으로 적었다.

하지만 균열 진행과 함께 공정성 문제가 덜 민감해지면서 노동자 임금은 점차 끌어내려졌다. 대신 더 낮은 가격과 더 높은 수익으로 소비자와 투자자에게 더 많은 혜택이 돌아가게 되었다. 균열구조상 회사의 핵심역량은 브랜드 구축과 신상품 도입을 통한 충성 고객층 확보로 이어졌고, 이 과정에서 줄어든 임금 비용은 특히 투자자들 쪽으로 흘러들어갔다.³⁴ 이처럼 기업 일부 기능의 외부 이전은 수익의 재분배를 가속화시켰다.

담장 안과 밖의 청소부와 경비원

3장에서 지적했듯이 경비원과 청소부는 균열 대상의 선발대 격이었다. 2000년이 되자 청소부의 약 45%, 경비원의 70% 이상이 계약직으로 고용되었다.³⁵ 청소부와 경비원을 기업 담장 밖으로 밀어낸 것은 같은 직업군 노동자들 임금에 막대한 영향을 미쳤다.

상대적으로 고임금을 지급하던 대기업이 청소 기능을 털어버린 결과는 청소부들의 계약현황을 조사한 몇몇 연구에 잘 나타나 있다. 통계학적 모델을 이용해 특정 직종의 외부계약 가능성을 높이는 요소들을 예측한 에이브러험과 테일러Abraham and Taylor는 회사 인력의 전형적 임금이 높으면 높을수록 청소 기능을 외부계약으로 돌릴 가능성이 더 높으며, 청소부를 계약직으로 고용하는 회사는 청소 기능 자체를 완전히 외부로 이전하는 경향이 높다는 사실을 입증했다.³⁶

청소부와 경비원 수가 상당하다는 점을 고려해, 두 직종의 직접고용 노동자와 외부계약 노동자의 임금과 혜택을 비교해보기로 하자. 노동자와 그들이 일하는 일터 특성을 전부 통제한 통계학적 모델에 의거, 두 직업군의 임금과 혜택을 직접 비교한 여러 학자 중 벌린스키Berlinski에 따르면, 계약직 청소부들이 사내 청소부에 비해 15% 덜 벌며, 계약직 경비원이 사내 경비원보다 17% 덜 버는 것으로 나타났다.

이와 비슷한 연구를 진행한 듀브와 캐플런Dube and Kaplan은 계약직 청소부의 4~7%, 계약직 경비원의 8%~24%가 "임금 불이익"을 겪었음을 밝혀냈다.[37] 이어 양 직종의 계약직들이 건강보험 혜택을 받지 못할 가능성이 훨씬 높으며, 사내 경비원 약 60%와 청소부 49%가 건강보험 혜택을 받은 반면, 계약직 경비원 38%와 청소부 24%만 건강보험 혜택을 받았다고 지적했다.[38]

이 결과는 유사한 장소에서 유사한 일을 하는 경비원과 청소부의 임금 격차가 고용 형태에 따라 매우 크다는 사실을 암시한다.[39] 그러한 맥락에서 그 분배적 의미를 다시 한 번 되새겨볼 필요가 있다. 일을 외부로 이전함으로써 이 장 첫머리에 시드니 웹과 비어트리스 웹이 제기한 문제를 해결한 대기업은 한때 공정성을 의식해 직원과 공유했던 이익의 일부를 소비자와 (특히) 투자자에게 재분배했다고 볼 수 있다.[40] 제2부에서 상세하게 논하겠지만 이를 위해 기업은 청소부와 경비원의 사례에 이용된 계약·아웃소싱 이상으로 여러 가지 다양한 조직적 방법들을 고안해냈다.

서던캘리포니아의 대형 슈퍼마켓과 소매업체가 계약직 청소부를 활용하는 문제를 다룬 시리즈 기사에서 낸시 클리랜드Nancy Cleeland는 청소부들에 가해진 균열의 충격을 신랄하게 묘사했다. 주 7일 야간 교대근무를 하는 한 남자에 초점을 맞춘 이야기로, 그가 해야 하는 업무는 다음과 같았다.

쓸고 닦고 윤내기. (…) 그는 최저임금에 훨씬 못 미치는 임금을 받는다고 한다. 주 56시간 근무에 잔업수당이 얼마냐고 물었더니 그는 그저 피식 웃을 뿐, 강한 화학성분 때문에 줄곧 코피가 나고, 손가락을 데 기도 하며, 싸구려 운동화 바닥도 쉬이 닳는다고 말했다.(…) 많은 청소부들이 최저임금 미만의 임금—주 56시간 월 2회 약 550~650달러—을 받는데다, 그나마 이것도 세전 임금이다.

클리랜드가 인터뷰한 청소부들 중 그 누구도 자신이 고용된 회사 이름을 대지 않았다. 개인수표로 급여를 받은 딱 한 사람만 빼고.[41]

균열고용의 사회적 영향

균열일터는 단순히 하청, 아웃소싱, 오프쇼어링의 대체 용어가 아니다. 또한 기업이 단순히 사적 혹은 사회적 혜택 지급을 피하기 위한 꼼수만도 아니다. 오히려 균열일터는 비즈니스 구조의 근본적인 혁신 전략을 반영한다. 고용 결정은 대기업의 미묘하고 지속적인 균형맞추기 및 그 아래 여러 소규모 업체들과의 연관 행위에서 비롯된다.

기능 이전과 고용이 주는 혜택 및 비용 간 균형맞추기, 즉 계산상으로 합리적인 것과 사회적으로 바람직한 것과는 다를 수 있다. 외부효과의 경제적 개념(자신의 행동이 미칠 사회적 비용을 충분히 가늠하지 못한 데서 유발된 실패)은 여기서도 유용하게 적용될 수 있다. 대형 소매점이나 통신회사는 위에서 언급한 일부 매커니즘을 통해 일을 다른 업체(여기서 일이 다시 세분화하고, 여러 층의 하청업체가 생길 수 있다)에 넘김으로써 비용과 책임을 줄이는 한편, 품질과 기술적 요건, 또는 브랜드 신망은 그대로 유지할 수 있다고 판단한다. 그러나 만약 특정 활동을 털어버리는 결정이 초래한 결과가 임금, 보호, 혜택, 안정성의 기회를 낮추는 것이라면, 그 사회적 비용은 다른 누군가가 감수할 수밖에 없다.

균열일터 기저에 깔린 복합적인 요소들은 임금 정체 같은 추세가 왜 좀처럼 개선될 기미를 보이지 않는지, 경제 각 부문에서 근로규정 위반이 왜 점점 빈발하는지, 투자자(소득 분배 최상위층) 소득은 높아지는 데 반해 대다수 사람들에게 일은 왜 갈수록 힘들어지는지를 얼마간 설명해준다. 제2부에서는 균열일터가 다양한 산업과 조직에서 어떻게 확산되고 있는지, 또 그 영향은 무엇인지 자세히 살펴볼 것이다.

제2부
균열일터의 형태와 그 영향

The Fissured Workplace ─────────────────────────────

〈뉴욕타임스〉 리포터 스티븐 그린하우스Steven Greenhouse는 책《빅 스퀴즈 The Big Squeeze》에서 직장인들이 매일같이 품게 되는 수많은 고민을 풀어놓았다. 수백 건의 인터뷰 자료를 토대로, 그린하우스는 수백만 명이 직면한 악화일로의 노동조건을 다음과 같이 요약했다.

오늘날 미국에서 제대로 조명되지 않은 가장 주목할 만한 추세는 약 30년 전부터 시작된 노동자들(화이트칼라와 블루칼라 직장인, 중하층 노동자들)의 지위와 처우 하락으로, 그 속도는 점점 가속화되다 금세기 들어 전속력으로 치닫고 있다. 이 심각한 변화는 상당수 미 노동자의 처지를 몇십 년 전보다 훨씬 더 낮은 수준으로 끌어내렸다. 수백만 명에 달하는 미 노동자의 건강보험부터 연금 혜택, 직업안정성, 업무량, 스트레스 수준, 임금에 이르기까지 모든 게 악화일로에 처해 있다.[1]

이 책은 줄어드는 임금과 혜택, 잦은 근로규정 위반, 일방적 해고, 노골적인 차별, 인권침해 등을 사례별로 차례차례 기술하고 있다.
학자들은 물론 대중작가들까지 미국(다른 나라들도 마찬가지지만)의 노동환경이 지난 10여년 사이 크게 하락했다는 사실을 지적해왔다. 심지어 2007년 12월 대침체가 시작되기 이전부터 노동자들은 경제, 건강, 안전, 사회 모든 측면의 위험에 취약해질 대로 취약해져 있었다. 최근 많은 연구가 이 고통스러운 상황을 상세히 다루고 있다.²

제1부에서는 균열일터를 초래한 기원과 원인, 역학관계를 살펴보았다. 많은 업계에서 대기업이 추구한 전략은 가치창출을 위한 핵심분야에 집중하되 나머지 활동들(고용을 포함해)을 하위 사업조직에 이전하는 것이었다.

제2부에서는 하청, 프랜차이징, 공급체인 구조를 살펴볼 것이다. 균열일터와 노동조건 악화로 이어진 대기업의 균형맞추기 전략에 활용되는 세 가지 조직적 매커니즘이 그것이다. 표 II.1은 그 세 가지 형태와 구산업(광업)부터 신산업(휴대폰)까지 다양한 산업 분야의 예를 제시하고 있다. 균열의 영향이 미친 곳이 노동시장 저임금 말단직종(청소부, 창고관리인, 간병인, 패스트푸드업체 직원)에 집중되기는 했지만, 이 관행은 차츰 중간직종(기기 조작자, 기지국 철탑노동자, 고객서비스 제공자)과 고위직종(언론인과 변호사)으로까지 확대되고 있다.

우선 하청의 경우, 대기업은 일부 활동을 별도 업체에 넘긴다. 이렇게 넘겨진 활동은 대개 더 쪼개져 또 다른 업체에 나뉘어지고 결국 여러 단계의 고용관계가 생성된다. 반면 프랜차이징은 대기업이 브랜드 전반을 관리하는 대신, 별도의 사업체(가맹점)가 기능을 이행하도록 허가하는 조직구조로 이루어져 있다. 마지막으로 공급체인은 대기업이 상품이나 서비스를 제공하는 여러 하위조직의 복잡한 네트워크를 조율하는 핵심적 역할을 담당한다.³

세 가지 형태 모두에서 연속적 층위에 자리잡은 업체(표 II.1의 각 행에 나타나 있다)들이 대기업을 중심으로 궤도를 돌고 있다. 각 단계 간 관계의 성격은 계약이나 합의 유형에 구체화되어 있다. 이동전화기지국 산업을 예로 들어보면, AT&T와 버라이즌 같은 대기업이 일종의 총괄 계약업체를 일컫는 "터퍼turfer"와 계약을 맺고, 터퍼는 다시 현장업무를 할 다음 단계 또는 여러

표 II.1 균열일터의 3가지 조직 형태(갈등 요인 선택 사례)

산업	대기업	1단계	2단계	3단계	4단계
하청					
탄광업	탄광관리업체 (메시 에너지[Massey Energy])	탄광운영업체 (퍼포먼스 콜[Performance Coal Co.])	하청업체 (블랙 다이아몬드 컨스트럭션 Black Diamond Construction Inc.)		
휴대폰	이동통신업체 (AT&T)	티퍼 (엔소로Nsoro)	1차 하청업체 (웨스타워WesTower)	2차 하청업체 (ALT Inc.)	3차 하청업체
물류관리	소매업체 또는 제조업체 (월마트Walmart, 허쉬Hershey)	물류업체(슈나이더 로지스틱스Schneider Logistics)	1차 인력 공급업체(PWV)	2차 인력 공급업체 (로저스-프리미어Rogers-Premier)	
케이블 서비스	미디어제공업체 (타임워너Time Warner)	지역 케이블 티퍼(캐스콤Cascom)	독립계약자인 설치기사		

프랜차이즈

패스트푸드	프랜차이즈본사 (KFC, 피자헛Pizza Hut)	가맹업체 (모건스 푸즈 주식회사Morgan's Foods Inc.)	근로 계약자
청소 및 전문관리	각 부문 대기업	프랜차이즈 본사(커버롤Coverall)	
호텔 (하이브리드 모델)	호텔/모텔 브랜드 (메리어트Marriott)	가맹업체 (호스트 호텔 엔 리조트 Host Hotels and Resorts)	브랜드 운영업체 또는 독립운영업체(크레스트라인 호텔 앤 리조트Crestline Hotels and Resorts)	동네 가맹점
			지역 가맹점	
				인력 공급업체(호스피탤리티 스태핑 솔루션Hospitality Staffing Solutions)

공급체인

의류	제조업체 또는 소매업체(포에버 21Forever 21)	하청제조업체 /1차 하청업체(CRM 클로딩CRM Clothing Inc.)	2차 하청업체 (CUI 소잉 주식회사CUI Sewing Inc.)	3차 하청업체
식품산업	식품제조업체	재배업체	근로 계약업체	
컴퓨터산업	컴퓨터 브랜드 (애플Apple)	하청제조업체 (폭스콤Foxcomm)	1차 하청업체	2차 하청업체

단계의 소규모 하청업체들과 기지국 철탑 유지관리서비스 계약을 맺는다. 각 단계는 입찰시스템과 작업조건을 상세히 명시한 계약을 통해 윗 단계와 업무 관계를 맺는다.

패스트푸드 프랜차이즈 업계에서 각 단계는 중요 비즈니스 운영 및 관련 사항을 구체화한 프랜차이즈 계약으로 연결되어 있다. 소매업계의 공급체인 구조는 각 단계의 상호조율 방식을 명시한 기준(대개 상품 특성 및 유통기준)에 의존한다.

하청, 프랜차이징, 공급체인 계약은 각기 다른 형태를 띠지만 각 단계 맨 하단이 직면한 압력은 유사하다. 대체로 노동은 비용의 중요 요소이기 때문에 층위구조 및 이를 단단히 엮는 접착제(조직화 방식)가 고용조건에 영향을 미치기 때문이다. 고용을 경쟁적인 저임금 시장으로 내보낼 경우, 근로규정을 피해가려는 유혹이 커질 수밖에 없다. 근로기준 침해 증가(최저임금 미달이나 잔업수당 미지불, 초과근무 요구까지)가 이 문제를 여실히 드러낸다.

4장에서 언급했듯이 기업 담장 밖으로 활동을 밀어낸다는 것은 임금 설정 과정이 변화된다는 뜻이기도 한다. 청소부가 제조업체, 호텔, 금융기관의 직접 고용인이었을 때, 사내 다른 직원의 상대적 고임금이 그의 임금 수준을 끌어올리는 기능을 했다. 하지만 청소 업무가 대기업 궤도를 도는 다른 층위의 하부업체로 옮겨지면서 종전의 사내 관계항은 임금 설정 문제와 무관한 문제가 되어버렸다. 청소부의 임금은 이제 청소용역 프랜차이즈 업체나 다른 청소 서비스 계약업체들로 구성된 시장가격에 맞춰 정해지게 되었다.

마지막으로, 균열일터의 단계적 조직 형태는 조율 실패를 낳을 수도 있다. 복잡한 생산과정으로 인해 여러 단계가 지나치게 중첩되어 있을 경우에는 더욱 그렇다. 조각조각 나뉜 생산 단계별 여러 활동을 서로 다른 비즈니스 조직이 맡을 경우, 어느 한 업체의 노동자 행동이 다른 일터에 위험을 야기할 가능성이 있다. 이는 건설업계에 만연한 문제로, 점점 더 많은 일터가 한 지붕 아래 복수 고용주로 구성될수록, 새로운 위험이 발생하고 그와 함께 치사율 상승을 포함해 건강과 안전문제도 증가할 수 있다(뒤에서 기지국 철탑 사례를 살펴볼 것이다).

제2부는 균열일터를 만든 3개의 주요 조직 형태를 자세히 살펴보고 그 각각이 노동자들에게 미친 영향을 검토할 것이다. 먼저 5장에서는 소수 업계의 전형적 형태로 시작해 널리 확산된 하청 문제를 다룬다. 특히 하청은 독립계약 관행과 맞물리면서 때로 치명적인 결과를 낳기도 한다.

6장에서는 보다 미묘한 균열 형태인 프랜차이징에 대해 살펴볼 것이다. 브랜드 구축에 초점을 맞춘 핵심전략에서 탄생한 프랜차이징은 가맹본사가 핵심역량에 집중하는 대신 상품과 서비스를 제공하는 가맹점은 기준을 고수하도록 만드는 독특한 형태의 균열조직이다. 프랜차이징은 이제 패스트푸드 산업을 넘어서서 다른 영역으로 폭넓게 확산되고 있다

7장에서는 균열이라는 새로운 차원에서 공급체인을 고찰할 것이다. 과거 포드와 IBM 등은 확산과 수직통합을 통해 내부 공급자 제국을 건설했지만, 현대 공급체인은 훨씬 더 복잡한 수백, 또는 수천 개 공급업체들을 조율한다. 대기업은 이러한 네트워크를 영리하게 관리하는 한편, 상세하고 까다로운 중요 요건들을 확립해놓음으로써 비즈니스 핵심요건을 만족시키는 데 집중한다.

5장

하청

THE FISSURED WORKPLACE

비즈니스와 생산, 일터를 조직하는 하나의 형태로서 하청은 더 이상 새로울 것이 없다. 하청은 미국 건설업이 1800년대 이래 조직화해온 방식이자 오랜 기간 여성의류 제조업체의 독특한 특징이었으며, 할리우드 초창기 시절부터 영화산업을 떠받쳐온 근간이었다.

이러한 하청은 전문화된 작업이 요구되는 제품 생산 부문에 주로 적용되었다. 특히 최종 소비자의 다양한 입맛에 맞추기 위해 각 공정은 대개 여러 가지 방식으로 조합되는데, 건설이 그 대표적인 예다. 상업빌딩은 전문성과 기술 조합이 필수적인 반면, 발전소에는 전혀 다른 요소가 필요하다. 같은 건설 분야라 하더라도 최종소비자 측에서 보면 엄청나게 다양한 변주가 가능하다.

이는 시내 중심가를 따라 걷는 것만으로도 충분히 알 수 있는 사실이다. 마찬가지로 하청 모델에 의존하는 다른 산업들도 다양한 상품을 생산하기 위해 각기 전문화된 활동을 최대한 활용한다. 남성의류에 비해 훨씬 다채로운 상품 구색을 갖춘 여성의류 산업은 좀더 광범위한 하청조직에 의존한다.[1] 영화산업도 온갖 예술적·기술적 생산 및 서비스 활동을 필요로 하는데다 장르나 특수 영상에 따라 갖가지 변화가 이루어지는 분야다.

만약 어느 한 기업이 각기 다른 업무를 맡을 전문가들을 고용해 건물, 의류, 영화를 제작한다고 할 때, 그 일이 한시적으로 사용될 전문적 기술 및 장비 투자를 요구한다면 당연히 하청에 눈을 돌릴 수밖에 없다. 한편 전기공사 전문회사(또는 여성의류용 자수나 영화 의상디자인 전문회사)는 특정 서비스를 다른 업체, 특히 장기적 투자 여력은 없되 정해진 기간에 자신들을 필요로 하는 회사에 제공할 수가 있다. 이러한 시장관계를 이용해 대기업은 여러 하청업체와 계약을 맺고 빌딩 건설이나 영화 제작에 나서는 것이다.[2]

균열 전략의 일환인 하청의 이점이 명확해지면서 이러한 형태는 전 사업 부문에 광범위하게 심화되었으며 신규 영역으로까지 확산되고 있다. 하지만 직종이나 산업 유형(특히 하청이 흔하지 않은 분야)에 따라 적용 방식은 서로 다르다. 이렇듯 하청이 이루어지는 대상과 활용 방식이 부문마다 상이하긴 하지만, 일터에 미치는 영향은 유사하다. 균열구조의 기본적인 고용조건은 부차적인 활동을 다른 업체로 떼어내기로 한 대기업의 전략 기조를 반영하고 있다. 대기업 "아래" 등장한 산업들은 가능한 한 당사자 간 이익을 조율하는(특히 대기업의 전략을 뒷받침하려는) 방향으로 조직이 구성된다.

그 결과 많은 업계에서 균열구조는 단계가 낮을수록 경쟁적이고,

신규 업체들의 진입장벽이 낮으며, 성과가 비교적 쉽게 측정되는 서비스를 제공하고, 기준 위반의 대가가 큰 계약 조건, 모니터링 기술과 조직적 포맷에 좌우된다. 그러다 보니 2차 단계(그리고 그 이하 단계)의 조건은 대단히 가혹할 수밖에 없다. 경쟁이 치열하고, 가격에 민감하며, 수요 변동에 취약하다.³

하청조직 균열일터의 두 번째 특징은 바로 조율이다. 일이 여러 업체로 분산될수록 조율은 더 힘들어질 수밖에 없다. 그로 인해 균열일터를 추동한 사적 이해가 안전과 건강 위험 증가, 최악의 경우 사망사고 발생 등 사회적 문제와 비용을 야기할 가능성도 높아졌다. 이 장에서는 여러 산업 부문의 대표 사례들을 통해 그 특징을 자세히 살펴보기로 한다.

먼저 오랜 산업인 탄광업계를 예로, 특정 산업에 집중되어 있던 하청이 어떻게 일반적인 고용전략으로 부상했는지 알아본 뒤 현대 산업인 이동통신업계로 넘어가 스마트폰의 빠른 성장 이후 기지국 철탑 유지관리에 하청이 어떻게 적용되었는지에 관해 논의하고자 한다. 미국의 랜드마크라 할 만한 대표업체 허쉬에 적용된 하청 모델은, 다단계 계약과 전혀 상관이 없을 듯한 노동력(미 국무부 후원 비자 프로그램으로 미국을 찾은 대학생들)을 그럴듯한 구실로 동원한 배경, 역사가 오래된 믿을 만한 고용주 아래서 노골적인 안전규정 위반이 일어난 이유를 여실히 보여준다. 마지막으로, 케이블 산업의 다단계 하청이 정식 케이블미디어 기업 직원들을 어떻게 하루아침에 독립계약 노동자들로 바꿔놓았는지도 알아볼 것이다.

서막에 불과한 과거,
균열 탄광과 "새로운" 하청 모델

건설, 의류, 영화업계와 마찬가지 이유로, 하청은 탄광업계에서 오랫동안 활용된 조직 형태다. 어디나 그렇듯 탄광업에서도 기업의 일반적 활동에서 벗어난, 고도의 기술과 전문성을 요구하는 특정 업무들이 존재한다. 가령 폭파전문가는 탄광 운영업자로부터 채굴 목적의 석탄층 폭파라는 위험한 작업을 요청받는다. 일을 따낸 계약업자는 폭파 작업을 마치자마자 다음 일거리를 찾아 곧바로 이동한다. 이러한 균열 하청은 최근 탄광업계에서 선구적으로 도입되기 시작했으며, 현재 다른 업계에서 부상하는 다양한 유형의 하청 확산을 예고하고 있다.[4]

에너지의 원천(화력발전소용 석탄)이나 강철을 비롯한 다른 생산품의 투입요소(정련용 석탄)인 석탄을 판매하기 위해서는 우선 땅속에서 채굴해 지표면으로 끌어올린 후 처리시설로 보내야 한다. 그리고 거기서 다시 분류하고 정제한 다음, 출하 준비까지 마쳐야 한다.[5] 석탄 처리공장은 자본집약적이며, 다수의 탄광이 공동처리시설을 이용한다. 이렇듯 산업 집중화를 유도하는 석탄 처리과정은 석탄 운영업체에 규모의 경제(매장탄량 통제권으로부터 얻는 이익과 더불어)를 촉진시킨다.[6]

한창 잘 나가던 시기에 미 탄광노동자연합the United Mine Workers of America, UMWA은 미 동부 대다수 광부들을 대표했다. 이 조합의 단체교섭 합의에 따라 광부들은 높은 임금을 벌어들였고, 첫 산업별 건강보험시스템에 가입했으며, 연금도 수령했고, 탄광안전보건국the Mine

Safety and Heath Administration, MSHA의 기능을 보완하는 노조 주도 건강안전 시스템의 보호를 받았다. 탄광노동자연합UMWA은 그 대응 상대인 유연석탄업경영자협회the Bituminous Coal Operators Association: BCOA와 협상했다. 그러나 광부 숫자가 줄면서 조합의 영향력과 지위가 하락했고, 노조 및 비노조 석탄 기업들은 협상테이블에 나선 탄광노동자연합 UMWA의 존재 자체뿐 아니라 이들이 힘들여 얻어낸 재정적 권리에 이의를 제기하기 시작했다.

전문 분야 외에 탄광 운영 자체를 맡긴 하청의 예로 메시 석탄회사 A.T. Massey Coal Company를 들 수 있다.[7] 소위 메시 독트린은 회사가 보유한 매장석탄을 다음 세 가지로 분류한 데 기초하고 있다:[8] 두꺼운 석탄층과 유리한 채광조건을 가진 고급 매장탄, 평균적 석탄층과 채광조건을 가진 매장탄, 얇은 석탄층과 불리한 채광조건을 가진 매장탄. 회사는 첫 번째 유형의 탄광을 소유 및 운영하며, 두 번째 유형의 탄광은 자회사나 계약업체를 활용하되 일정 수준의 통제권과 지분을 유지한다. 반면 세 번째 유형의 탄광에 대해서는 "약세 시장에서 낮은 가격에 거래되므로, (…) 장기적 계약이나 재정적 합의 없이 오로지 중개 관계로만 운영한다."[9] 메시 독트린에 의거해 (매장탄 권리를 장악하고 탄광의 출입접근을 통제하며, 처리시설을 운영하는) 회사나 그 자회사 중 하나가 소규모 계약업체를 고용해 석탄을 채굴토록 한 것이다. 나아가 계약업체가 채굴한 석탄의 톤당 금액을 미리 정하고, 채굴에 필요한 공학기술 및 기타 자재를 계약업체에 공급하거나 대여·판매할 수 있으며, 탄광장비나 채굴에 동원되는 각종 물품 자금을 융자한다는 내용도 들어 있었다. 또 석탄이 언제 어디서 어떻게 인도될지 명시하고, 지불할 대금과 상환받을 융자금을 산정하며, 구입할 석탄의 품질기준까지 명시했다.[10] 물론, 계약업체에 지불할 금액은 메시가 산출한 내부 근거에 따라 정해졌다. 이어 시장가격이나 시설물 장기계약을 통한 협상 가격을 토대로 석탄을 판매하는 것이다. 두 경우 모두에서 판매가격은 회사가 계약업체에 지불한 가격을 크게 상회한다.

하청이 탄광 기업에 미치는 혜택은 뚜렷하다. 노조 광부들을 회사 밖으로 밀어내고 회사와 광부들 사이에 계약업체를 둠으로써 일련의 고용주 책임과 거리두기를 할 수 있다. 고용주 책임에는 휴가일수 축적부터 건강복지 비용, 연방정부와 주정부가 정한 탄진폐증에 대한 의무와 기타 법적 비용에 이르기까지, 법률 및 계약상 요건들이 총망라된다.[11] 산재보상제도를 포함해 연방법과 주법 요건에 따른 비용도 상당한데다, 노조 기업의 경우 건강이나 복지, 연금 등과 연관된 추가 비용 또한 만만치 않다. 석탄 기업이 하청을 노조 회피 수단으로서 이용하려 든다면(메시가 그 이유로 비난받았듯이), 하청계약으로 얻을 수 있는 잠재적인 이득은 꽤 크다.

기업이 계약업체로 하여금 전 노조 직원들을 고용하도록 한 경우(탄광노동자연합UMWA과 유연석탄업경영자협회BCOA 계약에서 요구한대로), 당장 고용 이전으로 절감되는 것은 없다(아마도 계약업체의 비용과 탄광 운영대금으로 나타나기 때문). 그러나 만약 기업이 불평등한 협상력을 이용해 기준 이하의 가격을 타결한다면(계약업체의 낮은 인지도, 사업경험 부족, 부실위험 등을 이유로), 그 비용은 훨씬 절약될 수 있다.[12] 하청 관련 환경소송을 담당했던 한 변호사는 "특정 상황에 따라 대기업은 대규모 탄광 운영업체부터 영세 탄광업체, 나아가 업계 전체로 차례차례 내려가는 동안 채굴 석탄 톤당 3~5달러 정도의 가격을 제시한다."[13]

메시 같은 석탄 기업들에 돌아가는 혜택은 또 있다. 메시 독트린을 통해 장기근속 노동자들의 고용을 소규모 계약업체에 넘겼을 뿐만 아니라 건강보험 의무까지 지도록 만든 것이다. 기업이 일단의 전 노동자들(종종 노조 직원들)을 계약업체가 고용하도록 요구한 것은 종업원들을 위한 회사 측의 시혜가 아니라, 계약업체를 광부가 종사할 "최종 계약 서명자"로 만듦으로써 UMWA/BCOA 합의에 따른 평생 건강보험 의무와 탄광안전보건법the Mines Safety and Health Act, MSHA에 의거한 기타 건강보험 의무를 전가시키는 방편이었다.[14] 요컨대 메시 독트린은 탄광노동자연합UMWA이 유연석탄업경영자협회BCOA를 상대로 수십 년 협상 끝에 이끌어낸, 광부들과 그 가족들에 대한 여러 장기적 책무를 단번에 뒤엎을 간교한 구실을 제공한 셈이다. 유연석탄업경영자협회 BCOA 대변인은 이렇게 맞섰다. "건강보험과 각종 비용에서 벗어나기 위해 미 재계가 뭘 하고 있는지 한번 둘러보십시오. 다들 일을 외부계약으로 돌리고 있어요. 그게 바로 하청을 활용하는 이유입니다."[15]

일을 맡겠다는 소규모 업체들이 들끓는 상황이 메시나 다른 석탄 기업들에게 문제가 될 리는 없었다. 한 조사보고서에서 폴 나이든Paul Nyden은 메시가 1980년대 초와 1990년 중반 사이 애팔래치아에서 무려 500개 업체들과 계약을 맺었다고 보고했다. 엄청나게 많은 소규모 업체들(그 중에는 변변찮은 자산규모의 영세 가족운영 회사나 파산선고 후 이름만 바꾼 회사도 있었다)이 계약을 따내기 위해 몰려들었다. 밑천도, 남는 것도 없이 운영되는 업체들이다보니 당연히 소모율도 지나칠 정도로 높았다.[16] 일례로 1980년과 1993년 사이 아일랜드 크릭 콜Island

Creek Coal이라는 석탄 기업은 60개 업체를 고용해 웨스트버지니아West Virginia 엘크 크릭Elk Creek에 있는 몇 개의 소규모 탄광을 운영했는데, 60개 업체 중 52개가 이 기간 말쯤 폐업했으며 9개는 파산 신청을 했다. 메시 계약업체들도 유사한 비율로 같은 기간 폐업했다.[17]

이러한 독트린은 비뚤어진 관행을 낳았다. 일이 일단 계약업체로 넘어가고 나면, 메시나 아일랜드 크릭같은 회사들은 계약업체의 주정부 기금이나 노조기금 분담금을 보장할 의무에서 발을 빼버렸다. 그 결과 메시와 아일랜드 크릭은 웨스트버지니아 산재보상기금에 1억 2,000만 달러, 탄광노동자연합UMWA 보건 및 퇴직기금에 5,000만 달러 이상을 체불했다.[18] 나이든은 적어도 12개 계약업체들이 1988~1993년 메시 또는 아일랜드 크릭을 계약 위반, 폭리, 관리 부실, 허위진술 등 각종 사유로 고소한 바 있다고 밝혔다. 예를 들어 메시 자회사들을 상대로 소호 콜 컴퍼니Soho Coal Company가 제기한 소송에 따르면, 판매가를 되도록 낮은 수치로 반내림하거나 인도견적 중량을 자신에게 유리하게 조작하는 메시의 그릇된 관행으로 65만 달러에 달하는 잠재적 수입 손실을 입었다는 것이다. 또한 같은 소송에서 소호는 메시가 전 노조 광부들에 대한 책무를 회피하기 위해 하청계약을 이용했다고 주장했다.[19] 소호의 재정 압박은 그 아래 하청업체로 번져, 1987~1990년 사이 5개 영세 하청업체가 추가로 문을 닫았다.

하청업체들의 불안정성은 노동자들에게는 더 이상 안전하지 않은 고용을 뜻한다. 계약업체들이 진입했다 퇴출하는 과정에서 노동자들에게 남는 것은 임금 하락과 혜택 상실, 일감 중단이다. 나이든이 보고한 많은 사례들을 살펴보면 주로 40대 후반에서 50대 초반 중견 광부들이 석탄 기업에서 일자리를 잃었으며, 실직과 함께 자신과 가족에게 보장되던 건강보험도 빼앗겼다. 회사에서 쫓겨난 그들에게 닥친 현실은 중장년층 고용에 별 관심이 없는 치열한 노동시장이다.

마지막으로 하청은 사망 위험 증가와도 관련이 있다. 1980~1993년 사이, 메시와 아일랜드 크릭에서 일하던 광부 중 38명이 생명을 잃었다. 그 기간 중 석탄 생산의 절대량이 메시와 아일랜드 크릭이 직접 운영하는 탄광에서 채취되었음에도 불구하고, 사망건수 중 27건(72%)이 두 회사 산하 하청탄광에서 일어났다.[20]

1990년대 후반, 일부 주는 광부들의 건강보험, 연금, 임금에 미친 하청의 위험한 영향에 맞서 입법적·사법적 투쟁 노력을 기울였다. 1993년 웨스트버지니아 의회는 광부나 정부에 대한 하청업체 대 소유업체/임대업체의 책임소재를 분명히 밝히기 위해 임금지불징수법the Wage Payment and Collection Act: WPCA을 통과시켰다. 이 법과 관련해서 웨스트버지니아 대법원the West Virginia Supreme Court of Appeals이 잇따라 내놓은 의견을 종합하면, 해당업체들과 피고용인 그리고 제3자 간 실질적 관계를 조사하기 위해 임금지불징수법WPCA 하에서 계약관계 이면의 "포괄적이고 현실에 기반한 고용주 정의"를 채택할 것임을 시사하는 내용이었다.[21] 그럼에도 불구하고 기업의 구조조정 기회를 틈타 연금과 건강보험 책무를 다른 곳에 넘기려는 관행은 계속되었다. 2013년 5월 한 법정은 파산절차의 일환으로 1만 3,000명 노조 광부와 퇴직자에게 지불할 연금과 건강보험금 일부를 삭감한다는 패트리어트 콜 코퍼레이션Patriot Coal Corporation의 제안을 받아들였다. 이 결과로 타격을 입은 대다수 광부들은 당시 패트리어트에 직접 고용된 노동자가 아니

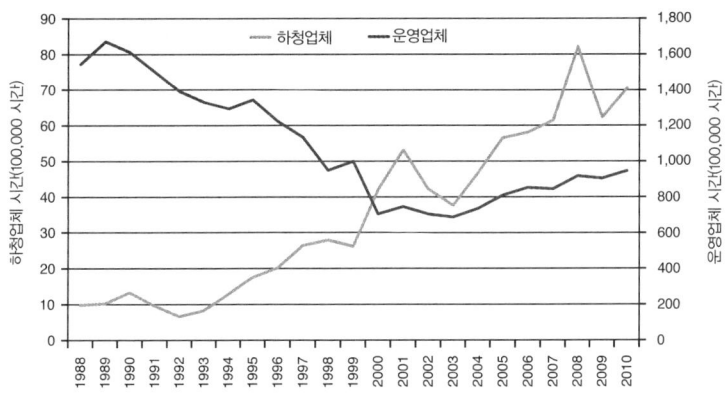

그림 5.1 탄광업계 하청업체와 운영업체의 고용시간 추이, 1988-2010
탄광안전보건국(MSHA) 발췌 자료
http://www.msha.gov/stats/part50/p50y2k/p50y2k.htm.

었다. 왜냐하면 패트리어트는 피바디 에너지Peabody Energy에서 분사되어 나온 2007년에야 연금과 건강보험 의무를 취득했기 때문이다.[22]

대기업들의 하청 관행은 1990년대 중반에도 멈추지 않았고, 1993~2011년 사이 오히려 크게 늘어났다. 그림 5.1은 하청업체의 고용인원 및 고용시간 증가와 운영업체(탄광을 직접 운영하는 회사)의 고용인원 및 고용시간 하락을 보여주고 있다. 하청업체가 여전히 총생산의 일부를 담당하고 있지만 점유율은 상당히 늘어났다.[23]

석탄 기업에 있어 하청은 인건비를 낮추는 효과 때문에 여전히 매력적이다. 또한 탄광안전보건국MSHA 기준 위반에 따른 과징금 회피 수단으로도 효과적이다.[24] 하청업체인 엠버 컨트렉팅 코퍼레이션Ember Contracting Corporation의 예를 보자.

2008년 초, 엠버는 탄광안전보건국으로부터 247건의 보건안전 위

5장 _ 하청 151

반을 통보받은 뒤 22만 5,000달러를 초과하는 과징금 철퇴를 맞았다. 엠버 측은 회사의 재정건전성을 위협하는 액수인데다 무엇보다 과징금 부과로 대출 제한을 받게 되었다고 호소하면서, 지불이 불가능한 상황임을 거듭 주장했다. 그러나 잇따른 소송에서 탄광안전보건국은 엠버가 2009년 여름 탄광업을 그만둘 당시 "엠버 소유주가 자산을 연관회사인 EC 매니지먼트EC Management에 매각했음"을 밝혀냈다. 게다가 EC 매니지먼트는 엠버의 전 소유주 두 명이 소유하고 있는 것으로 드러났다. 그중 한 명은 "오로지 엠버의 부채를 청산하기 위해 EC 매니지먼트가 엠버의 설비를 사들인 사실을 인정했다." 나아가 2010년 1월, 두 명의 엠버 소유주는 별도 하청업체인 G.R. 마이닝G.R. Mining을 설립한 뒤 엠버가 맡았던 현장을 운영하며 그곳에서 일했던 노동자 다수를 고용한 것으로 나타났다.[25]

　엠버에 부과된 과징금 의무에 관한 판결에서 행정법 판사는 엠버가 이 액수를 전부 지불해야 한다며 다음과 같이 진술했다. "엠버는 부과된 총과징금 액수가 사업 지속능력에 악영향을 미친다는 주장을 입증할 책임을 만족시키지 못했다." 엠버가 만약 사업을 지속시킬 수 없다면 벌써 파산절차에 들어갔어야 한다. 하지만 엠버는 "셸게임(콩이나 작은 공이 든 종지 하나를 포함한 세 개를 엎어놓고 여러 번 위치를 바꾸어 어느 종지 안에 들어 있는지 알아맞히게 하는 도박. ─옮긴이)처럼 돈, 비즈니스 기회, 계약을 자체 소유한 회사들끼리 맞바꾼 것에 불과하다"

　비록 탄광업이 더 큰 에너지 시장으로 인해 조수변화를 겪고 있지만(이 책을 쓰고 있는 지금도 썰물이 지고 있긴 하지만), 그 부담은 여전히 하청체인의 가장 낮은 단계, 즉 탄광 현장에서 일하는 광부들에게 가장 가혹하게 돌아가고 있다. 석탄 기업의 직접 피고용인으로 일하는 광부들에 비해 하청업체 피고용인으로 일하는 광부들이 훨씬 더 큰 재해 위험에 노출되어 있다. 더 가슴 아픈 것은 석탄 기업에 직접 고용된 광부들에 비해 하청업체 밑에서 일하는 광부들이 40%나 높은 치사율(치사율 관련 여타 탄광 특성들을 전부 통제한 후 나온 수치)에 노출돼 있다는 사실이다.[26]

메시 독트린과 이 독트린이 하청에 미친 영향은 석탄업계에 다음과 같은 교훈을 남겼다. 하청이라는 관행과 하위조직 단위들(종종 몇 단계에 걸친)의 운영방식에 절대적인 영향력을 행사하는 대기업이 양립 불가한 것일 수는 없다. 그 반대로 산출량과 목표 가격을 설정하고 생산 시기와 방식을 좌우하는 대기업은 여러 단계로 이루어진 하청업체들에 의존함으로써 기업의 핵심전략을 추진해나갈 수 있다.[27] 다만 주목해야 할 사실은 기업이 고용을 회사 경계선 바깥으로 밀어내버리는 과정에서 과거와는 전혀 다른 압력이 타 업체와 그 밑에서 일하는 인력에 가해지고 있다는 점이다. 하청 단계가 내려갈수록 이윤이 줄어드는 상황은 점점 더 위험한 노동조건으로 귀결되고 있다.

아이폰, 기지국 철탑, 그리고 통신 균열

보다 개선된 믿을 만한 통신이야말로 우리 모두가 원하는 휴대폰 서비스다. 이를 뒷받침할 기지국 철탑 유시관리 업무가 재정중심 전략에 의해 외부 하청으로 밀려나면서 매우 위험한 일이 되어버렸다는 사실만 떠올리지 않는다면 말이다. 2003~2011년 사이, 100여 명의 노동자가 소비자들의 지칠 줄 모르는 스마트폰 서비스 요구에 부응하기 위해 기지국 철탑 건설 혹은 유지관리 일을 하다 목숨을 잃었다.

AT&T와 버라이즌 같은 대형 이동통신 기업은 이 일을 맡을 직원을 직접 고용하는 대신 외부로 내보냈고, 그 일을 받은 업체는 다른 곳에 하청을 맡겼으며, 그렇게 내려온 하청은 또 다른 하청으로 이어졌다. 다단계 고용층이 생기자 대기업은 해당 작업과 관련한 전반적인 금액을 설정하고 품질, 일정, 시한, 방식에 영향을 미치는 기타 요건들을 구체화한 상세조건을 지시하기 시작했다. AT&T의 경우만 하더라도, 아이폰 도입으로 인한 통신 범위 및 데이터 용량 수요 확대에 발맞춰 이런 식의 하청이 급속도로 확산되었다. 이렇듯 통신회사는 다단계 하청을 통해 경쟁력 있는 전략을 떠받칠 네트워크 확대에 힘쓰고 있다. 그러나 이런 식의 초과잉 하청은 일터 전반의 통제 부실, 특히 안전 부실로 이어지고 있다. 그 결과로 나타난 것이 바로 기지국 철탑 현장에서 발생한 높은 건수의 사망사고다. 가장 위험하다고 여겨지는 업계의 치사율을 훨씬 초과하는 수준으로 석탄업계의 3배, 건설업계의 10배를 넘어선다.

통신 네트워크의 확대 및 유지

1990년 이후부터 무선통신이 폭발일로로 치달았다는 말은 전혀 과장이 아니다. 1990년 약 500만 건에 불과하던 가입자는 2011년에는 무려 3억 310만 건에 이르렀다.[28] 문자메시지는 단기간에 일어난 무선통신 서비스의 기하급수적 성장을 훨씬 극명하게 보여주는 척도다. 2006년 2분기 이동통신 가입자 한 명당 월평균 문자메시지 79건, 통화 216건을 이용했지만 2008년 2분기 이동통신 가입자 한 명당 월평균 문자메시지는 357건으로 크게 늘어나 통화 건수(204건으로 소폭 줄어듦)를 앞질렀다.[29] 휴대폰과 스마트폰 사용 증가 및 무선통신의 성장은 그만큼 이를 지탱할 인프라 확충을 요구했다. 1990년 미국 내 총 5,616개가 설치되었던 기지국 철탑은 2011년 28만 3,385개로 급속히 치솟았다.[30]

가장 빠르고 신뢰할 만한 광대역서비스를 제공하는 네트워크 건설은 경쟁전략의 선봉장이나 다름없었다. 휴대폰 사용자를 위한 광범위한 네트워크 형성이 이 사업의 핵심이기 때문이다. 모바일 네트워크 개발과 조율은 자본집약적이며 엄청난 규모의 경제를 수반한다(결국에는 규모가 커짐에 따라 평균비용이 하락한다). 또 이 산업에 기본이 되는 네트워크 경제를 감안할 때 네트워크가 넓으면 넓을수록 그리고 디지털통신 수요 증가를 감당할 여력이 크면 클수록, 소비자에게 더 가치 있는 서비스로 자리매김한다.[31]

그러나 네트워크 개발과 조율을 위해 통신사가 직접 물리적 건설이나 유지 업무를 맡을 필요는 없기 때문에, 결국 기지국 철탑 건설과 지속적 유지관리 업무는 두 단계의 균열 업무로 떨어져나오게 되었다. 리즈 데이Liz Day와 라이언 넛슨Ryan Knutson은 프로퍼블리카Propublica와 PBS 프론트라인PBS Frontline 조사보고서에서 이 산업의 특징인 독특한 하청 모델을 분석했다.[32] 통신사는 터퍼라 불리는 대형업체에 하청(수백만 달러어치의 잠재적 일거리)을 주고,[33] 터퍼는 일정 기간에 걸쳐 건설 및 유지서비스를 제공한다. 통신사가 활용하는 터퍼는 제너럴 다이나믹스General Dynamics와 벡텔bechtel 같은 건설공학 기업뿐만 아니라 엔소로Nsoro 같은 통신 전문회사들도 있다.

하청 터퍼 모델

프로퍼블리카와 프론트라인이 입수한 AT&T(당시 싱귤러Cingular)와 엔소로Nsoro LLC Inc. 간 계약은 하청 모델의 본질을 선명히 보여주는 실례다.[34] 계약내용은 다음과 같다. "엔소로는 두 가지 유형의 서비스(싱귤러의 전반적 신규건설 프로그램 지원 및 모든 해당 기지국 유지관리) 프로젝트를 담당한다. 하청업체 지역 프로젝트 관리자는 싱귤러 측 담당자에게 시장 목표에 맞춘 기지국 건설과 진행 상태를 보고한다." 이 합의에 의거, 엔소로는 작업당 9만 5,000달러의 기본료("기본구매 주문가")를 지급받는다.

그러나 터퍼는 어디까지나 통신사의 프로젝트 관리업체로서, 기지국 업무를 직접 담당하지는 않는다. 대신 그 일은 기지국 철탑에 직접 올라가 비계를 세우고 부품을 교체하는 등 현장업무를 하는 직원들을 보유한 다른 하청업체가 맡는다. 위에 언급한 사례에서 보듯이, 엔소로는 여러 하청업체에 입찰로 일을 넘긴다. 데이와 넛슨의 보고자료를 인용하면, 엔소로는 2만 1,000달러를 지급한다는 조건으로 "9개의 안테나 제거 및 9개의 새 안테나 설치" 작업을 웨스타워 커뮤니케이션스WesTower Communications라는 회사에 하청을 주었다.[35] 웨스타워 커뮤니케이션스는 이 일의 현장업무를 맡을 또 다른 회사 ALT 주식회사

ALT Inc.에 다시 하청을 넘겼다.³⁶

웨스타워와 ALT 간 계약서에는 ALT가 "ALT 피고용인들, 그리고 ALT 하청업체와 공급업체 피고용인들의 안전과 건강에 관련된 모든 문제에 책임을 지며, 이들이 합의사항에 따른 안전 및 건강 규정을 준수할 것을 보장해야 한다."는 내용이 포함되어 있다. 계약 첨부문서에 그 상세요건들이 기재되어 있는데, 위반 증거가 발견될 경우 웨스타워가 즉시 작업 중단을 요청할 수 있음을 명기해놓았다. 반면 이 계약은 ALT나 ALT 관련 하청업체가 "웨스타워의 피고용인이나 대리인 자격으로 간주되지 않으며, 모든 점에서 그리고 어떤 상황에서도 독립계약업체로 인정"되어야 함을 분명히 하고 있다.

균열일터를 초래한 다른 사례들과 마찬가지로, 일의 전반적 기준은 맨 위에 있는 통신사에 의해 정해진다. 여기에는 실적 및 기술요건(상세업무와 품질기준), 업무 마감기한, 전반적인 가격상한선, 품질기준 위반에 따른 위약금(손해배상금) 등이 포함된다. AT&T 같은 통신사로서는 비용 이상의 엄청난 이해관계가 해당 작업 결과에 걸려 있다. 무선 네트워크 속도와 품질 등 회사 핵심역량과 직결된 사항이기 때문이다. 프로퍼블리카와 프론트라인이 입수한 AT&T 계약서에는 기지국 철탑 프로젝트와 관련한 100여 개의 작업목록은 물론 회사의 책임 범위, 협의 수준과 고지 정도가 세세하게 나열되어 있다.³⁷

싱귤러와 엔로소 간 계약은 "실수나 결함" 대응 시간도 적시해놓았다. "(i) 서비스 문제는 접수 후 4시간 이내, (ii) 비서비스 문제는 접수 후 24시간 이내"가 그 예다.³⁸ 아울러 싱귤러는 필요할 경우 품질감사 횟수를 점차 늘린다는 단서도 달아놓았다.

각 단계에 있는 회사들은 각자 서비스 비용을 발생시키며, 물론 그 이상의 비용 회수를 추구한다. 단계 상위에 있는 터퍼는 당연히 큰 몫을 주장한다. 보고서에 따르면, 가격 책정 기록이 남아 있는 사례의 한 터퍼는 기지국 철탑 부품 하나를 설치하는 조건으로 187달러를 받은 반면 그 일을 실제로 수행한 하청업체는 93달러를 받았다(작업수당의 약 50%).³⁹ 하청 단계가 더 많다면(데이와 넛슨이 조사한 대부분의 사례가 그렇듯이), 각 단계는 일정 수익을 확보한 다음 그보다 낮은 금액을 아랫단계에 지불한다.

입찰에 응하려는 하청업체 수가 많으면 많을수록 시장가격은 내려가고, 덩달아 노동이나 장비, 훈련과 관리감독에 지불할 금액도 내려간다. 그러다보니 하청 맨 아랫단계의 임금 수준이 시간당 10~12달러(건설업 기준에서 보더라도 낮은 수준)에 불과하다는 보도는 이제 더 이상 놀랄 일도 아니다.

여느 노동시장이 다 그렇듯, 위험한 기지국 철탑 작업의 경우도 기술과 훈련, 경력 수준이 높은 노동자는 그처럼 턱없이 낮은 가격을 받아들이지 않을 가능성이 크다. 그렇다면 정작 일을 맡게 되는 비경험자들을 관리하고 훈련시켜야 마땅하지만 실제로 이런 일은 거의 일어나지 않는다. 왜냐하면 정비작업 중에는 기지국이 종종 오프라인이 되기 때문에, 통신사는 보통 이 업무를 휴대폰 사용량이 가장 적을 때, 즉 통신 지장을 덜 줄 시간대인 자정부터 오전 6시 사이에 진행하기를 요구하기 때문이다.[40]

기지국 철탑 균열 하청의 파장

지난 10년간 AT&T만큼 네트워크 확장 압력을 크게 받은 통신사는 없다. 싱귤러와의 합병 그리고 아이폰을 지원하는 유일한 통신사라는 입지 사이에서 회사는 하루빨리 네트워크를 확장해야 한다는 엄청난 압력에 시달렸고, 빠르게 확대되는 휴대폰 시장을 뒷받침하기 위해 위에 언급한 하청 시스템에 광범위하게 의존했다.

데이와 넛슨이 추적한 통신사들 중 AT&T 연관 치사율은 버라이즌이나 티모바일T-Mobile, 스프린트Sprint 같은 다른 통신사 연관 치사율을 크게 웃돌았다. 2003~2011년 사이, 총 50명이 통신사 기지국 철탑에서 일하다 사망했는데, 그중 AT&T만 15명이다(5명은 티모바일, 2명은 버라이즌, 그리고 1명은 스프린트). 특히 AT&T 현장 사망사고 건수(15건 중 11건)가 집중된 2006-2008년은 아이폰과 함께 AT&T와 싱귤러 네트워크 간 합병 요구가 과열된 때였다.[41] 일명 "책임분할 매트릭스"라는 AT&T 문서에 안전 관련 사항들이 전혀 체크되지 않은 것을 두고, 하청업체들은 "AT&T가 이 문제에 연루되기를 원치 않았음을 의미하는 것"으로 간주했다.[42]

위에 설명한 거대 하청체인 시스템에서 비롯된 압력과 그 여파는 다음 사례에서도 고스란히 드러난다.[43] 2006년 3월 두 하청업체 베타콤과 ALT가 120미터 높이 AT&T 기지국 철탑 업그레이드 작업을 맡으면서 일어난 사건이다. 베타콤에서 일하는 코튼은 철탑 아래 콘크리트 장비보관소에 있었고, ALT에 고용된 휠러는 기지국 철탑 안테나를 교체하는 중이었다(두 사람은 이렇게 각자 서로 별개로 일했다). 그림

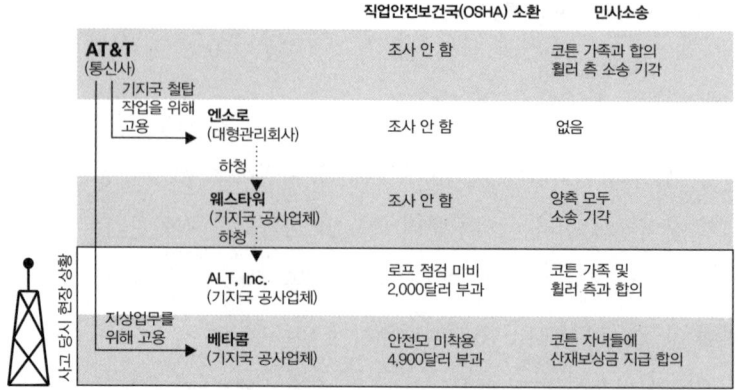

그림 5.2 기지국 철탑 하청의 치명적 사례.

AT&T는 당시 싱귤러로 알려져 있었음(도표는 프로퍼블리카의 댄 누엔(Dan Nguyen), 기지국 철탑 아이콘은 나운 프로젝트(Noun Project) 디마와 크리스천 호언펠드(Dima and Christian Hohenfeld)의 허가를 얻어 재사용).

5.2는 2006년 사고 당시, 현장의 하청 관계를 나타낸 것이다.

ALT 직원인 휠러가 기지국 철탑에서 안테나를 내리던 중 로프가 끊어져 20킬로그램 상당의 안테나가 60미터 아래로 떨어졌다. 마침 그때 코튼은 동료들과 점심을 먹으러 콘크리트 장비보관소를 막 나서던 참이었다. 떨어지는 안테나에 순식간에 깔린 코튼은 응급의료진이 현장에 도착하기도 전에 사망하고 말았다.

이후 직업안전보건국Occupational Safety and Health Administration, OSHA 감사관들은 ALT가 로프와 장비를 제대로 점검하지 않았으며, 베타콤 직원들 역시 안전모를 착용하지 않아서 일어난 사고라고 결론지었다. 이에 덧붙여 직업안전보건국 기준에 어긋나는 건 아니지만, 같은 시간 같은 현장에서 일하던 두 노동자가 서로 다른 하청업체 소속이었다는 사실에서 비롯된 위험성도 지적했다.

직업안전보건국 조사결과 중 가장 중요한 점은 웨스타워 계약에 노동자 안전에 관한 광범위한 내용이 포함되어 있었지만, 관리감독 의무는 실제 장비를 사용한 하청업체인 ALT에 이양했다는 점이다. 결국 ALT는 안전규정 위반을 이유로 해당 계약을 상실했다. 이런 식으로 터퍼 밑에서 일하는 하청업체의 변동률은 높지만(주된 이유는 통신사가 부과하는 엄격한 품질수행기준 때문) 대체인력을 제공할 하청업체는 언제나 넘친다. 마치 탄광업계에서 메시 독트린 시스템을 충족시킬 계약직 광부들이 늘 대기 중인 것과 마찬가지다.[44]

웨스타워는 싱귤러와 별도 동시 하청계약을 맺고 있는 베타콤에 대해 아무런 통제권이 없었다.[45] 코튼이 안전모를 썼더라면 과연 생존할 수 있었을지 여부는 확실치 않지만, 베타콤 직원으로서 보호장비를 착용하지 않은 것은 사실이었다. 하지만 중요한 것은, 기지국 철탑 현장에서 여러 업체로 나뉜 일의 전반적인 균열이 해당업체 간 상호작용에 악영향을 미쳤고 결국 치명적 결과로 이어졌다는 점이다.[46] 싱귤러와 엔소로 간 주계약에 하청업체의 작업품질 유지를 위한 엄격한 감사체계가 명시되어 있다는 점을 감안할 때, 특히 더 아이러니한(그러나 전형적인) 사건이 아닐 수 없다.

저명한 사고분석가인 찰스 페로우Charles Perrow에 따르면 심각한 사고에 의한 중상이나 사망사건들은 대개 다중시스템에 의한 복잡한 상호작용이 동시다발적으로 실패한 결과이다. 터퍼 시스템은 전반적인 현장조율 책임 주체의 부재를 보여준다는 점에서 바로 이러한 실패 가능성을 높일 수 있다.[47]

달콤한 하청, 허쉬의 균열 레시피

 2011년 여름, 펜실베이니아 팔미라 허쉬 코퍼레이션 초콜릿 포장업체에서 일하던 몰도바 출신 대학생 투도 우리히는 서툰 영어로 미 국무부에 이메일을 보냈다. 내용인 즉, "현재 비참한 현실에 처한 나를 좀 도와달라"는 것이었다. 우리히는 '진정한' 유엔을 대표하는 나이지리아, 중국, 우크라이나, 코스타리카, 루마니아 그리고 기타 12개국 출신 학생들 400명 중 한 명으로, 미 국무부가 해외 학생들에게 미국 문화체험 기회를 제공한다는 취지로 수십 년 전에 고안한 J-1 비자 프로그램의 후원 아래 포장공장에 고용되어 일하고 있었다. 하지만 학생들이 체험한 건 밤 11시부터 아침나절까지 쉼없이 이어지는 야간교대근무 시간 동안 냉장 포장시설에서 20~30킬로그램짜리 초콜릿 박스를 들어나르는 장시간의 노동이었다.[48]

 이 프로그램에 참여하기 위해 학생들은 3,500달러를 지불했지만 공장에서 일한 대가는 시간당 8.35달러라는 기본급이었다. 거기서 다시 방세와 기타 비용이 공제되고 나면 그들에게 남은 건 포장공장 밖 미국을 경험하기엔 턱없이 부족한 푼돈뿐이었다(게다가 그럴 만한 시간도 별로 없었다). 이 프로그램에 참여하기 위해 지불했던 돈을 도로 벌어들일 가능성은 더욱 희박했다. 팔미라 공장에서 일하는 우리히와 다른 학생들이 이메일을 보냈음에도 불구하고, 결국 학생들 400명이 우르르 나서서 파업을 벌인 뒤에야 미 국무부는 실질적인 조사에 들어갔다.

 이 일은 미 국무부와 오랜 계약 하에 학생들의 일자리와 거처 마련

등 전반적인 사항을 맡아온 미국교육여행위원회the Council for Educational Travel, USA: CETUSA라는 비영리조직이 주선한 것이다. 10년 전이었다면, 허쉬는 여름 성수기 동안 상품을 포장하고 트럭에 싣는 일을 할 노동자들을 직접 고용했을 것이다. 그러나 포장되어 나온 초콜릿이 여전히 허쉬 상표를 달고 있지만, 이제 공장 자체는 허쉬가 고용한 계약업체가 운영하고 이 운영업체는 다시 인력업체에 하청을 넘겼으며 그 인력업체가 학생들의 실제 고용주로 군림했다. 대다수 학생들은 첫 월급명세서를 받아든 후에야 그들의 고용주가 허쉬가 아닌 하청업체라는 사실을 깨달았다.[49]

자, 이쯤에서 국제문화교류 촉진 취지로 설립된 비영리 조직이 어쩌다가 학생들을 그토록 열악한 환경에 몰아넣게 되었는지 의문이 들 것이다. 하지만 이보다 더 의문인 건 세계적으로 유명한 식품회사가 어째서 본사와 얼마 떨어지지 않은 공장에서 일할 직원을 굳이 제3의 인력업체에 위탁해 채용했을까 하는 점이다.

그 답은 균열일터의 전형인 허쉬 사례에서 찾아볼 수 있다.

균열 초콜릿

허쉬는 1894년 밀턴 허쉬Milton Hershey가 자신의 고향인 펜실베이니아 데리 처치Derry Church에 창립한 회사다. 유명한 허쉬스 키스Hershey's Kiss 출시 및 자동포장 기계 도입으로 승승장구하며 미스터 굿바Mr. Goodbar(1925), 허쉬스 시럽Hershey's Syrup(1926), 크래클바the Krackel Bar(1938) 같은 다양한 히트 상품들을 연달아 내놓았다. 그러나 지역 내 영향력이 점점 커지면서("미국 초콜릿타운Chocolatetown, USA"이라 불릴 정도로) 직원들에 대해 가혹하고 가부장적인 태도를 취한다는 평판이 들려오기 시작했다. 1938년 산업별 노조회의 산하 노조 결성이 허쉬의 격렬한 반발로 무산되자, 1940년 미국 노동총연맹 제과제빵류 노조지부 464가 새로 조직되었다. 이후 허쉬는 20세기 대부분의 기간 동안 상품 생산, 마케팅, 개발, 유통 등 전 분야에 걸쳐 대규모 노조 인력을 직접 고용할 수밖에 없었다.[50]

2001년 리처드 레니Richard Lenny가 허쉬 이사회에 의해 첫 외부영입 CEO로 임명되고부터 비즈니스 모델은 급격하게 변화했다. 그는 재임 초부터 아웃소싱을 통해 생산 관련 기능을 회사 밖으로 이전시키는 데 초점을 맞춘 "가치제고 전략"을 추진해나갔다.[51] 이러한 노력을 반영하듯, 허쉬는 초콜릿 원액(키세스 같은 제품의 핵심원료) 생산요소들을 다른 회사에 아웃소싱했고, 오로지 최종단계만 자체 시설 및 인력 관할 하에 남겨두었다.

그러한 전략의 연장선상에서 회사는 2007년 2월 "글로벌 공급체인 대전환" 계획을 대대적으로 공표했다. 이 3개년 프로그램의 공식적인 목적은 한마디로 균열을 적용시킨 공급체인 전략을 구사해나가겠다는 것이었다. "대전환 프로그램은 우선시장 소매채널을 총망라해 다양한 품목과 구색을 갖춘 허쉬 대표 브랜드를 전달할 유연한 글로벌 공급체인으로 귀결될 것이다."[52] 여기에는 허쉬의 자체 생산라인 수를 대폭 줄이고, "고부가가치 제품 이외 상품 생산을 다른 업체에 아웃소싱하며," 멕시코 몬테레이Monterrey에 신규 생산시설을 마련하는 일도 포함되었다. 생산을 몬테레이 공장과 다른 국제 공급업체에 아웃소싱

한다는 것은 허쉬에게 "국경을 초월한 아웃소싱 가능성을 높이고 (…) 전반적으로 더 낮은 비용구조 안에서 제조 규모를 늘릴 수 있음"을 의미했다.[53]

주가에도 당장 반영되었듯, 허쉬 투자자들은 이 기간 동안 시장에서 뛰어난 실적 향상을 보여준 대전환 전략을 매우 흡족해했다.[54] 2009년에 이르자 레니는 계획대로 대부분의 생산을 성공적으로 아웃소싱함으로써 미국과 캐나다에 있는 6개 시설을 닫고, 3,000명에 달하는 노조 직원들을 내보냈다. 이어 공급체인 관리시스템 개선과 함께 카카오 원두와 반가공 초콜릿바, 그리고 기타 성분 제조는 미국과 캐나다 이외 지역으로 옮기고, 최종 상품과 포장만 미국 내 몇 안 되는 시설에서 담당케 했다. 그후 팔미라 공장 같은 하청업체에 의해 적하가 이루어졌다.

하청 생산

뉴저지 캠덴Camden 소재 리용 앤 산스Lyons and Sons는 허쉬의 하청업체 중 하나였다. 허쉬의 또 다른 자회사인 코코아 서비스Cocoa Services는 뉴저지시의 인가를 받고 해외에서 들여온 카카오 원두와 반가공 초콜릿바를 저장할 물류창고를 리용 앤 산스와 함께 운영했다.[55] 두 회사는 캠덴 창고에 비인가 작업장을 별도로 설립해 허쉬 공급업체로부터 받은 압착 무가당 초콜릿바를 커다란 통에 녹인 다음 그 내용물을 탱크로 옮겨 허쉬와 계약한 다른 공장으로 전달하는 일도 병행했다.[56] 멕시코에 있는 계약업체, 리용 엔 산스 물류창고, 공급체인에 속해 있는 여러 공장들 모두 허쉬가 정한 까다로운 품질기준, 인도조건, 시간 및 가격 제한 아래에서 각자 운영되었다.

다른 곳에서 생산한 무가당 초콜릿을 녹이는 일은 인력수요 차원에서 볼 때 비교적 소규모 작업이었다. 계약직으로 고용된 인부들은 초콜릿 원액이 담긴 두 개의 커다란 통 위쪽에 설치된 약 3미터 높이 대형 화물운반대에서 일했다. 통의 폭과 높이는 각각 2미터 가량 되었다. 다음은 직업안전보건국의 기록에 나타난 작업현장 풍경이다.

> 그들은 초콜릿 판들을 일일이 용해탱크 속으로 떨어뜨린다. 가로 40× 세로 45×두께 4센티미터짜리 초콜릿판이 가득 든 1톤 중량 박스가 화물운반대에 놓이고, 직원 둘이 양편에 서서 초콜릿판을 꺼내 또 다른 두 직원에게 넘기면, 그들은 용해탱크 입구인 사방 70센티미터 정사각형 구멍 속으로 떨어뜨린다. 그 다음 다섯 번째 직원이 지게차를 운전해 초콜릿 박스들을 운반대 위에 다시 얹는다.[57]

2009년 7월 8일 오전 10시 30분. 빈센트 스미스라는 이름의 29세 남성은 바로 그 운반대에서 일하는 인부들 중 한 명이었다. 스미스는 그 공장에 임시고용된 노동자로 단 몇 주 동안만 일하기로 되어 있었다. 허쉬 측 주문수량에 맞춰 용해탱크 구멍에 초콜릿판을 던져넣는 일을 맡은 그는 평소처럼 아래에 있는 직원들이 탱크 뚜껑을 열고 난 뒤 구멍을 향해 운반대 위로 걸어갔다. 동료들과 잠깐 잡담을 나누던 그가 한 발을 앞으로 내딛는 순간 갑자기 미끄러지면서 온도 50도가량의 초콜릿 탱크 속으로 떨어지고 말았다.

사고 후 감사관은 그의 사망원인이 용해탱크 속 혼합 주걱에 머리를 세게 부딪혔기 때문이라고 추정했다. 용해탱크가 너무 깊어 동료들이 그를 바로 꺼내지 못한 채 10여 분을 흘러버린 뒤에야 소방관들이 사고현장에 도착했다. 직업안전보건국 감사관들은 리용 앤 산스와 코코아 서비스가 안전한 바닥 기준과 보호벽 설치 등 중대 보건안전 규정을 여러 모로 위반했다고 밝혔다.

기지국 철탑 사례와 마찬가지로 허쉬 사고 역시 보건안전에 관한 책임소재가 불분명하거나 그러한 의무가 별로 없는 쪽에 일이 넘겨질 경우, 사고 발생 위험이 높아진다는 사실을 여실히 보여준다. 직접 초콜릿을 생산하던 당시 허쉬는 노동자를 대표하는 노조와 더불어 보건안전 부서와 공동보건안전위원회를 두고 있었다. 또 산재보험료를 직접 냈기 때문에 자연히 위험을 관리할 필요뿐만 아니라, 유명 대기업 고용주로서 (정보를 갖춘 노조 인력이 제기할지 모르는) 감사 가능성에 대비해 직업안전보건국 기준에 따라야 할 필요도 클 수밖에 없었다.

반면 리용 앤 산스처럼 직업안전보건국, 산재보험 회사, 심지어 (사고 전화를 받고도 그 시설이 창고에 불과하다고 생각한) 지역 공무원들의 감시체계로부터 모두 벗어나 있는 소규모 고용주로서는 그러한 책임감이 있을 리 만무했다. 이제 허쉬가 초콜릿 생산과는 사실상 무관한 존재가 되면서, 빈센트 스미스라는 한 청년의 죽음을 두고 직업안전보건국은 허쉬에 관해 한 마디 언급조차 하지 않았다. 현행 고용법 구조상 허쉬가 그의 고용주라고 간주할 만한 사항을 전혀 찾을 수 없었기 때문이다.

균열 유통

과거 허쉬는 적하기능(주문을 받고 포장하고 트럭에 싣는 활동) 역시 회사 소관이라 여겼고 노조 직원으로 구성된 팔미라 소재 대규모 작업장을 포함해 자체 유통센터에서 근무할 직원들까지 직접 고용했다.

그러나 허쉬는 2002년 초콜릿 생산 기능에서 발을 빼는 차원에서 자체 포장시설 대부분을 폐쇄했다. 곧이어 유통 기능을 다른 비노조 소재지로 흩어놓았다.[58] 팔미라 지역에 남은 한 개 시설(회사 소유) 운영을 맡길 회사로 허쉬는 미국 내 300여 곳을 관리하며 연간 40억 달러 수입을 올리고 있는 대형 로지스틱스 제공업체 엑셀Exel을 선택했다.[59] 엑셀은 다시 인력 공급업체 SHS 온사이트 솔루션스(SHS Group LP의 일부인 SHS Onsite Solutions)를 통해 임시직 노동자들을 제공받았다. 위에서 언급한 미국교육여행위원회와 계약한 업체도 바로 이 SHS 온사이트 솔루션스다.

이 복잡한 관계는 미국까지 와서 여름 내내 허쉬스 키세스 박스를 날라야 했던 학생들 400명이 참다못해 근무조건에 항의하기 전까지는 아예 알려지지도 않았다. 미 국무부 후원문화교류 프로그램에 참여하기 위해 돈을 지불한 학생들은 미국교육여행위원회에 의해 팔미라의 한 창고로 파견되어 시간당 8.35달러를 받고 일했다. 쥐꼬리만 한 임금에서 방세와 기타 경비까지 제하고 나면 주 40시간 노동으로 그들에게 쥐어지는 돈은 40~140달러에 불과했다. 게다가 우크라이나 출신 야나 브젠지Yana Bzengey의 진술에 따르면 불만을 제기할 경우 추방될 거라고 후원업체가 줄곧 위협했다는 것이다. "매일 20킬로그램에 달하는 박스를 날랐어요. 내 몸무게가 43킬로그램이니 말 다했죠. 부당함을 토로하며 '다른 일을 원한다'고 했더니, 여기서 일하지 않을 거면 비자를 취소할 테니 당장 집으로 돌아가라고 하더군요."⁶⁰

이주노동자협회The Guest Workers Alliance의 도움으로 이 학생의 항의는 비로소 J-1 비자 프로그램을 관장하는 국무부와 직업안전보건국 그리고 노동부 근로기준분과Wage and Hour Division, WHD의 관심을 끌게 되었다. 연이은 조사에서 직업안전보건국은 보건안전 기준 위반(6건의 고의적 위반)으로 엑셀에 과징금 28만 8,000달러를 부과했다.⁶¹ 자체조사를 마친 미 국무부는 향후 미국교육여행위원회가 더 이상 이주노동자 비자 프로그램에 관여하지 못하게 했으며, 재발 방지를 위해 이 프로그램을 당장 개선해나가기로 결정했다.⁶²

이 사례가 전국적 뉴스거리가 되자, 허쉬 측은 J-1 비자 노동자나 그들의 노동조건에 대해 전혀 아는 바가 없다며 서둘러 진화에 나섰다. 회사 대변인은 허쉬가 해당 시설을 직접 운영하지 않았다는 점을 강조하면서, "모든 업체가 직원들을 공정하게 처우하기 바란다"는 말로 성명을 마쳤다. SHS 온사이트 솔루션스 또한 해당 시설과 명확한 선을 그으면서 "우리는 이 학생들을 직접 고용한 것이 아니므로 J-1 비자 프로그램과도 사실상 무관하다"는 공식입장을 내놨다. 심지어 미국교육여행위원회조차 책임을 회피하려 들었다. 위원회의 CEO 릭 아나야Rick Anaya는 그러한 조건에 대한 학생들의 부정적 반응에 놀랐다면서 다음과 같이 답변했다. "우리는 환경을 제공할 뿐이다. (··) 미국인들과의 실제 교류는 어디까지나 학생들 몫이다. 조건을 조성하는 건 우리지만, 노력해야 하는 건 바로 학생들이다."⁶³

독립 케이블 설치기사

누구나 한 번쯤 케이블 설치기사를 간절히 기다려본 적이 있을 것이다. 실제로 그러한 경험을 다룬 영화가 만들어졌을 정도로 기다리는 사람에게는 매우 절실한 순간이다.[64] 케이블미디어 회사나 혹은 그 회사 하청업체 배지를 달고 찾아오는 이들은 사실상 자영업자(다시 말해, 독립계약자)다. 따라서 그들이 일을 하고 받는 대가는 케이블미디어 회사로부터 직접 받을 경우보다 훨씬 적을 가능성이 높다.

미국의 주요 케이블서비스 제공업체인 타임워너 케이블Time Warner Cable은 옛날 같으면 고객 가정에 자체 직원을 보내 케이블박스를 설치했을 것이다. 물론 요즘에도 타임워너 케이블 웹사이트에 접속해 FAQ(자주 묻는 질문들)를 검색한 다음 설치나 기타 서비스 약속을 잡으면 정해진 시간, 당신 집 현관 앞에 바로 타임워너 직원이 나타날 거라는 인상을 준다. 하지만 타임워너는 이 일을 외부로 돌린 지 오래다. 타임워너는 오하이오 데이턴에 있는 한 회사에 하청을 넘겼고, 그로부터 캐스콤Cascom Inc.이 공식 서비스 제공업체가 되었다.

우리가 지금껏 봐온 것처럼, 균열은 종종 더 많은 균열로 이어진다. 이 경우에도 캐스콤은 케이블 설치기사를, 월급을 지급하는 피고용인이 아닌 독립계약자로 내세웠다. 그 의미는 케이블 기사가 캐스콤으로부터 일을 도급받는 자영업자라는 뜻이다.

그럼에도 불구하고 소위 이 독립계약자들이 어떤 집을 방문하고, 비용을 얼마나 청구할지는 캐스콤 측이 정해놓았다. 뿐만 아니라 설치기사들이 독자적으로 새로운 일을 맡지 못하게 했으며, 서비스 기

준 이하로 판단되는 작업에 대해 위약금을 물리는 등 그들의 활동을 일일이 모니터링했다.[65]

캐스콤이 설치기사를 독립계약자로 대우하는 방식은 바로 작업 시간이 아니라 완수업무 기준으로 대가를 지불하는 것이다. 즉, 설치기사가 일을 빨리 끝내든 늦게 끝내든 상관없이 같은 액수의 돈을 받는다는 얘기다. 물론 설치기사가 일을 신속히 완수하느냐 아니냐에 이 권이 걸려 있긴 하다(일일 서비스 요청 전화건수와 직결되어 있긴 하지만 이 역시 설치기사가 아닌 캐스콤에 의해 결정된다).

어쨌든 캐스콤은 과거 시간 단위로 모든 직원에게 비슷한 임금을 지불하던 방식과 달리 이제는 각 설치기사에게 줄 돈을 생산성과 직접 연계해 지불한다.

캐스콤을 주 계약업체로 삼은 거대 케이블 기업으로선 훨씬 더 적은 설치비용을 들이면서 콘텐츠와 고객서비스, 가격 중심 비즈니스 모델을 이끌어갈 수 있게 되었다. 캐스콤은 엄격한 자체 기준을 설정했을 뿐 아니라 하청조직(이 경우, 독립계약자로 고용된 개인들)의 기준 준수 여부를 감시할 점검 및 시행체계까지 마련했다. 결국 타임워너 사에게는 설치기사를 직접 고용하는 것보다 캐스콤이 만들어놓은 계약모델에 기능을 이전시키는 편이 훨씬 이득이 된 셈이다. 케이블박스 설치 건당 비용을 크게 줄였을 뿐 아니라, 생산성에 따라 임금을 지불하는 효율적 매커니즘을 활용할 수 있었기 때문이다.

이 사례가 결코 특이한 것은 아니다. 많은 형태의 균열 하청에서 맨 아랫단계에는 피고용인이 아닌, 소위 독립계약자들이 있다. 본래 독립계약은 합법적 형태의 비즈니스 조직으로서, 특정 의미가 함축되어 있다. 자체적으로 사업을 통제하고 다수의 고객을 관리하되 고객 요청에 자유롭게 응하거나 거부할 수 있으며 자체 장비와 도구, 기술을 활용하는 것이다. 그러나 현실적으로 하청모델 맨 밑에 놓인 독립계약은 대개 캐스콤 설치기사들의 조건과 비슷한 유형이다. 즉, 명목뿐인 독립계약이라는 것이다.

노동부 근로기준분과WHD는 캐스콤의 하청 형태에 의문을 제기했다(그러나 캐스콤과 설치 계약을 맺은 타임워너에 대해서는 문제를 제기하지 않았다). 캐스콤과 수많은 독립계약자들 사이의 관계를 조사한 해당 정부기관은 하청 업무 거의 모든 측면이 캐스콤에 의해 정해진다는 점에서 그들이 정말로 "독립"되어 있는가에 물음표를 달았다. 오하이오 남부지구 지방법원은 250명의 설치기사들이 독립계약자들이 아닌 피고용인이라며 노동부의 손을 들어주었다. 그 결과 이들에게는 80만 달러가 넘는 초과근무 수당 및 동일한 금액의 손해배상금을 받을 자격이 주어졌다(그리고 해당 노동자들에게 실제로 지급되었다).[66]

문제는 조율 실패 가능성

하청은 원래 조직 핵심과는 동떨어진 특정 유형의 업무를 전문업체에 맡기기 위해 이용하는 방식이었다. 또한 외부시장은 이러한 서비스를 높은 품질과 낮은 가격에 제공할 수 있었다. 그러나 균열 하청은 회사의 핵심활동에 하청모델을 적용한다는 점에서 과거의 하청과는 다르다. 예를 들어 단순 발파작업이 아닌 석탄 채굴 자체, 일회성

서비스에 그치는 것이 아닌 기지국 철탑 설치 확대 및 유지보수 작업, 성수기 임시직원 채용이 아닌 지속적인 제조 업무나 케이블 설치 업무 등의 하청에는 앞서 언급한 대기업의 '균형맞추기' 전략이 반영되어 있다.

갖가지 사례에 나타난 하청을 살펴보면 가격, 시한, 인도 장소 등과 관련하여 대기업의 통제권이 유지될 수 있도록 업무 내용이 매우 구체화된다. 그리고 그러한 하청계약에는 명확한 기준과 지침, 점검은 물론 위반시 하청업체가 감수해야 할 각종 불이익(종종 명시적이지만 대개 암묵적인)까지 명확히 기재되어 있다. 이것이 바로 대기업 핵심역량의 관건인 업무수행 기대와 이를 실제로 담당할 하청업체들을 단단히 이어붙이는 접착제다.

하청은 2차, 3차 시장의 잠재적 계약업체들이 많이 몰린 곳에 흔히 나타난다. 특히 그런 경우에는 중개업체가 대기업과 경쟁적인 하청업자들 사이에 끼어든다. 그러니까 기지국 철탑 사례에서 살펴본 터퍼와 같은 존재다. 또 다른 경우에는 하청업체들이 입찰을 통해 대기업으로부터 직접 일을 따낸다. 기업이 따로 중개업체를 두는 이유는 당사자들 간 충돌이 생길 위험성이 크거나 특정 시장에서 정보가 난무한 경우, 누군가 중간에서 조율을 담당할 필요가 있다는 판단에 근거한다.[67]

그러나 지금까지 얘기한 대부분의 사례에서 기업은 등거리 관계를 통해 서로 경쟁관계에 있는 하청업체들에게 영향력을 행사하고, 종종 그 아래로 또 다른 하청 단계가 이어진다. 이처럼 공급층이 두터운 구조에서는 재정적으로 미심쩍은 조건에도 불구하고 기꺼이 일을 맡으려는 잠재적인 계약업체가 줄을 잇는다.

그런데 상세기준과 모니터링 체계, 위약금 등의 사항은 하청과 비슷하지만 보다 포괄적인 형태의 비즈니스 모델을 통해 균열 하위단계들을 기업과 연계시키는 대안적 구조도 있다. 우리에게 친숙한 프랜차이징이 바로 그것이다.

6장
균열과 프랜차이징

 기업들은 핵심역량의 중심 활동들은 되도록 남기되, 경비절감과 유연성 증대, 책무 이전이 가능한 활동들은 털어버리고 있다. 물론 이러한 결정은 활동을 외부로 넘기는 데 따른 이점과 그 잠재적 충격 간 지속적인 균형맞추기 노력에 바탕을 둔 것이다. 프랜차이징은 균열 전략의 조각들을 한데 뭉치게 해주는 접착제를 제공함으로써 기업과 그 하부조직을 연결시키는 형태이다. 오래된 비즈니스 조직인 프랜차이징은 효율적인 상품유통 방식을 모색하는 과정에서 제조업체들이 맞닥뜨린 특유의 문제들을 해결해왔다. 나아가 최근에는 기존 상품이나 서비스의 확장 기회를 찾는 사업주들의 자본 및 기업가적 추진력을 쏟아부을 강력한 매개체로 기능하고 있다. 그동안 간과되어 온 경향이 있지만 프랜차이징 역시 균열 전략에 의해 잘게 나뉜 부분들을 서로 이어붙이는 한 가지 방법이라 할 수 있다.

프랜차이징은 기업으로 하여금 강력한 브랜드 혜택은 그대로 유지하면서 인건비를 통제할 수 있게 해준다는 특유의 이점 때문에(인건비가 비용의 상당부분을 차지하는 서비스업계에 특히 더 중요한 문제다) 패스트푸드, 호텔, 자동차 렌탈, 홈헬스케어, 청소용역에 이르기까지 다양한 산업 구석구석으로 확대되고 있다. 프랜차이징은 기업으로 하여금 브랜딩 수익 제고에 집중하게 하는 한편 균열고용을 이용해 인건비를 낮출 수 있게 해준다는 차원에서 그 활용과 영향을 탐색해보는 것이 보다 넓은 차원의 균열 효과를 조명하는 데 도움이 된다.[1] 균열일터를 불러온 또 하나의 조직 형태인 프랜차이징의 예를 패스트푸드와 청소용역, 그리고 호텔 등 서로 다른 세 가지 영역에서 살펴보기로 한다.

균열 프랜차이징의 최우선 원칙

브랜드 구축

균열일터가 확산된 업계의 대기업들은 더 높은 수익을 올리기 위해 상품과 서비스 가치 제고에 힘써왔다. 그러한 브랜드 중심 역량은 고객과 해당 상품 및 서비스 간 유대관계를 보다 돈독하게 만들어준다. 성공적인 브랜딩이란 소비자들 마음속에 자사 상품이나 서비스를 차별화시키는 것을 의미하며, 시간이 지날수록 소비자는 그 상품과 서비스에 더 높은 프리미엄을 기꺼이 지불하게 된다. 그러므로 브랜딩은 수익성에 결정적인 영향을 미친다. 브랜딩이 성공적일수록 프리미엄 가격은 올라가고, 고객층을 확대·보유할 수 있는 기업 능력을 높여주기 때문이다. 브랜드가 확립되고 나면 상품 구성 다양화와 충성고객층 관리에 따라 그 혜택은 더 커질 수 있다.[2]

브랜딩은 제품의 품질, 일관성, 다양성에 대한 인식 자체가 경쟁력의 핵심인 산업에서 특히 더 중요하다. 다시 말해 제품이나 서비스가 단지 상품으로만 간주되지 않는 분야다.[3] 브랜드를 확립시킴으로써 회사는 자사 제품을 차별화하고 더 넓은 충성고객층을 확보할 수 있다. 그러므로 회사들은 더 높은 수익과 프리미엄을 만들어내기 위해 지속적으로 브랜드를 관리해나간다. 브랜드 역량 구축에는 브랜드 정체성 구축을 위한 제품 생산과 마케팅 부문의 투자가 선행되며, 장기적인 이미지 보호를 위한 엄청난 투자가 뒷받침된다. 또한 타사와의 브랜드 경쟁, 신생 브랜드의 위협, 시간 흐름에 따라 소비자 집단이 갖게 될 불가피한 상품 피로감 등에 대응해 브랜드를 관리·확장해나가는 지속적인 능력도 요구된다.

패스트푸드 업계에서 기업의 수익 경영은 어느 한 곳에서의 식사 경험이 같은 이름을 단 다른 매장들과 동일할 것이라는 소비자 믿음에 부분적으로 근거한다.[4] 그러므로 브랜드 이름과 이미지 보호에 대한 투자는 전국적 체인의 경쟁전략 핵심이자 운영방식의 필수라고 할 수 있다.[5] 따라서 프랜차이즈 계약은 체인의 기준 엄수 중요성을 강조하는 것으로 시작된다. 예를 들어 타코벨의 프랜차이즈 계약서 첫머리는 이렇다. "을은 타코벨이 상세하게 제시한 방법과 기준, 절차(일명 '시스템')에 따라 시설을 운영해야 한다." 놀라울 것도 없이, 상품 제조나 서비스 제공방식, 절차, 지침이 해당 브랜드 비즈니스의 "금과 옥조"이기 때문이다. 패스트푸드나 호텔/모텔 브랜드 기준은 기밀서류이기 때문에 승인가맹점에만 제공된다. 모니터링 매커니즘, 계약조건, 강력한 인센티브(최악의 경우 프랜차이즈 계약 상실도 포함해서) 등이 위에서 말한 기준 엄수 사항들이다.

회사의 주된 운영 결정사안 중 한 가지는 확장 방식이다. 식음료, 호텔과 모텔, 자동차 렌탈 같은 서비스산업의 경우 점포 추가를 통해 사업을 확장한다. 프랜차이즈 구조에서 그 첫 번째 방법은 프랜차이즈 본사가 직접 소유·운영하는 신규 매장을 여는 것이다. 회사 소유 점포 신설을 통한 확장은 브랜드 회사(프랜차이즈 본사)가 운영결정권을 갖기 때문에 브랜드 기준을 보다 확실히 준수할 수 있다는 점에서 매력적인 선택지이다. 그러나 프랜차이즈 본사의 자본을 직접 투입한다는 부담과 효율적 점포 운영을 위한 관리상 도전을 감수해야 한다.

두 번째 확장 방법은 외부 투자자에게 프랜차이즈 기회를 제공하는 것이다. 강력한 브랜드 정체성은 프랜차이즈 가맹업주에도 도움을 준다. 확립된 브랜드의 프랜차이즈를 매입하거나 운영함으로써 가맹점은 잘 알려진 믿을 만한 이름, 소위 증명된 비즈니스 전략을 얻는 셈이다. 한편 프랜차이즈 본사는 가맹업주의 자본을 이용함으로써 회사 확장을 꾀하는 동시에 브랜드 성장 기회를 잠재적으로 높여나갈 수 있다. 본사는 가맹점의 프랜차이즈 매입 선불수수료 및 판매에 따른 정기적 지급금 형태로 수익을 얻는다.

전형적인 프랜차이즈 계약 하에서 가맹점은 본사의 브랜드 이름과 상품을 일정기간 사용하면서 사업체를 소유·운영할 수 있는 권리를 구매하고 그 대가로 프랜차이즈 선불수수료와 함께 수익의 일정액(대

개 6%대이지만 맥도날드처럼 12%나 되는 경우도 있다)을 제공하기로 합의한다.[6]

프랜차이징은 지리적으로 분산된, 노동집약적 서비스 기반 산업에 유리한 소유권 형태다. 이러한 유형의 산업에서 사업 수익성은 인력의 생산성 및 서비스 전달과 직결된다. 또 인력의 생산성 확보는 면밀한 모니터링을 포함한 효율적 관리를 필요로 한다. 그러므로 지리적으로 넓게 퍼져 있는 점포들을 소유한 대형 업체들은 주로 프랜차이징을 활용한다. 회사가 직접 점포를 소유·운영하는 방식보다 가맹점의 인센티브를 조정하는 편이 더 용이하기 때문이다. 게다가 가맹점의 수익성은 회사 수입과 직결된다. 이러한 이유로 레스토랑들이 미국에서 가장 흔한 프랜차이즈 산업을 대표한다고 볼 수 있다.[7]

자본 접근방식

브랜드 회사의 확장 수단인 프랜차이징은 자본의 상당부분을 개별 가맹점들에 의존한다. 그러니까 프랜차이징이 규모면에서 성장·확대를 거듭한 가장 큰 동력은 자본제공원 증대에 있다.

패스트푸드 업계의 보편적인 프랜차이즈 모델에서 착수자본의 일부는 본사가 부담한다. 하지만 프랜차이즈 본사의 자본 제공은 결코 이타주의에서 비롯된 게 아니라 추가적 수입의 원천이라는 차원에서다. 즉, 가맹점들이 직접 자본시장에 접근하는 것보다 높은 금리로 자금을 빌려줌으로써 적잖은 차액을 벌어들일 수 있기 때문이다. 일종의 위험차익 거래라는 합법적 방식으로서 대개 양쪽 모두에 도움이 되지만, 종종(예를 들어 앞으로 살펴볼 청소용역 분야) 프랜차이즈 본사가 가맹점의 약점을 악용하는 위험한 거래가 되기도 한다.

자본화 요건이 매우 높은 호텔/모텔업의 경우 프랜차이즈 가맹점들은 보다 복잡한 자본 원천에 의존한다. 가령, 최근 들어 증가 추세를 보이는 노벨인베스트먼트그룹Nobel Investment Group과 블랙스톤Blackstone 같은 사모펀드 전문회사들이 이에 포함된다. 또 다른 자본 원천은 환대산업 등에 한해 의회가 특별히 만든 투자방식으로서 다수의 투자자들이 자본을 모아 부동산에 투자한 후 세제 혜택을 얻는 부동산투자신탁(리츠Real Estate Investment Trusts: REITs)이다.[8]

청소용역이나 홈헬스케어 업종처럼 자본화 요건이 낮은 프랜차이즈 산업(일반적으로 균열구조의 아래 단계에 해당하는 산업)의 경우, 선택할 수 있는 기타 자본시장은 개인이나 법인 신용카드처럼 이율이 높은 자금조달 방식이다. 특히 영세업체들이 신용카드에 의존하는 경향이 높아서, 2003년만 하더라도 90%에 육박하는 업체들이 신용거래를 이용했다. 소규모 업체의 60%가 마이너스 통장(크레디트 라인), 모기지론(담보대출) 등 6개 전통적인 유형의 대출을 이용한 반면, 약 80%는 소유자 자금 대출(사채)과 개인이나 법인 신용카드 같은 비전통적인 자금 동원방식에 의존했다.[9]

법인카드처럼 비전통적인 자금 출처는 2차, 3차, 그 하위 단계 사업체들을 훨씬 더 큰 비용 압박과 위험에 노출시킨다. 나아가 고용에 미치는 균열일터의 부정적 영향을 더욱 악화시킨다.[10]

균열 패스트푸드

프랜차이징이 조직의 접착체로서 기능하는 건 사실이지만 본사와 가맹점 간 긴장 상황은 언제라도 발생하게 마련이다. 왜냐하면 가맹점들은 영업이익과 달리 매출에 따른 로열티를 지불하기 때문에, 본사가 매출증가분(수입)에 따른 재정적 이익을 얻는 동안 가맹점들은 이윤(비용을 제외한 수입) 극대화에 전념할 수밖에 없다. 그리고 이것은 가격 책정, 프로모션, 비용관리 전략 등에서 시각 차를 초래한다.[11] 가령 가맹점들 역시 브랜드 명성에 이해관계가 걸려 있지만, 본사만큼 사활을 걸지는 않는다. 가맹점들은 이미 확립된 브랜드에 "무임승차" 하려는 심리가 더 크기 때문에, 설사 브랜드 기업에 부정적 영향이 가해진다 하더라도 비용을 줄이거나 이윤을 늘리기 위해 기준과 원칙을 무시하려 들 것이다.[12] 즉, 본사의 직접적 통제를 받는 사업단위(직영점)보다 프랜차이즈 가맹점들이 인건비 절감을 위해 각종 규정을 침해할 위험이 더 클 수밖에 없다.

프랜차이즈 본사의 브랜드 투자는 잠재 가맹점들을 유인하는 기능을 한다. 이들이 정식 가맹점이 되고 나면 본사와 맺은 계약에 따라 브랜드 통합성을 유지할 기준과 절차를 지켜나가야 한다. 이때 가맹점의 수익률은 각종 비용과 본사에 지불할 금액을 제한 뒤의 수입으로 결정되기 때문에, 신경을 써서 (공격적이지는 않더라도) 비용을 관리하려 애쓸 것이다.

달리 보면, 본사가 최대한 많은 수익을 "편취"하는 대신 투자를 정당화할 최소 회수금을 가맹점에게 남겨두는 상황이라고 할 수도 있다. 하지만 한편으로 본사가 탐욕스럽게 온갖 착취를 일삼는다면, 다른 잠재 가맹점을 끌어들이기 어려울 뿐만 아니라 기존 가맹점마저 잃는다는 점도 고려해야 한다. 결국 장기적인 관점으로 볼 때 프랜차이즈 본사가 대승적 차원에서 수익(물론 전부는 아니더라도)을 공유하는 것이 합당한 선택이다.[13]

어린 아이들을 상대해본 사람들은 알겠지만, 몫을 어떻게 나눌 것인가는 매우 까다로운 문제다. 당연히 프랜차이즈 본사와 가맹점 간에도 분담방식을 나타내는 여러 스펙트럼이 존재한다. 이 스펙트럼의 한쪽 끝에 패스트푸드 프랜차이징의 대부 격인 맥도날드가 있다. 맥도날드는 심사, 승인, 자격요건, 가맹비(선불수수료) 등의 측면에서 잠재 가맹점이 넘어야 할 문턱이 높은 편이며, 그 조건은 정식 프랜차이즈 관계를 맺은 후에도 지속된다. 또한 가맹점은 패스트푸드 회사들 중 거의 최고라 할 만한 로열티(수익 대비 로열티 비율)를 지불해야 한다.

하지만 회사는 까다롭게 골라낸 프랜차이즈 가맹점 테이블에 확실히 돈을 남겨놓는다. 프랜차이징의 경제적 수익성을 철저하게 분석한 카우프먼Kaufmann과 라퐁텐Lafontain은 맥도날드 가맹점들이 6%에 가까운 경제적 수익을 거뒀다고 추산한 뒤, 이 수치는 가맹점이 아니었을 경우 동등한 위험투자에서 얻을 수 있는 수익 이상을 회수한 것임을 나타낸다고 결론지었다.[14] 단, 저자들은 맥도날드 프랜차이즈 본사 측의 경제적 수익에 관해서는 비교 가능한 추산치를 제시하지 않았다.

스펙트럼의 다른 끝에 놓여 있는 수많은 프랜차이즈 가맹점들은 본사가 소위 사리사욕을 추구하는 기업 행위들을 거리낌 없이 저지른다고 불평한다. 브랜드 투자에 따른 경제적 이익은 따로 거둬들이면서 가맹점으로부터 최대한의 수익을 뽑아간다는 것이다. 1990년대 초, 서브웨이 프랜차이즈 가맹점들의 가장 흔한 불만이 바로 그 점이었다. 기존 가맹점들이 문을 닫고 신규 가맹점들이 문을 열 때마다 받아 챙기는 가맹비에, 길거리에 널린 서브웨이 브랜드 가맹점으로부터 받는 로열티 수입만으로도 이 샌드위치 회사는 아쉬울 것이 전혀 없다는 불만이었다. 가맹점을 희생양으로 삼아 엄청난 수익을 거둬온 또 다른 프랜차이즈 업체 사례로 퀴즈노스Quiznos 가맹점들이 제기한 일련의 소송을 들 수 있다.[15]

(버거) 킹이 된다는 건 좋은 일이야!

균열일터에서 기업(여기서는 프랜차이즈 본사)에 돌아가는 수익이 바깥궤도를 도는 하위조직(가맹점)보다 더 높을 거라는 점은 누구나 예상할 수 있다. 대외적으로 알려져 있는 정보만 가지고 프랜차이즈 본사와 가맹점 수익률을 직접 비교하기는 어렵다. 대부분의 가맹점이 비공개로 운영되는데다, 본사나 가맹점 손익계산서상에 종종 합산되어 있는 비용을 명확히 구분하기도 어렵기 때문이다.[16] 이때 다른 각도에서 프랜차이즈 계약 당사자가 각각 직면하는 재정적 압박을 알아보는 방법도 수익성 비교에 유용하다. 표 6.1은 대침체 직전 해인 2007년과 2008년, 두 가지 척도(자산수익률과 매출수익률)를 기준으로 일부 주식공개 가맹업체와 대형 프랜차이즈 기업 두 곳의 수익성을 비교한 것이다.

피자헛, 타코벨, KFC, 기타 브랜드를 소유한 얌!은 2007년 16.5%,

표6.1 프랜차이즈 기업과 가맹업체 간 수익성 비교, 얌! 브랜드(Yum! Brands)와 버거킹 코퍼레이션(Burger King Corporation)

회사	브랜드	프랜차이즈 기업 또는 가맹업체	자산수익률(%)[a]		매출수익률(%)[b]	
			2007	2008	2007	2008
얌! 브랜드(U.S.) (Yum! Brands(U.S))	피자헛, KFC, 타코벨, 롱 존 실버스(Long John Silver's), 에이엔더블유(A&W)	프랜차이즈 기업	16.5	19.6	11.4	11.4
NPC 인터내셔널(NPC International Inc.)	피자헛	가맹업체	1.1	1.2	1.3	1.5
모건스 푸즈(Morgan's Foods Inc.)	KFC, 타코벨, 콤비네이션 스토어 (combination Store)	가맹업체	7.0	1.4	4.0	0.8
버거킹 코퍼레이션 (Burger King Corp.)	버거킹	프랜차이즈 기업	10.6	10.5	11.2	11.4
캐롤스 코퍼레이션 (Carrols Corp.)	버거킹	가맹업체	4.8	4.5	2.9	2.5

출처: 미국 증권거래위원회(SEC) 기업실적리포트(Form 10-K): 얌 브랜드 주식회사, 회계연도 2007, 2008; NPC 인터내셔널 주식회사, 회계연도 2007, 2008; 모건스 푸즈 주식회사, 회계연도 2007, 2008; 버거킹 홀딩스 주식회사, 회계연도 2007, 2008; 캐롤스 코퍼레이션, 회계연도 2007, 2008.
a. 총 자산으로 나눈 세전 순수입.
b. 총 매출로 나눈 세전 순수입.

2008년 19.6%의 자산수익률을, 그리고 같은 기간 약 11%에 달하는 매출수익률을 거뒀다. 이는 미국 최대 가맹업체 중 하나인 NPC 인터내셔널(2008년 당시 1,098개의 피자헛 레스토랑을 소유하고 있었다)의 약 1% 자산수익률 및 매출수익률과 대비된다. KFC와 타코벨 매장을 운영하고 있는 또 다른 대형 얌! 가맹업체인 모건스 푸즈는 2007년 7%, 2008년 1%의 자산수익률과 2007년 4%, 2008년 1% 미만의 매출수익률로 다소 나은 실적을 보였다. 그러나 이들 모두 프랜차이즈 기업의 수익성 수준보다는 훨씬 밑돌았다.

수익성 상의 유사한 격차는 버거킹과 그 가맹점 중 하나인 캐롤스 코퍼레이션 간에도 명백하게 드러난다. 2007년과 2008년, 버거킹 코퍼레이션의 자산수익률과 매출수익률은 11%대 범위였다. 반면 캐롤스 코퍼레이션의 수익성 비교 수치는 각각 4.5%(자산수익률)와 3% 미만(매출수익률)에 그쳤다. 알다시피 캐롤스 코퍼레이션은 버거킹의 최대 가맹업체들 중 하나다.

대부분의 프랜차이즈 기업들처럼 얌!과 버거킹은 이들 성공적 가맹업체들의 성장을 독려하기 때문에, 표 6.1에 나타난 가맹업체들의 수익률은 그 회사의 가맹점 수익률과 비교하면 더 높은 수준이다.[17] 결국 이 수치를 프랜차이즈 가맹점 추산치의 상한선으로 볼 때, 프랜차이즈 기업과 가맹점 간 수익성 격차가 훨씬 더 벌어진다는 것을 의미한다. 저명한 경제학자 멜 브룩스Mel Brooks의 표현을 빌리자면, 역시 "(버거) 킹이 된다는 건 좋은 일이다."

패스트푸드 프랜차이징이 근로기준에 미치는 영향

미국에서 1,000만 명 이상이 고용된 식음료 산업은 크게 두 부문으로 나눌 수 있다. 전문식당(종합서비스)과 패스트푸드(제한서비스) 식당. 제한서비스 부문은 이 산업 고용의 약 37%(약 330만 명)를 차지한다. 이 업계 일자리의 대다수(88%)가 미숙련 업종, 즉 식자재 준비나 서빙과 관계되어 있다. 고용은 소규모 업체에 집중되어 있으며, 점포당 평균 17명의 노동자가 일한다.[18] 2006년 식자재 준비나 서빙 담당 종업원의 시간당 평균소득은 7.23달러(중앙값 7.02달러, 10번째 백분위수 5.79달러)로, 현행 연방 최저임금 7.25달러에도 미치지 못하는 액수다.[19] 저임금 직종의 대다수가 몰려 있는 이 업계는 최저임금과 근로시간 규정 위반이 특히 잦은 편이다.

이 부문에서 일하는 노동자 중 약 18.2%가 최저임금 규정 위반, 69.7%가 초과근무 규정 위반, 그리고 74.2%가 시간 외 근무 규정 위반을 경험했다.[20] 위반률은 이 부문의 주요 핵심직업군(요리사, 설거지 담당, 식자재 준비 담당)에서도 유사하게 나타나 23.1%는 최저임금 규정 위반, 67.8%는 초과근무 규정 위반, 그리고 72.9%는 시간 외 근무 규정 위반을 겪은 것으로 나타났다. 연간 체불임금 액수 또한 만만치 않다. 2003~2008년까지 체불임금 정산액수만 해도 연평균 1,290만 달러에 달했다.

전형적으로 매장을 소유·운영하는 프랜차이즈 가맹점들은 오로지 해당 사업단위의 수익 극대화를 모색하는 반면, 본사는 가맹점이든 직영점이든 상관없이 모든 매장의 판매증가에 따라 수익을 얻기 때문에 브랜드 명성에 예민할 수밖에 없다. 브랜드 명성 침해가 다른 모든 가맹점의 판매에 악영향을 미칠 수 있다는 점에서 프랜차이즈 본사는 소비자 브랜드 인식을 좌우할 기준 준수에 더 신경을 쓸 수밖에 없다. 같은 맥락에서 기업이 소유한 매장은 가맹업체가 소유한 매장에 비해 근로규정 준수 의지가 더 큰 반면, 가맹업체 소유 매장은 자체 매장의 수익 극대화가 최우선순위이기 때문에 상대적으로 근로규정 준수 노력이 덜한 경향이 있다.[21]

상위 20개 미국 패스트푸드 기업들 중 프랜차이즈 가맹점과 회사 소유 매장 간 연방 최저임금 및 초과근무 규정 준수에 관한 점포별 비교는 균열일터의 한 형태인 프랜차이징의 영향을 그대로 대변해준다. 물론 가맹점 소유 매장이 기업 소유 매장보다 규정위반률이 높은 이유는 여러 가지로 설명할 수 있다. 따라서 여러 측면에서 크게 다른 기업 소유 매장과 가맹점 소유 매장들을 단순비교하는 것은 정당치 않다. 두 매장 간 차이의 근거를 전부 프랜차이징에 돌릴 위험성이 있기 때문이다. 가령 프랜차이즈 가맹점은 패스트푸드 레스토랑끼리의 경쟁이 치열한 지역에 더 많고, 그러한 상황이 규정 위반 가능성을 높일 수가 있다. 그에 반해 회사 소유 매장은 비교적 소비자 시장이 확고하고 고숙련 직원들이 많은데다 범죄율이 낮은 지역에 위치하기 때문에 상대적으로 높은 규정준수율에 영향을 줄 수 있다.

이러한 문제들을 제대로 설명하기 위해 모든 잠재적 관련요소를 고려한 통계학적 모델을 기반으로 규정준수율을 예측해보고자 한다. 기타 요소들을 항수로 한 상태에서 프랜차이징의 영향을 검검하는 것은 기업 소유 매장과 그 외 동일한 특성을 가진 프랜차이즈 가맹업체 운

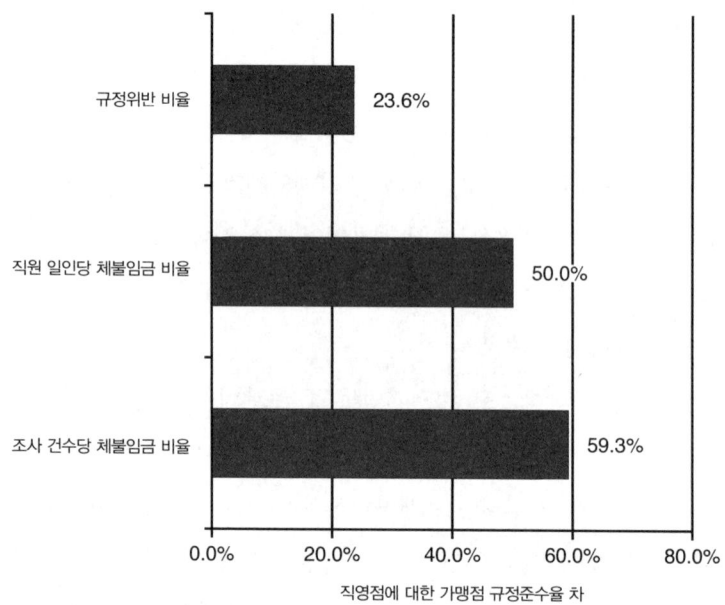

그림 6.1 프랜차이징이 임금체불과 기준 준수에 미치는 영향. 미국 패스트푸드 산업 상위 20개 브랜드, 2001~2005(2005년 달러 기준).

출처: 지와 와일(Ji and Weil, 2012)

영 점포의 규정준수율을 어느 정도 정확히 비교할 수 있게 해준다.

그림 6.1은 미국 내 상위 20개 브랜드 패스트푸드 기업들을 대상으로 프랜차이즈 소유권 여부가 규정준수율에 미치는 영향을 조사해 세 가지 측면에서 측정한 것으로[22] 동일 브랜드와 동일 조건 하에서 기업 소유 점포에 대한 가맹업체 점포의 규정준수율 차를 보여준다.[23]

프랜차이즈 가맹 점포와 기업 소유 점포 간 규정준수율에는 적잖은 차이가 있다. 규정위반율은 다른 조건에서 유사한 기업 소유 매장에 비해 가맹업체 매장에서 약 24% 더 높게 나타났다. 총 체불임금 비율도 프랜차이즈 가맹점이 평균 50% 더 높았고, 조사 건별 적발된 체불 임금 비율도 60% 가까이 높게 나타났다.[24] 이러한 결과는 기업에 비해 경쟁적인 조건에 직면해 있는데다 브랜드 이해관계가 상대적으로 적은 프랜차이즈 가맹점들이 규정을 어길 가능성이 더 높을 뿐 아니라, 회사에 직접 고용된 노동자들이 법에 의거해 돈을 지급받을 가능성이 훨씬 더 높다는 사실을 보여준다. 이는 곧 상위 20개 브랜드 중 절반에 해당하는 직영점(기업 소유 매장)에서 규정위반이나 임금체불이 "전혀" 없었던 데 비해 같은 회사 프랜차이즈 가맹점 노동자들은 종종 상당한 금액의 임금을 제때 받지 못했음을 시사한다.[25]

프랜차이징과 청소용역업계 균열

청소용역 노동자 대다수의 임금은 낮은 편이며 복지혜택 범위도 매우 제한적이다. 노동조건 또한 부상과 질병에 노출되기 쉬운데다 시장경제의 속성인 들쭉날쭉한 고용상황에도 취약하다. 청소용역서비스 부문은 광범위한 근로기준 위반 리스트에서 거의 상위권을 차지한다. 2009년 경비, 건물관리, 부지관리 업종에 종사하는 조사대상 노동자 중 약 22%가 최저임금을 받지 못했으며, 63%는 초과근무 수당을 받지 못했다. 산업별 기준이 아닌 직업별 기준에서 보더라도 건물부지 관리직원에 대한 최저임금 규정 위반율은 26%, 초과근무 규정 위반율은 71%였다. 이 업계 및 직종에서 일하는 노동자의 절반 이상이 식사시간조차 제대로 갖지 못했으며, 정식 출근시간 전이나 퇴근 후에 청소를 하도록 요구받는 등 교대근무 시간 전후에 한 일(시간 외 근무)에 대해서도 아무런 보상을 받지 못했다.[26]

다른 업계의 경우와 마찬가지로, 높은 규정위반율을 단순히 특정 고용업체의 악덕이나 부패에 돌리는 것은 합당한 접근이라고 보기 어렵다. 그보다는 시장의 구조와 용역관리 기능의 광범위한 아웃소싱에서 비롯된 경쟁상황을 추적해볼 필요가 있다.

청소용역서비스 시장의 부상

시설관리 및 청소용역 부문 역시 다른 여타 비즈니스 기능들처럼 많은 조직(사기업, 공기업, 비영리기업)에서 떨어져나왔다. 이러한 서비스의 아웃소싱에는 뚜렷한 논리적 근거가 있다. 가령 병원이나 법률사무소, 소프트웨어 개발업체나 보험회사가 청소관리 활동에 특별한 비교 우위가 없다는 점이다.[27]

따라서 이러한 기능의 아웃소싱은 청소용역서비스 제공업체들의 꾸준한 공급층 확대를 불러왔다. 2007년 기록만 보더라도 미국 내 5만 325개 업체에 94만 명이 넘는 노동자가 일하며 347억 달러의 수익을 올렸다.[28]

업체의 규모와 조직 구성은 매우 다양한 스펙트럼을 보인다. 한 쪽 끝에는 대기업과 컨벤션센터 같은 대형행사장에 관리유지 서비스를 제공하는 대형업체들이 있다. 연수입 1억 달러 이상을 올리는 몇 안 되는 대형회사들(이 업계의 약 1%에 해당하는 68개 업체)이 청소용역업 전체 고용의 약 25%를 수용하고 있다.[29] 대표 업체로 35억 달러 규모의 관리·경비·청소용역서비스를 제공하는 ABM 인더스트리즈ABM Industries를 들 수 있다. 이 회사의 고객명단을 살펴보면 과거 월드트레이드센터를 비롯해 현재는 시스코 시스템즈Cisco Systems와 캘리포니아 소노마 카운티Sonoma County 정부청사, 그리고 애리조나의 주요 학군을 맡고 있다.

스펙트럼의 다른 쪽 끝에서는 수천 개의 청소용역 업체들이 소규모 지역상권 고객들을 상대하고 있다. 연수입 50만 달러 이하의 소형업체들이 이 업계의 83%를 차지하고 있음에도 불구하고, 고용규모는 고작 19%에 불과하다.[30] 영세업체들이 이 부문에 몰려드는 이유는 비교적 적은 자본에 까다롭지 않은 비즈니스 요건, 넓은 잠재 고객층 그리고 풍부한 미숙련 노동 공급(주로 이민자들) 때문이다.

대기업 고객을 상대하는 대형업체와 소규모 기업을 상대하는 영세업체들 사이에 존재하는 대다수 고용주들의 수입은 50만~1억 달러 미만이다. 전체 회사 수의 17%에 불과한 이들 업체에 전체 고용인원의 56%가 소속돼 있다.

프랜차이징은 이러한 여러 층위의 청소용역서비스 산업에서 매우 흔한 비즈니스 형태가 되었다. 또 점점 그 수가 늘어나는 청소용역서비스 회사들은 프랜차이징을 비즈니스 확장의 주된 매커니즘으로 할용하고 있다.[31] 이는 프랜차이징이라는 공통요소에 가맹점 소유주와 시장 전체에 심한 경쟁적 압박을 가하는 독특한 특성이 덧입혀진 조직 형태로 나타나고 있다.

청소용역 프랜차이징의 영업방식

미국 전역에서 영업 중인 수많은 프랜차이즈 회사 중에는 커버롤 노스 어메리카Coverall North America, 잰-프로 프랜차이징 인터내셔널Jan-Pro Franchising International, 클린넷 유에스에이CleanNet USA, 그리고 재니킹 인터내셔널Jani-King International 등이 있다.[32] 이중 가장 큰 프랜차이즈 업체는 2008년 2억 2400만 달러에 육박하는 수입을 거둔 커버롤로, 그해 말 집계에 따르면 미국의 절반에 해당하는 주들에 5,400개 이상의 가맹점을 거느린 것으로 나타났다.[33] 가맹점들은 일반 사무실부터 피트니스센터, 헬스클럽, 보육시설, 보건시설, 교육기관, 소매점, 제조회사, 정부청사, 창고시설, 자동차 대리점, 레스토랑 등에 청소용역 서비스를 제공하고 있다.

잠재 가맹점주들에게 독특한 청소시스템을 광고하는 프랜차이즈 기업 커버롤 특유의 접근 방식은 관심 있는 창업 희망자들의 비즈니스 진입을 유도해왔다.[34]

가맹점은 프랜차이즈 자격 취득을 위한 초기비용 및 매출과 연계된 수수료를 본사에 정기적으로 지불한다. 프랜차이즈 초기비용은 사업 시작과 함께 가맹점이 제공받는 고객층 규모와 연관되어 있다. 가령 커버롤 프랜차이즈 가맹점 초기비용은 "구매될" 고객층 규모별로 1만 달러에서 3만 2,000달러까지 다양하다. 또한 가맹점은 매출에 따른 수수료를 본사에 지불하는데, 크게 로열티와 관리수수료로 나뉘어진다. 커버롤의 경우 총수입에서 로열티 5%, 관리수수료 10%를 본사에 지불한다. 본사가 청소 자재를 가맹점에 판매하기도 하지만 여기서 나오는 수익은 그리 크지 않다. 가맹 초기비용과 지속적인 수수료의 대가로 본사는 가맹점에 (1) 초기 고객명단, (2) 청소방법 교육, (3) 착수자재와 장비, (4) 조언과 상담, (5) "브랜드"를 제공한다.

대다수 가맹점들은 지리적인 층위로 조직되어 있다. 커버롤의 경우 프랜차이즈 기업 밑에 있는 지역 가맹업체 또는 주 가맹업체가 "단위"나 지역 기반으로 가맹점 영업권을 팔고, 단위 프랜차이즈 즉 가맹점은 회사가 제공한 고객명단을 기반으로 서비스를 제공한다.[35] 가맹점들은 대개 일정 기간 동안 사업을 보장받지만, 이 조건은 가맹점이 고객을 잃는 이유 여하에 따라 달라질 수 있다.[36]

비즈니스 모델

위에서 기술한 특징 중 일부는 모든 업계 프랜차이징의 보편적 요소지만(가령 거둬들인 수입을 기반으로 한 수수료) 청소용역 부문 특유의 요소들이 따로 있다.

우선, 회사는 프랜차이즈 패키지의 일부로 초기 고객층을 가맹점에 제공한다. 말하자면 가맹점이 구매한 프랜차이즈 패키지 가격에 상응한 수입을 제공할 고객 리스트다.[37] 이론상으로는 신규 사업이 상대할 고객층을 즉각 제공하는 것이지만, 만약 가맹점이 리스트의 특정 고객에게 서비스를 제공하고 싶지 않다고 해도(가령 지리적인 문제로 해당 업무에 지나치게 많은 시간이 소요되거나 혹은 다른 이유들 때문에) 본사가 다른 고객이나 고객층으로 교체해줄 의무는 없기 때문에 그 부담은 전부 가맹점에 돌아가게 된다.

둘째, 가맹점이 고객을 상대로 일한다 하더라도, 주는 여전히 고객과 본사 간 관계다. 더구나 일에 대한 가격도 가맹점이 아닌 본사가 협상하고 결정한다. 가맹본사가 먼저 완수된 일의 대가를 받은 다음 남은 금액(총수입에서 로열티와 운영비를 뺀 가격)을 가맹점에 돌려준다. 예를 들어 잰-프로Jan-Pro의 프랜차이즈 계약 내용은 다음과 같다.

매달 갑은 을이 제공한 서비스 대금을 고객에게 청구한다. 갑은 청구서 상의 금액을 수금한 다음 로열티, 관리수수료, 판촉 및 마케팅 수수료, 약속어음 지급금, 기타 갑이 받을 금액을 공제한 나머지 금액을 매달 말일 을에게 지불한다.[38]

프랜차이즈 가맹점이 새로운 고객을 발굴한다 하더라도, 그 고객은 본사로 넘겨지며, 이후 본사가 가맹점 대신 계약조건을 정하게 된다.[39] 이 문제와 관련해 가맹점이 어떻게 관여할 것인가는 명확하지 않다(커버롤, 주가맹업체, 단위 가맹점 간 과거 전력과 규모, 관계에 따라 다르다). 전반적인 청소용역 프랜차이징 관계는 그림 6.2에 잘 나타나 있다.

계약조건을 정하는 데 있어 청소용역 가맹본사의 지배적인 역할은 일견 다른 프랜차이즈의 경우와 유사하다. 버거킹이나 맥도날드도 매장 운영, 메뉴, 상품가격에 관한 대부분의 조건을 본사가 결정한다. 그러나 청소용역 모델은 실질 수입이 본사에 먼저 갔다가 가맹점으로 돌아온다는 점에서 강압적인 측면이 좀더 크다고 볼 수 있다.

이러한 관계는 본사와 가맹점 간 잠재적 이해 상충을 내포하며, 특히 가맹점이 고객을 잃을 경우 받을 충격에서 더 극명하게 드러난다.

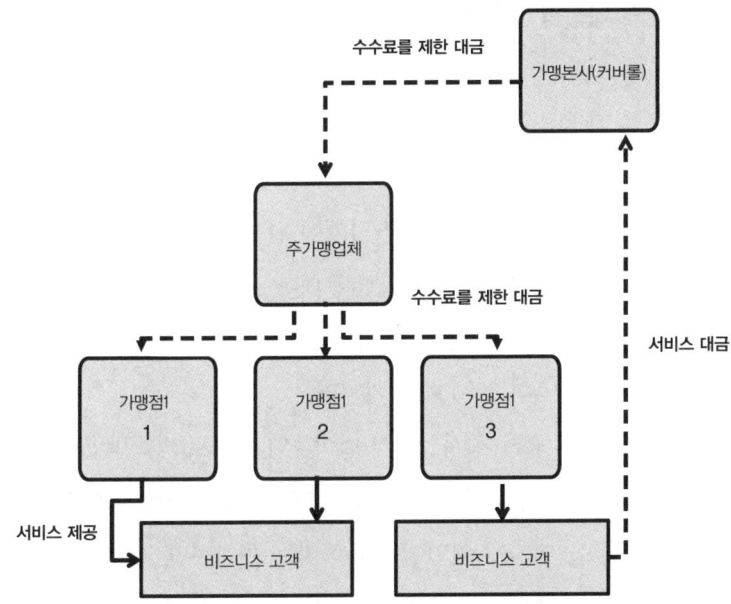

그림 6.2 청소용역 프랜차이징

가맹점에게 있어 고객 손실은 재정 운용상 심각한 타격이 된다. 반면 가맹본사 측에서 볼 때, 한 가맹점이 고객을 잃는다 해도 이 고객은 시스템 내에 있는 다른 가맹점 고객이 될 수 있다(고객이 해당업체에 계속 일을 맡길 의향이 있다는 전제 하에서). 위에서 언급했듯이 가맹본사는 이러한 상황에서 대체 고객을 찾아주어야 할 의무가 없다. 따라서 본사는 한 가맹점이 잃은 고객을 다른 고객들과 묶어 신규 가맹점에 되팔 수 있기 때문에 초기 가맹비를 추가적으로 챙길 계제로 삼기에 오히려 용이하다.[40]

가맹점의 재정적 생존가능성은?

청소용역 가맹점은 초기 가맹비와 지속적인 로열티 지불금을 회수할 만큼의 수익을 올릴 수 있을까?[41] 그 답은 가맹점이 제공한 서비스에 대해 고객과 본사 간 협의한 금액에 달려 있다. 청소용역서비스 시장은 크고 경쟁적이며 분열되어 있는데다 진입과 퇴출이 쉽기 때문에, 가격에 미치는 하향 압력은(특히 중간규모 사업체나 기관에 용역서비스를 제공하는 가맹점의 경우) 매우 거세다.

관련 블로그는 애초 이 사업에서 벌어들일 것으로 약속받았던 수입과 전혀 다르다는 가맹점들의 주장과 소송, 불만제기로 도배되어 있다. 약속 내용을 여기에 일일이 기록하지는 못하지만 가맹점들이 제기한 법적소송 인용문구를 보면 금방 알 수 있다. 프랜차이징 홍보 블로그 및 웹사이트를 봐도 일반 고객에 대한 가맹점의 예상 청구금액이 시간당 평균 25달러라고 적혀 있다.[42] 가맹점이 이 정도 수준의 보수를 받기만 한다면, 재정모델 상으로는 용역서비스를 제공하고 노동자들에게 법적요건에 따른 임금을 지급하면서도 합당한 금액의 수익을 올릴 수가 있다(표 6.2 참조).

그러나 현실은 전혀 다르다. 청소용역서비스 부문을 다룬 여러 보도에 따르면, 가맹점들은 시간당 25달러보다 적은(훨씬 적은) 금액을 겨우 벌어들이는 수준이다. 2005년 〈뉴욕타임스〉 기사에 실린 보스턴의 어느 커버롤 가맹점 사례를 보자. 이 가맹점은 한 달에 280시간을 일하고, 1,262달러를 벌었다고 주장했는데, 시간당 수입으로 환산하면 4.5달러에 불과하다. 2009년에도 이와 유사한 커버롤 가맹점 사례

표 6.2 기본 청소용역서비스에 대한 시간당 금액, 2009년 시장조사

	소형 사무실/시설, 최소서비스	소형 사무실/시설, 기본서비스	중형 사무실/시설, 일괄서비스	대형 사무실/일괄서비스
지불조건	방문당 20~30달러	월 150~250달러	월 500~700달러	월 2,000~4,000달러
방문 건수	1회	월8회	월20회	월20회
청소활동[a]	진공청소, 먼지 제거, 쓰레기 수거, 화장실 청소	진공청소, 먼지 제거, 쓰레기 수거, 화장실 청소	진공청소, 먼지 제거, 쓰레기 수거, 화장실 청소	진공청소, 먼지 제거, 쓰레기 수거 화장실 청소, 주방 청소
방문당 소요시간	1.5시간	2시간	2시간	8시간
현장 특성[b]	사무실 1~2개와 화장실	사무실 2~3개, 화장실	사무실 2~3개 공용공간, 화장실	6,000 평방미터 사무실, 화장실, 간이부엌
시간당 수신금액	16.67달러	12.50달러	15.00달러	16.67달러

출처: 가격, 지불조건, 시간, 체급미터 기준자는 다음 출처에서 참고: 청소관리연구소, "2009 Kaviac Inc. 청소계약 벤치마킹 조사보고서," CMI/NPT 미디어, 2009년 조사: "사무실 청소 비용: 지불금액" costhelper.com(http://www.costhelper.com/cost/small-business/office-cleaning.html); "청소 서비스—구매자 가이드"(http://smallbusiness.yahoo.com/advisor/commercial-cleaning-services-buyers-guide-144201040.html).

a. 특정 작업에 소요되는 근로시간 기준: CMI/NPT 미디어, 2009년 조사.
b. 사무실 작업 및 사무실 공간 견적 기준.

가 실렸는데, 처음 계약할 때 시간당 18~20달러 수입을 약속받았지만, 실제 금액은 11달러를 밑돌았다는 것이다.[43]

잠재 가맹점과 현 가맹점에 제시되는 시간당 수치가 실제로 지불되는 가격보다 종종 높게 나타나는 이유는 고객들이 시간에 관한 명시적 진술이 전혀 없는 서비스 제공 가격을 기준으로 계약서에 사인하기 때문이다. 앞서 언급한 대로 계약조건이 본사(가맹점이 아니라)와 고객 간에 협의되기 때문에, 본사는 가격을 설정하는 데 있어 서비스 완수에 필요한 전체 시간을 고려할 이유가 별로 없는 것이다.[44]

기본 청소용역서비스에 대한 시간당 금액은 지불조건, 방문 건수, 서비스 종류(즉 어떤 청소 서비스가 제공될 것인지의 문제), 서비스 제공에 필요한 최소 시간 등 여러 가지 요소에 따라 다르게 산정될 수 있다.[45] 그 결과로 나온 견적이 표 6.2에 요약되어 있다.

아주 기본적인 청소용역서비스를 필요로 하는 소규모 고객업체일 경우, 서비스 방문 건수당 가격을 기준으로 종종 계약이 이루어진다. 작은 사무실에 대한 기본서비스(진공청소, 먼지 제거, 쓰레기 수거, 화장실 청소)의 일반적인 가격은 방문 건수당 25~30달러이고, 이러한 유형의 기본서비스에 필요한 최소시간은 방문 건수당 약 1.5시간이므로 시간당 평균 서비스 가격은 16.67달러로 산정될 수 있다.

이보다 흔한 방식으로, 대부분의 고객들은 특정 수준의 청소서비스 제공에 대해 월 단위 가격으로 계약한다(가령 주 5일 야간 은행지점 청소에 대해 월 500달러 지급). 중형 규모 사무실에 대한 기본적인 청소용역서비스는 월 8회 방문에 100~200달러 가량으로, 시간당 환산 금액은 8.33~16.67달러이다. 야간 청소서비스를 요구하는 고객의 경우, 월

500~700달러(기본청소로 최소 2시간) 선으로, 시간당 금액은 평균 15달러이다. 대형 사무실(가령, 약 6,000제곱미터 규모 기준)의 기본 야간 서비스에는 여러 명의 청소원이 동원되므로, 월 2000~4000달러 정도로 책정된다. 이 작업에 필요한 시간을 아주 보수적으로 산정한다면, 시간당 대략 15달러이다.

그러므로 위 견적으로 보건대, 청소용역서비스 가격은 가맹점에 종종 제시되는 시간당 20~25달러를 훨씬 밑도는, 오히려 시간당 15달러에 더 가까운 금액임을 알 수 있다. 물론 지리적 요인, 서비스 품질, 전문 청소영역(카펫 청소나 특수표면 청소 등)에 따라 가격은 천차만별일 수 있지만, 표 6.2에 나온 수치가 기본 서비스 제공에 대한 일반적인 금액을 나타낸다고 볼 수 있다.

차라리 규정 위반이 더 낫다?

시세와 비용을 감안한 가맹점의 근로기준(이와 관련한 공공정책) 위반 압박을 검사하는 도구로, 프랜차이즈 청소용역서비스 계약업체의 간략한 재정모델을 생성해볼 수 있다. 이 모델은 2009년 커버롤 프랜차이즈 가맹점 운영요건을 제시해놓은 프랜차이즈 공시문건FDD: Franchise disclosure documents과[46] 여기서 직접 발췌한 추정치 및 산정자료를 최대한 활용해서 만든 것이다[47]

어느 가맹점이 연간 총수입 50만 달러 이상 규모로 운영되고 있다고 가정해보자. 시간당 가격이 서로 다른 서비스의 평균적인 가격수준을 설정한 다음 가맹점의 경제적 수익을 계산해보면, 노동자의 평

표 6.3 수익 목표 기준 커버롤 가맹점 최대 임금

가맹점 수익(연간 수입 500,000달러)	청소용역서비스 시간당 가격		
	20달러일 경우	15달러일 경우	12.50달러일 경우
손익평형(0)	11.39달러	7.77달러	6.02달러
25,000달러	10.43달러	7.07달러	5.44달러
50,000달러	9.47달러	6.37달러	4.86달러
75,000달러	8.51달러	5.66달러	4.23달러

※ 커버롤 프랜차이즈 공시문건 정보와 로열티 및 관리수수료를 이용해 산정한 모델; 가맹비 대비 전형적인 부채 금액과 가맹점 대체고용 기준 경제적 수익을 연간 3만 달러로 가정.

균임금가(작업 완수에 필요한 시간 기준)를 산정할 수 있다. 단, 이때 가맹점은 상시 수지타산을 맞추기 위해 노력하고 있다고 전제한다.[48]

만약 시간당 총서비스 가격이 15달러 이하로 떨어지면(표 6.3 참조), 가맹점주로서는 손익평형을 맞추면서 최저임금 기준을 따르기가 어려워진다. 가맹점 수지를 흑자로 돌리려면, 인건비 하향 압력이 커질 수밖에 없다.

표 6.2의 예시 가격과 이 결과를 함께 살펴보면, 청소용역서비스의 일반적 조건을 감안한 현행구조상 규정 위반 편향성은 애초부터 내재되어 있는 셈이다. 한마디로 많은 가맹점은 본사가 제시한 가격대로 서비스 계약조건을 맞추기 어려울 뿐 아니라, 적자를 감수하지 않고는 법적 근로기준을 준수하기도 쉽지 않은 상황이다. 가맹점이 처한 조건 자체가 근로기준 위반 쪽으로 기울어져 있기 때문이다(비용을 최소화하기 위해 절차와 원칙을 무시하거나 생략하기가 쉬운 상황이다).

하지만 만약 청소용역 프랜차이징이 돈벌이가 되지 않는다면, 이

사업이 어떻게 최근까지도 지속(아니, 오히려 더 확대)되고 있는 것일까? 답은 두 가지다. 첫째, 위에 기술한 대로 임금과 근로규정, 법적 의무(예를 들어 산재보험, 실업수당, 사회보장연금)를 모두 충족시키면서 수익을 낼 수 있는 구조가 아니라면, 가맹점의 법규 위반 위험은 현실적으로 상존한다는 얘기가 된다.

둘째, 위 분석대로라면 직원들에게 각종 법정지불금을 지급하는 회사(자발적인 열의든, 노동시장 압력이든)는 시장에서 살아남기 어렵기 때문에 가맹회전율이 높을 수밖에 없다. 실제로 프랜차이즈 공시문건 FDD을 봐도 높은 가맹회전율이 눈에 띈다. 표 6.4는 패스트푸드 업계

표 6.4 2006-2009년 청소용역서비스 프랜차이즈 회사들의 가맹회전율과 패스트푸드 벤치마크(기준점)

프랜차이즈 청소용역 기업	퇴출: 계약종결, 재계약 포기, 프랜차이즈 기업에 의한 재인수 및 운영 중단		진입: 신규 가맹점 (새로 문을 연 가맹점)		
	평균 수*	가맹점 비율(%)**	평균 수*	가맹점 비율(%)**	순 변동 (평균)
커버롤[a]	589	12.4	715	15.1	+126
재니킹[b]	1,619	16.5	1,255	12.8	-364
클린넷 유에스에이[d]	233	7.3	563.3	17.5	+330.3
케이에프씨[d]	162	3.8	162	3.8	0

출처: a. 커버롤 북미지역 프랜차이즈 공시문건(FDD), 2009년 5월, p39. http://134.186.208.233/caleasi/pub/exsearch.htm.
b. 재니킹 보스턴 주식회사, 프랜차이즈 공시문건, 2010년 4월 30일.
c. 클린넷 사우스캘리포니아 프랜차이즈 공시문건(FDD), 2009년 3월 19일, p. 33. http://134.186.208.233/caleasi/pub/exsearch.htm.
d. KFC 프랜차이즈 공시문건, 2010년 9월 23일.
* 2006년-2008년 연간 퇴출/진입 평균(커버롤; 클린넷 USA; KFC); 2007년-2009년(재니킹).
** 역년 초 프랜차이즈 가맹점 수 대비 퇴출률과 진입률.

가맹점과 청소용역 업계 가맹점의 회전율을 비교한 것이다. 퇴출되는 가맹점에 비해 새로 진입하는 가맹점의 수가 많다(전반적인 프랜차이즈 가맹점 수 증가로 이어짐)는 사실은 연간 가맹회전율(주요 패스트푸드 프랜차이즈 기업 중 하나인 KFC의 3%대와 비교해 무려 15%대를 기록)이 매우 높음을 시사한다. 즉, 성과를 내지 못한 가맹점들을 대체할 잠재 가맹점 공급이 많은 덕에 프랜차이징은 결국 살아남는 것이다(프랜차이즈 기업에는 이득이다).

마지막으로 염두에 두어야 할 것은 대다수 시장에서 법을 준수하는 프랜차이즈 가맹점으로는 생존가능한 수익을 거둘 수 없다는 사실이다. 물론 가맹본사도 그렇다는 의미는 아니다. 본사는 직원을 고용하는 직접경비나 기타 청소비용에 신경쓸 필요 없이 가맹점들로부터 수입과 연계된 로열티만 받으면 된다. 따라서 치열한 시장조건이나 가격 책정 하향 압력을 감안한다 해도 여전히 괜찮은 수익을 거둘 수 있다. 위 모델에서 보더라도, 프랜차이즈 기업의 수익성은 커버롤의 최저 3%대부터 잰-프로의 41% 사이에서 정해지며, 다른 프랜차이즈 기업들도 대개 8~10%의 수익을 올리고 있다.[49]

청소서비스에 대한 대규모 수요와 청소용역 제공업체들의 탄력적인 공급은 서비스 가격을 가능한 최저가 수준으로 끌어내리는 시장조건을 형성한다. 그러므로 사실상 많은 시장에서 최저비용 서비스 공급자가 되어버린 가맹점들은 기본선에 근접한 서비스 가격을 설정하게 되고, 그 결과 정부가 요구하는 노동조건(산재보험, 실업수당, 주정부와 연방정부에 지불할 급여세 등 기타 법적의무 포함) 하에서는 더 이상 버틸 수 없는 상황으로 내몰린다. 한마디로 경쟁적인 시장조건, 가맹점에 미치는 프랜차이즈 기업의 막강한 영향력, 이윤에 대한 시세 압박이라는 요인이 복합적으로 상호작용해 높은 근로기준 위반율이라는 결과를 낳는 셈이다.

호텔업계의 하이브리드 균열

애틀랜타에 본사를 둔 하스피텔리티 스태핑 솔루션스Hospitality Staffing Solutions는 36개 주 70여 개 주요 호텔에 객실청소와 주방 지원(설거지, 식자재 조달), 세탁, 식음료(웨이터와 웨이트리스, 연회보조), 관리직원을 공급하는 회사다. 이 회사의 핵심전략은 다음과 같이 간결하게 요약되어 있다. "우리의 가치는 단순 명료하다. 언제나 최저가로 의욕 넘치고 믿을 만한 직원을 공급한다. 매우 까다로운 고용절차를 통해 유능한 직원을 공급하는 하스피텔리티 스태핑 솔루션스는 포괄가격제로 인건비의 12% 절감 혜택을 보장한다." 또한 하스피텔리티 스태핑 솔루션스는 "고객들의 다양한 요구(소수 인원부터 전담부서까지)에 부응하기 위해 단계적, 지속적으로 필요인력을 상시 제공한다." 호텔 서비스의 중요성을 십분 감안해 회사는 고객이 안심할 수 있도록 "전 직원이 브랜드 고유 기준과 품질기준을 만족시키기 위해 최선을 다할 것임을 약속한다." 아울러 회사는 "브랜드 고객만족도에서 늘 상위 20위권을 유지하는 호텔들이 당사 고객"임을 강조하고 있다.[50]

2009년 여름, 하얏트 호텔 코퍼레이션Hyatt Hotels Corporation은 하얏트 리젠시 보스턴, 하얏트 리젠시 캠브리지, 로건 국제공항 하얏트 하버

사이드에서 일하는 객실 청소원 98명을 해고했다. 시간당 14~16달러에 건강보험 및 기타 복지혜택을 보장받으며 수년 간 하얏트에서 일해온 이들 중에는 20년 근속수당까지 지급받던 직원도 있었다. 반면 이들을 대체한 하스피탤리티 스태핑 솔로션스 공급인력의 경우, 시간당 8달러를 제외한 다른 혜택은 전혀 없다. 직원들은 휴가중이거나 병가중인 동료를 대신할(회사 측 주장) 외부 신규인력을 다 훈련시킨 후에야, 그들이 자신들을 대체할 거라는 사실을 통고받았다. "모두들 충격을 받고 눈물을 쏟아냈습니다." 하루아침에 일자리를 잃은 장기근속 직원 중 한 명인 루신 윌리엄스가 리포터에게 전한 말이다.[51]

하얏트 측은 공식 성명을 통해 이렇게 주장했다. "하얏트 리젠시 보스턴에서 객실청소 기능을 아웃소싱하기로 한 어려운 결정은 현 비즈니스 환경의 유례없는 경제적 도전에 대한 대응책으로 불가피하게 이루어질 수밖에 없었다."[52] 그러나 대다수 언론은 이러한 회사 측 결정에 의구심을 품었다. 어떻게 숙련되고 헌신적인 직원들을 이렇듯 매몰차게 몰아낼 수 있는가? 인자했던 고용주는 왜 그렇게 무정한 구두쇠로 돌변했는가? 여기서 우리는 하얏트의 느닷없는 태도 변화를 따지기보다 호텔업계 프랜차이징이 제3자 관리 및 하청계약과 결합하게 된 복잡한 방식과 그것이 인력에 미치는 영향을 통찰해야 한다.

고객 취향을 만족시키려면

브랜드는 호텔업계의 경쟁 핵심전략 요소로 그 중요성이 점점 커지고 있다. 성공적인 브랜드는 출장자이든 여행객이든 고객의 마음속

표 6.5 브랜드 호텔 대 독립 호텔, 미국, 2007

	호텔 수	백분율(%)*	객실 수	백분율(%)*
독립 호텔	22,177	44.8	1,482,421	32.5
브랜드 호텔				
상위 5개*	6,398	12.9	703,906	15.4
상위 10개	11,790	23.8	1,229,363	27.0
상위 25개	17,937	36.3	2,020,521	44.3
전체 메이저 브랜드	22,142	44.7	2,512,969	55.1
비 메이저 브랜드	5,167	10.4	563,697	12.4
총계	49,486	100.0	4,559,087	100.0

출처: 스미스 트래블 리서치(Smith Travel Research, STR) 분석, "미 숙박 센서스 데이터베이스," 연말자료, 2007년 12월 31일.
주: 객실 수 기준 상위 5개, 10개, 25개 호텔
상위 5개 STR 브랜드: 베스트 웨스턴(Best Wstern), 데이즈 인(Days Inn), 홀리데이 인(Holiday Inn), 메리어트(Marriott), 홀리데이 인 익스프레스(Holiday Inn Express Hotel).
상위 10개 STR 브랜드: 상위 5개 호텔 + 수퍼 에이트(Super 8), 컴포트 인(Comfort Inn), 햄프턴 인(Hampton Inn), 코트야드 인(Courtyard Inn), 힐튼(Hilton).
상위 25개 STR 브랜드: 상위 10개 호텔 + 모텔 식스(Motel 6), 퀄리티 인(Quality Inn), 셰라톤 호텔(Sheraton Hotel), 레지던스 인(Residence Inn), 하얏트(Hyatt), 이코노 로지(Econo Lodge), 힐튼 가든 인(Hilton Garden Inn), 페어필드 인(Fairfield Inn), 엠버시 스위츠(Embassy Suites), 더블트리(Doubletree), 라마다(Ramada), 익스텐디드 스테이 어메리카(Extended Stay America), 어메리카스 베스트 밸류 인(Americas Best Value Inn), 크라운 플라자(Crowne Plaza), 웨스틴(Westin).
* 세로축은 총계로 나눈 호텔 유형 비율에 따른 분류(예를 들어 "상위 5개")이며, 총계는 독립 호텔과 전체 메이저 브랜드, 비메이저 브랜드의 합산임("상위 5개," "상위 10개," "상위 25개"는 "전체 메이저 브랜드"의 하위분류). 반올림으로 총계는 100%에 미달될 수 있음.

에 호텔의 품질, 기준, 편의시설, 가치에 대한 확고한 이미지를 심어준다. 어디든 묵을 호텔을 찾는 고객들에게 선택지는 많다. 따라서 선택 범위를 좁혀주는, 기왕이면 어느 한 곳을 지정해주는 브랜드 정체성은 매우 중요한 문제가 아닐 수 없다. 패스트푸드의 경우처럼 여행객들은 예전에 유쾌했던 경험과 서비스를 똑같이 받고 싶어하는 성향

표 6.6 주요 브랜드 회사와 이들이 관리하는 브랜드(2011년 3월 현재)

브랜드 운영회사	브랜드
윈덤 월드와이드 코퍼레이션 (Wyndham Worldwide Corp.)	베이몬트 인 앤 스위츠(Baymont Inn & Suites), 데이즈 인 (Days Inn), 호손 스위츠(Hawthorn Suites), 하워드 존슨 (Howard Johnson), 나이츠 인(Knights Inn), 마이크로텔 (Microtel), 라마다(Ramada), 수퍼 에이트(Super 8), 트래블 로지(Travelodge)
아코르 노스 어메리카 (Accor North America)	모텔 식스(Motel 6), 소피텔(Sofitel)
초이스 호텔 인터내셔널 (Choice Hotels International)	클래리온 호텔(Clarion Hotel), 컴포트 인(Comfort Inn), 이 코노 로지(Econo Lodge), 메인스테이 스위츠(Mainstay Suites), 퀄리티 인(Quality Inn), 로드웨이 인(Rodeway Inn), 슬립 인(Sleep Inn)
인터컨티넨탈 호텔 그룹 (InterContinental Hotels Group)	캔들우드 스위츠(Candlewood Suites), 홀리데이인(Holiday Inn), 인터콘티넨탈 호텔 앤 리조트(InterContinental Hotels & Resorts), 스테이브릿지 스위츠(Staybridge Suites)
힐튼 월드와이드 (Hilton Worldwide)	더블트리(Doubletree), 엠버시 스위츠(Embassy Suites), 햄프턴 인(Hampton Inn), 힐튼(Hilton), 홈우드 스위츠 (Homewood Suites)
라 킨타 매니지먼트 LLC (La Quinta Management LLC)	라 킨타(La Quinta)
메리어트 인터내셔널 (Marriot International Inc.)	코트야드(Courtyard), 페어필드 인(Fairfield Inn), 메리어 트 호텔 앤 리조트(Marriott Hotels and Resorts), 르네상스 (Renaissance), 스프링힐 스위츠(SpringHill Suites)
칼슨 호텔 월드와이드 (Carlson Hotels Worldwide)	컨트리 인 앤 스위츠(Country Inn & Suites), 래디슨 호텔 앤 리조트(Radisson Hotel & Resorts)
스타우드 호텔 앤 리조트 월드와이드(Starwood Hotels & Resorts Worldwide Inc.)	어로프트(Aloft), 포 포인츠(Four Points), 세라톤(Sheraton), 세인트 레지스(St. Regis), W 호텔 앤 리조트(W Hotels and Resorts), 웨스틴(Westin)

이 강하며, 이러한 요구를 해결해주는 것이 바로 성공적인 브랜드다. 그 결과 2007년 말 미국 호텔/모텔의 절반 이상이 브랜드 회사 체인에 속해 있었으며 그것도 상위 25개 브랜드 네임에 집중적으로 몰려 있었다(표 6.5 참조).[53]

호텔업계, 즉 환대산업 시장은 경제적 이용객부터 최고급 이용객에 이르는 고객 니치(틈새시장)로 나눌 수 있다. 이 업계의 주요 모(母)회사는 서로 다른 고객 분류집단을 대표하는 브랜드 포트폴리오를 소유·운영하고 있다. 산업 통합으로 약 10개의 모회사들이 미국 내 대다수 브랜드를 관할하고 있다. 표 6.6은 메이저 회사들이 보유한 브랜드 목록이다. 예를 들어 힐튼 월드와이드는 중저가 호텔인 햄프턴 인Hampton Inn부터 프리미어급 호텔까지 5개 대표 브랜드를 거느리고 있다.

표 6.6은 이 업계의 보다 근본적인 변화를 보여주고 있다. 모(母)호텔/모텔 회사의 핵심상품은 그들이 소유하고 관리하는 부동산 자체가 아니라 브랜드 포트폴리오로서, 각각 서로 다른 시장에 초점을 맞춘 품질, 가격, 시설, 명성의 총집합체다. 만약 당신이 와이파이와 경제적 가치를 원하는 비즈니스맨이라면, 메리어트는 당신에게 코트야드 인을 제공해줄 수 있다.[54] 또 당신이 스타일과 고급스러움을 추구하는 돈 많은 컨설턴트라면, 스타우드의 W 호텔 앤 리조트가 적합하다. 혹은 가족과 오붓한 휴가를 즐기기 위해 비싸지 않은 깨끗한 방을 찾고 있는 알뜰한 부모라면? 아코르의 소피텔이 제격이다. 그러므로 힐튼, 메리어트, 스타우드, 아코르 등 호텔 모기업의 주가는 단지 그저 깨끗한 객실, 밝은 미소의 프런트데스크 직원, 신속한 차량서비스를 제공

표 6.7 브랜드 기준 관련 프랜차이즈 합의 내용: 호텔/모텔 선임, 선정사례

호텔/모텔 브랜드	프랜차이즈 계약에서 발췌
데이즈 인 (Days Inns)	을은 DIA(데이즈 인 아메리카)와 프랜차이즈 계약을 맺는다는 것은 "데이즈인 시스템"을 구매한다는 의미다. 이 포괄적 "호텔 운영시스템" 내에 데이즈 인 운영방식을 통할하는 수백 개의 의무적인 "시스템 기준"이 설정되어 있으며 (…) 데이즈 인 시스템과 DIA 시스템 기준은 "명백한 기재사항"에 상세히 제시되어 있다. DIA는 이를 연제든지 변경할 수 있으며, 데이즈 인 운영에 관한 이하 모든 것을 관리한다: "데이즈 인 시스템 내 각 호텔이 엄격히 준수해야 하는 운영정책" 그리고 호텔 직원들의 용의복장 요건, 직원 유니폼, 프런트데스크 운영 시간, 고객서비스, 지불 방식, 직원 안전과 보안, 수영장, 레스토랑, 아침식사, 객실비품과 가구, 호텔 충지배인의 책무, 직원 관계, 직원 업무, 시설관리.[1]
마이크로텔 호텔 (Microtel Hotels)	을은 호텔 시스템 하에서 마이크로텔 호텔을 운영한다. 호텔 시스템은 마이크로텔 호텔의 운영 관리라는 연관된 개념 및 시스템을 의미한다. 호텔 시스템은 정기적으로 변경될 수 있다. 호텔 시스템은 우선적으로 다음을 포함한다. (i) 트레이드마크, 서비스마크, 로고, 습모진, 트레이드 드레스(trade dress, 색채, 크기, 모양 등 상품이나 서비스의 고유한 이미지를 나타내기 위해 사용되는 복합적인 무형 요소, -옮긴이), 도메인 네임, 그리고 갑이 호텔 시스템에 맞춰 정기적으로 개발하고 지정하는 기타 원전 및 출처(총괄하여, "등록 상표"); (ii) 갑이 호텔 시스템에 맞춰 정기적으로 개발하고 지정하는 저작권 자료, 예를 들어 건축도면, 디자인, 배치도, 인사관리 및 훈련, 운영관리 및 지사사항(또는 전자) 범죄(정기적 변경 가능); 갑은 "프리미엄" 호텔 및 마이크로텔 시스템을 이해 맞춤 표준화된 서비스와 편의를 고객들에게 제공하기 위해 호텔 시스템 기준을 설계했으므로 모든 마이크로텔 호텔은 이에 맞춘 표준화된 서비스와 편의를 고객들에게 제공하기 위해 호텔 시스템 기준을 준수해야 한다.[2]
모텔 식스 호텔 (Motel 6 Hotels)	을은 프랜차이즈 합의서("프랜차이즈 계약")에 기술된 조건과 요구, 의무에 따라 모텔을 운영한다. 모텔 6 OLP 소프트웨어 사용에 동의해야 하므로 프랜차이즈 신청서("신청서")에 서명 후 모텔을 제출한다(신청서, 프랜차이즈 계약서, 소프트웨어 계약서 아래 항목 22 참조, 사본도 본 공시 분건에 첨부). 시스템 내 동일기준을 적용하기 위해 갑이 마련한 기밀 운영에뉴얼 1편 이상의 운영에뉴얼("매뉴얼")로 이루어져 있으며 모텔 운영시 필요한 일부적 모텔 운영자가 권고결재자가 포함되어 있다.[3]

208 균열일터, 당신을 위한 회사는 없다

옴니 호텔 (Omni Hotels)	모든 옴니 호텔은 독특한 자체방식, 체계, 운영프로그램("운영방식")에 따라 운영되며, 이는 차별화된 고급 서비스를 제공하는 옴니 호텔의 화력, 발전, 운영과 일정한 관계가 있다. 운영방식의 특징은 독특한 실내장식, 디자인, 배치, 색상; 독창적인 마크(디자인, 장식, 가구 및 자재; 예약시스템; 서비스 절차와 테크닉; 시설관리 운영절차; 기밀 운영절차; 재고 및 비용 관리방식과 테크닉, 기록 유지 및 보고; 인사관리와 훈련, 구매, 마케팅, 판촉, 광고를 모두 포함한다.[4]
레드루프 인 (Red Roof Inns)	옴은 레드루프 인 또는 레드루프 인 앤 스위츠 숙박시설을 소유하고 운영한다. 모든 여행객에게 저렴한 비용의 숙박시설을 제공하는 레드루프 인은 고속도로 출구, 주요 교차로, 공항, 관광지, 비즈니스 센터 등 비즈니스와 레저 여행객 모두에게 적합한 장소에 위치한다. 옴은 감이 비즈니스 시스템과 기준에 따라 레드루프 인 트레이드마크 하에서 시설을 운영한다. 레드루프 인을 새로 건축하거나 기존 건물을 개조할 시, 원 건축 설계도면에 따른다. 레드루프 인은 비스토랑, 라베일라운지, 회의실, 룸서비스, 연회장 같은 서비스나 시설을 제공하지 않지만, 특정 시장의 고객 요구를 면속시키기 위해 냉장고와 커피메이커를 갖춘 넓은 객실과 운동시설, 소회의실 같은 향상된 편의시설을 제공한다.[5]

1. 약식 판결 지지 원고(미국측 각서, 미국 대 데이즈 인 아메리카), 1997년 10월 27일.
2. 마이크로텔 인 앤 스위츠 프랜차이징; 마이크로텔 프랜차이즈 공시문건(FDD), 2008년 3월 28일. http://134.186.208.233/caleasi/pub/exsearch.htm.
3. 아크로 프랜차이징 노스아메리카 LLC; Motel 식스 프랜차이즈 공시문건(FDD), 2008년 3월 6일. http://134.186.208.233/caleasi/pub/exsearch.htm.
4. 옴니 호텔 프랜차이징 컴퍼니 LLC; 옴니 호텔 프랜차이즈 공시문건(FDD), 2005년 4월 18일. http://134.186.208.233/caleasi/pub/exsearch.htm.
5. 레드루프 프랜차이징 LLC; 레드루프 인 프랜차이즈 공시문건(FDD), 2008년 10월 1일. http://134.186.208.233/caleasi/pub/exsearch.htm.

할 수 있는 능력(이 정도의 기술적 능력은 다른 업체들도 충분히 갖고 있으므로)이 아니라 전 시장을 대상으로 브랜드 포트폴리오를 구성, 발전, 유지시켜온 그들의 탁월한 감각을 반영하는 것이다.[55]

브랜드 프랜차이징

호텔/모텔 산업에서 브랜드 모기업은 대체로 부동산 자체를 소유·관리하는 대신 소유권 형식의 프랜차이징에 눈을 돌렸다. 1962년 미 호텔/모텔의 오직 2%에 머물던 프랜차이즈는 1987년에 이르자 64%로 크게 증가했다. 오늘날 미 호텔의 80% 이상이 프랜차이즈로,[56] 2011년 당시 힐튼은 미국 내 258개 힐튼 건물 중 22채를, 메리어트 호텔 앤 리조트는 같은 브랜드 하에서 운영되는 356개 건물 중 오로지 한 채만 소유·관리하고 있는 것으로 나타났다.[57]

주요 호텔 체인은 프랜차이징을 통해 성장시장에서 빠른 확장세를 이끌어낼 수 있었다. 브랜드가 끌어들인 자본으로 여러 시장에서 동시 확장을 꾀했을 뿐 아니라 지역 소유주와 독립 관리운영자의 현지 전문성에 의지할 수 있었기 때문이다. 특히 자본접근성 확대는 다른 업계 회사(대표적으로 레스토랑)들이 소유권 및 비즈니스 확장의 주된 형식으로 프랜차이징을 채택한 것과 거의 유사한 양태다.

프랜차이징은 전 체인이 회사 소유에서 단숨에 프랜차이즈 방식으로 전환할 수 있게 해주었다. 예를 들어 클래리온 컴포트 인, 퀄리티 인, 로드웨이 인 브랜드를 소유한 초이스 호텔Choice Hotels은 1999년 4,883개 호텔을 전부 프랜차이즈화했으며, 같은 해 라마다, 하워드 존슨스, 수퍼 에이트, 데이즈 인 브랜드를 소유한 윈덤도 6,383개 호텔을 모두 프랜차이즈로 돌렸다.[58]

호텔과 모텔의 특징적인 브랜드 이미지는 건물의 전반적 형태에 영향을 미치는 건축디자인 투자, 마케팅과 가격책정 등 각종 "영업기밀" 업무에 영향을 미치는 행정 투자, 그리고 프런트데스크의 첫인상과 가능한 서비스 범위 및 객실 상태와 시설관리 등을 포함해 "고객 경험"에 직접적인 영향을 미치는 운영 투자, 이 세 가지 조합에서 비롯된다. 표 6.7은 다양한 호텔 브랜드 기준의 예를 나타낸 것이다. 일단의 관행을 발전·시행시키는 일은 복잡할 뿐더러 비용도 많이 들지만, 골자는 통합 브랜드 전략이 재방문을 유도하고 가격 프리미엄을 높이는 "고객 경험"으로 귀결된다는 데 있다.

따라서 패스트푸드와 마찬가지로 호텔 브랜드의 상세기준은 가맹점 계약의 핵심요소로서, 중대 기밀사항이자 필수 시행수칙이다. 그러나 호텔과 모텔 운영의 복잡성으로 인해 프랜차이징에는 관리감독을 위한 전문회사 고용이 필수적이다. 브랜드 회사가 잠재 소유주에게 브랜드 기준 보장의 일환으로 관리업체 고용을 명시적으로 요구하기도 하고, 때로는 관리회사의 투자를 유도해 부분적 "자산 파트너"로 삼음으로써 상호 이해관계가 보다 긴밀하게 엮이도록 만들기도 한다.

관리 전문회사의 부상

브랜드 가치 구축과 확대를 위한 자본 접근, 기준 유지 및 관리라는 핵심요구를 충족시키기 위해서는 브랜드 회사들의 기민한 균형잡기

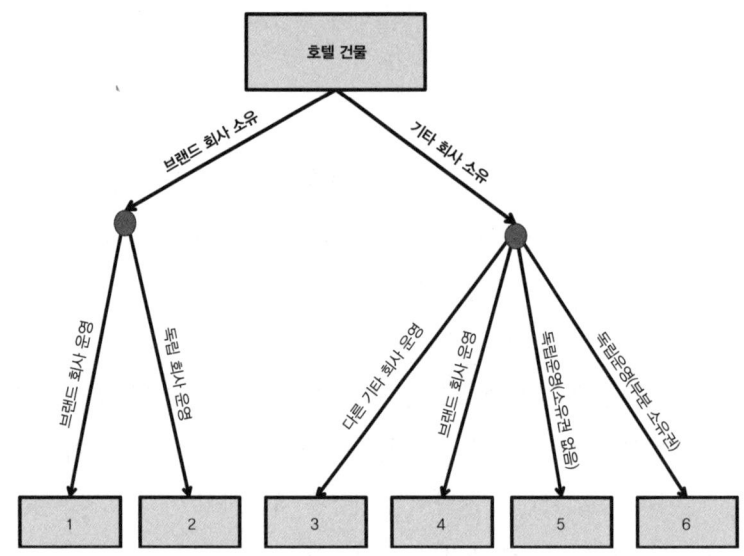

그림 6.3 브랜드 호텔 산업 조직

노력이 선행되어야 한다. 그러한 균형을 맞추는 매커니즘은 일종의 "엔진룸"을 작동시키는 것처럼 복잡미묘한 비즈니스 행위를 조율하는 과정이다. 그림 6.3에 나타난 것처럼, 고객이 메리어트 코트야드나 소피텔, 또는 더블트리 스위츠 호텔로 걸어들어갈 때, 각 분야를 책임진 다수의 조직이 한데 모여 특별한 고객 경험을 만들어내야 한다는 뜻이다.

가령 메리어트 코트야드 호텔은 이 브랜드와 전혀 상관없는 독립회사에 의해 운영될 수 있다. 이때 메리어트 인터내셔널은 이 호텔을 관리할 뿐 소유한 것이 아니다. 소유주가 브랜드 모회사에 호텔 관리를 요청했거나 프랜차이즈 기업이나 임대기관의 요구조건으로 브랜드 모회사에 의해 관리를 받고 있을 수도 있다.

어떤 형태를 활용하느냐는 균열의 핵심요소들 간 균형맞추기에 따라 달라진다. 브랜드에서 비롯되는 혜택을 취할 것인가, 아니면 고용이전에 따른 혜택을 취할 것인가의 문제다. 호텔업계 주요 기업들은 종종 관리를 선택하지만, 때로는 최고급 풀서비스 호텔을 소유하기도 한다. 가령 스타우드 호텔 앤 리조트 월드와이드 주식회사는 스타우드가 모든 W호텔과 세인트 레지스St. Regis 최고급 브랜드 호텔을 직접 운영할 것을 요구한다.

일부 모회사는 브랜드 운영회사로 기능하는 부서나 자회사를 두고 있다. 힐튼 매니지먼트 서비스는 힐튼 브랜드를 운영하고, 호텔 매니지먼트 그룹은 인터콘티넨탈 브랜드를 관리한다. 그러한 방식 하에서 힐튼 브랜드를 내세운 호텔 중 하나를 사모펀드 회사가 소유할 수 있지만 관리는 힐튼 매니지먼트 서비스가 맡는다. 일류호텔인 힐튼으로서는 브랜드 기준 고수가 중요 관심사이기 때문이다.

이와 대조적으로 독립 운영회사(때로는 관리회사나 제3자 관리회사로 지칭됨)는 보통 모회사가 아닌 다른 회사 소유의 브랜드 호텔에 전문 관리와 운영기능을 제공한다. 모회사 소유 호텔 수가 감소하면서 독립 운영회사와 관리계약을 맺는 호텔이 느는 추세다. 1970~2006년 사이, 관리계약 건수는 22건에서 4,370건으로 급격하게 증가했다. 이와 함께 다수의 대규모 업체들이 시장에서 급부상해, 상위 10개 회사가 1,192개 호텔과 20만 개 이상의 객실을 관리하고 있다.[59]

그러므로 독립 운영회사는 부동산 투자신탁이나 사모펀드 또는 일반 투자자 그룹이 소유한 브랜드 프랜차이즈 호텔을 관리한다고 볼 수 있다. 물론 독립 운영회사가 자신이 관리하는 호텔의 전체 또는 부분 소유권을 갖는 경우도 있다. 실제로 일부 브랜드 기업들은 관리회사의 호텔 재정실적 기여도를 높이기 위해 부분적 투자를 요구하기도 한다.[60]

독립 운영회사는 대개 여러 브랜드 제휴 호텔을 함께 운영하며, 이들 브랜드 모회사에 동시 소속되기도 하므로 서로 다른 계약조항을 별도로 챙겨야 한다. 관리계약은 대략 유사하지만 호텔마다 특별히 신경 써야 하는 측면들(브랜드 모회사와의 계약내용에 따라)이 있다는 뜻이다.

한 단계 더

그러나 여러 단계로 이루어진 환대산업이 브랜드 회사나 독립 호텔 관리회사로 끝나는 것은 아니다. 많은 경우 관리회사는 실질적인 업무(시설관리, 청소, 식음료)를 담당할 직원 고용을 또 다른 외부 회사에 위탁한다. 이 일은 주로 임시직원을 제공하는 현지 인력업체나 하스피탤리티 스태핑 솔루션스 같은 회사들이 맡는다.

이러한 대형 업체들은 업무별 전담인원을 공급하는 총체적 인사기능을 담당한다. 직원들을 모집하고, 심사하고, 고용한 다음 보수를 지급하고, 관리하며, 승진시키거나 필요시 해고한다. 특히 이 업계(또는 전반적인 노동시장)에서 경험이 적고 이직률이 높은 인력(임금척도 하단에 위치한 이들)을 대상으로 한 인사 기능에 강점을 발휘하고 있다.

인력업체는 지역 내 여러 호텔에 인력을 제공한다. 업무는 대개 해당지역 호텔 브랜드 기업과 소유주와의 관계 구축을 담당한 지역 매니저의 다단계 관리구조를 통해 이루어진다. 우선 지역 감독관이 직원들을 모집하고 서로 다른 곳에 파견한 노동자들의 일일 감독을 담당한다.[61] 인력업체가 제공한 대부분의 직원들은 하우스키핑(객실관리) 부문에서 일하지만, 청소부와 시설관리 직원, 웨이터와 웨이트리스, 주방 직원(설거지나 식자재준비 담당)과 세탁부도 파견한다. 원래 성수기 (가령 휴가철 리조트) 임시직원 제공에 초점을 맞추었지만, 점차 고객업체의 전 기능을 담당하는 인력공급원으로 영역을 넓혀왔다.

고객들(호텔 소유주나 브랜드 기업 또는 독립 운영회사)에게 브랜드 기준에 맞춘 인력을 제공하는 일이 얼마나 중요한지를 잘 아는 인력업체들은 고객의 특정 기준에 의거해 직원을 선발하고 관리한다. 가령 하스피텔리티 스태핑 솔루션스는 서로 다른 업무를 담당할 전문인력을 제공하는 회사의 역량을 다음과 같이 홍보하고 있다.[62]

객실: 당사 제공 인력이 담당하는 객실은 객실점검 순위에서 항상 최상위권을 유지해왔다. 귀사 고객들은 높은 고객만족도와 재방문률의 비결인 청결한 객실에서 품격의 차이를 느끼게 될 것이다.

청소: 당사는 3교대 운영에 초점을 맞추어 (…) 모든 화학제품, 비품, 장비는 물론 유니폼까지 갖춘 턴키 방식의 서비스를 제공한다. 귀사의 상세 요구를 만족시킬 표준화된 절차를 활용해 (…) 훈련된 주방관리 전문 직원이 상세내역을 점검할 것이다.

세탁: 당사는 귀사의 절차에 따라 모든 침구를 관리할 것이며, 귀사의 기대에 부응하기 위해 현장감독관이 책임지고 점검할 것이다.

이처럼 여러 기능을 대신하는 인력업체들을 활용하는 것은 고용층을 한 단계 더 추가시키는 결과를 초래했다. 한 호텔에서 하나의 브랜드 기준 아래 다수의 인력업체가 운영되는 것이므로, 관리감독 및 임금 지급 주체 역시 각각 다르다(각자의 영업이익을 추구한다). 나아가 다른 균열일터와 마찬가지로 법적 근로기준 책무를 궤도 맨 바깥 업체로 이전시키려는 대기업(호텔 브랜드 모회사)의 의도가 동반되는 셈이다.

환대산업의 홀대 노동조건?

호텔업계 종사자들의 임금은 대체로 낮은 편이다. 레저 및 숙박업 노동자 중 약 22%가 2011년 기준 최저임금 이하 임금을 받았다.[63] 만약 평균임금(2011년 기준 시간당 11.61달러)의 3분의 2 이하에 해당되는 금액을 저임금의 기준점으로 삼는다면, 호텔/모텔업 종사자 중 약 55%가 2010년에 저임금을 받은 것으로 집계되었다. 이 업계에 고용된 노동자 186만 명은 총고용의 1.25%에 불과하지만, 저임금 노동자 비율로는 2.4%를 차지했다.[64]

2009년 3개 도시 조사대상자 중 한 주간 특정시점을 기준으로 약 4분의 3에 해당되는 직원들만 시간 외 수당을 지급받았으며(즉, 나머지 4분의 1은 일한 시간만큼 보상받지 못했으며), 약 3분의 2는 초과근무 수당을 받지 못했다.[65]

그림 6.3에서 보듯이, 호텔 운영은 호텔 브랜드 기업 바깥궤도를 도는 서로 다른 업체의 다양한 이해에 의해 좌우된다. 이 말은 품질기준(브랜드) 고수라는 측면에서 상충하는 이해가 공존하는 조건이 조성된다는 뜻이다. 호텔 운영상의 관리 전문성을 추구하는 이해(프랜차이즈 가맹업체 및 투자자), 그리고 비용절감을 통한 비즈니스 확대를 추구하되 그 행위의 결과는 도외시하려는 이해(운영업체)가 그것이다.

호텔업계의 균열구조는 초과근무 규정과 최저임금 규정 등 기본 근로기준 준수에 심각한 문제점을 초래했다. 표 6.8은 2002~2008년 네 가지 서로 다른 척도를 이용해 주요 호텔/모텔 체인의 공정근로기준법 위반률을 나타낸 것으로, 조사대상의 31%만 공정근로기준법을 준수했으며 규정준수율은 최저 18%(퀄리티)부터 최고 58%(메리어트 호텔 앤 리조트)까지 다양하게 나타났다. 노동자당 평균 체불임금(법적으로 받아야 하는 임금과 실제 받은 임금 간 차액)은 435달러였다. 이는 호텔 체인마다 매우 다르게 나타났는데, 메리어트 호텔 앤 리조트와 홀리데이 인은 꽤 높은 반면, 페어 필드 인(메리어트 인터내셔널이 소유한 또 다른 브랜드)은 비교적 낮았다.

근로규정 준수율은 균열일터를 만든 당사자들 간 조합방식에 따라 다르게 나타났다. 특히 상위 50개 독립 호텔 운영회사가 관리하는 호텔들은 프랜차이즈 소유업체나 브랜드 운영회사가 관리하는 호텔에 비해 공정근로기준법 위반율이 훨씬 높았다.[66] 체불임금도 상위 50개 독립회사 운영 호텔에서 (나머지 비교군에 비해) 2,500달러 더 많은 것으로 나타났다. 브랜드 운영회사가 관리하는 호텔들이 비교적 높은 규정준수율을 보인 것은 호텔 관리와 브랜드 간 보다 긴밀한 상관관

그림 6.8 일류호텔 및 모텔 체인의 근로규정 준수율: 2002-2008년 조사(팔호는 브랜드 모기업)

브랜드 호텔	조사 건수	임금 체불 노동자 수	조사 건수당 임금 체불 노동자 비율	체불 임금 액수	규정 준수율
홀리데이 인 호텔 앤 리조트(인터컨티넨탈 호텔 그룹)	99	826	8.3	602달러	26.2
베스트 웨스턴(베스트 웨스턴 인터내셔널)	183	1,009	5.5	390달러	31.3
햄프턴 인/햄프턴 인 앤 스위즈(힐튼 호텔 코퍼레이션)	91	430	4.7	395달러	32.9
홀리데이 인 익스프레스(인터컨티넨탈 호텔 그룹)	126	854	6.8	318달러	20.6
메리어트 호텔 앤 리조트(메리어트 인터내셔널)	31	121	3.9	768달러	58.0
데이즈 인(윈덤 호텔그룹)	246	1,386	5.6	498달러	22.7
컴포트 인(초이스 호텔 인터내셔널)	166	1,027	6.2	415달러	23.4
수퍼 에이트(윈덤 호텔 그룹)	187	795	4.3	480달러	24.5
힐튼(힐튼 호텔 코퍼레이션)	23	284	12.3	427달러	47.8
모텔 식스(아코르)	28	92	3.3	205달러	35.7
퀄리티(초이스 호텔 인터내셔널)	83	692	8.3	364달러	18.0
라마다(윈덤 호텔 그룹)	93	800	8.6	457달러	23.6
이코노 로지(초이스 호텔 인터내셔널)	74	352	4.8	458달러	29.7
페어필드 인(메리어트 인터내셔널)	21	93	4.4	313달러	38.0

출처: 2002-2008 주요 호텔/모텔 체인의 공정근로기준법(FLSA) 위반 조사, 미노동부, 근로기준국(WHD) 비공개 조사자료에 관한 필자 분석에 근거.

계를 반영한다고 볼 수 있다.

다시 이 장 첫머리에 언급했던 하얏트 호텔 이야기로 돌아가보자. 보스턴 소재 3개 하얏트 호텔 직원들은 비노조 노동자들이었지만, 호텔 직원 노조인 유나이트 히어UNITE HERE!가 나서서 해고 노동자들이 처한 상황을 사람들에게 알리는 한편 하얏트의 부당한 처사에 항의하는 대중 캠페인을 진두지휘했다. 보스턴 전역에서 연일 벌인 시위, 지역 및 전국 매스컴 보도, 매사추세츠 정치지도자들에 대한 로비는 이 이야기를 대중의 마음속에 선명히 각인시켰다. 또 시카고 하얏트 직원과 보스턴 하얏트 해고 직원 중 일부는 하얏트 본사 앞에서 항의 집회를 벌였다.

해고 사태가 있은 지 3주 후, 매사추세츠 주지사 드발 패트릭Deval Patrick은 노동자 복직이 이루어지지 않을 경우 매사추세츠 노동자 모두가 하얏트 호텔을 보이콧하게 될 것이라고 경고했다.

2009년 9월 말, 하얏트는 98명의 해고 직원에게 그 다음해 3월까지 건강보험금을 지급했으며 2010년 말까지 기존 임금에 상응하는 보수로 유나이티드 서비스 컴퍼니United Service Company(하얏트 호텔 체인이 이용하는, 시카고에 본사를 둔 인력 공급업체)의 정규 일자리를 제공했다.[67] 그러나 눈에 띄는 것은 하얏트가 일자리 문제 당사자인 하스피탤리티 스태핑 솔루션스와의 계약을 그대로 유지했다는 사실이다. 하얏트 해고사태를 둘러싸고 비호의적인 주목을 받았음에도 불구하고, 이 인력 공급업체의 보스턴 지역 시장은 꾸준한 성장세를 보였으며, 2013년 초에는 보스턴 지역 초급관리직 모집광고를 내보내기도 했다.[68]

대기업의 일거양득

패스트푸드는 가장 발전된 형태의 프랜차이징을 대변한다. 주요 브랜드와 개별 소유주의 이해관계를 조율함으로써 양측 모두 브랜드 핵심역량의 혜택을 누릴 수 있게 해주는 정교한 시스템이다. 그럼에도 불구하고 상충되는 이해 사이의 긴장은 손익계산서상 비용에 부정적인 영향을 미치고, 그 결과 모기업 자체 가맹점과 프랜차이즈 가맹점 간 최저임금 규정과 초과근무 규정 등 근로기준법 준수에서 결정적인 차이가 나타난다.

청소용역서비스 산업 프랜차이징은 좀더 위태롭다. 정도正道를 무시하지 않고는 재정적 존립이 불가능한 프랜차이즈 청소용역서비스 제공업체들이 부지기수이며, 바로 여기서 대규모 근로기준 위반이 초래된다. 호텔/모텔 업계 프랜차이징은 보다 복잡한 형태를 띤다. 막대한 자본 투자가 개입되어 있기 때문에 투자자, 브랜드 기업, 관리업체 모두 호텔 경영에 엄청난 이해가 걸릴 수밖에 없다. 이는 일일 호텔 운영에 직접적인 역할을 하는 조직들이 복잡하게 얽힌 구조를 낳았다. 가령 어떤 호텔은 업무조직, 운영, 관리, 보상방식에 영향을 미치는 4개 이상의 업체들이 한데 모여 있다. 이러한 복잡성은 임금과 복지혜택에 대한 하향 압력(하청에서 주로 나타나는 수익 문제), 조율비용 증가, 상충되는 이해로 이어진다. 노동자들에게 이 문제는 아무리 좋게 봐야 누가 호텔 책임자인가에 관한 혼란, 최악의 경우엔 심각한 근로기준 위반을 의미한다.[69]

프랜차이징의 속성 중 많은 부분은 소비자와 투자자에게 유리한 측면이 있다. 잘 짜인 프랜차이즈 계약은 프랜차이즈 가맹점주의 소비자 만족 인센티브를 높이는 한편, 기업 입장에서 보면 지리적으로 산재한 대규모 사업 관리의 어려움을 해결해주기도 한다. 또한 프랜차이징은 가맹본사와 가맹점, 고객 모두에게 혜택이 돌아갈 새로운 투자자본 원천(가령 신규사업을 시작할 의향은 있지만 새로운 브랜드나 비즈니스 모델을 창출할 준비가 되지 않은 개인사업가 등)을 끌어들일 수 있게 해준다.

그러나 프랜차이징의 사회적 비용도 만만치 않다. 즉, 규정 준수보다는 위반에 기울어지게 만드는 요소가 적지 않다는 뜻이다. 특히 청소용역 부문에서 흔히 나타나는 악용 사례, 호텔업계에서 빚어지는 역작용 등이 대표적이다. 현행 근로기준법은 프랜차이징이 내포하는 복잡성을 제대로 포착해내지 못하고 있다. 8장에서 다시 살펴보겠지만, 근로규정과 이에 대한 법적 해석은 대개 프랜차이즈 본사를 노동자에 대한 가맹점의 행위와 전혀 무관한 것으로 판단한다. 심지어 프랜차이즈법 및 상법은 다른 모든 측면에 기준을 부과하는 프랜차이즈 업체의 권리를 보호하는 데 역점을 두고 있다. 이것이 바로 대기업(이 경우에는 프랜차이즈 본사)이 일거양득을 꾀할 수 있게 만드는 균열일터의 근본적인 딜레마다. 기업의 전략적 핵심기준을 창출, 감시, 시행할 수 있도록 하는 동시에 그러한 정책의 사회적 결과에 대한 책임은 회피하도록 하기 때문이다.

프랜차이즈 업계의 근로기준 준수를 강화하려면 균열일터를 만든 조직의 역할을 먼저 인지하지 않으면 안 된다. 전형적인 접근(개별 기업에 초점을 맞추는 것)이 최저임금, 초과근무, 시간 외 근무 등 광범위한 법규 위반을 밝히는 데 도움을 줄 수는 있겠지만 정작 그러한 행위를 추동한 요인을 변화시키기 위한 보다 큰 전략을 활용하지 않는다면, 그 시행효과는 미미한 수준에 그칠 것이다.

THE FISSURED WORKPLACE

7장

공급체인과 균열일터

제조업 공급체인은 회사가 제품을 만드는 데 필요한 부품을 조달하기 위해 활용하는 비즈니스 네트워크다. 소매업 공급체인은 소매점을 통해 상품을 판매하는 광범위한 제조업체 네트워크로 구성되어 있다. 엄밀히 말해서 공급체인을 구성하는 회사들은 시장거래를 통해 연계된다. 공급업체는 부품과 조립품 등을 고객, 즉 소매업체와 제조업체에 조달한다.

이러한 방식의 공급체인은 매우 오래된 현상으로 고대 페니키아까지 거슬러 올라가며, 국경선 안에서뿐만 아니라 국제적으로도 종종 통용되어왔다.

달라진 거라고는 기업들이 (3장에서 설명한 이유들로 인해) 내부 생산 조직을 다른 회사들로 얼마나 이전했는가 하는 점뿐이다. 따라서 기업으로선 네트워크 내 공급업체들의 활동을 구체화하고, 모니터링하고, 협력하고, 지휘하는 일이 그만큼 더 늘어나게 되었다. 가령 제조업 공급체인만 하더라도 과거 회사 경계선 안에서 행해지던 일들로 이루어져 있기 때문에 그 관계는 일반적인 시장거래에 비해 훨씬 더 긴밀할 수밖에 없다. 이것이 바로 아웃소싱outsourcing(회사 밖이되 국내 공급원천으로 일을 이동시키는 것)과 오프쇼어링offshoring(회사 밖 국외 서비스 제공업체에 일을 이전시키는 것)이다.

마찬가지로 처음부터 다른 공급업체가 해온 일들에 대해서도 조율 필요성은 더 커졌다. 생산과정이 복잡해지고, 품질기준도 더 엄격해졌으며, 제품을 시장에 내놓는 데까지 걸리는 시간은 줄어들고, 재고 관리도 더욱 중요해졌기 때문이다.

소매업의 경우, 정보기술IT이 공급업체와의 관계를 혁신적으로 변화시켜 늘어가는 상품 범위를 보다 잘 관리할 수 있게 해준 한편, 골칫거리인 재고 위험은 크게 줄여주었다.

그 결과 공급체인 관리는 균열일터를 만드는 압력으로 작용했고, 다시 그 안에서 일하는 사람들에게 종종 악의적 영향을 미치게 되었다. 이 장에서는 균열고용의 한 형태인 공급체인에 초점을 맞춰, 공급체인 기능의 핵심인 로지스틱스가 물류센터에서 어떻게 변화되어왔는지부터 먼저 살펴보고자 한다. 조율이 제조업과 소매업 분야 대기업의 핵심역량을 대변하긴 하지만, 실질적인 일은 복잡한 하청망을 통해 이루어지기 때문이다. 그 다음으로 균열고용, 아웃소싱과 오프쇼어링 현상 간 교차점을 분석하고, 그 상호관계가 국내외 고용에 미치는 영향을 탐색해본다.

로지스틱스 산업에서 배가된 균열

린 방식 제조는 도요타 자동차산업에서 개발된 이래 여러 부문으로 확산된 유명한 생산전략이다.[1] 그 목적은 생산체계 내 중간 및 최종 재고량을 줄이기 위한 것으로, 제조 및 조립과정의 상품량과 최종상품의 실시간 수요를 정교하게 합치시키는 것이다. 자동차 생산 같은 복잡한 제조시스템에서 이는 자본과 인력의 세심한 관리, 품질과 처리량에 영향을 미치는 요소 점검, 회계부터 재고관리와 보수에 이르는 관리지원 시스템 정비 등 매 단계마다 고도의 조율을 요하는 일이다.

또한 제조업체와 공급업체 간, 제조업체와 소매업체 간 서로 다른 방식의 로지스틱스(상품이동) 관리를 필요로 한다. 린 방식 제조가 자동차산업을 넘어 전 산업으로, 나아가 소매업계로 확산되면서 경쟁력 있는 전략의 일환인 로지스틱스의 중요성도 덩달아 커지기 시작했다.

변화는 제조업체 창고 기능에서부터 서서히 시작되었다. 중간재고나 최종재고에 자칫 소홀했다가는 각 단계마다 발생한 재고가 그대로 쌓이기 일쑤였다. 과거 창고는 단순히 재고를 누적해두는 곳이었고, 또 실제로 상당기간 동안 보유할 수 있는 곳이었다. 창고업이란 물건이 어디로 빠져나갔는지를 추적하고 관리하는 일을 뜻하지만(아마도 우리가 활용하는 일반적인 지하저장실보다는 체계적인 것을 의미하지만) 그 물건들을 얼마나 쉽게 찾고, 또 필요시 얼마나 신속하게 옮길 수 있는가에 대해서는 별다른 관심을 두지 않았다.

그러나 현대의 린 방식 제조업에서 창고는 물류센터가 되었다. 즉 중간상품이나 최종상품이 효율적으로 추적, 처리, 이동되는 곳을 의미한다. 물류센터의 한 유형인 현대 크로스도킹 시설(창고에 입고되는 상품을 보관하는 것이 아니라 곧바로 소매점포에 배송하는 물류시스템. 보관단계를 제거하고 체류시간을 줄여 배송기간 단축은 물론 물류비용절감과 함께 물류 효율성을 증대시킬 수 있는 방식으로, 입고 및 출고를 위한 모든 작업의 긴밀한 동기화를 필요로 함. —옮긴이)의 레이아웃만 보더라도 물건을 단지 적재해두는 장소가 아니라 이동시키는 수단이라는, 핵심적 역할을 한눈에 알 수 있다. 전형적인 크로스도킹 시설은 직사각형 형태를 띤다. 긴 한쪽 면은 입고트럭(공급업체)용, 맞은편은 출고트럭용으로 최종 조립시설이나 소매점포 행이다. 그 사이에는 미로처럼 생긴 자본집약적 자동화 수송시스템이 있는데, 입고되는 적하물과 출고 물품 도착지에 관한 자료(유형, 수량, 비용) 흐름에 따라 관리된다.[2]

로지스틱스 제공업체(UPS, 페더럴 익스프레스, DHL)와 로지스틱스가 핵심기능인 회사들(월마트, 타깃Target, 세이프웨이Safeway, 크로거Kroger)에게 있어 효율적인 로지스틱스 관리는 반드시 지켜내야 할 핵심역량이다. 그러나 로지스틱스에도 균열이 찾아오면서 다양한 양태를 띠기 시작했다.

아마도 가장 잘 알려진 것은 페덱스FedEx 사례다. 페덱스는 택배기사들을 오래 전부터 독립계약자로 대우해왔다.[3] 택배기사들은 매일 소포 목록을 수령하는 페덱스 소포터미널 일정표에 따라 배달 건별로 보수를 받는다. 그들은 소포를 전달할 시간대를 부여받는데, 만약 소포가 정해진 시간대를 벗어나거나 고객 불만이 접수되는 경우 보수에서 해당 건이 차감될 수 있다. 독립계약자인 택배기사들은 우선 회사 로고를 부착한 트럭(페덱스라고 표기된)을 구매해야 한다. 차량 자금을 부담하는 것 말고도, 모든 비용(연료, 보험, 기타유지비)을 전부 스스로 감당해야 한다. 그러므로 택배기사들의 보수는 봉급이나 시급이 아닌, 배달 건수당 지급받는 수수료에서 해당 경로를 서비스하는 동안 발생하는 비용을 차감한 금액으로 결정된다고 볼 수 있다.

독립계약자인 택배기사들은 초과근무나 기타 근로기준, 차별 금지, 건강 및 안전 규정, 혹은 아이가 아프거나 가족을 돌보기 위해 휴가를 쓸 수 있는 조항 등, 그 어느 것에 대해서도 보장을 받지 못한다. 사회보장분담금과 의료보험 역시 전적으로 택배기사 몫이다. 자영업자이기 때문에 실업보험이나 산재보상 자격도 주어지지 않는다.

다 알다시피 페덱스는 고의적인 노동자 오분류 건으로 국가 소송 대상이 된 바 있으며, 택배기사의 독립계약자 지위 역시 미 국세청 International Revenue Service, IRS의 대대적인 감사 이슈였다. 그러나 지금까지 대부분의 소송에서는 페덱스의 입장이 옹호되었다. 그 근거는 배달 시간이 고객가치 핵심인 대형브랜드 로지스틱스 조직 페덱스가 이 업무 담당 인력을 직접 고용할 필요가 없다는 것이다.

현대 공급체인의 핵심인 로지스틱스 분야에서 균열일터를 활용하는 것은 페덱스뿐만이 아니다. 점점 더 많은 물류센터가 제3자 경영과 하청이 결합된 조직형태를 채택하고 있다. 공급체인 관리가 균열일터 요건 중 다수에 해당하는 요소들을 이미 내포하고 있기 때문에, 로지스틱스 분야에서 하청과 임시인력 회사들의 활용이 증가하는 현상이야말로 균열이 심화된 것으로 간주할 수 있다.

린 방식 소매업과 현대 물류센터

린 제조방식과 마찬가지로, 린 소매방식은 공급업체로부터 들어오는 주문과 소비자가 당장 매장에서 무엇을 구매할지(구매 담당자가 몇 달 전부터 미리 소비자가 무엇을 살지 예상하는 게 아니라)에 관한 정보를 보다 긴밀히 연계시키기 위해 정보기술, 자동화, 산업표준, 경영 혁신의 이점을 최대한 활용한다. 수백만 건의 바코드 라벨 스캔을 통해 수집한 판매정보를 이용해 소매업체는 상품 재고를 대량으로 쌓아둘 필요성을 없앰으로써 재고부족 위험, 가격인하 가능성, 재고품 발주비용을 줄일 수 있다. 린 소매방식을 채택한 회사들이 이제 월마트와 타깃 같은 대형 유통업체부터 메이시스 등 백화점에 이르는 주요 소매부문을 점유하고 있다.

현대 소매업체의 핵심역량은 전통적인 관행과 린 소매방식의 이점 간 적절한 조합에 달려 있다. 전형적 소매업체들과 마찬가지로 린 소매방식을 활용하는 회사들 역시 고객 수요를 충족시키는(소비자들을 매장으로 유인할 다양한 상품을 수시로 교체해 제공해야 하는) 한편, 보유 재고를 최소화해야 한다. 공급업체와 소매업체 간 뜸하게 이루어지는 전형적 소매의 대규모 출하방식과 달리, 린 방식 공급업체들은 지속적인 재고보충 요구에 맞춰 자주자주 상품을 출하해야 한다. 이러한 주문은 바코드 스캐닝을 통해 소매업체가 수집한 실시간 판매정보에 따라 이루어진다. SKU-레벨Stock Keeping Unit-level(재고관리코드레벨)에 따른 각 매장별 판매데이터는 주 단위로 중앙에서 집계되어 공급업체에 주문을 발생시키는 데 이용된다.

린 소매방식은 소매업체와 공급업체 간 관계를 크게 변화시켰다. 우선 공급업체는 사흘에 한 번이나 더 짧은 간격으로 납품해야 한다. 삭스 핍스 애비뉴 같은 소매업체는 잦은 재고보충 요건을 지정해놓은 다음 납품 횟수, 주문 완결, 정확성 등 철저한 기준 준수를 요구한다.[4] 가령 의류 공급업체에 의한 주문 차질은 소매업체에게 큰 문젯거리이기 때문에 당연히 공급업체의 기준 이행은 면밀히(또한 실시간으로) 모니터링될 수밖에 없다. 이때 기준 위반은 커다란 불이익으로 이어질 수 있으며, 최악의 경우 주문 취소 혹은 공급업체와의 거래관계 단절까지 초래한다.

월마트: 물류 기능 털어버리기?

월마트는 린 소매방식의 선두주자였다. 그 어떤 소매업체보다 먼저 재고관리의 중요성에 눈뜬 회사가 월마트였다. 등록기에 수집된 실시간 고객정보 활용, 재고와 주문현황에 관한 정보시스템, 자동화된 물류센터, 고객과의 치밀한 로지스틱스 관계를 성공적으로 이끈 것이 소비자에게 상품을 제공하는 비용을 혁신적으로 낮춘 비결이었다.

그러나 호텔들이 핵심기능까지 다른 업체로 이전시킨 것처럼 월마트도 로지스틱스와 관련해 비슷한 수순을 밟아나가기 시작했다. 이러한 정책 변화는 소위 서던캘리포니아의 인랜드 엠파이어라 불리는 캘리포니아 미라 로마의 한 물류센터 사례에 잘 나타나 있다.

위스콘신 그린 베이에 본사를 둔 슈나이더 로지스틱스Schneider Logistics는 고객들에게 다양한 로지스틱스 및 수송서비스를 제공하는 업체다.⁵ 그 모회사인 슈나이더 내셔널Schneider National은 1980년대 중반에 이미 원활한 수송을 위해 자체 트럭에 쌍방향 위성통신시스템을 탑재한 것은 물론, 전자데이터교환EDI 체계를 활용한 첫 화물운송회사 중 하나로 알려져 있다. 소매업계(대표적으로 월마트)가 정보 취급과 로지스틱스 조율방식을 전환하는 과정에서 유사한 기술을 채택한 것과 시기가 맞아떨어진다.⁶

1993년 제조 및 소매 부문 물류라는 급성장 사업에 뛰어든 슈나이더 로지스틱스는 1994년 제너럴모터스 부품 공급업체의 로지스틱스 지원제공 계약을 따냈다.⁷ 수송 통합시설 및 장비, 정밀 통신체계라는 자체 네트워크를 활용한 슈나이더의 접근 방식은 월마트 같은 고객업체에 매우 매력적인 핵심역량이었으며, 선적 컨테이너로 항구에 속속 도착하는 상품들이 각 소매점에 신속히 출하되도록 처리하는 차별화된 전문기술이었다.⁸ 1990년대 역외에서 들어오는 상품이 급속히 증가하면서, 월마트 등 소매업체들은 해상 수송용 선적 컨테이너 화물을 적재 플랫폼에서 옮겨와 지역 물류센터나 점포로 직송하는 전 과정(분류, 기록, 재포장, 적하)을 효율적으로 책임질 매개가 필요했다. 컨테이너에서 화물을 내리고 처리하는 일(일명, "럼핑Lumping")은 물류센터의 일반적 작업에 비해 노동집약적이다. 슈나이더 로지스틱스는 럼핑 작업을 맡을 자체 물류센터 직원들을 직접 고용하지만 임시 직원들을 공급하는 하청업체(때로는 몇 단계의 하청을 더 거쳐서)를 이용하기도 한다. 하청업체 소속 임시노동자들은 소매업 성수기(특히 휴가철) 급증 물량을 취급하기 위해 고용되는데, 전체 인력에서 차지하는 비중이 점점 늘어 비수기에도 통상 3분의 1, 성수기에는 그 이상을 훨씬 넘어가기도 한다.

5장에서 언급한 기지국 철탑 사례와 마찬가지로, 로지스틱스 서비스 제공업체 슈나이더와 하청업체들 간 계약은 현재 진행중인 대규모 균열 하청구조에 관해 많은 점을 시사한다. 월마트를 지원하는 미라 로마 물류센터에서도 슈나이더는 3개 업체와 동시계약을 맺고 있었다. 프리미어 웨어하우징 벤처스 LLC PWV, 로저스 프리미어 언로딩 서비스 Rogers-Premier Unloading Services, 임팩트 로지스틱스 Impact Logistics Inc.. 이중 슈나이더와 PWV 간 계약이 전형적인데, 계약서상 슈나이더는 PWV가 슈나이더의 고객인 월마트를 위해 해당 서비스를 제공하는 것임을 분명히 하고 있다. 그 내용은 다음과 같다. 슈나이더는 창고관리 warehousing와 트랜스로딩 transloading(컨테이너에서 화물을 적출한 다음 박스카 등으로 환적하는 일. ―옮긴이) 시설을 운영하고, PWV는 "트레일러로딩 서비스 하청을 맡되 내부창고 운영에 전문성과 노력을 집중한다."[9] 또한 이 계약은 PWV가 산출목표량을 위해 투입한 시간이나 노동자 수 단위가 아닌, 적재트럭 수 단위로 보수를 지급받는다는 점을 명시하고 있다. 두 조직 간 관계는 본인/공급자 관계로, 여기서 "PWV는 서비스 제공 인력의 상시 유일 단독 고용주이며 (…) PWV가 하청업체를 자체 선정한 본인임을 분명히 한다."라고 되어 있다.[10] 배상 관련조항에서도, 두 당사자 간 시장관계 거리를 강조하고 있다.

반면 이 계약의 다른 측면을 살펴보면, 두 회사 간 책임 경계가 애매모호하게 표현되어 있다. 섹션 2에는 PWV가 반드시 지켜야 할 기준과 그 기준 준수를 모니터링하기 위해 슈나이더가 활용할 매커니즘이 매우 자세하게 기재되어 있다. 섹션 2.06에 나와 있는 다양한 감사

기반 기준 수행 매트릭스를 예로 들어보자. 시간당 적재상자 수, 주당 적재 트레일러의 수, 트레일러 적재 정확도(월마트 측에는 중요한 사항), 주당 트레일러 적재화물의 평균 부피 등 PWV가 정기적으로 슈나이더에 (무료로) 제공해야 하는 사항들이 적혀 있다. 이 조항들은 하청업체 PWV의 보수기준이자 지속적인 실적 평가기준으로 활용된다. 계약내용에 따르면 노동자들의 현장관리는 PWV가 맡지만 계약조항 이행 감사권은 슈나이더에 있으며, 문제가 발생할 경우 PWV는 30일 이내에 반드시 시정해야 한다. 그 과정에서 발생하는 상품 손상 책임은 PWV에 있다.

슈나이더와 PWV 간 고용문제에 관한 애매모호한 경계는 섹션 2.12에 이르면 다시 분명한 선을 긋는 것으로 바뀐다. 계약에 따르면 슈나이더(SLTD로 지칭됨)는 인사와 관련한 어떤 문제든 PWV에 곧바로 통고할 권한을 쥐고 있다.

> 인사 관련 실적이나 행위에 불만이 있을 경우 SLTD는 PWV에게 해당 직원을 작업 구내와 SLTD 작업현장에서 즉시 내보내도록 요청할 수 있다. SLTD에 의해 사전 승인받지 않은 한, SLTD는 방출된 직원의 해당일자 작업이나 이후 작업에 해당하는 어떠한 금전적 책임도 지지 않는다.[11]

모든 하청업체가 규정을 따라야 한다는 월마트의 요구에 맞춰 슈나이더는 PWV 전 직원의 출입국 지위를 감사할 권한을 갖는다. 단, 계약서에는 대문자로 다음과 같이 씌어 있다. "PWV는 SLTD 측 감사가 결코 PWV의 1-9(취업허가) 준수의무를 철회 혹은 면제시키려는 의도에서 시행되는 것이 아니며 (…) 당사자 간 독립적 계약관계를 변경할 뜻이 전혀 없음을 분명히 인정한다."[12]

하청과 인력: 또다시 반복

PWV 같은 하청업체들은 적재트럭 한 대 분량 기준으로(또는 산출기준 매트릭스에 의거해) 보수를 받는다. 그러나 인력업체들은 산출목표 완수 기준으로 직원들에게 보수를 지급한다. 2006년 이전, 미라 로마 시설 하청업체들은 노동자들에게 시간 단위로 임금을 지급했다. 그러나 2006년부터 PWV와 임팩트Impact에서 새로운 보수체계와 관련 정책이 만들어지면서 능률급으로, 말하자면 짐을 싣거나 내린 트럭 대수 기준으로 보수를 받기 시작했다.[13] 그러한 적재공식은 이른바 개인 한 명과 집단 인력의 노력을 동시 적용시키는 복잡한 방식이다. 슈나이더가 하청업체들에게 보수를 지급하기 위해 적용하는 방식과 마찬가지로, 능률급 체계는 일한 시간이 아니라 완수된 일 단위로 돈을 지급한다. 임금 방침 변화와 맞물려 근로시간도 주 5일 하루 8시간 기준에서 하루 10시간 4교대 방식으로 조정되었다.[14] 게다가 작업인원이 충분치 않아서 생기는 업무 단절 가능성을 최대한 줄이기 위해 노동자들은 일이 시작되기 수 시간 전부터(아무런 보수 없이) 물류센터에 나와 있어야 했다. 이러한 변화는 노동자들이 법으로 규정된 휴식조차 제대로 취할 수 없게 만들었다.

미라 로마 시설은 2011년 10월 캘리포니아 노동부 감사를 받았다. 보수체계와 관련한 이 회사의 불분명하고 불투명한 임금 지급기록과 급여명세서 그리고 PWV와 임팩트의 근로시간 미기록은 모두 주 기록관리 기준을 위반한 것이었다. 이에 캘리포니아 주는 임팩트(49만 9,000달러)와 PWV(61만 6,250달러)에 각각 과징금을 부과했고,[15] 일단의 노동자들도 가세해 슈나이더와 3개 하청업체를 대상으로 체불임금 집단소송을 제기했다.

그러나 2011년 10월 주정부 감사를 이끌어낸 노동자들의 항의와 잇따른 과징금 부과만으로 이 사건이 깨끗하게 마무리된 건 아니었다. 감사가 시작된 지 4일 후, 감사관들을 만나 임금 미지급 사실을 알린 노동자들은 회사 측으로부터 더 이상 출근하지 말라는 통고를 받았다.[16] 이는 결국 슈나이더와 각 하청업체의 역할 분담 문제를 직접적으로 다룬 일련의 법정판결로 이어졌다. 이 사건의 판결에 대해서는 8장에서 다시 설명하겠다.

미국 로지스틱스 산업 노동자 수는 1998년 47만 4,200명에서 2008년 67만 2,800으로 늘어났고, 2018년에 이르면 77만 5,700명에 달할 것으로 추정된다. 전체 경제의 연간 고용성장률에 비해 2.5배 빠른 수치다.[17] 소매업체는 제3의 운영업체를 고용하고, 이 업체가 물류시설을 운영하기 위해 다시 임시 인력조달업체에 의존하는 관행은 2008년 이래 전국적으로 급격히 파급되고 있다.[18]

석연치 않은 부인?

월마트는 미라 로마와 다른 시설의 위반사항에 관한 질문에, 관련 노동자 중 그 누구도 자사 고용인이 아니라는 대응으로 일관했다.[19]

보건안전 기준과 관련해서도 월마트는 공급업체들에 대한 월마트의 기본 규정을 인용하는 데 그쳤다.[20] 2012년 슈나이더 로지스틱스를 상대로 법원 명령이 내려지기 전에도 슈나이더는 회사시설 내에서 작업하는 인력업체들이 "별도의 법인"이라는 식으로 월마트와 유사한 주장을 펼쳤다. 그러면서 "슈나이더가 그러한 업체들의 근로기준 준수를 강제할 유일한 법적 방안은 이 업체들과의 계약 종결뿐"이지만, 회사는 계약을 종결할 계획이 없기 때문에 "이 업체들이 적용 가능한 모든 법령과 규정, 명령을 준수할 것을 기대한다"고만 밝혔다.[21]

5장에서 설명한 하청과 마찬가지로 다수의 조직에게 책임을 양도하는 것은 복잡한 문제를 야기하며, 중요한 근로원칙들을 균열 사이로 누락시켜버리는 결과를 초래한다. 잘 알다시피 AT&T와 기타 이동통신업체 사례에서의 안전기준, 허쉬의 이민 정책, 그리고 월마트와 슈나이더 사례로 살펴본 기본적 근로기준이 그것이다. 아울러 이러한 변화는 임금 설정 배경도 변화시키고 있다. 즉, 임금 설정 문제가 한없이 외부로 떠넘겨지는 상황에서 더욱 더 경쟁적인 조건의 일터로, 심지어 기회의 제한과 실업의 공포, 위태로운 이민자 지위에 처한 노동자들이 일하는 노동시장으로까지 떨어지게 된 것이다.

공급체인, 아웃소싱, 오프쇼어링

공급체인 전략과 관리는 1990년대 경영학계의 주요 논점이었다. 그럴 만한 이유는 많았다. 새로운 정보기술, 컴퓨터 가격 하락, 공통 통신기준 채택, 국제 로지스틱스 개선, 글로벌 제조기지의 부상 등으로 점점 더 많은 산업이 상품 제조방식 자체를 재평가하기 시작한 것이다. 특히 공급체인 전략 기저에는 물품을 회사 경계선 안에서 제조할 것인가 밖에서 제조할 것인가에 대한 중대 결정이 깔려 있다.

상품을 아웃소싱하는 것(내부적으로 생산하기보다 다른 회사로부터 부품과 조립품을 구매하기로 결정하는 것)은 그 과정의 첫 단계다. 미국 경제의 핵심인 제조업(대표적으로 자동차)은 이 같은 측면에서 공격적으로 움직인 선두주자였다. 처음에는 부품 아웃소싱을 늘려가다가 나중에는 모든 조립품을 다른 회사에서 아웃소싱했다. 많은 산업의 글로벌 제조역량 증대와 계속되는 운송비 하락은 아웃소싱에서 오프쇼어링으로의 변환을 가져왔다. 아웃소싱을 가능하게 만든 정보기술 시스템이 쿼터(할당량) 등 여러 국제무역 제한조치 철폐와 결합하면서 제조업체 중간상품이나 소매업체 최종상품 생산지로 오프쇼어링이 발빠르게 확대된 것이다.[22] 최근에는 디지털 기술과 인도, 중국 등지의 고급기술 성장이 서비스산업(콜센터에서부터 소프트웨어 엔지니어링에 이르는 영역)에도 유사한 오프쇼어링 확대를 가져왔다.

아웃소싱과 오프쇼어링은 지난 10년간 많은 사람들의 줄기찬 논의 대상이었으며, 2012년 대통령 선거캠페인 중에도 뜨겁게 부각된 이슈였다. 오프쇼어링은 미 노동자들의 임금과 고용에 가하는 직접적인 충격 때문에 훨씬 각별한 관심을 끌어왔다. 2012년 〈뉴욕타임스〉 보도에 따르면, 조사대상자 중 86%가 미 상품을 구매하는 것이 그들에게 '매우' 또는 '다소 중요하다'고 답했으며, 58%는 "대량" 실업이 해외에서 제조되는 미 회사 판매 제품들로 인해 야기된다고 생각했다.[23]

아웃소싱과 오프쇼어링은 균열일터를 초래한 다른 조직형태와 유사한 특징을 지닌다. 핵심역량에만 집중하고 그외 기능(제조와 조립)을 다른 업체에 넘기되 엄격한 기술, 품질, 인도기준 준수를 요구한다는 점이 바로 그것이다. 성공적인 글로벌 제조업체들은 기준 정립 및 점검을 바탕으로 네트워크를 기획, 조율, 통제하는 공급체인을 적극 활용한다.

오프쇼어링, 교역, 노동자에 미치는 영향

국가 간 교역의 영향에 관한 경제적 문헌은 1800년대 초 비교우위를 연구한 데이비드 리카르도David Ricardo의 논문으로 거슬러 올라간다. 논의의 초점은 최종상품 무역이었다.[24] 그러나 오프쇼어링은 전형적으로 중간재 상품을 위한 외부 공급자 활용과 결부되어 있다. 경제학자 롭 핀스트라Rob Feenstra가 말한 "생산의 해체"가 바로 그 원인이다. 변화하는 교역의 속성(중간재 상품 교역의 중요성 증대)은 상품의 최종 용도에 따른 미국 수출입 품목 비율 추이를 살펴보면 알 수 있다. 표 7.1은 1925년부터 2010년까지 최종 용도 기준 미국 수출입 품목 비율을 나타낸 것이다.[25]

미국 수출입 품목은 1925년 이래 급격하게 변화했다. 20세기 초반 대다수 수입품이 농산품이나 원자재였다면(1925년에는 90% 이상), 지난 수십 년 전부터 자본재(다른 제품 생산에 이용)와 소비재가 훨씬 많아졌다. 소비재 수입 몫은 1960년대부터 1980년대까지 빠르게 늘어났고, 2010년에 이르자 1965년(16%)에 비해 2배(32%)로 껑충 뛰었다. 한

표 7.1 최종용도 분류에 따른 미국 수출입 품목 비율(백분율)

	1925	1950	1965	1980	1990	2000	2007	2010
수입								
식품, 사료, 음료	21.9	30.9	19.1	11.3	5.0	4.4	5.3	6.1
산업 용품 및 자재[a]	68.2	62.4	53.3	31.3	18.2	16.1	17.7	16.6
자본재(자동차 제외)	0.4	1.3	7.1	19.0	33.6	33.4	29.0	30.0
소비재(자동차 제외)	9.4	6.1	16.0	21.5	24.3	27.1	31.0	32.3
자동차, 부품, 엔진	0.02	0.3	4.5	16.9	18.8	18.9	16.9	15.0
수출								
식품, 사료, 음료	18.7	15.5	19.2	16.9	9.2	6.5	7.8	9.4
산업 용품 및 자재[a]	59.8	45.5	34.8	32.2	25.6	21.8	25.6	27.5
자본재(자동차 제외)	8.7	22.4	31.4	35.0	42.4	48.6	41.7	38.9
소비재(자동차 제외)	6.0	8.9	7.0	7.8	11.7	12.3	13.6	14.4
자동차, 부품, 엔진	6.8	7.8	7.5	8.1	11.2	10.9	11.3	9.8

출처: 핀스트라(Feenstra) 1925–1990년 추신(1998, 표3, p.37). 미통계국 국제 상품 및 서비스 교역, 연례개정, 표 6 "최종용도 분류 및 품목에 따른 상품 수출"; 표 7 "최종용도 분류 및 품목에 따른 상품 수입" (2000, 2007, 2010) 자료를 근거로 한 2000, 2007, 2010년 추산.
a. 핀스트라에 의거, 다음 항목은 "산업용품 및 자재" 수출입 총계에서 제외: 임유: 기타 석유제품: 천연가스: 천연 기솔린(수출); 액화 석유 가스(수입).

편 자본재의 수입 몫은 훨씬 더 급증해 같은 기간 7%에서 30%로 올라섰다.[26]

현대 공급체인 및 이와 연관된 오프쇼어링은 말 그대로 국제무대에서 이루어지기 때문에 여기서 누가 혜택을 보고 손해를 보느냐는 질문은 보다 근본적인 문제, 교역에서 발생하는 이득의 문제로 모아진다. 오프쇼어링이 단순히 서로 다른 비교우위를 가진 X와 Y라는 두 나라 간 교역의 특수 사례라고 간주하는 전통적인 경제학은 두 나라 모두 이익을 얻는다고 주장한다. 만약 X라는 나라가 Y라는 나라보다 더 낮은 비용으로 상품(또는 조립품)을 생산할 수 있다면, Y의 국가 경제는 그 일을 X라는 나라에 이전시키고 대신 Y의 자원을 보다 생산적인 목적에 사용함으로써 혜택을 본다는 논리다.[27]

그러나 상품시장과 자본시장 내에 불완전성이 상존한다는 점을 감안할 때, 교역에서 발생하는 이익만을 강조하는 논문은 여러 가지 의문점을 내재하고 있다. 더구나 비교우위 교역 이익에 관한 리카르도의 아이디어는 주로 천연자원을 중심으로 구축된 것이다. 물론 이러한 자원을 이용해 저비용 생산이 가능한 두 나라는 상호교환으로 이익을 얻을 수 있다. 하지만 어느 한 나라가 정책의지(가령 인력을 교육시킨다든가, 연구개발에 투자한다든가, 어느 한 산업의 비교우위 향상을 위해 막대한 국가자원을 투입하는 경우)를 가지고 비교우위를 창출할 수 있게 되면 상황은 복잡해진다(생산성 격차가 나는 국가 간 교역이 여전히 이익이라 해도).

저명한 경제학자들이 쓴 여러 논문은 교역으로 발생하는 이익에 관한 논쟁에 다시 불을 지폈다. 가령 2004년 노벨상 수상자인 폴 새뮤얼슨Paul Samuelson은 말년에 쓴 한 논문에서 한 국가의 생산성 증가가 상대 국가의 교역 이익을 현 상태보다 더 줄어들게 한다는 사실을 검증해냈다. 새뮤얼슨은 한 나라(가령, 중국)가 상대 무역국(가령, 미국)이 역사적으로 전문성을 보였던 제조 상품에서 새로운 비교우위를 급격히 창출하는 경우를 예로 들었다. 전자가 상품 공급을 신속하게 늘릴 수 있는 능력이 후자의 수출 가격을 떨어뜨리는 결과를 가져옴으로써 후자의 무역 조건을 악화시키는 결과로 이어진다는 논리다. 양자 간 교역 이익이 후자에게 여전히 플러스 요소이기는 하더라도 전자가 후자를 "따라잡기" 이전 시기와 비교해 그 이익이 확연히 줄어든다는 사실을 입증한 것이다.[28]

오프쇼어링이 제조업 일자리에 미치는 영향에 관한 10년 전의 연구는 증가하는 수입 몫과 줄어드는 고용 간 확실한 연관증거를 찾아냈지만, 그럼에도 불구하고 전반적인 영향 폭은 비교적 미미한 수준이었다. 그보다는 기술혁신에 의해 고숙련 직종이 미숙련 직종을 점차 대체하는, 이른바 숙련 편향적 기술 발전이 고용하락을 설명하는 훨씬 더 큰 요소였다.[29] 마찬가지로 서비스 오프쇼어링 추정치를 살펴봐도, 노동시장의 전반적인 규모와 비교했을 때 그 효과가 적어도 지금까지는 별로 크지 않았음을 알 수 있다. 다만 아웃소싱에 취약한 서비스 기능은 경제학자 앨런 블라인더Alan Blinder가 지칭한 소위 '비개인화 전달서비스impersonally delivered services'를 요하기 때문에 향후 해외 이동 가능성이 대단히 크며, 도서와 신문스캐닝 같은 저기술 업종에서부터 건축이나 금융분석 같은 고기술 업종, 심지어 건강보험 부문에서 재정서비스 부문까지 확대되고 있다.[30]

교역 이익에 대한 고전적 견해의 열렬한 신봉자들마저도 확산되는 오프쇼어링 영향의 유해성을 일부 인정할 정도다. 즉, 경제는 전반적으로 혜택을 얻을 수 있지만 특정 그룹이 일자리 상실이나 수입 감소라는 형태로 역효과를 경험하게 된다는 것이다. 이는 오프쇼어링에 취약한 직종의 사람들을 좀더 생산적인 고기술 직종으로 이동시키는 등 그들에게 도움을 주는 일련의 경제역량에도 심각한 도전이 되고 있다.[31]

애플과 폭스콘, 전자업계 글로벌 공급체인

오프쇼어링이 일터에 미친 영향을 바라보는 또 다른 시각은 공급체인 세계화 이면에 깔린 의사결정에 초점을 맞추는 것이다. 생산부품 오프쇼어링 결정은 회사 경계 안과 밖에서 이루어지는 일의 혜택과 비용에 관한 균형맞추기에서 비롯되었으며, 이는 균열을 초래한 다른 조직 유형과 흡사하다.[32] 오프쇼어링 대상이 된 활동은 저가로 조립품을 공급해주는 외부업체를 둘 경우의 이득이 경쟁우위나 핵심역량(가령, 상품 디자인)을 지키기 위해 조직 내 활동을 유지할 때의 혜택이나 비용을 훨씬 능가하는 분야들이다.

앞서 살펴보았듯이 이러한 균형맞추기 행위는 해외 다른 업체가 생산한 부품들을 미국으로 들여와 최종시장과 근접 곳에서 조립하는 것, 한마디로 자동차 생산을 특징짓는 관행이 대표적이라 할 수 있다.[33] 의류와 전자업계에서 하나의 룰처럼 자리잡은 또 다른 예는 사실상 전 생산과정을 해외 외부업체에 이전시킴로써 회사는 생산개발,

연구, 마케팅, 소매 유통의 중심추 기능만 맡는 것이다.

이러한 균형맞추기 행위는 비제조 부문에까지 진입해 금융서비스 회사와 항공사의 경영에 그대로 반영되고 있다. 고객서비스가 중시되는 다른 업계 역시 이미 잘 알려진 콜센터의 경우처럼 "비개인화 전달 서비스"를 다른 국가에 오프쇼어링할 필요성이 높아지고 있다.[34] 그러나 이러한 전략에 내재한 긴장과 갈등은 국제 전자산업과 이 분야 대표 회사들 사이에 여실히 드러나고 있다.

2012년 2월 24일, 애플은 주가가 526.29달러까지 치솟아 시가총액 4,871억 달러에 달하는 세계 최대 공개회사가 되었다.[35] 미국 경제에서 애플의 입지는 1950년대 중반 5,000만대의 차량을 생산하며 시장점유율 54%를 차지한 제너럴모터스에 필적했다. 당시 GM의 전 CEO 찰스 어윈 윌슨Charles Erwin Wilson이 아이젠하워 행정부 국방장관 자격 인준청문회에 나와 이해상충 가능성에 관한 질문에 답한 발언은 유명한 일화로 남아있다. 그는 "수년간 국가에 좋은 건 제너럴모터스에도 좋고 제너럴모터스에 좋은 건 국가에도 좋은 거라고 믿었다."라고 말했다.[36]

두 회사의 업적은 비슷하지만, 1950년 GM과 2012년 애플은 근본적으로 상이한 조직이다. 디자인, 엔지니어링, 마케팅, 제조, 조립은 제2차 세계대전 후 전성기 시절 제너럴모터스의 비즈니스 본질이나 마찬가지였다. 그 범위와 중요성은 제너럴모터스가 직접 고용한 사람들 수에 그대로 반영되어 있다. 1979년 제조업이 최전성기에 달했을 당시 제너럴모터스는 미국 내에서만 61만 8,365명을 직접 고용했다. 당시 사기업으로는 최대 규모였다.[37]

애플의 핵심역량은 끊임없이 변화하는 디지털 상품 집합체 개발 및 디자인에 있다. 또한 마케팅과 소매 부문의 거대조직이기도 하다. 애플은 상품개발 전략의 중심이라 할 수 있는 디자이너, 엔지니어, 마케팅 전문가를 직접 고용한다. 그러나 애플은 제조업체가 아니다. 시가총액 최고에 이르렀을 때 애플은 미국 내에서 4만 3,000명을 직접 고용했으며(그들 중 3만 명은 애플스토어에 고용된 소매점 직원이다), 추가로 2만 명을 해외에서 고용했다. 애플의 시장가치를 감안할 때 매우 적은 수의 고용 규모이다(이에 반해 월마트는 같은 해 전 세계적으로 220만 명을 고용했다). 그러나 이러한 직접 고용 규모는 애플 제품 생산에 전 세계적으로 얼마나 많은 사람들이 관여하고 있는지를 자칫 가리기가 쉽다. 2012년만 해도 애플은 다양한 디지털 기기를 제조하는 데에 글로벌 공급체인 내 73만 명에 달하는 노동자들에게 의존한 것으로 나타났다.[38]

1970~1980년대 미국의 글로벌 전자회사들(IBM, 휴렛패커드)과 일본 생산업체들(샤프, 히타치, 소니)은 수직적으로 통합된 제조회사들로 연구개발, 상품 도입, 규모의 경제에 회사의 핵심역량을 쏟아부었다. 그러나 1990년대 디자인 혁명과 기술혁신이 퍼스널컴퓨터 같은 전자제품 부품들의 모듈화를 가능케 한 이후 규모의 경제는 예전만큼 힘을 발휘하지 못하게 되었다. 대신 싱가포르, 대만, 중국 등의 국가 주도 발전전략에 힘입어 글로벌 공급기지가 급부상하기 시작했다. 아울러 운송 및 조율비용 하락은 수직적으로 통합된 제조업체들의 해체를 가속화시켰다.[39]

애플의 이 같은 국제 공급체인 의존은 업계 유일한 사례가 아니다.

2011년 휴렛패커드HP가 판매한 6,400만 대 이상의 퍼스널컴퓨터는 국제 공급체인 회사들에 의해 전량 생산된 것이다. HP는 애플보다 훨씬 많은 수(전 세계적으로 약 32만 5,000명)의 인원을 직접 고용했다. 그러나 HP 역시 1,200개 지역 1,000여 개의 국제 공급업체 네트워크에 의존했다. 그중 대략 90개 회사로 대표되는 이 그룹의 주요 공급업체는 26만 명 이상의 직원들을 고용했다.[40] 다른 주요 전자부문 기업들, 예를 들어 IBM, 델Dell, 시스코Cisco 등 전자회사와 인텔Intel 등 칩 제조업체 역시 광범위하게 산재한 공급기지에 의존했다.

물론 모든 전자업계가 이러한 모델을 채택하는 건 아니다. 애플과 전혀 다른 방식으로 자사 핵심상품을 생산하는 예외적 선두기업이 있는데, 바로 삼성이다. 삼성은 전 세계 20만 명이 넘는 노동자를 직접 고용해 자체 생산품 제조의 대부분을 맡기고 있다.[41]

글로벌 전자업계 선두기업들은 소수의 주요 공급업체들을 네트워크의 척추로 삼아 활용해왔다. 이는 전체 시스템을 통해 원활히 움직여야 할 생산 및 조립규모를 감안한 합리적 선택에 따른 전략이다. 그러한 대규모 공급업체 중 하나가 바로 대만에 본사를 둔 전자 제조업체 폭스콘Foxconn이다. 이곳에 고용된 120만 명의 중국인 노동자들이 전 세계적으로 판매되는 스마트폰, 컴퓨터, 기타 전자기기의 약 40%를 조립한다.[42] 폭스콘에 이어 플랙스트로닉스Flextronics, 자빌 서킷Jabil Circuit, 셀레스티카Celestica, 산미나Sanmina-SCI 같은 하청업체들(대부분의 컴퓨터 구매자들에게는 잘 알려지지 않은 이름이지만) 역시 규모와 범위면에서 크게 성장해 제조업 실세로 진가를 발휘하고 있다.

이러한 하청업체들과 애플이나 HP 등 대기업 간 협상은 작은 공급업체들과의 거래 특징인 일정 거리 거래관계와 동일하다고 볼 수는 없다. 그렇다 하더라도, 공급체인 상위에 수익이 몰리는 상황은 여전하다. 로크Locke et al.에 따르면, 가장 높은 수익을 올린 5대 전자회사들(HP, IBM, 애플, 델, 시스코)은 2009년 3,500억 달러의 누적수입 중 1,220억 달러(총수입의 약 35%)를 순이익으로 벌어들였다. 총수익성 측면에서 상위 5개 하청 제조업체들은 같은 기간 총수입 1,160억 달러 중 약 44억달러(약 3.8%)를 순수익으로 가져갔다.[43] 제2부에서 얘기한 다층적 조직 형태들과 마찬가지로, 제품이 표준화될수록 경쟁은 격화되고 대기업과 먼 층위로 내려갈수록 손에 쥐는 이익은 점점 더 줄어든다.

귀결 그리고 일거양득

폭스콘은 그 생산규모와 범위에도 불구하고 인건비를 낮추는 데 무자비한 압력을 행사해왔다. 회사의 인사관행이 빚은 결과는 특히 오랜 시간을 요하는 장기노동, 가차없는 작업속도, 심각한 건강안전 위협, 낮은 임금, 중국 공식노동법 요건을 무시한 초과근무 수당 미지급 등으로 그 악명을 높여왔다. 2010년 폭스콘 공장에서 일어난 여러 건의 노동자 자살사건은 널리 알려진 사실이다. 중국노동감시기구China Labor Watch, 세이콤SACOM 등 중국 내 모니터링을 맡고 있는 단체들은 연속보도를 통해 이 회사 노동자들이 직면한 현실적 압박과 열악한 조건을 낱낱이 알렸다.[44]

2012년 일 년여에 걸친 조사가 끝난 후 〈뉴욕타임스〉 리포터 데이비드 바보자David Barboza, 키스 브래드셔Keith Bradsher, 찰스 두히크Charles

Duhigg는 폭스콘 공장 노동자들의 상황을 다룬 기사들을 여러 차례 내보냈다. 이 세 명의 기자가 애플 컴퓨터에 관해 쓴 대규모 시리즈 기사들 중 일부에는 심각한 안전문제와 그에 따른 사건사고가 상세히 기록되어 있다. 그 중 아이패드 생산공장에서 일어난 2건의 폭발사고는 4명의 목숨을 앗아가고 77명에게 중상을 입혔다. 이러한 사고 외에도 노동자들은 아이폰 스크린을 닦는 데 사용되는 솔벤트 등 심각한 화학물질에 노출되어 있었다. 과도한 초과근무가 일상적으로 벌어지고, 미성년 노동자들을 불법 고용하는 등 중국 노동법 및 기준(애플이 공급업체에 요구한 행동수칙도 포함)에 대한 명백한 위반도 다수 적발되었다.[45]

들끓는 여론의 압력으로 애플은 세계 최대 비영리 노동모니터링 그룹 중 하나인 공정노동연합the Fair Labor Association에 가입했다. 공정노동연합은 곧바로 폭스콘 시설 감사를 실시했고 2012년 2월, 드디어 보고서를 발표했다. 이 보고서는 그동안 노동자 대변인과 〈뉴욕타임스〉 기자들이 줄곧 제기한 문제들이 상존했음을 재확인시켰다. 특히 야간 교대근무를 하는 어린 학생인턴 문제, "수십만 명의 노동자들이 처한 최소 43건의 중국 법규정 위반"이 불러올 안전위험 문제가 지적되었다.

2012년 3월, 공정노동연합 회장인 오렛 반 히어든Auret van Heerden은 감사결과를 놓고 폭스콘 창업자이자 회장인 테리 구Terry Cou, 애플의 수석부사장 제프 윌리엄슨Jeff Williams, 그리고 다른 폭스콘 중역들과 면담을 가졌다. 후일담에 따르면, 회의 도중 테리 구가 회사 중역들을 향해 이렇게 소리를 질렀다고 한다. "이건 수치야! (…) 온 세상이 지켜보고 있다고! (…) 문제를 당장 뜯어고쳐야 해!"[46] 이후 폭스콘은 근로시간 단축, 임금 대폭 상승(대부분의 노동자를 대상으로 한 50% 상승), 신규 보건안전 정책 수립, 방대한 조립라인 관행 및 조건 개선이 포함된 대규모 정책개혁에 동의했다. 애플 역시 모니터링 프로그램 시행 책임자 수를 3배로 늘리고, 개선 노력을 이끌 저명한 전임 애플 간부를 영입하는 등 모니터링 정책을 대대적으로 개편했다.

대중의 감시 속에서 광범위한 근로기준 위반과 스티브 잡스의 제품 원칙 고수라는 모순적 상황에 직면한 애플은, 제품 사양에 대해서는 치밀하게 요구하면서 생산현장 노동조건에는 무관심했던 "일거양득"을 더 이상 누릴 수 없음을 인지하게 되었다. 주목할 만한 잇따른 성과 덕에 이 업계의 다른 회사들(이를테면 HP)도 주요 공급업체들의 노동조건 준수 여부에 더 큰 책임과 관심을 가질 것을 약속했다.[47]

그러나 방글라데시에서 일어난 두 건의 비극적인 사건은 공급체인을 짓누르는 경쟁적인 압력 하에서 그러한 감시체계가 얼마나 취약한지를 다시금 상기시켰다. 2012년 말, 방글라데시의 대형 의류회사인 타즈린 패션Tazreen Fashions에서 일어난 공장 화재사건으로 112명의 노동자가 목숨을 잃었다. 사고를 빚은 상황은 1911년 뉴욕에서 일어난 악명 높은 트라이앵글 셔츠웨이스트Triangle Shirtswaist 화재사건과 매우 흡사했다. 굳게 잠긴 비상구, 화재경보에도 불구하고 작업장으로 되돌아가라고 요구한 감독관들, 불타는 빌딩에서 뛰어내리다 죽음을 맞은 사람들. 이 공장은 미국의 수많은 대형 브랜드와 소매업체에 제품을 납품하고 있었고, 주요 고객업체 중 하나인 월마트와는 근로기준 모니터링 협약까지 맺은 것으로 알려져 더 큰 충격을 안겼다.[48]

이 사고가 일어난 지 채 6개월도 지나지 않은 2013년 4월, 방글라데시 사바Savar에 있는 다층건물이 무너져 내리면서 1,127명의 사상자가 발생했다. 건물에 입주해 있던 여러 의류 제조회사 소속 노동자들이 주요 희생자였다. 이 라나 플라자 복합단지 붕괴는 의류산업 역사에서 최악의 참사로 기록되었다. 당시 건물 내 의류 하청업체들은 월마트Walmart, 베네통Benetton, 칠드런스 프레이스Children's Place를 비롯해 프랑스 소매업체인 봉막쉐Bon marche와 프리마크Primark 등 글로벌 브랜드에 납품할 상품을 생산하고 있었다.[49]

* * *

글로벌 공급체인은 이에 의존하는 회사들과 상품을 구매하는 소비자들, 그리고 그 일부로 고용된 노동자 모두에게 혜택이 돌아가기도 하지만, 균열일터라는 태생적 구조상 "대기업 일거양득"과 같은 여러 난제를 야기한다. 현대 공급체인은 일정 거리 거래와 수직적 통합 간 중간구조의 형태를 취하고 있다. 공급체인 꼭대기에 자리잡은 대기업은 주변궤도를 도는 회사 네트워크와 긴밀히 연결되어 있다. 애플이 폭스콘과 수백 개의 다른 핵심 공급업체에 구체적 기준을 명시하고 그들에 대한 감독관의 기능을 맡는다 해도, 가맹점에 일일 단위 활동을 상세히 요구하는 가맹본사의 관행이나 하청업체들에 엄격한 실적 기준을 강요하는 행태가 불러올 똑같은 문제에 또다시 봉착할 수밖에 없다.

물론 국제 공급체인을 이끌고 있는 회사들(전자나 자동차 산업이든, 의류회사처럼 전통적인 산업이든)이 직접 고용한 노동자들 외에 더 많은 사람들의 일자리를 창출한다는 점은 확실히 긍정적이다. 그러나 공급층과의 긴밀한 통합 그리고 기술, 품질, 인도기준에 대한 지속적인 모니터링 시행 능력에도 불구하고 본사가 공급업체들의 노동법 준수 감시 책임으로부터 물러나 있다는 것은 그 자체로 독단적인 전횡이 아닐 수 없다. 애플과 폭스콘 사례는 기업이 보다 큰 책임을 맡을 능력이 충분하다는 사실을, 타즈린과 라나 플라자 참사는 그렇게 하지 않았을 때 어떤 비극이 발생할 수 있는지를 극명히 보여준다.

임금, 보건안전, 노동기준, 기타 여러 측면을 해결할 일련의 노력을 하기에 앞서, 제2부에서 지금까지 논한 조직 형태로 인해 변화를 맞은 현대 일터가 공공정책의 기본 방향과 너무 많이 엇나가고 있음을 엄정하게 인식해야만 한다. 노동조건을 향상시키기 위해서는 법이 책임을 부여하는 방식, 그러니까 정부기관이 주도하는 개선 및 개혁 방침이 절실하다. 아울러 노동자 보호단체, 고용주협회, 기타 조직들에 대한 새로운 접근과 역할도 필요하다. 또한 궁극적으로 대기업과 이들이 의존하는 복잡한 비즈니스 네트워크 간 새로운 관계가 정립되어야 한다.

어떻게 하면 균열일터를 개선할 수 있을까?

제3부
균열일터 개선 방안

The Fissured Workplace

 노동경제학자이자 정책개혁가인 존 커몬스John R. Commons는 이미 한 세기 전에 균열일터를 개선하고자 하는 의지를 다음과 같이 피력했다.

 1902년 뉴욕시는 4번가를 따라 첫 지하철 공사에 착수했다. 건설 운영계약은 로스차일드가the House of Rothschild를 포함한 어거스트 벨몬트August Belmont와 컴퍼니 오브 뉴욕Company of New York이 주도하는 은행연합이 체결했다. 공사 도중 약 3만 명의 이탈리아 출신 철도노동자들이 파업을 벌였는데, 이들의 요구사항은 인력중개업자를 통한 간접적 방식이 아닌 은행연합 "사무실에서" 직접 임금을 받겠다는 것이었다. 10시간 노동 대가로 받는 1.35달러 그 이상은 아예 요구하지도 않았다. 그들이 바란 건 오로지 중간에서 전횡을 일삼는 '십장padroni'을 없애달라는 것뿐이었다. 이 요구가 뜻대로 받아들여지기만 했더라면 중개인들의 갈취를 막음으로써 실질적 임금을 상당히 높이는 효과를 거뒀을 것이다.[1]

 제2부에서 언급한 여러 사례들과 마찬가지로, 당시 지하철 공사는 하청업체들 간 네트워크를 통해 진행되었다. 또 공사에 자금을 대는 투자자연합과 현장에서 일하는 개별 노동자들 사이 조율은 중간대리인 역할을 하는 인력중개업자들이 맡고 있었다. "파드로니" 같은 십장들에게 은행연합 측이 노동자 고용 및 임금지불 권한을 위임함으로써 직접적인 고용관계에서 발을 빼

버린 셈이었다. 고용 문제가 이런 식으로 파드로니에게 일임되고 나자 비숙련 일용직 노동자들은 경쟁이 치열한 균열 시장으로 내몰려버렸다. 반면 문지기 역할을 자처한 중개인에게는 큼지막한 파이조각을 떼어갈 기회가 생겼고, 벨몬트와 컴퍼니 은행연합은 싼 가격에 인력을 공급받을 수 있게 되었다. 만일 노동자들이 이러한 담합을 깨고 직접 고용의 기회를 얻었더라면 당연히 그보다 나은 임금을 받았으리라.

지하철 노동자들은 집단행동을 통해 단순히 임금 인상만 요구한 게 아니다. 그들은 노동시장의 임금 결정방식, 나아가 장기적인 차원에서 임금 추이와 노동조건 자체에 영향을 미치고자 했다. 중개인을 없앤다는 것은 노동시장의 근본적인 역학에 변화를 가져와 노동자 스스로 근로기준과 조건을 정하는 과정에 집단적·직접적으로 참여할 권한을 갖게 되는 것을 의미했다. 만일 지하철 노동자들이 조금만 더 조직화돼 있었다면(현실은 그렇지 못했지만), 논의의 초점을 비즈니스 구조에 맞추려 했던 그들의 의도는 노동조건 개선의 토대를 마련하는 계기가 되었을 것이다.

균열일터는 현대 자본 및 생산시장의 현실에 뒤처지지 않으려는 기업들의 대응방식을 반영한다. 혁신적인 신기술과 정보비용 하락으로 기업 경계선은 크게 요동치고 있다. 제2부에서 설명했듯이, 균열일터가 몰고온 파장은 매우 크다. 특히 임금 결정 문제가 지금까지와는 전혀 다르게 변화함으로써 기업 경계선 밖으로 내몰린 직종의 노동자들에게는 치명적일 정도로 불리한 상황이 전개되고 있다. 책임소재 구분선이 흐릿해지면서 복지와 안전 분야 위험성도 덩달아 높아졌다. 절차와 원칙을 건너뛰고 기본 근로기준을 도외시하려는 동기가 점점 강해지고 있기 때문이다.

그러므로 이 상황을 해결할 공공정책을 시급히 마련하지 않으면 안 된다. 문제는 균열일터에 대한 법적 대응방안 자체가 딜레마를 안고 있다는 점이다. 이유는 간단하다. 정부 정책이 기존 고용모델에 기반하고 있는 탓이다. 고용 및 해고, 관리, 훈련, 보수, 인력개발 등에 직접적 책임을 가진 단일 고용주를 상정하는 현행 법규는 균열일터에 제대로 적용되기 어렵다.

제3부에서는 균열일터를 개선할 방도에 대해 이야기할 것이다.[2] 균열이 심화·확대되는 현 상황에서는 고용의 기본 정의부터 재고할 필요가 있다. 정부기관, 노동조합, 노동자 권익단체, 고용주협회들도 균열일터가 초래한 새로운 변화에 대해 지금까지와는 다른 방식으로 대처해야 한다. 회사 테두리 내에 다수의 노동자들을 고용했던 대기업 주도 경제의 틀로는 이 문제를 파악하기조차 쉽지 않기 때문이다. 상당부분의 고용(특히 기술 수준이 낮고 시장 레버리지가 약한 단순직 노동자들의 고용)이 비즈니스 조직의 전형적 경계선 밖으로 밀려나버린 경제는 근로규정에 대한 전통적 접근방식의 실효성에 심각한 의문을 품게 만든다.

8장은 균열고용에서 비롯된 전반적인 문제를 다룰 정책 마련에 초점을 맞출 것이다. 현행 법률과 최근 법원 견해를 살펴보면서 사적인 책임과 사회적 책임을 조화·병행시켜나가는 것이 주된 논의 주제다. 9장은 일부 기관의 전략적 법안 시행 경험에 비추어 기존 근로규정에 대한 새로운 접근방식을 모색할 것이다. 10장은 균열일터에서 서로 다른 역할을 맡을 핵심 주체들(노동조합, 노동자 권익단체, 고용주와 그 연합, 국제 모니터링 조직, 그리고 노동자들 자신)을 살펴볼 것이다. 11장은 균열일터 확산이 경제 전반에 미치는 영향을 점검하고 언론과 법률 등 교육과 기술 수준이 높은 산업과 직종으로까지 파급되는 추세와 아울러 소득분포와 거시경제에 대한 함의를 분석할 것이다. 12장에서는 지금까지 논의한 내용을 바탕으로 앞으로 나아갈 방향을 생각해보기로 한다.

8장

사회적 책무 제고

현대 고용관계는 노동법이 상정하는 내용과는 한참 동떨어져 있다. 경제적으로 가장 취약한 노동자들의 업무조건을 향상시키기 위해서는 지금껏 이 책에 펼쳐놓은 복잡한 균열 환경부터 샅샅이 재점검해볼 필요가 있다. 물론 균열에는 일부 바람직한 측면도 존재한다. 회사가 소비자 구미에 맞는 상품과 서비스를 시장에 제공하고, 나아가 핵심역량에 초점을 맞추면서 생산성을 향상시킨다는 맥락에서 소비자도 그만큼 혜택을 얻는다.[1] 앞서 소개한 다수의 사례는 공급업체, 하청업체, 프랜차이즈 가맹점들이 기업의 핵심역량과 수익성 근간을 침해하지 않도록 각종 체계를 철저하게 고안해놓았다는 사실을 잘 보여준다.

기업들은 프랜차이즈 매뉴얼, 인도기준, 시스템, 모니터링 절차 마련에 철두철미한 반면 그 기준 시행과정에서 비롯되는 노동조건에 대해서는 모르쇠로 일관하고 있다. 심지어 일정 거리를 침범할 가능성이 있다고 판단될 경우 조율은커녕 발뺌하는 데만 급급하기 일쑤다. 이러한 행태가 가져온 사회적 결과는 근로기준, 노동자의 건강 및 안전, 나아가 소득분포에까지 심대한 영향을 미친다.

이 상황은 공공정책에 다음과 같은 질문을 하게 만든다. 기업이 언제까지 일거양득을 취하도록 놔둘 것인가?

이 장에서는 먼저 기존 법과 균열일터 간 모순을 두 가지 실례를 통해 설명하고자 한다. 첫째, 미국 연방법에 의거한 "고용주"와 "피고용인" 정의부터가 균열일터의 현실과 맞지 않다는 점, 둘째, 책무에 대한 관습적 태도가 균열일터에서 비롯되는 조율 문제를 오히려 악화시키고 있다는 점이 그것이다. 그 해결책으로 제2부에서 설명한 세 가지 유형의 균열일터 구조에서 빚어진 결과의 법적 해결을 암시하는 최근 법원 결정을 살펴볼 것이다. 마지막으로 보다 넓은 법적 권리 차원에서 지난 사반세기에 걸쳐 통과된 연방노동법의 시행 개선책을 모색해보고자 한다.

누가 책임자인가? 연방법에 의거한 고용주 정의

누가 고용주이고 피고용인인가에 대한 정의는 생각보다 많이 까다로운 문제다.[2] 연방정부 법, 주정부 법, 관습법에 따라 그 정의가 서로 다르기 때문이다. 연방노동법(이 논의의 초점)은 한 가지 정의가 아니라 복수 정의를 적용한다. 실제 일터에서 발생하는 폭넓은 관계의 범위를 인정한 광의의 정의(공정근로기준법Fair Labor Standards Act, FLSA)부터 수천 명의 노동자들을 고용한 전형적인 대기업 고용주(이를테면 제너럴모터스)를 상정한 협의의 정의(전국노동관계법National Labor Relations Act, NLRA)까지 매우 다양하다.[3]

공정근로기준법FLSA은 피고용인을 "고용주에 의해 고용된 개인"으로서 "고용주가 일을 시키거나 일을 하도록 허가한 사람"이라고 정의하고 있다. 이 모호한 구절은 연방법에 의거한 가장 광의의 "피고용인" 정의다. 이는 피고용인의 실질적 관리 정도에 초점을 둔 관습법 정의를 뛰어넘는 것이다. 법원은 "시키거나 허가한다"는 단어가 고용주를 대신하여 일이 행해지고 있음을 안다는 의미로, 고용관계 성립을 충분히 함축하는 문구라고 지적한다. 이러한 정의의 포괄적 범위를 감안해 법원은 노동자와 고용주를 둘러싼 특정 상황을 평가하기 위해 경제적 현실 검증을 적용시켜왔다. 역사적으로 법원은 고용에 관한 협의의 정의를 따르는 경향이 있지만, 공정근로기준법FLSA과 대부분의 주 최저임금법 하에서 "고용주"의 넓은 정의는 그 해석상 균열일터의 복잡성을 포괄할 가능성이 더 크다.[4] 아래 서로 다른 법원이 제시하는 고용주의 여러 가지 정의를 다시 살펴보도록 하자.

직업안전보건법OSHA은 "고용주"를 "피고용인을 두고 상행위에 영향을 미치는 비즈니스 관여자"로 정의한다. 이 법은 고용주가 "고용과 동시에 모든 피고용인에게 사망이나 심각한 신체적 피해를 유발하거나 유발할 가능성이 높다고 인지된 위험을 제거한 고용 장소를 제공할 것"을 요구하고 있다.[5] 이 법의 "고용주" 정의는 그러한 조건을 일터에 갖추도록 보장하는 데 초점을 맞추고 있다. 그러나 앞서 살펴보앴듯이 노동환경을 제공하는 주체가 사실상 "피고용인"을 두지 않은 여러 균열조직 내에서 이러한 정의는 확실히 문제가 될 수 있다. 예를 들어 AT&T는 기지국 철탑 관리 직원들을 "고용"하지 않았지만 터퍼를 매개로 한 작업현장에서 심각한 위험(치사율) 요소에 뚜렷한 영향을 미친다.

고용주 정의 스펙트럼의 다른 한쪽 끝에는 노조조직과 단체교섭을 관장하는 전국노동관계법NLRA이 있다. 이 법은 고용의 제한적 정의와 협소한 경제적 현실 검증을 이용하며 관습법 개념을 엄격히 고수한다. 원칙적으로 대법원은 전국노동관계법의 고용주-피고용인 정의에 관한 판결시 국가노동관계위원회the National labor Relations Board: NLRB의 견해를 따른다. 국가노동관계위원회NLRB 대 하스트 퍼블리케이션스Hearst Publications Inc. 소송에서 대법원은 위원회NLRB의 고용 정의가 관습법 정의에 한정될 필요는 없지만, "경제적 현실 문제로서 이 법이 근절해야 할 해악에 타당한 주의를 기울여야 한다"고 명시적으로 기술한 바 있다. 이 소송에서 대법원은 신문판매원들(뉴시스newsies, 커미션을 받고 거리에서 신문을 판매한 소년들)이 사실상 하스트 출판 제국의 피고용인들이라는 위원회NLRB 의견을 재확인했다. 이에 대해 하스트 측은 이들이 하스트로부터 신문을 구매한 다음 단독 "사업자"로 신문을 판매한 독립계약자들이라고 주장했다. 위원회NLRB의 결정과 잇따른 대법원의 확정 판결에 분노한 의회 보수파들은 1947년 독립계약자를 구체적으로 면제하는 전국노동관계법NLRA 수정작업에 돌입했다.[6] 이에 대해 국가노동관계위원회와 법원은 이 법의 보장범위 결정시 관습법에 따른 고용 검증을 적용할 것임을 분명히 했다.[7]

하지만 지난 수십 년간 미묘하게 변화해온 고용의 정의는 경제 전반에 별로 중대한 의미를 주지 못했다. 회사의 경계선이 명확했듯, 누가 고용주이고 피고용인인지 비교적 분명했기 때문이다. 그런데 일터가 균열되면서 고용의 정의가 제기하는 미묘한 이슈들이 점차 문젯거리가 되기 시작했다. 실제로 한때 특이한 직업들(신문팔이)이나 역사적으로 균열된 산업들(건설 및 의류)에 한한 분쟁 끄트머리에 있던 사안들이 법적 모호성이 제기되면서 노동법 취지라는 문제의 정중앙을 차지하게 된 것이다.[8]

관습법, 대리 책임, 그리고 균열의 비도덕적 혜택

관습법은 고용관계의 기반을 '관리' 문제에 초점을 맞춰 정의한다. 주인(본인)이 자신의 이익을 위해 특정 행위를 맡을 하인(대리인)을 고용하는, 주인–하인 관계를 토대로 관리를 정의한다는 의미다. 이 관계에서 주인은 해당 활동을 하는 하인에게 지시·통제하는 역할을 한다.

대리인의 행위 및 본인의 책무와 관련된 불법행위법Tort law(사회에서 정한 일정 기준 이상의 손해를 유발하는 불법행위에 관한 법률. —옮긴이) 하에서 법원은 해당 업무가 고용 관계를 확립시킬 만큼 충분히 정의되고 모니터링되고 보수가 지급되었는지 가려내기 위해 "지시 및 통제" 검증을 적용한다. 즉, 본인(주인)이 수단(말하자면 일이 실제로 행해지는 방식)을 관장하고 있는가의 여부가 행위를 맡은 대리인이 피고용인인지 독립계약자인지, 즉 본인이 대리인의 행위에 책임이 있는지 없는지에 관한 결정적 함의를 내포한다는 것이다. 그러나 문제는 주인이 과연 중요 역할을 맡았는지를 입증하는 것 자체가 매우 까다롭다는 점이다.

석유산업의 고통스러운 교훈

2009년 역사상 최대 기름 유출과 11명의 사망자를 낸 BP의 딥워터 호라이즌Deepwater Horizon 시추선 폭발사고가 터지기 이전인 2005년, 텍사스시티 BP 정유소 대형 폭발사고로 15명이 목숨을 잃고 170명 이상이 상해를 입는 사고가 일어났다. BP 참사의 전조는 이미 훨씬 더 이전에 연속적으로 발생한 석유화학 정유공장 사고로 나타났다.[9] 1980년대 말부터 1990년대 초에 발생한 일련의 석유화학 사고를 거슬러 올라가보면, 이 회사의 독립계약자 활용 양상을 추적할 수 있다. 사실 이 문제가 집중적으로 대중의 관심을 받게 된 계기는 1989년 10월 23일 필립스Philips 66개 화학시설에서 발생한 사상 최악의 대형 폭발사고였다. 이 사고로 23명의 노동자가 죽고, 314명이 크게 다쳤다. 조지 부시George H. W. Bush 대통령이 요청한 사고보고서는 결정적 원인으로 계약노동자 활용을 지목했다.[10]

석유화학 정유공장에서는 원유를 제트 연료유나 가솔린을 비롯한 고급품부터 아스팔트와 기타 저가품에 이르는 다양한 제품으로 변환한다. 연중 수요 변화에 맞춰 이러한 복합적 생산품 비율을 재조정해야 하는(가령 겨울에는 가정난방용 연료, 여름에는 가솔린 위주) BP와 모바일Mobile 같은 회사에게 있어, 주기적인 리노베이션과 "전환

turnaround"가동은 필수적이다. 이때 시설 일부는 문을 닫아야 하며, 이는 곧 생산 중단을 의미한다. 석유화학처럼 자본집약적인 산업에서는 가능한 한 짧은 휴지기를 갖는 것이 이익이다. 단, 가연성이 높은 재료가 투입되는 작업이기 때문에 자그마한 실수라도 그 대가는 엄청나다. 또 정유공장마다 시설과 작업 프로토콜이 서로 다르기 때문에 각각의 특성까지 꿰고 있어야 한다. 리노베이션과 전환가동 시에는 정유공장 유지에 필요한 최소인원 외에 추가로 임시노동자 고용이 필요하다. 전체 상황을 고려해보면, 계약업체가 리노베이션과 전환가동을 맡을 수밖에 없는 조건이다.

석유화학 공장이 하청업체와 고용관계를 맺을 때는 익히 알려진 두 가지 방식의 선택에 직면한다. 한 가지 선택지는 각 하청업체(그리고 그 노동자)가 대기업 고용주에게 직접 고용된 것처럼 대우하는 방식이다. 작업범위를 지정하고, 작업방식을 공동으로 결정하며, 작업과정을 모니터링하고, 전환가동에 중요한 문제들은 하청업체와 협의하며, 업무 수행을 기반으로 하청업체를 평가하고, 그 평가에 따라 향후 관계를 결정하는 것. 이 모든 과정에서 석유화학 생산기업은 하청업체와 사실상 공동 고용주의 역할을 맡게 된다.

두 번째 선택지는 회사가 각 하청업체와 일정 거리를 두고 관계를 맺는 것으로, 특정 업무에 한해 업체를 고용하는 방식이다. 이러한 계약에서는 하청업체가 단독으로 전환가동 작업이나 리노베이션을 맡게 된다.

이 두 가지 선택에서 주인-하인 관계의 관습법 개념이 결정적으로 작용한다. 만약 석유화학 기업이 하청업체 관리에 적잖은 역할을 하고 있다면, 계약업체 활동 중 문제가 발생했을 경우 그 책임을 모두 떠안게 된다. 이는 불법행위법의 기초인 관습법 원칙 하에서 주인-하인 관계가 당사자 간에 이미 정해져 있다고 보기 때문이다. 그러나 만약 그 관계가 불간섭 방식(독립계약이라는 시장관계)으로 맺어져 있다면, 석유화학 기업은 주인-하인 관계에서 비롯되는 책임과 상관이 없게 된다. 더 간단히 말해, 만약 기업이 계약업체의 활동을 일상적으로 감독하지 않았다는 사실을 입증할 수만 있다면, 계약업체의 행위에서 발생하는 모든 문제에 대해 "대리 책임"을 질 필요가 없다는 얘기다.

바로 이 두 번째 안이 대형 석유화학 기업의 선택지였다. 즉, 하청업체와 일정 거리를 유지함으로써 책임에 제한을 두는 것, 공장 관계자 없이(관리감독 없이) 작업일정을 잡는 것, 공장과 하청업체 간 보건안전 감독기능을 상호 별개로 유지하는 것, 하청업체에 안전절차에 관한 교육훈련을 제공하지 않는 것(하청업체 스스로 할 수 있는 능력과 권한이 있다고 간주하는 것)을 말한다.

대부분의 하청업체들은 단독으로 인력을 모집하고 훈련시켰다. 마찬가지로 작업현장의 관리감독 역시 독립적으로 행했다. 공장 측과의 비상시 의료시설 계약건 외에 보건안전에 관한 훈련 및 감독은 전적으로 하청업체의 관할로 남겨졌던 것이다. 이렇듯 두 사업체 간 관계가 사실상 너무 멀다보니, 사고가 난 석유화학 시설의 관리자 비율은 채 60%도 되지 않았다.[11] 주요 석유화학 기업이 선택한 하청업체와의 관계는 이미 계산된 위험을 반영하고 있었다. 기업 스스로를 책무로부터 차단시켜 얻는 사적인 혜택(책임 회피)과 산재보험금 등을 지불하지 않음으로써 얻는 공적인 혜택(비용절감)이 비교적 가능성이 낮아 보이는 대형사고 발생 위험비용을 훨씬 초과했기 때문이다. 하지만 끝내 터져버린 사고는 끔찍한 대형 참사였다.[12]

대리 책임

석유화학 기업 사례는 관습법이 특정 기능을 털어버리려는 유인을 얼마나 강화시키는지를 잘 보여준다(기지국 철탑 사례를 상기해보라). 계약에 있어 당사자 간 관계의 본질은 책무 할당 문제에 곧바로 영향을 미친다. 만약 기업이 "통제 권한"을 내세우면, 하청업체의 행위에 대한 책임이 따라온다. 그러나 해당 활동을 하청업체의 관할 하에 두기로 한다면, 기업은 향후 발생할 나쁜 결과에 대해 책임질 가능성이 훨씬 줄어든다.

대리 책임은 어느 한 쪽의 행동 때문에 다른 한 쪽에 부과되는 책임을 지칭한다. 누가 고용주인지를 정의하는 것과 마찬가지로, 대리 책임 문제 역시 본인에 해당하는 측이 대리인의 행위에 통제권을 쥐고 있었는지 여부가 먼저 규명되어야 한다. 결과적으로 하위조직 행위의 대리 책임에 노출된다는 것은 대리인의 행위에 직접적인 통제권을 행사하는 과정에서 주인이 그 행위에 영향을 미친다는 것을 의미한다. 자, 여기서 자체 인력을 고용하기보다 그 행위를 맡을 소규모 회사들과 계약을 맺기로 한 대기업을 떠올려보자. 이때 기업의 가장 큰 관심사는 그 결정이 불러온 업체들 간 경쟁을 최대한 활용해 기업의 생산 목표를 효율적으로 달성하는 것이다.[13]

대리 책임은 균열고용 기저에 깔린 기본적인 균형 문제를 훨씬 복잡하게 만든다. 고용주는 하청업체가 기업 비즈니스 모델의 중심(핵심역량)인 일련의 기준과 관행, 절차를 고수하도록 하는 한편, 복수 업체들 간 경쟁을 유도하는 동시에 "지시 및 통제"로 해석돼 대리 책임 문제가 불거지지 않도록 관리감독에는 되도록 관여하지 않아야 한다.

여기서 매우 미묘하면서도 (늘 그렇듯이) 모순적인 상황이 발생한다. 기업은 대리 책임으로부터 스스로를 차단시키기 위해 대리인에게 가능한 한 통제권을 행사하지 않으려 한다(심지어 그렇게 하는 것이 사회적으로 보다 효율적인 경우에서조차). 이러한 상황은 훨씬 더 큰 문제로 이어질 수 있다. 가령 하청업체가 재정적으로 건실하다면(지불능력이 있다면), 실수나 사고로 인해 발생하는 비용을 고스란히 떠안게 된다. 이 경우 대기업은 법적 책임이 없지만 하청업체들은 상대적으로 높은 가격이란 형태로 잠재적 비용 일부를 대기업에게 부담시킬 가능성이 있다. 그런데 만약 하청업체가 재정적으로 부실하다면 곧 "지불 불능" 상태가 된다. 게다가 자산이 거의 없는 탓에 경쟁력이 떨어지는 이들 하청업체는 서비스 제공 가격을 낮출 수밖에 없다. 이런 이유로 기업은 지불 불능 상태에서 상대적으로 낮은 가격을 제시할 수밖에 없는 대리인을 선택할 가능성이 높은 것이다.[14]

무슨 거창한 경제이론이 아니다. 제2부에서 제시한 여러 사례의 특징을 찬찬히 떠올려보기만 해도 납득이 가는 이야기이다. 기지국 철탑, 석탄 채굴, 로지스틱스 산업에서 기업들은 대부분 규모가 작고 자본이 적으며 재정적으로 부실한 계약자들을 활용한다. 자본 총액과 재원이 빈약하고 불안한 청소용역이나 홈헬스케어 산업에서 가맹본사들은 주로 최근 이주한 이민자들에게 가맹점 영업권을 판다. 제조업체들 역시 다음 시즌에 폐업할지 모르는 공급체인 말단의 판매업체들에게 의존한다.

그리하여 석유화학 업계에서 일어난 끔찍한 결과처럼, 조율이라는 미명 하에 빚어진 외부효과의 문제점을 더욱 악화시키는 것이다.

세 가지 균열 형태에서의 통제권

"통제권"은 법원이 고용주와 피고용인을 어떻게 정의할 것인가, 노동법의 보장범위를 어떻게 적용시킬 것인가, 불법행위법 하에서 책임을 어떻게 판단할 것인가에 영향을 미친다. 기존 법과 조직 간 종종 흐릿한 경계선, 그리고 달라지는 일터의 현실을 조화시키기 위해서는 이 책에서 제기한 근본적인 질문으로 되돌아갈 필요가 있다. 대기업이 일거양득을 취하도록 언제까지 계속 놔두어야 할까? 최근 법원은 제2부에서 논한 세 가지 "균열 형태"(하청, 프랜차이징, 공급체인)와 관련된 사례에서 공정근로기준법FLSA, 직업안전보건법OSHA 등의 적용을 놓고 이 문제와 씨름해왔다. 기업의 책무에 관한 법원의 결정은 기회와 한계를 동시에 드러내고 있다.

하청 관계

하청계약 관계에서 공정근로기준법 하 공동고용에 관한 법원의 견해는 매우 다양하다. 대리 책임 문제와 마찬가지로, 기업이 하청업체에 행사하는 통제 수위를 가늠하기 위해 법원은 관계가 성립되는 구체적인 상황에 다중요소 검증을 적용시킨다. 가령 러더포드 푸드 Rutherford Food 대 맥콤McComb 소송에서 대법원은 도축장과 고기의 뼈를 발라내기 위해 고용된 하청업체 사이에 공동 고용관계가 존재한 것으로 간주하고, 그 근거로 5가지 요소를 제시했다. (1) 노동자들은 생산과정 핵심부분인 생산라인에서 특수작업을 했다. (2) 뼈 제거 작업 계약은 한 관리자로부터 다른 관리자에게 중대한 변경 없이 이관되었다. (3) 도축장의 장비와 시설이 이 작업을 위해 활용되었다. (4) 뼈 제거 작업을 하는 노동자들에게는 한 도축장에서 다른 도축장으로 이동할 수 있는 비즈니스 조직이 없다. (5) 도축장 관리자들이 노동자들의 작업활동을 세세히 모니터링했다.[15]

이러한 다중요소 검증은 여러 가지 해석의 여지를 남겨놓았다. 예를 들어 제6차 연방순회재판소는 그러한 검증을 적용해 이민자 출신 피클 노동자들을 공정근로기준법에서 제외시킨다는 결론을 내렸다. 해당 고용관계의 일시성, 이주 노동자들에게 능률급 임금을 지급한 농장주의 "통제권 부재" 그리고 노동자들의 기술수준이 그 이유다. 반면 1987년 같은 재판소는 유사 소송 건에 대해 정반대의 판결을 내놓았다.[16] 법원들이 러더포드 사례에 인용된 요소들 말고도 추가로 서로 다른 요소들을 적용시켰을 뿐만 아니라 요소들 간 경중도 달리 한 것이다.[17]

하청 계약이 공동 고용을 수반하는지에 대한 법원의 일부 해석에는 동기도 중요하게 간주된다. 2003년 제2차 연방순회재판소는 공동 고용의 근거를 협소하게 해석하면서, 통제권의 경제적 현실 검증은 필요충분한 경제적 목적이 결여된 아웃소싱 관계를 가려내기 위한 것일 뿐, 전략적인 정상 하청 관계를 공정근로기준법 적용 범위 내로 끌어들이기 위한 것이 아님을 분명히 했다. 하청의 의도가 명백히 법적 책임을 회피하려는 것일 때에만 공동 고용 판결을 내리겠다는 의미다.[18]

이와 대조적으로 제7차 연방순회재판소 이스터부룩Easterbrook 판사는 레이즈 대 레밍턴 하이브리드 시드Reyes v. Remington Hybrid Seed Co. 소송에서 공동 고용관계를 성립시키기 위해서는 법원이 사업체와 하청업체 간 관계에 내재한 경제적 현실을 깊이 살펴야 한다고 주장했다. 수꽃이삭 제거작업을 위해 옥수수 종자회사에 고용된 인력 브로커와 관련한 레이즈Reyes 사례에서 법원은 러더포드 판결과 동일한 5가지 요소에 의거해 유사한 결론을 내렸다. 즉 옥수수 종자회사는 인력 브로커에 통제권을 행사했으므로 미지급 임금을 지불할 책임이 있다는 것이다.[19]

이스터부룩 판사는 대리 책임 독트린 하에서 발생하는 유사 문제들을 예로 들며, 기업이 지불 불능 하청업체를 고용하려는 의도를 감안할 때 사적 이해와 공적 이해의 조율 차원에서 공동 고용이 바람직하다고 주장했다. "만약 자라테(레이즈의 인력 브로커)가 지불 능력이 있었더라면, 레밍턴(옥수수종자 회사)은 그에게 모든 노동자의 임금(최저임금과 초과근무 수당 포함)을 지급하고 주거와 같은 부가혜택 비용을 보장하고도 이익을 낼 수 있을 만큼의 대가를 주어야 했을 것이다. 그러나 계약업체가 위험을 감수할 여력이나 개인적 자산이 없을 경우 노동자들의 돈을 떼먹으려는 유혹을 받기 쉬우므로(자라테가 한 것처럼), 주인 회사를 별도 고용주로 내세우는 것이 노동자의 권리를 보장하기 위한 필수조치가 된다."

균열일터는 종종 책임 회피 의도에서 비롯되기도 하지만 대부분 비즈니스 경계를 근본적으로 재조정하려는 이유로 시작된 것이다. 따라서 레이즈 판결에서 이스터부룩 판사가 말한 공동 고용이라는 강력한 경제적 동인을 제대로 평가해볼 필요가 있다.

하청업계 복수 고용주 책임 확대

건설은 상해와 사망의 절대수치뿐 아니라 위험 노출이라는 측면에서 여전히 가장 위험한 산업 중 하나다. 2010년 미국 전역에서 일어난 총 4,690건의 산재 사망사고 중 건설 부문에서 일어난 사고만 774건이었다. 또 정규노동자 10만 명당 전 직종 사망률이 3.6명인데 반해 건설업종은 무려 9.8명을 기록했다.[20] 1971년 직업안전보건법이 도입된 이래 건설 부문이 이 법안 시행 노력의 초점이 되어온 것도 무리가 아니다.

하청은 건설 부문에서 오래도록 붙박이 같은 존재였다.[21] 그 정도로 건설은 5장에서 설명한 하청의 고전적 이유를 대부분 반영하고 있다. 제한된 기간 동안 특정기술이 투입되는 프로젝트는 효율적 생산조직을 낳았으며, 하나의 독립체(종합건설업체나 건설관리업체)가 전반적인 조율을 맡았다. 건설현장에 하나 이상의 하청업체가 늘 따라붙는 상황은 불가피하다. 대규모 민간 또는 공공 프로젝트의 경우 그 수가 20개를 넘기도 한다.

이로 인해 직업안전보건관리국은 복수 고용주 하에서 법 위반 책임

소재를 파악해야 하는 과제에 봉착했다.[22] 초창기 직업안전보건관리국은 어느 한 고용주가 작업현장을 전반적으로 책임지고 있다고 보았을 때, 보건안전 기준을 침해한 위험스러운 조건에 피고용인이 직접 노출되지 않았다 하더라도 해당 고용주에게 책임이 있다고 간주했다. 그러나 1970년대 중반에 이르자 직업안전보건관리국은 그 해석을 좁혀, 현장 관할 측면에서 고용주가 위험을 예방하거나 개선하는 행위를 합당하게 기대할 만한 상황이었는지 여부에 초점을 맞추었다.[23] 과거 복수 고용주 현장감사 방식은 꽤 광범위했으며 명확한 기준마저 결여되어 있었다. 결국 직업안전보건관리국은 1999년 정책성명서에 보다 더 명시적인 안내지침을 내놓았고 이는 현재까지 유효한 상태로 남아 있다.[24]

이 정책은 건설현장에서 하나 이상의 고용주가 일터 위험에 관한 책임을 질 수 있으며, 보건안전 기준 위반으로 그들을 소환할 수 있음을 명시하고 있다. 업체 간 조율 문제가 일터의 위험 노출에 영향을 미칠 경우, 공동 고용 책임의 확립은 대단히 중요한 문제다(기지국 철탑과 석유화학 산업에서 조율 실패가 빚은 치명적인 결과들을 상기해보라).

복수 고용주 정책은 하나 이상의 고용주 소환 여부 결정시 2단계 과정을 상정하고 있다. 첫 번째 단계에서 감사관은 "고용주가 (위험조건) 유발, 노출, 시정, 통제 고용주인가"를 가려내고, 고용주가 다중 역할을 맡을 수 있음을 인정한다. 가령 건설현장에서 종합건설업체는 자체 인력(목수, 인부 등)을 고용한, "유발" 그리고(또는) "노출" 고용주이자 현장 전반을 관장하며 다른 노동자를 "통제"한 고용주가 될 수도 있다는 뜻이다.[25]

두 번째 단계에서 감사관은 1단계에서 규정한 역할을 고려해 "고용주의 행동이 정책상 의무에 충분히 부합하는지 아닌지"를 판단한다. 이를 위해서는 보건안전 위험에 대처하기 위해 고용주가 취한 행동을 현장 역할을 통해 고찰해볼 필요가 있다. 여기서 특히 중요한 것은 정책에 명시된 통제 고용주의 정의다. "보건안전 기준 위반을 직접 시정하거나 타 업체로 하여금 시정하도록 요구할 권한을 포함해 현장 전반에 대한 관리감독 권한을 가진 고용주를 의미한다. 통제권은 계약에 의해 또는 계약조건 부재시 실질적인 통제권 행사에 의해 확립될 수 있다."

직업안전보건국은 일련의 예에서 통제가 계약에 의해 확립된 경우(5장 기지국 철탑이나 로지스틱스 계약 사례처럼 지속적인 감독, 모니터링, 평가조항이 명백히 제시되어 있는 경우), 통제 고용주가 계약에 명시된 권한행사를 하지 않았을 때 법령에 의거해 소환으로 이어질 수 있음을 상세히 기술하고 있다. 마찬가지 논리로 만약 계약서상 관리감독 권한이 있는 통제 고용주가 하청업체 조사 중 기준 위반을 적발한다면, 합당한 권한을 행사한 것으로 간주해 소환되지 않는다(유발, 노출 고용주로서는 소환된다 하더라도)고 되어 있다.[26]

또한 이 정책은 계약서상 고용주가 하청업체 안전관리 의무에서 면제된 경우라 하더라도, 통제 고용주로서 소환될 수 있다고 규정한다. 이 방침을 뒷받침하기 위해 건설 일정과 순서를 정하고, 하청업체가 세부사항을 지키도록 요구하고, 현장에서 계약업체들 간 분쟁을 조정하고, 구매 결정을 하는 건설관리업체(종합건설업체)의 예를 인용하고 있다. 계약서상 건설관리업체가 현장 하청업체의 규정 준수 여부에 아무런 권한이 없다고 되어 있더라도, 건설관리업체(예를 들어, 한 하청업체가 가드레일을 세우기 전 또 다른 하청업체에 일을 시키기로 했다면)는 낙하 위험기준 위반으로 소환될 수 있다.

당연히 복수 고용주 정책은 통제 고용주로서 소환되기 쉬운 종합건설업체와 최종 사용자 사이에서 분쟁의 불씨일 뿐만 아니라 직업안전보건국 산하 직업안전보건심사위원회와 법원 간 논란 대상이 되어왔다. 더욱이 2007년(부시 행정부 당시) 직업안전보건위원회가 통제 고용주로서의 종합건설업체 소환 결정을 뒤집고 직업안전보건국의 소환장 발부 권한에 대놓고 의문을 제기한 후, 드센 산업계 반발과 불가피한 모호성으로 인해 직업안전보건국은 특정 상황에 대한 기준 적용과 통제 고용주 소환권 행사에 주저하는 모습을 보였다.[27]

그러나 2011년 컬럼비아 특별구 항소법원은 작업현장 중 한 곳에서 누전차단기(전동공구 사용시 쇼크로부터 노동자를 보호하는 도구)를 제공하지 않은 이유를 들어 종합건설업체인 서밋 컨트렉터스Summit Contracts를 소환하기로 한 직업안전보건국 감사관의 결정을 인정했다. 현장에 있던 두 명의 피고용인 중 누구도 위험에 노출되어 있지 않았다고 주장한 서밋은 복수 고용주 정책 자체의 타당성에까지 의문을 제기하며 소환에 강력히 반발했다.[28] 법원은 회사가 현장에서 사용되는 전기함 점검 및 문제 시정이라는 통제 고용주 역할을 제대로 수행하지 않았음을 들어, 소환의 타당성을 재확인했다.[29]

이 판결은 건설업에 복수 고용주 정책을 적용시킨 직업안전보건국의 권한을 명백히 인정(그리고 이 정책의 지지자들에게는 진작부터 받았어야 할 인정)한 사례로 널리 받아들여졌다. 나아가 건설업을 넘어 균열고용을 추동한 여러 가지 제반사항 재조정에 기여한다는 점에서 그 의미는 더 크다. 그 전까지 직업안전보건국은 건설업 이외 사례(예를 들면, 5장에서 언급한 허쉬 하청업체/공급업체 시설 사망사건)에서 복수 고용주 소환정책에 통제 고용주 개념을 적용한 적이 없기 때문이다.[30] 직업안전보건국은 기지국 철탑 사망사건 관련 사례들 중 어느 것에도 소환정책을 적용한 적이 없고, 오로지 직접적인 관련 하청업체나 (몇 안 되는 사례에서) 한 종합건설업체 소환에만 초점을 맞추었다.[31] 서밋 판결은 직업안전보건국이 상위조직에 초점을 둔 시행방침을 통해 하청 균열 형태를 악용하려는 기업에 압력의 강도를 높이는 계기가 되었다. 이 문제는 9장에서 다시 설명할 것이다.

프랜차이징 관계

프랜차이징은 가맹본사와 가맹점 간 밀접한 관계를 감안할 때 복잡한 책임 문제를 유발한다. 가맹점이 품질 및 상품기준을 유지하도록 하는 것이야말로 프랜차이징 산업 브랜드 핵심역량의 근간이다. 그럼에도 불구하고 제멋대로 형편없는 서비스나 품질을 내놓는 가맹점은 브랜드 가치를 급속히 떨어뜨린다. 따라서 기업으로서는 6장에서 설명한 강력한 기준 확립과 시행이 필수적이다.

하지만 이것은 프랜차이즈 본사에게 적잖은 잠재적 비용을 요구한다. 본사가 가맹점에 강력한 통제력을 행사할 경우, 문제의 가맹점 행위에 대리 책임을 질 수밖에 없다는 점에서 그렇다. 대리 책임은 일단의 비즈니스 문제를 해결하기 위해 고안된 전략이 다른 문제를 야기

할 수 있음을 의미한다.[32]

프랜차이즈 가맹점 행위에 대해 법원은 가맹본사에 대리 책임을 지워왔다. 일례로 조니 밀러Joni Miller라는 사람은 맥도날드 햄버거를 먹다가 "하트 모양 청옥석"을 씹었다며 가맹점과 본사 모두를 고소했고, 법원은 대리 책임 원칙 아래 맥도날드의 과실을 인정했다. 법원은 프랜차이즈 계약에 "시설 배치, 특정 식품의 제조법 및 상세설명, 재고 관리 방식과 운영규정, 비즈니스 관행과 정책을 포괄하는 매뉴얼"이 상세하게 명시되어 있다는 점을 그 근거로 내세웠다. 상세한 음식 취급절차 안내, 현장 컨설턴트를 통한 가맹점 점검, 식자재 준비절차에 관한 교육훈련, 직원 복장 및 복무규정 마련 등에 이르기까지 가맹점이 따라야 할 모든 절차를 가맹본사인 맥도날드 측이 통제한 것은 대리 책임 의무가 있음을 보여주는 증거라고 법원은 덧붙였다.[33]

법원은 프랜차이즈 가맹본사의 잠재적 통제 하에 있는 가맹점 행위로 인해 고객이 피해를 입은 다른 사례에서도, 특히 고객의 기대가 상품 명성에 기반한 경우(그 상품이 직영점에서 제공된 것이든 가맹점에서 제공된 것이든 상관없이) 본사에게 책임이 있다는 논리를 전개했다.

그러나 일반적으로 대부분의 법원은 프랜차이즈 가맹점의 근로규정 위반에 대해서는 가맹본사에 유사한 책임을 물리는 데 주저해왔다. 이는 거의 모든 프랜차이즈 계약서에 각 해당 규정 준수는 가맹점의 책임이라고 명기해놓은 문구에 기인한 것이다. 하지만 앞서 살펴보았듯이 그러한 문구만으로 기업이 책임을 전부 다 면할 수 있는 것은 아니다.

그 외에 법원은 프랜차이즈 본사와 가맹점 간 실질적 대리 관계가 존재한다고 결론짓는 데 있어 매우 높은 기준을 부과하고 있으며, 일일 단위 운영 통제에 관한 증거를 요구하고 있다. 버거를 만드는 방식(가령 직원이 조리 전 모든 장신구를 벗어야 한다는 원칙도 포함해서)을 규정해놓은 것이 그 증거 중 하나다. 그러나 법원은 프랜차이즈 가맹점에게 본사 기준에 맞춰 매장을 운영하도록 재량권을 주었다면(그리고 가맹본사도 일일업무 감독이라 여겨질 만한 행동을 하지 않은 경우) 가맹점 단독 책임이라고 결론내렸다.

대리 책임이 초래한 인센티브 문제는 6장에서 언급한 패스트푸드 업계의 각기 다른 최저임금 및 초과근무 규정 준수율을 이해하는 데도 도움이 된다. 패스트푸드 회사들은 자체 운영 매장에서는 직원 규정 준수에 매우 깐깐한 태도를 취한다. 프랜차이즈 매장과 직영(회사 소유) 매장을 동시 운영하는 미국의 대형 패스트푸드 회사 13곳 중 6곳에서 직영점의 공정근로기준법 위반 사례는 전혀 없었다(반면 가맹점에서는 위반건수가 꽤 많았다).[34] 이는 프랜차이즈 본사가 법을 철저히 지킨다는 사실과 이를 위한 시스템을 성공적으로 고안했다는 사실을 동시에 보여준다.

그렇다면 가맹본사는 자체 운영 매장에서라면 개탄했을 일들이 가맹점에서 벌어질 경우 왜 참는 것일까? 만일 본사가 직원들을 면밀히 모니터링하거나 시간 외 근무나 기타 업무를 무작위로 조사한다면, 본사는 더 포괄적인 책임에 노출되는 셈이다. 철저한 점검을 시행한다는 것은 주인-하인 관계의 증거로 해석될 수 있으므로 가맹본사가 고용관계 자체를 훨씬 넘어서는 불법행위까지 책임져야 한다는 것을 의미한다(가령 가맹점 내 젖은 바닥에 고객이 미끄러졌을 때 본사가 책임을

지는 것). 그 결과 본사는 가맹점의 공정근로기준법 위반(브랜드 명성에 기준 위반이 미칠 잠재적인 악영향을 포함해서)을, 엄격한 모니터링에 이은 불법행위법 하의 다양한 클레임으로 발생할 막대한 비용과 비교해 유감스럽지만 감수해야 할 필수비용으로 간주하는 것이다.

그럼에도 불구하고 프랜차이징의 수단과 결과 사이의 구분이란 현실에서는 훨씬 더 모호하다. 수많은 예에서 지적했듯이 프랜차이즈 본사가 가맹점에 원하는 결과를 충분히 상세하게 기술했다면 그리고 로열티, 가격 책정, 비용요소들을 명시함으로써 본질적으로 해당 비즈니스의 경제적 수익까지 책정했다면, 가맹점 측에 얼마만큼의 재량권이 남아 있을지는 명확치 않다. 이 문제에 대한 인식을 암시하는 최근 두 사례를 살펴보자.

프랜차이징은 고의적 오분류의 한 형태?

매사추세츠 로웰에 사는 가나 출신 이민자 파이어스 아우아Pius Awuah는 2005년 청소용역서비스 제공업체인 커버롤사와 1만 4,500달러에 프랜차이즈 계약을 맺었다. 신용카드와 저축으로 8,500달러를 마련하고 남은 6000달러는 커버롤에서 융자를 받았다. 융자금은 가맹점 수익금으로 이자와 함께 되갚기로 했다. 그 대가로 커버롤은 아우아에게 잠재 월수입 3,000달러에 달하는 청소용역 계약 체결과 아울러 커버롤 브랜드와 연관 매뉴얼, 교육훈련, 기타 자재를 제공했다. 6장(그림 6.2)에 기술한 대로 커버롤 비즈니스 모델 하에서 가맹본사는 아우아의 고객들로부터 직접 수입을 거둬들인 다음, 여기서 로열티

와 이자, 대출원금을 제한 금액을 아우아에 지불했다. 반면 독립계약
자인 아우아는 사업을 운영하는 데 필요한 모든 비용을 스스로 충당
해야 했다(직원 임금과 관련 세금, 산재보험금 및 기타 사회적 지불금, 청소
자재비, 보험, 교통, 기타 잡비 등). 매사추세츠 청소용역 시가를 감안할
때, 커버롤이 정한 가격으로 어떻게든 이익을 남기면서 기본 근로규
정을 준수하기란 (아예 불가능하지는 않더라도) 결코 쉬운 일이 아니었
다.35

 이러한 프랜차이즈 모델의 내재적 문제를 깨달은 아우아는 매사추
세츠 오분류법Misclassification Law 하에서 그를 포함한 프랜차이즈 가맹
점주들이 현실적으로 커버롤의 피고용인이라는 주장을 펼치며 가맹
본사를 상대로 소송을 제기했다.36 그의 변호사인 섀넌 리스 리오던
Shannon Liss-Riordan은 프랜차이즈 본사와 고객, 가맹점 간 상명하달식
관계 특성을 고려, 커버롤 계약의 독립계약자와 프랜차이즈 지위의
타당성에 의문을 표했다. 만약 커버롤이 가맹점과의 관계에서 가맹본
사라기보다 사실상 고용주에 더 가깝다면 프랜차이즈 수수료와 로열
티를 환불해주어야 하며 최저임금, 초과근무, 임금인상 요구에도 지
불의무가 있다고 보았다.

 메사추세츠 지방법원 판사 윌리엄 영William Young은 오분류법이 요
구하는 다음 3가지 기준에 따라 커버롤 가맹점이 독립계약자인지 아
닌지를 조사했다. (1) 개별 독립계약자는 서비스 수행시 통제와 지시
에서 자유롭다(계약서상 그리고 실제 관행 양측에서). (2) 서비스 수행은
고용주의 일상적 비즈니스 과정 밖에서 이루어진다. (3) 개인(이 경우,
프랜차이즈 가맹점)은 관습적으로 독립적 거래, 직업, 직종, 비즈니스에

관여하고 있다. 판사는 커버롤의 프랜차이즈 모델이 위의 조건, 특히 두 번째 조건을 충족시키지 않았다고 판결했다.[37]

그 결과 법원은 커버롤이 아우아를 비롯해 매사추세츠 수백 명의 다른 커버롤 프랜차이즈 가맹점주들에게 손해배상금 300만 달러를 지급하라는 판결을 내렸다. 또 앞으로 매사추세츠주 가맹점들을 피고용인으로 즉시 재분류하고 그에 상응해 대우할 것을 명령했다.[38] 2012년 6월, 리스 리오던Liss-Riordan이 제기한 또 다른 소송에서 미 지방법원 판사 마크 울프Mark Wolf는 커버롤과 유사한 프랜차이즈 모델을 채용한 재니킹Jani-King Inc.이 노동자들을 피고용인이 아닌 프랜차이즈 독립가맹점주로 오분류했다며 동일한 판결을 내렸다.[39]

커버롤과 재니킹 판결은 고용과 피고용 관계가 어디서 끝나는지, 그리고 독립계약 형태의 프랜차이징이 어디서 시작되는지에 관한 이슈에 비상한 관심을 불러모으는 계기로 작용했다. 매사추세츠 판결은 청소용역 부문에 만연한 불법적 프랜차이징을 잠정적으로 중단케 한 사건이었다. 왜냐하면 프랜차이즈 기본 합의내용상 가맹점이 지속가능한 수익을 얻으면서 근로규정을 준수하는 일 자체가 사실상 불가능한 조건이었기 때문이다.

이러한 압박을 의식한 프랜차이즈 기업들이 시장가격을 주도해나간다면 그렇지 않은 회사는 자연스레 퇴출됨으로써(아니면 가맹점들을 피고용인으로 대우함으로써) 서비스 가격이 제자리를 찾고, 그에 따라 합당한 임금 및 노동조건 토대가 마련될 것이다. 커버롤 판결 이래 청소용역서비스 회사들이 매사추세츠에서 프랜차이즈 가맹점 신설을 중단한 것은 주목할 만하다. 그럼에도 불구하고 〈포브스Forbes〉는 커버롤을 "불황을 돌파한 급성장 10대 프랜차이즈 체인 중 하나"로 꼽았다는 점도 기억해야 할 사실이다.[40]

쓰러지는 도미노? 프랜차이징 책임에 대한 새로운 시각

브랜드 보호와 고용 이전 사이에 존재하는 긴장은 프랜차이징과 균열의 중대 사안이다. 대리 책임을 피하려는 가맹본사의 의도는 그 둘 사이의 균형잡기를 더욱 어렵게 만든다. 위에 언급했듯이 법원은 가맹점의 근로규정 준수 책임 문제가 불거질 때마다 본사의 일거양득 행태를 대개 허용하는 입장이었다.

그러나 도미노 피자Domino's Pizza에 대한 캘리포니아와 뉴욕의 판결은 이 문제를 다시 도마 위에 올려놓았다. 직속상관(그 역시 가맹점 직원)에 의한 성희롱과 성폭력 피해 사실을 밝힌 어느 전 직원이 캘리포니아 소재 도미노 피자 가맹점을 고소한 첫 번째 사례를 살펴보자. 원고는 가맹점뿐만 아니라 가맹본사인 도미노 피자 LLC 양측을 고소장에 적시했다. 이에 맞서 도미노 LLC는 가맹점을 독립계약자로 간주함으로써 가맹본사의 책임을 면제시킨 판례법을 인용해 결국 소송에서 제외되는 예심재판소 약식판결을 이끌어냈다.

예심재판소 판결에도 불구하고 상고법원은 이 상황을 다르게 받아들였다. 법원은 "만약 프랜차이즈 가맹본사가 가맹점 운영에 상당한 통제권을 행사했다면, 가맹점 직원의 행위에 대해서도 잠재적 책임이 있다"고 판결한 것이다. 프랜차이즈 합의상 "매장 직원 모집, 고용, 훈련, 일정관리, 감독, 월급 지급은 가맹점 단독 책임이므로 매장 직원은 가맹점의 피고용인일 뿐 (도미노 측의) 대리인이나 피고용인이 아님"을 명시적으로 밝혔다 하더라도, 법원은 식품조리 기준을 훨씬 벗어난 광범위한 사항에 상세기준을 제공한 도미노의 매뉴얼 조항에 더 무게를 두었다. 여기에는 직원 복장 규정, 가맹점의 납세신고 및 재무제표 감사, 매장 운영시간 설정, 광고 계획, 고객불만 처리절차, 간판, 설비와 비품, 실내장식, 항목별 가격에 관한 기준 등이 전부 포함되어 있었다. 법원은 또한 가맹점 기준 준수를 확실히 보장하기 위해 프랜차이즈 가맹계약 철회 위협 등 본사가 행사하는 모니터링 및 관리 내용에 대해서도 언급했다. 판결에 앞서 법원은 간결하지만 함축적인 문장으로 이렇게 지적했다. "프랜차이즈 가맹본사의 행위는 프랜차이즈 합의서에 쓰인 문구보다 더 큰 효력이 있다"[41]

두 번째는 뉴욕 소재 도미노 피자의 전·현 직원들이 공정근로기준법과 뉴욕 노동법에 의거해 금지명령 구제요청과 함께 손해배상금을 청구한 사례다. 직원들이 프랜차이즈 가맹점인 도미노 피자 뉴욕DPNY Inc.을 상대로 소송을 제기한 이유는 가맹점주들이 최저임금에 미달하는 임금을 지급하고, 초과근무 수당 지급요청을 거절했으며, 시간 외 근무를 요구하고, 급여 기록을 조작했다는 것이었다(그 외에도 연방 및 주 노동법을 여러 차례 위반했다고 보고했다). 이 사례에서 원고는 "피고의 매장을 포함해 전 매장의 보수, 고용, 훈련, 관리 등 전반적 고용정책을 공표·시행한" 도미노 피자 프랜차이즈 가맹본사에 대해서도 소송을 제기했다.[42]

2012년 11월에 나온 판결에서 미 연방법원은 프랜차이즈 가맹본사를 피고로 추가한 원고의 손을 들어주었다. 위에서 언급한 공정근로기준법상 광의의 "고용주" 정의와 경제적 현실 검증 적용, 그리고 가맹점 행위에 책임을 지울 만한 가맹본사의 복합적 기록을 들어 법원은 공동 고용 성립이 용이하지 않음을 인정했다. 그러나 동시에 법원은 프랜차이즈 가맹점이 본사가 공시한 보수정책, 관리체계, 교육훈련 자료를 활용했다는 점에서 공동 고용으로 간주할 타당요소도 있다고 판시했다. 이어 "가장 설득력 있는 요소로, 추가 피고(도미노 피자 주식회사)가 피고의 매장에서 활용된 도미노 펄스PULSE 시스템을 통해 보수정책을 공시 및 시행했으며, 여기에는 시간 및 임금 관리체계뿐 아니라, 추가 피고에게 제출해야 하는 급여기록 관리시스템까지 포함되어 있었다"고 주장했다.[43]

두 판결은 도미노 피자와 가맹점 간 기본 관계를 둘러싼 상황을 종합적으로 판단함으로써 프랜차이즈 가맹본사의 일거양득 태도에 의문을 제기한 것이라 볼 수 있다.

프랜차이징 자체의 타당성에 이의를 제기한 커버롤과 재니킹 사례와 대조적으로, 도미노 피자 사례는 프랜차이즈 가맹본사가 핵심 비즈니스 모델 성공을 위해 기울이는 기준 공시 및 점검 시행 노력에 반해 다른 기준(고용 관련기준 포함)도 똑같이 지켜야 할 의무를 저버린 건 아닌지 날카롭게 지적하고 있다. 기준을 일관되게 지켜나갈 동력을 만드는 것은 프랜차이즈 기업의 역량 문제가 아니다. 프랜차이징의 성공은 이미 그 역량을 입증하고도 남았다. 결국 문제는 프랜차이즈 기업의 의지다.

공급체인 관계

7장에서 월마트 사례를 통해 물류센터의 광범위한 임시노동자 활용 문제를 설명했다. 앞서 언급한 대로 월마트의 국제배송 단독서비스를 맡은 대형 물류센터들은 국내 로지스틱스 회사인 슈나이더 로지스틱스가 총괄하고 있지만 물류센터 직원 중 상당수는 비정규직 노동자를 조달하는 지역 하청업체(프리미어 웨어하우징 벤처스(PWV), 로저스 프리미어 언로딩 서비스, 임팩트 로지스틱스)에 임시직으로 고용되어 있다. 여기서 불거진 체불임금 소송 건과 관련해, 해당 직원들은 2011년 가을 새로운 임금 지급방식에 따라 체불임금을 결국 돌려받게 되었다.

이 소송에서 눈여겨볼 것은 법원이 대기업인 슈나이더 로지스틱스를 상대한 방식이다. 미 연방법원은 슈나이더 로지스틱스가 예비적 금지명령조치(미라 로마 물류센터 전 당사자들이 연방노동법과 주노동법 하에서 급여 및 기록관리 관행을 즉시 변경할 것을 요구하는 내용) 적용대상이라고 판결했다. 이에 대해 슈나이더 측은 자사가 실제 고용주가 아니므로 예비적 금지명령이나 차후 조치대상에 해당되지 않는다고 주장했다. 판사 크리스틴 스나이더Christine Snyder는 원고인 에브라도 카릴로Everardo Carrillo와 동료 물류센터 직원들을 대변하는 변호인들의 손을 들어, 예비적 금지명령이 전 당사자들에게 분명히 적용되어야 한다고 판결했다. 그 근거로 먼저 "원고들의 입증 가능성이 높은데다 원고들에게 돌이킬 수 없는 해를 초래한 위반사항에 전 당사자들이 일정 부문 책임소재를 안고 있음"을 지적하면서,[44] 슈나이더와 그 하청업체들

간 계약사항을 종합적으로 살펴본 결과 이 같은 판결에 도달했다고 덧붙였다. 또한 슈나이더가 사전 고용심사 및 훈련을 포함해 하청업체에 적잖은 권한을 행사했으며, 특히 업체들의 실적을 평가하고 노동자들을 해고할 단독 권한도 행사했음을 강조했다.[45]

물류센터 직원들에 대한 책무가 인력공급업체와 슈나이더 양측 모두에 적용되어야 한다는 법원의 논리는 잇따른 사건들로 인해 더 첨예화되었다. 2011년 10월 12일, 미라 로마 시설 감사에 이어 직원들에 의한 집단소송이 있고 난 후, PWV와 슈나이더는 언론에 '대노동자 보복'이라고 대서특필된 행위에 돌입했다. PWV는 10월 21일 "현 계약 조건 하에서 일을 지속할 수 없음"을 슈나이더 측에 통고했다(아마도 법원판결로 PWV가 직면하게 될 높은 비용 때문). 이어 슈나이더가 새로운 조건을 모색할 의사를 밝힌 PWV와 재협상하지 않기로 결정함에 따라 11월 18일 PWV는 노동자들을 모아놓고 계약종료 통지문을 배포했다. 슈나이더가 조건 재협상을 거부했으므로 2012년 2월 24일부로 고용관계를 종결한다는 내용이었다. 노동자들은 캘리포니아 노동규약California Labor Code 및 공정근로기준법을 근거로 법적 권리행사 차별을 주장하며, 슈나이더와 PWV에 대한 예비적 금지명령을 법원에 즉각 요청했다.

2012년 2월 1일, 법원은 슈나이더와 PWV가 노동자들을 해고하지 못하도록 예비적 금지명령을 발부했다. 뿐만 아니라 PWV가 내보낸 노동자들을 슈나이더 측이 전원 재고용하도록 요청했다. 이는 해당 조직관계가 긴밀하다고 판단한 법원의 시각을 뚜렷하게 보여준 판결이었다. 그럼에도 불구하고 상황은 쉽사리 수습되지 않았다. 법원

명령이 있은 후 슈나이더는 해고 노동자들에게 빈 일자리를 무작위적으로(연공서열이 아닌) 제공하되 그들의 초임을 PWV에서 받던 평균 시급 12.50달러에서 슈나이더 직원 초임과 같은 11.00달러로 삭감하고, 다른 슈나이더 직원이 받는 기타 복지혜택은 용인하지 않기로 결정했다. 이를 보복적 성격의 대응(캘리포니아 노동규약 및 공정근로기준법 하에서)이라 규정한 법원은 슈나이더에 법정모욕죄를 적용하고, 전 PWV 노동자의 재고용 자격 및 조건 등의 고지 방법에 관한 보다 엄격하고 명확한 지침을 내놓았다.[46]

주목할 것은 품질기준 확립에 대한 회사의 높은 개입 정도(서비스 조항의 수단 및 목표에 전부 관여)를 감안해 슈나이더가 물류센터 인사 문제에 일정한 책임이 있음을 적시한 법원의 공식판결 내용이다.

먼저 PWV가 법적으로 요구되는 임금 수준과 정책을 채택하는 한, 슈나이더와의 계약에 명시된 조건 하에서 이윤을 남기는 서비스가 불가능해진다는 사실은 균열의 핵심 문제를 그대로 보여준다. 균열구조의 하단을 차지하는 사업체가 직면한 경제적 현실은 근로규정 및 기준 준수와 최소 수익률 창출조차 양립할 수 없도록 만든다. 나아가 슈나이더 측이 PWV 해고 직원에게 기존 사내 직원과 유사한 임금과 혜택을 지급하는 등 정식 고용주 역할을 하도록 요구한(예비적 금지명령이라는 강력한 매커니즘을 통해 즉시 실행에 옮길 것을 요구한) 법원 명령은 다양한 균열 관계에서 비롯된 근본적인 문제에 정면으로 맞선 강력한 대응을 대변한다.[47]

균열 결정의 균형 확보 법안

UCLA 노동법 학자인 노아 자츠Noah Zatz는 전국노동관계법 아래서는 "누가 고용주이고 누가 피고용인인가?"라는 질문 자체가 잘못된 접근이라고 주장했다. 대신 "기업이 고용주-피고용인 관계를 회피하는 과정에서 노조화를 배제하는 조직구조를 어느 정도까지 선택할 수 있어야 하는가?"가 균열일터의 영향을 포괄한 올바른 질문이라고 역설했다.[48]

균열고용에서 비롯된 문제들에 성공적으로 대처한 법안은 위에서 살펴본 법정 판결과 동일한 효과를 지닌다. 즉, 기업이 균열을 결정할 때 사적·사회적 혜택과 비용을 두루 살피게 함으로써 전반적인 균형이 확보되도록 한다는 점에서다. 때로는 기업이 일거양득을 취할 수 없도록 법 자체를 바꿔 고용을 조직 내로 끌어들이도록 유도하기도 한다. 하지만 이것만이 법이 추구하는 유일한 결과는 아니다. 그보다는 기업이 계약, 프랜차이징, 제3자 경영 등의 조직 형태를 그대로 유지하되 기업의 높아진 책임감을 고려해 하위조직 선택과 모니터링, 조율에 세심한 주의를 기울이도록 만드는 것이 차라리 더 현실적인 접근이다.

넓은 시각으로 보면 기존 정책을 바로잡거나 새로운 정책을 만드는 일은 기업 결정에 미치는 영향이라는 차원에서 평가할 수 있다. 이러한 법적 이니셔티브의 목적은 크게 세 가지다. 첫째, 기업이 오로지 법적 의무를 회피할 수단으로 고용을 털어버리는 행위를 막는다. 둘째, 기업에 법적 책임을 지움으로써 고용 이전 결정시 균열일터의 사회적 책임이 수반되도록 한다. 셋째, 다양한 형태의 균열조직에서 임금과 인사정책이 확립되는 방식에 영향을 미친다.

악의적 균열 저지하기

공공정책은 기존 정책이 요구하는 법적 의무를 교묘하게 회피하려는 노골적 균열 행태를 중단시키는 데 역점을 둬야 한다. 원칙은 간단하다. 법이 정한 책임을 피하기 위한 고용 이전은 결코 허용하지 않는 것이다.

석탄업계에 횡행한 하청 관행(5장에서 설명한 메시 독트린)에 맞서 웨스트버지니아 주에서 채택한 법안이 바로 그러한 방향의 정책 대응을 시사해준다. 이 사례에서 A. T. 메시 석탄회사는 노조의 건강보험금 및 연금기금, 웨스트버지니아 주가 정한 산재보험금 지불의무에서 벗어나기 위해 하청에 의존했다.[49] 임금지불징수법WPCA은 하청 관계를 이용해 건강보험과 연금, 기타 혜택을 포괄하는 계약상 의무를 져버리기 위한 악의적 시도를 차단하기 위해 1996년 통과되었다. 이 법은[50] 피고용인에 대해 공정근로기준법과 유사한 정의("사람, 회사 또는 기업이 일을 시키거나 일을 하도록 허가한 사람")를 채택하고, "고용주"를 "피고용인을 고용한 사람이나 회사 또는 기업"이라 규정하고 있다.

나아가 임금지불징수법은 탄광 운영으로 수익을 얻은 측은 수익을 가져온 일의 대가를 지불할 책임이 있으므로, "손해배상을 제외하고, 임금 및 복지혜택에 관한 계약 하에서 일을 수행한 피고용인에게 민사상 책임을 지도록" 요구하고 있다.[51] 임금지불징수법 하에 제기된 일련의 소송에서 법정은 이 문구를 탄광 운영자뿐 아니라 그 "부모" 즉, 개인 소유주, 공동 고용주, 부지 소유주까지 포함하는 것으로 해석했다.[52]

이와 관련한 법적 접근은 노동자를 독립계약자로 오분류하면서 생긴 문제들에 초점을 맞추었다. 가령 매사추세츠, 뉴햄프셔, 인디애나 주에서 통과된 법안들은 최저임금, 독립계약자 그리고(또는) 임금지급법 문제에 피고용인 지위를 추정키로 하고[53] 피고용인이 아니라는 사실 입증 부담을 고용주에게 지운 "ABC" 검증을 적용시키고 있다. 이에 따라 고용주는 다음 세 가지 사항을 증명해야 한다. 독립계약자로 지정된 개인은 작업 수행과정에서 통제나 지시에서 자유롭다, 개인이 제공한 서비스는 작업이 수행되는 비즈니스 정규활동 이외에 속한다, 그리고 개인이 수행한 활동은 통상 독립적으로 확립된 거래, 직업, 사업의 일부다. 앞서 언급한 커버롤과 청소용역 프랜차이징 사례가 바로 이 메사추세츠 법에 해당한다.

22개 주는 노동자를 독립계약자로 오분류하는 문제에 대응하는 법안을 잇달아 통과시켰다.[54] 당시 상원의원이었던 버락 오바마는 2007년 독립계약자적정분류법the Independent Contractor Proper Classification Act을 도입시켰다. 이 법의 골자는 노동자를 독립계약자로 분류하는 기업이 더 혜택을 보는 세제 인센티브를 없애자는 것이다. 2011년 보다 강화된 피고용인오분류법the Employee Misclassification Prevention Act은 독립계약자로 분류된 노동자들에 대한 고용주의 엄격한 기록 관리와 요건 통지를 요구하고 있으며, 위반사항 적발시 상당한 액수의 과징금 부과를 예고하고 있다.[55]

균열일터 결정의 균형 확보 방안

기존 노동법을 개선하고 새로운 정책을 발의하는 작업은 하청업체에 대한 대기업의 역할 증대에 맞춰 고용 분야에서 대기업의 책임 범위를 확대하는 데 방향이 맞춰져 있다. 이것이 바로 평행성의 원칙이다. 만약 회사가 품질, 생산, 서비스 전달 등에 철저한 통제권을 행사한다면 같은 역량이 고용의 영역에도 일관성 있게 적용되어야 한다는 지침이다.

이러한 논리로 만약 복잡한 생산과정 최상부에 자리잡은 어느 한 기업의 가격책정, 기술표준, 품질요건이 시스템 내 전체 비즈니스 네트워크 수익에 근본적으로 영향을 미친다면(기지국 철탑 사례처럼), 공공정책은 그 기업이 해당 입지 덕에 갖게 된 시스템(특히 보건안전 부문)을 제대로 조율·감독할 책임을 강화시키도록 하는 데 역점을 두어야 한다. 사실상 이 정책의 의미는 다음과 같다. "우리는 당신(기업)이 품질과 가격 등 일정 목적 달성을 위해 효율적 시스템을 만들 능력이 충분하다는 사실을 잘 안다. 그러므로 당신(기업)은 일터와 공공안전에서도 그에 상응하는 역할을 다해야 한다."

몇몇 주는 하위조직의 활동과 연계시켜 특정 업계 대기업들에 명백한 책임을 지우는 법안을 제정했다. 뉴욕과 캘리포니아 주는 의류 제조업체나 중개업체가 하청업체의 법 준수에 책임을 지도록 관련 법규를 제정했다.[56] 특히 캘리포니아 주는 건설, 청소용역, 농업, 경비 등의 분야에서 노동자를 고용하는 사업체에 일정 수준의 책임을 부여하는 "책임 있는 계약자법responsible contractor laws"을 수립했다.[57] 2005년 일리노이 주는 임시 인력업체가 소속 노동자에게 해당 일자리에 관한 정보를 제공하고 기록관리, 식사, 교통, 기타 요건을 확립하며 특히, 법 위반시 고객업체와 공동 고용에 관한 책임을 질 것을 요구하는 법안을 제정했다.[58]

학자들은 이 분야에 보다 야심찬 제안들을 내놓았는데, 주된 논점은 근로기준 위반 책임을 넓혀 다양한 균열 형태로 이익을 얻는 회사들이 더 큰 책무를 지도록 해야 한다는 데 있다. 그 중 몇 가지는 공정근로기준법과 이를 모방한 주정부 법의 현행 조항인 일명 "핫 카고 hot cargo" 원칙을 토대로 하고 있다. 핫 카고 조항은 물품 생산과정상 근로기준법을 위반했다면 노동부 근로기준분과 WHD가 운송중인 해당 화물을 금수조치할 수 있다는 내용이다. 가령 노동부가 의류 하청업체의 최저임금 규정 위반을 적발한 경우, 하청을 준 제조업체의 의류 화물 인도를 중지시킬 수 있다(이 법안을 시행전략의 일부로 활용한다는 내용은 9장에서 다시 상세히 다룰 것이다).

브리쉰 로저스 Brishen Rogers는 의무기반 검증을 통해 일터법 전반으로 핫 카고 조항을 확대 적용할 것을 제안했다. 그 요지는 공급업체의 근로기준 준수에 마땅한 관심을 기울이지 않은 최종사용자 기업으로 고용주 책임을 확대시키자는 것이다. 티모시 글린 Timothy Glynn은 여기서 한 발 더 나아가 이미 "해체된" 고용의 본질상 고용주의 직접 혹은 확대 책임에 관한 유약한 논쟁은 집어치워야 한다며, "상행위자는 직접적이든 간접적이든 구매나 판매, 유통시킨 상품이나 서비스 생산시 근로기준이 위반되었다면 이에 대해 엄중히 책임져야 한다"고 주장했다.[59] 상위 제조업체로 책임을 확대시킨 점은 앞서 대리 책임 문제가 시사하듯, 균열고용 결정 요인에 미치는 영향이 적지 않음을 고려한 것이다.

또 다른 접근으로는 보다 명확한(그리고 보다 폭넓은) 공동 고용의 정의를 들 수 있다. 위에서 언급한 법정 판결 중 일부가 이미 이러한 방향성을 보여준다. 복수 고용주 소환정책과 관련한 서밋 컨트렉터스 판결은 직업안전보건법 하에서 건설을 포함한 업계 전반에 대한 직업안전보건국의 대기업 소환권을 재확인시켜주었다. 법안 자체를 수정해 "통제 고용주" 개념을 보다 강화하자는 의견도 있다. 직업안전보건법의 보장 수준을 훨씬 넘어서는 법안 확대개선 필요성은 BP 딥워터 호라이즌 참사가 똑똑히 각인시킨 바 있다.[60]

공동 고용 개념은 공정근로기준법이 정의한 광의의 고용 개념에서 자연스럽게 흘러나온 것이라 볼 수 있다. 슈나이더 사례는 공동 고용의 의미를 사실상 전복시키기 위해 고안된 균열구조에 대응해 이 정의가 어떻게 확대 적용될 수 있는지를 잘 보여준 판결이다. 그러나 법원이 항상 광의의 견해를 받아들인 것만은 아니다. 실제 사례에서 다소 논란의 소지가 있는 문구를 적용할 때 오히려 공동 고용을 보다 명확히 해주는 법안이 도움이 된다.

균열일터의 임금 결정 방식 변화

균열은 기업 내부와 외부의 임금 결정 방식을 바꾸어놓았다. 시간이 지날수록 일이 외부로 이전됨에 따라 사람들은 똑같은 일을 하면서도 훨씬 더 낮은 임금을 받게 되었다. 균열고용이 소득분포에 가져온 결과를 법으로 바꾸기는 대단히 어렵다. 어떤 의미에서 보면, 법이 미치는 영향력은 간접적일 수밖에 없다.

물론 일부 정책이 일을 다시 기업 내부로 돌려보내는 데 일조할 수는 있다. 요컨대, 슈나이더 로지스틱스 사례에서 법원은 물류센터 직원들을 임시계약직에서 회사 "내부로 돌려보내는" 상향 재조정을 명령한 바 있다.

그러나 이러한 유형의 명시적 임금 상향 재조정이나 구체적이고 자발적인 임금 및 혜택 상승이 다른 곳에서 일어날 가능성은 크지 않다. 특히 노조나 노동자 보호단체가 부재한 상황, 또는 경쟁적인 노동시장을 통해 압박이 가중되는 경우에는 더욱 그렇다.[61]

그 대안으로 앞서 언급한 법적 개선이 기업 책무에 더 큰 압력으로 작용해 하위조직에 대한 감사방식 변화를 촉구할 수도 있다. 기업이 보다 나은 계약업체를 가려낸다든가 잠재 프랜차이즈 가맹점의 기준치를 높이는 대신 더 높은 가격을 지불함으로써 하위조직의 규정 준수를 유도하는 것이다.

9장에서 다시 설명하겠지만 이러한 계약업체 선정기준 변화는 1990년대 말 공정근로기준법 핫 카고 조항에 대한 대응책으로 의류산업에서 처음 일기 시작했다. 균열구조 하단에 자리잡은 업체들의 행위와는 전혀 "상관없다는" 기업 측의 태도를 바꾸기 위한 대대적인 노력은 장기적으로 볼 때 균열구조 각 단계의 사적 경제관계를 유익하게 재편할 것이다.

정치적 현실과 법적 해결

노벨상 수상자인 경제학자 조지프 스티글리츠Joseph Stiglitz는 불평등에 관한 2012년의 저서에서 강력한 사적 이해(특히 소위 "1%"라고 알려진 부류)의 정치적 역할 증가에 초점을 맞추었다. 그는 소수의 경제적 이익이 점점 보호받고 있으며, 정치적 비호 아래 이러한 경향이 강화되는 추세라고 주장했다. 그 결과 세금정책, 탈규제, 금융위기 대응, 거시경제 정책 모두 소득분포 최상위층에 혜택을 준 반면 나머지 99%(특히 소득분포 중하층에 속한 부류)에는 불리한 영향을 끼쳤다는 것이다.[62]

스티글리츠는 지난 30년에 걸쳐 정치적 결과에 영향을 미친 경제 엘리트 최상위층의 역할 확대에 주목했다. 그의 이 같은 주장은 일터 관련법에도 명백히 적용된다. 다양한 일터 문제로부터 거리를 두는 데 목적을 둔 법안 통과는 아무리 에둘러 말한다 해도 실망스럽기 그지없다. 이러한 법안 통과 노력에 일조한 한 가지 일관된 요소는 비즈니스 업계의 복지부동과 격렬한 반대다. 새로운 일터법이 제안될 때마다 그들은 시장 기능을 저해할 뿐 아니라 궁극적으로 노동자에게 득보다 해가 될 안건에 불과하다며 대놓고 비난하기 일쑤였다. 위에 언급한 법적 조치들은 한결같이 거센 반발에 직면하곤 했다.

그러나 한편으로 그간의 일터법 역사는 향후 새로운 법안이 어떻게 통과될 수 있을지에 대한 통찰을 제공한다. 법안 통과를 저지해온 사업자들의 목소리가 늘 단결된 것만은 아니기 때문이다. 최근 균열일터 관련법 통과 전망을 살펴보는 데 있어 연합세력 내 분열은 매우 흥

표 8.1 연방 일터정책 통과 관련 정치제도적 요소

일터정책	소기업 반대?	대기업 반대?	노조 외 광범위 정치연대 파트너?	연방법 외 관련 주정부 정책?	법적 결과
데이비스 베이컨 임금정책(1931) Davis-Bacon Prevailing Wage	있다, 단, 비조직적	없다	있다	있다	통과
공정근로기준법(1938) Fair Labor Standards Act	있다, 단, 비조직적	혼합[a]	있다	있다	통과
노동법개혁 정책(1977) Labor Law Reform	강력	강력	없다	없다[b]	기각
위험통신기준 정책(1983) Hazard Communication Standards	강력	혼합[c]	있다	있다	통과
노동자적응고지법(1988) Worker Adjustment and Notification Act	강력	온건	없다	있다	조건부 통과
가족의료휴가법(1993) Family Medical Leave Act	강력	온건	있다	있다	조건부 통과
공정일터법(1993) Workplace Fairness Act	강력	강력	없다	없다[b]	기각

| 노동자자유선택법(2007, 2009)
Employee Free Choice Act | 강력 | 강력 | 없다 | 없다[b] | 기각 |
| 릴리 레드베터 공정임금법(2009)
Lilly Ledbetter Fair Pay Act | 강력 | 온건 | 있다 | 없다 | 통과[d] |

a. 주로 북부 주 소재 제조업체들이 지지; 남부 그리고 남부와 북부 양쪽 소재 제조업자들은 반대.
b. 연방우선법칙(Federal preemption)은 전국노동관계법(NLRA) 관련 주 정책을 허용하지 않음. 예를 들어, 파업 대체인력 활용에 대한 주 정부의 제한 조치는 위헌으로 판결.
c. 높은 수준의 공시 요구를 받은 비즈니스 그룹은 반대(예를 들어, 화학제조업체협회); 자료공시로 혜택을 본 후속 화학제조업체들은 지지(평, 그레이엄, 외일 2007, Fung, Graham, an Weil 참조).
d. 1964년 민권법(the Civil Rights Act) 수정안인 릴리 레드베터 공정임금법은 2007년 도입되어 2009년 1월 29일 오바마 대통령이 서명을 마친 첫 번째 법으로 제정되기가지 유래없이 짧은 법안 역사를 가지고 있음.

미로운(정치적으로 중요한) 포인트다. 재계 전체가 일터법안에 단합된 지지를 표명하는 일은 드물었지만, 사안에 따라 과격한 반대에서 유연한 타협으로 선회하는 모습을 보였다는 점이 특히 그렇다. 여기에 법안 옹호연대의 광범위한 움직임이 더해지면서, 의회는 몇몇 법안을 비교적 무리 없이 통과시킬 수 있었다. 예를 들어 직장폐쇄시 노동자들이 받을 충격을 완화하기 위해 제정된 1988년 노동자적응고지법The Worker Adjustment and Notification Act: WARN, 1993년 가족의료휴가법The Family and Medical Leave Act: FMLA 그리고 가장 최근인 2009년 릴리 레드베터 공정임금법The Lilly Ledbetter Fair Pay Act이 그것이다.[63]

물론 법안 통과 실패 사례도 있다. 주목할 사실은 그 실패 대부분이 노동법 개혁 분야였다는 점이다. 가장 최근인 2009년, 민주당 대통령 재임 아래 상하 양원까지 민주당이 장악했음에도 불구하고 피고용인자유선택법the Employee Free Choice Act이 통과되지 않았다. 사실상 연방노동법(가령 노조 승인 선거방식을 변경하는 법이나 파업중 대체인력을 고용하려는 회사의 의도를 무마시키는 법)을 개혁하기 위한 모든 법적 노력은 30년 이상 좌절을 맛보았다.

이러한 접근이 실패하느냐 성공하느냐는 이해관계에 따라 달라지는 재계의 태도에 달려 있다. 가령 노사관계를 관장하는 법안에 대해서는 확고한 반대 입장을 견지하다가도 다른 분야에서는 유연하게 나오는 사례가 그것이다. "꿈쩍 않는 바위" 같은 태도에서 엿보이는 미세한 틈은 균열을 봉합하려는 정책과 관련해 실효성 있는 법적 전략을 수립하는 데 대단히 의미 있는 호기로 작용할 수 있다. 대부분의 소규모 기업들이 노동자적응고지법WARN과 가족의료휴가법FMLA 같은 법안에 완강히 반대하는 와중에 무조건 법안 통과 저지에만 힘을 쏟기보다 점차 실리적인 협상에 나서기 시작하는 업체들도 존재하기 때문이다. 이러한 입장 차이는 각기 다른 사업별 상이한 동기에서 비롯된다. 표 8.1은 연방 일터정책 통과에 영향을 미친 정치·제도적 요인들을 개괄적으로 나타낸 것이다.

일터 규제에 대한 소규모 업체들의 강력하고 일관성 있는 반대는 실질적이거나 이념적인 두 측면의 관심사를 반영하고 있다. 먼저 실질적 관점에서 볼 때, 소규모 업체들은 인건비 비율과 저임금 노동자 고용 비율이 비교적 높으며 대개 경쟁적인 상품시장에서 경제활동을 한다. 일터 규제가 그들의 비용과 수익성에 직접적인 영향을 미친다는 것을 의미한다. 관념적인 관점에서 볼 때도, 전국자영업연합the National Federation of Independent Business 같은 다수의 소규모 비즈니스 로비단체들이 내세우는 입장은 일터의 어느 한 측면에 대한 규제 시도가 불가피하게 광범위하고 부담스러운 규제로 이어진다는 전제에 기반을 두고 있다. 바로 이러한 이념적 성향이 카터부터 오바마 행정부까지 도입된 거의 모든 주요 일터 규제에 대한 적대적인 반응을 초래했다.

반면 대기업들(균열일터 구조에서 대기업 고용주)은 반작용적인 태도에서 실질적인 태도로 서서히 방향을 틀었다. 가령 1984년 가족의료휴가법안이 나오고 1993년 통과되기까지 몇 해 동안 대기업 대표들은 단순히 법안 통과를 저지하려고 애쓰기보다(성공할 가망이 낮기 때문) 제한적 의료휴가 정책을 도입하는 쪽으로 타협해나갔다.[64]

그 이유 중 하나는 노조 범위를 뛰어넘어 사회적 폭발성이 큰, 이 법 자체의 연대 주도 속성 때문이다. 노동력의 다양성 확대, 맞벌이와 편모 가정 증가 같은 구조적 변화가 가정과 일터의 균형에 영향을 미치면서, 최근 많은 일터 정책이 노조뿐 아니라 수많은 단체의 이해관계와 맞물리기 시작했다. 가령 반차별 정책은 미국 유색인지위향상협회National Association for the Advancement of Colored People, NAACP, 전미도시연맹the Urban League, 전미여성연맹National Organization of Women, NOW, 기타 장애인 대변 단체 등 정치연대 파트너들과 광범위하게 연계되어 있다.

이에 못지않게 중요한 것은 일터 문제를 다루는 주정부 차원의 법안 통과다. 주마다 다른 기준과 정책을 따라야 하는 상황과 연방 차원의 단일정책에 직면한 대기업들은 굳이 선택해야 한다면(양쪽 다 원하지는 않겠지만) 그나마 후자(일터 규제 문제 외에도)를 선호하는 경향을 보였다. 노동자적응고지법, 가족의료휴가법, 연방 최저임금법 사례에서 볼 때, 많은 주들이 연방법 통과 이전에 이미 자체 정책을 수립한 상태였다. 단일 사업체나 소수 사업체를 운영하는 소기업들은 대개 어느 한 주에서만 영업하기 때문에 연방법에 반대할 가능성이 높다. 그러나 여러 주에 걸쳐 사업체를 운영하는 대기업들은 주와 연방 규제를 선택할 때 전혀 다른 계산법을 적용할 수밖에 없다.[65]

이러한 정치적 역학은 노동자 오분류 문제를 다루는 연방법 통과에도 영향을 미친다. 복수 주에 걸쳐 있는 대기업들은 독립계약과 관련한 주 단위 법을 이미 따로따로 준수해야 하기 때문에 서로 다른 지역의 정의와 검증, 시행체계에 따르는 일이 단일 연방기준에 맞추는 일보다 덜 바람직할 수 있다. 주 및 지방정부의 이해관계(특히 세수익 확보 등)는 지역공동체, 이민자, 노동자 권리단체의 이해관계와 맞물려 그러한 이니셔티브를 뒷받침할 폭넓은 연대의 기반이 된다.

주정부가 특정 일터 결과에 대한 책임 확대를 실험하는 과정에서 균열일터에 대처할 유사한 정치적 경로의 발전을 상정해볼 수 있다. 예를 들어 품질, 인도, 가격 등에 관한 명시적 기준을 담은 조항을 특정 사업체(프랜차이즈 가맹점이든 하청업체든 공급업체든)의 보건안전 관행 책임의 근거로 만드는 법안을 상상해보라. 기존 법 아래에서 고려해보겠다는 의지를 보인 몇몇 주(캘리포니아, 매사추세츠, 뉴욕)는 이미 그러한 접근을 법의 일부로 만들 태세가 갖춰진 셈이며, 또 어떤 주(특히 대기업 비즈니스 집중도가 높은 주)의 성공적인 법안 통과가 연방 차원의 정치적 역학을 변화시켜 다른 공공정책 영역(다른 일터법 영역에서도 그랬듯이)의 유사한 법안 통과로 이어질 수도 있다.[66]

이러한 노력은 희망적이되 상당한 시간이 걸릴 수 있다. 위에서 언급한 거의 모든 법은 통과되는 데 몇 년씩(때로는 10년 이상) 소요되었다.[67] 게다가 정치권 기류를 감안할 때(스티글리츠가 묘사한 보다 넓은 정치 경제적 현실은 말할 것도 없이) 책무에 대한 의미 있는 입장 변화나 공동 고용 정의에 대한 온건한 변화조차 가까운 미래에 실현될 가망은 그리 높지 않아 보인다.

그러므로 기존 최저임금, 초과근무, 보건안전 정책 시행과 강제에 초점을 맞추는 것이 현재로서는 일터 문제를 해결할 최선의 방법이다. 그 가능성에 대해서는 다음 장에서 논의해보기로 하자.

9장
새로운 법 시행 접근

균열일터에 대응하기 위해서는 일터법, 말하자면 "누가 고용주인가"에 대한 협소한 정의와 그 정의가 함축하는 책무를 먼저 생각해볼 필요가 있다. 또한 단순히 고용주의 행위를 변화시키는 데 그치는 것이 아니라 기업의 핵심역량과 고용 이전 사이의 미묘한 균형잡기 과정에서 노동자도 함께 보호하는 법적 접근이 요구된다.

재원 압박

경제학이 제한된 자원으로 특정 목적을 달성하는 방법을 연구하는 학문이지만, 일터 규제기관의 예산 제한은 중대한 문제점이자 근본적인 도전이었다. 더구나 법이 관할하는 일터 수가 증가할수록 예산 제약이 점점 심해진다는 점에서 매우 어려운 상황이 전개되고 있다. 특히 지난 10년간에 걸친 규제감독의 변화상(1996년 정부실적검토법the Government Performance Review Act, GPRA 제정과 관리예산국the Office of Management and Budget 및 감사총괄국the Office of Inspector General의 역할 확대)은 관련기관이 도달해야 할 실적 기대와 감사 수준을 꾸준히 높여왔다.[1]

일터 규제기관이 당면한 근본적인 난제는 법이 미치는 전체 일터 범위에 비해 이용 가능한 재원이 한정돼 있다는 사실에서 비롯된다. 정부가 일터 규제기관의 규모와 역할을 축소한 결과 각 산업 부문과 고용주들에 대한 감사 비율은 매해 미미한 수준에 그치고 있다. 법 시행 감소는 많은 부문에서 규정 준수 압력을 낮춰 경제적으로 취약한 노동자들을 양산하는 결과로 이어졌다. 미국 경제에서 일터 수 증가와 시행 재원 추이를 살펴보면 이러한 만성적인 문제를 한 눈에 알 수 있다.[2]

균열일터가 여러 산업으로 확대·심화되고 있음에도 불구하고, 미 노동부 규제기관의 시행 예산은 30년 이상 제자리에 머물러 있는 실정이다. 노동부 4개 주요 일터 프로그램(근로기준분과WHD, 직업안전보건국OSHA, 탄광안전보건국Mine Safety and Health Administration: MSHA, 연방계약준수국Office of Federal Contract Compliance: OFCC)의 연간 시행 예산은 1970년대 후반 카터 행정부부터 조지 W. 부시 행정부에 이르기까지 고정 달러(불변 달러, 인플레이션 부분을 제거한 실질 달러) 가치로 사실상 전혀 변화가 없다가 오바마 행정부 첫 임기부터 서서히 늘어나기 시작했다(현재 달러 가치). 그림 9.1은 1977년부터 2012년까지 4개 행정기관에 대한 전반적인 시행 지출 금액을 나타낸 것이다.[3]

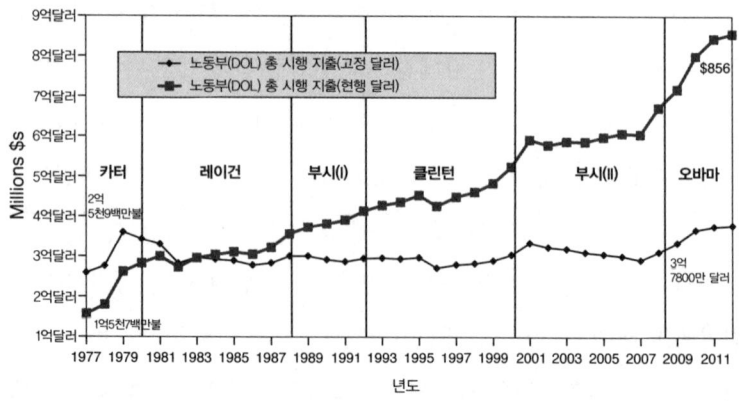

그림 9.1 대통령 행정부 별 노동부 시행 지출, 1977~2012년 (1982~1984년 현행/고정 달러) WHD, OFCCP, OSHA, MSHA 통합 시행지출 금액.

출처: 각 연도별 미 정부예산 (Budget of the U.S Government).

    그림 9.1은 4개 행정부에 걸친 전체 시행기관 지출 추이를, 그림 9.2는 4개 기관 각각의 고정 달러 시행 지출 추이를 보여준다. 직업안전보건국 시행 지출은 전 기간(1977년 1억 100만 달러로 시작해 2012년 오바마 행정부 예산 9,500만 달러로 끝남)에 걸쳐 사실상 거의 변한 것이 없다.[4] 이와 대조적으로, 근로기준분과 시행 지출은 시간이 지나면서 크게 늘어, 1977년 6,900만 달러에서 2012년도 1억 2,400만 달러로 거의 2배나 뛰어올랐다. 1970년대 후반 눈에 띄게 증가했다 이후 저조한 양상을 보이던 탄광안전보건국 예산은 대형 탄광사고가 연속으로 터진 2006년을 기점으로 의회와 부시행정부가 적극 나서면서 다시 늘어나기 시작해 오바마 행정부 첫 3년에 걸쳐 추가 재원이 다시 투입되었다.

    지난 20년간 전반적인 시행 지출이 대부분 정체되어 있었던 데 비

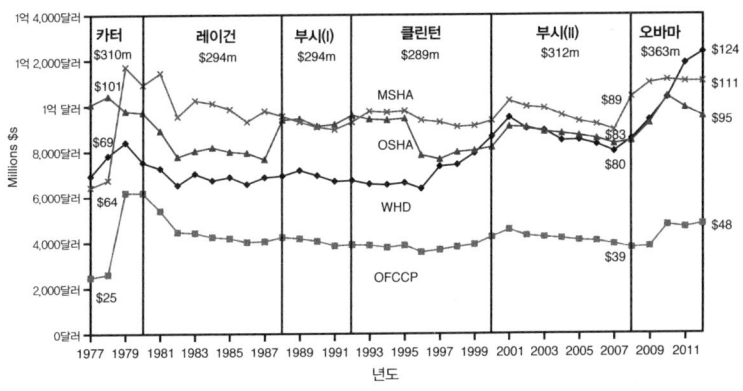

그림 9.2 노동부 프로그램 및 행정부 별 시행 지출, 1977~2012년(1982~1984년 고정 달러),
출처: 각 연도별 미 정부예산(Budget of the U.S. Government).

해, 미 경제 일터와 노동자 수는 꾸준히 증가해왔다. 일터 수는 1988년 694만 개 업체에서 2007년 771만 개 업체로 약 11% 성장세를 보였으며, 같은 기간 피고용인 수는 1억 810만 명에서 1억 2,060만 명으로 약 11.5% 증가했다.[5]

동일 기간 시행 재원이 장기적 정체현상을 보인 것과 대조적으로 일터와 피고용인 수는 꾸준히 증가했음을 알 수 있다. 달리 말해 시간이 지날수록 일터 감사율이 점점 떨어졌음을 의미한다. 실제로 일터 감사는 극히 드문 행사처럼 되어버렸다. 근로기준분과 조사 확률이 이 상황을 그대로 대변하고 있다. 표 9.1은 균열일터 11개 산업 대상 조사건수, 업체 수, 그리고 그에 따른 연간 조사 확률을 제시해놓고 있다. 가령 식음료 산업에서 연간 조사 확률은 약 0.5%, 즉 1000에 5번 정도에 불과하며, 전체적으로 근로기준분과WHD 조사 확률은 1000에 3번도 채 못 미친다(마지막 열 참고).[6]

표 9.1 균열산업 근로기준분과(WHD) 연간조사 확률

산업	(1) 업체 수 (CBP 2008년)a	(2) 평균 WHISARD 조사 건수, 회계연도 2006-2008b	(3)연간 WHD 조사 확률 (=(2)/(1))
식음료: 제한 서비스(패스트푸드) 종합 서비스(전문 식당)	431,932	2,164	0.501%
호텔/모텔	48,644	474	0.974%
주거 건설	187,327	259	0.138%
청소용역	53,093	174	0.328%
이사 운송/로지스틱스 제공	50,386	54	0.107%
농산품 생산	22,651	1,212	5,351%
조경/원예	92,167	152	0.165%
헬스 케어	635,808	1,267	0.199%
홈 헬스 케어	24,129	73	0.303%
식료품점	89,054	519	0.583%
소매: 판매상, 백화점, 전문점	707,050	743	0.105%
전체 균열산업	2,342,241	7,091	0.303%

출처: 북미산업분류체계(NAICS) 코드위계표, 미 통계국 코드 정의.
http://www.census.gov/cgi-bin/sssd/NAICS/NAICSrch?chart=2007; 통계국 카운티비즈니스패턴(CBP)자료, NAICS http://censtats.census.gov/; 미 노동통계국 카운티비즈니스패턴 고용자료: 분기별고용임금센서스(QCEW), http://www.bls.gov/cew/#databases.
a. 미 통계국 CBP 자료, 2008년.
b. WHISARD=임금시간 조사보고자료(2006~2008년 시행, 2010년 8월 종결).

이렇듯 연간 실질조사 확률이 매우 낮음에도 불구하고, 많은 균열산업에서 조사 확률은 대개 과장되어 있다. 이 차이는 조사 확률을 산정하는 데 활용되는 "업체" 정의가 "비즈니스 거래가 일어나고, 급여

와 고용기록이 유지되는 물리적 단일 장소"로 되어 있다는 점에 기인한다.[7] 많은 업계에서 "업체"의 정의는 피고용인이 작업활동을 수행하는 곳이라는 점에서 "일터"를 산정하는 합리적 방식이다. 업체는 또한 호텔 및 모텔, 식음료, 소매업 일부를 포함해 균열이 일반적 현상이 된 일부 산업에서 일터와 동의어다.

그러나 다른 많은 균열일터 산업에서 "업체"의 정의는 일이 실제로 행해지는 물리적 장소가 아니라 급여 기능이 있고 일이 조직화된 곳으로 한정한다. 그렇게 본다면, 주택건설 부문에서 월급이 지급되는 사무실이나 심지어 트레일러가 업체일 수는 있어도 실제로 작업이 이루어지고 노동자들이 일하는 건축현장은 업체가 아니라는 뜻이 된다. 하지만 주택건설업이 붕괴하기 바로 전 몇 해 동안 모든 주거건축 "업체"당 평균 13개의 건축현장이 딸려 있었다.[8]

마찬가지로, 농업 관련 업체는 "농장"과 전혀 다르다. 후자(농장)는 회계연도 통계에 의해 "1,000달러 이상의 농산물이 생산되고 판매되는 곳, 또는 정상적으로 판매될 수 있는 곳"으로 정의된다.[9] 이 광의의 정의가 농업 자체가 이루어지는 곳을 보다 잘 포착하고 있다. "농업"에 대한 가장 광의의 정의(북미산업분류체계, the North American Industry Classification System: NAICS, code 11)에 따라 2008년 총 2만 2,651개 농업 관련 업체가 집계되었으나 이는 단지 총 농장 수의 일부만 나타낼 뿐이다. 2007년 기준 농장 수는 220만 개를 초과했다.[10]

세 번째 예는 청소용역서비스에서 찾아볼 수 있다. 업체 추산에 따르면 청소용역서비스 제공업체는 급여기록이 있는 곳만 포함할 뿐, 피고용인이 서비스를 제공하는 수천 개 일터는 제외시키고 있다.

표 9.2 특정 균열산업 근로기준분과(WHD) 연간조사 확률

	(1) 업체 수 (CBP 2008년)	(2) 물리적 일터 수 (추산)	(3) 연간 WHD 조사 확률(표 9.1)	(4) 조정 확률 (추산)
주거건설[a]	187,327	2,435,251	0.138%	0.01%
농업 부문 다수 부문[b]	22,651	350,562	5.351%	0.35%
청소용역[c]	53,093	849,488	0.328%	0.020%

출처: 북미산업분류체계(NAICS) 코드위계표, 미 통계국 코드 정의 http://www.census.gov/cgi-bin/sssd/NAICS/NAICSrch?chart=2007; 미 통계국 CBP 자료, 북미산업분류체계(NAICS), http://censtats.census.gov/; 노동통계국 고용자료, 분기별고용임금센서스(QCEW), http://www.bls.gov/cew/#databases; 미 농무부, 전국농업통계서비스, 2007년 농업조사 북미산업분류체계(NAICS) 선정 농장; 미 통계국, 주택건축착공 자료 http://www.census.gov/construction/nrc; 청소용역서비스 업체 계약 건수: 2009년 Kaviac Inc., 청소계약 벤치마크 서베이 리포트, NTP 미디어 보도.
a. 2007년 업체 당 주택건축 착공비율 기준.
b. 100,000달러 이상 연간 생산농장 수 기준.
c. 청소용역서비스 업체당 고객 수 기준.

2009년 청소용역서비스 제공업체 한 곳의 일반적인 고객업체 수는 16개였지만, 피고용인들이 일하는 물리적 장소는 대략 85만 개였다(표 9.1에 나온 5만 3,000개를 크게 웃도는 수치다).

표 9.2는 균열산업 하위 부류에 대한 연간조사 확률을 추산한 것으로, 일터 수와 업체 수가 크게 벌어져 있음을 알 수 있다. 따라서 주거건설, 청소용역, 농업생산 부문에 고용된 취약 노동자들의 일터 수와 조사 재원 격차는 훨씬 더 커질 수밖에 없다.[11]

표 9.2에 나온 3개 산업에 대해 일터 수로 측정하면 연간조사 확률은 미미할 정도로 줄어든다. 주거건설 부문은 1만 개당 1건이며, 청소용역서비스는 5,000개당 1건에 불과하다. 물론 이는 단순 평균치로 환산한 것이므로, 조사의 최적 추산 확률은 아마도 3열과 4열 사이 어

디쯤일 것이다.¹² 그렇다 해도 연간조사 확률은 여전히 낮다. 심지어 균열산업 일부 대기업의 경우에도 근로기준분과에 의한 조사 확률은 그리 높지 않다. 예를 들어 상위 20개 패스트푸드 레스토랑(버거킹, 서브웨이 등) 중 한 개 매장이 한 해 조사받을 확률은 약 0.008%다. 그러므로 대부분의 고용주들은 정부 조사가 우선 관심사가 아니라는 전제 하에서 영업을 할 가능성이 높다.¹³

지금까지 살펴본 조사 확률은 전통적인 시행 접근이 균열산업 취약 노동자들에게 왜 도움이 안 되는지를 여실히 드러내고 있다. 오바마 행정부의 시행 재원 증대에도 불구하고, 일터 수가 너무 많기 때문에 일터 별 조사모델을 통한 감사를 시행하기에는 역부족이다. 그러므로 시행전략은 균열구조 하단에 위치한 하위 고용주들의 기준 위반 그 자체보다 이를 유발한 동기에 초점을 맞춰야 한다.¹⁴

제2부에서 설명한 청소용역 부문 고용구조 변화에서도 알 수 있듯이, 청소 업무의 대다수는 역사적으로 대기업의 정식 피고용인이 맡았으나(가령 자동차 제조업체, 컴퓨터 생산업체, 대학 등이 청소 인력을 직접 고용했으나), 아웃소싱 과정을 거치면서 특정 서비스 구매 대상으로 전환되었다. 그에 따라 청소 서비스를 제공하는 전문 업체와 사업 조직(가령, 프랜차이즈 가맹점)으로 이루어진 대형 독립 청소용역서비스 산업이 우후죽순 생겨나기 시작했다. 그 결과 근로기준분과 감사관이 (과거 대기업 피고용인에 비해) 개별 청소용역 직원들의 초과근무 실태를 점검하기가 매우 힘든 상황이 되어버렸다. 그들은 더 이상 특정 고용주 테두리 내에서 일하는 것이 아니라, 서비스 제공업체가 맡은 고객회사 여기저기에 흩어져서 일하기 때문이다.

그러므로 조사 프로토콜은 이러한 현실 변화를 제대로 반영할 필요가 있다. 가령 주거건설 현장에서 감사관은 단순히 급여 기록이 있는 곳만 둘러볼 것이 아니라 그 사무실이 운영하는 현장을 살펴봐야 한다. 노동자 면접 교차점검 기록으로만 추적할 수 있는 시간 외 근무, 밀실 급여 지불, 악의적 오분류 행태가 만연한 상황에서는 특히 더 그렇다. 마찬가지로, 청소용역서비스 제공업체 조사는 그들의 고객층을 먼저 파악해 조사 프로토콜의 중요 부분으로 포함시켜야 한다. 그래야만 현장 수준에서 감지될 수 있는 기준 위반 패턴과 이를 초래한 근본적 관행을 정확히 연관시킬 수 있다.

기존 법 시행 접근의 한계

기존 법 시행은 다음 두 가지 효과에 주안점을 둔 감사에 기반한다.

첫째, 감사를 통한 위반행위 적발과 시정은 개별 고용주의 행위를 직접적으로 변화시킨다. 가령 근로기준분과의 체불임금 조사는 직원들에게 원래 주었어야 할 임금을 소급해 지급하기 위한 것이다. 또 직업안전보건국이나 탄광안전보건국 조사는 보건안전 기준 위반을 밝혀내기 위한 것이다. 반복적이거나 고의적인 위반 업체들에 대한 과징금 부과 혹은 금지명령 조치나 정산 합의 등은 고용주의 향후 기준 준수를 보장하는 데 그 목적이 있다.

둘째, 감사는 타 고용주의 결정과 행위에 억지효과를 가져온다. 조사 확률을 높이는 것(노동부로부터 직접 연락을 받거나 동종 업계 또는 동일 지역 타 고용주와 연락을 취하는 과정에서 감사 사실을 알게 되는 것)은 실제 조사가 이루어지지 않는 상황일지라도 기준 준수 의지를 강화시킨다. 특히 과징금이 부과될 가능성이 높을 때(고용주에게 상당한 비용을 치르게 할 경우)는 그 효과가 배가된다. 감사가 종결된 이후 정부기관이 위반건수 적발과 과징금 부과 내용 등을 언론에 발표(모든 고용주에게 부정적 언론노출 가능성을 경고하는 신호)하는 경우에도 저지 효과는 꽤 크다.

그러나 균열일터에서 기존 접근은 공정근로기준법상 최저임금 기준 및 초과근무 규정 시행에 주된 초점을 맞추고 있다. 공정근로기준법의 주요 목적은 최저임금, 초과근무 수당, 기타 법적 지급금 등과 관련해 노동자에게 미지급된 체불임금을 반환하도록 하는 것이다. 수년간 근로기준분과는 주로 체불임금 반환금액(그리고 총 종결사건 수)을 통한 외부요소에 의해 평가받았으며, 스스로도 이것으로 성공 여부를 진단해왔다.

물론 각종 보수를 적게 받거나 아예 지급받지 못한 노동자의 문제를 공정하게 해결하고 체불임금 반환금액을 점점 더 늘리는 것이야말로 상찬받아 마땅하다. 그러나 체불임금 반환 그 자체가 근로기준분과의 주요 목적이 되어서는 안 된다. 고용주의 법 위반을 초래하는 요소가 바뀌지 않는 한, 감사관들은 복구불가한 시스템을 고치려는 헛된 시도만 끝없이 되풀이하게 될 것이다. 그 비근한 예가 바로 직업안전보건 분야다. 산재보상 제도가 일터에서 다쳐 수입에 지장이 생긴 노동자에게 혜택을 주어야 하지만 안전보건 정책(직업안전보건법 포함)의 궁극적인 목적은 아니다. 이 제도의 존립 이유는 일터의 재해를 줄이거나 예방하는 것이지, 재해를 입은 사람들을 보상하는 게(물론 이 목적도 중요하긴 하지만) 아니기 때문이다. 과거의 법 위반 관행을 일소하지 못하고 잘못된 행동을 제때 시정하지 못하는 접근은 감사관들을 다람쥐 쳇바퀴에 가둬놓는 것과 다를 바 없다. 매우 빨리 달리면서 쉼 없이 일하지만 일터 복지 보호와 향상이라는, 더 큰 목적을 달성하지 못하기 때문이다.

체불임금 반환이나 보건안전 기준 위반행위 시정에만 치중하는 법 시행만으로는 절대 부족하다. 일터 조건에 의미 있고 지속가능한 개선을 가져올 행동이 반드시 필요하다. 전략적 초점 두기가 매우 절실한 상황이다.

상위단계에 집중하기

기존 법 시행전략은 실제로 근로기준 위반이 일어나는 층위 자체에 초점을 맞추는 것을 전제로 한다. 그러나 이 책에서 누누이 말했듯이 여러 산업에서 기준 위반을 촉발하는 핵심 주체는 산업구조 상위의 조직들이다. 그러므로 전략적 시행은 얼핏 별 상관이 없어 보이는 상위의 실체에 초점을 맞추어야 한다. 그들이 바로 취약 노동자들이 실제로 일하는 "하위단계"의 기준 준수에 직접적인 영향을 미치는 근원이기 때문이다.

균열일터에서 시행 접근이 효과를 보려면, 법 시행 책임기관이 산업 각 부문에 깔려 있는 비즈니스 관계 지도를 파악해 노동조건에 영향을 미치는 각 행위자들을 면밀히 추적해나가야 한다. 이 관계 지도를 토대로 해야만 조사계획을 수립하는 데 어떤 조직이 궁극적으로 고려되어야 하는지를 알 수 있다. 예를 들어 식음료 분야 감사의 경우 법규 위반(가령 소비자 불만 접수로 제기된 위반 사례) 점포뿐 아니라 해당 가맹업체가 소유한 타 점포들도 포함시켜야만, 복수 가맹점의 여러 위반사례를 감지해 문제의 프랜차이즈 가맹본사(브랜드) 감사결과에 대한 체계적 분석이 가능하다. 위반사항이 어느 한 가맹점이나 소유주의 영역을 넘어서서 광범위하게 확산되었음을 확인했다면, 조사결과를 놓고 비로소 가맹본사에 직접 연락을 취할 수 있게 된다.[15]

이러한 접근은 과거 정부 차원에서 해왔던 노력과는 매우 다른 지향성을 함축하고 있다. 해당 사업체가 기록상 고용주와 다른 경우라도 이러한 방식으로 초점을 재조정함으로써 산업구조 위 아래에 넓게 포진한 다양한 행위자들이 보다 나은 일터 조건에 부응하는 행동을 하도록 촉구할 수 있다.

상위단계에 초점을 맞추는 법 시행전략이란 하위 단위들(예를 들어 프랜차이즈 가맹점, 하청 업체, 제3자 관리감독을 받는 업체)의 조직적 위반사례가 기록된 대기업을 궁극적인 조사대상으로 삼는 것이다. 우선 과거 조사기록(예를 들어 주요 브랜드 호텔체인 전역에서 일어나는 끈질긴 법규 위반) 분석을 통해 주요 행위자를 파악할 수 있다.[16] 주요 행위자들이 확인되면, 정부기관은 서로 다른 지역과 복수 가맹점에 걸쳐 광범위하고 조직적인 감사에 착수해 조직 차원의 위반 수준을 판단한 뒤 그에 따른 과징금을 부과할 수 있다. 나아가 문제 해결 과정의 일환으로 모든 점포와 현장에 대해 지원, 교육, 모니터링을 수반한 포괄적 내용을 협상할 수 있다.

이러한 직접적 시행 외에, 간접적인 지원을 통해 기업(브랜드 회사든 대형 로지스틱 조율업체든 또는 제3의 경영업체든)이 하부 단위에 대한 기준 및 관행 공표자 역할을 하도록 유도한다. 구체적으로는 과거 법규 준수 기록에 따라 주요 브랜드 회사를 그 중심으로 내세울 수 있다. 가령 시행기관은 긍정적인 고용 평판과 조직 차원의 양호한 법규 준수 기록을 가진 주요 브랜드 회사와 접촉해 이들이 업계 리더로서 전 프랜차이즈 시스템의 근로정책 준수를 이끌도록 요청하는 것이다. 이러한 협력적 합의에는 브랜드 회사가 회사 직영점과 프랜차이즈 가맹점에 관련 정보를 차례로 내려보내는 동시에 프랜차이즈 기준 점검 때 가맹점의 고용관행까지 심사하도록 하는 의무사항이 포함될 수 있다. 이는 궁극적으로 다른 브랜드 회사들이 따를 만한 롤모델로 삼으려는 의도다.

2013년 6월, 근로기준분과는 이 방침에 맞춰 패스트푸드 프랜차이즈 업체 서브웨이Subway에 대한 핵심 구상을 발표했다. 프랜차이즈 가맹점 교육, 직원들에 대한 정보 제공, 프랜차이즈 관리운영 문서 변경 등을 통해 연방법 준수율을 제고시키는 데 주안점을 둔 계획이다.[17] 이러한 프로그램의 또 다른 예는 오스트리아에서 찾아볼 수 있다. 연방일터법 준수 보장임무를 띤 공정근로옴부즈맨the Fair Work Ombudsman이라는 오스트리아 정부기관은 2012년 이 나라 최대 프랜차이즈 업체에 대한 전국 프랜차이즈 프로그램the National Franchise Program, NEP을 처음 선보였다. "우리와 적극적으로 협력해 공정 일터를 만드는 데 일조하는 프랜차이즈 기업은 해당 브랜드를 보호할 기회를 얻는다"는 취지다. 이러한 구상은 전체 시스템 차원의 일터법 준수를 보장하는 모범적인 프랜차이즈 협약을 협력적으로 도출하기 위한 것으로, 교육훈련 프로그램, 자료 및 재원 지원이 망라되어 있다.[18]

이와 유사한 내용을 고안한 미 노동부 사례를 들면, 과거 클린턴 행정부의 의류산업 법규 준수 개선 노력과 최근 오바마 행정부가 착수한 몇 가지 적극적인 방안을 들 수 있다. 그 자세한 내용은 아래와 같다.

의류산업: 법 시행 점검

정부는 균열산업의 가장 오래된 예인 의류산업 노동조건 개선 문제를 놓고 지난 1세기 이상 씨름해왔다. 1893년 하원 제조업위원회 the Committee on Manufacturers of the House of Representatives가 발표한 "착취 시스템"에 관한 조사보고서는 생산의 80%가 노동 착취형 공장에서 이루어졌다고 결론지었다.[19] 몇 년 후 윌리엄 맥킨리 대통령은 의원들과 시민들로 위원회를 구성해 철저한 현장조사를 벌일 것을 지시했고, 1898년부터 1901년까지 진행된 진상조사로 밝혀낸 장시간 노동, 저임금, 비위생적 환경 등 광범위한 착취 상황을 낱낱이 문서화했다.[20]

의류산업 생산 및 노동시장의 핵심 특징은 하청업체가 임금과 시간 등 각종 노동조건을 무시하도록 몰아붙이는 산업구조라는 점이다. 특히 여성의류 부문은 서로 다른 업체들이 디자인, 재단, 봉제, 다림질과 포장을 각각 도맡는, 다시 말해 잘게 나뉜 생산시스템으로 구성되어 있다.[21] 예를 들어 일종의 중개업체인 "자버jobber"가 소매업체에 디자인을 팔면, 소매업체는 제조업체와 상품인도 계약을 맺는다. 제조

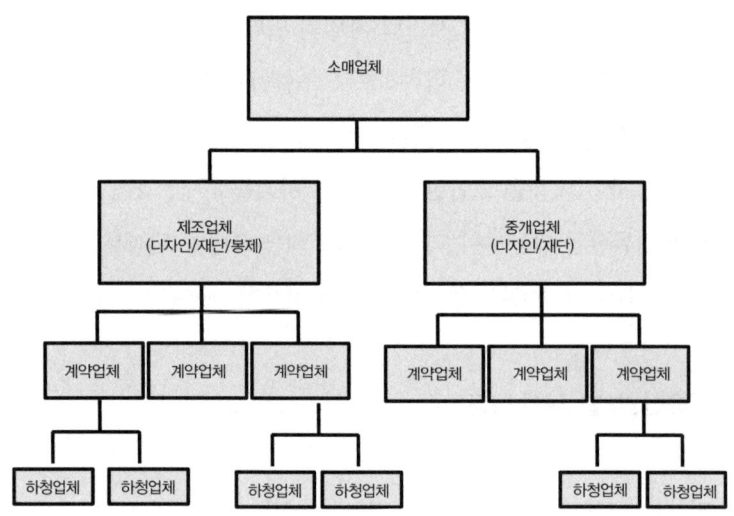

그림 9.3 의류산업 공급체인

업체는 물건을 구매해 재단하지만 봉제는 한 곳 이상의 업체와 계약을 맺는다. 그리고 이 업체는 또 다른 업체에게 그 아랫단계의 작업을 맡긴다(영세업체들은 재단된 옷감조각 보따리를 서로 차지하기 위해 치열하게 경쟁한다). 여기서부터는 높은 수준의 기술을 요하지 않는, 즉 차별화된 능력(가령 봉제기술)이 필요치 않은 시장이다. 소매업체부터 중개업체, 하청업체로 내려가는 관계구조는 그림 9.3에 잘 나타나있다.

 일반적으로 의류 생산단계가 낮아질수록(즉, 그림 9.3의 상위에 있는 제조업체나 중개업체에 의한 디자인과 재단작업에서부터 하위 하청업체가 맡는 봉제작업에 이르기까지) 경쟁의 수준은 격화되고 일거리당 이익률은 줄어든다. 봉제업체들(전직 봉제사나 재단사들 혹은 최근 미국으로 건너온 이민자들)은 진입 장벽이 낮고 차별화 기회가 적은 시장 하나를 놓고 다수의 다른 영세업체(여성의류업의 경우 평균 25~35명의 노동자들을 고용)와 치열한 경쟁을 벌인다. 여기서 극히 불리한 가격 기반 경쟁 조건이 조성된다. 즉 총비용에서 인건비가 대부분을 차지하는 봉제업체들로서는 근로기준을 일일이 맞추다가는 도저히 살아남기 어려운 경제적 압박에 직면한다.[22] 그 결과 대다수 의류산업 관련업체에서 기준위반 행위가 횡행하는 것이다.

실제로 1990년대 후반 근로기준분과에서 시행한 조사를 살펴보면, 이 같은 우려가 정확히 반영돼 있다. 1998년 로스엔젤리스 전체 계약업체의 절반 가량, 그리고 1999년 뉴욕 전체 계약업체의 3분의 1이 최저임금법을 위반했다.[23] 같은 조사에 따르면, 35명의 노동자가 근무하는 전형적인 의류 계약업체 한 곳당 연간 체불임금액이 약 1만 1,850달러에 달하는 것으로 나타났다.[24] 조사받을 확률이 낮고, 설령 조사받는다 해도 과징금 액수가 적다고 판단한 계약업체들은 노동자를 저임금으로 혹사시킬 가능성이 높았던 것이다.[25]

기존 규제방식은 계약업체와 하청업체에 주로 초점을 맞추었다. 법규 준수를 이끌어내는 주요 수단은 반복적으로 위반사항이 발견되는 업체에 대한 즉각적인 감사와 과징금 부과였다. 이는 근로기준분과와 소규모 계약업체 간 끈질기게 이어지는 쥐와 고양이의 필사적인 추격 게임으로 이어졌다. 그 결과 의류산업의 착취조건을 막아보려는 노력은 이 산업의 격화된 경쟁적 조건 때문이든 과징금을 회피하려는 수단이든 간에, 난립한 업체들이 개업과 폐업을 되풀이하는 가운데 줄곧 좌절되기 일쑤였다.

의류산업의 역학관계는 린 방식 소매업이 부상하면서 급격하게 변화했다. 상품 주문과 재고관리를 위해 소매업체에 실시간 데이터를 제공하는 정보기술과 그에 따른 린 소매방식 덕택에 소매업체들은 대규모 재고를 쌓아둘 필요가 줄고 매진이나 가격인하, 재고 위험 노출도 그만큼 낮아지게 되었다.

대신 린 방식 소매업체들에 물건을 납품하는 의류회사들은 훨씬 더 기민하게 움직이는 동시에 더 큰 폭의 소비자 수요변동까지 감수해야 하는 부담을 떠안았다. 판매시즌 내에 상품을 발빠르게 보충하는 것은 물론, 최초 주문 3일 이내 재고 보충이라는 소매업체의 요구를 따라잡아야 하는 상황에 놓인 것이다. 주문 차질은 소매업체에 큰 타격이기 때문에 "믿을 수 없는" 납품업체에 대한 위약금 부과, 주문 취소, 심지어 계약파기는 흔한 처벌이 되었고 시간적 중요도가 높아질수록 잠재적 규제도구로 악용되는 사례도 빈발하고 있다.[26]

1996년에 시작된 시행령 이래 근로기준분과는 개개의 소규모 계약업체보다는 의류 공급체인 제조업체들에 대해 압력을 행사하는 방향으로 초점을 변화시켜 나갔다. 공정근로기준법 섹션 15(a)("장물조항")에 의거, 노동부는 공정근로기준법이 요구하는 최저임금이나 초과근무 수당을 지급받지 못한 노동자에 의해 생산된 상품이 주 경계를 넘어 운송, 선적, 인도, 판매되는 것을 금하고 있다.[27] 이러한 금지요건이 전통적 의류 공급체인에 미치는 영향은 비록 제한적이지만(이 경우, 장기 선적 지체로 인한 대규모 소매 재고 예상), 장물조항 발동은 적어도 소매업체와 제조업체의 비용을 크게 상승시킬 수 있다(현 린 소매방식의 평균 시간을 감안할 때 선적 지체와 계약 상실로 인한 비용 증가). 실제로 이 조항의 발효는 위반에 따른 잠재적 불이익(체불임금과 과징금 액

수 초과)을 적잖이 발생시키는 효과가 있다.[28]

장물조항 발효에 의존하는 근로기준분과 정책은 하청업체에 대한 제조업체의 규제 책임을 강화시키기 위한 것이다. 금수조치 대상 해제 여부가 하청업체에 대한 제조업체의 근로기준 준수 프로그램 수립 합의 여하에 달리도록 만들었기 때문이다. 이때 제조업체는 두 가지 유형의 합의사항에 서명할 것을 동의해야 한다. 제조업체와 노동부 간 합의, 그리고 제조업체와 하청업체 간 합의다. 두 합의에는 제조업체가 실시할 모니터링 시스템의 기본요건들이 명기된다.[29]

통계학적 분석에 따르면, 이러한 모니터링 합의가 캘리포니아와 뉴욕시 의류 하청업체들의 최저임금법 준수 향상으로 이어졌음이 입증되었다. 2000년 서던캘리포니아만 하더라도, 제조업체에 의한 엄격한 하청업체 모니터링은 최저기준 미달 임금 지급건수(노동자 100명당 20명)와 체불임금액 감소(노동자 한 명당 평균 주 6달러)로 나타났다.[30] 서던캘리포니아 의류 계약업체 무작위 표본 최저기준 미달 임금 지급건수(노동자 100명당 27명)와 체불임금 액수(노동자 한 명당 평균 주 6.50달러)와 비교해 적잖은 효과를 거뒀음을 알 수 있다.[31]

근로기준분과가 공급체인 상위, 즉 하청업체 법규 준수에 직접적 영향을 미치는 주요 당사자(제조업체)에 초점을 맞춘 것은 기존 접근법의 특징인 쥐와 고양이 추격게임을 효과적으로 대체한 전략이라 할 만하다.[32] 사적 모니터링 시스템 창출에 공적 시행권한을 동원한 정책(상품 인도 금지)은 강력한 저지효과를 발휘했으며, 법규 준수 향상의 토대를 마련하는 계기가 되었다. 특히 1998~2000년 LA와 1999~2001년 뉴욕에서 나온 조사결과는 전체 시스템 차원의 법규 준수율이 높아졌음을 명확히 입증했다. 무엇보다 제품이 금수조치될 가능성이 적은 파트너를 찾도록 제조업체를 자극하는 이 시스템은 신규 의류업체들의 규정 준수율을 끌어올리는 데 일조했다.[33]

그러나 부시 행정부 시기 8년 동안 의류 공급체인에 대한 시행 접근은 거의 방치되다시피 했다. 이후 2008~2012년, 근로기준분과가 서던캘리포니아 1,500곳의 의류 하청업체아 제조업체를 조사했고, 또다시 대규모 공정근로기준법 위반사례를 적발했다. 2012년 여름 LA 시내에 자리잡은 일단의 의류공장들이 포에버 21을 포함해 여러 대형 소매업체에 납품할 의류 생산과정에서 최저임금 및 초과근무 기준을 심각히 위반했음을 밝혀낸 것이다.[34]

공급체인 역학관계에 초점을 맞춘 법 준수 제고 노력 차원에서 2012년 10월, 노동부는 포에버 21에 서던캘리포니아 소재 제조업체와 계약업체들에 관한 모든 자료를 제출하라는 정식 송장을 발부했다. 루벤 로잘레즈Ruben Rosalez 근로기준분과 서부지역 담당 행정관은 송장 발부와 함께 언론 보도자료를 통해 이렇게 지적했다. "2008년 이래 우리 감사관들이 착취와 혹사에 가까운 조건에서 포에버 21에 납품할 상품을 생산하는 수십 개의 업체들을 전부 조사한 결과, 이 소매업체의 국내 공급업체들 사이에서 최저임금, 초과근무, 기록유지 요건에 저촉되는 광범위 위반사례가 만연해 있음을 확인했다." 이어 그는 "지속적인 조사과정의 일환으로 우리 측에 정보를 제공하라는 요구에 대해 이 소매업체가 난색을 표했음"을 폭로하면서 다음과 같이 덧붙였다. "포에버 21 같은 회사들이 송장에 응할 것을 거부하는 행위는 법을 대놓고 무시하는 처사로밖에 해석될 수 없다. 노동부는 모든 수단을 동원해 노동자들의 체불임금을 전부 받아내고, 해당 고용주에게 그에 응당한 책임을 지울 것이다."[35]

기업 차원의 합의

과거 법 시행은 위반이 일어난 일터에만 초점을 맞추었고, 오로지 해당 층위 문제 시정에만 매달렸다. 그러나 한 일터에서 일어난 심각한 위반은 그 일터와 연관된 기업 차원의 광범위한 위반 패턴을 암시한다. 그러므로 기업 전체가 나서서 법규 준수를 지향하도록 촉구할 필요가 있다. 최근 여러 주정부 시행기관과 오바마 행정부는 노동조건 위반이 팽배하다는 문제제기 및 그 증거가 속출하는 부문을 중심으로 기업 차원의 해결 합의 추진에 발동을 걸고 있다.[36]

그 예로 직업안전보건국과 미국 전역에 800개 매장을 소유한 자동차서비스 제공업체 먼로 머플러Munro Muffler Company 간 합의를 들 수 있다. 매사추세츠 스토턴에 위치한 먼로 머플러 사의 한 매장에서 유압식 승강기가 고장나는 바람에 차량 한 대가 갑자기 지상으로 굴러떨어졌다. 다행히 인명피해는 없었지만, 이 사고로 직업안전보건국은 즉시 현장조사를 나왔고 먼로 머플러에 과징금 1만 9,000달러를 부과했다. 처음에 먼로 측은 강하게 항의했지만 결국 사고발생 차고뿐 아니라 전 시설을 포괄하는, 직업안전보건국과의 합의서에 동의했다. 스토턴 사고 조사결과 유압식 승강기 안전위험을 다루는 기업 차원의 정책이 부재했다는 사실이 드러났고, 합의를 통해 먼로 머플러는 직업안전보건국이 관장하는 모든 현장의 승강기 점검 및 관리 프로그램을 의무적으로 개발·실시하기로 약속했다. 이 프로그램에는 승강기 조작 인원에 대한 교육훈련, 산업기준에 맞춘 지속적인 장비점검, 확인된 문제점 시정, 직업안전보건국에 제출할 서면보고 조항 등이 포함되어 있다.37

직업안전보건국 조사에 이은 기업 차원의 또 다른 합의는 낙하 및 열상위험 적발로 58만 9,200달러의 과징금을 낸 데뮬러스 슈퍼마켓 DeMoulas Supermarket, Market Basket 사례에서 찾아볼 수 있다. 당국의 조치에 격렬히 항의하던 데뮬러스는 60개 매장의 위험요소를 점검하고 향후 예방대책을 마련한다는 내용을 골자로 노동부 법무청과 합의에 이르렀다. 한마디로 이 합의는 회사가 각 점포에 대한 안전보건 프로그램을 개발하도록 요구하는 내용으로, 유효성 점검을 위한 모니터링 및 평가절차, 위험요소와 위반사항에 대한 기록 및 시정요건, 기준 위반 직원(간부도 포함)에 대한 교육훈련 등이 포함되었다. 또 정책 시행 여부를 확인하기 위해 "회사의 보건안전 프로그램 요건을 개발, 시행, 점검, 강제할 권한과 책임을 가진" 정식 보건안전 감독관을 고용하도록 규정했으며 그외에도 신규 및 기존 직원들에 대한 총체적인 연례교육뿐 아니라 매장과 부서 관리자 심사기준의 일부로 보건안전 수행조치를 넣을 것을 요구했다.38

먼로와 데뮬러스 사례에서 보듯이 기업 차원 합의의 세 가지 요건은 균열일터 조건에 대응하는 접근법이라는 점에서 대단히 시의적절하고 주목할 만하다. 기업 차원 합의는 첫째, 체계적인 차원에서 단지 위험이 직접 관찰된 곳에만 한정하는 것이 아니라 전 조직에 걸쳐 위험을 줄이는 기제를 마련한다. 둘째, 본질적으로 적극 대응형식을 취함으로써 직접적인 문제 시정에 그치지 않고 문제로 이어지기 전 단계의 위험을 감지하고 사전 처리할 수 있게 한다. 셋째, 기업이 합의요건에 대한 충분한 이행능력과 전문성을 겸비하고 있다는 전제 아래 공적 시행 압력을 행사해 사적 체계 정비를 유도함으로써 기업 스스로 지속적인 보건안전 노력을 모니터링하고 관장할 수 있는 내부 기제를 개발하도록 한다. 단, 사적 모니터링의 자발적 이행에만 의존하기보다 합의조항 준수 의지를 높일 강력한 공공정책이 수반되어야 한다.

이처럼 상위 부문에 초점을 맞추는 정책은 기존 시행방식을 뛰어넘어 일터 조건을 크게 변화시킨다. 마르테 켄트Marthe Kent 직업안전보건국 메사추세츠 지역행정관은 먼로 머플러 합의에 대해 다음과 같이 언급했다. "이 합의에서 중요한 것은 다중적인 효과다. 이 합의는 여러 주에 포진한 서비스센터 먼로 직원들에 대한 안전기준을 높이게 될 것이며, 이는 곧 수백 개 일터, 수천 명 직원에게 보다 안전한 일터 조건이 마련된다는 것을 의미한다."[39]

균열 건설의 개선 방안

노동부 직업안전보건국과 근로기준분과는 최근 상위에 초점을 맞춘 접근법을 건설 부문에도 적용하고 있다. 많은 업계 대기업과 마찬가지로 종합건설업체나 건설관리업체 역시 나름의 기조를 정해놓고 건설현장 하청업체들이 따라야 할 전반적인 기준을 제시한다.[40]

정책적 압력을 행사한다는 것은 단순히 돈 많은 업체를 주요 대상으로 삼자는 발상에서 나온 게 아니다. 건설업 상위에 주안점을 두자는 취지는 종합건설업체의 고유 역할을 활용해 하청업체를 선정하는 방식(안전, 품질, 기타 행위에 대한 업체의 실적 기록에 따른 입찰 방식을 포함해), 건설과정에서 현장의 보건안전 행위를 맡아 조율하는 방식, 건설현장의 일일 운영을 점검·관리하는 방식, 실적 기반으로 하청업체를 평가해 보상 혹은 징벌하는 방식 등에서 종합건설업체 측의 이해관계(책무)를 높이기 위한 것이다. 그러므로 이러한 시행방식(가령 하청업체의 직업안전보건법 기준 위반에 대해 종합건설업체나 건설관리업체의 감독 소홀을 이유로 그 책임을 묻고 과징금을 부과하는 것)은 건설현장 관리의 변화뿐만 아니라 어떤 업체에게 하도급을 맡길지에 영향을 미치며, 나아가 전반적인 보건안전 위험 노출을 감소시킬 수 있다.

직업안전보건국과 네이션스 루프Nations Roof

주거건설은 다른 건설업 부문에 비해 탈중심화 경향이 강하다. 그러나 2007년 주택건설 거품이 꺼지기 전 주요 주거건설업체 간 합병이 대거 이루어지면서 건설 붐이 최고조에 달한 시기에는 상위 10개 건설사가 신규 주택건설의 25% 가량을 수주할 정도였고,[41] 대형 종합건설업체들의 성장세로 이어졌다. 이러한 전국 단위 업체 중 하나인 네이션스 루프Nations Roof LLC와 직업안전보건국 간 합의는 상위에 초점을 둔 시행법의 실례로, 일단의 계약업체들 모두 네이션스 루프라는 하나의 사업체 산하에서 17개의 계열사들로 사업을 운영해나갔다.

과거 직업안전보건국은 각 회사를 독립적인 별도 업체로 다루었으나 위에 언급한 기업 차원의 합의에 따라 계열사들로 이루어진 하나의 공동 업체로 간주해 각종 위반사항에 대응해나갔다. 특히 제휴사들을 조율 관장하는 실체의 역할행사 증거로 네이션스 루프의 자체 웹사이트를 들었다.

네이션스 루프는 독립업체들 간 제휴가 아닌, 정시 일괄서비스 인도가 가능한 하나의 회사다. 각 사업주는 한 회사 내 단결된 소유주이자 파트너다.

계열사들을 공동 비즈니스의 일부로 본다는 언급은 곧 여러 곳에서 발생한 위반이 반복적 위반으로 간주되며, 높은 과징금이 매겨질 수 있음을 의미한다. 그러니까 각 회사들을 전국 단위 기업의 계열사로 상대할 경우, 지붕 붕괴를 초래한 안전조치 위반이 "심각한" 위반에서 "반복적" 위반으로 재분류됨으로써 과징금이 2,100달러에서 무려 3만 5,000달러로 크게 올라간다는 뜻이다.[42]

직업안전보건국과 네이션스 루프 간 합의는 모(母)조직에 요구되는 여러 가지 새로운 특징적 요소들을 포함하고 있다. 이 합의에 의거, 네이션스 루프는 16개 계열사의 전반적 보건안전에 책임 있는 당사자 역할을 해야 한다.[43] 구체적으로 네이션스 루프는 첫째, 과징금 축소 대가로 16개 계열사 비즈니스 관리자들에 대한 경영개발 프로그램에 보건안전 정책과 관행, 기준 관련 교육훈련을 포함시키도록 한다. 둘째, 각 계열사로 하여금 한 명의 관리자를 보건안전 감독관으로 임명해 보건안전 정책 수립과 운영에 관한 실무를 맡기고 건설현장 주간감사를 비롯한 특수활동에 관여하도록 한다.[44] 셋째, "정기적으로(예를 들어 연 1~2회 등) 보건안전에 영향을 미치는 문제들에 관해 각 사업 단위 소유주와 관리자의 실적을 심사"한다. 실적 기준에는 건설현장에서의 상해 및 질병 발생건수와 심각성 정도, 회사에 의해 실시되는 점검 횟수와 질, 보건안전 프로그램의 적정도와 기타 요소 등이 포함된다. 넷째, 일반 보건안전 절차, 작업현장 점검, 교육훈련, 안전 문제에 관한 일일 "안전지침 설명toolbox talk," 그리고 지속적인 현장별 안전계획 개발 등 매우 구체적이고 엄격한 요건들을 수립한다.

마지막으로, 네이션스 루프는 "모든 계열사의 실제 작업현장을 대상으로 무작위 미예고 점검을 수행한다. (…) 섹션 4(I)(iii)에 따로 기재되지 않을 경우, 회계연도마다 총 4차례씩 각 계열사들에 대한 모_母기업 감사를 실시"한다. 이는 계열사들의 보건안전 행위를 관장하는 모_母조직의 책무를 다시 한 번 명확히 상기시키는 내용이다(네이션스 루프가 자사 웹사이트에 "정시 일괄" 서비스 인도 보장 역할을 명기한 것과 같은 맥락이다).

근로기준분과와 리타이어 컨스트럭션Lettire Construction

연방기금 프로젝트 건설현장 노동자들이 다른 건설업 일반 노동자들에 상응하는 보수를 지급받아야 한다는 차원에서,[45] 근로기준분과가 추진한 최근 시행법은 연방기금 건설 프로젝트를 관장하는 종합건설업체들이 자체 인력에 대한 임금요건 위반뿐 아니라 하청업체들의 임금 기준 위반에 대해서도 책임을 지도록 예고하고 있다. 주요 주택 건설 계약업체인 리타이어 컨스트럭션 사례는 이러한 점에서 매우 고무적이라 할 수 있다.

2009년 미국 경기부양법The American Recovery and Reinvestment Act 기금을

받는 뉴욕 소재 건설 프로젝트 두 건과 관련해 리타이어 컨스트럭션과 16개 하청업체를 대상으로 실시한 감사에서 근로기준분과는 노동자 오분류, 최저임금 기준 미달, 초과근무 수당 미지급 등 이 회사와 하청업체들에 의해 저질러진 여러 건의 위반사항들을 밝혀냈다. 이후 체결한 근로기준분과와 이 회사 간 합의서는 리타이어가 "자사와 하청업체 피고용인들의 체불임금 해결 노력과 함께, 자사와 하청업체가 향후 관련 법규를 준수토록 하며, 연방기금 프로젝트에 따라 하청업체의 어떤 위반사항에 대해서도 지불을 보장토록" 요구하고 있다.

또한 합의서는 회사가 공인된 제3자 감독관을 고용해 공공기금 프로젝트 관련 모든 업체들의 법 준수 여부를 점검하도록 하는 모니터링 매커니즘을 마련해놓았다. 이에 따라 감독관은 리타이어와 하청업체 직원들에 대한 교육연수를 정기적으로 실시하고, 위반사항을 비밀리에 즉각 보고할 수 있는 핫라인 개설 임무를 맡는다. 또한 리타이어가 하청업체를 선정할 때 과거 법 준수 이력을 심사하도록 강제하고 있다(의류산업의 예와 같이 법규를 준수하는 총괄 계약업체와 하청업체 간 짝을 짓도록 유도하는 긍정적인 피드백을 얻을 수 있다). 마지막으로 이 합의안을 지키지 않는 업체는 앞으로 공공기금 프로젝트에서 제외시킨다고 규정함으로써(즉, 향후 연방기금 프로젝트 입찰 불가) 합의안을 고수할 강력한 견인장치도 마련해놓았다.[46]

일터법 준수와 관련한 이러한 유형의 합의가 종합건설업체 네트워크에 미치는 직접적인 효과는 그 자체로 크다. 그러나 더 중요한 것은 그러한 합의가 하청업체 입찰, 모니터링, 심사방식에 미치는 파급효과다.

투명성과 명성, 그리고 새로운 균형

상위에 초점을 맞춘 정책의 보조전략으로, 균열을 이끈 주요 요소인 브랜드 명성을 활용하는 방법이 있다. 명성을 기반으로 한 경쟁전략은 전 산업(한때 원자재로 간주되던 제품 생산에까지)에 구석구석 스며있으며, 사업적으로도 굉장히 효과적이다. 강한 소비자 충성을 유도하거나 깐깐한 품질기준을 확신시킴으로써(또는 이 두 가지의 조합을 통해) 높은 가격을 책정해 더 큰 이익을 창출하는 것이다. 이는 소비자와 일반 대중 모두에게 혜택이 돌아가는 기업의 합법적인 목표다.

이러한 사업전략을 감안할 때, 기업은 세심하게 고안해놓은 기준을 허물어뜨리거나 어렵게 쌓은 이미지에 먹칠을 하는 위협에 매우 민감해질 수밖에 없다. 그러므로 명성에 흠집을 낼 만한 그 어떤 위협(사적이든, 공적이든 상관 없이)이라도 사전에 막기 위해 나름의 시스템을 가동한다. 신발이 노동착취 공장에서 제조된다는 주장에 맞선 나이키의 대응이나 아이폰 생산공장의 열악한 노동조건 실태 보도에 대한 애플의 대응, 또는 각종 노동·환경·소비자 캠페인에 이은 월마트의 대응으로 보더라도 기업은 자사 평판을 해친다고 판단되는 일에 대해서는 매우 예민하게 반응한다.

광범위하게 이루어지는 투명성 제고 노력(규제 목적의 기업 표준정보 공시)은 바로 이러한 맥락에서 균열일터 개선에 도움이 된다. 무엇보다 먼저, 노동조건에 관심을 가진 일부 소비자들이 기록상 불량한 회사들을 멀리하도록 만들 수 있다. 하지만 이것만이 유일한 목적은 아니다. 투명성 강화 차원의 정보 공시는 기업의 대안적 문제해결 의지를 제고시킨다는 데 더 큰 의의가 있기 때문이다. 가령, 공시 정보에 기록된 위반사례가 식품이나 서비스 품질 저하의 징후(또는 이유)로 인식될 것을 우려한 회사가 자사 브랜드 보호를 최우선 목표로 삼아 기존 관행을 바꾸려 노력하는 경우다. 물론 여기에는 의무 공시정책 추진 결과라 할 기업의 선제적 대응도 포함된다.[47]

투명성 제고 노력이 로스앤젤리스 카운티의 한 레스토랑 위생 상태에 미친 영향은 가맹점의 규정 위반을 밝혀낸 공공정책 성과의 흥미로운 예다. 레스토랑에 의무 공시정책이 도입되기 이전, 한 브랜드 회사 가맹점이 같은 브랜드 직영점들보다 위생 상태가 불량하다는 평판이 돌았다. 1998년 로스엔젤리스 카운티는 모든 레스토랑이 매장 전면에 위생점검 결과에 따른 등급을 공개하도록 요구했고, 이 조치는 동일 브랜드 매장 간 위생 실적 격차를 없애는 데 일조했다. 이러한 방식으로 불량 매장의 무임승차 관행을 일소하려는 노력은 소비자 행위의 결실이기도 했지만 한편으로는 명성에 미칠 악영향을 우려한 브랜드 기업의 내부 압력 결과이기도 했다.[48]

이러한 예는 명성 자체가 규제 수단이 될 수 있음을 잘 보여준다. 일터 규제기관은 조사대상 기업과 관련 업체들의 관계(하청, 제3자 관리, 또는 프랜차이징) 지도를 파악해 총체적 역할을 행사하는 통제 고용주에 위반 내역을 포함한 점검 내용을 알리는 한편, 별도의 웹을 통해 주기적으로 관련 정보를 제공해나가게 된다.[49]

투명성 강화를 기업 규제도구로 최대한 활용하고 있는 오바마 행정부는 모든 행정기관이 기업 투명성을 제고시키는 데 매진할 것을 주문했고, 이러한 노력의 연장선상에서 노동부는 노동자들이 공정근로기준법이 정한 임금을 제대로 받고 있는지를 판별할 새로운 앱을 개발해냈다. 또한 근로기준분과와 직업안전보건국 자료를 이용해 과거 법규 준수 기록을 최종 사용자에게 제공하는 앱 개발 콘테스트를 후원하기도 했다. 첫 앱 콘테스트의 승자인 "먹고/쇼핑하고/잠자기"는 이 정보를 'Yelp' 같은 소비자 탐색 앱과 유사한 포맷으로 제공한다. 이 모든 노력들이 각종 시행자료의 효과와 영향력을 높이는 잠재적 힘으로 작용하고 있다.[50]

악덕 고용주 막아내기

악의적 균열

일부 균열은 고용 책무를 교묘하게 회피하려는 목적에 노골적으로 맞춰져 있다. 가령, 어느 모로 보나 피고용인임에도 불구하고 독립계약자로 분류하는 경우다. 8장에서 언급했듯이 미국의 대다수 주는 이미 10년 전부터 이 문제를 인지하고 있었으며, 수많은 관련 법규들이 이러한 고의적 오분류에 적극 대처해왔다. 2011년 노동부는 국세청 및 각 주의 노동기관과 합세해 오분류에 중점을 둔 주요 시행 방향을 예고한 바 있다.

이러한 노력은 단순히 위반사례 단속에 그치는 것이 아니라 2차적 여파를 발생시키는, 즉 동일 산업 내 합법적 서비스 제공업체가 살아남기 힘든 무리한 가격경쟁 조건을 유발시키는 균열 형태를 방지하는 데 목적을 두고 있다. 청소용역서비스업이 이 문제를 부각시키는 대표적 사례다. 앞서 언급했듯이 최근 몇 년 사이 청소용역 부문의 일반적 균열 형태로 자리잡은 프랜차이징은 이 산업의 특수한 구조상 가맹점의 법규 준수를 어렵게 만들고 있다. 청소용역서비스의 일반 시세와 비교한 프랜차이즈 구조 내 기본비용 분석은 가맹점이 두 가지 선택의 기로에 서 있음을 여실히 보여준다. 직원들에게 임금을 덜 지급하거나 프랜차이즈를 유지할 만큼 충분한 수익을 올리는 것.[51]

이 산업의 법규 준수를 향상시키기 위해서는 관련 시장의 역학관계를 먼저 염두에 둬야 한다. 물론 기존 접근법(개별 사업체에 초점을 맞추는 것)으로 최저임금, 초과근무, 시간 외 근무 등 사례별 위반사항들을 밝혀낼 수는 있다. 하지만 이러한 행위를 촉발하는 시장의 힘을 막아낼 보다 큰 전략과 연계되지 않으면 문제가 확산되는 추세는 결코 수그러들지 않을 것이다. 그러므로 공공정책(잠재 프랜차이즈 투자자 보호 정책 포함)은 이러한 형태의 비즈니스 조직이 내부적으로 가맹점에게 불이익을 주는 조건을 조성할 뿐만 아니라 서비스 가격 수준까지 끌어내림으로써 공공정책 취지는 물론 법 준수 여력까지 저해하지 않았는지 면밀히 평가해야 한다.[52]

최악의 범법자 가려내기

균열일터는, 8장에서 언급했듯이 정부기관이 제한된 재원을 전략적으로 이용하도록 요구한다. 가령, 불만접수에 따른 조사(근로기준분과 조사의 70% 이상, 그 외 기관 조사의 상당수를 차지)도 단순히 대응적 차

원에서 시행되기보다 더 큰 틀의 규제조치에 통합될 필요가 있다.[53]

시행정책은 구체적이고 보편적인 제지 수단을 활용해 고용주 행위에 직접적인 영향을 미쳐야 한다. 과징금 부과가 회사의 행위를 변화시켜 지속적으로 법규를 준수하도록 이끌어야 한다.

이런 식으로 당사자의 행위에 영향을 미치는 것을 "구체적 제지"라 일컫는다. 실제로 과징금을 물 수 있다는 예상 자체로도 규제 당사자의 행동 변화를 유도해 자발적 법 준수를 이끌기 때문이다. 정부가 대상 회사들을 일일이 조사할 수 없는 상황에서 행동을 변화시킬 제지 효과에 의존할 수밖에 없을 때, 과징금의 구체적 제지 효과는 특히 더 중요하다. 이러한 맥락에서 과징금 액수에는 기준 위반시 얻게 될 혜택이나 감수해야 할 손해뿐만 아니라 감사와 적발 가능성도 함께 반영되어야 한다.[54]

전략적 시행의 한 가지 특징은 업계 불량행위자(상습적·고의적으로 법규 위반을 일삼는 업체)에게 초점을 맞춘다는 것이다. 이러한 업체들이 비슷한 상황에 처한(균열구조의 낮은 층위에서 유사한 압력을 받고 있거나 기준 위반 쪽으로 쉽게 경도되는) 다른 고용주들에게 강력한 악영향을 끼치기 때문이다. 더 나쁜 것은 이러한 행위가 반복되면서 전체 규제시스템의 공정성 결여 징후로 인식되게 만들고, 법규를 준수하는 고용주에게조차 잘못된 신호를 보내 산업 내 전반적인 준법 문화를 잠식할 수 있다는 사실이다.

그러므로 최악의 범법자를 가려내 처벌하는 일은 전반적인 시행 접근에 있어서 매우 중요한 보완요소다.

탄광안전보건법 위반패턴 프로그램

1977년 제정된 탄광안전보건법The Mine Safety and Health Act, MSHA은 전체 연방일터법 중에서 감사와 과징금, 시행도구로 이루어진 가장 강력한 시스템을 자랑한다.[55] 모든 탄광에 대해 최소 연 4차례의 감사를 실시하며, 위반사항 적발시 높은 과징금(가령 심각한 위반에 대해서는 건별 최대 7,000달러, 고의적이거나 반복적 위반에 대해서는 건별 최대 7만 달러)을 부과하는 구조다.[56] 또한 이 법은 "임박한 위험"을 이유로 탄광 운영을 종료시키거나 일부를 폐쇄할 수 있으며, 위반사항을 즉시 시정하지 않는 운영업체에 막대한 불이익을 주는 권한도 지닌다.

그러나 이렇듯 강력한 시행조치에도 불구하고 2010년 4월 메시 어퍼 빅 브랜치Massey Upper Big Branch 탄광에서 29명의 광부가 목숨을 잃은 참사가 입증해주듯, 탄광업은 여전히 보건안전 기준 위반을 일삼는 비양심 업자들이 활개치기 쉬운 위험한 산업이다. 2011년 사고 조사보고서에서 탄광안전보건국MSHA은 "비극의 뿌리 깊은 원인은 메시 에너지의 불법적 정책과 관행"임을 지적하며, 369건의 소환장을 발부하고 1,080만 달러의 과징금을 부과했다.[57]

메시 에너지는 1994년 이래 탄광안전보건법MSHA과 정부 규제를 드러내놓고 비난하는 돈 블랜켄십Don Blankenship이 이끌어왔다. 회사는 2009년 일련의 감사과정에서 515건의 소환장이 발부된 것을 비롯해, 그의 재임기간 동안 심각하고 엄중한 탄광안전보건법 기준 위반으로 수 차례 소환당한 바 있다.[58] 이후 이러한 회사들을 대상으로 과징금 부과 이외의 강력한 압력수단을 찾아내는 것이 해당 정책기관의 우선

순위가 되었다.

탄광안전보건국은 최근 업계 최악의 위반 업체를 표적으로 삼아 불법행위를 개선토록 압박하는 모델을 만들어내는 데 주력하고 있다. 탄광안전보건법 섹션104(e)을 근거로 탄광안전보건국은 광부들의 보건안전 문제를 끈질기게 무시해온 운영업체들을 처리할 강력한 시행수단을 부여받았다. 가령 운영업체가 "상습위반POV, pattern of violation" 업체로 분류되고 탄광안전보건국 감사관에 의해 심각하고 엄중한 위반사항이 적발될 경우, 탄광안전보건국은 해당 조건이 시정될 때까지 현장으로부터 광원들을 철수시킬 것을 명령할 수 있다.[59] 광원 철수를 요구하는 이 조항에 의거, 탄광안전보건국은 운영업체가 적발된 문제를 해결할 때까지 운영을 중단시키는 권한을 갖게 되며, 운영업체는 상습위반POV 업체 지정을 초래한 전반적인 노동조건 개선 노력과 그 진전 사실을 구체적으로 입증하지 않으면 안 된다.

하지만 실제로 이 조항 적용은 제한적이었으며 업계 저항도 만만치 않았다. 시행 절차를 정립하기 위한 규제안 마련 시도부터 적잖이 소모적인 논란을 불러일으켰다.[60] 이후 오바마 행정부가 새로운 규제조치를 공표하면서 해당 정책기관이 상습 위반업체의 위반패턴을 좀더 효율적으로 파악하고 체계적으로 진단할 수 있게 되었다. 이 규제는 규범 준수, 사고, 상해, 질병기록을 망라해 보다 광범위한 척도로 불량 업체를 확인하고 상습위반 업체를 지정하는 발판을 마련했다. 이로써 명확한 기준에 따른 일관적 적용이 가능해졌고, 위험한 작업환경을 조성한 불량업체를 효율적으로 식별할 수 있게 되었다. 나아가 웹상에서 상습위반 지정 정보를 참고할 수 있도록 함으로써 운영업체 자체적으로 기준에 따라 규범 준수 기록을 모니터링할 수 있도록 했다. 검증도구 안내를 살펴보면 다음과 같다.

탄광안전보건국 월간 모니터링 툴Monthly Monitoring Tool이 개발되기 이전, 탄광운영업체는 해당 탄광이 구체적인 기준에 부합하는지 판단하기 위해 각 탄광의 규범 준수 기록을 추적해 그 통계를 일일이 산정해야 했다. 그러다보니 탄광안전보건국으로부터 먼저 위반패턴 통지를 발부받는 경우가 대부분이었다. 현재는 복수 탄광을 소유한 업체를 포함한 전 탄광 운영업체는 각 탄광의 통계를 따로 산정할 필요 없이 탄광안전보건국 월간 모니터링 툴로 손쉽게 운영실적을 자체 모니터링할 수 있게 되었다.[61]

그러므로 온라인 검증 툴은 탄광운영업체가 보다 자발적으로 보건안전 환경을 개선하고 사전 대책을 강구해 관련 기준을 준수할 수 있도록 유도한다.

이에 따라 상습위반 지정 위기에 있는 운영업체가 탄광안전보건국과 협력해 공인 보건안전 관리 프로그램에 착수함으로써 심각하고 엄중한 위반사례가 현저히 감소하고 구체적인 상한선이 정립되는 효과를 가져왔다. 마지막으로 탄광안전보건국이 상습위반업체 지정뿐 아니라 다른 모든 종류의 소환과 명령조치를 활용토록 해주었다. 이는 기존 상습위반 판별시 고려대상에서 제외되었던 수많은 논란대상 및 소환 건수를 감안할 때 매우 의미 있는 조치였다.[62]

물론 규제는 업체들의 도박성 유혹을 자극하기도 한다. 그러니까 상습위반 업체 지정에 활용될 결정적인 사고 및 부상 통계를 가능한 한 적게 신고하려는 동기가 작용한다는 의미다. 상습위반 지정 문턱에 다다를수록 그 유혹은 점점 강해질 수밖에 없다. 그러나 어떤 규제 시스템에든 상존하는 이러한 문제는 추후 심각한 위반 대가를 초래하게 된다. 아래 예를 살펴보자.

블랙맥의 교훈

2010년 5월 14일, 화약 제조업체인 블랙맥Black Mag LLC 노동자 2명이 작업 도중 사망하는 안타까운 일이 벌어졌다. 이 회사 뉴햄프셔 콜브룩 시설에서 발생한 폭발사고 때문이었다. 현장조사에 나선 직업안전보건국은 50건의 고의적이고 악의적인 중대 위반사항을 적발해 120만 달러의 과징금을 부과했다. 고용주는 격렬하게 항의하면서 폭발사고와 잇단 징계로 더 이상 사업을 지속할 수 없다며 과징금 납부가 불가하다는 입장을 밝혔다.

결국 이 사건은 직업안전보건국과 이 회사 회장이자 소유주 크레이그 산본Craig Sanborn 간 유례없는 합의 도출로 끝을 맺었다. 블랙맥은 과징금에 대한 이의제기를 철회했고 직업안전보건법 위반 사실도 시인했다. 산본은 합의에 따라 "직업안전보건법의 폭발물 및 안전관리 기준에 해당하는 사업은 추후 직접 혹은 공동이나 타인을 통해 시행, 설립, 소유, 운영하지 않을 것"이며 "직업안전보건법의 폭발물 및 안전관리 기준에 해당하는 타 사업체와 1킬로미터 이내에 인접할 경우, 노동자가 일하는 그 어떤 업체에도 절대 관여하지 않을 것임"을 약속했다. 나아가 직업안전보건국은 산본이 이 조건을 위반할 경우 합의

안 묵살을 이유로 연방법원에 소송을 제기할 수 있도록 하는 추가조항도 포함시켰다.[63]

블랙맥은 위험스러운 고용주의 노동자 고용을 원천봉쇄한 극단적인 사례를 대표한다. 또한 최악의 위반업체, 즉 양심적 고용주의 경쟁적 입지를 저해하는 고용주들에 강력히 대응하는 법 시행정책의 중요성을 잘 보여준다. 고의적·악의적·반복적으로 기준 위반을 일삼는 업체에 고용된 노동자들은 그에 맞선 굳건한 정부의 의지로부터 명백한 혜택을 얻게 된다.

나아가 정부의 이러한 노력은 다른 기업들, 특히 법을 어길 가능성이 농후한 기업들에게 커다란 억지력을 발휘한다. 이러한 제지 효과는 탄광안전보건국의 상습위반 시스템처럼 공개적인 투명성 매커니즘을 통해 극대화될 수 있다.

악의적 위반업체를 대상으로 제도화한 강력한 시행조치의 또 다른 이점은 이미 법을 준수하고 있는 다른 조직들에 미친 영향에서 찾아볼 수 있다. 환경법 시행 연구자료에서 정치학자 도로시 손톤Dorothy Thornton, 닐 거닝험Neil Gunningham, 로버트 카건Robert Kagan은 기준을 준수해온 회사들이 동종 업계나 동일 영역에서 악의적 위반업체들에게 취해진 시행조치를 사전에 인지하고 있었음을 밝혀냈다. 이러한 인지 자체가 업체들의 차후 법 준수 여부 결정에 긍정적인 영향을 미친 것이다. 정부의 시행조치가 전체 시스템의 공정성을 입증함으로써 준법행동을 강화시키는 효력을 발휘했기 때문이다.[64]

균열 결정의 균형 확보

　균열고용에 대한 전략적 시행 접근이 비교적 미개척지임을 감안해 대기업이 앞장서 하위조직들의 행위에 더 큰 책무를 갖고 대응해야 한다. 그 구체적인 방법으로 브랜드 회사가 자회사 조직에 대한 내부 교육훈련 시스템을 마련하고, 보다 명시직인 일터 기준을 균열고용의 중요 핵심기준에 통합시키며, 모든 조직의 기준 준수를 보장할 공식 모니터링 체계를 수립해 범법행위에 관여하는 가맹점이나 하위조직을 적극적으로 조사·처벌하는 일 등을 꼽을 수 있다.

　장기적으로는 당국이 균열고용의 속성(고용 책임을 떠넘길 때의 이득과 브랜드 보호라는 기업 전략의 혜택 간 균형맞추기)을 제대로 인지하고 있을 때 비로소 폭넓은 정책 수립이 가능해진다. 대기업 행위의 티핑 포인트에 결정적으로 영향을 줄 만한 정책이 마련될 때 법 준수 행위를 효과적으로 유인할 수 있으며, 나아가 일터 조건을 획기적이고 지속적으로 개선할 수 있다.

　균열의 혜택과 비용 간 균형을 맞추려는 기업의 결정 방식에 변화를 가하는 이러한 공공정책이 과거 전형적이었던 대기업 조직을 다시 불러올 수는 없을 것이다. 하지만 적어도 대기업들이 조직 내 일터에서 엄격한 사적 기준(회사의 품질기준과 실적)과 함께 일터법에 내재한 공정성이라는 공적 기준을 일관성 있게 지켜나가도록 하는 데는 기여할 수 있을 것이다.

10장

깨진 유리창 고치기

> 만약 건물 유리창이 깨졌는데, 수리하지 않고 그대로 놔둔다면, 나머지 창문도 얼마 안 가 깨지게 될 것이다. (…)
> 방치된 깨진 유리창 하나는 아무도 신경 쓰지 않는다는, 즉 유리창을 더 깨도 대가를 치르지 않는다는 신호이기 때문이다.
> ─ 켈링과 윌슨Kelling and Wilson(1982, 보다 자세한 논의는 켈링과 콜Kelling and Coles, 1996에서 찾아볼 수 있다. 이 장은 와일(2012a)에서 발췌한 것이다.)

범죄 줄이기에 관한 유명 논문에서 제임스 윌슨James Q. Wilson과 조지 켈링George Kelling은 기존 정책이 중범죄 대응에 치중되어 있다는 점에서 애초부터 초점이 잘못 맞춰져 있다고 주장했다. 이미 잘 알려진 "깨진 유리창" 이론에 비추어볼 때, 불안과 공포심을 조장하는 무질서한 행위와 경범죄 줄이기에 더 큰 역점을 둬야 한다는 것이다. 이러한 불안과 공포심이 거리 안전과 평화 수호라는 시민의 기본 책무마저 거둬들이게 만들기 때문이다. 구걸과 낙서 등 시민들이 위험 징후로 받아들일 만한 행위를 줄이는 "깨진 유리창 고치기"에 정책적 노력을 기울일 때 사람들이 다시 안심하고 원래의 일상생활로 돌아와 제인 제이콥스Jane Jacobs가 소위 도시생활의 "작은 변화"라 일컫는 사회적 접착제 역할을 받아들이게 된다는 논리다. 한마디로 신문 헤드라인을 장식하는 중범죄를 줄이려면, 그러한 범죄가 발생하기 쉬운 무질서한 길거리부터 정비해야 한다는 뜻이다.

"깨진 유리창"은 일터에도 적용시킬 수 있는 유용한 비유다. 어떤 일터(특히 다수의 저임금 노동자를 고용하고 있는 일터)는 일상 자체가 기본적인 근로기준 위반으로 점철되어 있다. 출근도장을 찍기 전부터 일터를 정돈하라든가 퇴근 이후에도 작업장을 청소하라는 요구를 받고, 초과근무 때에도 법으로 보장된 수당이 주어지지 않으며, 법정 휴식시간도 무시되기 일쑤다. 또 어떤 일터에서는 급여세법과 기타 사회적 비용을 회피하려는 고용주의 교묘한 의도에 따라 월급 내역이 아예 장부에 기재되지 않은 채 현금으로만 거래된다. 다른 일터는 "흔히 들리는 소문" 그대로, 특정 산업 보건안전 요건(건설업계에서 루프를 단단히 고정시키고 제조업체에서 적정 기계장비를 사용하며 청소업계에서 화학제품 사용 후 적절히 환기시키는 일 등)을 수시로 무시한다. 직장상사나 동료에 의한 언어폭력과 차별적 언사, 성적 농담도 횡행한다.

깨진 유리창은 그 동네의 사회적 질서가 무너졌다는 신호로, 건강한 시민생활에서 점차 멀어져 심각한 문제들의 나락으로 떨어질 수 있음을 암시한다. 마찬가지로 기본 일터법 위반이 다반사로 일어난다는 것 역시 동일한 메시지를 발신한다고 봐야 한다. 근로기준이 계속해서 묵살된다면, 누군들 직장 보건안전 기준이 진지하게 존중된다고 기대할 수 있겠는가? 직장상사가 사람들 앞에서 공공연하게 수치스러운 말을 해대는 상황에서 과연 임금격차나 각종 분쟁이 공정하게 해결될 거라고 기대할 수 있겠는가?

범죄 공포로 인해 건강한 시민생활로부터 뒷걸음치게 된다는 깨진 유리창 이론은 일터에도 그대로 적용된다. 기준 위반이 빈번한 곳에서는 그저 고개를 숙인 채 다른 사람 일에는 신경을 끊고, 동료가 당하는 부당한 대우를 외면하는 것이 유일한 생존전략이 된다. 만약 내 이웃이 길거리에서 모습을 감추고, 거리에 만연한 무질서를 보고도 문을 걸어잠근다면, 나 역시 그렇게 행동하는 게 당연한 대응책이 되어버린다. 마찬가지로 내 동료들이 사소하지만 지속적인 법 위반에 맞서지 않는다면, 나라고 다르게 행동할 수 있겠는가?

* * *

균열고용 구조의 낮은 층위에 놓인 일터 상당수가 복합적인 이유로 깨진 유리창 문제를 겪고 있다. 한편 균열구조 "바깥 궤도"에 있는 사업은 이 부문의 치열한 경쟁조건을 만든 대기업과 멀리 떨어진 채, 얼마 안 되는 이윤(있다면 다행이지만)에 그야말로 필사적으로 매달린다. 앞서 많은 사례를 통해 살펴봤듯이, 청소용역 프랜차이즈 가맹점과 농산품 재배업자들은 대체로 제때 급여를 지불하지 못하며, 균열 3단계쯤 내려가는 하청업체들은 새로운 안전장비를 구매할 돈조차 부족하다. 주택건설업체들은 인부들에게 산재보상금을 제대로 지급하지 않고, 영세한 탄광운영업체나 청소용역회사들은 주기적으로 진입과 파산을 반복하며 그때마다 새 이름을 바꿔달고 등장한다.

이 모든 일들이 규범 준수에 악영향을 미치는, 심지어 법규 위반을 일상으로 만드는 기준선이 되어버린다. 이제 다른 경쟁업체들에게도 위법이라는 유혹이 찾아들고 나만 다르게 행동할 수 없다는 태도가 점점 강화, 확산된다.[1] 이 경우 피고용인들은 고용주와 종종 파우스트 협상을 맺게 된다. 즉 자신의 목소리를 높이기는커녕 아예 내지 않기로 하는 것이다. 더 불행한 운명(재취업 전망이 희박한 상황에서 현재의 일자리조차 잃게 되는 일)이 유일한 선택이 될지도 모른다는 두려움 때문이다. 깨진 유리창 문제를 악화시키는 조건이 바로 이것이다.

제 목소리 높이기

> 자기 권리를 옹호할 힘이 없는
> 사람들을 짓누르는 힘은 사실상 무한하다.
> ― 상원의원 월터 먼데일 Senator Walter Mondale

깨진 유리창 이론은 노동자들이 일터에서 동네 무질서에 해당하는 일을 당해도 좀처럼 불만을 제기하지 않는다는 점을 암시한다. 사실 위에 묘사된 것보다 더 힘든 상황이 일터 조건을 악화시키거나 직원 불만제기를 억누르는 역설적 결과를 낳는다. 점점 더 나빠지기만 하는 암담한 현실과 대놓고 말하기에는 너무 큰 장벽 앞에서 사람들은 "불안한 거리"로부터 꽁꽁 숨은 채 입을 다물어버리는 것이다.

제 목소리를 내지 못하는 이유

노동자들이 명백한 일터법 위반을 겪고도 선뜻 문제제기를 하지 못하는 이유는 무엇일까?

첫째, 노동자들이 공정근로기준법 하에서 임금 미지급에 이의를 제기할 권리, 잘못된 관행에 대해 직업안전보건국 조사를 발동시킬 권리, 전국노동관계법에 의거해 부당한 처우(노조가 있든 없든)에 맞서 단체행동에 돌입할 권리가 있음을 제대로 모르기 때문이다. 이러한 권리를 제대로 행사하지 못하는 노동자들이 부지기수임을 증명하는 자료는 많다. 그 예로, 대략 10년 전 리처드 프리먼Richard Freeman과 조엘 로저스Joel Rogers는 연구를 통해 많은 노동자가 자신들에게 이러한 권리가 있는지 알지 못하며, 하물며 그 외 권리(특히 부당한 해고로부터 보호받을 권리)는 존재 자체도 모른다고 밝혔다.

비노조 노동자들 역시 단체활동에 관여할 권리가 있다는 사실조차 대부분 모르고 있었다. 공정근로기준법, 직업안전보건법, 가족의료휴가법, 전국노동관계법들이 그들에게 정당하게 부여한 권리임에도 말이다.[2]

둘째, 자신의 권리를 알고 있다 해도 대다수 노동자들은 제대로 활용할 생각을 못한다. 권리행사 가능성은 불만제기로 얻을 수 있는 이점 및 그렇게 하지 않을 때의 잠재적 대가와 연관된다.[3] 여기서 주목할 한 가지는 시정 및 개선의 "공공선"이라는 속성이다. 만약 내 불만제기가 고용주의 행동을 바꾸는 결과로 이어질 수 있다면, 이는 단지 나 한 사람만이 아니라 일터에 있는 다른 모두에게 이로운 일이다. 보건안전 문제와 관련된 불만제기일 경우에는 특히 더 그렇다. 그러한 개입(가령 환풍기 개량이나 안전대 설치 등)을 통해 전반적인 보건안전 위험 노출을 낮출 수 있기 때문이다. 그러나 불만을 제기한 당사자가 고용주의 보복 위험에 처할 가능성이 높다면, 구태여 나서는 사람은 많지 않을 것이다.

셋째, 불만제기의 잠재적 대가가 노동자의 제 목소리 내기에 커다란 장애물로 작용한다. 노동자들이 직면하는 가장 큰 비용은 고용주의 잠재적 보복에서 초래된다. 이러한 보복은 대개 교묘하게 이루어진다. 가령 자신이 원하는 교대시간이나 맡고 있던 업무가 바뀌어버리거나 승진에서 누락되고, 최악의 경우 일자리를 잃기도 한다. 미국 3대 주요 도시 저임금 노동자들을 대상으로 한 번하트(외)의 조사에 따르면, 법규 위반에 목소리를 높인 노동자들에 대한 고용주의 보복 행위가 일터마다 만연해 있으며, 불만제기를 하지 않은 노동자들(자신의 권리가 침해되었음을 인지했음에도 불구하고) 사이에서 보복 가능성에 대한 인식이 높은 것으로 나타났다. 노동조건에 대해 실제로 불만을 제기했거나 지난 1년간 노조결성을 시도한 표본그룹 노동자 중 43%가 어떤 형태로든 고용주나 상관의 보복을 경험했다고 보고했다. 그 유형은 근로시간 축소나 임금 삭감에서부터 힘들거나 위험한 작업 부과(보복을 당한 노동자들의 62%), 이민당국 보고 위협(47%), 실제 해고나 정직(35%)에 이르기까지 다양했다. 고용주가 보복할 것이라는 인식(실제 보복이 아니라)만으로도 노동자들이 일터 문제에 맞서 목소리를 내는 데 심대한 영향을 미친다. 번하트(외)는 조사대상 노동자의 20%가 지난 1년간 "위험한 노동조건, 차별, 최저임금 위반 같은 심각한 불이익을 경험했음"에도 불구하고 아무런 이의를 제기하지 않았다고 보고했다.[4] 그 주된 이유는 일자리를 잃을 거라는 두려움(불만을 제기하지 않은 노동자의 50%), 그리고 불만을 제기해봤자 별 변화가 없을 거라는 체념(36%) 때문이었다.

정당한 권리행사에 대한 공공연한 차별은 대부분의 고용법에 저촉되는 명백한 불법행위라는 점에서, 불의에 맞설 때의 잠재적 혜택과 비용에 대한 인식은 매우 중대한 요소다.[5] 이때 사람들이 불만제기 비용을 가늠해보는 한 가지 방법은 같은 일터에 근무하는 동료들의 행위를 주시하는 것이다. 다른 이들이 과연 부당한 처우에 맞서 제 목소리를 낼 수 있는가? 만약 일상적 위반조차 무대응으로 일관한다면, 악의적 위반에 대해서는 어떤 반응을 보일 수 있겠는가?

수그러드는 불만제기 건수

위에서 말한 비용과 혜택을 감안할 때, 공식적인 불만제기가 매우 드문 일이라는 사실은 그리 놀랄 만한 일이 아니다. 번하트(외)의 3개 도시 연구에 따르면, 이전 해의 부당한 노동조건에 행동을 취한 노동자 중 극소수(단지 1.2%)만이 정부기관에 소송을 제기한 반면 96%는 고용주를 직접 찾아가는 방식을 취했다. 표본집단 노동자의 약 20%가 일종의 불만을 제기했다고 볼 때(모든 채널을 통해서), 노동자 10만

표 10.1 불만제기율 변화, 공정근로기준법(FLSA), 2007~2009년 대 2001~2002년(2007~2009 고용 기준)

산업[a]	2007–2009 총고용(평균)[b]	2007–2009 불만제기율(건수/고용인) x100,000[c]	2001–2002 불만제기율(건수/고용인) x100,000[d]	%, 변화 2001–2002~2007–2009
총/가중 평균, 전체 경제	111,175,322	15.6	21.1	−26.4
소매—전체	15,120,711	13.7	20.5	−33.2
헬스케어서비스(국립병원 미포함)	13,196,814	11.6	16.3	−28.9
소매—일반시장, 백화점, 전문점	9,315,599	10.2	16.2	−37.1
레스토랑: 제한 서비스/종합 서비스	7,968,326	30.4	35.2	−13.5
건설	6,890,048	26.2	30.7	−14.8
식료품점	2,484,572	10.2	15.0	−32.2
주유소/자동차 수리점	1,687,929	42.3	52.5	−19.4
호텔 및 모텔	1,459,546	37.9	47.0	−19.4
레크리에이션	1,418,641	14.7	19.8	−26.0

산업	1,364,638	48.4	54.4	-11.0
운송	1,364,638	48.4	54.4	-11.0
농업	1,159,168	13.7	16.0	-14.4
이사/로지스틱스 제공	1,017,273	9.0	14.3	-37.0
홈헬스케어	966,772	14.7	21.3	-31.0
청소용역서비스	934,009	39.6	42.7	-7.2
주택 건설	796,325	47.6	24.3	95.5
조경 서비스	647,415	20.7	27.3	-23.9
네일, 이발, 미용	490,139	16.7	13.9	20.2
의류 제조	193,367	44.1	35.7	23.5
세차	140,657	44.3	45.3	-2.1

a. 북미산업분류체계(NACS) 기준.
b. 출고용: 노동통계청, 분기별고용임금센서스(QCEW), 2007–2009.
c. 공정근로기준법(FLSA)하 근로기준분과(WHD) 접수 연 평균 불만제기 건수를 토대로 한 불만제기율. 2007–2009 접수, 2010년 3/4분기 종료(2010년 6월 10일).
d. 2001–2002년 접수, 2010년 3/4분기 종료.

명당 공식 불만제기 건수는 240건에 불과한 것으로 추정된다.[6]

공정근로기준법과 직업안전보건법에 따른 불만제기 건수 분석은 그보다 훨씬 낮은 비율을 나타낸다. 각 법에 의거해 제기된 불만제기 비율은 대체로 비슷한 편이다. 공정근로근로기준법은 노동자 10만 명당 25건, 직업안전보건법은 노동자 10만 명당 17건이었다. 그러나 이러한 평균치만 보면 불만제기 비율이 산업별로 큰 차이가 있다는 사실을 자칫 놓칠 수가 있다. 가령 노동자 10만 명당 불만제기 비율은 주유소 195건부터 식음료 업체 5건, 그리고 개인 가정 3.8건까지 다양하다.

불만제기를 유도한 근본 문제가 이례적이지 않는 한, 이 비율이 극히 "낮다"는 데는 누구나 동의할 것이다. 부상률이 높은 산업에서 집계된 낮은 불만제기율은 부상률이 낮은 산업의 불만제기율에 비해 훨씬 더 우려스럽다. 노동부 근로기준분과(연방공정근로기준법 시행기관)에 불만이 접수되기까지 초과근무 조항 위반건수는 130건이며, 직업안전보건국의 경우에는 부상으로 인한 작업손실일이 평균 약 120일 정도다. 그러므로 다시 한 번 말하지만 이러한 비율은 산업체마다 적잖은 차이가 있다. 공식 불만제기 한계점은 건설업종의 경우 직업안전보건법(부상으로 인한 작업손실일 51일) 위반이 공정근로기준법(초과근무기준 위반 173건) 위반에 비해 낮았다. 식음료 업계의 경우는 그 반대. 공정근로기준법 위반건수 66건에 비해 직업안전보건법 위반건수는 거의 그 3배다(상해 188건).[7]

이렇듯 불만제기율은 전반적으로 낮은 편이며, 특히 지난 10년간 크게 하락했다. 표 10.1은 2001~2002년과 2007~2009년 근로기준분과에 접수된 공정근로기준법 위반 불만제기율을 비교한 것이다.[8] 불만제기율(노동자 10만 명당 근로기준분과에 접수된 불만제기 건수로 측정)은 2001~2002년 10만 명당 21.1건에서 2007~2009년 15.6건으로 26% 하락했다. 특히 홈헬스서비스, 소매, 식음료, 이사/운송 같은 산업에서 30% 이상 눈에 띄는 하락세를 보였다.[9]

저임금 업종에 대한 최근 자료들을 살펴볼 때, 표 10.1에 나타난 산업에서 불만제기율 하락이 실질적인 노동조건 개선에 기인했다고 보기는 어렵다. 이 책에 제시된 증거를 비롯해 저임금 노동조건에 대한 다른 연구 역시 정 반대의 추세를 입증하고 있기 때문이다.[10]

그러므로 불만제기(특정 문제와 관련해 노조를 결성하기로 하든 아니면 자신이나 동료들의 권리를 옹호하기 위해서든)를 통한 일터조건 개선에 관한 논의는 지난 10년간 노동조건 악화에 직면한 상황 하에서도 노동자들이 점점 더 제 목소리 내기를 꺼려왔다는 사실을 인정하는 것에서부터 시작되어야 한다.

깨진 유리창 고치기

노동자가 제 목소리를 낼 수 있는 환경을 만들기 위한 방법으로 깨진 유리창 이론은 여전히 유용하다. 구체적으로 말하자면 종전과는 다른 접근을 통해 광범위한 일터법 위반을 줄이는 것, 노동자들에게 그들의 권리를 알릴 새로운 경로를 찾아주는 것, 권리행사에 영향을 미칠 일터 안팎의 제도를 강화하는 것 등이다.

전략적 시행방침을 통한 "무질서" 줄이기

본래 켈링과 윌슨의 "깨진 유리창 이론"은 중대 범죄 대응에 머물기보다 적극적인 사전 개입 쪽으로 경찰 재원을 전환할 것을 요구하고 있다. 이를 일터에 비유해보자면, 직업안전보건국과 근로기준분과 같은 정부기관 감사관의 시행전략에 대한 재평가가 요구된다고 볼 수 있다.

앞서 설명한 맥락(특히 균열고용과 관련)에서 대규모 취약 노동자를 고용한 산업의 위반 사례를 줄이려면 단순히 기존 시행전략의 특징인 일터별 접근과는 전혀 다른 방식을 필요로 한다. 9장에서 설명한 전략적 시행을 위해 감사관은 과연 기준 위반을 유발하는 힘은 무엇인지, 일터에서 어느 쪽이 문제의 소지가 가장 큰지, 그 두 가지를 모두 파악하고 있어야 한다. 일터에 만연한 기본법 위반 행태를 줄이는 것은 깨진 유리창 이론에서 사소한 범죄를 줄이는 방식과 동일한 메시지를 전달한다. 즉 불안과 공포를 줄임으로써 공정한 처우 보장을 요구할 수 있는 노동자 역할을 재확립시키는 것.

깨진 유리창 이론은 경찰과 경찰이 관할하는 동네 간 새로운 관계 설정을 요구한다. 경찰이 담당구역을 순찰하며 동네 사람들과 긴밀한 관계를 맺는, 일명 지역순찰 임무가 중요하다는 것이다. 마찬가지로 정부기관, 공동체, 노동자센터, 노동자 옹호단체 간에도 튼튼한 다리를 놓아야 한다. 이는 노동부와 관련 기관들이 노조, 공동체, 종교 조직에 기울이는 장기적인 노력에서부터 특정 노동시장이나 산업에서 끈질기게 일어나는 위반 문제를 해결할 광범위한 협력에 이르기까지

매우 다양하게 진행될 수 있다.[11]

마지막으로, 깨진 유리창을 고친다는 것은 대기업과 그 주변궤도를 도는 업체들 간 시장관계를 변화시키는 일이다. 특히 대기업이 고용이전에 따른 비용과 책임을 감수하게 함으로써 하청업체와 새로운 시장관계를 형성하도록 유도해야 한다. 하청업체가 가격을 설정한다거나 정부가 나서서 가격을 정해야 한다는 뜻이 아니다. 대기업에 책무를 되돌리는 효율적 노력이 하청업체, 공급업체, 프랜차이즈 가맹점이 받을 시장가격 상향조정으로 귀결되도록 해야 한다는 의미다. 즉, 이들이 서비스 제공이나 상품제조에 쓴 비용이 총비용(사적 비용 및 사회적 비용)에 포함되어야 한다는 것이다.

당신의 권리는…

일터의 깨진 유리창 문제를 극복하기 위해 가장 시급한 일은 노동자들 스스로 일터 권리에 대해 잘 아는 것이다.[12] 노동자들이 각종 법적 권리, 특히 위반사항에 대한 이의제기 권리와 그로 인한 고용주 보복으로부터 보호받을 권리 등의 정보를 충분히 숙지하게 해야 한다.

노동자 권리 통고는 공정근로기준법, 직업안전보건법, 이주단기노동자보호법, 1964년 민권법 제7조, 미 장애인 법, 가족의료휴가법, 기타 일터법이 요구하는 사항이다.[13] 주 근로기준법 하 유사한 요건 외에도, 최근 많은 주들이 정부기관 비정규직 노동자들처럼 공공정책의 주 관심 대상으로 떠오른 여러 분야 노동자들을 위해 정보 게재를 요구하는 법을 통과시켰다.[14]

권리를 게재하는 법적 요건 충족 자체가 곧 권리를 이해시켰다는 의미는 아니다. 노동부는 이미 법적 게재가 의무사항인 일터까지 두루 포함해 모든 노동자에게 법적 권리를 널리 알리고자 노력해왔다. 이러한 노력은 초당적으로 추진되어왔으며, 최근 오바마 행정부는 소셜미디어와 스페인어를 비롯한 타 언어 번역작업을 동원해 "우리가 도울 수 있다We Can Help"는 캠페인 차원의 영향력 확대 노력을 재개했다. 이 캠페인은 의무자료 게재 외에 웹과 광고 등 보다 적극적인 채널을 통해 기본권 정보를 보강하는 데 치중하고 있다.

그러나 이 같은 노력은 의회 공화당과 기업체, 보수적 미디어를 자극시키는 역효과를 낳기도 했다. 특히 히스패닉 노동자들에 초점을 맞춘 캠페인에 주로 공격이 모아졌는데, 밀입국 노동자에까지 일터법 권리 정보를 제공하는 역작용을 우려했기 때문이다.

이렇듯 직접적이고 교육적인 노력(그리고 이전 행정부들이 추구해온 노력)에 대한 고도의 정치적 반응은 그만큼 일터 정책의 달라진 본질을 반증해준다.[15]

전국노동관계법의 권리에 관해 노동자에게 정보를 제공하는 것은 그 자체로 도전적인 상황을 야기한다. 이 법은 현재 고용주의 노동자 권리 정보 게재를 요구하지 않는 유일한 연방일터법이기 때문이다. 2010년 국가노동관계위원회는 오래 지속된 이 상황을 봉합할 새 규범(해당 고용주들이 피고용인 권리를 알리는 일터 고지를 할 것)을 내놨다. 노동법 개혁을 둘러싸고 가뜩이나 민감한 분위기에서 국가노동관계위원회 안은 7,000건의 논평을 비롯한 열띤 논쟁을 촉발시켰다.

수많은 소송이 이어진 끝에 가장 최근인 2012년 4월 30일을 기점으

로 콜롬비아 특별구 항소법원은 이 규범의 잠정적 발효 중단을 명하기에 이르렀다.[16]

집단행동

위에서 지적했듯이 사람들이 자신의 권리행사를 주저하는 주된 이유는 문제제기로부터 받을 혜택은 일부에 그치는 반면, 잠재적 비용은 몽땅 떠안아야 하는 현실 때문이다. 그래서 노동자들 대부분이 불만제기를 하지 않는 것이다. 개인의 행동으로 다른 사람들이 혜택을 얻는 고전적인 공공선 문제의 해결방식은 일종의 집단적인 행위를 통해서다. 그러므로 집단행동 문제를 살펴보는 것은 일터의 깨진 유리창 고치기에 매우 중대한 실마리를 제공한다.[17]

집단적 대리인으로서의 노조

일터에서의 본질적인 역할을 감안할 때 노조는 단연코 가장 합당한 단체다. 선출된 노동자 대표로서, 노조는 협상 단위에서 노조원의 집단적 이익을 대변할 자격을 지닌다.[18] 노조는 적은 비용으로 일터법과 권리에 대한 정보를 수집·유포할 수 있으며, 문제나 이슈가 발생하는 곳에 적절한 정보를 제공할 수 있다.

또한 노조는 노동자 개인이 자신의 권리를 행사할 때 각종 지원을 도맡는다. 이는 보건안전 분야에서 흔한 경우로, 단체교섭 아래 결성된 위원회 운영을 통하거나 각종 조사 발동, 연기금 투자 감독, 실업소송 원조 등을 맡은 노조 간부의 도움을 통해 이루어질 수 있다. 가장 중요한 사항으로 노조는 해고를 규제하는 단체교섭 합의안을 통해 피고용인을 보호하며, 그들이 노동정책 반차별 조항을 활용할 수 있도록 도와 잠재적 비용을 크게 줄일 수 있다.

노동자들이 노조에 의지해 자신의 권리를 행사할 가능성이 더 높다는 점은 이미 20년 전에 입증된 사실이다. 노조가 있는 일터의 노동자들은 직업안전보건법, 탄광안전보건법, 가족의료휴가법, 기타 여러 연방법이 명시한 권리를 행사할 가능성이 더 높고, 비노조 일터 노동자들에 비해 실업보험과 산재보상금을 받을 확률도 더 높다.[19]

노조가 집단적 대리인임에도 불구하고, 노조 일터 수는 점점 감소하는 추세다. 지난 30년간 조금씩 줄어들기 시작하던 노조 가입 비율은 2012년에 가파르게 떨어져 전체 인력의 11.3%, 사기업 부문 인력의 6.6%를 기록했다. 1916년 이래 최저 수준이다. 균열일터 산업의 노조 조직률은 대부분 한 자리 숫자로 식음료 1.2%, 숙박(호텔/모텔) 6.5%, 소매업 4.6% 등이다. 2012년 균열일터 직업군의 노조 조직률을 살펴보면 건물 및 부지 청소유지관리는 0.5%, 헬스케어 8.3%, 개인 서비스 6.6%다.[20] 더욱이 민간부문 일터에 대체로 노조 자체가 없다는 점을 감안할 때, 당장 이런 질문이 제기될 법하다. 섣불리 앞으로 나섰다가 잃을 것이 너무 많은 개인 노동자들은 비노조 일터에서 어떻게 문제를 해결해야 할까?

대안적 일터 대리인 찾기

많은 일터 정책은 법규 위반에 따른 개인 및 집단소송을 허용한다. 그러므로 원고는 노조 없이도 노동자를 대표해 행동할 수 있다. 노동자를 대리하는 변호사들은 체불임금 반환, 차별 보상, 기타 구제를 위해 고용주에 맞서 소송을 제기할 수 있다. 이러한 특수경로는 지난 20년간 지속적으로 발전해, 전체 일터법 관련 미 지방법원에 제기된 민사소송 건수는 1990년 1만 3,841건에서 2000년 1만 4,142건, 2010에는 1만 8,824건으로 꾸준히 증가했다.[21]

이러한 방식은 소송당할 것을 우려한 고용주의 법 준수 가능성을 높인다. 그러나 소송이 제기되는 일터에서 노동자들의 권리행사 성향 자체를 얼마나 변화시킬 수 있을지는 미지수다. 소송이나 집단행동이 다른 일터의 노동자 목소리나 고용주 법 준수에 파급효과를 미칠 가능성도 그리 높지 않다(충분한 연구가 이뤄지지는 않았지만). 게다가 개인 소송이나 집단행동을 추구할 노동자의 권리는 상황에 따라 가변적이다. 최근 대법원 판결은 고용조건으로 노동자가 불만을 제기하거나 소송에 나설 권리를 포기하는 사전 합의를 지지한 바 있다.[22]

노동자센터, 커뮤니티, 이민자 권리단체, 기타 보호단체들은 일터 안팎에서 노동자들에게 다양한 정보 및 교육을 제공하고 있다. 또 일부는 특히 일일 노동시장에서 중개자 역할을 맡기도 한다.[23] 그러나 이러한 조직들이 일터 바깥에서 기능하며 법적 제한을 받을 수밖에 없는 상황은 그들의 역할을 더욱 복잡하게 만들고 있다.

또한 노동자센터와 관련 단체가 집단적 대리인 역할을 맡는다 해도 노동시장과 그 기저의 사회적 네트워크에서 결코 자유로울 수는 없다. 노동시장의 공급 측면은 사람들의 주거지, 교육, 사회화, 구직활동에 따라 좌우된다. 그들의 임금 기대치 역시 함께 일하는 동료, 지리적·인종적 커뮤니티와 이민자 그룹 내 참고 그룹에 영향을 받는다. 최근 노동시장 연구는 지리적 근접성을 가진 저임금 노동자의 사회적 네트워크가 특히 일부 인종적 커뮤니티 내 취업방식 및 고용 대상에 중요한 영향을 미치고 있음을 밝혀냈다. 또한 노동시장에 내재한 사회적 네트워크는 일단 고용된 사람들에 의해 작동하는 규범을 형성하게 된다. 일터에서 언제 목소리를 낼지에 관한 태도도 이러한 네트워크를 통해 전달되는 메시지의 한 유형이다.[24]

가령 이주 노동자 그룹의 사회적 네트워크가 일터의 권리행사를 독려하거나 좌절시키는 태도를 조성할 수 있다. 이러한 태도는 이주 노동자 자신이 겪은 본국과 미 노조 및 정부 제도에 관한 경험, 공동체 내 종교조직의 역할, 그리고 공동체 내 또는 출신 국가 가족이나 친구 사이의 유대감 같은 요소들에 의해 형성될 수 있다.[25] 그러므로 노동자센터 같은 조직이 직면한 과제는 일터에서 다양한 권리행사를 고무하도록 이들 사회적 네트워크에 대한 영향력을 높이는 일이다.

최근 몇 가지 사례는 이것이 충분히 가능한 도전임을 시사해준다. 네일살롱은 빈번한 근로기준 위반과 화학물질 위험 노출, 열악한 노동조건으로 악명이 높다. 소유주와 노동자 간 인종적 역학관계는 노동자들이 나서서 일터 조건에 이의를 제기할 수 있는 가능성을 점점 약화시켜왔다. 그럼에도 불구하고 2009년 12월 뉴욕시 네일살롱 노동자들로 이루어진 소규모 단체(모두 중국인 이민자)는 자신의 고용주들을 상대로 최저임금 규정 위반과 착취행위를 이유로 소송을 벌였다. 끈질긴 법정투쟁 결과 2012년 3월 배심원단은 체불임금 보상액으로 총 25만 달러를 지급하라는 판정을 내렸다.

이들의 지속적인 법적 노력은 이 산업을 둘러싼 긴밀한 공동체에 그 파장이 고스란히 전달되었다. 네일살롱 직원들 편에 선 옹호단체 연대조직자 사라 안Sarah Ahn은 이렇게 말했다. "네일살롱 산업의 조직화는 결코 쉬운 일이 아니었습니다. (…) 그래도 앞으로 나서서 용감하게 투쟁한다면, 이길 수 있는 길이 열린다는 걸 이번 승리가 입증해주었습니다."[26]

뉴욕 택시노동자연대the Taxi Workers Alliance, TWA는 일터 내 새로운 조직화와 집단행동의 가능성을 보여주는 또 다른 사례다. 독립계약자로 분류된 택시기사들은 원칙적으로 전국노동관계법의 보장을 받지 못한다. 그럼에도 불구하고 베라비 데사이Bhairavi Desai가 주도하는 택시노동자연대TWA는 1993년 이래 공동관심사에 초점을 맞춤으로써 다양한 이민자 커뮤니티 출신 택시기사들을 결집시키는 데 성공했다. 이후 안전교육 문제에서부터 9·11 이래 경제불황 대응책, 나아가 택시기사 수입에 근본적으로 영향을 미치는 임금율 설정에 이르기까지 점증하는 규모와 범위의 다양한 이슈를 만들어갔다. 2011년 택시노동자연대는 거의 반 세기만에 단체교섭에 직접 개입하지 않고도 미 노동총연맹 산업별 조합회의American Federation of Labor and Congress of Industrial Organizations, AFL-CIO에 정식 소속된 첫 노동자 조직이 되었다.[27]

패스트푸드업체 종사자, 세차업 종사자, 일용직 노동자, 가사도우미처럼 전통적 노조조직 밖에 머물던 노동자들 사이에서도 조직적 연대가 부상하고 있다. 이러한 노력은 노동자 개개인을 대변해 목소리를 높일 수 있는 장기적 환경 개선의 본질적인 토대로서 개인적·집단적 결의 구축의 중요성을 잘 보여준다.

고용주의 역할과 그 협회

 이 책의 대다수 사례 연구는 하위층 고용주가 대기업에 의해서 혹은 기지국 철탑 산업의 터퍼, 의류산업의 자버, 건설업종의 종합건설업체, 기타 다양한 업계의 제3자 관리회사들 같은 중간자들의 행위로 인해 고도로 경쟁적인 환경에 처해 있다는 증거를 제시하고 있다. 비용을 낮추려는 압력과 인건비가 주된 비용이라는 인식은 임금을 줄이고 수당을 없애고 법 준수를 회피하려는 전략으로 이어진다.

 공공정책 결정자, 노동자 보호단체, 노동 취약성에 관심을 가진 모든 이들이 직면한 도전 역시 균열 산업구조 하위업체의 시장가격에 미치는 영향력에 관한 문제다. 8장과 9장에서 이미 새로운 정책이나 기존 정책의 전략적 시행을 통해 이 문제를 어떻게 해결할지 설명했다. 노동자의 권리행사를 독려하려는 노력은 깨진 유리창을 고치는 데 도움을 주며, 나아가 많은 일터에 침투해 있는 위반 행위들을 묵인하려는 태도에도 변화를 가져올 수 있다. 그러나 이와 동시에 반드시 병행되지 않으면 안 되는 것은 비즈니스 역학관계를 변화시키기 위한 꾸준한 노력이다.

프랜차이즈 협회: 아시아계 미국인 호텔운영자협회

 이러한 관점에서 살펴볼 일단의 조직은 균열구조 하위단계에 속한 고용주협회들이다. 고용주협회는 종종 정치적 공통 관심사에 대응하기 위해 조직된다. 주 관심대상인 규제, 세금, 회계 문제에 초점을 맞추는 워싱턴의 가장 영향력 있는 조직들 중 일부를 꼽자면, 전국자영업연합the National Federation of Independent Business, 상공회의소the Chamber of Commerce, 전국식당협회the National Restaurant Association 등이 있다. 8장에서 언급했듯이 소규모 업체들로 구성된 이들 정치단체는 지난 반세기 동안 도입된 많은 일터법에 반대 입장을 표명해왔다.

한편 특수산업에서 다른 역할을 하는 기타 고용주협회들도 있다. 예를 들어 환대산업에 속한 아시아계 미국인 호텔운영자협회the Asian American Hotel Operators Association: AAHOA는 인도에서 미국으로 이민 온 독립호텔 소유주들에게 공동 교육, 훈련, 지원을 제공하기 위해 결성되었다. 아시아계 미국인 호텔운영자협회AAHOA의 흥미로운 역할 중 하나는 가격 책정, 서비스 기준, 자본개선 요건, 공급업체 조건, 기타 브랜드 기준준수 관련 문제들을 둘러싼 프랜차이즈 회사와 가맹점 간 갈등을 조율하는 일이다. 가령 브랜드 회사는 대개 가맹점이 지불하는 비용으로 기준을 업그레이드하려 하는 반면, 가맹점은 가맹점대로 직접적인 혜택과 관련된 사항에 대해서만 돈을 지불하려는 경향을 보임에 따라 상호 목적이 상충하기 때문이다.

아시아계 미국인 호텔운영자협회를 비롯한 호텔, 패스트푸드 또는 기타 산업 가맹점협회는 가맹본사가 지닌 상대적 힘의 우위를 감안해 양측의 갈등을 해결하는 데 집단의 목소리를 대변하는 역할을 한다.[28] 이를테면 2008년 대불황의 깊은 질곡에 빠져 있던 시기, 아시아계 미국인 호텔운영자협회는 시설과 서비스 수준을 격상시키라는 호텔 모_母조직의 요구에 맞서 "심각한 재정적 위기를 겪고 있는 가맹점들"을 고려해 로열티 수수료를 낮추고 호텔 확장 주문을 제한해달라고 요청했다.[29] 이 협회는 회원들에게 브랜드별 연례등급을 제공하고 있는데, 이 등급은 프랜차이즈 조기 종료와 청산, 브랜드 확장, 최저실적 및 품질보증, 가맹점과의 관계 등 여러 항목을 정해놓고 "공정 프랜차이징 12점"을 근거로 산정한 것이다.[30]

다른 업계 가맹점 협회들도 이와 유사한 기능을 담당한다. 연방무역위원회FTC도 프랜차이즈 기업과의 관계에서 가맹점 협회가 맡고 있는 역할의 중요성을 인정하고, 잠재 가맹점들을 대상으로 한 프랜차이즈 기업 공시문건에 이 협회에 관한 내용을 추가하도록 하는 요건을 포함시켰다.[31]

당연한 얘기지만, 균열조직에서 대기업이 마땅한 책무를 자임하고 나설 때 이러한 협회가 보다 생산적인 역할을 수행할 수 있다. 이를테면 기준 준수를 보장할 모니터링 시스템에 이러한 협회를 일부 포함시킬 수 있으며, 마찬가지로 모든 균열구조 층위를 망라한 독립가맹점 협회가 일터 조건 개선비용에 관한 인식을 끌어올리는 데 일조할 수 있다.[32]

대기업이 이 같은 책무를 이행하는 과정에서 혁신을 불러일으킬 수도 있다. 이 책에서 여러 차례 언급했듯이 대기업은 핵심역량의 관건인 기술, 상품, 인도, 일정 등에서 하위조직의 기준 준수를 이끌어내는 시스템 창출에 탁월한 능력을 입증해 보였다. 바로 이러한 창의력을 균열에서 비롯된 문제를 해결하고 일터 조건을 개선하는 작업에도 십분 발휘할 수 있다는 얘기다.

식품업계의 교훈

식품 공급체인의 맨 밑바닥보다 더 경쟁적인 압력에 시달리는 노동자와 고용주 사례를 찾기는 아마 어려울 것이다. 공급체인 꼭대기에는 캠벨 수프Campbell Soup, 블래식 피클Vlasic Pickle 같은 브랜드식품 가공업체와 자사상표(소매업체 자체상표)를 내세워 포장식품 판매를 늘리고 있는 샘스Sam's, 코스트코Costco, 세이프웨이Safeway 같은 소매업체가 있다. 또 웬디스, 타코 벨, 맥도날드 같은 대형 패스트푸드 업체들도 있다. 물론 일부 공급체인 내에 대규모 식품 공급업체가 존재하긴 하지만, 대다수 재배업체들은 종종 낮은 가격 조건에서 적은 이윤으로 운영되고 있다.

피클 제조에 사용되는 오이 재배업체 사례를 살펴보자. 수많은 농장주가 오이를 재배한다. 품종(크기, 모양)이나 품질은 다소 다르겠지만 결국 오이는 다 같은 오이다. 상품 특성이라는 측면에서 농장주들이 따로 경쟁할 요소가 별로 없다는 뜻이다. 순수 '경제학개론' 차원에서 경쟁할 건 오로지 가격뿐이다. 이는 운송비 인하와 무역장벽 붕괴, 운송 및 보관기술 향상과 더불어 미국 시장에 오이를 판매하려는 해외 업체들의 진입장벽이 대폭 낮아진 결과다(잠재적 공급업체들의 지리적 경계가 확대되었다). 이러한 요소들로 인해 오이 재배업체들 간 경쟁도 점점 격화되고 있다.

만약 당신이 가격 위주로 치열한 경쟁을 벌이는 농장주라면, 과연 경비를 어디서 어떻게 줄일 것인가? 농업에서 주요 투입경비는 씨앗, 비료, 살충제, 물, 그리고 장비와 연관된 자본재와 노동력뿐이다. 여기서 종자, 비료, 살충제, 농업장비는 아처 대니얼 미드랜드Archer Daniel Midland(종자), 다우Dow(살충제와 비료), 디어Deere(농기구), 인터내셔널 하비스터international Harvester(트렉터) 같은 다국적 회사들에 의해 제공된다는 사실을 염두에 두기 바란다. 그들이 쥐고 흔드는 시장에서 농장주들은 그저 작은 감자 신세에 불과하다. 투입 자재에 지불되는 가격은 그들의 통제권 밖이라는 얘기다. 재배업자의 통제권 안에 들어와 있는 유일한 요소는 노동력(직접 경비의 약 40%를 차지)뿐이다.

여기서 끝이 아니다. 재배업자는 오이를 누군가에게는 팔아야 한다. 많은 농산물시장에서 최종 사용자는 소비자가 아니라 식품가공업체(오이는 블래식이나 마운트 올리브 피클즈, 토마토는 캠벨 스프)나 주요 사용자(가령 양상치는 맥도날드나 타코 벨), 또는 대형 식품소매업체다. 다시 한 번 말하지만 시장의 상대적 힘은 구매업체 쪽으로 확연히 기울어져 있다. 이들은 가격을 설정하는 주도권(게다가 오프쇼어링 옵션도 갖고 있다)을 휘두를 뿐만 아니라 품질, 인도, 일정에 관한 한 엄격한 기준을 내세운다. 심지어 오이의 경우 재배업자가 생산품을 최종 상품으로 전환시키기 전 예비작업까지 해야 한다는 요건도 들어 있다. 이러한 상황에서 가격이 구매자들에 의해 결정되는 것은 어쩌면 당연한 이치다.

때문에 농업 부문이 가장 기본적인 근로기준 위반으로 점철되어 있다는 사실은 그리 놀랄 일도 아니다. 게다가 노동조건을 개선하려는 노력(규제 시행을 통해서든 노조 조직을 통해서든)은 업계에서 살아남으려는 재배업자들의 욕구에 비례해 격렬한 저항을 받기 일쑤다. 이주자계절보호법the Migrant Seasonal Protection Act(농부들에 대한 근로기준을 설정하는 연방법안) 도입이나 노조 결성 시도(존 스타인벡John Steinbeck의 소설, 《승부 없는 싸움In Dubious Battle》을 기억하는가?)가 기껏해야 시지프의 바위 신세라는 건 익히 아는 사실이다. 간단히 말하자면 재배업자들이 손익계산상 통제권을 행사할 부분은 극히 일부인 반면, 높은 임금을 지불하면서 더 나은 주거지를 제공하고 살충제와 온갖 보건안전 규정을 지킨다는 것은 스스로를 불리한 경쟁 국면으로 몰아넣는 것과 마찬가지다. 더 많은 감사관들이 개인농장을 조사하도록 하거나 농장들 간 노조 결성을 통해 "임금을 경쟁항목에서 제외시키도록 하는 일"은 농장주로선 강한 물살을 거슬러 헤엄치는 격이다.

이러한 환경에도 불구하고 포괄적인 방식으로 균열일터 문제를 해결한 두 가지 모델이 있다. 그 한 가지 모델의 중심에는 농장노동자조직위원회the Farm Labor Organizing Committee: FLOC와 미시건, 오하이오, 노스캐롤라이나 농장노동자들을 대표하는 AFL-CIO 제휴 노조, 노스캐롤라이나 재배업자연합the North Carolina Growers Association, NCGA과 그 회원들, 그리고 블래식, 캠벨, 마운트 올리브 피클스 같은 식품가공업체들이 있다. 오하이오 주에서 토마토를 따는 이주 노동자들을 대상으로 농장연대 형식의 노조를 조직하려던 몇 년 간의 노력이 불발된 후 농장노동자조직위원회는 그 관심을 작물의 주요 구매자인 캠벨 수프로 돌렸다. 노조는 농장노동자들의 노동조건을 향상시키기 위해 캠벨(업계에 확고히 자리잡은 가장 인기 있는 유명 브랜드)에 압력을 가할 8년간의 캠페인에 시동을 걸었다. 회사의 첫 반응은 이 책에서 예를 든 다른 고용주들과 유사했다. 즉, 농부들은 캠벨의 피고용인이 아니므로 노동조건 역시 자기네 소관이 아니라는 태도로 일관했던 것이다. 회사가 수년간 같은 주장을 반복하는 동안 노조는 다른 연관 노조, 교회 집단, 이주자 권리조직들까지 끌어들이며 연대 세력을 차츰 늘려나갔다.

그러자 1985년 캠벨 수프는 이 상황을 해결하기 위해 하버드대학교 존 던롭John Dunlop 교수에게 중재 지원요청을 보냈고, 거기서 나온 합의는 몇 가지 측면에서 당시로선 파격적이라는 평가를 받았다. 먼저, 캠벨 수프 공급 농장에서 일하는 노동자들이 투표를 통해 노조 대표를 스스로 정하도록 했다.[33] 둘째, 농장노동자조직위원회의 협상 대표 자격을 인정함으로써 재배업자, 식품가공업체, 노조 3자 단체교섭 매커니즘의 발판를 마련했다. 셋째, 합의안에 임금과 수당, 주거 관련 조항뿐 아니라 노동조건 불만에 따른 분쟁해결 조치도 포함시켰다. 합의에 서명한 재배업자들은 비로소 재정적 생존이 가능할 만한 값을 받을 수도 있다는 확신을 얻었다.

식품가공업체가 "협상 테이블에 앉았다"는 사실은 공급체인 바닥층의 노동조건 개선을 위해 지속가능한 토대를 구축하는 계기가 되었다. 집단적 합의는 보다 확대되어 다른 식품가공업체(블래식, 딘 푸즈 Dean Foods)에 납품하는 재배업자들까지 포함되었고 그 이후 현재까지 지속적으로 갱신되고 있다.

노조, 재배업자, 식품가공업체 간 관계는 2004년 농장노동자조직위원회와 전국정부회계위원회National Council on Governmental Accounting, NCGA가 역사상 처음으로 미국 이주노동자(H2-A)들에게 단체교섭권을 보장하는 집단합의서에 서명하면서 또 한 번 유례없는 방향 전환을 맞았다. 이 합의로 마침내 고충처리, 연공서열 절차, 미 노동부와 각 주가 수립한 이주노동자 프로그램 규정 같은 보호조치 체계가 마련되었다. 농장노동자조직위원회와 전국정부회계위원회 간 합의는 당사자들에 의해 여러 차례 갱신되었고, 현재 120여 명의 재배업자와 농번기 최고 6,500명의 노동자들에게 적용되고 있다.[34]

두 번째 사례 역시 식품 부문으로서 얌! 브랜드Yum! Brands(타코 벨을 비롯한 기타 패스트푸드 브랜드 소유), 맥도날드, 버거킹과 이 회사들에 상품을 제공하는 농장노동자들을 대표하는 이모칼리노동자연대the Coalition of Immokalee Workers, CIW 간 일단의 합의다. 농장노동자조직위원회 합의와 마찬가지로 이 합의 역시 대기업에 초점을 맞춘 지속적인 기업 캠페인으로부터 도출되었다. 브랜드와 그 회사들에 납품하는 농장노동자들의 열악한 환경을 직결시킨 전략이 주효했던 것이다. 합의 결과 기업은 일반적으로 구매하는 상품의 생산량과 연계해 특정 액수의 돈(현재는 파운드당 1페니)을 지급하며, 이 돈은 이모칼리노동자연대 CIW 산업기금으로 모아져 합의에 의해 보장되는 노동자의 임금 보충분으로 활용된다.[35]

식품 부문의 이러한 합의는 균열일터의 세 가지 영향을 다루고 있다는 점에서 특히 주목할 만하다. 재배업자와 농장노동자조직위원회 간 합의는 첫째, 재배업자들이 이주단기노동자보호법과 미국 이주노동자(H2-A) 프로그램의 노동규정을 준수할 것을 보장하는 데 주안점을 두었다. 둘째, 이 분야의 보건안전, 안심할 수 있는 일자리 이동, 계절노동캠프의 적정 주거환경 등과 관련한 외부효과 처리 방안을 제공했다. 셋째, 보다 근본적인 문제로 대형 식품업체(농장노동자조직위원회 합의에서 캠벨, 블래식, 마운트 올리브, 그리고 이모칼리노동자연대 합의에서 얌! 맥도날드, 버거킹)의 상품지급 가격 조정을 이끌어냄으로써 공급체인 맨 하단에서 일하는 노동자들에게 보다 나은 노동조건을 제공함과 동시에 분배 갈등 문제를 해결하는 데에도 일조하는 효과를 거뒀다.

글로벌 공급체인과 국제 모니터링

지난 20년간 나이키, 월마트, HP, 애플 같은 회사들에 대한 사회적 압박은 대기업의 시행규정 채택, 투명성 제고, 모니터링 매커니즘 창출을 유도하는 결과로 이어졌다. 이처럼 해외 공급업체에 의존하는 회사들을 대상으로 한 소비자, 노동자, 환경운동가들의 압력행사를 통한 합의는 국내법과 규제 범위 바깥에서 이루어진다. 사실 국제 모니터링 초창기 지지자들은 자발적인 행동규범과 모니터링이 의류와 전자제품, 식품생산 기반인 개발도상국의 빈약한 노동법과 감사관들을 대체할 것이라 주장해왔다.[35]

노동자 옹호단체와 노조, 회사, 공급업체, 국내 정부 각각의 대응 역시 이 시기에 걸쳐 많은 진화를 거듭해왔다. 7장 말미에서 지적한 것처럼 애플과 HP 공급체인 간에 전개된 최근 상황은 대기업이 종전 정책을 과감히 수정해 일터에서 벌어진 결과에 대해 더 큰 책무를 지게 되리라는 희망적인 조짐을 보여주었다. 특히 임금 인상과 노동시간 단축, 기타 보건안전 정책 개선에 합의한 폭스콘의 태도 변화는 매우 의미 있는 진전으로 평가받는다. 애플과 HP가 공급층의 노동환경 관행에 대한 모니터링 역량개발에 적잖은 재원과 관심을 쏟아부은 노력의 결실이기도 하다.[37] 하지만 동시에 2006년부터 2012년 사이 공장화재로 방글라데시 노동자 500여 명이 사망하고 2013년 라나 플라자 공장단지 붕괴로 1,100여 명이 희생된 사건을 돌이켜볼 때, 이 시설 노동자들이 주로 의류 수출시장에 종사하고 있었다는 점은 여전히 산적한 난제들을 시사한다. 게다가 사망자 대다수가 법과 규범 또는 국제 모니터링 체계를 보장한다고 알려진 공장의 노동자였다는 사실은 매우 충격적이다.[38]

미국 일터 정책 경계선 밖의 규범과 투명성, 자발적 모니터링이 미치는 영향에 관한 논의는 사실상 이 책의 범위를 넘어서는 이슈를 제기할 뿐 아니라 별도의 진단을 필요로 한다.[39] 다만 여기서 균열경제의 특정 동인에 대처해온 최근 노력 중 몇 가지 중요한 포인트만 짚어보자면 다음과 같다.

첫째, 이러한 합의 다수는 국내법 영역 밖에서 이루어진다. 국제노동연구소International Labor Office, ILO 협의에 따른 설득방식은 제한적이며, 최근 타결된 합의의 범위와 깊이, 매커니즘과는 커다란 차이가 있다. 1990년대 초창기 규범들 중 다수는 치부를 가리기 위한 무화과 잎사귀에 불과한 것으로 간주되었다. 즉, 근원적인 문제에 대처하기보다 대중 홍보 차원의 여론 진화에만 치중되어 있었다는 뜻이다. 최근에야 좀더 정교한 대안적 모델 탐색과 개입이 시도되고 있다. 일부는 기업이 직접 실시하는 자체 규범준수 모니터링 제도를 도입하고, (논란이 되고 있긴 하지만) 일부는 공급업체가 비용을 부담하는 제3자 인증에 의존하기도 한다. 아니면 공정근로협회Fair Labor Association, FLA나 노동자권리컨소시엄the Workers Rights Consortium, WRC 같은 제3자 독립 조직을 고용하기도 한다. 이러한 인증시스템 중 다수는 인증을 하는 주체와 공급업체 간 상충하는 이해관계 및 인증에 의존하는 회사들의 제한된 역량(또는 자원)으로 인해 연약한 갈대와 다름없음을 입증할 뿐이었다. 물론 노동자권리컨소시엄WRC 같은 조직이 뒷받침하는 모니터링 합의(독립 노조와 강력한 모니터링 기준의 통합)가 회사들을 강도 높게 압박하기는 했지만 그 결과를 평가하기가 쉽지 않았다. 그러므로 여러 가지 모니터링 방식을 고려해 공급체인 노동조건의 지속가능한 변화를 이끈 각각의 상대적 영향을 먼저 평가해볼 필요가 있다.[40]

둘째, 제조나 조달 등 회사의 핵심 이익과 긴밀히 연결되지 않은 공급체인에 대한 모니터링 합의는 일터 현실에 미치는 영향이 제한적이다. 이러한 모니터링 노력은 공급업체의 규범준수 관련 체크리스트 등 피상적인 측정에 초점을 맞출 뿐이다. 리처드 로크(외)의 다층적 평가가 입증했듯이 나이키의 공급체인 모니터링 방식 역시 회사의 핵심기능에 연계되었을 때 최대 효과를 올렸다는 사실에서도 이를 알 수 있다.[41]

셋째, 투명성 제고는 문제의 초보적 노출 수준을 넘어 노동조건에 대한 지속적인 정보를 모든 당사자에게 제공한다는 점에서 매우 중요한 역할을 한다. 노동운동가나 환경운동가, 모니터링 주체인 기업 간 계속되는 쟁점 중 하나는 기업이 해당 공급층에 대해 어느 수준의 정보 공시를 할 용의가 있는가이다. 가장 정교한 시스템은 일반 기업이 공급층에 대한 광범위한 정보를 제공하는 사례에서 찾아볼 수 있다. 하지만 특화된 혁신 역량이나 핵심전략을 가진 공급업체들에 대한 대중 공시 요구는 기업의 저항을 불러오기도 한다.

마지막으로, 지금까지의 경험에 비추어볼 때 자발적인 규정, 기준, 모니터링이 해외 공급업체들의 취약한 근로기준과 허술한 노동 감시관들 같은 시행 재원을 대체할 수 있다는 초창기 견해에는 근본적인 결함이 내재한다는 사실이 드러났다. 자발적인 모니터링 시스템은 기껏해야 미국 내 시행조사의 보완책으로서 효율성을 높이는 레버리지로 기능할 뿐이다. 미국 내 노동정책과 이를 시행할 감사관들의 역량은 여전히 초보적인 수준에 머물러 있다고 보아야 한다.[42] 더구나 광범위하게 분포한 국제 공급체인은 그나마 재원이 갖춰진 국제 모니터링의 적용범위를 훨씬 넘어선다.

모니터링 합의의 장기적인 성패는 직접적인 대상 업체들의 행태에 미치는 영향에만 의존할 것이 아니라 그것이 제조업체, 나아가 제품 소비자들에게까지 어떤 영향을 끼칠지를 고려하는 것에 달려 있다. MIT 경제학자 데이비드 어터David Autor는 폭스콘에 대해 이렇게 평했다. "사람들이 악덕기업이나 공장을 다룬 기사를 신문에서 읽으면 아마 그 순간은 분노할지 모른다. 하지만 그들은 곧 아마존에 가서 최저가 상품을 골라내는 데 혈안이 될 것이다."[43]

국제 모니터링 노력을 비판하는 사람들은 세계적인 회사의 공급층에서 발견되는 최악의 조건들이 다른 수많은 공장과 일터에서 벌어지는 조건들보다는 훨씬 나을지 모른다고 지적한다. 일부 회사가 지속적으로 국내법을 무시하고 책임 있는 공급업체의 기준을 약화시킬수록 더 나은 행위자들의 노력은 그만큼 반감될 것이며, 결국 모니터링 노력도 제한을 받거나 장기적 영향력을 발휘하기 힘들어질 것이다. 그러나 국제 모니터링 시스템과 국내 노동감사관들의 공조 하에 대기업이 공급업체를 꾸준히 감시하고 지원해나간다면, 해당 국가 공급업체들의 행위를, 궁극적으로 일터 기준과 법에 대한 태도를 변화시킬 가능성은 훨씬 더 높아질 것이다.⁴⁴

안전한 거리, 공정한 일터

1961년 제인 제이콥스는 한 도시의 "공공 평화"의 의미를 다음과 같이 정의했다.

우리가 유념해야 할 첫 번째는 도시의 공공 평화(동네와 거리 평화)가 경찰에 의해 지켜지는 것이 아니라는 사실이다. 물론 경찰은 필요하다. 하지만 공공 평화는 대개 미묘하고 무의식적인 자발적 통제 네트워크와 사람들 사이의 기준에 의해 지켜지며, 사람들 스스로에 의해 유지된다. 낙후한 도시 일부 지역(낡은 공동주거 형태와 높은 인구변동률을 보이는 동네가 대표적인 예다)에서 거리의 법과 질서는 거의 전적으로 경찰과 특수헌병대에 맡겨져 있다. 그러한 동네는 말 그대로 정글이다. 정상적이고 인과관계가 분명한 법 시행체계가 무너진 곳에서는 아무리 많은 경찰력이 동원된다 해도 문명화를 기대할 수 없다.⁴⁵

만약 우리의 일터를 제이콥스의 견해에 적용시킨다면, 문제의 중심에 렌즈의 초점을 맞춰야 한다. 즉, 법 준수율이나 임금 수준, 특정 일터 조건과 같은 결과에만 중점을 두기보다 (제이콥스가 공공 평화로 이어지는 조건에 초점을 맞추었듯이) 전략적이고 효율적인 개입을 통해 영향을 미칠 수 있는 조건에 초점을 맞추자는 얘기다.

일터에서 "자발적 통제와 기준의 네트워크"란 먼저 고용주가 만들고 노동자와 (있다면) 노조 대표가 영향을 미치는 문화라 할 수 있다. 엄밀히 말해 일터에서 고용주는 이러한 조건을 정할 힘을 갖고 있다. 그러므로 일터 규제의 역사는 고용조건에 대한 대중의 관심이 고용주의 독단적인 기준 설정이나 통제권 행사에 한계선을 긋는 역사라고 볼 수 있다. 그러나 규제 법안은 조건을 정할 권리만 제공할 뿐, 실제 권리이행까지 보장하지는 못한다. 법 시행률 저하, 노조 하락세, 대정부 불신과 회의, 개별적인 접근(법적, 문화적)이 노동조건 확립이라는 공공목적 성취를 저해해왔다.

저임금 일터에서 주로 나타나는 고용주의 전횡과 열악한 노동조건은 시민사회의 퇴보를 우려한 제인 제이콥스의 주장을 다시금 상기시킨다. 균열의 영향을 피할 수 없는 많은 부문에서 노동자들의 일상 경험이 제이콥스의 도시 정글을 그대로 대변하는 곳, 그리고 일터 공정성(그러니까 정당한 노동의 대가가 주어지고, 법정휴가가 허용되며, 기본적인 복지혜택을 보장받는 것)이라는 근본 법칙조차 무너져버린 곳 어디서든 암울한 티핑포인트('기울어지는 점'이라는 뜻으로 한계점을 넘어 급변하게 되는 순간을 의미함. -옮긴이)는 위협처럼 버티고 있을 것이다.

이러한 차원에서 균열일터의 문제를 재조명해볼 필요가 있다. 이때 일터의 조건과 환경은 결국 제이콥스의 설명과 유사한 경제적·사회적 힘의 조합으로 이루어진다는 견해에서 출발해야 한다. 제이콥스의 말을 일터에 적용시킨다면 다음과 같다.

우리가 유념해야 할 첫 번째는 일터 공정성(정당한 처우, 법과 기준 고수)이 정부 감사관에 의해 지켜지는 것이 아니라는 사실이다. 물론 감사관은 필요하다. 하지만 일터 공정성은 대개 미묘하고 무의식적인 자율적 통제와 기준의 네트워크에 의해 지켜지며, 노동자와 고용주 양측 모두에 의해 시행된다. 열악한 조건의 일부 일터(노동자 이직률이 높은 비노조 일터가 대표적인 예다)에서 일터 공정성 문제는 거의 전적으로 정부에게 내맡겨진 채 방치되어 있다. 그러한 일터는 말 그대로 정글이다. 정상적이고 일상적인 법 시행이 무너져버린 곳에서는 아무리 많은 감사관이 동원된다 해도 문명화를 기대할 수 없다.

제이콥스의 인용문을 다시 고쳐 적은 위 내용은 일터에서 무엇이 허용되고 허용되지 않는지를 개개인에 넌지시 정의해주는, 즉 겉으로 드러나지는 않지만 미묘한 일상행위가 보내는 신호의 중요성을 강조하고 있다. "정글"이 되어버린 일터에서 겪는 일상경험을 한번 떠올려보라. 부당한 처우와 기본법 위반이 아무렇지 않은 듯 다반사로 일어나는 곳이 바로 정글이다. 노동자들이 정당한 불만제기를 할 수 없고, 제 목소리를 낼 수 없으며, 위험한 상황에 대응할 수 없게 만드는 건 어느 한 가지 행위(어떤 한 가지 불이익)에 국한된 것이 아니다. 노동자로 하여금 아무것도 할 수 없다는 체념에 이르게 하는 건 바로 일터 조건의 총체이기 때문이다.

깨진 유리창 이론은 공동체 안전이 시민 환경의 향상을 통해 개선될 수 있음을 암시한다. 무질서가 정리되고 안정이 찾아오면, 비로소 사람들이 돌아와 공공행위에 다시 관여하게 된다. 경제활동이 활발해지고 동네 커뮤니티가 형성되며 시민의식이 고양된다. 도시에 활력이 되살아나고 개인과 기관은 제 역할을 다한다. 제이콥스의 "무질서한 거리"는 처음과 몰라보게 달라질 것이다.

그렇다면, 일터에서 깨진 유리창 수리와 평화적 거리 조성의 최종 목적은 무엇인가? 불만제기율을 높이는 것이 최종 목적이 될 수는 없다. 그보다는 크든 작든 일터 문제를 해결하기 위해 적극적인 의지를 갖도록 그 저변의 인식을 변화시키는 것이어야 한다. 제이콥스가 말한 안전한 거리에서처럼, 공포에 짓눌리지 않은 동료들(이웃)은 서로를 돌보게 되며 결국 건강한 일터(시민사회)를 앞당기는 결과로 이어질 것이다.

궁극적으로 깨진 유리창 고치기는 공정하고 생산적인 일터 조건을 확보하여 고용주를 포함한 모든 당사자에게 보다 폭넓은 기회를 부여할 것이다.

11장
균열경제

THE FISSURED WORKPLACE

> 의료보험과 기타 비용을 줄이기 위해 재계가 뭘 하고 있는지 보세요. 대부분 하청에 의존하고 있어요. 계약직이 느는 것도 그 때문이지요.
> — 비투미너스 탄광업경영자협회 대변인(1993)

> 바로 제 얘기군요!
> — 필자의 법률 대리인(2012)

바위에 난 균열처럼, 균열은 일단 시작되면 점점 깊고 넓게 벌어진다. 한 가지 활동의 균열(청소용역, 경비, 인력중개)이 다른 활동의 균열로 이어진다는 의미에서 균열은 갈수록 심화하고 확대되는 추세다. 대기업 정규 활동에서 떨어져 나온 청소용역서비스만 해도 한번 회사 경계선 밖으로 내몰리자 그 거리는 점점 멀어져 아예 독립자영업 시장의 일부가 되었다. 계약업체는 하청업체를 이용하고, 하청업체는 소위 독립계약자라 불리는 개인에게 일을 맡긴다. 프랜차이징 모델의 경우도 프랜차이즈 브랜드 기업은 지역 프랜차이즈 업체에, 지역 프랜차이즈 업체는 동네 프랜차이즈 가맹점에 가맹권을 판매한다.

한 영역에서 성공한 균열은 다른 기능의 균열을 낳는다. 주변부 활동을 균열화하면서 얻은 이점은 한때 기업에 핵심이라 여겨지던 다른 활동들을 밖으로 내보내는 일종의 선험적 역할을 한다. 제조업체들은 정보기술과 인사 기능을 털어버렸고, 다음 수순으로 관리와 경비 기능을 아웃소싱하다 마침내는 자체 생산요소들에까지 균열을 적용시키고 있다. 호텔업계 역시 조경부터 시작해 청소용역으로 균열이 옮겨가더니, 급기야 관리대행업체에 식음료서비스, 객실청소, 심지어 프런트데스크 서비스까지 맡기고 있다.

균열은 부문별로도 확산되고 있다. 균열일터는 원래 생산 특성상 계약을 요하는 산업, 그러니까 건설, 의류, 영화제작 부문에서 처음 시작되었다. 그러나 이제는 제조, 소매, 서비스, 헬스케어, 심지어 비영리 정부 부문으로까지 퍼져나가고 있다.

균열고용이라는 특징이 가시화되고 있는 경제는 인력을 직접 고용하던 대기업식 경제와는 판이하게 다르게 운용된다. 이 책의 연구는 주로 산업 하부구조에 초점이 맞춰져 있다. 먼저 균열고용 모델이 어떻게 구성되어 있는가를 이해하는 것이 경제 작동방식에 미치는 균열의 영향을 고찰하는 토대를 제공해주기 때문이다. 이 장에서는 균열일터의 향후 진로에 대한 예측과 경제 저변에 미칠 함의를 제시하려 한다.

우선 균열 정도 측정의 어려움 및 필요성에 관해 논한 뒤, 새로운 영역으로 퍼져나가는 균열 양상과 향후 전망에 대해 설명할 것이다. 이어 균열고용이 미치는 경제학적 영향의 관점에서 소득분포 변화와 경기순환을 고찰해보고 그 상관관계에 관한 향후 연구진로를 조망해본다.

균열일터는 얼마나 만연해 있는가?

균열일터 정도를 정확히 측정하기는 쉽지 않다. 이미 설명했듯이 균열고용 구조는 특정 산업에 국한된 것이 아니다. 일부 산업의 경우 고용이 고도로 분절되어 있지만 여전히 기존 고용구조가 남아 있기도 하고, 또 어떤 산업에서는 오직 몇 가지 기능에만 영향을 미치는 균열일터 형태이거나 아니면 결국 더 심한 균열로 이어질 구조적 변화의 와중에 놓여 있을 수 있다.

이 책에서 언급한 상당수 균열일터는 낮은 임금, 제한된 혜택, 직업 불안정성이라는 특징으로 점철되어 있다. 그러한 산업 대다수는 저임금 노동자의 비율이 유독 높은 편이다. 예를 들어 식음료서비스업 전체 고용 인력은 약 6.4%이지만, 2010년 기준 모든 저임금 노동자의 약 12.4%를 차지했다. 소매업 노동자들은 전체 인력의 10.2%에 해당하지만, 저임금 노동자 비율로는 18.9%였다. 그리고 호텔과 모텔업에 종사하는 약 180만 명은 전체 고용 인력의 1.2%지만 저임금 노동자 비율로는 그 2배다.[1] 균열고용이 확실히 저임금 일자리를 파생시키고 있지만, 저임금 노동자가 다수 집중된 산업과 동의어는 아니다. 어떻게 균열고용의 파급 정도를 측정할 수 있을까?

균열고용은 고용의 한 형태(가령 임시 인력업체 고용, 독립계약)이자 서로 다른 사업체 간 관계(하청, 프랜차이징)를 모두 대변하는 말이다. 즉, 누가 일을 하느냐의 문제뿐 아니라 계약구조 및 사업체 간 상대적인 힘을 반영한다. 그러므로 현재 균열일터의 두 가지 측면을 모두 포착할 아무런 공식자료도 없는 상황에서 균열고용 업체나 노동자 수를 추산하는 것은 어려울 수밖에 없다. 따라서 그 파급 정도를 가늠하기 위해서는 몇 가지 다른 접근법을 적용할 필요가 있다.

그 중 한 가지가 균열일터로 이어지는 비즈니스 관행, 가령 하청이나 아웃소싱을 살펴보는 것이다. 이때 보통 전국 단위 사업체 연구결과를 이용하는데, 그 중 하우스먼Houseman은 500대 민간 부문 사업체 대표 샘플을 토대로 한 연구에서 조사대상 기업의 44%가 특정 기능을 위해 계약직 노동자들을 활용한다는 사실을 알아냈다. 계약직 고용 활용률은 산업 부문별로 다양하게 나타났다. 농업 25%, 무역 33%, 서비스 48%, 제조 52%, 탄광 및 건설 61%. 아울러 그는 원래 외부에 맡겼던 일을 다시 사내로 들여온 비율(9.5%)에 비해, 사내에서 하던 일을 외부계약으로 돌리는 비율(17%)이 높다는 사실도 밝혀냈다.[2] 다른 기업 대표 샘플을 이용해 이 같은 경향을 조사한 캘러버그Kalleberg와 마스덴Marsden에 따르면 회사 절반(50%) 이상이 하나 이상의 특수활동에 임시직을 이용했거나 타 업체를 고용한 것으로 나타났다. 조사결과, 광범위한 사업 관행으로서 하청이 만연해 있으며 특히 경비(업체의 57%), 청소용역(42%), 보수관리(57%)에 집중되어 있었다.[3]

데이Dey, 하우스먼, 폴리브카Polivka는 다양한 출처의 정부 데이터를 한데 모아 가장 포괄적인 미국 내 아웃소싱 추정 결과를 발표했다.[4] 이들은 여러 산업에 걸친 선정 직업군의 아웃소싱 증가와 더불어 계약 및 임시직종 노동자 수가 1992년 198만 명에서 2002년 417만 명으로 수직상승했음을 입증했다.

아웃소싱 노동자 수로는 제조업이 가장 높은 비율(2005년 39%)을 차지했고, 전문 비즈니스 서비스(18%)가 그 다음, 그리고 무역 운송 유틸리티(14%)가 뒤를 이었으며, 마지막으로 헬스케어와 사회복지(12%)가 뒤따랐다. 또한 아웃소싱은 이 책에서 다룬 직업들, 예를 들어 경비, 청소, 운송에서부터 시작해 다양한 컴퓨터 관련 직종에 이르기까지 시간이 지날수록 점차 확대되는 추세를 보였다.[5]

균열일터의 파급 정도를 측정하는 또 다른 접근법으로 전국 노동자 자료 활용이 있는데, 그 중 하나가 여러 형태의 "임시" 고용직으로 분류된 노동자 수를 파악하는 일이다. 미 통계국은 임시직 노동자를 "지속적인 고용을 위한 암묵적 또는 명시적 계약이 없는 노동자"로 정의하고 있다.[6] 인구조사CPS는 이러한 범주에 속한 임시직 노동자들을 다음과 같이 분류하고 있다.[7]

- 파견 노동자(기간제): 임시 고용기관에 의해 타 회사("고객 회사")로 파견되는 노동자.
- 위탁업체 노동자: 타 회사와 서비스제공 계약을 맺은 회사에서 일하는 노동자(예를 들어 보안, 조경, 컴퓨터 프로그래밍 서비스).
- 일용직 노동자: 하루벌이 일거리로 일하는 날품팔이 노동자.

- 독립계약자: 고객들에게 직접 상품이나 서비스를 제공하는 노동자(자체 피고용인을 둔 경우도 있음). 탁아서비스 제공업자부터 건설업자, 가정부, 그래픽아티스트, 경영컨설턴트까지 다양하다.
- 직접고용 임시직 노동자: 회사에 한시적으로 직접고용된 임시노동자. 예를 들어 소매 부문의 특정 시즌 노동자.
- 자영업 노동자: 독립계약자로 분류되지 않는 노동자(따라서 급여세, 산재보상, 기타 고용관련 비용을 지불하지 않음).[8]

미 회계감사원the General Accountability Office, GAO은 임시노동자 조사자료를 활용해 서로 다른 유형의 임시노동자 비율을 산정했다(표 11.1 참조). 표준 전일제 노동조건 하에 고용되어 있지 않은 사람들을 임시직 노동자로 본다면, 2005년 기준 전체 노동자의 약 31%를 임시고용직으로 분류할 수 있다. 또한 같은 기간 고용 비율로는 1995년 32.1%에서 2005년 30.6%로 다소 떨어진 데 비해, 모든 형태의 임시직 노동자 절대 수는 1995년과 2005년 사이 전반적으로 상승한 것으로 나타났다.

그러나 표 11.1에서 산정한 임시고용과 균열일터 개념 간에는 중요한 차이점이 있다. 균열고용과 밀접히 연관된 임시직종의 많은 카테고리가 1995년과 2005년 사이 크게 증가했다. 특히 독립계약자로 분류된 노동자 수가 830만 명에서 1,030만 명으로 늘어났으며, 총고용 비율로도 6.7%에서 7.4%로 증가했다. 일용직 노동자로 분류된 임시직은 36%나 증가했으며, 위탁업체 노동자도 26% 증가했다. 반면 같은 기간 총고용 인력은 약 13% 상승에 머물렀으며, 표준 전일제 노동자 비율도 약 15% 상승에 그쳤다.

표 11.1 균열일터 관행: 미 임시노동자 활용, 1995년도와 2005년도

노동자 분류	고용, 1995[a]		고용, 2005[b]	
	고용 인원(천 명)	고용 비율	고용 인원(천 명)	고용 비율
위탁업체 노동자	652	0.5	813	0.6
파견 노동자	1,181	1.0	1,217	0.9
일용직 노동자	2,014	1.6	2,736	2.0
독립계약자	8,309	6.7	10,342	7.4
직접고용 임시직 노동자	3,393	2.8	2,972	2.1
자영업 노동자	7,526	5.9	6,125	4.4
시간제 노동자	16,813	13.6	18,360	13.2
전일제 노동자	83,589	67.9	96,385	69.4
총고용인력	123,477	100.0	138,950	100.0

출처: 미 회계감사원(U.S. General Accountability Office 2006).
a. 1995년 2월 인구조사(CPS) 임시고용 자료 미 회계감사원(GAO) 분석.
b. 2005년 2월 인구조사(CPS) 임시고용 자료 미 회계감사원(GAO) 분석.

시간제 노동자와 파견(기간제) 노동자 측면에서 바라본 임시직 활용 증가는 1995년과 2011년 사이 경제협력개발기구the Organization for Economic Cooperation and Development: OECD 국가 조사에서도 극명하게 드러났다. OECD 국가들 사이에서 시간제 고용의 가중 평균은 1995년 11.6%에서 2011년 16.5%로 상승했다. 파견(기간제) 노동자 고용 비율 역시 1995년 10.6%에서 2011년 12.0%로 증가했다. 이러한 임시고용 관행 증가는 특히 독일, 프랑스, 이탈리아, 캐나다에서 극적으로 나타났다.[9] 더 놀라운 것은 같은 기간 시간제 노동자 고용과 파견(기간제)

노동자 고용(역사적으로 대개 여성들에 집중되어 있었지만) 증가율이 여성보다 남성들에게서 훨씬 빠르게 나타났다는 점이다.[10]

그러나 표 11.1에 나타난 임시고용의 다른 카테고리들은 균열일터의 개념과는 다소 연관성이 덜하다. 우선 여기에 자영업 노동자들(독립계약자로 분류되지 않은)과 시간제 노동자들이 포함되었다는 점을 들 수 있다. 균열고용 정도를 측정하는 데 있어 이러한 카테고리들까지 전부 포함시키는 것은 자칫 그 결과를 과장하는 방향으로 흐르기 쉽다. 예를 들어 상당수 자영업 노동자들은 균열고용의 핵심이라 간주되는 공급업체, 프랜차이즈, 판매업체, 하청 관계와 밀접하게 연계되지 않은데다 시간제 고용 역시 사실상 모든 유형의 근로 형태 특성이기 때문이다.

반면 임시직의 전통적 정의에만 매몰될 경우, 균열일터의 만연성을 실제보다 적게 산정할 위험이 있다. 많은 형태의 균열이 여전히 표준 전일제 근로로 간주되는 고용 형태를 띠고 있기 때문이다. 가령 프랜차이징은 균열고용 전략의 특징을 지닌 비즈니스 형태임에도 불구하고, 표면적으로는 전일제 표준 일자리를 창출한 것처럼 보일 수 있다. 이처럼 사실상 많은 노동자가 한때 기업 테두리 안에 있었으나 지금은 대기업 하청업체나 공급업체로 떨어져나온, 말하자면 대기업 바깥 궤도를 도는 여러 달들 중 하나로 존재한다. 그러한 하위 비즈니스 노동자들은 전일제 고용자로 분류되지만 대기업과 이들이 고용된 회사들 간 관계는 사실상 균열되어 있으며, 불안정 고용의 특징을 지닐 가능성도 매우 높다.

그러므로 임금 수준이나 노동조건, 비즈니스 관행을 기준으로 한 기업 조사자료나 고용관계 유형으로 분류한 노동자 조사자료 같은 산업 데이터로는 균열고용의 파급 정도를 포괄적으로 측정하기가 쉽지 않다. 균열일터 하에서 나타나는 고용의 복잡성은 불가피하게도 측정상의 문제점을 야기한다.[11] 그럼에도 불구하고 일터 조건과 근로기준법 준수 문제, 그리고 보다 넓은 차원에서 균열이 경제에 미치는 영향 등을 고려해볼 때, 그 만연성을 측정하는 작업은 여전히 중요한 사안이 아닐 수 없다.

균열일터의 신개척지

지금까지 이 책에서 분석한 사례들 중 대다수는 균열일터가 저임금 직종 노동자에게 미치는 영향과 관계된 것이었다. 그러나 최근 법조, 언론, 금융 분야에서 부상하는 새로운 트렌드는 고도의 기술이나 교육 수준을 갖춘 전문직 종사자, 심지어 직업사다리 맨 상위계층에까지 균열일터 확산을 부추기고 있다. 이 장을 시작하면서 인용한 젊은 법률 대리인이 내게 한 말과 똑같은 상황이 도래한 것이다. "바로 제 얘기군요!"[12]

균열 법

미국인은 변호사 없이 아무것도 할 수 없다는 말이 있다. 주택융자를 해본 사람이라면 이 말을 실감할 것이다. 그 마지막 단계가 바로 공증인 앞에서 대출자가 산더미처럼 쌓인 서류뭉치에 서명하는 일이기 때문이다. 게다가 많은 주에서 공증인은 곧 변호사여야 한다. 흔히 은행은 전문회사를 고용해 이 업무를 처리하게 하고, 회사는 현지 변호사로 하여금 마무리 작업을 책임지도록 한다. 변호사는 종종 제한된 기한 내에 주기적으로 대출자의 거처를 오가며 해당 업무를 처리한다. 요즘의 전형적인 관행상 독립계약자로 일하는 변호사가 이 일의 하청을 받은 다음, 건별로 보수를 받기 때문에 회사 자체적으로 사내 변호사에게 일을 할당하는 것은 이제 옛말이 되었다. 이때 해당 변호사는 어떤 법률적인 자문 제공도 명시적으로 금지되어 있으므로 단지 법이 요구하는 대로 서명 과정을 관장하기만 하면 된다.[13]

아웃소싱은 이렇게 법조계에도 등장했다. 3장에서 설명한 것처럼 기업에 가하는 경제적 압박은 외부 법률자문 비용을 줄이는 것으로 이어졌고, 이는 다시 크고작은 로펌들로 하여금 고객에 제시할 청구서 액수를 줄이고, 법률서비스 제공가격을 낮추는 압력으로 작용했다. 일련의 비용절감 추세는 다른 민간 부문 조직 내 변화와 마찬가지로 모든 로펌에 여파를 미쳤다. IT 아웃소싱으로부터 시작해 인사, 나아가 법률 연구 및 도서관 기능 등 다른 조직으로까지 옮아갔다. 그 결과 이전에 변호사가 했던 일들을 (사내) 저비용 준법률가들이 맡는 것으로 한동안 유지되다가[14] 이제는 아예 법률 사무 자체를 이전시켜 버리는 쪽으로 바뀌어가고 있다.

비교적 최근에 나타난 추세인 법률 사무 아웃소싱은 로펌과 최종소비자에게 여러 가지 법률서비스를 제공하는 법절차 아웃소싱 회사 legal process outsourcing, LPO가 부상하면서 2004년 처음 도입된 것이다. 처음에는 논란이 많았지만, 로펌과 기타 조직들이 이 서비스에 의존하면서 시장 규모는 점점 커지고 있다.[15]

로펌이 해왔던 법률 사무 유형은 크게 세 가지 영역으로 나눌 수 있다.[16] 맨 상위에는 경험 있는 변호사의 특화된 지식을 요하는 고급 법률 업무가 있다. 많은 법률회사의 핵심역량이자 회사 대표의 전문성과 명성에 직결된 것으로, 제일 많은 돈을 벌면서도 법률 시무에서 차지하는 몫은 가장 적은 일이 이에 해당한다. 중간 부문은 주로 상법으로, 경험 있는 변호사의 관리가 필요하되 초급 법조인이나 준법률가에게 위임할 수 있는 일상적인 업무와 관계가 있다. 이는 비교적 흔한 일이자 그만큼 많은 회사가 제공할 수 있는 유형이며, 법률 사무의 상당량이 여기에 몰려 있다. 업무량이 가장 많은 세 번째 유형은 전문화된 지식이 필요 없고 그 자체로 법적 훈련조차 크게 필요하지 않는 "일용" 카테고리라고 볼 수 있다. 즉, 이러한 종류의 법률 사무는 제공자들이 넘쳐나는 영역임을 의미한다.[17] 초창기 이 세 가지 층위의 업무를 전부 도맡던 로펌들은 법률비용 감소 압력에 직면하자 소수의 유능한 법조인이 최상층 업무와 중간층 일부 업무를 처리하도록 한 뒤, 나머지 "일용" 카테고리는 외부계약으로 돌리고 있다.

현재 법률 연구 및 분석, 서류절차 업무를 제공하는 수백 개의 로펌들이 있다. 예를 들어 뉴욕에 기반을 둔 LR 솔루션스LR Solutions는 회사 웹사이트에 이렇게 적어놓았다. "최고의 법률 연구 및 분석, 서류절차 업무를 제공하는 LR 솔루션스는 합리적인 정가제로 당신의 가장 힘든 법률 문제를 책임지겠습니다."[18]

다른 분야와 마찬가지로 법률 사무 아웃소싱은 법률 연구 및 조사,

문서 처리, 기타 일용 업무에서 시작되었지만 법절차 아웃소싱LPO 서비스를 제공하는 회사들이 늘어나면서 그 범위와 폭이 점차 확대되는 추세이며 로펌 내부와 외부에서 각각 이루어지는 일의 유형도 서서히 변화하고 있다. 그 결과 다른 로펌과 고객 회사들에 "일용" 업무를 제공하는 법절차 아웃소싱 회사들로 이루어진 경쟁적인 대형시장, 중간 층위의 효율적인 법률 서비스를 제공하기 위해 내외부 자원 조합을 활용하는 대형 로펌들로 이루어진 시장, 그리고 최고급 법률 업무(LPO에 지원서비스 의존)에 특화된 부티크 로펌들로 이루어진 소규모(그러나 고소득) 시장이 창출되었다.[19]

이러한 전환은 향후 변호사들의 수요와 로스쿨 졸업생들이 벌어들일 기대수익에도 영향을 끼치고 있다. 법률시장에서 나타나는 변화는 이미 로스쿨 입학지원자 수 급감(2010년과 2013년 사이 무려 38% 하락)으로 나타났다.[20] 또한 신규 로스쿨 졸업자의 평균 초임연봉 하락(실제로 2009년 졸업생에 비해 2011년도 졸업생의 수익이 17% 더 낮게 나타났다)으로 이어졌으며, 높은 연봉을 받는 소수의 최상위층(유명 대형 로펌의 경우 평균 16만 달러) 변호사와 점점 늘어나는 하위층 변호사들(평균 4만~6만 5,000달러 사이)의 수입 격차는 갈수록 벌어지고 있다.[21]

균열 보도

신문 판매업이 소위 존재론적 위기에 처한 것은 어제오늘의 일이 아니다. 종이신문 산업에 내재한 높은 생산단가를 감안할 때 인터넷은 안 그래도 어려운 신문 비즈니스 모델을 그 한계까지 밀어붙인 셈이다. 신문은 구독(구독 및 가판대 판매)과 광고를 수입 원천으로 삼고 있다. 2011년 미국 신문의 구독 수입 100억 달러는 10년 이상 제자리에 머무는 수준이며, 광고수입 239억 달러는 정점을 찍었던 2000년 487억 달러의 절반에도 미치지 못한다.[22]

구독과 광고수익 하락을 "뉴미디어" 관련 비즈니스 모델로 대체하기 위한 노력은 지금까지 잃어버린 수익의 겨우 일부만 회복시켰을 뿐이다. 2011년만 보더라도 그나마 좋은 소식으로 온라인광고가 2010년에 비해 2억 700만 달러 이상 늘어난 반면, 나쁜 소식으로는 인쇄광고가 같은 기간 무려 21억 달러나 떨어졌다는 점이다.[23] 이와 마찬가지로 인터넷 유료콘텐츠 이용(대표적으로 〈뉴욕타임스〉) 방식이 도입되면서 페이월paywall(인터넷에서 일정액의 돈을 지불해야 내용을 볼 수 있도록 한 것) 모델이 다소 확대되기는 했지만, 이 역시 수익 원천으로 삼기에는 미미한 수준이다.[24]

수입 폭락에 부딪힌 신문사들은 살아남기 위해 극적인 비용절감에 나서고 있다. 뒷방(20세기 초반 강력한 노조들이 거주하던 인쇄실) 구조조정에 치중했던 초기에는 인쇄실 인원 감축, 단체교섭 합의 재협상, 조기연금 인수 등을 추진하거나 인쇄 부문을 하청업체에 아웃소싱했으나[25] 최근 일부 신문사들(대표적으로 〈크리스천 사이언스 모니터Christian Science Monitor〉)은 인쇄 부문을 아예 포기하고 전면 디지털 출판사로 탈바꿈하고 있다. 일부 대도시에서는 라이벌 신문사들이 경쟁 끝에 파산하거나 비용절감을 위해 공동편집본을 발간하기도 한다.

보다 근래에는 뉴스룸(편집국)까지 비용절감 대상에 포함되는 추세다. 단체협약(특히 연금 관련)이 재개되는가 하면, 개별 신문사 차원을 넘어 여러 매체가 손잡고 편집과 레이아웃을 통합해나가고 있다. 이 과정에서 뉴스룸 인원도 대폭 잘려나갔다. 2000년 기준 5만 6,400명이던 언론계 종사자는 2011년이 되자 4만 600명으로 줄어들었다.[26]

그 결과 신문사는 다양한 형태의 하청에 눈을 돌렸는데, 특히 현지 기자가 담당하던 지역 보도가 그 시발점이었다.[27] 소위 "콘텐츠 팜(콘텐츠 농장)"을 활용하는 모델은 웹이나 하청업체가 수집한 정보로 기사를 쓰는 프리랜스 리포터를 동원하는데, 저내틱the Journatic이 그러한 아웃소싱의 대표적인 예다.

뉴스거리를 긁어모으기 위해 현지 기자에게 의존하던 관행과 달리 저내틱 모델은 웹 검색을 활용한다. 이 회사의 공동 설립자이자 CEO인 브라이언 팀폰Brian Timpone이 소위 "하이퍼-로컬 콘텐츠"라고 부르는 내용을 조합해 기사를 작성하는 것이다. 경찰보도, 고등학교 스포츠 경기와 결산, 건물허가 안내, 법정소식 등등. 저내틱은 그 핵심전략을 다음과 같이 기술하고 있다. "2006년에 설립된 저내틱은 미디어 기업과 마케터에게 콘텐츠 프로덕션 서비스를 제공하는 선두업체다. 혁신적인 자료 위주의 접근을 구사하는 저내틱은 풍부하고 독창적인 지역뉴스를 미국 유수 미디어 기업들에게 전달해왔다."[28]

글감이 될 만한 정보는 필리핀에서 수집된 후 저내틱으로 전송해 기사로 전환한 다음 편집을 거쳐 주요 신문사들(《휴스턴 크로니클Houston Chronicle》, 《시카고 트리뷴Chicago Tribune》 《시카고 선 타임즈Chicago Sun-Times》 《샌프란시스코 크로니클San Francisco Chronicle》 등과 기타 뉴스 조직)에 제공된다.[29] 저내틱은 이러한 기삿거리를 뉴스 구매자가 자체적으로 이용할 수 있는 포맷(악명 높은 예로 기사 말미에 기자 이름을 가짜로 넣는 등)으로 전달한다. 심지어 보도를 핵심역량으로 삼고 있는 뉴스 조직에 콘텐츠를 제공하는 막후 역할을 맡기도 한다. 그러니까 저내틱 기사 작성자들이 저내틱이 아닌 신문사 이름을 기재하는 것이다. 애너 타코브Anna Tarkov가 지적했듯이 "만약 저내틱에 대해 단 한 번도 들어본 적이 없다면, 바로 그런 이유였던 셈이다."[30]

비공개회사이기 때문에 회사 재정 모델에 관한 정보를 얻기는 쉽지 않지만,[31] 저내틱은 위에서 설명한 방식으로 신문사들과 뉴스 콘텐츠 제공 계약을 맺음으로써 짭짤한 수입을 올리고 있다. 상근직원(이들도 최근에야 법적 수당을 받기 시작한 것으로 알려져 있다) 수는 50명에 불과하지만 미 경매사이트 크레이그 리스트Craig's List 같은 곳에서 모집한 프리랜스 기자 수천 명에 의존하고 있다(이들은 별도의 수당 없이 시간당 10달러 정도에 불과한 돈을 받고 일한다).

저널리스트들(일류 신문사 소속 언론인은 제외하고)의 임금 수준은 크게 하락했다. 저내틱을 비롯한 유사 콘텐츠 팜 하청모델이 확산됨에 따라(지속적인 다운사이징과 프리랜서의 대규모 공급이 가중되는 상황에서), 전문 언론인의 임금분포 중 저임금 비율은 점차 늘어나는 추세다.

저내틱 모델에 대한 우려는 단순히 일터 문제를 넘어 보도의 질에 미치는 영향에 모아지고 있다. 기사가 특정 커뮤니티에 둥지를 튼, 즉 해당지역에 정통한 기자들의 수작업이 아니라 웹을 통해 조각조각 꿰어맞춘 데이터들의 결과물이기 때문이다. 그로 인해 이에 의존하는 뉴스 조직들은(카피 편집자와 편집부 기자들까지 점점 줄어드는 마당에) 콘텐츠를 점검하고 사실 여부를 검증해야 하는 압박감에 시달리고 있다. 저내틱은 공영라디오 프로그램에서 어느 프리랜스 리포터 사례가 다뤄지면서 집중포화를 받은 적이 있다. 방송에서 라이언 테일러 Ryan Tyler가 털어놓은 이야기 중에는 회사가 가짜 바이라인(기사 말미에 넣는 기자 이름)을 이용한다는 사실도 포함되었다.[32] 2012년 7월, 몇몇 언론사들은 저내틱과 관계를 청산하겠다고 공언한 반면, 〈시카고 트리뷴〉(저내틱의 고객이자 투자회사)을 포함한 몇몇 다른 뉴스 조직들은 가짜 바이라인과 인용에 관한 조사가 마무리될 때까지 관계를 잠정 중단할 것이라고 발표했다.[33]

언론사들이 직면한 경쟁적인 압박은 기존 뉴스 모델(그리고 이와 관련된 일자리 유형)을 계속해서 밀어내고 있다.[34] 저내틱이나 유사 비즈니스 모델을 활용하고 있는 회사들이 "하이퍼-로컬" 뉴스와 일상 비즈니스 기사 너머로 그 영역을 확대해나갈지 아닐지는 아직 분명치 않다.[35] 그러나 산업의 어느 한쪽 구석에서 시작해 점점 밖으로 퍼져나가는 균열 하청의 양상이 쉽게 사그러들지 않을 거라는 사실만은 분명하다.

균열의 역습, 금융시장

금융시장의 요구가 산업 전반을 균열일터로 몰아가고, 이 모델이 한 바퀴를 돌아 다시 금융 부문으로 되돌아오는 것은 어쩌면 당연한 수순이다. 2012년 7월 〈뉴욕타임스〉는 주요 월스트리트 투자회사들의 트렌드를 지적하며, "비용절감을 위한 일자리 내몰기가 이제 월스트리트 고용의 중추를 형성하는 중간층까지 위협하고 있다"고 보도했다.³⁶ 같은 맥락에서 골드만삭스Goldman Sachs 회장인 개리 콘Gary Cohn 은 회사의 "입지 전략"에 관한 프리젠테이션에서 뉴욕, 런던, 기타 금융허브 밖으로 중간급 일자리를 이전시킴으로써 일자리 연관 비용으로만 40~75%를 절감할 수 있었다고 언급했다.

도이치방크, 골드만삭스, JP모건체이스 같은 회사들이 금융 중심지인 뉴욕에서 유타, 노스캐롤라이나, 플로리다주로 옮겨간 중산급 노동자들의 고용주로 남아 있긴 하지만, 이 변화가 단지 시작에 불과하다는 사실을 간파하기는 그리 어렵지 않다. 우선 첫 단계로 월스트리트에서 하지 않으면 안 되는 핵심 업무와 일자리를 따로 추려낸 뒤, 두 번째 단계에서 비핵심 일자리를 저비용 지역으로 이동시킴으로써 양쪽 간 임금 연계를 잘라버린다. 세 번째 단계에서는 일단 일을 재배치하고 난 뒤 타 회사가 해당 서비스를 제공할 가능성이 있는지 탐색한다. 마지막 단계로 회사에 남아 있는 일자리들을 재평가해 위 과정을 반복한 다음, 사내 직접고용 핵심그룹 노동자 수를 차차 줄여나간다. 월가 금융회사에서 최고위층 종사자보다 중간급 노동자 수가 더 많기 때문에 장차 비용을 단계적으로 줄여나갈 가능성은 훨씬 높다.³⁷

균열일터와 임금 불평등

대공황 시작부터 1970년대 초까지 근 50년 동안, 미국의 임금분포 변화는 평등 확대를 지향하고 있었다. 1928년 대호황 시대가 정점에 다다를 무렵, 미국 가구 상위 1%의 소득분포는 국가 전체 소득의

23.9%를 차지했다. 그러나 대공황은 상위 1%가 차지했던 소득비율을 단 4년 만에 15.6%로 끌어내렸다. 이어 제2차 세계대전 말 12.5%를 기록한 후 계속해서 떨어져 1950년대 중반이 되자 10%대로 수렴되었고, 이 추세는 25년간 지속되었다.[38]

전후 시기라 불리는 1947년부터 1979년까지 생산성은 119% 증가했고 시간당 평균임금은 72% 상승했으며, 시간당 평균보수는 100% 상승했다.[39] 이러한 경기팽창 기간 동안 미국 경제에 축적된 이익은 실질보수 인상이라는 형태로 점점 늘어나는 중산층에게 고루 돌아갔다.

미국의 전형적인 노동자가 제2차 세계대전 후 경제호황을 공유했다는 사실은 그 외에도 많은 요소들이 입증해준다. 미국 상품에 대한 전 세계적인 수요 점증은 핵심 제조, 건설, 탄광 부문 확장에 불을 붙였으며 그에 따라 노동자 수요도 증가했다. 노사 간 단체교섭(노조 가입률이 최고조에 다다른 시기)은 그 수익을 공유할 메커니즘을 뒷받침했으며, 진보적인 세금정책 역시 사회보장, 제대군인원호법GI Bill, 전국 고속도로 시스템 같은 주요 인프라 투자 지출과 결합해 이 같은 경향을 더욱 부추겼다.

2장에서 설명했듯이 대기업 조직화 방식은 이러한 공유성장 시대와 궤를 같이 했다. 특히 전후경제를 견인한 민간 부문 산업구조는 지속적인 수익 공유에 크게 기여했다. 제너럴모터스, 힐튼, 제너럴일렉트릭, 웨스팅하우스 같은 대기업 테두리 내 다양한 인력의 임금과 각종 혜택 역시 이와 연동해 움직였다. 자동차 조립라인에서 일하는 노동자들의 봉급뿐 아니라 청소부, 시설관리자, 단순사무직 노동자, 기타 유사업체에 고용된 다른 많은 사람들도 임금 인상 혜택을 누렸다. 임금과 법적수당 증가는 대개 철강이나 자동차처럼 노조 부문의 단체교섭에 의해 추진되었지만, 비노조 기업 노동자들 역시 성장하는 전후 경제의 수혜를 입었다. 대기업 경영에 필수적인 비즈니스 모델과 공정성 원칙은 이렇게 상호 강화하는 양상을 띠었다.

그러나 이 모든 상황은 1970년대 후반부터 급변하기 시작했다. 인구 상위 1%에 귀속되는 소득비율이 다시 한 번 오르기 시작해 1980년 10%대였던 것이 1980년대 말 14.5%, 1999년 20%, 2007년 23.5%로 대폭 늘어났다. 사실상 1928년 대공황 직전 수준을 회복한 셈이라 할 수 있다.[40] 최상층 가구의 소득비율은 특히 지난 20년간 눈에 띄게 높아져 1993년부터 2010년에 이르는 기간 동안 소득분포 99%의 실직소득 성장률은 6.4%인 반면, 상위 1%의 실직소득 성장률은 58%였다. 이는 미국 경제 전체 실직소득 증가의 약 52%가 소득분포 최상위 가구에 돌아갔음을 의미한다. 더욱 놀라운 사실은 소득분포 최상위 정점인 0.01%의 소득비율이 1993년 3.4%였다가 2007년 6.2%로 거의 2배나 증가했다는 점이다.[41]

광범위한 경기 혜택 공유 추세가 지난 30년에 걸쳐 고삐를 서서히 늦춘 결과는 임금과 생산성이 서로를 따라잡던 전후 성장패턴의 역전으로 나타나기 시작했다. 1979년과 2009년 사이 생산성은 80% 상승한 반면, 같은 기간 시간당 평균임금은 고작 7%, 시간당 평균보수(임금과 수당)는 8% 성장에 그쳤다.[42]

많은 요인들이 대다수 인력의 임금 및 소득 정체로 불거진, 폴 크루그먼에 의해 "대분기Great Divergence"라 명명된 현상을 확연히 드러내고 있다.[43] 제조업계의 치열한 각축장을 초래한 국제적 경쟁 기업의 대두는 전후시대 핵심 산업의 고용 하락과 비제조 부문 성장으로 이어졌다. 노조들은 몇십 년에 걸쳐 지난한 쇠퇴기를 겪었다. 세금정책은 최상위 계층 보수 및 임금의 한계세율을 대폭 떨어뜨렸을 뿐만 아니라 (바로 이때부터 긴 소득 상승곡선이 그려짐), 소득분포 최상층 가구가 벌어들이는 기타 수입 원천들에 대한 세금도 낮춰주었다. 반면 소득분포 하위층에 해당하는 가구에 대한 사회복지 정책은 점점 줄어들고 있다.

또한 이 시기 기술과 기능의 수요가 변화하면서 많은 노동자의 임금은 정체되었다. 숙련 편향적 기술발전이 숙련된 기능과 광범위한 교육적 배경을 요하는 직종의 노동자 수요 증대를 부추겼다. 대학 수준 이상의 숙련도를 요구하는 일자리 수요가 그러한 배경을 가진 노동자들의 공급을 앞지르면서 이 그룹 임금은 자연스럽게 상승한 반면, 고등학교 교육 수준 이하 노동자들의 공급은 시장 수요를 빠르게 초과하면서 임금 정체 및 하락으로 이어졌다.[44]

그러나 균열일터의 부상 역시 지난 30년간 생산성과 임금성장률 분리에 영향을 미친 결정적 요소들 중 하나다. 기업이 특정 기능들을 털어버리면서 임금 설정 문제를 경쟁적인 외부시장으로 돌린 것은 곧 경제성장의 수혜자가 바뀌었음을 의미한다. 경제적 가치 창출을 책임진 대다수 노동자들이 회사 테두리 바깥에서 활동(하청, 아웃소싱, 프렌차이징, 또는 기타 조직적 형태를 통해)함에 따라, 수익의 상당부분이 대기업 경영층과 투자자들로 흘러 들어갔기 때문이다.[45] 여기에 경제가 대침체의 그늘에서 서서히 빠져나오면서 불평등을 가중시키는 트렌드까지 겹친 상태다. 가장 최근 추정치로, 2009년과 2011년 사이 전반적인 실질임금 성장률은 1.7%였다. 그러나 이 미미한 성장률은 두 가지 상반된 경향을 가리고 있다. 최상층 1% 가구의 실질소득은 11.2% 상승한 반면, 나머지 99% 가구의 실질소득은 오히려 0.4% 하락했다는 사실이다.[46]

경기순환에 따른 고용과 임금

21세기 초 닷컴 열풍 하락과 2007~2009년 대침체는 과거 경기순환을 동반한 회복과는 전혀 다른 양상으로 이어지고 있다. 특히 문제가 되는 두 가지 특징을 살펴보면 첫째, 과거에 비해 훨씬 더딘 고용 회복이 수많은 노동자를 실업상태나 불완전 고용, 심지어 노동시장에서 장기간 배제시키는 결과를 낳고 있다는 사실이다. 다른 하나는, 최근 경기 회복에 따른 일자리 증가와 임금 프로파일이 과거와는 판이한 모습을 보이고 있다는 점이다.

경기 대침체는 그 자체로도 몹시 고통스러운 경험이지만, 실업의 깊이와 느린 회복 속도는 그중 가장 견디기 힘든 측면이다. 그림 11.1은 일자리 상실과 그 회복에 걸린 시간이라는 측면에서 2001년, 1990년, 1981년 불황기와 2007년 경기 대침체기를 비교한 것이다. 그래프의 수직 축은 불황이 시작되기 직전 총일자리와 비교한 월별 일자리 변화율을 나타내고 있다. 2007년 금융위기와 이에 따른 경기수축은 지난 30년간(또는 그 이상)의 어떤 경기불황기보다 훨씬 더 극심한 일자리 상실로 이어졌으며, 이 시기 일자리 회복 또한(소위 2001년 경기불황 이

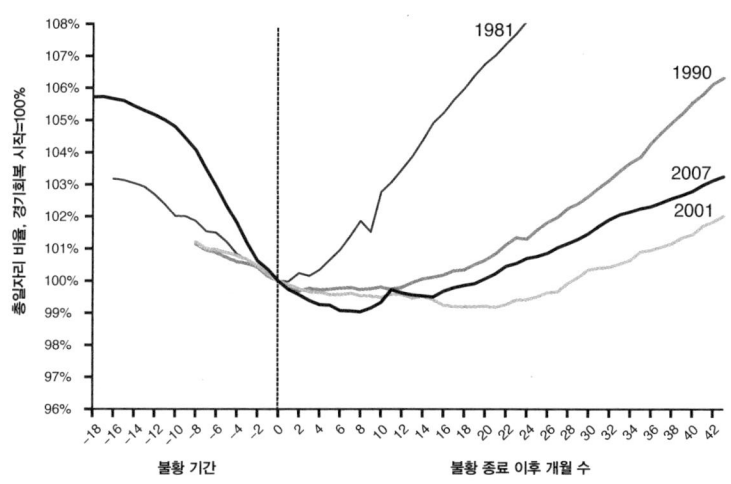

그림 11.1 최근 네 차례 불황기와 일자리 회복 기간. 출처: 경제정책연구소(Economic Policy Institute) 2012, 노동통계국(BLS), 고용통계(Current Employment Statistics) 공식 자료, http://stateofworkingamerica.org/files//jobs_recession-job-loss-comparison-SWA-live11.png.

후 일자리 없는 회복이라 불리던 기간보다도) 훨씬 더 더디게 나타났다.

물론 경기회복에 걸린 시간 지연을 전적으로 균열일터의 탓으로 돌리는 건 지나친 과장일지 모른다. 대침체 같은 재정 폭락은 전형적인 경기순환의 하향곡선보다 대개 더 깊고 더 고통스러우며, 그만큼 회복하기도 더 힘들다.[47] 그 못지않게 거시경제적 대응 움직임의 발목을 잡은 재정정책상 정치적 마비 사태 역시 느린 경제성장과 더딘 일자리 생성에 일조한 바 크다.

그러나 이 책에서 논한 산업 구조조정이 그림 11.1에 나타난 경기회복 지체의 또 다른 원인으로 작용했음을 뒷받침하는 근거는 충분하다. 3장에서 언급했듯이 자본시장은 경기 후퇴를 기회 삼아 기업이 고용 재편에 나서도록 압박강도를 높여왔다. 기업 입장에서 인력을 줄이려는 의지는 갈수록 커지는 반면 실직 노동자들을 재고용하려는 움직임은 점점 줄어들고 있다. 이는 1960년대, 1970년대, 1980년대 초 종종 인력을 "비축"하고자 했던(즉, 경기 후퇴에도 불구하고 필요한 인력보다 더 많은 노동자를 확보하려 했던) 것과는 대조적이다.[48]

대기업이 노동자들을 재고용한다 해도 경기침체 전보다 훨씬 더 제한된 직업과 직종에 한정될 가능성이 높다. 더욱이 많은 일자리가 하위 고용주에게 이전된, 소위 균열일터로 특징지워진 산업에서 고용은 다중단계로 인해 지체를 겪기 쉽다. 일단 기업은 생산 확대의 타당성을 충분히 확신했을 때에만 "궤도권" 비즈니스 서비스에 의존할 것이며, 그제야 고용도 이루어질 것이기 때문이다. 이는 수요 증가와 고용 확대 사이에 걸리는 반응속도가 더 길어지고 있음을 의미한다.

또한 경기침체 이후의 일자리는 그 이전의 일자리와 확연히 다르다. 특히 불황 끝에 생긴 일자리는 불황 초에 잃은 일자리보다 저임금 직종에 치우칠 확률이 훨씬 더 높다. 이것이 바로 현재 나타나는 경기회복 패턴이다. 경기침체기 고용손실은 광범위한 현상이지만 주로 중간대 임금 직종에 몰려 있었다. 반면 경기회복 시기에서는 저임금 직종이 중간대 임금 혹은 고임금 직종보다 2.7배나 빠른 성장세를 보이고 있다. 노동통계국BLS 분석자료를 토대로 한 국가고용법프로젝트the National Employment Law Project 발표내용에 따르면, 저임금 직종(시간당 평균임금 7.69~13.83달러)이 고용손실의 21%, 경기회복기 고용성장의 58%를 차지했다. 중간대 임금 직종(시간당 평균임금 13.84~21.13달러)은 고용손실의 60%, 고용성장의 22%, 고임금 직종(시간당 평균임금

21.14~54.55달러)은 고용손실의 19%, 고용성장의 20%를 차지했다. 지난 10년간 저임금 직종은 8.7%, 고임금 직종은 6.6% 성장했으나 중간대 임금 직종은 오히려 7.3% 줄어들었다.[49]

데이비드 어터David Autor는 임금분포 최상 및 최하 그룹의 고용성장과 중간 그룹의 고용하락이라는 장기적 트렌드를 "일자리 양극화"라 지칭했다. 일자리 양극화는 주로 중간대 임금 범위에 속한 일상적 업무의 자동화(그리고 아웃소싱) 영향에서 비롯되었다. 반면 나머지 두 유형의 일자리는 대개 비일상적 업무를 요한다. 그 첫 번째 유형은 수동적인 업무에 의존하며 개인 서비스, 청소, 식음료 서비스, 소매업 등 비교적 저임금 분야에 치중되어 있다. 두 번째 유형은 보다 추상적인 업무로 비교적 높은 교육적 배경(경영, 전문지식, 기술)을 필요로 하며, 대개 고임금 직종이 여기에 해당한다. 지속적으로 성장하는 이 두 유형의 일자리는 중간층 일자리의 지속적인 축소와 대조적인 경향을 보인다.[50]

일자리 분포상 큰 변화가 이러한 트렌드(그리고 소득분포에 미치는 영향)를 설명해주는 중요 요소라는 점은 분명하다. 그러나 직종과 임금에만 초점을 맞추게 되면 균열일터에 따른 일자리 이전 현상과 임금에 미친 영향을 자칫 놓치기 쉽다. 가령, 4장은 대기업 테두리 안에 있던 청소용역과 경비 업무의 대가가 계약업체 하에 있을 때보다 훨씬 더 나았음을 보여주었고, 5장에서는 로지스틱스와 탄광, 송전탑 업무가 회사 경계선 밖으로 나간 이후 돈이 훨씬 적게 벌린다(위험 노출은 더 커졌다)는 사실을 입증했다. 6장은 프랜차이즈 기업에 직접 고용된 직원들에 비해 가맹점에서 일하는 사람들이 급료를 제때 지급받지 못할 가능성이 더 높다는 점을 확인시켜주었다.

마찬가지로 언론과 법조계의 균열 역시 비일상적이고 추상적인 업종조차 일자리의 위치에 따라 보수가 달라진다는 점을 여실히 보여준다. 법절차 아웃소싱 회사에서 일하는 변호사나 저내틱 같은 회사에 고용된 언론인들의 일자리는 전통적인 로펌이나 언론사에 자리잡은 전문직과는 확연히 다르다. 결국 일자리 양극화는 경제회복기 일사리 분포 양상의 일부분만 설명해줄 뿐, 일이 실제로 이루어지는 곳과 그로 인해 달라지는 소득 변화의 교차점은 자칫 간과하게 만들 위험이 있다.[51]

경제학자와 정책결정자들은 거시경제의 흐름이 최근 몇십 년간 크게 변화했음을 실감하고 있다. 균열일터가 산업과 경제 전반에 미치는 영향을 이해하는 것이야말로 소득분포 추이와 경제회복 트렌드가 제기하는 새로운 도전과제를 해결할 열쇠다.

12장 어떤 길로 갈 것인가

일단 다른 업체를 고용해 내 사업 일부를 맡긴다면, 그 직원들의 일상 업무를 일일이 지시하지 않으므로 내게는 아무런 책임이 없다. 사내 카페테리아가 있지만 제3자가 운영하기 때문에 그 직원들에 대해서도 전혀 책임이 없다. 전부 내 관할 밖이기 때문이다.
— 데이비드 사바디(주요 로지스틱스 제공업체 법률대리인, 2012.)*

AT&T CEO라는 이유로 랜덜 스티븐슨이 책임자라고 하지만 (그게) 장차 직원들의 거취에 궁극적으로 무슨 영향을 미칠 수 있겠는가?
— 에드 레이놀즈(AT&T 네트워크서비스 전 책임자, 2012.)**

* 사바디: 켈러 앤 헤크맨 LLP(Keller and Heckman, LLP)을 비롯한 로지스틱스 제공 업체 법률 대리인, 블룸버그 BNA에 인용 "월마트 웨어하우스의 불공정한 노동조건을 폭로한 캘리포니아 웨어하우스 근로자들" 직업안전보건 리포터(Occupational Safety and health Reporter) 42, no 28, 2012년 7월 12일 628.

대기업이 임금을 올리고 근무시간을 줄인다면, 다른 공장들도 원하든 안 하든 똑같이 할 수밖에 없다. 이미 불길은 시작됐고 회사들은 화염에 싸여 있다. 경쟁에 나서려면 개선해야 한다. 바로 18개월 전에 일어난 거대한 변화다.

— 토니 프로핏(휴렛패커드 수석 부사장, 근로정책을 과감하게 바꾸기로 한 폭스콘의 결정에 대해)***

역사는 한 방향으로만 달린다. 우리가 과거를 그리워한다 한들, 노동자들을 대거 직접 고용하던 대기업 시대는 이미 지나가고 없다. 새로운 틀에 맞춘 공공정책이 채 마련되기도 전에 균열은 그 뿌리를 내린 산업에서 더욱 심화되고, 금융이나 법률 같은 신규 영역으로 보다 넓게 확산되고 있다. 균열일터는 이미 우리 곁에 와 있다.

균열의 에토스는 기업이 사고하는 방식과 시장이 작동하는 방식에 이미 내재되어 있다. 회사 주가는 고용 삭감 소식에 긍정적으로 반응한다. 과거에는 재능 있는 인력을 확보하기 위해 불황기에도 인력을 "비축"했지만, 이제는 오히려 경기침체를 이용해 기업 경계선을 변경하면서까지 생산과 서비스 부문을 적극 털어버리고 있다(추후 경기가

** 레이놀즈: PBS 프론트라인(Frontline) 에피소드에 인용 "기지국 철탑 사망 대해부: (2012년 7월 6일에 방영) 프로퍼블리카 사이트 관련 기사 3건, http://www.pbs.org/wgbh,pages/frontline/social-issues/cell-tower-deaths/anatomy-of-a-cell-tower-death/.
*** 프로핏: 케이스 프래드셔와 찰스 두히그에 인용, "중국 전자 공장에 엿보이기 시작한 변화의 조짐," 뉴욕타임즈, 2012년 12월 26일 http://www.nytimes.com/2012/12/27/business/sings-of-changes-taking-hold-in-electronics-factories-in-china.html. 2013년 1월 15일.

회복된다 해도 다시 사내로 되돌려질 가능성은 거의 없다). 게다가 정치인들은 오프쇼어링에 대해 애국적인 반대 입장을 견지하면서도 국내 아웃소싱은 비즈니스 관행의 불가피한 측면으로 간주한다.

경기 대침체는 기억 속에서 점차 사라지고 있지만(적어도 안정된 직장을 가진 사람들에게는), 균열일터를 몰고온 경제적·기술적·조직적 동인은 오히려 그 어느 때보다 강해지고 있다. 게다가 여론은 주로 균열일터가 초래한 충격적인 사례들에 일시적인 초점을 맞출 뿐이다. 이를테면 법률 아웃소싱에서 불거진 스캔들, 노동자 오분류를 악용하는 하청업체 네트워크나 보건안전 기준 위반업체에 의존하는 유명 소비자 브랜드, 아무도 큰 그림을 보지 않은 상태에서 복잡한 시스템의 조율 실패로 다중적 치명상을 불러온 대형사고 등. 그리고 매해 노동절마다 제기되는 노조 침체에 대한 우려, 대학졸업장을 따지 못한 자들의 기회 상실, "99%"에 해당하는 노동자들의 지속적인 임금 정체에 관한 이야기들이 단골 소재처럼 반복되고 있다.

이러한 이야기들이 현재는 물론 미래 우리 경제 전반과 직결된 새로운 흐름의 일부라는 이해 없이, 균열고용의 징후에만 계속 초점을 맞춘다면 상황 개선을 기대하기는 어려울 것이다. 표피적 현상만 스케치하는 현재의 시각을 고수할 경우, 더 많은 부문에서 균열이 증가하고 더 많은 문제들이 양산될 뿐이다.

물론 제2의 대안적 경로는 있다. 그 길은 바로 대기업의 사업경계선 변경과 현대 고용 변화에 대한 이해를 기반으로 공공 및 민간정책을 마련하는 것이다. 균열일터를 만든 동인은 고용문제를 외부로 이전하는 데서 오는 혜택과 핵심역량을 보호하고 강화해나갈 필요성 사이에서 균형을 맞추려는 기업의 선택과 결정이었다. 이 책은 그 과정에서 대기업들이 기준을 확립하고, 실적을 모니터링하고, 법 준수와 위반에 따라 보상하거나 처벌하는 등, 정교하게 고안한 여러 가지 체제를 소개했다. 대기업이 실적을 모니터링하고 감독할 역량이나 기준 시행에 적합한 조직 형태를 모색할 창의력이 부족하지 않다는 것은 이미 자명한 사실이다. 또한 이들을 둘러싼 다양한 사업 층위 모니터링을 보다 효율적으로 해나갈 기술이나 시스템이 결여되어 있지 않다는 것도 분명하다. 단지 필요한 것은 기업으로 하여금 균열일터가 미칠 사회적 영향을 고려하지 않을 수 없게 만드는 법적 요건뿐이다.

대기업은 복잡한 다중구조로 기능하며, 그 방식은 지금까지 성공적이었다. 균열일터로 이어진 여러 조직적 형태로부터 투자자뿐만 아니라 소비자와 일반 대중들도 확실히 이익을 얻고 있다. 그러니까 보다 유연한 조직적 관계를 이용해 상품과 서비스를 제공하는 일이 본질적으로 잘못이라는 얘기가 아니다. 다만 유연성 추구 과정에서 비롯된 사회적 비용을 회피한다면 이 책에서 기술한 문제들은 앞으로도 계속해서 발생한다는 점을 유념해야 한다는 것이다.

이 책에서 살펴본 사례들은 경제활동을 통해 영향력을 행사하는 대기업이 일터 네트워크의 노동조건에 책임을 공유하려는 자세를 갖추는 것만으로도 혁신적인 해결책이 마련될 수 있음을 시사해준다. 또한 기업의 사적 목적(상품 서비스 품질 및 가치 제고)과 일터보호법이란 공적 목적(안전하고 공정한 일터 제공)을 함께 증진할 성공적인 공공정책은 정책 및 시스템 조성에 강점을 가진 민간조직의 추진력과 창의성을 십분 활용하는 데서 강구될 수 있다.

- 많은 석유화학공장과 건설 프로젝트, 제조시설은 생산목표와 품질기준, 마감시한을 맞추기 위해 특정 기술과 조건을 요구하는 등 하청업체를 철저히 관리한다. 그렇다면 이 능력이 보건안전 분야 위험 감소라는 중대차한 목적에 왜 적용될 수 없겠는가?
- 많은 프랜차이즈 시스템은 가맹점이 고수해야 할 매우 높은 품질기준에 따라 운영된다. 그러한 시스템이 일관된 일터법 준수와 공정한 노동환경 조성에 왜 응용될 수 없겠는가?
- 디지털 제품을 생산하는 회사들은 까다로운 상세기준에 부합하는 최종소비자 기호제품 출시를 위해 복잡다단한 공급업체 네트워크를 활용한다. 이때 명시하는 구체적 작업기준이 일터 조건에는 왜 적용될 수 없겠는가?

현대 일터의 복잡성을 제대로 인지하기 위해서는 기존 일터법부터 개정해나갈 필요가 있다. 아울러 공공기관은 일터 정책의 시행방식을 바꾸는 데 앞장서야 한다. 그래야만 모든 당사자가 위험을 줄이고 법을 준수할 구조적 인센티브가 창출될 수 있다. 또한 일터의 민간 행위자(노조, 노동자 옹호단체, 고용주협회)는 제품 및 서비스 기준을 충족시키려는 노력 못지않게 법과 기준에 의거한, 창의적이고 유연하며 효과적인 시스템을 만드는 데 주력해야 한다.

소수이긴 하지만 이미 이 경로를 따르는 회사들도 있다. 사적 혜택과 비용을 저울질한 결과이거나 노조와의 단체교섭에 따른 결정, 또는 사회적 책임을 다하겠다는 약속 때문일 수도 있다. 그러나 공공정책이 균열고용 결정을 좌우하는 기업의 사적 계산법을 근본적으로 바꾸지 못하는 한, 대다수 회사가 이 경로를 따를 것이라 기대하기는 어렵다.

대기업이 산하 비즈니스 네트워크를 모니터링하기 위해 이용하는 기준과 시스템에 고용 이전의 사회적 비용을 통합시키도록 요구하는 노력은 일터 전반에 긍정적인 물결을 일으키는 계기로 작용할 것이다. 이 책이 일관되게 주장한 것은 공정성이 전체 일터에 심대한 영향을 미치고 있다는 점이다. 이제는 임금과 노동조건, 공정성이 대폭 낮아진 긴 터널에서 빠져나올 때다. 하루 바삐 대기업의 이해관계를 재편함으로써 근로기준을 끌어올리는 데 힘을 모아야 한다. 많은 산업을 떠받치는 일터 네트워크가 다양한 기술 및 교육수준을 가진 모든 노동자에게 더 나은 환경을 조성하도록 만들어야 한다. 동시에 새로운 조직에서 발생하는 이익과 혜택을 다함께 충분히 누릴 수 있도록 해야 한다.

이것이 바로 균열일터를 바로잡는 올바른 길이다.

옮긴이의 말

송연수

 이 책은 노동자를 직접 고용하던 대기업 시대는 끝났으며 균열일터가 이미 우리 곁에 와 있다는 문제의식에서 출발하고 있다. 과거 경기불황 중에도 고용을 유지했던 대기업이 이제는 오히려 경기불황을 이용해 비즈니스 경계선을 재조정하고 생산이나 서비스 일부를 털어버린다는 것이다. 익히 알다시피 경기가 회복되었다고 해서 곧바로 고용이 복귀되는 일은 거의 없다. 저자는 애국심을 내세워 오프쇼어링에 난색을 표하던 정치인들도 국내 아웃소싱은 불가피한 비즈니스 관행으로 받아들인다고 꼬집는다.

 이처럼 균열일터로 나아가는 경제적·기술적·조직적 추진 동기는 그 어느 때보다 강하지만 아무도 전체 그림을 관장하지 않는 상태에서 복잡한 시스템 조율 실패로 종종 다중적 오류가 불거진다. '인재'라 불리는 불의의 사고나 잦은 보건안전 규정 위반, 법률행위의 아웃소싱에서 빚어진 스캔들 등이 저자가 주의 깊게 살펴본 위험 징후들이다. 그러므로 저자는 특정 사건에 대한 일회성 대처로는 역부족이며 악화하는 임금 정체와 기회 상실의 원인에 대한 정확한 이해 없이는 그 해결방안이 요원하다고 말한다. 이어 기업과 정부 차원의 대책 마련이 추진되기 위해서는 고용 방식의 변화에 관한 현실적 인식부터 바탕에 깔려 있어야 한다고 주장한다.

따라서 기업은 중요 결정을 내릴 때 균열일터의 사회적 영향을 감안해야 하며, 정부는 기업이 중대하게 간주할 만한 법적 제반 조치를 정비해나가야 한다는 것이다. 즉, 유연한 조직 관계를 활용해 상품과 서비스를 생산하는 방식이 근본적으로 나쁘다는 게 아니라 바로 그 유연성을 유지하려는 결정이 초래한 사회적 비용에 눈을 감는다면, 우리가 겪는 문제점들은 개선되지 않은 채 계속 반복될 거라는 점이 이 책의 논지다. 특히 저자는 공정성이 일터 기능에 핵심사안이므로, 공정성을 촉진하는 인센티브를 마련하면 기준도 자연히 위로 끌어올려지게 된다고 역설한다. 다양한 단계의 기술 및 교육 수준을 갖춘 노동자들에게 더 나은 일터를 고루 제공하는 것이야말로 균열일터의 이점을 누리면서 단점을 개선해나갈 수 있는 길이기 때문이다.

다만, 이 책의 내용이 다분히 미국적인 맥락에 근거를 두고 있는 탓에 미국 내 많은 하청업체와 관련 법규가 인용되고 이름조차 생소한 기업 및 브랜드, 미 연방 및 주 법안이 다수 등장한다. 또한 법률적·정책적 해결에 대한 논의 역시 타 지역은 배제된 채 미국 규제환경에 초점을 맞추고 있는 것이 사실이다. 그러나 노동조건이 갈수록 열악해지는 가운데, 대졸 실업자들이 양산되고 퇴직자들이 각종 프렌차이즈 업종에 뛰어드는 한국 현실에 비추어볼 때 이 책에 등장하는 이야기들은 우리에게 전혀 낯설지 않다. 특히 청주 지게차 사고나 강남역 스크린도어 사고 등 '위험의 외주화'라는 제하 아래 안전사고 보도가 속출하는 요즘 이 책은 매우 의미심장한 시사점을 제공한다. 이는 전 세계 도처에서뿐 아니라 시간적으로 소급해 과거 100년 전 뉴욕 지하철 노동자들의 파업 사건과도 일맥상통하는 부분이다.

이렇듯 각종 통계와 사례 등을 제시하며 전 일터에서 진행 중인 "균열"이라는 공통적 현상을 상세히 파헤친 저자가 내놓은 대책방안의 핵심은 기업이 상품이나 서비스 품질기준을 확보하기 위해 적용시키는 것과 똑같은 수준으로 고용기준에 대해서도 감시 관할을 해야 한다는 것이다. 그 선행작업으로 우선 고용의 정의, 고용 법규와 책임소재부터 구체적으로 명시해야 하며, 아울러 노동자들 스스로 목소리를 높여야 한다고 주장한다. 조직적인 침해를 자꾸 용인하거나 감수하게 되면 노동자들 자신이 점점 더 그러한 관행에 대해 말하길 주저하게 되고 심지어 인식조차 하지 못하게 된다며, 특히 깨진 유리창 이론에 빗대 작은 권리 침해를 무조건 참다보면 아무도 신경 쓰지 않는다는 사이 아주 심각한 상황으로 비화될 수 있다는 점을 강력하게 주지시킨다.

단, 이 대목에서(불평이나 고충을 토로하면 불이익을 당하기 십상이라고 언급되어 있듯이) 노조가 전무하거나 약화된 현실적 상황을 감안할 때 이러한 접근이 과연 가능할 것인가 하는 의문이 제기될 법도 하다. 이에 저자는 전통적 노조조직을 벗어난 노동자들 간 조직적 연대가 개

개인을 대변해 정당한 권리를 주장할 수 있는, 나아가 장기적 노동환경을 개선시킬 수 있는 토대가 될 것이라고 주장한다.

그럼에도 불구하고 이 책은 "균열"이라는 경제 및 사회현상을 큰 흐름에서 통찰하며 그 원인과 영향을 깊이 있게 분석한 저술임에는 이론의 여지가 없다. 또한 유연한 비즈니스 조직의 혜택과 관련 법규 성비, 공정성 확보 책임을 부합시킬 수 있다고 보는 관점에서 이 책의 메시지는 대체로 낙관적이다.

결론적으로 저자는 투자자와 노동자 간 공정한 수익 배분에 대한 확고한 신념이 넓은 추세로 확산되다 보면 결국엔 '비즈니스의 재구조화(비즈니스 역학관계의 변화)'를 촉진시킬 것이라고 역설하며, 기업 전략과 공공정책, 노동자 자신의 대응을 상호조율하는 개선안을 내놓고 있다. 과연 얼마나 실효성 있는 대책일지는 아직 속단하기 어렵다. 왜곡되고 편향된 권력과 자본 특유의 속성은 이 책의 범위를 훨씬 벗어나 있기 때문이다. 그러나 균열일터 현상에 대한 문제의식 그리고 노동시장 기저에 깔린 임금과 노동조건에 대한 인식부터 바꿔나가자는 제안은 매우 의미 있는 첫 걸음이라 여겨진다.

주석

1장 균열일터가 몰고온 파장
1) 예를 들어, 소매업체는 주로 성수기 추가인력 확보를 위해 임시노동자와 인력공급업체에 의존한다. 에릭섹, 하우스먼, 칼레버그(Erickcek, Houseman, Kalleberg 2003)는 자동차 부품업계와 병원 업계를 예로, 구직자보다 구인업체 수가 많은 노동시장에서 노동자들을 선점할 필요성이 원래 동기로 작용했다면서, 그러한 방식의 이점이 뚜렷해지자 회사 경영자들이 고용 수요 증대에 따라 인력조달업체를 활용하게 되었다고 설명했다.
2) 오분류 사례는 제2부에서 고찰할 것이다. 다른 예로는, 카레와 윌슨(Carré, Wilson, 2004), 국가고용법프로젝트(National Employment Law Project, NELP, 2004), 미감사원(U.S. General Accountability Office, GAO 2009) 참조.
3) 미국연방무역위원회(The Federal Trade Commission, FTC)는 모든 프랜차이즈 기업이 계약사항을 잠재 가맹점에 사전 공지할 것을 요구하고 있다. 이 예는 2009년 4월 17일자 던킨도넛 프랜차이즈 공시 문건(Franchise Disclosure Document, FDD)에서 발췌한 것으로, 캘리포니아 프랜차이징 데이터베이스에서도 직접 찾아볼 수 있다(http://134.186.208.228/caleasi/Pub/Exsearch.htm)
4) 2008년 3월 28일자 마이크로텔 인 앤 스위츠 프랜차이징 주식회사(Microtel Inns and Suites Franchising Inc.)의 마이크로텔 프랜차이즈 공시문건(FDD)으로, 캘리포니아 프랜차이징 데이터베이스에서도 직접 찾아볼 수 있다.(http://134.186.208.228/caleasi/Pub/Exsearch.htm)
5) 2013년 6월 20일자 삭스 핍스 애비뉴의 판매자 기준 매뉴얼 참조(http://www.saksincorporated.com/vendorrelations/documents/SFAVendorStandardsManual06-20-13.pdf).

6) 위 조사내용은 뒤에서 다시 상세히 설명할 것이다. 인용된 자료의 출처는 다음과 같다: (1) 임금 및 연금 보장 범위, CEO/생산직 노동자 임금 격차: 미 경제정책연구소(Economic Policy Institute, EPI), 스테이트 오브 워킹 아메리카 웹사이트 (http://stateofworkingamerica.org 2012년 9월 2일); (2) 근로기준 위반: 번하트, 밀크먼 외(Bernhardt, Milkman, et al., 2009년; (3) 체불임금: 미 노동부 2012 회계연도 연간실적보고서(http://www.dol.gov/dol/budget/2014/PDF/CBJ-2014-V1-01.pdf).

7) 부시 외(Boushey, et al., 2007); 길라두치(Ghilarducci, 2008) 참조. 오스터먼과 슐먼(Osterman and Shulman, 2011)은 연금보장 수준의 현격한 차이를 밝혀냈다: 저임금 그룹의 77.3%는 연금제도에서 아예 제외된 반면, 같은 그룹의 25.7%는 평균임금의 1.6배 이상을 받는다. 이 수치를 해석하는 데 있어 주의해야 할 점은 인구조사(the Current Population Survey, CPS) 시 가구원 답변이 포함되어 있는데다, 개인 사정에 따른 본인의 연금제도 탈퇴 결정이 반영되어 있기 때문이다(오스먼과 슐먼 2011, 21-22 참조). 말하자면, 그냥 탁자에 돈을 놔두고 돌아선 격이지만 실제로 고용주 연금분담금을 포기하는 사람들이 있다는 것이다. 자세한 내용은 탈러와 선스타인(Thaler and Sunstein, 2008) 참조.

8) 부시 외(2007) 참조. 오스먼과 슐먼(2011)은 고용주 부담 건강보험이 없는 노동자 비율이 임금 수준과 반비례 관계에 있음을 입증했다. 인구조사(CPS) 자료를 활용한 연구에 따르면, 4인 가족 기준 빈곤수준 이하의 소득을 가진 노동자들의 67.5%가 고용주 부담 건강보험 혜택을 전혀 받지 못하고 있으며, 이는 평균임금의 1.6배 이상을 버는 사람들의 21.9%와 비교되는 수치다. 저자들은 이 수치를 매우 조심스럽게 해석해야 한다며, 다른 가구원이 이미 보장을 받고 있기 때문에 보장혜택을 받지 않기로 선택한 경우도 있다고 지적했다. 그렇다 하더라도 전체에서 차지하는 두 그룹의 비율이 거의 유사하다고 볼 때, 셋 중 한 가지 요인으로 달라진다는 사실은 저임금 노동자들 간 건강보험 혜택에 상당한 차이가 있음을 시사해준다.

9) 반면 여전히 직원들에 대한 기본 근로규정 준수에 저항하는 기업들도 물론 있다. 월마트가 휘말린 대형 차별소송과 뒤이은 근로기준 합의가 바로 이를 실증해주는 사례다.

10) 번하트, 밀크먼 외(2009) 참조.

11) 미 화학안전위원회 웹사이트에 게재된 2012년 7월 청문회 자료 참조: http://

www.csb.gov/investigations/detail.aspx?SID=96&Type=1&pg=1&F_All=y (2012년 9월 1일). 이 문제는 5장, 9장, 10장에서 좀더 자세히 다룰 것이다.
12) 지시, 통제 검증은 노동자들이 피고용인이 아닌 독립계약자로 잘못 분류되고 있는지 아닌지를 가리는 오분류법의 핵심적 사안이다. 이 문제는 제3부에서 다시 설명할 것이다.
13) 29 U.S.C.§§201-219(1994). 당연히 이러한 일반 원칙 적용은 매우 사례 한정적이며 종종 논란의 여지를 남겨놓는다. 이 문제는 8장에서 다시 논할 것이다.
14) "고용주"의 정의 해석과 판단을 책임진 법 시행기관의 권한조차 많은 논쟁의 대상이 되고 있다. 특히 노동관계법을 관장하는 국가노동관계위원회(the National Labor relations Board: NLRB)의 경우가 대표적이다.
15) 스톤(Stone, 2006), 로저스(Rogers, 2010), 조스트(Jost, 2011) 참조. 이 문제는 제3부에서 상세히 논할 것이다.
16) 실제로 호텔업계에서 가장 흔한 형태의 소유권 중 하나인 부동산투자신탁(REITs)의 경우, 경영상 어떤 공식 역할도 배제된다. 이 문제는 5장에서 자세히 다룰 것이다.
17) 연방정부 추산, 와일(2010); 주정부 추산, 실러와 드카를로(Schiller and DeCarlo, 2010) 참조. 주택 건설과 청소용역처럼 균열이 심화된 부문에서 그러한 감사가 이루어질 확률은 연간 5000분의 1에도 미치지 못한다. 이 문제는 제3부에서 다시 언급할 것이다.
18) 미경제정책연구소, 스테이트 오브 워킹 아메리카 웹사이트 참조, http://stateofworkingamerica.org/(2012년 9월 2일)
19) 피케티와 사에즈(Picketty and Saez, 2003) 최근 추산자료 참조, 웹사이트 http://elsa.berkeley.edu/~saez/ (2012년 9월 2일)에서 내려 받을 수 있다. 2007년 이전 가장 높은 수치가 기록된 해는 상위 1%가 국민소득 23.9%를 차지한 1928년이다.
20) 국가고용법프로젝트(the National Employment Law Project, NELP 2012)에 기반한 임금 그룹별 고용성장. 피케티와 사에즈 추산에 따른 상위 1%의 실질소득 증가, 표 1 "그룹별 실질소득 증가, 1993-2010"는 http://elsa.berkeley.edu/~saez/(2012년 9월 2일)에서 내려 받을 수 있다. 이 두 가지 추이에 대해서는 11장에서 다시 살펴볼 것이다.
21) 가장 잘 알려진 설명은 보보(Bobo, 2011), 그린하우스(Greenhouse, 2008), 에

런리히(Ehrenreich, 2008)이며, 이 분야의 학술연구로는 아펠바움, 번하트, 머네인(Appelbaum, Bernhardt, Murnane, 2003), 베른하르트, 밀크먼 외(2009), 칼레버그(2011), 코챈(Kochan, 2005), 오스터먼과 슐먼(2011), 와일(Weil, 2009, 2010)이 있다.

22) 피터 카펠리(Peter Cappelli)는 "평생직장은 없다"라는 글에서, 전후 안정성이 지나치게 중시된 나머지 고용 역사에서 비정상적인 양태로 나타난 것이라며, 오히려 계약 고용이 더 오랜 기간 동안 일터의 주된 특징이었다고 주장한다. 이에 대해서는 3장에서 보다 자세히 다룰 것이다.

23) 예를 들어, 샬럿 알렉산더(Charlotte Alexander)는 양계업 노동조건("말단 노동"의 주된 예)에 관한 최근 논문에서, 비용절감을 이 업계에 흔히 나타나는 열악한 노동조건의 유일하고 명백한 이유로 들었다: 기업이 왜 말단 노동에 의존하는가에 대한 답이 저렴하고 효율적이라는 점 때문이라면, 말단 부문의 조건이 어떻게 그렇게 되었는지를 고찰할 필요가 있다"(알렉산더, 2012년 6월). 물론 인건비 절감이 이 이야기의 주된 부분이긴 하지만, 이 주장은 다른 업계의 경우와 마찬가지로 대형 닭고기 가공업체가 개입된 비즈니스 구조를 지나치게 단순화시키는 감이 있다.

2장 균열 이전 일터의 고용

1) 1960년 미국의 10대 대기업은 GM, AT&T, 포드, GE, U.S. 스틸, 시어스(Sears), A&P, 엑슨(Exxon), 베들레헴 스틸(Bethlehem Steel), ITT였다. 하지만 2000년 이 리스트에 남은 기업은 GM, 포드, 시어스 셋뿐이다(지 데이비스(G. Davis) 2009, 표 3.1 참조).
2) 이 설명은 "위대한 A&P"의 흥망성쇠를 다룬 마크 레빈슨(Mark Levinson)의 연구에서 발췌한 것이다. 레빈슨(2011) 참조.
3) 같은 책, 81~84. 레빈슨은 1919년 연방무역위원회(FTC) 보고서를 인용해 다음과 같이 지적했다. "이러한 개별배송 시스템에 드는 비용이 도매가 산정시 큰 몫을 차지한다."(83)
4) 재고관리를 내부화하는 이점은 매우 크다. 보유 재고를 소진시키는 데 드는 시간을 "재고회전율"이라 할 때, 같은 시기 주요 경쟁업체의 재고회전율이 4개월인 반면(이자 지불, 저장공간 확보, 팔다 남은 재고 처분) A&P는 그 회전율을 단 5주로 감소시켰다(같은 책, 89).

5) A&P의 규모를 우려한 일부 의원들이 주도해 1936년 로빈슨-패트맨법(Robinson-Patman Act)을 통과시켰다. 소규모 소매업체 보호를 위해 체인점의 유리한 가격 책정 시도를 금지한 법이다.
6) 코어스(Coase, 1937) 참조.
7) 윌리엄슨은 이렇게 언급했다. "근대 기업은 거래비용 경제화라는 목적과 취지를 가진 일련의 조직 혁신 산물로 이해해야 한다."(1985, 273).
8) 거래비용 접근의 문제점은 그러한 비용이 직접 관찰되지 않기 때문에 정의하기가 쉽지 않다는 점이다. 따라서 이 이론으로 현실을 검증하기에는 무리가 있다. 재산권 이론은 불완전한 계약이 시장과 조직의 조율문제 해결방식에 미치는 영향을 모델화한 보다 공식적 틀을 제공해준다. 그로스먼과 하트(Grossman and Hart, 1986), 하트와 무어(O. Hart anf Moore, 1990) 참조.
9) 19세기 후반과 20세기 초반의 경영 혁신을 놓고 챈들러(Chandler, 1977)는 코어스와 윌리엄슨이 이론적으로 기술한 이점을 기업이 이행한 매커니즘으로 간주했다. 시장에 의해 할당된 업무와 거래가 조직 운영에 점차 흡수되는 양태가 바로 근대 기업의 진화이자 이를 이끈 경영 시스템이라고 본 것이다.
10) 같은 책, 249~258.
11) 리브세이 참조(Livesay, 1975, 102~106).
12) 챈들러(1980, 26) 참조, 윌리엄슨(1985, 274~279)은 철도산업에 새로운 해법을 불러온 특정 유형의 거래비용 문제를 다루고 있다.
13) 철도와 전신에 관해서는 챈들러(1977) 3~6장, 소매업과 관련해서는 같은 책 7장 참조. 시어스 같은 소매업체가 보여준 상전벽해와도 같은 변화는 한 세기 후 월마트 사례만큼이나 혁명적인 것이었다. 챈들러는 1905년 시어스가 하루 10만 건의 우편 주문을 처리했다며, 이는 평범한 상인이 평생토록 일해도 취급할까 말까 한 규모였다고 지적했다. 챈들러(1990)는 생산과 유통 시스템 관리를 위한 위계적 경영의 창시가 규모와 범위의 경제를 토대로 구축된 것이라고 주장했다.
14) 앞서 언급한 재산권 이론(하트와 무어, 1990)은 자산과 업무의 "상보성"원리로 다양한 상품을 내놓는 단일 기업의 부상을 설명한다. 다시 말해, 어느 한 가지 자산 활용이나 업무 수행이 다른 관련 자산이나 업무의 성과를 올리는 상보성이 존재하는 한, 기업은 여러 업체들과의 계약을 활용하기보다 사내 다양한 업무 수행을 통해 더 큰 이익을 축적하려 한다는 것이다. 따라서 상보성이 내재된 제품 생산 시, 계약 필요 기업 수가 많아질수록 내부 통합 인센티브가 커지게 된다.

15) 윌리엄슨(1985)의 논지에 따르면, "사업부제기업(M-form) 형태는 실질적 운영과 전략적 결정을 분리시키는 결과를 낳았다. 내부 인센티브와 통제 역량을 총괄 부서에 따로 떼어놓은 것은 사업부 분할의 잠재적 이점을 살리기 위한 조치였다"(296). 최근의 재산권 이론가들은 독립 계약에서 유발되는 인센티브 문제에 초점을 맞추고, 계약 상대의 행위를 관찰해야 하는 어려움과 바람직한 행위로 유도하기 위한 고비용 인센티브를 해결할 대안적 조직구조 형성을 논하고 있다. 이러한 시각에 관해서는 그로스먼과 하트(Grossman and Hart, 1986), 노동시장 인센티브 구조의 개요와 함의에 관해서는 레비쳐와 테일러(Rebitzer and Taylor, 2011) 참조.
16) 돈과 금융의 역사에 관한 개괄적 설명은 퍼거슨(Ferguson, 2008) 참조.
17) 그때까지만 해도 아직 근대적 기업 형태는 아니었던 보스턴 제조 회사(the Boston Manufacturing Company)는 1813년 로웰에 의해 합자회사로 설립되었다. 여기서 합자 회사란 동업과는 전혀 다른 형태로서 여러 명의 투자자들로부터 자금을 모아 만든 회사다. 로웰이 이 자금으로 매사추세츠 월섬(Waltham)에 지은 첫 방직공장은 조면, 방적, 나염, 직조 등 전 활동이 통합되어 이루어졌다. 로웰의 간략한 역사를 다룬 것으로는 애버내시, 던롭 외(Abermathy, Dunlop, et al 1999) 11장, 보다 상세한 설명은 달젤(Dalzell, 1987) 참조.
18) 버얼과 민즈(1932, 9).
19) 같은 책, 313.
20) 윌리엄슨(1985, 287)의 슬론 인용. 에틸 코퍼레이션(Ethyl Corporation)은 조직분할이 아닌 자립 회사(GM이 투자한)로 만들어진 것이다.
21) 챈들러와 테들로(Chandler and Tedlow, 1985, 737-738). 혼합합병(Conglomerate Merger, 상호관련성이 없고 경쟁관계가 없는 이종업종 기업들 간에 이루어지는 합병.—옮긴이)에 관해서는 셀리그먼(Seligman, 1995, 418~437) 참조.
22) 이를 정당화한 닐 재코비(Neil Jacoby, 1969)의 당대 인기를 끈 분석을 인용하면 다음과 같다. "정의상 거대 복합기업은 원자재나 기술 또는 시장 측면에서 전혀 관계가 없는 사업들을 조합시킨 회사다. 서로 다른 사업에서 발생한 연매출액이나 수익은 서로 역상관(negative correlation) 관계에 있기 때문에 총액으로 환산하면 시간이 지날수록 안정적인 수익을 창출한다. 투자수익률로 볼 때 위험은 덜하고, 위험률로 볼 때 기대 수익은 더 높다."

23) 갤브레이스(1971, 89).
24) 데린저와 피오레(1971) 참조. 데린저와 피오레는 내부 노동시장 도입을 결정짓는 고용주의 고려 사항을 다음과 같이 기술했다(1971, 28). "다음 세 가지 비용요인이 내부 노동시장 형성을 좌우한다. (1) 노동력에 대한 내부 노동시장의 가치 (2) 고용주에 대한 노동이동 비용과 노동이동 감소에 미치는 내부 노동시장의 영향 (3) 직원 채용, 심사, 훈련에 대한 내부 노동시장의 효용성."
25) 사실, 당시 일부 경제학자와 노사관계 전문가들은 내부 노동시장이 불러온 노동 이동성 감소의 부정적 결과에 우려를 표했다. 클라크 커(Clark Kerr, 1977)는 한 조직에서 다른 조직으로의 이동 욕구나 능력을 제한한다는 점 때문에 "노동시장의 발칸화"라는 유명한 표현을 사용하기도 했다. 다시 말해 이동성 감소로 인한 내부 노동시장 조건이 고용주에게 일종의 구매자 독점권(수요자가 하나)을 부여했다는 것이다. 개방된 노동시장 환경에서 동일한 기술과 능력을 가진 노동자에게 지불했어야 할 보수보다 더 낮은 임금을 지급하게 된다는 의미다. 고용에 미치는 구매자 독점의 영향에 대해서는 4장에서 다시 설명할 것이다.
26) 최근 많은 사람들이 생산성과 임금의 동반 상승(그리고 일정 기간 동안의 전반적 임금격차 폭 축소와 소득 형평성 증대)에 기인한 고용의 "황금시대"를 기업 책임 감이 높고 노사 간 이해관계가 합치했던 시기로 꼽고 있다. 모두가 함께 겪은 대 공황과 제2차 세계대전의 쓰라린 경험이 일부 작용했지만, 무엇보다도 그러한 노 사관계 자체가 수익성을 가져다주었기 때문이다. 후자의 시각에 관한 논문으로 카펠리(1999) 참조.
27) 비슷한 설명으로 던롭(1993) 참조.
28) 예를 들어, 전후 시대 절정기의 비노조 기업 인사정책에 대한 광범위한 연구에서 폴크스(Foulkes, 1980)는 "회사마다 기준과 방법은 각기 달랐지만 내부 승진은 인사정책의 중요한 주춧돌이자 모든 회사들의 관행이었다."라고 지적했다(143).
29) 이 수치는 캘리포니아나 뉴저지 또는 버지니아에 사무실을 두고 있는 13개 부문 비영리 조직, 영리조직, 공공 조직 279개의 무작위 샘플을 이용해 분석한 도빈과 서튼(Dobbin and Sutton, 1998)에 근거한 것이다. 특히 차별과 소수자 우대정책을 다루는 인사부서의 성장세가 두드러졌는데, 1967년만 해도 전혀 없다가 1977년 25%, 1987년 40%이상으로 급격히 늘어났다.
30) 브라운과 메도프(C. Brown and Medoff, 1989)는 대기업 종사자들이 훨씬 더 많은 임금을 받는다는 사실과 관련해 포괄적인 증거를 제시했다. 이 결과는 직종과

산업은 물론 위 요소들을 전부 통제한 이후에 나온 것이다. 그러므로 대기업 임금 프리미엄은 노동자의 숨은 자질(노동자들이 일자리를 맞바꿔도 임금은 그대로다), 노동조건의 차이(열악한 근무조건 보상 차원에서 높은 임금을 받는 것이 아니다), 노조의 위협(노조가입률이 낮은 산업에도 대기업 임금 프리미엄은 변동이 없다), 높은 수익을 올리는 업종의 시장 지배력에 따른 차이 등과도 별 상관이 없었다. 마지막으로 브라운과 메도프는 대기업 효과가 성과급에도 미친다는 사실을 입증해냈다. 즉 같은 수준의 생산량이라도 소규모 기업에 비해 대기업의 성과급이 더 높다는 것이다. 내기업과 중소기업 간 인사정책상의 차이를 광범위하게 연구한 논문으로는 브라운과 해밀턴, 메도프(Brown, Hamilton, and Medoff, 1990) 참조.

31) 깁슨과 스틸먼(Gibson and Stillman, 2009)은 브라운과 메도프의 결론에서 더 나아가, 기술(숙련) 요인을 통제함으로써 대기업 임금효과를 증명했고, 홀리스터(Hollister, 2004)는 1990년대 대기업 임금효과의 감소폭에 관한 증거를 제시했다. 임금효과가 노동력의 수요와 공급과 얼마나 연관되어 있는지, 그리고 대기업 임금 프리미엄이 개인 선택과 집단 선택을 각각 얼마나 반영하는지와 관련해 내부 노동시장과 대기업 임금효과에 대한 해석은 연구자들마다 서로 다르다. 임금 프리미엄과 내부 노동시장이 회사를 둘러싼 주변환경 변화에 반응하는 정도(데린저와 피오레의 용어를 빌자면 "경직도")와 관련해서도 연구자들마다 견해가 다르다.

32) 오이(Oi, 1983, 표 2.6). 총보수에서 임금이 차지하는 비율은 상공회의소(the Chamber of Commerce)의 대기업 조사결과를 바탕으로 한 것이다. 밥 하트(Bob Hart, 1984)도 상공회의소 조사 자료를 활용하였으나 총보수 산정에 있어서 오이와는 다소 다른 방법론을 취했다. 그는 1929년과 1951년 사이 총보수 비율에서 차지하는 복지혜택이 1929년도 1.9%에서 1951년도 11.5%로 6배 상승했다고 밝혔다.

33) 오이(1983, 표 2.7) 참조. 1979년 회사 연금과 건강보험은 인구조사(CPS)를 토대로 하였다.

34) 마이클 피오레와 피터 데린저의 방대하고 획기적인 연구논문에 따르면, 높은 임금과 직업 안정성, 노조 대표로 대변되는 1차 노동시장과 그 하위 조건을 가진 2차 노동시장으로 나뉜 "분절된 노동시장"이 존재한다는 것이다. 예로 보울스(Bowles, 1973), 리, 고든, 에드워즈(Reigh, Gordon, and Edwards, 1973), 고든,

에드워즈, 리(1982) 참조.

35) 여기서 주목해야 할 것은 전후 시기 "대차대조표" 최종결정권자의 권한이다. 당시 비교적 단순했던 자본시장 구조는 (좋든 나쁘든) 기업이 분기별 수익에 초점을 맞추도록 몰아붙이는 요소들에 지배받지 않았다. 무엇보다 기관투자자들도 적었고, 금융차익거래 혁명도 향후 몇십 년 후에나 나타나는 상황에서, 자본시장은 기업 운영에 큰 영향을 미치지 않았다. 1930년대 후반까지 거슬러 올라가는 논문(버얼과 민즈)은 소유와 경영 분리에 대해 크게 우려했었고, 이는 1960년대 후반 경제학자들이 경영진의 위험감수 인센티브를 유도할 방안을 내놓는 계기가 되었다. 이 문제는 3장에서 좀더 자세히 다룰 것이다.

36) 1930~1972년 노조 가입률은 미 노동부 노동통계국(BLS, 1973, 389), 1930~1993년 피고용인의 수는 노동통계국(BLS, 2003, 158; 1994, 182) 자료를 바탕으로 한 것이다. 노조가입 수치에 관한 보다 포괄적인 자료는 베리 허시(Barry Hirsch, 조지아 주립대학교)와 데이비드 맥퍼슨(David Macpherson, 트리니티 대학교)이 운영하는 사이트 http://www.unionstats.com 참조.

37) 이러한 변화를 보여주는 한 가지 척도는 임금 격차 폭이 하락하기 시작했다는 점이다(브라운과 메도프, 1989). 홀리스터(2004)는 1988년과 2003년 사이 대기업 효과가 약 1/3 가량 하락했다고 추정했다. 그녀는 논문에서 이러한 변화와 연관된 가장 강력한 요인이 "조직구조의 변화, 특히 내부 노동시장 위축(673-674)"이라고 언급했다.

38) 피터 카펠리는 내부 노동시장의 발전은 본질적으로 1940~1980년대 초 사이에 나타난 단기적 현상이라고 지적하면서 높은 노조가입률, 전 세계 무역에서 미국이 차지한 우세한 입지, 그리고 안정적인 거시경제적 분위기를 반영했다고 덧붙였다. 경제적인 시장안정성은 고용주들로 하여금 높은 고용 보장과 괜찮은 임금이라는 "거래"를 받아들일 수 있게 해주었다. 이는 고용주들이 선하거나 헌신적이어서가 아니라, 합리적인 판단에 근거한 것이었다. 국제 경쟁이 격화되고 자본시장 압력이 거세지면서, 고용주들은 이러한 관행을 없앨 방법을 찾아 다른 방향으로 움직이기 시작했다. 고용주들이 올바른 관행에 대한 약속을 저버렸다기보다 전후 시대 모델이 더 이상 변화하는 환경 조건에 들어맞지 않는다고 결론 내렸기 때문이다. 카펠리(1999)와 그의 견해에 대한 비판은 제이코비(S. jacoby, 1999) 참조.

3장 왜 균열인가?

1) 당시 유명한 논문에서 밀턴 프리드먼(Milton Friedman, 1970)은 소유와 경영 분리라는 같은 논제에 대해 이와는 다른 우려를 제기했다. 그의 견해에 따르면, 경영진 사이에서 대두되는 사회적 책임 논란은 좋게 봐야 순진한 것이며, 나쁘게 보면 역효과를 낳는다는 것이다. 왜냐하면, 경영의 주된 책임은 우선 주주 가치의 극대화이기 때문이다. "자유기업 사유재산 체제에서, 회사 임원은 소유주의 피고용인이며, 고용주에 대한 직접적인 책임을 지고 있다. 그 책임은 소유주의 요구와 상응하게 사업을 운영하는 것이다. 일반적으로 다시 풀어 설명하면, 법과 윤리적 관습으로 구현된 사회 기본원칙을 준수하면서 가능한 한 돈을 많이 벌어들이는 것을 의미한다." 이러한 점을 감안할 때, "사회적 책임에 대해 섣불리 왈가왈부하는 경영인은 자신도 모르는 사이에 지난 수십 년에 걸쳐 자유 사회의 근간을 뒤흔들어온 지적 세력의 꼭두각시 노릇을 하게 될지도 모른다." 이 논문에서 흥미로운 점은 프리드먼이 사회적 책임에 어느 정도 초점을 맞추면서 은연중에 경영진 측 운신의 폭을 넓게 가정하고 있다는 사실이다. 반면, 경제학이나 기업금융 차원에서 장차 이 논란의 중심사안이 될 자본시장의 단련기능에 관한 언급은 별로 나타나 있지 않다.

2) 이에 대한 고전적 시각으로는 젠슨과 매클링(Jensen and Meckling, 1976) 참조.

3) 퍼거슨(Ferguson, 2008)은 화폐와 금융시장의 장기적 발전 역사를 다루고 있으며, 존슨과 곽(Johnson and Kwak, 2011)은 미국 역사에 보다 초점을 맞춰 설명하고 있다. 대형 기관투자자의 등장이 비즈니스와 금융시장, 경제 전반에 미친 영향을 다룬 내용으로는 코헨(2009)과 루이스(M. Lewis, 2009-2010) 참조. 데이비스(G. Davis, 2009)는 해커(Hacker, 2006)의 연구를 토대로, 대형기관투자자의 등장이 정치 경제적 의사결정 밑에 깔린 이념에 미치는 영향에 주안점을 두고, 기업의 변화하는 속성과 관련지어 금융시장의 전개 양상을 설명했다.

4) 연방준비이사회(Federal Reserve Board, FRB) 소비자금융조사(Survey of Consumer Finances)를 토대로 한 은퇴연구센터(the Center for Retirement Research)의 추산에 따르면, 노동자의 절반 정도가 연금을 수령하지만 전반적인 가입률로 보면 DB형(확정 급여)에서 DC형(확정 기여)으로의 전환 양상을 나타내고 있다. 1980년에는 모든 봉급생활자의 약 28%가 DB형, 8%가 DC형, 11%가 혼합형이었으나 2010년에 이르자 8%만 DB형인 반면 31%가 DC형이다(6%는 혼합형).

5) 이 자료는 투자회사들의 산업동향을 추적한 투자회사연구소(Investment Company Institute, 2012)의 연례사실보고서에 근거한 것이다. 2011년의 경우, 가계 금융자산 9%가 401(k)와 DC형 연금에, 10%가 개인연금(IRAs)에 투자되었고, 나머지는 기타 혼합형에 투자되었다. 총 5,230만 가구(또는 9,040만 명)가 앞에서 언급한 뮤추얼펀드를 보유하고 있었다. 한편 2010년에는 가구의 약 50%가 주식을 직간접적으로 보유하고 있었으며, 가구당 평균 주식 보유액은 29,000달러(2010년 달러 가치)로 2001년의 42,000달러에 비해 하락한 것으로 나타났다. 주식은 가계 금융자산의 47%를 차지했다(2010년에는 56%), 브릭커 외(Bricker et al., 2012, 표7). 2011년 뮤추얼펀드 투자회사가 DC형 연금 자산의 55%(1991년에는 13%), IRA 자산의 45%를 관리했다.
6) 이 수치는 2007년 경기 대침체 이전 최고액인 12조 달러에서 하락한 것이다(투자회사연구소 2012, 그림 1.1).
7) 같은 책, 그림 1.5. 2011년 주식형 펀드에서 뮤추얼펀드 자산이 45%를 차지했다(같은 책, 24). 주식에 투자된 401(k) 펀드 비율은 경기 대침체 이후 하락했다. 예를 들어, 2000년 50대 가입자의 51%가 401(k) 계좌 잔고 80% 이상을 주식에 투자했으나, 2010년에는 50대 가입자의 26%만 같은 퍼센티지의 계좌 잔고를 주식으로 보유했으며, 이와 유사하게 2000년 60대 가입자의 40%가 계좌 잔고의 80%를 주식에 투자했으나 2010년에는 60대 가입자의 21%만 같은 퍼센티지의 계좌 잔고를 주식으로 보유하고 있었다(같은 책, 그림 2.6) 참조.
8) 같은 책, 그림 2.2.
9) 데이비스(2013)의 추산에 근거한 수치. 수잔 크레이그(Susanne Craig) "거인 주주, 조용히 기지개를 펴다(The Giant of Shareholders, Quietly Stirring)," 〈뉴욕타임스〉 2013년 5월 19일 참조.
10) 번스타인(Bernstein, 1992)은 학술적 개념과 자본시장 발전의 상호관계를 쉽고 흥미롭게 풀이했다.
11) 주식회전율은 1년간 보유주식 비율 변화로 측정(전체 자산별 가중치). 투자회사연구소(2011, 그림 2.7) 참조.
12) 최근 몇 년간 단기전망 고효율 펀드가 등장했다. 상장지수펀드(Exchange Traded Funds, ETF)는 증권거래소에서 거래되는 주식, 채권, 상품 자산을 보유한 투자회사들(예, 블랙락, 찰스 슈왑(Charles Schwab), 뱅가드)로, 투자자들은 중개인이나 위탁계좌를 통해 ETF 주식을 거래할 수 있다. 즉, 뮤추얼펀드와 달리

ETF는 다른 주식처럼 증권거래소에서 사고팔 수 있다는 뜻이다. 그러나 기관투자자자같은 지정참가회사(AP, Authorized Participant)만 대량(25,000~200,000주 또는 "임의단위")으로 펀드매니저로부터 직접 주식을 사고팔 수 있다. 그러므로 ETF 가격은 주식거래시 지속적으로 변한다. 평가 차익이 가격을 변동시키기 때문이다. EFT는 지난 10년간 빠르게 성장했다. 2001년 말에는 102개에 불과했으나 2007년 629개, 2011년 1,134개로 늘어났다. EFT의 총순자산은 2001년 830억 달러에서 2007년 6,080달러, 2011년에는 1조 500억 달러로 불어났다. ETF는 미국 내 대형주로 2,290억 달러, 중소형주로 890억 달러를 차지했다. 같은 책, 그림 3.7, 3.1, 3.6 각각 참조.

13) 단순히 주식을 사고파는 행위를 뛰어넘어, 의결권 행사를 통해 기업소유경영구조에도 직접적으로 영향을 미친다. 이사회에 누구를 앉히느냐 하는 문제뿐 아니라 경영 전반에 걸친 각종 사안에도 관여한다.

14) 두 용어가 종종 뒤바뀌어 사용되긴 하지만, 사모펀드와 헤지펀드는 여러 가지 중요한 측면에서 서로 다르다. 둘 다 주로 대형 기관투자자들이 이용하며, 은행, 뮤추얼펀드, 투자은행에 비해 규제에서 벗어나 있다는 점은 동일하지만, 사모펀드는 전형적으로 소수의 대형 투자에 초점이 맞춰져 있는 반면, 헤지펀드는 차익거래 기회(두 시장에서 가격이 다른 경우)를 노리거나 기타 수단을 통한 고수익 실현을 꾀하는 다수의 단기 투자다. 그러므로 사모펀드 투자는 3~5년간 돈이 묶일 수 있는 반면 헤지펀드 투자는 유동적이라 할 수 있다. 헤지펀드의 기원을 다룬 논문으로 퍼거슨(Ferguson, 2008) 참조.

15) 이 수치는 아펠바움과 바트(Appelbaum and Batt, 2012 그림 1, p.11)에 잘 나타나 있다.

16) 사모투자 모델에 관한 설명으로 같은 책 참조.

17) 대출기관들은 종종 인수 대출금을 증권화한 다음 헤지펀드를 포함해 유통시장(2차 시장, secondary market, 발행시장(1차 시장, primary market)에서 발행된 유가증권이 매매, 거래 이전되는 시장. ─옮긴이)에 판매한다. 사모펀드, 유한책임 파트너, 대출기관 모두 채무불이행 리스크를 최대한 분산시키려 하기 때문에 피인수회사는 그러한 거래 위험에 고스란히 직면하게 된다.

18) 베인 캐피털이 컨설팅회사 베인 앤 컴퍼니(Bain and Company)에서 떨어져 나온 이유는 많은 회사들이 그들이 제공하는 컨설팅 조언을 이행하려 하지 않을 것이라는 미트 롬니(Mitt Romney)와 베인 경영진의 판단에 기초했다. 사모투자를 이

용해 실제로 회사를 인수한 이들은 정책을 시행해나가면서 회사 주가상승에 따른 수익을 실현할 수 있게 되었다. 미트 롬니와 베인 캐피털 모델의 진화를 다룬 논문으로 레만(Lemann, 2012) 참조.
19) 수익을 높이려면 2장에서 언급한 불완전 계약에서 비롯된 문제들(실적 향상 차원에서 경영진이 취하는 모든 행위를 관찰하기 어려운 문제도 포함해서)도 해결해야 한다. 경영진 보상으로 강력한(고비용) 인센티브 제공을 옹호하는 대표적인 논문으로는 젠슨과 머피(Jensen and Murphy, 1990) 참조.
20) 이 추산은 2000년 고정 달러(인플레이션 부분을 제거한 실질 달러 가치) 기준으로 미국 상위 50대 기업을 조사한 프리드먼과 젠터(Frydman and Jenter, 2010)에 근거한 것이다. S&P 500대 기업으로 범위를 넓혀도 보수상승률은 유사한 추이를 보였다. 1990년대 연평균 10% 상승해 1992년에 중간치(평균치) 230만 달러(300만 달러) 수준이었으나 2008년에는 610만 달러(820만 달러)로 늘어났다(같은 책, 표1, 패널 A와 B p. 41 참조).
21) 경영진 보수 구성요소 추이도 같은 책 참조. 봉급, 보너스, 주식, 스톡옵션 비율은 그림 2, 패널 A와B, pp. 38~39에 잘 나타나 있다.
22) 원칙적으로 회사 이사회는 임금을 설정하고 경영진 실적 목표를 확립할 경영보상위원회라는 소이사회를 구성하게 된다. 경영보상위원회 이사진은 회사 소속 직원도 아니며, 위원회 역할 외에 회사 사업과 아무런 연관성이 없는 독립적인 존재여야 한다. 베브척과 프리드(Bebchuk and Fried 2004), 1부와 2부 참조.
23) 미셸 외(Mishel et al, 2013). 여기에 제시된 자료는 경제정책연구소 웹사이트에서 발췌한 것이다. http://stateofworkingamerica.org.
24) 로버트 헤이즈와 윌리엄 애버내시(Robert Hayes and William Abernathy, 1980)의 견해에 따르면, 1970년대 말과 1980년대 초 대부분의 사업은 당장의 수익에 과도하게 집착했다. 이에 따라 경영진은 투자자 눈에 좋게 보이는 전략 위주로 투자와 인수에 나섰으나 장기적으로 지속가능하고 경쟁력 있는 활동에 대해서는 과감히 투자하지 못했다. 헤이즈와 애버내시는 일본 경제의 부상이 투자자와 정부의 장기적 접근 결과인 반면, 미국은 주로 금융체계에 기인한 단기적 집중에 치중했다고 주장했다. 관련 논문으로 라조닉(Lazonick, 2010) 참조.
25) 이에 대한 초기 문헌으로는 퀸, 도얼리, 파켓트(Quinn, Doorley, and Paquette, 1990); 프라할러드와 해멀(Prahalad and Hamel, 1990); 퀸과 힐머(Quinn and Hilmer, 1994)가 있다.

26) 이 주제의 주목할 만한 초기 경영학 논문으로 종종 언급되는 프라할러드와 해멀(1990)은 하이테크 부문에서 당시 뜨고 있던 신흥 정보기술회사 NEC와 저물어가던 GTE를 분석. NEC의 성공이 컴퓨터와 통신의 결합을 활용한 경쟁력 구축에 초점을 둔 데 기인한다고 보았다. 컴퓨터, 통신, 부품의 통합에 있어서 차별화된 전문성 강화에 주안점을 둠으로써 NEC가 GTE와 다른 경쟁자들을 제치고 신상품 개발을 선점해 신시장에 진입하는 데 우위를 확보할 수 있었다고 주장했다. 경쟁력 강화에 도움이 되지 않는 상품이나 활동, 기존 사업단위는 제거하거나 다른 업체로 이전시킨 대신 핵심역량 구축에 힘을 쏟았던 것이다. 이와 대조적으로, "아무런 명확한 전략적 의지나 기조도 GTE에는 보이지 않았다. GTE 경영진들이 새로운 정보기술 산업의 의미를 고려하지 않은 건 아니었지만, 경쟁에서 살아남기 위해 과연 어떤 역량이 필요한지에 대해서는 서로 합일점을 찾지 못했다" 같은 책, 80~81.

27) 애플의 경우, 디자인은 프로그디자인(Frogdesign), 프린터는 도쿄 일렉트릭(Tokyo Electric), 마케팅은 레지스 맥케나(Regis Mckenna)라는 작은 회사와 아웃소싱 계약을 맺고 있다. 퀸과 힐머(1994, 43-44) 참조. 애플 II 시리즈 개발을 포함한 애플의 초기 역사에 관해서는 모리츠(Moritz, 1984) 참조.

28) 구체적인 고용인원수 및 오바마 대통령과 스티브 잡스 간 대화는 찰스 두히그(Charles Duhigg)와 케이스 브래드셔(Keith Bradsher)의 "미국이 어쩌다 아이폰 일자리를 놓쳤나(How the U.S. Lost Out on iPhone Work," 뉴욕타임스, 2012년 1월 23일자 기사에 실려 있다. 이 이야기는 "아이 이코노미(the iEconomy)"로 출판된 애플에 관한 대규모 조사보고서의 일부다. http://www.nytimes.com/interactive/business/ieconomy.html(2012년 12월 21일).

29) 자체 직원보고서에서, 연방무역위원회(FTC)는 "증권거래위원회(Securities and Exchange Commission, SEC)가 정상적 인수회계 방식으로 지분풀링(pooling of interests, 매수합병과 구분되는 합병의 한 형태로, 주식교환에 의한 합병처럼 합병전 소유 지분이 계속되는 경우를 지분풀링합병이라 칭함. —옮긴이)을 즉시 제외시킬 것"을 권고했다. 연방무역위원회(1969, 119~134). 셀리그먼(Seligman, 1985)은 이 시기 정부의 대기업 회계감사에 관해 상세히 설명해놓았다.

30) 셀리그먼(1995, 418~437) 참조. 윌리엄슨(1985)은 이렇게 지적했다: "사실 누구나 예상했듯, 그리고 전개상황이 그 예상을 입증했듯, '잘나가던' 거대 복합기업들이 역경이 닥치자 서서히 해체되기 시작했다. 1960년대 말에도 마찬가지였다.

그러한 회사들이 M형 라인(분할구조)을 따라 구조조정을 하거나 생산라인을 간소화하는 것, 아니면 이 둘을 같이 하는 것이 필수적임을 인지했기 때문이다.

31) 분식회계 기법은 합병을 더욱 부채질했다. 왜냐하면 여기에는 인수합병과 관련된 비용 일부가 숨겨져 있어 인수합병이 실제보다 매력적으로 보일 위험이 있기 때문이다. 이는 결국 연방무역위원회(FTC)와 증권거래위원회(SEC) 감사로 이어졌다. 대중과 투자자들의 우려가 깊어지면서 의회는 1968년 10%(후에는 5% 이상으로 낮춰짐) 이상의 소유권 변화를 초래한 현금공개매입(cash tender offer) 내용을 밝힐 것을 요구하는 윌리엄슨법(Williams Act)을 통과시켰다. 증권거래위원회는 또 인수시 상품 자료(product level data) 공개를 더욱 확대하라고 요구했다. 거대 복합기업 시대의 금융공개 정책에 관한 논의로는 펑, 그레이엄, 와일(Fung, Graham, Weil, 2007. 107~109) 참조.

32) 비어트리스의 흥망성쇠에 관해서는 개즐(Gazel, 1990) 참조.

33) 1980년대 식품 브랜드를 뛰어넘어 사세를 확장한 이 회사의 유명한 광고 문구는 다음과 같다. "우리는 비어트리스다, 늘 당신과 함께 해온." 1970년대부터 "우리는 비어트리스다"라는 슬로건을 내건 회사 광고는 http://www.youtube.com/watch?v=1SRT1y6xmng(2013년 6월 22일)에서 다시 볼 수 있다.

34) 인사 기능의 제도화에 대해서는 도빈과 서튼(Dobbin and Sutton, 1998), 도빈과 캘리(Dobbin and Kelly, 2007) 참조. 페퍼(Pfeffer, 1998)는 전략적 인력 정책에 관해 상세히 조사했다.

35) 애들러(Adler, 2003)는 이러한 급여제공업체 중에서도 일부 회사들이 산재보상 처리 같은 전문화된 기능들을 다시 다른 업체에 하도급을 주고 있음을 지적했다. 여러 단계의 하청계약은 균열일터에서 흔한 현상이다. 이에 대해서는 뒤에서 다시 살펴볼 것이다.

36) BP 아웃소싱 사례연구를 포함한 인적자원 아웃소싱에 관해서는 애들러(2003, 57~59참조) 참조. 인력 아웃소싱의 긍정적인 재정실적 효과를 보고한 것으로 길리, 그리어, 라시드(Gilley, Greer, and Rasheed, 2004) 참조.

37) 아웃소싱된 급여 기능과 기타 인력 기능을 맡은 신생업계 회사들이 빠르게 성장하면서 통합되어나갔다. 예를 들어 BP와 다른 대기업이 이그절트(Exult)를 고용한 지 얼마 후인 2003년 이 회사는 헤윗(Hewitt)에 인수되었고, 헤윗은 다시 더 큰 인적자원 업체인 에이온(Aon)으로 넘어갔다. 아웃소싱된 기능들이 다시 재통합되는 이러한 과정은 아주 드문 일이 아니며, 종종 사모투자회사들에 의해 추진

된다. 제2부에서 균열의 이러한 양상과 의미를 다루게 될 것이다.
38) 컴퓨터 이코노믹스(Computer Economics, IT 리서치 회사, 2000)가 실시한 연례 조사결과.
39) 50건의 IT 아웃소싱 사례 조사에서 바르텔레미(Barthelemy, 2001)는 응답 기업의 78%가 데이터 센터 기능을, 56%가 네트워크 관리 기능을, 56%가 사용자 지원 기능을, 52%가 앱 관리 기능을 아웃소싱했다(p. 62).
40) 컴퓨터 이코노믹스(Computer Economics, 2012) 조사에 의하면, 아웃소싱은 경기 불황기 일부 하락추세를 제외하고 2011년까지 43% 증가했다.
41) 이점은 사기업에만 해당되는 것이 아니다. 많은 비영리사업체(병원, 공공기관, 자선기관, 대학)들도 외부 하청을 매우 타당성 있는 논리로 받아들이고 있다.
42) 밀크먼(2006)은 로스엔젤리스를 토대로 이러한 전개상황을 기술했다. 보다 초기 논의로는 마인즈와 애비너(Mines and Avina, 1992) 참조.
43) 산업별, 직업별 고용구조조사(Occupational Employment Statistics)를 통한 직업군(청소부와 경비원 포함) 조사는 데이, 하우스먼, 폴리브카(Dey, Houseman, and Polivka, 2010, 그림 7) 참조; 필자가 파악한 다양한 이유들로 인해 외부계약을 정확히 추산하기는 쉽지 않다. 듀브와 카플란(Dube and Kaplan, 2010) 역시 이 직업군 중 아웃소싱 비율을 추산했지만 인구조사(CPS)를 이용해 다소 낮은 수치(1998—2000년 청소부의 22%, 경비원의 50%)를 이끌어냈다. 두 연구에서 모두 이들 직업군의 외부계약이 증가했다. 에이브라함과 테일러(Abraham and Taylor, 1996, 표 6)는 서로 다른 산정 방법을 이용해 1980년대 비즈니스 서비스 계약이 크게 증가했음을 입증했다. 이는 전반적 고용증가로 인한 예상치를 훨씬 넘어서는 수준이다. 청소, 경비, 건물 관리 기능 역시 해외 외부계약이 증가하고 있다. 블랜치플라워와 브라이슨(Blanchflower and Bryson, 2010) 보고자료에 따르면, 영국의 경우 25명 이상의 계약직 청소용역 직원들이 일하는 업체 비율은 1990년 55%에서 2004년 72%로 증가했다. 계약직 경비원들은 같은 기간 33%에서 45%로 증가했다.
44) 리엔지니어링은 종종 감원으로 이어졌다. 흔히 듣는 비난은 이런 식의 접근이 대규모 다운사이징에 대한 핑계거리로 이용된다는 점이다(블루스톤과 해리슨(Bluestome and Harrison), 1990 참조). 구조조정의 비도덕적 측면에 대한 비판적 시각은 1999년 영화 오피스 스페이스(Office Space)에서도 찾아볼 수 있다 (http://www.imdb.com/title/tt0151804/).

45) 샤오 외(Hsiao et al., 2010)는 이 같은 발전을 4단계 물류 아웃소싱으로 구분했다. (1) 운송, (2) 포장, (3) 운송관리, 그리고 (4) 물류 네트워크 관리.
46) 같은 책, 샤오(외)는 물류 아웃소싱에 관해 상세히 기술했다.
47) 에릭섹, 하우스먼, 칼레버그(2003) 참조. 임시직 노동자들이 없는 유일한 경우는 그 같은 관행을 금하는 매우 강력한 단체교섭력을 가진 노조가 있는 공장이다.
48) 같은 책, 381.
49) 이것이 바로 프랜차이징의 주된 특징이다: 장황하게 기술된 계약서 내용을 살펴보면, 프랜차이즈 본사는 가맹점보다 유리한 입장에서 계약을 재고하거나 파기하는 등의 선택권을 가진다. 본사가 강하면 강할수록(예를 들어, 브랜드파워) 가맹점의 지연 방해 여력은 줄어든다.
50) IT 기술이 가져다준 새로운 역량과 그로 인한 활동범위 확대 가속화에 관해서는 브링졸슨과 맥아피(Brynjolfson and McAfee, 2011) 참조.
51) 전통적인 프랜차이징은 1800년대 중반으로 거슬러 올라가며, 당시 대표적인 기업은 맥코믹 하비스팅 머신 컴퍼니(McCormick Harvesting Machine Company), 싱어 소잉 머신즈 컴퍼니(Singer Sewing Machines Company)였다. 전통적인 프랜차이징 하에서는 독점 지역 상권을 할당받은 판매 대리인이 제조업체의 상품을 판매할 권리를 가지고 있다. 맥코믹 같은 일부 회사들은 회사 소유 지점을 두고 관할 대리인을 감독했다. 싱어의 경우에는 회사 소유 지점과 독립 판매대리점의 혼합방식을 취하되, 후자에게 운영방법에 관한 명시적인 지침을 주었다. 비즈니스 포맷 프랜차이징은 1920년대와 30년대 헤르츠 카 렌탈(Hertz Car Rentals), A&W 레스토랑(A&W Restaurants), 하워드 존슨(Howard Johnson's), 그리고 아더 머레이 스쿨 오브 댄스(Arthur Murray Schools of Dance)같은 회사에서 등장하기 시작했다. 그러나 1950년대까지는 흔한 형태가 아니었을 뿐더러 패스트푸드업계에서 활용되기까지는 좀 더 시간이 걸렸다(6장에서 다시 설명할 것이다). 이 분야의 보다 자세한 역사에 관해서는 블레어와 라퐁텐(Blair and Lafontaine, 2005, 5~8)참조.
52) 이는 대리인(운송업체)에 대한 주인(기업)의 모니터링 역량을 제고시킨 동시에 그에 수반된 인센티브로 기업의 직접고용 인력 유지 이점도 증대시킨다는 뜻이다. OBC가 불완전 계약 문제를 해결해 하청계약을 줄인다는 시각으로는 베이커와 허바드(Baker and Hubbard, 2003) 참조.
53) 베이커와 허바드는 19세기 통신비용 하락이 어떻게 기업의 집중 확대로 이어졌는

지(챈들러 연구), 반면 OBC에 따른 유사한 통신비용 하락이 어떻게 더 작고 덜 집중화된 회사를 낳았는지, 그 이중효과에 관해 이렇게 설명했다. 정보통신기술(IT) 채택이 운송업계 기업 확대를 초래했는가? 아니면 기업 축소를 유도했는가? 하는 문제에 대한 해답은 둘 다 '그렇다'이며, 이는 IT가 가져온 인센티브 제고 및 조율역량 향상의 의미가 조직적으로 어떻게 다른지를 보여주는 사례라고 주장한다(같은 책, 1351).

54) 앞서 언급한 자동차 부품업체 사례에서, 일류 임시 직원들에게 정규직을 제공하는 방식으로 품질 개선 노력을 시도했으나, 상대적으로 낮은 임금에 분개한 직원들은 회사를 떠나 더 나은 일자리를 찾아 나섰다(이 연구가 이루어질 당시 노동시장 조건을 감안하면 가능한 일이다). 이는 새로운 고용 관행과 회사가 바라는 품질기준이 서로 점차 상충하고 있음을 의미했다. 그렇다고 과거 높은 급여의 정규직 고용 관행 쪽으로 다시 균형이 맞춰질 정도는 아니었다.

55) 공식적으로, 내부옵션과 외부옵션의 상대적 생산성을 비교할 때, 사내 유지비용이 외부 이전 비용보다 크거나 비슷한 수준이어야 한다.

56) 이것이 바로 노벨경제학상 수상자인 조지 애컬로프(George Akerlof)가 말한 "레몬 문제"다. 중고차 시장에서 차량의 원래 품질을 구매자가 판단하기는 어렵다. 많은 사람들이 문제가 있어서 차를 팔기 때문에 시장에서 구매자는 일단 최악의 상태로 간주한다(어떤 차의 품질도 쉽게 알 수 없기 때문). 이러한 예상 때문에 중고차 가격은 더 내려가게 된다. 그래서 좋은 차를 파는 판매자도 하는 수 없이 차량의 실제 가치보다 더 낮은 가격을 받아들일 수밖에 없게 되는 것이다.

57) 여기에서 비롯된 유명한 문제가 도덕적 해이다. 주인이 대리인에게 결국 부정적 인센티브를 주게 되는 경우로, 예를 들어 보험회사가 화재보험을 고객에게 팔 때는 고객이 화재 안전에 보다 주의를 기울일 것을 기대한다. 하지만 고객은 이미 손해가 보장될 것이라는 사실을 알고 있기 때문에 오히려 덜 조심하게 된다는 것이다.

58) 하지만 이러한 비즈니스 조직 간 관계 정립 노력을 인정하지 않고는 추정컨대 계약 자체가 불가능할 것이라고 일부 논문은 주장한다. 따라서 그러한 노력이 담긴 문서를 되도록 기밀사항으로 만들려는 시도는 그 문건이 기업 핵심전략에 매우 중요함을 방증하는 것이다. 가맹점 공시 문건과 관련한 예는 6장에서도 다시 다룰 것이다.

59) 삭스 핍스 애비뉴, 판매자 기준 매뉴얼 중 "기술 요건" 2013년 6월 20일 p. 9.

(http://www.saksincorporated.com.vendorrelations/documents/SFAVendorSt andardsManual06-20-13.pdf, 2013년 6월 22일).
60) 던킨도넛 프랜차이징 LLC: 던킨도넛 프랜차이즈 공시 문건, http://www. bluemaumau.org/ufocs_free_and_without_a_salesman_attached(2008년 3월 28일).
61) 타코 벨 프랜차이즈 계약, 프랜차이즈 공시 문건, 2009년, 제3절.
62) 일반적인 계약조건과 일부 운영요건 및 기준은 연방무역위원회(FTC)와 각 주 경제진흥원의 요구에 따라 프랜차이즈 공시문건(Frachise Disclosure Document, FDD)의 일부로 잠재 가맹점에 제공된다. 관련 문건에 대해서는 6장에서 다시 설명할 것이다. 그러나 가맹점에 제공되는 운영매뉴얼은 전매특허이자 기밀사항이기 때문에 쉽게 입수하기가 어렵다. 대부분의 프랜차이즈 계약은 운영매뉴얼을 가맹점 대여문건으로 간주한다. 간혹 잠재 가맹점이 가맹본사의 사전 승인절차를 거쳐 운영 매뉴얼 목차를 검토할 수 있다. 예를 들어 치포틀레(Chipotle) 프랜차이즈 공시문건(FDD)에는 이렇게 씌어 있다. "운영매뉴얼은 회사의 영업비밀을 포함하고 있으므로 어떤 부분도 복사, 전재, 배포, 기록해서는 안 된다." "치포틀레 멕시칸 그릴 주식회사(Chipotle Mexican Grill, Inc.), 잠재 가맹점을 위한 정보" 2004년 5월 20일, 제11항. pp. 20~21 참조.
63) 이뿐만이 아니다: "싱귤러는 기재된 바와 같이 판매자 결함률이 기준치인 1% 미만이 될 때까지 추가 5%씩 감사 횟수를 늘릴 수 있다. https://www.documentcloud.org/documents/365742-cingular-contract-with-nsoro.html#document/p30/a58894, pp. 79~80 참조.
64) 타코벨 프랜차이즈 계약, 프랜차이즈 공시문건, 2009년, 제9절.
65) 삭스는 또한 "다른 판매조건이나 소유권 이전과는 상관없이, 물품 수취거부, 반송, 지연, 취소에 따르는 모든 위험이나 클레임, 보관 및 취급비용이 을(판매자)의 전적인 책임"임을 명시하고 있다. 삭스 핍스 애비뉴 판매자 기준 매뉴얼, 2013년 6월 20일, p.15 참조. https://www.saksincorporated.com/vendorrelations/documents/SFAVendorStandardsManual06-20-13.pdf. 2013년 6월 22일.
66) 베타콤(betacom Incorporated)과 싱귤러(Singular Wireless LLC) 간 주공급자 계약 참조. 발효일 2001년 11월 29일. https://www.documentcloud.org/documents/365750-cingular-contract-with-betacom.html#document/p1 2012년 7월 15일.

67) 피자헛 프랜차이즈 계약내용 일부: "결함 적발시 가맹점은 PHI(Pizza Hut Incorporated) 서면통고 48시간 이내에 해당사항을 시정하거나 복구해야 한다. (ㄱ) 18.2절에 의거, 가맹점이 시정 권리를 갖고 있으며 (ㄴ) 48시간 이내 시정이 불가할 경우, 가맹점이 48시간 이내에 필요한 시정 또는 복구조치를 실시하고 성실히 완수하면, 의무불이행으로 간주되지 않는다. 하지만 직원이나 고객의 안전과 건강을 심각하게 위협하는 결함일 경우, PHI는 결함이 시정될 때까지 본사 시스템을 침해한(원문 그대로 인용) 해당 레스토랑의 운영 중단을 요구(이 계약을 종결하는 대신)할 수 있다. 가맹점이 히기된 시한 내에 결함을 시성하지 않으면, PHI는 직접 혹은 제3자를 고용해 결함을 시정할 수 있으며 가맹점은 요구 즉시 PHI에 모든 비용을 배상한다." 피자헛 주식회사 프랜차이즈 계약, 2009년 공시문건 제6.4절 주 개정 및 추가사항 참조.
68) 가령, 타코 벨 프랜차이즈 공시문건(FDD) 계약내용 일부: "만약 가맹점이 본사와의 프랜차이즈 계약에 의거, 의무사항을 준수하지 않거나 이행하지 않을 시, 그리고 서면통고 후에도 30일 이상 지속될 경우, 회사는 가맹점에 서면통고 즉시 언제라도 본 계약 및 기타 계약을 종결할 수 있다(조항 15.0, p.14).
69) 데이비스 외(S. Davis et al., 2011, 30~32).
70) 같은 책, 표 7번 참조. 이와 대조적으로, 사모펀드에 인수된 독립기업의 경우, 순고용은 2년간 10.5% 성장했다. 분할매수 및 기타 매수의 경우에는 거래 후 2년간 각각 1.5%와 6.5% 순고용손실이 발생했다. 거래 후 행위 또한 산업군 별로 매우 다양하다. pp. 28-31 참조. 더 포괄적인 피인수 기업표본을 이용한 초기 논문에서는 통제표본에 비해 고용에 대한 부정적 영향이 더 컸으나 순일자리 창출에서는 별반 차이가 없었다. 데이비스(외)의 결론에 대한 비판은 아펠바움 앤 바트(2012) 참조.
71) 사모펀드가 인수한 제조업체들로 이루어진 표본과 통제표본 간 비교를 통해 피인수회사와 관련 업체들의 인수 전후 노동 생산성 추이를 조사한 데이비스 외(2009) 참조.
72) 제조업에 비해 균열이 비교적 나중에 나타난 서비스업과 소매업 부문에서 공기업-사기업 전환 인수 시 고용 축소 규모가 가장 컸다는 사실은 이 해석과 일맥상통한다.
73) "주가상승을 위해 고용축소를 고려중인 GM" 디트로이트 프리 프레스(Detroit Free Press), 2012년 6월 13일 참조.

74) 파버 앤 핼록(2009), 핼록(2009) 참조.
75) 핼록과 파버는 증권가격연구센터(the Center for Research in Security Prices, CRSP)의 주가 동향 자료에 근거한 누적 초과 수익률을 활용해 그 영향을 측정했다. 주가 초과 수익은 전반적인 시장 변동과 연관되지 않은 이익분을 측정한 것으로, 예상외의 회사 특정 가치 변화를 반영한다. 회사의 기타 특성들은 통제, "사건구간" 프레임워크(실직 통고 이전과 이후의 변화 측정)를 주요 변수로 측정한 결과, 사건구간 길이 차이는 전반적인 결과에 아무런 영향을 미치지 않았다. 핼록(2009), 파버와 핼록(2009) 참조.

4장 균열일터의 임금 결정
1) 이에 노동법 학자들이 앞다퉈 단서를 달려고 할 것이다. 공장 폐쇄나 노조선거 승리 결과에 대한 성명이 소위 미묘한 선을 넘는지 아닌지 여부를 가리는 법원 판결사례가 무수히 많다는 사실만 봐도 미루어 짐작할 수 있는 사안이다.
2) 핼록(2012, 40~43)의 추산은 2011년 전국보수조사(National Compensation Survey) 자료에 근거한 것이다. 단, 평균치이기 때문에 노동자, 직업, 산업에 따라 각기 다른 고용주의 시간당 비용 차는 가려져 있다. 가령 고용주의 시간당 비용에서 서비스직 노동자의 경우 임금은 71%, 법적 혜택은 9.3%를 차지한다. 그 이유는 서비스직 노동자들이 다른 업계 노동자들에 비해 보험과 퇴직수당을 훨씬 적게 받기 때문이다.
3) 고용주의 노동자 건강보험 보장 책임을 높인 2010년 건강보험개혁법(the Affordable Care Act of 2010)은 복잡한 방식으로 대기업과 하청업체 양측에 대한 역학관계를 변화시켰다. 예를 들어 노동자 한 명당 건강보험 혜택 제공 비용은 하청업체에 비해 대기업이 더 낮을 수 있다. 건강보험을 제공할 의무가 있는 하청업체는 대기업에 대한 서비스 제공 비용이 늘어날 것이고, 기업은 노동자를 추가로 고용하느냐 아니면 인력공급업체를 이용하느냐 하는 사적 계산법을 바꾸게 될 것이다. 균열일터 결정상의 이러한 "균형잡기"문제는 3부에서 다시 설명할 것이다.
4) 이는 노동 공급이 꾸준히 상승할 거라는 가정에 따른 것으로, 추가 인력을 노동시장으로 유도하기 위해 고용주는 고용 증가와 함께 임금률도 높여야 한다. 그러한 목적으로 임금 수준을 얼마나 빨리 높일 것이냐(노동 공급의 탄력성으로 측정)는 노동시장이 수요자 독점 고용주에 의해 얼마나 영향을 받게 될지를 좌우한

다. 보다 자세한 논의는 매닝(Manning, 2003, 4장) 참조.
5) 경제학자 존 로빈슨(Joan Robinson)은 수요자 독점(monopsony, 단일 구매자가 시장 지배력을 가진 모든 경우에 적용되는 일반 용어)이라는 용어를 처음 썼으며, 1937년 노동시장에 수요자(구매자) 독점이 어떤 영향을 미쳤는지를 기술했다. 수요자 독점에 대한 최근 논문으로 아쉔펠터와 파버, 랜섬 (Ashenfelter, Farber, Ransom, 2010)과 매닝(2003, 제2장) 참조.
6) 탄광조차 단일 고용주에 의해 관리되는 경우는 드물다. 하지만 대형 석탄회사들은 지역 노동시장에 상당한 영향력을 미친다. 그리고 5장에서 살펴보겠지만, 이들 역시 균열고용을 활용한다.
7) 경쟁적인 노동시장에서, 노동 공급은 상당히 탄력적이다. 즉, 회사는 시장가격으로 특정 기술 수준의 노동력을 원하는 만큼 구매할 수 있다. 반면 탐색마찰은 노동자의 이동 의지를 떨어뜨린다. 이는 노동 공급이 꾸준히 늘어나면서 기업이 임금 설정능력을 확보하게 됨을 의미한다(볼과 랜섬, Boal and Ransom, 1997; 매닝 2003). 랜섬과 옥사카(Ransom and Oaxaca, 2010)가 식료품업계 남녀를 대상으로 노동공급 탄력성을 조사한 결과, 여성의 노동 공급이 남성에 비해 덜 탄력적이며, 그 결과 여성 노동자의 임금이 고용주의 수요자 독점 입지에 더 좌우되었다. 다시 말해, 여성의 상대적 임금이 더 낮았다. 스테이거, 스페츠, 핍스(Staiger, Spetz, Phibbs, 2010)는 제대군인부(the Department of Veterans Affairs) 간호사들을 조사해, 이들의 노동시장 공급탄력성이 매우 낮다는 사실을 입증했다.
8) 이 장 초반에 나온 웹 부부의 시각(1897, 281)은 현대 상황에도 꼭 들어맞는다. 예를 들어 슬리쳐, 힐리와 리버내시(Slicher, Healy, and Livernash 1960); 폭스(Foulkes, 1980); 브라운과 메도프(Brown and Medoff, 1989); 그리고 뷸리(Bewley, 1999)는 다양한 생산성을 가진 노동자들에 대해 "표준임금율"이 적용되는 실례를 뒷받침하고 있다. 특히 브라운과 메도프에 따르면, "대기업 고용주는 블루칼라(생산직) 노동자들에게 직업 카테고리 내 단일 임금정책을 적용할 가능성이 크며, 각 노동자마다 별도로 정해진 임금정책을 채택할 가능성은 적다(1056)"는 것이다.
9) 오이(1983)와 베커(1964) 참조. 존 던롭(John Dunlop)이 설명했듯이, 두 모델 모두 왜 "노동시장은 증권거래소가 아닌지" 그리고 즉각적인 임금률이 왜 노동력을 효율적으로 할당하지 못하는지를 설명해준다. 유사 고정 노동비용이나 특정 훈

련제공 필요성(특정 고용주 밑에서 일하는 노동자에게 혜택을 주는 훈련)은 보수 문제를 발생시킨다. 이때 회사는 오이 모델에서처럼 보수비용의 일부만 가변적인 것으로 보고 행동하든, 아니면 베커 모델에서처럼 보수 정책을 향후 기업이 회수해야 할 인적자본 투자의 일환으로 간주하든 간에 기업이 해결책을 찾아야 하는 것이다.

10) 이 견해는 밀그롬(Milgromm 1988)에 잘 나타나 있다. 고용에서 암묵적 계약에 관한 전반적인 설명으로는 로젠(Rosen, 1988) 참조.

11) 최후통첩 게임과 다양한 변종 게임(예를 들어, 상대방의 승낙 없이도 최초 제안자의 분할이 허용되는 "독재자 게임")을 실험적으로(실제 돈을 가지고 게임을 하되 의사결정 실험실에서 이루어지는)나 실제적으로(실험자가 유사한 조건을 만들되 보다 현실적인 상황에서 이루어지는) 시행해봐도, 다양한 금액으로—즉, 훨씬 더 큰 돈을 걸고— 여러 차례 반복해봐도, 대체로 같은 결과가 유지되었다. 이 결과에 대한 상세한 논의와 다양한 참고자료로 페르와 슈미트(Fehr and Schmidt, 1999, 2002 2007), 캐머러(Camerer, 2003) 참조.

12) 임금 삭감의 공정성에 관한 초기 연구는 카너먼, 네치, 탈러(Kahneman, Knetsch, Thaler, 1986) 참조. 뷸리(1999)는 공정성에 대한 기대가 직원과 인사관리자들에게 어떤 영향을 미치는지에 관한 풍부한 질적 증거를 제시하고 있다. 명목 임금 경직성에 관한 경험적 증거로는 칸(Kahn, 1997) 참조.

13) 정보의 불충분한 속성은 위에서 언급한 "탐색마찰"을 낳는다. 즉, 내 자격조건과 가장 잘 들어맞는 직업을 찾기 위해 총력을 기울일 능력을 제한하는 불완전성을 의미한다. 직업 탐색자의 정보가 고용주에 비해 제한되어 있을수록, 그러한 탐색마찰은 고용주에게 더 큰 힘을 실어준다.

14) 보수정책에 대한 뷸리의 연구에서 인사관리자들 대다수(87%)가 "모든 혹은 대부분의 노동자는 상대방의 임금을 알고 있다"는 말에 동의했다. 뷸리(1999, 표 6.6, p. 80) 참조.

15) 동일한 급여 등급이나 직무 분류에 속한 직원들에게 연공서열을 토대로 한 임금지급은 가장 공정하다고 여겨지는 생산성 기준 임금 다양화에 비해 불완전한 방법이다. 사내 노동자 이력에 따른 임금 설정 기본장치로서 연공서열 제도를 활용하는 방식에 관한 경험적 증거로는 메도프와 에이브러험(1980) 참조.

16) 1890년도 센서스 자료를 이용해, 클라우디아 골딘(Claudia Goldin)은 남녀가 함께 유사 직종에 고용되어 있는 회사에서 생산단가가 보다 널리 활용되었음을 밝

혀냈다(당시 여성이 남성과 같은 회사, 같은 직종에 고용되는 것은 별로 흔치 않은 일이었지만). 이 경우, 생산단가 기준(남녀 모두 동일한 수준으로 설정된)으로 볼 때, 남성이 여성보다 더 많은 보수를 가져가는 경향이 있었다. 골딘의 말이다. "동일한 직위가 주어진다고 할 때 왜 남성과 여성이 생산단가 기준으로 고용되었던 것일까? 그 한 가지 이유로, 기존 기술이 더 강한 체력을 필요로 했거나 남성이 여성에 비해 더 집중적으로 일할 동기를 갖고 있었기 때문에 남성이 여성보다 더 생산성이 높았다는 점을 들 수 있다. 노동국장 연간보고서(the Annual Report of the Commissioner of Labor) 중 1895-1896년 자료에 따르면, 남녀가 같은 직장 같은 직급에서 생산단가 기준으로 일할 경우, 남성에 대한 여성의 평균소득 비율은 약 0.8이었다. 같은 남녀 노동자(같은 직급이나 같은 경험 수준 등)가 한 시에 고용되었다 하더라도, 소득은 다르게 나타나는 경향이 있었다. 19세기 후반에도 동일한 업무에 대해 성별에 따라 불평등한 임금이 지급되는 일은 사내 노동관계에 부정적인 영향을 미치는 사항이었다."(1986, 13).

17) 폭스(Foulkes, 1980, 185).
18) 경제학 용어로 고용관계란 "불충분한 계약"으로서, 고용주가 노동자와 계약을 맺은 업무 상당부분을 직접적으로 관측하거나 측정할 수 없음을 뜻한다.
19) 이 문제는 1942년 노동통계국(BLS) 생산단가 평가에서 지적된 바 있다: "산출물에 대한 노동자 임금 산정시, 복잡한 인센티브 시스템은 대부분의 노동자들이 이해하기 어려운 공식을 활용한다. 임금이 생산수량이나 근로시간에 따라 정해지는 것이 아니라 특수 단위(척도)를 이용해 산정되기 때문이다. 노동자들은 복잡한 임금 지불공식이 임금 삭감을 초래한다고 주장한다. 왜냐하면, 측정 단위에 영향을 미치는 생산기준의 실질적 변화가 복잡한 공식 속에 감추어져 있기 때문이다. 임금 삭감이 실제로 있든 없든, 노동자는 임금과 산출물 또는 노력 간의 인과관계를 제대로 파악하기가 어렵다." 조이너(Joiner, 1942, 6~7).
20) 가령 생산단가와 관련한 한 가지 문제점은, 질이 아닌 양에 성과를 매긴다는 것이다. 콜러(Koller, 2010)가 링컨 일렉트릭(Lincoln Electric, 클리블랜드에 본사를 둔 아크 용접업체)의 사례를 기초로 생산단가 활용에 관해 쓴 논문에서 지적한 바에 의하면, 질과 양을 함께 측정하기가 불가능하지는 않더라도 상당히 난해하다는 것이다. 레비처와 테일러(Rebitzer and Taylo, 2011)는 실적 결과가 복합적일 경우, 정확한 인센티브를 고안하는 것이 어려우며, 종종 바람직하지 않은 결과를 초래할 수 있다는 점을 그 근거와 함께 잘 설명해놓고 있다.

21) 이기적인 사람이 공정성을 중시하는 사람을 밀어낼 것이라고 예상하겠지만 대다수의 실험결과는 그 반대의 사실을 보여준다. 전형적인 실험을 예로 들자면, 참가자들은 특정 임금을 받되, 주어진 일에 얼마나 노력을 기울일 것인지 선택할 수 있다. 아주 이기적인 사람은 임금을 받는 데 필요한 최소한의 노력만 기울인다. 모두가 이렇게 행동한다면, 노력을 기울이는 수준은 금세 최소한으로 곤두박질치게 된다. 그러나 만약 더 큰 노력에 더 높은 임금으로 화답할 거라는 믿음을 가진 사람이 소수라도 있다면, 이기적인 사람들은 공정성을 중시하는 사람들의 행동을 따라할 동기를 갖게 된다. 이기적인 사람으로 낙인찍힐까 두려워 더 많은 노력을 기울이기 때문이다. 결과적으로, 해당 집단의 노력 수준이 상향조정되는 효과를 얻게 된다(브라운, 포크, 페르, M. Brown, Falk, and Fehr, 2004).

22) 내부 임금 형평성에 대한 주된 이유로 50% 미만이 "직무 성과"를 들었고, 7%만 "차별소송 회피"를 들었다. 뷸리는 27,000명의 직원들이 근무하는 노조 제조업체 인사관리자의 말을 인용해 이렇게 말했다: "불공정성은 조직 내 불화를 야기하며, 기능 마비상황으로까지 이어질 수 있다. 사람들은 공정하게 대우받고 자신의 기여가 인정되기를 원하며, 그러한 원칙이 장소와 직업에 상관없이 일관성 있게 유지되길 바란다." 뷸리(1999, 79, 81) 참조. 공정성 의식이 일터에서 어떤 작용을 하는지에 관한 논문으로, 스타크와 힐(Stark amd hyll, 2011) 참조.

23) 이 자료의 요약으로는 매닝(2003, 5장), 카드와 크루거(Card and Krueger, 1995), 에릭슨과 미첼(Erickson and Mitchell, 2007) 참조.

24) 수평적 평등은 그 시기 경영학계의 전형이었다. 예를 들어 허버트 메이어(Herbert Meyer)는 인사정책에 관한 자신의 연구를 토대로 회사가 "만족할 만한 수준의 실적을 내고 있다고 판단되는 모든 직원에게 봉급을 상향조정할 때마다 동일한 비율로 인상해야 한다"고 권고했다. 그 과정에서, "예측가능한 봉급 인상 시기는 미래 임금에 대한 불확실성을 줄여줄 뿐만 아니라 잘못된 기대가 발전할 위험성도 막아준다. 아울러 특별대우로 인한 직원 간 불화도 최소화시켜준다." 폭스(Foulkes, 1980, 186)에서 인용.

25) 페르, 고에트, 젠더(Fehr, Goette, and Zehnder, 2009. 378). 손실 혐오와 심리학의 "프레이밍(framing)"에 관한 자료는 매우 광범위하며, 그중 주목할 만한 논문으로는 트벨스키와 카너먼(Tversky and Kahneman, 1974), 카너먼과 트벨스키(1984)가 있다. 카너먼(2011)은 이 분야에 관한 수 십 년에 걸친 방대한 연구들을 개괄적으로 설명하고 있다.

26) 슬리처, 힐리와 리버내시(Slichter, Healy, and Livernash, 1960)에 따르면, 노조 및 비노조 사업체에서 실적평가는 최소한으로 하되 직급에 따른 임금 인상을 균등하게 하는 관행은 성과 위주의 평가라는 인식을 불식시키고 노조화를 막으려는 의도에서 발전된 것이다. "저항을 최소한으로 줄일 수 있는 길은 자동적인 또는 거의 자동적인 임금 인상을 추진하는 것이다"(606).

27) 폭스(1980, 153)는 "회사들(비노조 대기업 고용주)의 임금정책은 형평성을 제공하고 입증하기 위해 고안된 것이다.

28) 임금체계 내 서로 다른 임금 수준을 공정하게 수립할 필요성과 관련하여, 400명 규모 비노조 제조업체 인사담당관은 이렇게 말했다: "확립된 관계에는 역사가 내재되어 있다. 중요한 건, 재로 잰 듯 일관성 있게 임금을 지급하는 것이다. 체계를 바꾸면 문제가 생긴다." 뷸리(1999, 표 6.4, pp. 75~79) 참조.

29) 카드와 크루거(Card and Krueger, 1995)와 매닝(Manning, 2003) 참조. 수요자 독점 파워 정도를 산정한 최근 실증연구로는 아쉔펠터, 파버와 랜섬(Ashenfelter, Farber, and Ransom, 2010) 참조.

30) 뷸리(1999)는 소위 "제1부문 노동자(정규직 고용 노동자)"와 "제2부문 노동자(계약, 임시, 기간제 고용 노동자)"의 임금 설정을 비교한 연구에서 이를 입증했다. "제2부문 노동자들에 대한 고용 비용 유연성은 내부 임금 형평성의 중요도와 반비례 관계에 있다. 두 부문에서 기존 노동자의 임금은 경직 하강 추세이나, 제2부문 신규고용 임금은 기존 노동자들과는 연관성이 적다. 계약직의 경우, 비교 가능한 기존 노동자들이 없다. 왜냐하면, 임시직 노동자들은 대개 자신의 임금을 정규직 노동자들의 임금과 연계시키지 않기 때문이다"(18~19).

31) 레비처와 테일러(Rebitzer and Taylor, 2011)는 노동자의 다양한 측면을 살펴야 하는 복잡한 모니터링/대행업체 문제를 다루고 있다. 예를 들어 노동자의 두 가지 측면이 상보적이되 한 쪽은 관측이 불가하다면, 고용주는 임금체계를 만드는 데 어려움을 겪게 된다. 이 경우 이 작업을 독립계약 업체에 넘기는 편이 더 바람직하다. 왜냐하면 노동자 투입보다 차라리 비용 지불이 더 산출물과 직접적으로 연계될 수 있기 때문이다.

32) 노동생산성의 변이성(경제학자들은 불균질성heterogeneity이라 칭한다) 문제를 해결하기 위해 고용을 계약으로 전환하고 "핵심역량에 초점"을 맞추는 보완적 속성을 바로 여기서 가장 극명하게 찾아볼 수 있다.

33) 아이러니하게도, 이는 수요독점이 초래한 자원 왜곡 문제를 없애준다. 왜냐하면,

이러한 상황 하에서 고용주는 경쟁시장에서 찾을 수 있을 만큼의 추가 노동자를 고용하면 되기 때문이다. 하지만 경쟁시장 상황과 달리, 수요 독점자는 임금률이 한계생산성을 초과하는 노동자의 "보너스(즉, 한계생산자들의 초과 이윤)"를 포착하게 된다.

34) 보다 기술적으로 말해서 브랜드 구축이나 상품개발에서 성공적인 핵심역량은 그 회사들에 대한 보다 덜 탄력적인 수요를 의미한다(그럼으로써, 비용에 비해 더 높은 가격을 매길 수 있는 능력이 더 커진다). 이 경우 균열에서 비롯된 노동비용 감소는 주로 투자자에게 돌아간다. 조율이라는 핵심역량(가령 소매업) 영역이나 규모의 경제 측면으로도, 대기업은 상품시장에서 여전히 경쟁에 직면해 있다. 인건비 절감은 소비자 상품가격 인하(뿐만 아니라 투자자 수익 증가)로 이어질 가능성이 크다.

35) 데이, 하우스먼, 폴리브카(Dey Houseman and Polivka, 2010, 그림 7) 참조.

36) 에이브러험과 테일러는 회사가 고임금 조직인지 저임금 조직인지 가려내기 위해 정교한 임금척도를 고안해냈다. 회사의 전체 임금구조와 특정 유형의 일을 외부 계약으로 돌리는 결정을 연관시킨 측정 방법이다. 에이브러험과 테일러(1996, 표 4와 5. pp.407~410) 참조.

37) 벌린스키(Berlinski, 2008)와 듀브와 캐플런(Dube and Kaplan, 2010) 참조. 인용된 차이는 인력이나 직장의 차이와 연관될 수 있는 다양한 요인들을 통제한 것으로, 듀브와 캐플런은 계약직 대 정규직의 잠재적으로 "측정되지 않은" 다수 특성들을 배제한 풍부한 산정치를 제시했다. 정규직에서 계약직으로 전환한(그러므로 동일 기술을 가진) 노동자들에게 계약이 미친 영향도 포함되어 있다. 계약직 노동자들의 경우 건강보험 혜택과 임금이 더 저하되었다는 사실은 낮은 임금이 더 나은 보장 혹은 더 바람직한 노동조건을 반영한다는 "보상적 임금 격차"이론과는 모순되는 것이다.

38) 계약이 건강보험 혜택에 미친 부정적인 효과는 노동자나 직장의 여타 특성을 모두 통제한 후에도 별 변화가 없었다(듀브와 캐플런 2010, 297-299).

39) 이런 유형의 실증적 연구에서 종속변수와 독립변수 간 연관성을 가져온 누락변수 문제가 부각될 수 있다. 이 경우, 계약자로서의 지위나 임금과 연관된 노동자의 측정되지 않은 특성을 말한다. 사내에서 일하는 청소부의 일부 측정되지 않는 특성이 계약자보다 더 그들을 생산적으로 만들어줄 가능성이 있다는 점에서 계약 지위 그 자체와는 다른 이유들로 임금 격차를 설명해준다. 각자 다른 방법(그

리고 자료)을 토대로 한 세 개의 연구가 유사한 결과를 이끌어냈다는 점은 여기서는 별로 적용되지 않는다.
40) 청소부와 경비원의 임금 및 기타 혜택 결정요인을 다룬 연구에서, 듀브와 캐플런(2010)은 다음과 같은 유사한 결론에 도달했다. "전반적으로 서비스 계약직 활용의 증가는 노동자들의 수익분 일부가 이전되는 것과 연관될 수 있다"(305).
41) 클리랜드, 밀크먼(2008, 80)에서 인용.

제2부 균열일터의 형태와 그 영향
1) 그린하우스(Greenhouse, 2008, 4).
2) 저임금 직종의 증가와 그 영향에 대한 연구로는 아펠바움, 베른하르트, 머네인(Appelbaum, Bernhardt, and Murnane, 2003); 베른하르트, 부쉬 외(Bernhardt, Boushey, et al., 2009); 칼레버그(Kalleberg,l2011); 오스터먼과 슐먼(Osterman and Shulman, 2011); 와일(Weil, 2009, 2010)이 있다.
3) 세 가지 조직 형태 간 서로 겹치는 부분이 있다. 공급체인 구조는 어떤 면에서 보다 정교화된 하청 모델의 특징을 보이며, 프랜차이즈 가맹점들도 특정 활동을 외부 하청으로 돌린다(이는 많은 업계에서 흔히 활용되는 관행이다). 호텔, 모텔 업계에서 프랜차이징이 종종 서로 다른 유형의 하청과 결합되는 혼합 모델에 대해서는 나중에 다시 설명하기로 한다.

5장 하청
1) 특히 의류업이 형성되던 시기에 해당되는 얘기다. 상품 유형별 다양성은 여성의류 쪽이 훨씬 더 컸다. 뉴욕시 여성의류산업 발달에 관한 상세 저술로는 카펜터(Carpenter, 1972) 참조.
2) 건설업계에서 역사적으로 종합건설업체는 대기업이었다. 즉, 대기업이 직접 최종 사용자를 위해 일했으며 한 프로젝트 하에서 하청업체들을 고용, 관리, 조율했다. 프로젝트가 진행되는 동안 현장에서 이뤄져야 할 일부 작업(특히 소위 목수나 인부, 종종 기기조작기사 같은 "기본 작업") 노동자들은 종종 종합건설업체, 즉 대기업에 의해 직접 고용되었다. 그러나 이 관계는 1960년대부터 변화하기 시작했다. 이는 부분적으로 건설노조의 힘을 약화시키기 위한 의도가 작용했지만 여러 작업들을 조율하되 직접 고용하지 않는 "건설현장 소장"의 등장 때문이기도 하다. 와일(Weil, 2005a) 참조.

3) 무커지와 츠마가리(Mookherjee and Tsumagari, 2004)는 각 단계별 여러 유형의 하청 관계가 다른 유형을 어떻게 지배하는지를 조사했다. 특히, (1) 정보 (2) 공급업체/계약업체 간 결탁, (3) 공급업체나 하청업체 투입요소들 간 대체성/보완성의 중요성을 지적했다.
4) 이 섹션은 1993년부터 1995년에 이르기까지 〈찰스턴 가제트(*Charleston Gazette*)〉에 실린 폴 나이든(Paul Nyden) 기자의 탄광업 하청 증가 현상을 다룬 연재기사를 참고한 것이다. 또한 법률적 차원에서 탄광업 하청에 관해 자세히 논한 크랜덜, 스타렛, 파커(Crandall, Starrett, and Parker, 1998)에서도 일부 내용을 빌려왔다. 하청에 관한 여러 자료를 공유하며 대화를 나눈 더크 파커(Doug Parker)와 석탄 생산단계의 수직 통합 인센티브에 관해 의견을 교환한 매릭 부에싱(Marric Buessing)에게 이 지면을 빌어 감사를 보낸다.
5) 여기서는 주로 미 동부에 집중된 지하 석탄채굴에 초점을 맞추었지만, 상당량의 석탄은 이스트코스트(East Coast) 일대와 서부 노천광 작업(노천 채굴)을 통해 얻어진다.
6) 수직통합의 최근 동향에 관한 보다 자세한 실증적 분석은 부에싱(2013) 참조.
7) 후에 메시 에너지 컴퍼니(Massey Energy Company)로 이름을 바꾸었으며, 2010년 4월 29명의 광부 사망사고를 낸 회사와 동일한 회사다. 1920년 탄광 중개업체로 설립된 A.T 메시 석탄회사는 1945년 이후 석탄 채굴 및 가공업체로 성장했다. 1970년대 로얄 덧치 쉘(Royal Dutch Shell)을 포함한 여러 회사들의 투자에 이어, 1981년 플루어 코퍼레이션(Fluor Corporation, 국제 엔지니어링 건설회사)의 전액출자 자회사가 되었다. 2000년 플루어에서 떨어져 나온 뒤 메시 컴퍼니로 사명을 바꾸었으며, 어퍼 빅 브랜치(the Upper Big Branch) 참사에 뒤이어 2011년 1월 알파 내추럴 리소시스(Alpha Natural Resources)에 인수되었다.
8) 메시 독트린은 1982년 당시 회장인 E. 모건 메시(E. Morgan Massey)가 최고 경영진들에게 회람시킨 기밀문서 "메시 콜 컴퍼니 독트린"을 지칭한다.
9) 메시 독트린, 폴 나이든 인용, "논란을 불러온 메시 하청계약," 〈찰스타운 가제트〉, 1993년 11월 30일, 1~5.
10) 모든 석탄이 같은 건 아니며 열, 유황재, 기타 오염 물질에 따라 다르게 분류된다. 거부율은 채굴석탄이 회사가 요구한 속성기준에 부합하느냐 아니냐에 달려있다. 예를 들어 전기회사는 이산화황 방출량에 따른 환경 제한을 감안해 특정 수준의 유황과 열을 함유한 석탄을 구매한다. 야금 석탄은 유황과 재 함유물이

적어 세척 및 처리비용이 높다. 석탄 기업들은 기준을 정하고 변경할 권리뿐만 아니라 계약업체가 이미 채굴한 석탄을 거부할 권리도 가지고 있다.

11) 하청은 기업을 겨냥한 단체 노동자 활동으로부터 회사를 보호해준다. 회사가 더 이상 노동자의 직접 고용주가 아니기 때문에, 그러한 활동을 전국노동관계법 제2차 보이콧(쟁의와 직접 관계가 없는 거래선을 보이콧하는 일) 금지법 위반사항으로 만들어버리기 때문이다.

12) 예를 들어 나이든은 메시 자회사의 하청을 맡은 소호 콜 컴퍼니의 영세 하청업체 노벨 콜(Nobel Coal)의 사례를 들고 있다. 노벨은 5만 달러 가치의 석탄을 채굴했지만 4주간 작업한 인부들에게 약속한 임금을 지불하지 않은 채 돌연 문을 닫아버렸다. 며칠 후, 새로운 하청업체가 R&B 마이닝(R&B Mining Inc.,)이라는 이름으로 탄광업을 재개하고 그 인부들을 재고용했지만, 이번에는 주세(state taxes)와 탄광노동자연합(UMWA) 건강연금기금 분담금을 내지 않았다. "논란을 불러온 메시 하청계약," 5.

13) 폴 나이든에 인용된 토머스 갤러웨이(Thomas Galloway), "탄광 계약: 위험과 책임 떠넘기기," 〈선데이 가제트 메일(Sunday Gazette-Mail)〉, 1995년 11월 7일, 5.

14) 하청은 자원보존회복법(Rsource Conservation and Recovery Act, RCRA)과 기타 환경법이 요구하는 정화 의무의 면피 구실이 되기도 한다. 이 때문에 여전히 환경보호국(Environmental Protection Agency)과 사법부(U.S Department of Justice)간 가장 치열한 환경소송 대상이 되고 있다.

15) 나이든, "석탄 하청," 1.

16) 같은 책, 3. 나이든은 1990년대 다른 주요 석탄생산업체인 아일랜드 크릭 콜 컴퍼니의 250개 하청업체 중 80%가 1993년 폐업했다고 보고했다.

17) 같은 책, 3 참조. 나이든 "수백만 광부들의 임금과 수당을 체불한 탄광업 하청업체들," 〈선데이 가제트-메일〉, 1993년 12월 26일, 1.

18) 나이든, "수백만 광부들의 임금을 체불한 탄광업체들," 1.

19) 나이든, "소호가 메시 자회사들과의 하청계약을 상실하고 나서, 한 때 메시의 피고용인이었던 노조 광부 80명을 해고했다. 그리고 결국 메시가 아닌 소호가 광부들과 미탄광노동자(UMW) 복지후생기금으로 120만 달러가 넘는 돈을 체불했다." 나이든 "탄광업 하청계약," 5 참조.

20) 폴 나이든, "영세 탄광업체들, 안전이 아닌 수익에 눈을 돌리다," 〈선데이 가제트-메일〉, 1993년 12월 19일. 지하 탄광업계 하청 관행과 안전사고의 상관관계

에 관해서는 부에싱과 와일(Busessing and Weil, 2013) 참조.
21) 크랜덜, 스타렛트와 파커(Crandall, Starrett and Parker, 1998, 566) 참조. 이 법안의 법적 책임변동 사항과 관련해서는 10장에서 좀 더 자세히 살펴볼 것이다.
22) 파산절차가 진행되는 동안 탄광노동자연합(UMWA)측이 내놓은 변론취지서에 따르면, 창립 당시 패트리어트는 피바디 에너지 자산의 16%, 부채의 40%를 이어받았다. 패트리어트는 2008년 매그넘 콜(Magnum Coal)을 인수할 때 추가로 퇴직연금 책임도 넘겨받았다. 매그넘 콜은 2005년 아치 콜(Arch Coal)에서 분사되었으며, 매그넘 창립 당시 아치는 자산의 12%, 퇴직연금과 건강보험 책임의 97%를 넘겨주었다. 미국 상원의원 조 맨친(Joe Manchin)은 이렇게 논평했다. "이 판결은 졸렬한 연극에 불과하다. 피바디가 패트리어트같은 회사를 설립할 수 있었다는 것 자체가 잘못이다. 회사에 부채를 잔뜩 지운 다음 분사시킨다는 건 노동자들에 대한 계약상, 도의상 책임을 회피하려는 목적으로밖에 보이지 않는다." 이 글을 쓰는 현재 연방법원에 파산 결정 항소가 제기 중이다. 티파니 케이(Tiffany Kay), 패트리어트 콜이 은퇴자 퇴직연금, 복지혜택 삭감 허가를 얻어내다. Bloomberg.com, 2013년 5월 29일. (http://www.bloomberg.com/news/2013-05-29/patriot-coal-wins-approval-to-cut-retiree-pensions-benefits-1-.html, 2013년 6월 24일) 참조.
23) 탄광업 구조는 관리업체(탄광 및 처리시설을 소유하며, 때로는 운영하기도 함); 석탄 채굴에 직접 관여하는 운영업체(관리업체나 관리업체의 자회사이기도 함); 계약업체로 나뉘어 있다. 이 장 첫머리에 쓴, 소위 "전형적인" 하청(예를 들어 발파와 같은 전문 하청)을 균열 하청과 명백히 구분짓기는 어렵다. 2010년 지하탄광업 운영업체 노동자는 약 15만 명, 하청업체 노동자는 약 2만 명이었다(부에싱과 와일, 2013).
24) 2006년 탄광안전보건법(the Mine Safety and Health Act) 수정법안이 발효되면서 과징금을 회피하려는 수법이 더 교묘해졌다. 2006년이 시작되자마자 5개월 동안 3건의 연속 사고가 발생해 19명의 광부들이 사망하면서 의회는 광범위한 개선 차원에서 탄광개선신규긴급대응법(the Mine Improvement and New Emergency Response Act, 일명 MINER ACT)을 도입했다. 조지 W 부시 대통령이 공식서명한 이 법은 보건안전기준 위반에 따른 과징금 부과액수를 높였으며, 탄광에 인부들이 갇히지 않도록 예방하고, 만약 빠져나오지 못할 경우를 대비해 지하 대피시설을 마련하는 등 탄광 운영업체들이 보다 포괄적인 긴급대응책을

마련하도록 요구했다.
25) 엠버는 G.R. 마이닝이 엠버 경영과 전혀 관계가 없는 별도 회사라고 주장했다. 이 주장은 G. R 마이닝이 연속 마이너(continuous miner, 석탄과 기타 물질을 탄광표면에서 자르거나 쪼갠 다음 직접 이동 벨트에 싣는 연속적 채굴방식)를 이용한 반면, 엠버는 종래의 주방식채광법(room and pillar mining method)을 활용했다는 점에 근거를 두고 있다. 또한 GR 마이닝은 엠버가 작업하지 않은 탄광현장에서 하청계약을 맺었다고 덧붙였다. 이 내용은 2011년 11월 4일 행정법제처 연방탄광안전보건검토위원회(Federal Mine Safety and Health Review Commission) 자료, 노동부 탄광안전보건국(MSHA) 대 엠버 컨트랙팅 코퍼레이션 소송을 바탕으로 한 것이다. 이 사례에 주목할 수 있게 해준 그레그 와그너(Greg Wagner)와 추가 연구를 진행한 앤드류 레이조브(Andrew Razov)에 이 지면을 빌려 감사를 표한다.
26) 이 수치는 2000~2010 분기별 탄광자료에 근거한 것이다. 통계학적 모델링 기법을 이용한 중대 상해의 두 가지 척도와 치사율 직접 척도는 탄광운영업체의 하청 단계뿐 아니라 채굴방식, 탄광의 물리적 속성, 노조 지위, 운영규모, 연도, 위치 등 다른 요소들과도 연관되어 있다. 하청 척도는 모든 유형의 하청을 포함한다. 부에싱과 와일(2013) 참조.
27) 아일랜드 크릭 콜 소유 하청 탄광 사망자 7명의 미망인들을 변호한 조지프 야브론스키 주니어(Joseph Yablonski Jr.) 변호사는 이렇게 논평했다; "아일랜드 크릭은 탄광현장에서 일어나는 모든 사항들을 일일이 모니터링했으면서도 안전에 대해서는 어떠한 책임도 부인했다." 폴 나이든 "소규모 탄광들이 안전 기준에 등을 돌리다."
28) 무선통신사업국제협회(International Association for the Wireless Telecommunications Industry, CTIA) "연2회 무선 사업 조사: 2011" (http://files.cita.org/pdf/CTIA_Survey_Year_End_2011_Graphics.pdf, 2012년 7월 14일). 이 수치는 무선통신사업국제협회(CTIA)가 실시한 연2회 자체조사에 근거한 것으로, "2011년 12월 31일 무선통신사업국제협회(CTIA)는 무선 가입자 접속 95%를 제공하는 회사들로부터 답변을 받았다"고 되어 있다.
29) 닐슨 컴퍼니(Nielsen Company), "SMS 문자 메시지가 휴대폰 통화를 앞지르다" 닐슨 와이어(Nielsen Wire), 2008년 9월 22일(http://www.nielsen.com/us/en/newswire/2008/in-us-text-messaging-tops-mobile-phone-calling.html.

2013년 6월 24일).
30) 무선통신사업국제협회(CTIA), "연2회 무선 산업 조사: 2011."
31) 고객층 성장이 모든 사용자에 대한 서비스 가치를 높인다는 통신 및 관련부문 산업 경제학에 관한 개관은 샤피로와 배리언(Shapiro, and Varian) 참조.
32) 기지국 철탑에 관한 내용은 주로 데이와 넛슨의 대규모 조사를 바탕으로 한 것이다. PBS 프론트라인 "기지국 철탑 사망 사례 대해부" (2012년 6얼 6일 방영)와 프로퍼블리카 관련 자료는 다음에서 찾아볼 수 있다. http://www.pbs.org/wgbh/pages/frontline/social-issues/cell-tower-deaths/anatomy-of-a-cell-tower-death/. 광범위한 연구결과를 내놓은 리즈 데이와 라이언 넛슨에게 감사를 표한다.
33) 그러나 이동통신사들은 다수의 터퍼를 활용한다. 기술한 예에서 엔소로는 9개 업체와의 경쟁 끝에 AT&T와 계약을 성사시켰다.
34) 싱귤러(AT&T)와 엔소로 간 계약 전문은 다음에서 찾아볼 수 있다. http://www.documetcloud.org/documents/365742-cingular-contact-with-nosoro.html#document/p30/a58894. 작업 범위는 부록 B에, 기준, 가격, 감사, 손해배상, 기타 조항은 부록 A에 제시되어 있다.
35) 엔소로의 웨스타워 통신구매 주문은 다음에서 찾아볼 수 있다. http://www.documentcloud.org/documents/365730-nsoro-to-westower-purchase-order.html.
36) 웨스타워와 ALT 간 계약내용은 다음에서 찾아볼 수 있다. http://www.documentcloud.org/documents/365731-westower-to-alt.html#document/p2. 해당 작업에 대해 웨스타워가 ALT에 얼마나 지불했는지는 주 계약사항에 명확히 나와 있지 않다.
37) 이 문서에는 AT&T가 주요 책임을 주장하는 일련의 활동들이 목록화되어 있다. 예를 들어 각 시장에 대한 전반적인 프로그램 기준 일정 확립, 전국 현장개발 기준 개발관리, 그리고 네트워크 구조와 네트워크 엔지니어링 훈련 제공 등이다. 그 내용은 다음에서 찾아볼 수 있다. http://www.propublica.org/documents/item/358228-turf-scope-of-work-contract#document/p6/a57721 (2012년 7월 15일).
38) 공사 완료 지연, 품질감사시 결함 적발, 부지 임대차비용 상한선(터퍼는 싱귤러 평균의 105%를 초과할 수 없다)과 관련한 손해배상 액수에 대해서도 장황하게

기재되어 있다. 엔소로/싱귤러 계약 pp.77-80 참조.
39) 싱귤러/엔소로 계약에 명시되어 있는 서비스 기본 가격은 9만 5,000달러이다. 보고서에 언급된 사례에서 이 작업에 대한 대가로 엔소로가 웨스타워에 지불한 비용은 2만 1,000달러이다(기본가격의 22%). 웨스타워가 특정 작업에 대해 기본 합의대로 9만 5,000달러 전액을 받았는지는 명확하게 나타나 있지 않다. 그리고 ALT에 지불한 금액을 반영한 인보이스가 있는지의 여부도 알 수 없다.
40) 싱귤러와 여러 하청업체 중 하나인 베타콤 간 계약에 따르면, "공급업체는 피고용인과 하청업체들을 포함한 그 대표자들이 다음 사항을 따를 것을 보장한다. (1) 명시 기준을 준수한다 (2) 싱귤러의 자재, 건물, 구조물을 보호한다 (3) 싱귤러의 사업활동을 방해하지 않는다. (http://www.documentcloud.org/documents/365750-cingular-contract-with-betacom.html#documet/p1, 2012년 7월 15일).
41) 라이언 넛슨과 리즈 데이, "방법론: 기지국 철탑 산업사망률 산정방식" 2012년 5월 22일 참조(http://www.pbs.org/wgbh/pages/frontline/social-issues/cell-tower-deaths/methodology-howe-we-calculated-the-tower-industry-death-rate/, 2012년 6월 10일).
42) 라이언 넛슨과 리즈 데이 "휴대폰 서비스 경쟁에 목숨 걸고 일하는 기지국 철탑 노동자들" 2012년 5월 22일. (http://www.pbs.org/wgbh/pages/frontline/social-issues/cell-tower-deaths/in-race-for-better-cell-service-men-who-climb-towers-pay-with-their-lives/, 2012년 7월 15일). AT&T 책임분할 매트릭스는 다음에서 찾아볼 수 있다. http://www.pbs.org/wgbh/pages/frontline/social-issues/cell-tower-deaths/in-race-for-better-cell-service-men-who-climb-towers-pay-with-their-lives/ (2013년 6월 24일).
43) 라이언 넛슨과 리즈 데이 "기지국 철탑 사망 사례 대해부," 2012년 6월 6일 (http://www.pbs.org/wgbh/pages/frontline/social-issues/cell-tower-deaths/anatomy-of-a-cell-tower-death/, 2012년 7월 13일).
44) 석탄업계와 유사한 방식으로, 프론트라인/프로퍼블리카 조사에서도 기존 이름으로 폐업 처리를 한 후 다른 이름으로 사업을 시작한 하청업체들의 예를 찾아볼 수 있다.
45) 이와 관련해 유명한 것은 싱귤러와 베타콤 간 주 공급업체 계약서상 조항이다. 조항 IV. "특별조항" 4.1절 (c)(iv)에 "하청업체는 (iv) 해당서비스를 싱귤러

의 안전, 편의, 보호에 대한 충분한 관심과 고려 하에서 수행한다. 그 피고용인들과 물적 요소는 싱귤러의 정책에 명시된 수칙들을 전적으로 준수한다"라고 씌어 있다. 그 외 다른 하청업체들의 존재에 대해서는 언급되어 있지 않다. "베타콤과 싱귤러 간 주 공급업체 계약" 참조, 2001년 11월 29일. (http://www.documentcloud.org/documents/365750-cincular-contract-with-betacom.html#document/p1, p.33, 2012년 7월 15일).

46) 사고와 관련해 직업안전보건국(OSHA) 지역 책임자 로베르토 산체스(Roberto Sanchez)는 베타콤에 보낸 편지에서 이렇게 지적했다. "직장 보건안전을 위해⋯(원문 그대로 옮기자면) 귀사의 피고용인들이 위에 기술된 위험 노출을 자발적으로 줄이거나 없애기 위해 다음 조치를 취할 것을 권고한다: 1. 노동자들이 위험한 지역에 진입해 낙하 물품에 상해를 입는 일이 없도록 자재의 승하강이 수행되는 인접 지역에는 보호막을 설치할 것. 현장에서 일하는 모든 노동자들이 위험을 피할 수 있도록 언제 어디서 고가 작업이 진행될지 미리 고지할 것"(관련자료는 다음에서 찾아볼 수 있다. http://www.documentcloud.org/documents/363148-betacom-inspection-foia.html.) 여기서 베타콤이 다른 하청업체가 언제 고가 작업을 할지 인지하고 있었음을 추정할 수 있다.

47) 패로우(Perrow, 1984)는 복잡한 시스템의 구성요소들 간 보이지 않는 상호작용에 관해 연구했다. 그가 제시한 사례 중 상당수는 핵발전소같이 미묘한 기술을 작동시키는 대규모 조직 내에서 주로 일어난다. 그러나 보이지 않은 상호작용은 상대방의 활동에 대한 정보가 전혀 없는 상태에서 다수의 하청업체들이 같은 현장에서 작업할 때도 일어날 수 있다. 관련 논의로는 호주 사례 분석을 토대로 하청이 보건안전에 미치는 영향을 조사한 존스톤, 메이휴와 퀸런(Johnstone, Mayhew, and Quinlan, 2001) 참조.

48) 이 내용은 〈뉴욕타임스〉 기자 줄리아 프레스턴(Julia Preston)의 기사 두 건을 바탕으로 한 것이다. "파업 중인 노동자들의 노동조건 파악에 나선 미국," 〈뉴욕타임스〉, 2011년 8월 24일; "학생들의 간청을 무시한 미 국무부" 〈뉴욕타임스〉, 2011년 10월 17일 A1, A16.

49) 줄리아 프레스턴의 기사에 난 사진 속 월급명세서 위쪽 구석에 "SHS 스태핑 솔루션스"라고 되어 있고, 각 항목별 지급금액 옆에는 "엑셀"이라는 이름이 명기되어 있다.

50) 허쉬 역사에 대해서는 브레너(Brenner, 2000) 참조; 허쉬사와 일반 초콜릿 업계

의 노조조직 역사에 관해서는 카우프먼(Kaufman, 1986) 참조.
51) 여기에는 허쉬 노동자들을 대표하는 제과, 제빵, 담배, 제분 노조(the Bakery, Confectionary, Tobacco, and Grainmillers Union)에 대한 공격적인 입장이 포함되어 있다. 2002년 임금과 복지혜택에 대한 협상 결결은 44일 간의 파업으로 이어졌다. 결국 파업이 진정되기는 했지만 일자리를 줄이려는 장기적인 노력은 지속되었다.
52) "허쉬의 글로벌 공급체인 대전환 발표," PR 뉴스와이어(PR Newswire) 2007년 2월 15일(http://www.prnewswire.com/news-releases/hershey-announces-global-supply-chain-transformation-57933727.html. 2012년 7월 21일) 참조.
53) 이 섹션은 기업 자료와 회사 성명, 그리고 클리랜드(Cleeland, 2009)를 바탕으로 한 것이다.
54) 주간 주가 상승은 2002년부터 2007년 전반기까지 다우존스 산업 평균지수(the Dow Jones Industrial Average)를 꾸준히 넘어섰다. 허쉬와 다우존스는 2007년 후반기부터 2010년 초까지 깊은 불황의 질곡을 거치며 하강추세를 보였으나 2013년 3월 31일, 허쉬 주가는 다시 한 번 다우존스 산업 평균지수를 추월했다. 마켓워치닷컴(MarketWatch.com) 자료를 통해 필자가 수집한 비교자료.
55) 두 회사는 회장으로 동일인물을 거론했다. 코코아 서비스가 리용 앤 산스 시설을 대여했다는 점에서 석탄업계 메시 독트린 하에 있었던 하청 유형과 비슷하다는 인상을 준다.
56) 리용 앤 산스 대변인에 따르면 이곳은 2009년 이전 "6~7년" 동안 비인가 가공처리 시설이었다.
57) 2009년 7월 8일 발생 사건을 조사한 공식 직업안전보건국(OSHA) 보고서에서 발췌한 것이다. 직업안전보건국(OSHA) 사고 조사 요약, 201773405. (http://www.osha.gov/pls/imis/establishment.inspection_detail?id=313074213, 2013년 6월 24일) 참조.
58) 빌 술런(Bill Sulon) "포장공장 폐업을 우려하는 펜실베이니아 팔미라 허쉬 노동자들" 나이트 리더(Knight Ridder/〈트리뷴 비즈니스 뉴스(Tribune Business News)〉, 2001년 8월 29일 참조.
59) 엑셀은 영국에서 사유화된 국가 화물컨소시엄(National Freight Consortium)의 일부로 시작해 1992년 오하이오에 사무소를 연 이래 미국, 캐나다, 남미 등지에서 창고 및 물류센터 관리로 세를 불렸다. 2005년 엑셀은 도이치 포스트

DHL(Deutsche Post DHL, 국제 속달우편 수송 물류회사로 DHL 익스프레스의 자매회사)에 인수되었고, 지금은 DHL의 전액출자 자회사로 운영되고 있다. http://www.exel.com/exel/exel_about_exel.jsp(2012년 7월 10일) 참조.

60) 브젠지, 닉 말로스키(Nick Malawskey) "허쉬 창고에서 일하는 외국인 학생들의 말, 우리에겐 권리가 있다"에서 인용, 〈패트리어트 뉴스(Patriot News)〉 2011년 8월 17일. (http://www.pennlive.com/midstate/index.ssf/2011/08/foreign_students_who_work_at_w.html, 2012년 7월 1일).

61) 미노동부, 홍보국(U.S. Department of Labor, Office of Public Affairs), "미노동부 직업안전보건국이 두 회사를 소환, 직장 안전보건 위반 적발로 과징금 288,000불 부과." 직업안전보건국 지역 뉴스 보도(OSHA Regional News Release), 2012년 2월 21일.

62) 5개월에 걸친 조사에서, 국무부는 팔미라 시설에 있던 학생들이 프로그램 관련 문화활동을 전혀 하지 못했다는 사실을 알아내고, 이곳을 안전보건환경 "부실" 작업장으로 규정했다. 또한 후원업체의 보건안전 규정 준수를 강화하기로 하고, 이 프로그램 하에서 공장 및 산업시설 노동을 금지시키는 방안을 고려중이라고 발표했다. 줄리아 프레스턴 "외국인 학생들에 대한 노동 착취 근절 노력" 〈뉴욕타임스〉, 2012년 2월 1일. (http://www.nytimes.com/2012/02/02/us/company-firm-banned-in-effort-to-protect-foreign-students.html, 2012년 7월 1일).

63) 레오 선(Leo Sun) "이미지를 구긴 허쉬 초콜릿 착취공장"에 인용된 허쉬 관리, 인베스터가이드닷컴(Investorguide.com), 2011년 8월 24일. 말로스키(Malawskey) "외국인 학생들"에 인용된 SHS 온사이트(SHS OnSite)와 미국교육여행위원회(CETUSA)의 한 관리.

64) 1996년 영화 케이블가이(the Cable Guy)(http://www.imdb.com/title/tt0115798/). 참조.

65) 캐스콤은 설치기사들이 스스로 장비를 살 것(또는 "편리한" 급여공제를 통해 회사에서 구매할 것), 또한 자기 차량을 이용하거나 회사로부터 차량을 대여할 것을 요구했다. 반면 설치기사들의 독자적인 서비스 광고는 금지했다.

66) 민사소송 번호 3:09-cv-00257, 오하이오 남부지구 지방법원 데이튼 서부 분과 솔리스(Solis) 대 캐스콤 주식회사 외, 참조.

67) 하청의 최적 구조를 이론화한 논문도 있다. 즉, 이익을 극대화하고 역선택과 잠

재 대행업체 간 충돌 문제를 해결하기 위해 서로 다른 조직이 하나의 대표기업에 고용되어 있는 구조를 말한다. 무커지와 츠마가리(2004)에 따르면, 대표기업의 이익에 최대한 기여하는 조직 형태는 대행업체 간 충돌 정도, 중간업체가 소유한 정보, 대행업체(특히 대체 혹은 보완관계에 있을 경우)가 제공하는 서비스 유형에 좌우된다.

6장 균열과 프랜차이징

1) 프랜차이징은 1800년대 후반 전혀 다른 목적으로 시작되었다. 대량판매 시장을 대상으로 한 싱어 컴퍼니(Singer Company)의 가정용 재봉틀과 타자기, 금전등록기, 기타 새로운 발명품 제조업체들이 부상하면서 혁신적인 상품유통망이 필요했던 것이다. 이러한 제품은 서비스 및 관리가 중요했기 때문에 회사들은 판매 전 시연뿐만 아니라 판매 후 서비스를 위한 전문 마케팅을 필요로 했다. 따라서 회사들은 상세한 상품 정보제공에 투자할 인센티브가 적은 소매업체에 단순히 의존하기보다 프랜차이즈 딜러를 적극 활용하기 시작했다. 이때 프랜차이즈 가맹점들은 오직 제조업체 상품만 판매해야 했으며, 제조업체의 도움과 협조를 제공받되 자체 수익과 비용으로 운영했다. 이후 프랜차이징은 석유산업(가솔린 소매)의 유통 목적으로도 활용되었다. 챈들러(Chandler, 1977, 402-411) 참조.

2) 브랜딩에 관한 연구는 켈러(Keller, 2008)에 잘 요약되어 있다. 브랜드 제고라는 주제를 다룬 책들은 굉장히 많다. 그중 한 책에서 두 명의 마케팅 컨설턴트는 회사들이 왜 럭셔리 상품에 집중해야 하는지, 그리고 "고급 신상품"을 구매할 여력(적어도 의향)이 있는 고객층에 집중해야 하는 이유는 무엇인지에 대해 설명했다. '스위트 스팟(최적점)'은 회사들이 전통적인 수요커브에서 벗어나 고수익과 다수익을 동시에 이룰 수 있는 지점을 뜻한다. 연구자료에 따르면, 럭셔리 상품은 한 카테고리 단위 체적의 20%를 차지하지만 달러 량의 40%를 벌어들이며, 수익의 60%를 차지한다. 실버스타인과 피스크(Silberstein and Fiske, 2005, 20).

3) 회사들은 한때 평범한 상품이라 여겨졌던 브랜드를 새롭게 창출했다. 가공 치킨 산업이 좋은 예로, 퍼듀(Perdue) 같은 회사들은 자사 상품이 우월하므로 일반 소매점 상품으로 나와 있는 치킨보다 품질상의 가격 프리미엄을 보장한다는 브랜드 인식을 소비자에게 심어주었다.

4) 이 내용은 맥도날드 창업자 레이 크록(Ray Croc)이 주창한 가장 유명한 전략이다. 그는 협소한 상품군으로 전국적 체인을 맨 처음 만들었으며, 이후 맥도날드

의 일관된 고객 경험과 차별화된 상품(버거킹은 "불에 직접 구운 햄버거"를 강조), 서비스 속도와 편리함, 다양한 매장 방식을 모방하려는 후발업체들이 뒤를 잇게 되었다. 제프리 브라다치(Jeffrey Bradach)는 KFC 홍보 부사장의 말을 인용해 이렇게 말했다. "KFC 치킨은 중국 베이징 천안문 지점에서든 켄터키 루이스빌 지점에서든 똑같은 맛과 똑같은 친절 서비스가 제공되어야 한다.(1998, 16~17)." 프랜차이즈 브랜드의 이러한 근본적인 측면에 관한 논의는 카우프먼과 라퐁텐(kaufmann and Lafontaine, 1994) 참조.

5) 윌리엄슨(Williamson, 1985)은 브랜드 보유업체가 주로 직면하는 외부효과, 즉 제2 당사자를 통해 상품을 유통시켜야 하는 문제를 제기했다. "외부효과는 질적 저하에 노출되기 쉬운 브랜드 상품이나 서비스와 연계되어 일어난다. 제조업체는 구매하는 부품과 자재의 품질은 점검과 통제가 가능한 반면, 유통업체에 판매되는 상품에 대해서는 지속적인 품질관리가 쉽지 않기 때문에 (…) 유통업체에 의한 품질저하가 부정적인 결과를 낳고, 그 비용이 문제 유발업체에 제대로 부과되지 않는다면, 유통에 대한 품질 통제 실패는 차선최적화(sub-optimization)로 이어질 수밖에 없다"(112).

6) 가맹비(선불수수료)는 보통 1만~5만 달러 사이로, 늘 그런 건 아니지만 종종 개업 점포에 요구되는 비용이다. 대부분의 로열티 수수료는 판매량의 일정 비율로 정해지며, 일부 계약서에는 매달 최저 로열티 지불금을 명시해놓기도 한다. 블레어와 라퐁텐(2005) 참조. 또 대체로 계약서에서 별도의 광고비가 책정되어 있는데, 가맹본사가 실시하는 전국 또는 지역광고 자금은 통상 매출의 3% 미만이며, 로열티 수수료와 함께 지불된다.

7) 여러 가지 이유로 전 산업의 프랜차이징 정도를 비교하는 것은 어렵지만, 대부분의 척도(출하액, 업체 수, 고용)에서 볼 때, 레스토랑이 순위 맨 첫째로 꼽힌다. 부문별 프랜차이징 보급률에 대한 다양한 척도에 관한 논의로는 블레어와 라퐁텐(2005) 참조.

8) 법적으로, 리츠(REITs)는 소유 업체의 운영관리를 허용하지 않는다. 때문에 소유권의 기본 특징인 관리나 그와 관련된 기능은 다른 업체로 이전된다. 호텔업계의 주요 리츠는 각각 약 10억 달러 가치로 호스트 호텔(Host Hotels), 라살 호텔 프로퍼티(LaSalle Hotel Properties), RLJ 로징 트러스트(RLJ Lodging Trust), 스트래티직 호텔 앤 리조트(Strategic Htels and Resorts)가 있다. 리우(Liu, 2010) 참조. 연방법 하에서 리츠에 대한 상당한 세금 절감에 힘입어 그 활용이 최근 극적

으로 확대되었다. 이미 호텔/모텔업계를 넘어서서, 민영교도소와 구치소(CCA, Corrections Corporation of America), 자료 및 기록보관소(아이언 마운틴, Iron Mountain) 그리고 카지노(펜 내셔널 게이밍, Penn National Gaming)를 운영하고 있는 기업들까지 미 국세청(Internal Revenue Service IRS)에 의해 리츠 지위로 승인받았다. 내서니얼 포퍼(Nathaniel Popper)의 "부동산 신탁으로 옷을 갈아입은 각종 업체들의 세금 도피"〈뉴욕타임스〉, 2013년 4월 22일 A1, B5 참조.

9) 중소기업청(the Small Business Administration)의 중소업체 재정지원에 관한 연구에 따르면, 중소기업 소유주의 41%가 대부분 은행에서 제공받은 법인 신용카드를 사용한 것으로 나타났다. 윌리엄스와 우(Ou and Williams, 2009년 표2와 표3) 참조.

10) 몇몇 대형 대출업체들이 법인 신용카드 시장에서 소액 신용(10만 달러 미만)으로 활발한 영업을 벌이고 있다. 윌리엄스와 우(2009)는 상위 20개 대형 법인 신용카드 대출업체들이 2007년 전체 소액 대출의 75%를 차지했음을 밝혀냈다. 이는 소규모 업체에 대한 전반적인 신용카드 시장점유율이 점차 증가함을 나타내는 것이다(표 12 참조). 두 저자는 이렇게 지적한다. "소규모 사업체에 대한 신용카드 시장이 전국적으로 확산되었으며, 10여 개 국내 대출업체들이 광범위한 우편물 권유를 통해 소규모 업체에 법인 신용카드 사용을 부추기고 있다. 마이너스 통장 형식의 법인 신용카드가 지역 영세업체의 자금운용을 얼마나 보완 또는 대체해왔는지는 좀 더 깊은 연구가 필요하다(18)."

11) 가맹본사가 수익보다는 수입을 적용하는 이유는 모니터링하기에 보다 투명한 척도이기 때문이다. 많은 프랜차이즈 관계에서 가맹점이 가맹본사로부터 상품을 구매하는 것은 가맹본사가 가맹점의 수입을 모니터링하는 유용한 수단이이기도 하다. 만약 수수료를 수익과 연계시키면, 본사는 비용요소(특히 인건비)와 기타 투입요소—모니터링하기 어렵거나 가맹점에 의해 손쉽게 조작될 수 있는—에 대해 훨씬 더 많은 정보가 필요하게 된다.

12) 이 상황을 구체적으로 설명하기 위해 고속도로변에 있는 패스트푸드 매장을 예로 들어보자. 가맹점은 고객 대다수가 재방문 고객이 아닐 거라는 생각(대부분 고속도로를 지나칠 뿐 되돌아오지는 않기 때문)에 서비스 품질 원칙을 깨고 미숙련 직원들을 고용하려할 것이다. 해당 가맹점은 인건비 절감으로 당장 수익을 올리긴 하겠지만, 매장에서 형편없는 서비스를 경험한 고객들은 다른 매장에도 발걸음을 하지 않을 것이다. 이 문제에 관해서는 블레어와 라퐁텐(2005); 라퐁텐과

카우프먼(1994); 라퐁텐과 쇼(Lafontaine and Shaw, 1999, 2005) 참조.
13) 프랜차이즈 업체가 얻는 또 다른 이익은 가맹점에 대한 정보 통제다. 만약 가맹점들끼리 결탁할 기회가 많거나 더 많은 정보를 공유하게 되면, 가맹본사의 입장에서 볼 때 조직 형태의 가치가 줄어들게 된다. 그러므로 본사로서는 가맹점의 협상 입지를 유리하게 만들 만한 정보 공유에 반대하는 경향이 있다. 이에 관한 이론은 무커지와 츠마가리(2004) 참조.
14) 카우프먼과 라퐁텐(1994) 참조. 두 저자는 1982년과 1989년 이 분석을 시행했으며, 중간규모 맥도날드 가맹점이 각각 5.8%와 5.7%의 경제적 수익(정상범위 수익 이상)을 올렸음을 입증했다. 가맹점 운영 수익 외에, 경제적 수익 산정에는 가맹점의 기회비용(예를 들어, 다른 곳에 고용되었을 때 벌어들일 수 있는 임금)과 다른 투자에 이용될 수 있었던 가맹점 투자자본수익도 포함하고 있다.
15) 2008년 퀴즈노스 가맹점들이 제기한 소송은 본사가 '일종의 등쳐먹기 행태'를 벌였으며, 결국 망할 수밖에 없었던 가맹점들을 희생시켜 '폭리'를 취했다고 주장했다. 리처드 개저릭(Richard Gazarik), "퀴즈노스 가맹점주가 가맹본사를 상대로 낸 소송," 〈피츠버그 트리뷴-리뷰(Pittsburgh Tribune-Review)〉, 2008년 7월 10일 참조. 2005년 한 퀴즈노스 프랜차이즈 가맹점이 내놓은 흥미로운 계산법에 따르면, 연매출 48만 달러를 올리는 매장의 연간 기대 운영수익은 3만 4,220달러이지만 여기에 가맹점의 기회비용이 포함되지 않았으므로(주 14번 참조), 이를 포함시킬 경우 가맹점은 사실상 경제적 수익 측면에서 적자라는 것이다. 퀴즈노스는 해당 가맹점을 고소했지만 결국 패소했으며, 많은 프랜차이즈 블로그에 널리 인용되고 있다. 라이언 놀(Ryan Knoll), "한 퀴즈노스 프랜차이즈 가맹점 사례" franchise pundit.com, 2005년 4월 10일. (http://franchisepundit.com/gossip/what-a-quiznos-franchisee-makes/ 2013년 6월 25일 참조.
16) 이 분석은 얌!(Yum!), 버거킹 코퍼레이션(두 프랜차이즈 기업)과 NPC 인터내셔널, 모건 푸즈, 캐롤스 코퍼레이션(모두 주식공개 프랜차이즈 가맹업체)의 2007년 및 2008년 10-K(연차) 보고서 금융정보에 따른 것이다. 대부분의 가맹점은 비공개 회사이므로 비공개 회사의 금융정보는 이런 유형의 비교를 허용하지 않는다. 회사들의 수익성 척도는 보고된 총자산(자산수익률)이나 총매출(매출수익률)로 나눈 세전 순수입을 기반으로 한 것이다. 이 분석에 관한 몇 가지 경고는 주목할 필요가 있다. 얌!과 버거킹의 추산치에는 회사 소유매장 수입과 가맹점 로열티 지불금이 포함되어 있다. 가맹 기업의 경비에는 회사 소유시설 운영비뿐만 아

니라 프랜차이즈 시스템 광고비를 포함해 판매경비, 일반경비, 행정경비가 모두 포함되어 있다. NPC 인터내셔널, 모건 푸즈, 캐롤스 코퍼레이션 분석에는 매장 총 수입과 운영경비뿐만 아니라, 가맹점 특정 광고비도 포함되어 있다(프랜차이즈 기업에 로열티로 지불하는 금액 이상).

17) "수익 공유" 인센티브는 수익률이 높은 대형 멀티유닛 가맹업체의 경우에 가장 높다. 지(Ji, 2010) 참조.

18) 미 통계국(the U.S. Census Bureau), 카운티 비즈니스 패턴(County business patterns): 미국(워싱턴 DC: GPO, 2004) (http://censtats.census.gov/cgi-bin/cbpnaic/cbpcomp.pl, 2013년 6월 25일).

19) 미 통계국 직업 고용 및 임금 추산 북미산업분류체계(NAICS) 722211, 제한 서비스 식당, 2006년 5월. 최저임금은 2009년 7월 24일 7.25달러로 상승했다. 팁을 받는 노동자들의 최저임금은 대체로 매우 낮았다(시간당 2.13달러, 고용주들이 이들의 팁 소득과 직접임금 총액을 최저임금 기준 7.25달러에 맞추어야 할 의무가 있지만). 그러나 대부분의 패스트푸드 레스토랑은 테이블 서비스가 별로 없기 때문에 대개 시간 기준으로 임금을 지급받는다.

20) 번하트와 밀크먼 외(2009) 참조. 이 수치는 3개 주요 대도시 지역(로스엔젤리스, 시카고, 뉴욕시) 저임금 노동자들에 대한 노동조건 위반율을 나타낸다. "샘플링 방법을 토대로 공식 데이터베이스에 잡히기 힘든 저임금 노동자들을 조사했는데, 이들은 이민자 지위로 인해 취약한 상태에 있거나 고용주의 보복이 두려워 조사에 참여하길 기피하는 자들이었다."

21) 카펠리와 하모리(Cappelli and Hamori, 2008)는 프랜차이즈 레스토랑이 비프랜차이즈 레스토랑에 비해 직원 연수 등 보다 나은 기본적 인사 관행을 실시하고 있다고 말했다. 그러나 이는 프랜차이즈 레스토랑 내 인사 정책 간 비교라기보다 브랜드 레스토랑과 비브랜드 레스토랑 간(즉, 가맹점과 직영점) 비교에 가깝다. 따라서 여기서 나온 결과 역시 인사정책과 관련해 프랜차이징의 영향보다는 브랜딩의 영향이 더 크다고 볼 수 있다.

22) 식음료 분야에 대한 자료 수집은 2001~2005년에 집중되어 있다. 모든 도표와 그림은 따로 지적하지 않으면 모두 이 기간을 언급하는 것이며, 미국 내 상위 20개 브랜드 패스트푸드 매장 총 1,768 곳을 조사했다.

23) 체불임금은 고용주가 노동자들에게 지급하는 임금과 공정근로기준법(FLSA)이 정한 기준에 의거해 받아야 할 임금 액수의 차이를 말한다.

24) 여기서 지적되어야 할 사실은 이 수치가 가장 보수적인 추산을 나타낸다는 점이다. 가맹점과 직영점 간 잠재적 차이를 통제한 기타 통계학적 방법을 사용할 경우, 훨씬 더 큰 격차가 벌어질 수 있다. 식음료 인구 무작위 표본을 반영한 부표본 조사도 마찬가지다(지와 와일, Ji and Weil 2012).
25) 다른 논문에서 지(2010)는 다수 매장을 보유한 대형 프랜차이즈 업체들이 브랜드 명성 유지에 더 많은 투자를 하는 등 대기업과 같이 행동한다고 언급했다. 평균 345개 매장을 소유한 주요 프랜차이즈 가맹업체들은 프랜차이즈 브랜드 기업들과 거의 비슷한 수준의 법준수율을 나타냈다.
26) 번하트, 밀크먼 외(2009년, 4장 29~30) 참조.
27) 회사는 보다 저렴한 서비스를 찾아 특정 기능을 이전시킨다. 서로 다른 업계 다수 회사의 이와 같은 결정은 연쇄구조 맨 밑바닥 경쟁시장을 활성화시킨다. 그러나 여기서 구체적으로 균열산업의 어느 층위가 고소득을 올리는지는 알 수 없지만, 청소용역 가맹본사가 가맹점에 비해 더 높은 수익을 올린다는 점은 확실하다.
28) 미 통계국, 카운티 비즈니스 패턴(County Business Patterns)과 2007년 북미산업분류 경제조사(Economic Census for NAICS 56172), 청소용역서비스(http://censtats.census.gov/cgi-bin/cbpnaic/cbpdetl.pl, 2013 6월 25일).
29) 약 1억 달러 이상을 벌어들이는 대형업체 수는 도표에 근거한 것이다. 왜냐하면 미 국세조사국은 응답자 기밀 보호를 위해 연수익 9,999달러 이상의 상세정보는 제공하지 않기 때문이다. 카운티 비즈니스 패턴, 북미산업분류체계(NAICS) 56172 참조.
30) 미 국세조사국, 카운티 비즈니스 패턴 및 2007년 북미산업분류체계(NAICS) 경제센서스 56172, 청소용역서비스.
31) 이 장은 프랜차이징 활용에 초점을 맞추고 있기는 하지만 프랜차이징이 청소용역 부문의 유일한 문젯거리 관행은 아니다. 또 다른 흔한 관행은 청소용역서비스 하청 노동자들을 독립계약자로 오분류하는 것으로, 5장에서 언급한 케이블 설치기사의 사례와 유사하다. 많은 대도시 사무실 청소업계에 흔한 이 같은 관행은 여러 층위의 청소부들을 양산했다. 1990년대 서비스노동자국제노조(the Service Employees International Union)가 주도한 청소부 정의(The Justice for Janitors) 캠페인은 이러한 관행에 대한 직접적 대응으로서, 최종사용자에게 압력을 가하는 기제로 작용했다(러너, 허스트와 아들러, Lerner, Hurst, and Adler, 2008). 근

로기준분과(WHD)는 최근 시카고 일대를 포함해 청소용역 피고용인들을 독립계약자로 오분류하는 관행을 조사했다. 근로기준분과 언론보도 "시카고 청소업체를 고소한 미 노동부, 135명에 대한 임금체불과 손해배상을 촉구하다" No. 11-1710-CHI, 2011년 12월 8일 참조.

32) 메리 메이즈(Merry Maids, 서비스 매스터(Service Master)의 일부 영역)같이 주택고객들을 서비스하는 프랜차이즈 업체들도 있다. 주거 청소시장은 여기에 언급된 것과 매우 다른 시장환경에서 기능하는 현지 청소서비스 제공업체들에 주로 의존한다. 비록 두 시장은 서로 연관되어 있기는 하지만(예를 들어 개별 가정 청소업으로 진입한 다음 그 경험을 상업고객 상대와 프랜차이징 기회로 삼는다), 현저히 다른 시장구조라는 점에서 여기서는 따로 주거시장을 고려하지 않기로 한다.

33) 프랜차이즈 공시문건, 커버롤 노스 아메리카, 차트 번호. 3(커버롤 프랜차이즈 공시문건(FDD), 2009년 4월 27일) 참조.

34) 커버롤 프랜차이즈 공시문건(FDD)에는 이렇게 씌어 있다. "우리는 건강을 중시하는 청소시스템 프로그램으로 다른 경쟁업체들과 차별화되어 있다. 우리의 혁신적인 청소 프로그램은 다음으로 구성되어 있다: 각 고객에게 고품질의 일관된 청결도를 보장하기 위해 가맹점주에 대한 초기 및 정기훈련과 교육; 병원균 박멸과 감염 확산 방지가 입증된 EPA-등록 화학제품 사용; 병원균 제거와 교차감염 및 감염 확산 방지를 위한 혁신적인 청소장비와 방법; 최첨단, 최신식 온라인 교육 연구 및 개발." 커버롤 노스 아메리카, 프랜차이즈 공시 문건, 2009년 5월. pp. 2, 4, 13.

35) 커버롤은 전적으로 프랜차이즈 시스템을 통해 영업한다. 잰-프로와 재니킹 같은 다른 프랜차이즈 청소용역서비스업체는 직영점과 가맹점 혼합형이다.

36) 예를 들어 커버롤 프랜차이즈 계약서에는 이렇게 명시돼 있다. "갑은 을의 초기 비즈니스를 보장한다. 이때 을에게는 12개월 보증 또는 6개월 보증을 선택할 자격이 주어지며, 고객서비스를 시작한 당일 발효된다. 갑은 을의 귀책사항이 아닌 고객 상실만 보장한다(밑줄은 원문 그대로다). 이 경우에 한해, 갑은 고객 상실에 대해 현금을 보전해주거나 상응하는 신규고객을 제공한다. 만약 교체 고객이 상실분을 초과한 달러 가치를 보유하고 있다고 판단될 시, 그 초과분에 대해서 을은 갑에게 현금으로 지급해야 한다." 지적한 대로 고객 상실 귀책 여부는 상당한 논란의 대상이다(커버롤 프랜차이즈 공시문건, "초기 비즈니스 보증," p. 26).

37) 프랜차이즈 가맹점은 지리적으로 가장 가까운 위치에 있는(주 가맹점이나 지역

가맹점 지역 내에 있는) 고객 리스트를 전달받는다. 그러나 이는 독점적인 지리적 영역이 아니라, 단순히 가맹점과 근접해 있는 고객들 지역을 말한다. 예컨대, 커버롤 계약서에는 다음과 같이 기재되어 있다. "프랜차이즈 사업 특성에 따라 을은 독점적인 지역이나 독점적 영업권을 <u>부여받는 것은 아니다</u>(원문에도 밑줄이 그어져 있다). 다른 커버롤 가맹점과의 경쟁에 직면할 수 있다. (…) 커버롤 본사는 을이 구매한 프랜차이즈를 통해 비즈니스를 수행하는 해당지역 내에서만; 그리고 갑이 승인한 형식과 방식으로만 고객에게 청소용역서비스를 제공할 수 있다. 갑은 다른 가맹점들을 설립해왔고, 앞으로도 설립할 것이므로, 갑의 서비스 마크 사용 인가를 받은 모든 가맹점은 을과 언제든지 경쟁할 수 있다. 추가로, 갑은 고객에게 비품을 직접 판매할 수 있다"(커버롤 공시문건, 12, "영역").

38) 잰-프로 단위 프랜차이즈 공시 문건, 2010년 5월.

39) 가령 재니킹 보스턴 계약서에는 이렇게 씌어 있다. "프랜차이즈 가맹점은 잠재고객을 발굴, 프랜차이즈를 통해 청소 및 시설관리 서비스를 제공할 수 있다. 그러나 (i) 재니킹 가맹점이 제공하는 서비스에 관한 모든 계약은 재니킹 본사의 단독 자산이며; (ii) 가맹점의 서비스 제공에 대한 모든 계약은 재니 킹이 작성해야 하며; (iii) 가맹점이 제공하는 모든 서비스 계약은 재니킹을 단독계약 당사자로 해야 한다." 재니 킹 공시문건, 섹션 4.20.2. 커버롤 프랜차이즈 계약은 심지어 더 노골적이다. "을이 프랜차이즈를 통해 서비스 하는 모든 고객은 커버롤의 고객이다. 만약 고객을 직접 발굴한 경우에도 이 사항은 그대로 적용된다."("프랜차이즈 가맹점 판매 사항에 관한 제한").

40) 예를 들어 커버롤 프랜차이즈 계약에는 이렇게 씌어 있다. "갑은 정기적인 감사와 전화 접촉, 포괄적 서비스 제공을 통해 을이 서비스하는 고객의 계약유지가능성을 관리할 권리를 갖는다. 만약 감사나 고객 불만을 통해서 고객이 부실한 서비스를 받고 있다고 판단될 경우, 갑은 해당 건에 대한 서비스 계약을 종결할 권한을 행사한다." 이러한 유형의 조항은 커버롤, 재니킹, 다른 프랜차이즈 청소용역 업체를 대상으로 한 가맹점들의 대량 소송사태를 불러왔다. 이들은 회사가 고의적으로 고객 불만사항을 찾아내 기존 가맹점을 폐업시킨 후 새 가맹점에 되파는 행태를 일삼고 있다고 주장한다. 이러한 비판에 맞서는 주장으로, 만약 커버롤이 이런 행태에 지속적으로 가담한다면 명성에 금이 갈 것이라고 말한다. 그러나 청소용역서비스 가맹 회전율은 여전히 높으며, 회사가 리스크를 감수할 브랜드 자산이 얼마나 되는지도 명확치 않다. 연방무역위원회(FTC)는 잠재 청소용역

서비스 가맹업체들에 대한 공시문건에서 청소용역서비스 프랜차이징의 특수한 양상에 대해 다음과 같이 경고하고 있다. "해당 의무사항을 지키기 위해 프랜차이즈 회사는 가맹점에게 한 건 이상의 거래를 제공할 수 있다. 그러나 시간이나 거리 또는 기타 문제로 인해 회사가 제공하는 전 고객을 가맹점이 다 수용하지 못할 수도 있다. 그보다 더 문제가 되는 것은 회사가 선착순 기준으로 여러 가맹점에 같은 거래고객을 제공할 수 있다는 점이다. 만약 해당 지역 거래고객을 가맹점이 수용하지 못하거나 다른 가맹점이 그 거래를 먼저 수락하면, 회사는 가맹점에게 거래고객 제공 의무를 만족시킨 것이 된다. 회사가 가맹점의 거래 '패키지(일괄거래)' 구매 이전 이 정책에 관해 미리 알리지 않을 수 있기 때문에, 가맹점은 회사가 처음 약속한 수익을 모두 받을 것이라는 내용을 전적으로 믿어서는 안 된다."(연방 무역 위원회 FTC, 2001).
41) 수많은 소송건만 보더라도, 가맹비는 프랜차이즈 회사와 가맹점 간 이해상충이 일어나는 또 다른 문제다. 프랜차이즈 계약은 초기 가맹비 전액 회수를 극히 어렵게 만들기 때문에, 가맹점의 시각에서 볼 때는 일종의 회수불가한 채권이나 마찬가지다. 청소용역 가맹본사의 수익 대부분이 지속적인 로열티와 운영수수료에서 나오긴 하지만 초기 가맹비는 자본 유동성을 제공한다. 커버롤의 경우, 회사는 2006~2008년 사이 연간 1,400만~1,700만 달러에 해당하는 판매수익을 올렸다(전체 수입의 6~8%).
42) 프랜차이즈 사업 광고를 내세운 다수의 블로그와 이매거진에 소개된 가격범위의 예다: "시간당 20~50달러"(http://ezinearticles.com/?Janitorial-Cleaning-Service—Getting-Started&id=49257; "특수 대규모 청소일 경우, 평균 1회 비용은 시간당 20~50달러"(http://www.ehow.com/how_5052280_estimate-cost-office-cleaning.html); "일반적으로, 소규모 청소는 1시간 또는 그 이상 작업 시 15~40달러" (http://www.homebiztools.com/questions/cleaning-bid-estomates.htm); "제공서비스 유형에 따라 시간당 15~30달러"(http://ezinearticles.com/?How-Much-Should-I-Charge-For-My-Commercial-Cleaning-Services?&id=385904).
43) 스티븐 그린하우스, "청소용역업 사기 소송"〈뉴욕타임스〉, 2005년 7월 13일. 데이비드 시걸(David Segal), "힘들게 구한 일의 대가는?"〈뉴욕타임스〉, 2009년 12월 26일. 블로그 "불행한 프랜차이즈 가맹점(unhappyfranchisee.com)"은 커버롤, 재니프로, 기타 프랜차이즈 청소용역 업체들이 인용한 금액보다 훨씬 낮은

실제 요금 사례들이 실려 있다.
44) 사실 이 상황은 다양한 이해관계의 고전적인 사례를 대변한다. 여기서 프랜차이즈 본사는 그 수익을 각 프랜차이즈 단위에서 징수하는 수입에 의존하기 때문에 더 낮은 금액을 설정할 유인이 비교적 높은 반면, 가맹점으로서는 서비스 제공비용을 감당해야 하기 때문에 더 높은 금액을 선호하게 되는 것이다.
45) 가격 책정의 현지화 속성과 가격이 책정되는 다양한 포맷으로 인해, 시장가격에 대한 단일 원천을 찾기는 어렵다. 따라서 이 분석은 이러한 측정을 위해 각 지리적 위치에 따른 가격책정 정보에 의존하고 있다. 요금은 여러 가지 출처를 기반으로 한 것이다. 청소관리연구소(Cleaning Management Institute, "2009년 Kaviac 청소계약 벤치마킹 조사보고서(2009 Kaviac Inc. Contract Cleaning Benchmarking Survey Report)," CMI/NPT 미디어, 2009; 사무실 청소비용" 사람들이 지불하는 비용," Costhelper.com(www.costhelper.com/cost/small-business/office-cleaning.html); "상업 청소서비스—구매자가이드(http://smallbusiness.yahoo.com/advisor/commercial-cleaning-services-buyers-guide-144201040html, 2013년 6월 25일).
46) 연방무역위원회(FTC)는 프랜차이즈 회사가 잠재 프랜차이즈 가맹점에 금융 및 운영요건을 사전에 공지할 것을 요구하고 있다. 이러한 재정 공시문건은 캘리포니아 주 공공공시자료실을 포함해 다양한 기관을 통해 입수할 수 있다.
47) 필자가 제시한 모델의 비용명세서와 미 국세조사국 북미산업분류체계(NAICS) 시행 2008년 서비스 연례조사에서 발췌한 비용명세서를 비교했다. 피고용인들에 대한 비용 퍼센티지는 국세조사국 자료와 유사하다. 국세조사국 자료가 청소 서비스를 포함한 보다 광범위한 북미산업분류체계(NAICS) 코드에 토대를 두고 있긴 하지만, 자재, 부품 및 비품경비는 필자가 제시한 모델에서 더 높은 퍼센티지를 차지한 것으로 나타났다.
48) 이 분석에 대한 가정은 표 6.3 각주에 나와 있다. 기본 개념은 프랜차이즈 가맹점의 운영수익(가맹점 수수료를 지불한 후의 수입, 모든 관련 경비 제외)과 경제적 수익(운영수익에서 프랜차이즈 가맹점이 아니었을 경우의 수입과 수익을 제외한 금액)을 계산하는 것으로, 나는 후자의 재정척도를 이용해 "수지균형" 목표를 세웠다. 왜냐하면 이것이 가맹점이 벌어들인 실제 경제적 수익 정도를 나타내는 것이기 때문이다. 보다 자세한 설명은 와일(2012b) 참조.
49) 프랜차이즈 공시문건 정보 제한으로 인해 프랜차이즈 회사의 수익성 비교수치를

나타내는 것은 쉽지 않지만, 회사 재정 공시문서를 이용해 다음과 같이 산정했다. 클린넷 유에스에이 8.7%, 재니킹 9.5%, 커버롤 9.3%, 잰-프로 41%(2007년).
50) 하스피탤리티 스태핑 솔루션스(www.hsstaffing.com/, 2013년 2월 7일).
51) 하얏트에 관한 내용은 다음 자료를 참고한 것이다. 스티븐 그린하우스(Steven Greehouse) "보스턴 해고사태 이후 저항에 부딪힌 하얏트," 〈뉴욕타임스〉 2009년 9월 24일; 케이티 존스턴 체이스와 매건 울하우스(Katie Johnston Chase and Megan Woolhouse, "98명의 전 직원들에게 새로운 일자리를 제공한 하얏트." 〈보스턴 글로브(Boston Globe)〉, 2009년 9월 26일, A1, A9; 스티븐 그린하우스, "매사추세츠: 새로운 일자리 제공," 〈뉴욕타임스〉, 2009년 9월 26일.
52) 그린하우스, "보스턴 지역 해고사태 이후 저항에 부딪힌 하얏트," 〈뉴욕타임스〉, 2009년 9월 24일에서 인용한 하얏트 측 진술.
53) 호텔 브랜드 전략 논의와 관련해서는 오닐과 마틸다(O'Neill and Mattilda, 2010) 참조.
54) 포트폴리오 전략을 잘 나타내는 사례 중 하나로, 2013년 메리어트 인터내셔널(브랜드 운영회사)은 기술적 접근과 세련된 디자인, 스타일리시한 경험에 관심이 많은(이를 위해 프리미엄 가격을 기꺼이 감수할) 젊은 비즈니스 여행객을 대상으로 메리어트 호텔 앤 리조트 브랜드 캠페인을 주도했다. "똑똑하게 여행하라"는 새로운 캠페인을 위해 광고, 기술, 시설뿐만 아니라 키카드, 객실 안내책자, 심지어 "방해하지 마시오" 표지 등 일상적인 요소들까지 전부 개발하고 바꾸는 데만 약 3,000만 달러를 지출했다. 이 캠페인을 비난하는 사람들은 메리어트 호텔 브랜드가 "똑똑한 것만 빼고 모든 것을 갖추었다. 안전하고 믿을 만하고 일관성이 있으며, 해야 할 건 다 하고 있다. 하지만 부티크 체인도, 최첨단 체인도 아닌데다 대단히 혁신적이지도 않은 호텔이다."라고 꼬집었다. 제인 레버리(Jane Levere), "젊은층을 공략한 메리어트 캠페인" 〈뉴욕타임스〉, 2013년 6월 17일 B4 참조.
55) 브랜드가 시장 평가와 수입 및 수익에 미치는 영향을 측정한 연구들은 많다. 오닐과 샤오(O'Neill and Xiao, 2006)는 호텔 브랜드가 수익성, 점유율, 평균 일일 요금(ADRs), 객실 크기, 위치와 체인 규모는 물론 시장가치에 큰 영향을 미친다는 사실을 알아냈다. 오닐과 마틸라(O'Neill and Mattila, 2006)는 브랜드 제휴, 네임 인지도, 서비스 품질에 대한 명성은 "성업중인 유명호텔"이라는 이미지 가치의 20~25%까지 기여한 것으로 나타났다고 밝혔다.
56) 아이스터와 디루스(Eyster and deRoos, 2009 10~12) 참조.

57) 이 산업 최상위에 위치한 회사소유 호텔 비율은 훨씬 적다. 2011년 상위 25개 브랜드 호텔 중 3%만이 회사 소유인 것으로 나타났다. "최상위 브랜드," 로징 하스피탤리티(Lodging Hospitality), 2011년 6월 1일 자료(2011년 3월 31일 현재)를 토대로 한 수치다.
58) 식음료 산업의 경우와 마찬가지로, 프랜차이즈는 가맹본사(프랜차이즈 공여업체)와 가맹점(프랜차이즈 획득업체) 간 서면계약이다. 가맹점에게 특정 영역에서 정해진 기간 동안 프랜차이즈 브랜드명 하에서 사업을 운영하고 상품과 서비스를 이용/시판할 수 있는 권리를 부여한 것이다.
59) 주요 업체로는 인터스테이트 호텔 앤 리조트(Interstate Hotels and Resorts), 화이트 로징 서비스(White Lodging Services; 존 큐 해몬스 호텔(John Q. Hammons Hotels; 써랄슨 로징(Tharaldson Lodging)이 있다. "최상위 랭킹," 〈로징 하스피탤리티(Lodging Hospitality)〉 2010년 6월 1일 참조.
60) 독립 운영업체들의 소유권 정도는 다양하다. 예를 들어 써랄슨 로징은 다른 소유주 호텔 23개와 소유권이 걸려 있는 200개 호텔을 운영하고 있다. 한편, 크레스트라인 호텔 앤 리조트(Crestline Hotels and Resorts Inc. CHRI)는 다른 소유주의 거의 모든 호텔(총 64개)을 관리하고 있으며, 그중 6개만 소유 운영하고 있다. 소유주와 브랜드 운영회사 간 계약은 10~20년 정도로, 이 경우 소유주의 장기적 헌신을 유도할 수 있는 브랜드파워를 반영한다. 이와 대조적으로, 소유업체와 독립 운영회사 간 전형적인 계약 기간은 1~10년 사이다. 이는 두 업체 간 힘이 동일하다는 것을 뜻한다. 이 문제에 대한 좀 더 포괄적인 논의는 아이스터와 디루스(2009년) 참조.
61) 하스피탤리티 스태핑 솔루션스는 이 시장 대형업체 중 하나다. 2012년 수석부사장 2명, 부사장 6명, 지역책임자 25명, 지역관리자 150명이 70개 시장에 인력 제공 업무를 담당했다.
62) 하스피탤리티 스태핑 솔루션스(www.hssstaffing.com/, 2013년 2월 7일) 참조.
63) 미 노동부, 노동통계국(BLS) 추산은 인구조사(CPS)를 바탕으로 한 것이다. 최저임금 수준 또는 그 이하의 임금을 받는 노동자 수와 비율에 관한 자세한 수치는 다음에서 찾아볼 수 있다. http://www.bls.gov/cps/minwage2011tbls.htm#5(2013년 6월 25일).
64) 이 수치는 폴 오스터먼과 베스 슐먼(Paul Osterman and Beth Shulman)의 연구를 기초로 작성된 것이다. 이들은 2010년 인구조사(CPS)를 이용해 미국 내 주요

주석 453

산업체 중 저임금 직종을 산정했다. 위 벤치마크를 포함해 저임금 직종의 서로 다른 정의에 관한 보다 상세한 논의는 오스터먼과 슐먼(2011) 참조.
65) 번하트 밀크먼 외(2009) 참조.
66) 법규 준수는 다른 요소에 의해서도 영향을 받는다. 예를 들어, 호텔의 지리적 위치(도심에 있는 호텔들의 준수율이 가장 높은 경향을 보였으며, 공항 근처가 가장 낮게 나타났다); 체인 규모(럭셔리 호텔의 규정준수율이 가장 높으며, 저가 호텔이 가장 낮았다) 등이 그것이다. 위 수치는 그러한 요소들을 항수로 한 다음에도, 제3자 경영 형태의 규정위반율이 가장 높게 나타났음을 보여준다.
67) 유나이티드 서비스 컴퍼니(United Service Company) 회장, 릭 사이먼(Rick Simon)은 객실 청소원들이 정식고용될 거라고 발언했다. "2010년까지, 어쩌면 2010년 전에 전원이 하얏트에서 받던 수준과 비슷한 임금으로 상근직에 배치될 것이라 확신한다." 존스턴 체이스와 울하우스 "98명의 직원들에게 새로운 일자리를 제공한 하얏트," 〈보스턴 글로브〉, 2009년 9월 26일, A1, A9. 참조.
68) 지역 관리자를 모집하는 초급관리직 안내광고가 웹사이트에 게재되었다. "팀 멤버와 고객 호텔 간 연계 역할을 맡을 온화하고 친절한 태도와 전문적인 인상을 갖춘 인재를 모십니다. 구체적으로, 팀 멤버들을 모집, 심사, 관리, 지원할 수 있어야 하며, 또한 기존고객은 물론 신규고객들과 지속적인 유대관계를 확립, 발전시킬 수 있는 인재를 찾습니다."(http://www.hssstaffing.com/, 2013년 2월 7일).
69) 리조트 호텔에서 안전요원으로 일한 적이 있는 내 프로젝트 연구보조원 중 한 명의 이야기를 그대로 전하면 이렇다. 필자가 그에게 그의 상관은 어디(호텔 브랜드회사, 운영회사, 호텔 소유주, 또는 인력하청업체) 소속이냐고 묻자, 그는 큰 소리로 웃으며 답했다. "제가 그걸 어떻게 알겠어요. 제 상관이 누군지조차 모르는 판국에!"

7장 공급체인과 균열일터

1) 워맥, 존스, 루스(Womack, Johns, Roos, 1991) 참조.
2) 린 소매 방식을 가능케 한 기술, 정보시스템, 비즈니스 전략, 공공정책에 관한 논의로는 애버내시와 볼프(Abernathy and Volpe, 2012), 참조.
3) 회사는 자사 웹사이트에 "독립계약자의 기회"를 다음과 같이 광고하고 있다. "독립계약자로서 페덱스와 함께 할 기회를 얻고 싶다면 다음 링크에서 정보를 찾아

보세요." http://www.fedex.com/us/indp/independentcontractors.html, 2013년 2월 8일).

4) 이러한 소매 모델은 다른 분야에도 흔하며, 특히 식품 소매에서는 더욱 두드러진다. 가령 "효율적 소비자 반응" 전략은 판매시점 정보, 효율적 로지스틱스, 변질성 및 비변질성 식품에 대한 재고보충 프로그램을 통해 재고 노출을 줄이는 방식을 취하고 있다.

5) 슈나이더 내셔널(Schneider National Inc.)은 1930년대 운송회사로 시작해 1970년대와 1980년대 대형(노조 및 비노조를 겸한) 운송업체로 성장했다. 이어 1993년에는 전액출자 자회사로 슈나이더 로지스틱스 주식회사를 설립했다.

6) 소매업체와 제조업체가 채택하는 전자데이터교환(EDI) 관련 기술에 관해서는 애버내시, 던롭 외(1999), 14장 참조.

7) 슈나이더 로지스틱스 "역사: 70년 동안 운전대를 몰다" (http://www.schneider.com/About_Schneider/History/index.htm, 2012년 7월 18일) 참조.

8) 수입의 로지스틱스 수요는 크로스도킹 시설을 통한 국내유통 상품이동과는 다르다. 로지스틱스의 경우, 소매업체는 선적방식에 관해 상세기준을 부과한다. 가령 화물이 어떻게 포장되고, 바코드가 찍힌 선적 컨테이너에 어떤 표식을 하며, 심지어 매장 도착 즉시 판매 준비가 되도록 해야 한다는 것까지 규정되어 있다. 따라서 크로스도킹은 단순히 화물을 한쪽 시설에서 다른 쪽 시설로 옮기는 것을 의미한다(여전히 트럭에서 짐을 내리고 싣는 수동방식을 요한다). 반면, 수입 화물은 컨테이너에서 내린 다음, 분류하고, 다시 집합시켜 특정 매장(또는 유통센터)으로 배달해야 하는, 보다 많은 취급단계가 필요하다. 그만큼 더 많은 수동작업을 요하므로, 인건비도 더 많이 든다.

9) "2011~2013 프리미어 웨어하우징 벤처스 LLC와 슈나이더 로지스틱스 트랜스로딩 앤 디스트리뷰션 주식회사 간 캘리포니아 미라 로마 서비스 계약" 조항 1, 섹션 1.01 참조. 이 계약내용은 시설 노동자들이 제기한 소송을 통해 공개되었다. 나는 이를 슈나이더/PWV 서비스 계약으로 지칭하겠다. 슈나이더와 로저스-프리미어 간에 이루어진 유사한 계약은 "임시인력 서비스와 연계한 탁월한 고객지원, 상품 및 서비스"를 제공하는 것으로 이 업무를 보다 광범위하게 규정하고 있다.

10) 슈나이더/PWV 서비스 계약, 조항 2, 섹션 2.01과 2.03 참조. 섹션 2.05에 "인력의 단독 고용주"로 PWV가 실행할 역할들을 열거하고 있다.

11) 또한 계약은 PWV가 자체 하청업체(들)을 활용해 업무를 수행할 것을 허용하되 슈나이더에 해당 하청업체에 관한 정보를 제공하고, 하청업체 활용 승인권한을 줄 것을 요구하고 있다. "SDLT가 승인한 하청업체만 PWV가 활용할 수 있다." 섹션 2.13 참조.
12) 섹션 2.15 참조. 2003년 밀입국 노동자 고용 청소용역 하청업체들을 광범위하게 이용한 월마트의 관행은 막대한 과징금과 부정적인 평판을 초래했다. 슈나이더가 임금 규정과 관련해 하청업체들을 감사해야 한다는 요건은 바로 이러한 우려를 반영한 것이다.
13) 일리노이, 졸리에트(Joliet)에서 일하는 슈나이더의 다른 하청업체들도 2006년 월마트에 서비스하는 처리시설에 유사한 관행을 도입한 것으로 알려졌다, 2011년 2월 28일 〈인 디즈 타임스(In These Times)〉 제이미슨(Jamieson, 2011)과 캐리 리더슨(Kari Lydersen) "월마트 웨어하우스 노동자들, 임금 절도(임금 도둑질이라고도 하며, 고용주에 의한 임금 갈취를 의미함. —옮긴이) 집단소송을 제기하다." (http://www.inthesetimes.com/working/entry/7009/wal-mart_warehouse_workers_file_class_action_lawsuit/, 2012년 7월 18일) 참조.
14) 노동자들(노조 또는 비노조)에 표결 기회를 부여할 것을 요구하는 캘리포니아 법에 따라 2008년 결국 미라 로마 노동자들도 투표를 하게 되었다. 그러나 잇따른 조사는 투표의 타당성에 의문을 제기했는데, 노동자들이 규정 노동시간 임금에 지불되는 초과근무 수당을 하루 10시간 근무라는 이유 때문에 거부당한 것으로 밝혀졌기 때문이다.
15) 캘리포니아 노동부, "캘리포니아 노동국장, 노동법을 다수 위반한 리버사이드 카운티 웨어하우스에 소환장을 발부하다," DIR 대언론 공식 발표 #2011-19, 2011년 10월 12일; 캘리포니아 노동부, "캘리포니아 노동국장, 리버사이드 카운티 사례에 추가 61만 6,240달러의 과징금을 부과하다," DIR 대언론 공식 발표 #2011-24, 2011년 11월 17일. 잭 캐츠넥(Jack Katzanek), "웨어하우스 운영업체, 노동법 열기에 휩싸이다," 〈더 프레스 엔터프라이즈(The Press Enterprise)〉, 2011년 10월 13일(http://www.pe.com/business/business-headlines/20111013-workplace-warehouse-operators-face-labor-law-heat.ece. 2012년 7월 18일) 참조.
16) 호세 마르티네즈 아세오(Jose Martinez Arceo)의 증언녹취록에서 발췌한 내용이다. "지난 2011년 10월 12일 수요일, 캘리포니아 노동부가 웨어하우스 현장 점

검을 실시했다. 그 기간 동안, 슈나이더와 프리미어의 관리 직원들과 감독관이 다 보는 앞에서 다른 노동자들과 함께 노동부 감사관의 인터뷰에 응했다. 2011년 10월 17일, 캘리포니아 법 위반에 항의하는 소송이 연방법원에 제기되었다. (…) 다음날인 2011년 10월 18일 12시 정각에 기자회견이 열렸다. 그리고 다음날인 2011년 10월 19일 수요일, 전단지가 웨어하우스 전역에 배포되었다. 내 사진이 실려 있는 전단지가 내 동료직원들과 감독관들에게 배포되는 상황을 지켜보았다. 같은 날 저녁 (…) 오후 5시 30분 감독관인 호세 로사스(Jose Rosas)가 전화로 오늘은 직장에 나오지 말라고 말했다. 일요일 밤, 감독관은 내게 전화를 걸어 월요일에도 직장에 나오지 말라고 말했다. 요 며칠간의 정직 조치는 내가 노동부와 협력하고, 소송에 참여했다는 이유로 가한 일종의 처벌이었던 셈이다. (…) 웨어하우스에 당장 일거리가 줄어든 것은 아니었기 때문이다." 호세 마르티네즈 아세오 진술 참조, 사건번호. CV11-8557 CAS (DTBx), 미 지방법원, 캘리포니아 중앙지부, 동부지원, 2012년 10월 20일 진술.

17) 이 수치는 북미산업분류체계(NAICS) 분류에 따른 것이다(493). 우즈 참조 (Woods, 2009, 76).

18) 다수의 이야기들은 물류허브 지역에서 일어난 관행을 기록한 것이다. 예를 들면 미국 내 최대 6개 허브 중 하나인 시카고가 그 예다. 캐리 리더슨(Kari Lydersen) "저임금 임시노동자들을 발판으로 번성하는 산업" 〈뉴욕타임스〉/〈시카고 뉴스 코어퍼러티브(Chicago News Cooperative)〉, 2010년 8월 26일(http://nytimes.com/2010/08/27/us/27cncdryport.html, 2013년 1월 15일; 스펜서 소퍼(Spencer Soper, "실업수당을 받기 위해 투쟁에 나선 아마존 웨어하우스 노동자들," 〈모닝콜(*Morning Call*)〉 펜실베이니아 리하이 밸리(Lehigh Valley, PA), 2012년 12월 17일(http://www.mcall.com/business/mc-amazon-temporary-workers-unemployment-20121215,0,7418365,full.story, 2013년 1월 15일).

19) 예를 들면, 제이미슨은 미라 로마 문제점에 관한 질문을 받은 월마트 대변인의 말을 인용해 회사가 "이 문제와는 전혀 관련이 없다"면서, 일리노이 월마트 물류센터 하청업체들 사이에서 발견된 문제들에도 이와 유사하게 대응했다고 답했다. 제이미슨(2011) 참조.

20) 내무국(the Bureau of National Affairs) 인용, 2011년 이래 회사 기준 성명에는 다음과 같이 씌어 있다. "모든 공급업체는 노동자들에게 안전하고 건강한 근로 환경을 제공해야 하며" "근무 위험을 예방하기 위한 적극적인 조치를 취해

야 한다." 〈블룸버그 BNA(*Bloomberg BNA*)〉 "월마트 웨어하우스의 위험한 근로환경 문제를 제기한 캘리포니아 웨어하우스 노동자들," 직업안전건강리포터(Occupational Safety and Health Reporter) 42 no. 28. 2012년 7월 12일 참조.

21) 제이미슨(2011) 참조. 그러나 10장에서 다시 얘기하겠지만, 추후 재판결과는 슈나이더로 하여금 미라 로마 시설 감사에서 불거진 문제를 시정하는 데 보다 적극적인 역할을 취할 것을 강력히 촉구했다.

22) 그로스먼과 헬프먼(Grossman and Helpman, 2005)은 아웃소싱과 오프쇼어링을 주로 공급업체(대리인)에 대한 대기업(본인)의 근접성 차원에서 구분했다. 거리비용이란 본인이 대리인을 모니터링할 능력을 떨어뜨려 대리인이 본인의 이해관계에 부합하지 않는 행동을 할 위험을 높인다는 의미다.

23) 서베이 결과에 따르면, 응답자의 67%가 미국 기업들이 미국에 제조업 일자리를 유지하는 데 "많은" 책임을 져야 한다고 말했다(많은 책임을 질 필요가 없다 혹은 전혀 책임질 필요가 없다는 응답은 9%), 보다 상세한 서베이 결과를 보려면, "여론조사: 애플 제품" 2012년 1월 25일(http://www.nytimes.com/interactive/2012/01/26/business/apple-poll-document.html?ref=business, 2012년 6월 25일) 참조.

24) 리카르도가 그의 책, 《정치경제학과 세제 원칙에 관하여(*On the Principles of Political Economy and Taxation*, 1817)》에서 영국과 포르투갈 간 옷감과 와인 교역을 예로 비교우위를 설명한 것은 유명하다.

25) 이 표는 핀스트라(1998)의 분석을 토대로 한 것이다. 최종 사용자 5개 주요 카테고리 해당 년도 수입 또는 수출 비율을 조사한 동일 프레임워크를 사용했다. 핀스트라와 동일하게 저가 품목, 역수출, 군사품목 등의 "기타" 카테고리와 마찬가지로 석유제품은 제외시켰다. 1925~1990년 추산은 같은 책 표 3에서 가져온 것이고, 2000년과 2007년 추산은 이 표에 나온 자료를 근거로 필자가 구성한 것이다.

26) 생산조직 변화가 가져온 충격은 특정 카테고리의 수입/수출 변동에서도 찾아볼 수 있다. 1995년 미국은 컴퓨터를 55억 달러 가량 수입했고, 102억 달러 가량 수출했다. 2010년이 되자 미국의 컴퓨터 수입은 10배나 증가해 553억 달러로 불어난 반면, 수출은 겨우 147억 달러로 소폭 증가했다. 컴퓨터(자본설비)로 분류된 상품의 최종사용 용도에 따른 1995와 2010년 수출/수입 분석을 바탕으로 한 것이다. 표 9.1 참조.

27) Y라는 국가가 두 개 교역상품에서 더 생산적이라 하더라도(즉, 두 상품에 절대우위를 가지고 있다 하더라도), X라는 국가는 교역으로 여전히 이익을 볼 것이다. 왜냐하면 X가 제조하는 데 덜 생산적인 상품을 Y로부터 구매함으로써, X는 보다 생산적인 분야의 상품을 더 많이 제조할 수 있기 때문이다(그런 다음 Y와의 교역에 활용할 수 있다).
28) 새뮤얼슨(2004) 참조. 랠프 고모리와 윌리엄 바우몰(Ralph Gomory and William Baumol, 2000)은 신기술이 생산국가에 규모의 경제와 아울러 글로벌 규모의 "집적 경제(agglomeration economies)"를 창출하는 상황을 연구했다. 여기서 개별 회사의 규모의 경제는 글로벌 산업이 확대됨에 따라 훨씬 더 커진다. 그 결과 나타난 글로벌 생산 변동은 교역 수익을 신속히 재배치시킴으로써 신기술 도입 이전 시기와 비교해 한 국가의 복지와 안녕을 줄어들게 할 수 있다. 또 다른 저명한 경제학자인 앨런 블라인더(Alan Blinder, 2006)는 GDP의 상당 부분을 개인 서비스에 의존하는(저가로 해외에서 수행될 수 있는 비개인화 서비스와 선적 가능한 상품들의 오프쇼어링 결과로) 국가는 그러한 서비스가 전형적으로 생산성 향상과 별로 연동이 안 된다는 점에서 경제적 도전에 직면하게 된다고 지적했다.
29) 임금과 실업에 미치는 교역의 영향 대 점증하는 수입 불평등(특히 숙련 편향적 기술 발전)에 관해 1990년대 후반 여러 문헌이 쏟아져 나왔다. 학계에 널리 인용된 문헌으로는 버먼, 바운드 그릴리치스(Berman, Bound, and Griliches, 1994); 버먼, 바운드와 매친(Berman, Bound, and Machine, 1998); 버나드와 젠슨(Bernard and Jensen, 1997); 클라인(Cline, 1997); 펀스트라와 핸슨(Feenstra and Hanson,1999); 클레쳐(Kletzer, 2001) 참조.
30) 블라인더(2006), 제레피, 험프리와 스터전(Gereffi, Humphrey, and Sturgeon, 2005) 참조.
31) 클레쳐(Kletzer, 2002)는 아웃소싱을 포함해 무역에 크게 영향을 받는 산업과 직종에 종사하는 노동자들에게 기회를 제공하는 어려움을 기술하고 있다. 이는 이들의 특성(위치와 나이 등)에 기인한 구직 한계와 각기 다른 이력에 기인한다.
32) 그로스먼과 헬프먼(Grossman and Helpman, 2005)은 오프쇼어링 대 내부 생산(다국적 구조를 통한)의 선택은 각 모델이 특히 모니터링 능력(부분적으로는 거리 때문이지만, 생산과정 자체의 특성과 주로 연관된)에 의해 추동되지만, 내부 당사자나 외부 당사자에 제공하는 인센티브에 달려 있음을 보여주는 이론적 모델을 제시했다. 그로스먼과 헬프먼은 회사들이 만약 내부적으로 고도로 생산적

이지만 외부 당사자에 더 큰 압력을 행사할 수 있다면 아웃소싱을 선택할 가능성이 높다고 말했다. 왜냐하면 내부 플레이어보다 외부 플레이어에 더 큰 이해관계가 걸려 있기 때문이다(부품 제조 투입비용). 활동을 다국적 회사 경계선 내로 유지시킬 때의 혜택은 모니터링할 수 있는 기회에서 나온다(거리가 멀면 하락한다). 3장에서 논한 이유들로 인해, 외부 당사자들을 모니터링할 수 있는 능력은 최근 눈에 띄게 떨어짐과 동시에 아웃소싱이나 균열의 매력은 증가되었다.

33) 자동차 글로벌 생산 확대에 관한 논의로는 볼드윈과 클락(Baldwin and Clark, 1997); 맥더피와 헬퍼(Macduffie and Helper, 2007); 맥더피와 후지모토(MacDuffie and Fujimoto, 2010); 스터전과 플로리다(Sturgeon and Florida, 2004) 참조.

34) 서비스센터 아웃소싱에 대해서는 배트, 홀먼, 홀트그뤼(Batt, Holman, Holtgrewe, 2009); 배트와 노하라(Batt and Nohara, 2009) 참조.

35) 애플 주가는 정점을 찍은 후 점차 떨어지긴 했지만, 비즈니스 역사에서 여전히 주목할 만한 순간으로 남아있다. 다른 몇 개 회사들과 비교해보면 애플의 시장가치 규모를 짐작할 수 있다. 2012년 달러로 시가총액 최대 공개회사 기록 보유업체들로는 1967년 1,192억 달러로 IBM; 1993년 1,284억달러로 제너럴일렉트릭; 1998년 3,808억 달러로 마이크로 소프트; 2000년 7,079억 달러로 시스코사가 있다. 제임스 스튜어트(James Stewart), "한계 도전: 최강자로 부상한 애플" 〈뉴욕타임스〉, 2012년 2월 25일, B1, B6.

36) 이 진술은 청문회 당시 GM의 최대 주식보유자인 윌슨이 회사의 이해관계에 반한 결정을 내릴 수 있을지의 여부에 관한 질문에 이은 답변이다. 그는 그렇다고 답하면서도 그러한 상황을 상상할 수 없을 것이라며 이 유명한 발언을 덧붙였다. 이후 종종 "제너럴모터스에 좋은 것은 국가에도 좋다"는 식으로 잘못 인용되곤 했다. 윌슨은 77대 6의 투표차로 해당직 인준을 성공적으로 마쳤다.

37) 제너럴모터스 글로벌 고용은 당시 85만 3,000명이었다.

38) 스튜어트, "한계 도전" B1, B6와 데이비드 시걸(David Segal)의 "애플의 소매군단, 충성은 길지만 임금은 짧다," 〈뉴욕타임스〉, 2012년 7월 23일 참조. (http://www.nytimes.com/2012/06/24/business/apple-store-workers-loyal-but-short-on-pay.html?pagewanted=all, 2012년 7월 23일)

39) 케니와 플로리다(Kenny and Florida, 2004)의 방대한 연구는 전자업계 서로 다른 부문의 국제 공급체인 이동을 다루고 있다(특히 커리와 케니(Curry and

Kenney 참조). 그러나 코위(Cowie, 1999)는 낮은 인건비를 찾아서 일을 이동시키는 것은 전자업계에서는 1990년대 이전부터 시작되었다고 지적했다. RCA 코퍼레이션 역사를 고찰한 연구에서 코위는 회사가 인건비를 낮추고 노조화를 피하기 위해 21세기 내내 미국 내에서 어떻게 생산을 이동시켰는지를 도표로 나타냈다. 그러나 이 기간 동안 RCA 같은 회사는 외부 공급업체에 의존하기보다 노동자들을 자체 직원으로 계속 고용했다.

40) 이 추산은 HP 공급체인 내 노동과 환경 모니터링의 영향을 심층 연구한 로크 외(Locke et al., 2012)를 바탕으로 한 것이다. 이 내용은 11장에서 다시 논할 것이다.

41) 삼성은 12개 대형공장을 중국에 소유, 운영하고 있을 뿐만 아니라 그 나라의 많은 공급업체들에도 의존하고 있다. 2012년 삼성은 전 세계적으로 22만 명을 고용하고 있었다. 브라이언 첸(Brian Chen), "애플에 도전장을 내밀다: 다른 노선을 택한 휴대폰 경쟁업체 삼성," 〈뉴욕타임스〉, 2/11/13, B1, B6.

42) 데이비드 바보자와 찰스 두히그(David Barboza and Charles Duhigg), "중국과 해외의 압력, 폭스콘에 변화를 몰고 오다," 〈뉴욕타임스〉, 2/20/12, B1, B2.

43) 이 논의는 로크 외(2012, 7-9) 참조.

44) 예를 들어, 기업 악행에 반기를 든 학생과 학자들(SACOM) "약속을 이행하지 않는 폭스콘과 애플: 자살사건 그 후, 노동자들이 처한 역경," 2011년 5월 6일 참조. (http://sacom.hk/wp-content/uploads/2011/05/2011-05-06_foxconn-and-apple-fail-to-fulfill-promises.pdf, 2013년 2월 13일); 중국노동감시기구 (China Labor Watch), "세계화의 비극, 전자 공장 뒤편의 진실," 2011년 7월 12일 (http://www.chinalaborwatch.org/pro/proshow-164.html, 2013년 2월 13일).

45) 찰스 두히그와 데이비드 바보자, "아이패드 속에 매몰된 인건비"〈뉴욕타임스〉, 2012년 1월 25일(http://www.nytimes.com/2012/01/26/business/iconomy-apples-ipad-and-the-human-costs-for-workers-in-china.html, 2013년 2월 10일) 아이이코노미(the iEconomy)라 불리는 이 시리즈는 2012년 1월과 2월에 처음 시작했으며, 다음에서 찾아볼 수 있다. http://www.nytimes.com/interactive/business/ieconomy.html.

46) 키스 브래드셔와 찰스 두히그, "중국 전자 공장에 엿보이기 시작한 변화의 조짐," 〈뉴욕타임스〉, 2012년 12월 26일. (http://www.nytimes.com/2012/12/27/business/signs-of-changes-taking-hold-in-electronics-factories-in-

china.html, 2013년 1월 15일).
47) HP의 노동 환경 모니터링 평가와 관련해서는 로크와 로미스(Locke and Romis, 2007)와 로크 외(2012) 참조.
48) 비카스 바제이(Vicas Bajaj) "방글라데시 화재 참사가 보여준 의류공장 노동자들의 열악한 현실," 〈뉴욕타임스〉, 2012년 11월 25일.
49) 리즈 엘더먼(Liz Alderman) "노동조건 개선을 촉구하는 분노한 대중들" 뉴욕타임스, 2013년 5월 19일; 짐 야들리(Jim Yardley), "만연한 죄악을 만천하에 드러낸 방글라데시 화재참사 보도" 〈뉴욕타임스〉, 2013년 5월 22일.

제3부 균열일터 개선 방안

1) 커먼스(Commons, 1935, ix) 참조.
2) 균열 현상과 별개(균열의 영향은 받았지만)의 정책들은 이 책에서 다루지 않았다. 이는 필자가 중요하지 않다고 보거나 별 영향이 없다고 판단했기 때문이 아니라, 제3부에서는 균열 현상의 어두운 면을 바로잡을 공공정책에 더 초점을 맞추었기 때문이다. 노동시장의 많은 부분에서 발견되는 저임금, 취약 노동, 임금 정체 문제를 해결할 기타 공공정책에 관해서는 프리먼(Freeman, 2007); 칼레버그(Kalleberg, 2001); 코천(Kochan, 2005); 레비와 머네인(levy and Murnane, 2005); 오스터먼과 슐먼(Osterman and Shulman, 2011) 참조.

8장 사회적 책무 제고

1) 노동자에 대한 공정임금과 조건, 그리고 소비자를 위한 가격인하 간 긴장이 새로운 이슈는 아니다. 1926년, 허친스와 해리슨은 영국에서 초창기 공장법(factory legislation) 통과시 나타났던 긴장을 다음과 같이 묘사했다. "불행히도 규제가 없으면 악습이 증가하고 착취(저임금) 산업도 확산되는 경향을 보였다. 현대 시장의 만연한 경쟁상황 속에서 각 산업은 입지를 유지·강화시키기 위해 각자 다른 산업을 상대로 영속적인 투쟁을 벌이고 있다. (…) 상품 수요를 늘리기 위해 지속적으로 싼 가격으로 소비자를 유혹하고 있으며, 자신에게 유리한 방향으로 더 많은 자본을 유치하기 위해 부풀린 수익으로 투자자를 유인하고 있다. 뿐만 아니라, 점점 더 많은 인재를 끌어모으기 위해 더 많은 임금으로 이들을 설득하고 있다."(허친스와 해리슨Hutchins and Harrison, 1926 xii).
2) 이 장의 목적은 이 분야의 입법, 사법, 학술적 상세분석을 제공하거나 하물며 어

편 기본적 개관을 제시해보려는 것이 아니다. 다만, 고용관계 정의가 근거하고 있는 시기에 대해 전반적인 그림을 그려보고자 할 뿐이다. 과거 대부분의 고용주/피고용인 관계는 꽤 명확한 편이어서 그리 논쟁을 불러일으키지 않았으나 지금은 상당한 문젯거리가 되고 있기 때문이다. 보다 자세한 "피고용인" 정의는 패리트(Perritt) 참조. 고용 정의를 둘러싼 법적 이슈에 관한 내용으로는 다비도브(Davidov, 2006), 다비도브와 랭길(Davidov and Langille, 2004) 참조.

3) 네이션와이드 뮤추얼 인슈어런스(Nationwide Mutual Insurance Co.) 대 다든(Darden) 소송(503 U.S. 318, 1992)에서 미 대법원은 법규상 명시적으로 "고용주" 또는 "피고용인"이 정의되어 있지 않을 경우, 법정은 책임을 가리기 위해 주인(본인)-하인(대리인) 관계의 관습법 원칙을 적용해야 한다는 견해를 내놨다.

4) 29 U.S.C. ∬201-219(1994). 공정근로기준법 지지자인 상원의원 휴고 블랙(Hugo Blanck)은 1937년 "고용주" 정의가 "어느 한 행위에 포함된 가장 포괄적인 정의"라고 역설했다(미 정부 대 로젠바세(United States v. Rosenwasser) 소송, 323 U.S. 360, 363n.3 (1945)에서 인용). 미 대법원은 러더포드 푸드 코퍼레이션 대 맥콤(Rutherford Food Corp. v. McComb, 331 U.S. 722(1947) 소송에서 공정근로기준법(FLSA)이 고용에 관한 포괄적 정의를 제공하고 있다는 견해를 재확인했다. 왜냐하면 공정근로기준법(FLSA)은 "이 법 이전 고용주-피고용인 범주에 속하지 않은 것으로 간주된 많은 사람이나 근로관계에 그 적용을 요구하기에 충분한 자체 포괄적 정의를 포함하고 있기 때문(728-729)"이라는 것이다.

5) 고용주는 직업안전보건법(OSHA), 29 U.S.C. 652; 고용주와 피고용인 의무는 29 U.S.C. 654에 구체적으로 정의되어 있다.

6) 전국노동관계법 대 하스트 퍼블리케이션(NLRB v. Hearst Publications, Inc., 322 U.S. 111, 1944). 이 소송은 뉴시스(Newsies) 디즈니 영화, 연극, 최근에는 브로드웨이 뮤지컬의 토대가 되었다(http://www.imdb.com/title/tt0104990/). 많은 학생들이 역사 과목에서 이 주제를 다룬 빈약한 내용보다는 뉴시스 공연 덕에 미 노동 역사를 더 생생히 기억할 수 있게 되었다. 이 소송의 내용과 국가노동관계법(NLRA) 하 고용주/피고용인 정의를 둘러싼 논쟁의 개괄은 자츠(Zatz, 2010) 참조.

7) 예를 들어, 전국노동관계법 대 유나이티드 인슈어런스(NLRB v. United Insurance(390 U.S. 254 (1968)) 소송에서, 법원은 "피고용인과 독립계약자를 구분하기 위해 여기서도 관습법 검증을 적용해야 한다는 건 의심할 여지가 없다"

(256)는 의견을 제시했다. 그러나 페덱스 홈딜리버리 대 국가노동관계법(FedEx Home Delivery Inc. v. NLRB(563F.3d 492 (D.C. Cir .2009) 소송에서 컬럼비아 지방법원 순회재판소의 최근 견해는 독립계약에 대해 새로운 검증을 적용하고 있다. 이는 관습법 하에서 사용된 검증과는 크게 다른 것으로 계약자가 "손실이나 수익에 대한 사업가적 기회"를 얼마나 가지고 있었느냐와 주로 관련되어 있다. 이 새로운 사유 경향과 독립계약자 활용에 대한 법적 기반 확대에 미친 그 잠재적 영향에 관한 논의로는 조스트(Jost, 2011) 참조.
8) 관련 논의로 스톤(Stone, 2006), 로저스(Rogers 2010), 조스트(Jost, 2011) 참조.
9) 레비쳐(Rebitzer, 1995), 웰스, 코천, 스미스(Wells, Kochan, and Smith, 1991) 참조.
10) 필립스 66 폭발사고에 관한 보다 상세한 내용은 미 노동부, 직업안전보건국(OSHA, 1990) 참조. 일련의 사고가 발생한 후 의회는 직업안전보건국(OSHA)으로 하여금 사건 당시 계약직 노동자들이 어떤 역할을 맡고 있었는지를 조사하도록 했다(웰스, 코천, 스미스, 1991).
11) 같은 책, 95~96.
12) 2009년 BP 사건은 위험 인지와 그에 따른 회사 측 조치라는 두 가지 문제점을 잘 보여준다. 계약직 노동자들에 대한 관리 소홀 문제점을 과소평가한 결과다. 반복된 상황에서 그 같은 실수가 저질러졌다는 사실은 심각한 경영상의 문제점을 시사한다. 잠재적 사고 가능성에 대한 전반적 관리 차원의 조치보다는 조기 경보시그널을 개인 사고에 국한시킨 것이 그 한 예다(2005년과 2009년). 화학안전위원회(the Chemical Safety Board, CSB) 회장 라파엘 무어-에라소(Rafael Moure-Eraso)는 다음과 같은 논평을 내놨다. "화학안전위원회(CSB) 조사에 따르면, 개인 사고에 주안점을 둔 회사들은 더 큰 절차상의 안전문제들, 예를 들어 위험물질 유출, 자동 차단시스템 오작동, 압력완화장치 불량 등을 간과하고 있었다. 게다가 회사들은 화염물질 유출 같은 이전 사고들에 따른 자체 권고사항도 제대로 이행하지 않았다." 7월 청문회 제출 자료는 화학안전위원회(CSB) 사이트 참조. (http://www.csb./gov/investigations/detail.aspx?SID=96&Type=1&pg=1&F_All=y, 2012년 9월 1일).
13) 본인/대리인 관계에서 대리 책임 독트린이 당사자별 인센티브에 미치는 영향에 관한 논의로는 알렌과 맥리오드(Arlen and MacLeod, 2005) 참조.
14) 알렌과 맥리오드가 지적한 바에 따르면, "대리 책임은 본인(주인)들이 피고용인

보다 독립계약자를 선호하는 왜곡된 인센티브를 만들어낸다. 이 경우 통제가 사회적으로 유익한 상황임에도 불구하고 주로 제3자에게 위험부담이 떨어지게 된다."(2005, 132).

15) 러더포드 푸드 코퍼레이션 대 맥콤 소송 331 U.S. 722(1947) 참조.

16) 도노반 대 브랜델(Donovan v. Brandel) 소송 736F.2d 1114 (6th Cir. 1984) 참조. 노동부장관 대 로리첸(Secretary of Labor v. Lauritzen) 소송 835 F.2d 1529 (7th Cir. 1987)에서는 유사한 상황에 다른 결론이 도출되었다. 일반적으로 공정근로기준법(FLSA) 하에서 고용주/피고용인 정의에 관한 상세 논의로는 골드스타인 외(Goldstein et al., 1999)와 럭켈쇼스(Ruckelshaus, 2008) 참조.

17) 예를 들어, 워츠 대 론 스타 스틸 코퍼레이션(Wirtz v. Lone Star Steel Co.) 405F.2d 669 (5th Cir. 1968) 소송에서 순회재판소는 러더포드 사건과는 다른 5가지 검증을 활용했다. 러더포드 사례는 해고, 고용, 노동조건 및 기간 변경에 관한 사측의 권한과 계약업체 피고용인의 작업 거부를 포함시켰다. 토레스-로페즈 대 메이(Torres-Lopez v. May) 11F.3d 633 (9th Cir. 1997)) 소송에서 제9차 순회재판소는 공동고용관계 존재 여부를 가리기 위해 8가지 요소를 활용했다. 다른 판결에 포함된 요소들 외에도, 법원은 작업 주도성, 판단력 및 예측성 정도와 피고용인이 이익이나 손실 기회를 가졌는가의 여부, 고용관계의 영구성을 검토했다.

18) 정 대 리버티 어패럴 코퍼레이션(Zheng v. Liberty Apperel Co. Inc.,) 355 F.3d 403(7th Cir. 2007).

19) 레이즈 대 레밍턴 하이브리드 시드 코퍼레이션(Reyes v. Remington Hybrid Seed Co.), 495F.3d 403 (7th Cir. 2007).

20) 이 산업의 근무손실일 부상률(정규직 노동자 100명당 하루 이상의 근무손실로 이어진 부상건수)은 민간 부문 전 산업 1.8에 비해 2.1이었다. 부상률은 미 노동부 노동통계국(BLS, 2011) 참조. 사망률은 미 노동부 노동통계청, "산업별 재해 발생률, 2010," http://www.bls.gov/iif/oshwc/cfoi/cftb0250.pdf(2012년 9월 2일).

21) 1904년 산업관계 연구의 아버지라 불리는 존 R. 커몬스(John R. Commons)는 이렇게 말했다. "뉴욕을 비롯한 미국 전역의 건설 사업은 영국, 유럽과는 달리 하청 시스템 아래 시행되고 있다. 종합건설업체는 소유주, 즉 "고객"으로부터 하청을 맡은 다음 공사에 착수한다. 또한 경쟁 입찰을 통해 일의 종류만큼 다양한 계약체들에 하도급을 넘긴다. 이 시스템은 계약업체가 별 자본 없이 사업에 뛰어

들 수 있도록 해준다. 왜냐하면 소유주로부터 종합건설업체로, 종합건설업체에서 다시 하도급 업체로 일의 진행상황에 따라 대금이 부분적으로 지급되는 시스템이기 때문이다."(커몬스 1904, 410).
22) 직업안전보건법(OSHA)은 고용주가 모든 피고용인에게 인지된 위험으로부터 자유로운 일터를 제공하고, 직업안전보건국(OSHA)이 공표한 모든 안전보건기준을 준수하도록 규정하고 있다(섹션 5). 이 법은 고용주의 법적 지위와 상관없이 고용주로 하여금 피고용인에 대한 "일반 의무" 및 모든 직업안전보건법 기준상 안전한 일터를 마련할 의무를 지도록 요구하고 있다. 여기서 후자는 복수 고용주 일터 문제를 제기한다.
23) 보다 협소한 해석은 건설 부문 연방규제규약(the Code of Federal Regulations, 20 C.F.R. 1910.12(a)) 섹션에 있는 도입 문구에서 비롯되며 그 내용은 다음과 같다. "이 장 1926 파트에 기재된 기준은 이 법 섹션 6 하의 직업안전보건 기준으로 채택된 것이며, 이 조항에 따라 건설 부문에 종사하는 전 피고용인의 고용과 고용 장소에 적용된다. 각 고용주는 이 문구에 기재된 적정 기준을 준수함으로써 건설 부문에 종사하는 모든 피고용인의 고용과 고용 장소를 보호해야 한다."
24) 1999년 12월 10일 공표된 직업안전보건법(OSHA), 복수 고용주소환정책(법령 번호 CPL 2-0.124) 참조. 이 지침은 직업안전보건법(OSHA) 감사관 현장점검 참고 매뉴얼에 통합되었다. http://www.osha.gov/pls/oshaweb/owadisp.show_document?p_table=DIRECTIVES&p_id=2024(2012년 8월 29일).
25) 각 유형의 고용주 정의는 다음과 같다. 유발 고용주는 "OSHA 기준을 위반하는 위험조건을 유발한 고용주"; 노출 고용주는 "피고용인을 위험에 노출시킨 고용주"; 시정 고용주는 "노출 고용주와 동일한 작업현장에서 공동작업에 관여하되 위험 시정을 담당하는 고용주"(예를 들면, 공장의 안전설비 및 관리 책임이 주어진 고용주); 통제 고용주는 "보건안전 위반을 직접 시정하거나 타자를 시켜 시정을 요구할 권한을 포함해 작업현장의 전반적인 감독 권한을 가진 고용주를 뜻하며, 이때 통제는 계약에 의해 확립되거나 명백한 계약조항 부재시 실질적인 통제권 행사에 의해 확립된다." 정의와 예를 보려면 직업안전보건법 복수 고용주 소환정책 CPL 2-0.124, 섹션 X.B-X.E 참조.
26) 이 정책에 포함된 분석과 상세 예들을 보려면 같은 책, 섹션 X.E.5 참조.
27) 아칸소(Arkansas) 주 리틀록(Little Lock) 기숙사 건설을 맡은 종합건설업체 서밋 컨트렉터스 (Summit Contractors)와 결부된 사건으로 당시 서밋은 벽돌작업을

다른 회사에 하도급을 넘겼다. 직업안전보건국(OSHA) 감사관들은 하청업체 직원들이 가드레일이나 다른 보호장치 없이 지상에서 3미터나 높은 곳에서 벽돌을 쌓고 있음을 적발했다. 직업안전보건국(OSHA)은 하청업체(유발 고용주와 노출 고용주)와 서밋(통제 고용주) 양측을 낙하보호 기준 위반으로 소환했다. 서밋은 이에 즉각 항소했고 행정법 판사도 타당성을 인정했으나 직업안전보건심사위원회(OSHRC)에 의해 곧 뒤집혀졌다. 그러나 오바마 행정부 취임 후, 노동법무관이 다시 직업안전보건심사외원회(OSHRC)에 항소를 제기했다. 2009년, 미 항소법원은 직업안전보건심사위원회(OSHRC) 결정을 다시 뒤엎고, 원래의 소환지침을 재확인했다. 2-1 판결 8차 순회항소법원은 서밋 피고용인들이 그러한 위험에 노출되어 있지 않았다 하더라도, 직업안전보건국이 고용주의 규정 위반을 이유로 소환장을 발부한 것은 명확한 권한에 의거한 것이라고 판결했다. 법원은 이 견해에 대해 "통제 고용주 소환 정책은 종합건설업체 측에 작업현장 모든 노동자를 비롯해 전 측면을 모니터링할 엄중한 책임을 부여하고 있다"고 지적했다. 그러나 이 판결은 협소하게 적용되었으므로 전반적인 복수 고용주 정책에 뚜렷한 영향을 미치지는 못했다. 솔리스 대 서밋 컨트랙터스(Solis v. Summit Contractors Inc.) 소송 2009 U.S. App. LEXIS. 3755(8th Cir. 2009) 참조.

28) 서밋은 통제 고용주이자 유발 고용주 양쪽으로 소환되었다(지락보호(地絡保護) 장치가 장착되지 않은 발전기 사용). 서밋 소환 명령은 행정법판사와 직업안전보건심사외원회(OSHRC) 양측에서 재확인했고 이에 서밋은 광의의 복수 고용주 정책에 대한 도전으로 법원에 즉각 항소했다. 앞에서 언급했지만 서밋은 부시행정부 때에도 이 문제와 관련해 법적으로 맞선 바 있다. 서밋 컨트랙터스 대 노동부 장관 및 직업안전보건심사위원회 소송, 번호 10-1329, 2011 U.S. App. LEXIS, 25011(D.C., 2011년 12월 14일).

29) 법원은 복수 고용주 정책에 강력한 법적 지원을 제공했으며, 이 정책이 원래는 공식재판 절차를 거쳤어야 한다는 서밋 측의 주장을 기각함으로써 감사관의 복수 고용주 정책 활용 권한을 재확인했다.

30) 허쉬 사례에서 직업안전보건국(OSHA)은 초콜릿 혼합 가동 책임과 관련, 단 두 개 계약업체(리용 앤 산스와 코코아 서비스)에만 초점을 맞추었다. 부과된 과징금 액수는 그리 크지 않았다(리용 앤 산스에 2만 1,750달러였으나 낮춰서 1만 6,132달러; 코코아 서비스는 1만 7,450달러였으나 낮춰서 1만 3,087달러).

31) 조던 버랩(Jordan Barab) 직업안전보건 담당 노동부 부차관보는 이 이야기를 취

재한 프론트라인/프로퍼블리카 조사 기자들에게 다음과 같이 말했다. "일반적으로 작업현장에 노동자들이 있을 때 고용주를 소환할 수 있다. 위로 올라갈수록 상위 회사들에게 실질적인 책임을 지우는 것이 훨씬 더 어려워진다." 라이언 넛슨과 리즈 데이, "기지국 철탑 노동자들의 잇따른 사망사고에 직면해 고군분투 중인 직업안전보건국(OSHA)," 2012년 5월 24일. (Http://www.pbs.org/wgbh/pages/frontline/social-issues/cell-tower-deaths/built-for-a-simpler-era-osha-struggles-when-tower-climbers-die/, 2012년 9월 2일).

32) 의무등급카드 시행 이전 프랜차이즈 가맹점과 직영점(회사 소유) 레스토랑 간 위생 차이를 다룬 진(Jin)과 레슬리(Leslie)의 논문은 대리 책임 렌즈를 통해서 보면 유사하게 이해될 수 있다. 점포 위생 관행에 대한 프랜차이즈 가맹본사의 엄격한 모니터링은 점포 운영 결정에 직접적인 역할을 행사함으로써 본사 스스로를 책무에 노출시키고 있다는 주장을 뒷받침한다. 소비자가 레스토랑 등급을 통해 점포 위생 상태를 직접 알 수 있게 한 것만으로도 프랜차이즈 가맹점의 무임승차 행위(느슨한 위생 관행)는 크게 줄어들었다.

33) 밀러 대 맥도날드 코퍼레이션(Miller v. McDonald's Corp.) 소송 150 Ore. App. 274, 945 P. 2d 1107(Or. Ct. App. 1997) 참조. 이 결정에서 법원은 밀러가 "맥도날드가 소유, 통제, 운영한다는 가정 하에" 가맹점으로 찾아갔다고 지적했다. 그녀의 판단으로는 이 사건이 바로 그 경우에 해당되었던 것이다. 다른 맥도날드 매장과 외양도 같고 상품도 똑같이 제공되었기 때문에 그녀가 유일하게 알 수 있는 건 맥도날드라는 이름뿐이었다. "밀러가 아는 한, 오직 맥도날드만 빅맥 햄버거를 팔고 있었다." 특히 이 판결에서 중요한 건 법적책임 근거로 맥도날드가 햄버거를 만드는 데 대해 통제권을 가지고 있었다는 점이다. 그리고 구매되는 버거(가맹점에서 제공되든 가맹본사에서 제공되든 상관없이)가 맥도날드 상품이라는 고객의 믿음이었다. 이것이 바로 "표견 대리(apparent agency)"라 불리는 불법행위법 개념이다.

34) 이 결과는 미 상위 20개 패스트푸드 기업 조사분석을 토대로 한 연구인 지와 와일(Ji and Weil, 2012)에서 발췌한 것이다. 관련 내용은 6장에서 자세히 논한 바 있다.

35) 케이티 존스턴 "가맹점 수수료 부당 이득을 취하는 청소업체. SJC 법칙," 〈보스턴 글로브(Boston Globe)〉, 2011년 9월 1일(http://www.llrlaw.com/pdfs/coverall_Globe_09_01_2011.pdf. 2012년 7월 14일).

36) 매사추세츠 일반법(Massachusetts General Laws, 149장, 섹션 148B).
37) 아우아 대 커버롤(Awuah v. Coverall N. Am., Inc, 2010 U.S. Dist., LEXIS 29088 (매사추세츠, 2010년 3월 23일). 법원은 특히 두 번째 조건에 초점을 맞추었다. 즉, 가맹점은 커버롤 자체와는 명시적으로 다른 활동에 관여했다는 것이다. 커버롤은 다른 가맹본사들처럼 상업적 청소활동 자체가 아닌, 주로 프랜차이징 비즈니스에만 관여했다고 주장했다. 요컨대 법원은 커버롤이 실제 작업을 하는 가맹점에 전적으로 의지하는 청소서비스 업체이며, 그러한 차원에서 고용의무를 회피하기 위한 불법적 방식으로 프랜차이징을 이용했다고 주장했다.
38) 이 사건이 매사추세츠 오분류법으로 끌어들여진 이후 다른 곳에 있는 커버롤 가맹점에는 적용되지 않았다. 그러나 커버롤 가맹점이 있는 다른 주의 유사한 오분류법과 커버롤(그리고 다른 청소 가맹점)이 활용한 프랜차이징 모델의 문제점으로 인해 이 사례는 프랜차이즈 부문 전체에 적지 않은 파장을 일으켰다. 캐롤 타이스(Carol Tice) "프랜차이즈 가맹본사의 악몽: 커버롤 스캔들,"〈포브스〉, 2012년 5월 11일. (http://www.forbes.com/sites/caroltice/2012/05/11/are-some-franchisees-really-employees/ 2013년 7월 2일); 줄리 베넷(Julie Bennett), "커버롤 판결이 큰 차장을 일으키긴 했지만 '하늘은 무너지지 않는다'"〈프랜차이즈 타임스〉, 2012년 5월. (http://www.franchisetimes.com/May-2012/The-Sky-is-Not-Falling/, 2013년 7월 1일).
39) 연방무역위원회(FTC)는 프랜차이즈 구조와 경제적 조건을 고려해 잠재 가맹점들에게 커버롤과 재니킹 같은 청소용역서비스 가맹 위험성을 거의 20년간 경고해왔다. 그럼에도 불구하고, 이민자를 대상으로 한 청소용역 프랜차이즈 판매는 이 기간 동안 꾸준히 증가했다.
40) 〈포브스〉에 따르면, 2008년과 2010년 사이 업체 2,315곳이 추가되었다. 캐롤 타이스(Carol Tice) "불황을 극복하고 급성장한 상위 10개 프랜차이즈 체인,"〈포브스〉, 2012년 5월 9일. (http://www.forbes.com/pictures/feji45fh/coverall-2/#gallerycontent, 2012년 8월 31일).
41) 테일러 패터슨 대 도미노 피자 외(Taylor Patterson v. Domino's Pizza, LLC. et al) 소송, 캘리포니아 항소 법원, 2012년 6월 27일. 프랜차이즈 계약 조항 및 매뉴얼 시행 면에서 도미노가 행사한 통제권을 법원이 특별히 중요하게 여긴 것은 프랜차이즈 소유주 다니엘 포프(Daniel Poff)의 증언 때문이다. 포프는 잘못하면 "당장" 폐업당하기 때문에 도미노 측 지역 리더의 기대에 부응하기 위해 노력해

야 했다고 언급했다.
42) 질 산티아고 카노 외 대 도미노피자 뉴욕 외(Gil Santiago Cano et al. vs. DPNY Inc. d/b/a Domino's Pizza et al.,) 소송, 뉴욕 남부지구 지방법원, (사건 번호. CV 07-100-(ALC)(JCF)), 2012년 11월 8일, p. 4.
43) 같은 책, 15.
44) 에베라도 카릴로(외) 대 슈나이더 로지스틱스 외(Everardo Carrillo et al. vs. Schneider Logistics Inc. et al.) 소송, 미 지방법원, 캘리포니아 중앙지구 서부분과, 예비적 금지명령 (사건 번호 CV 11-8557 CAS (DTBx), pp. 2~3.
45) 이에 따라 스나이더 판사는 모든 당사자들(슈나이더 포함)로 하여금 전 노동자들이 어떻게 임금을 받았는지 즉각 설명하고; 시간 임금기록을 나타낼 전자 또는 기계시스템을 도입하며; 그 외 기록관리를 변경할 것을 요구했다.
46) 한마디로 법원은 슈나이더를 괘씸하게 본 것이다. 예비적 금지명령과 2012년 3월 2일 법정모욕 판결에 이어 법원은 슈나이더가 즉시 (1) 직원들에게 프리미어 소속 당시 받았던 금액과 상응한 임금을 지급하고; (2) 노동자들의 연공서열 리스트를 만들어 이를 토대로 소송 중에 있는 모든 노동자에게 고용 기회를 주고; (3) 계약 종결로 피해를 입은 모든 노동자의 연락처를 법정에 제출하고; (4) 피해를 입은 모든 노동자가 각자 가능한 일자리를 얻을 것임을 서면 통고(법원 승인을 거쳐)하고, 연공서열상 직급과 연락처 정보를 제공하고, 노동자들이 슈나이더 측에 관심 일자리 의사를 알릴 것을 요청하고, (5) 우편 통고 4주 이내에 슈나이더 측에 연락을 취하지 않은 모든 노동자의 목록을 법정에 제출하고; (6) 전화 접촉을 통해 모든 노동자에게 일자리와 채용절차에 관해 직접 알린다. 에베라도 카릴로(외) 대 슈나이더 로지스틱스(외) 소송, 미 지방법원, 캘리포니아 중앙지구 서부분과, 예비적 금지 명령 및 법정 모욕에 대한 원고 동의안(사건번호 CV 11-8557 CAS (DTBx)), 2012년 3월 21일 pp. 11~12.
47) 2013년 1월 7일, 지방법원은 월마트를 피고로 포함시키기 위해 슈나이더 로지스틱스, PWV, 기타 임시 대행업체에 대한 불만사항을 시정해달라는 원고의 요청을 받아들였다. 이 판결은 월마트를 불만 사항 책임 당사자로 만들려는 원고의 요청을 승인한 것이긴 하지만 기준설정 및 시행에 관한 월마트 책임의 법정 견해까지 시사하는 것은 아니다. 이후 상황은 더 지켜보기로 하자. 에베라도 카릴로(외) 대 슈나이더 로지스틱스(외), 미 지방법원 캘리포니아 중앙지구 서부분과, 사건번호. CV 11-8557 CAS (DTBx)), 2013년 1월 7일.

48) 자츠(Zatz 2010, 11) 참조.
49) 이 내용은 크랜델, 스타래트, 파커(Crandall, Starrett, Parker, 1998)에서 발췌.
50) 흥미롭게도 1914년 2차 미 항소법원 판사 러니드 핸드(Learned Hand)는 이보다 훨씬 이전에 상해 책임을 면하기 위한 석탄회사의 독립계약자 활용 시도를 기각한 바 있다. 이 사건에서 석탄회사 리하이 밸리(Lehigh Valley)는 자체 탄광에서 일하는 광부들을 일정거리 관계로 대우하며, 이들에게 독립계약자에 상응한 임금을 지급하거나 하청업자로 일하는 다른 광부들을 통해 임금을 전달했다. 그 결과 광부들은 상해를 입어도 리하이 밸리를 상대로 소송을 제기할 수 없었다(당시 작업 중 상해를 입는 노동자들에게는 유일한 의지처였다). 판사 핸드는 상해를 입은 광부들이 "어떠한 재정적 권한이나 자본통제권 없이 스스로 자구책을 마련할 수밖에 없었다"는 점에서 용납하기 힘든 일이라고 판단했다(리하이밸리 석탄 회사 대 옌새비지(Lehigh Valley Coal Co. v. Yensavage) 소송, 218 F.546(2d Cir. 1914)). 이 사건은 최근 조스트(Jost, 2011)가 페덱스 택배기사들의 독립계약자 지위 관련 판결이라는 맥락에서 다룬 바 있다.
51) 웨스트버지니아 규약(West Virginia Code) 섹션 21-5-1(b)(1996)의 "피고용인"의 정의; 웨스트버지니아 규약 섹션 21-5-1(m)(1996) "고용주" 정의; 웨스트버지니아 규약 "원청업체 지위, 섹션 21-5-7(1996).
52) 탄광업에서 회사는 매장탄량을 소유하며, 석탄 운영업체를 고용해 석탄 채굴을 맡긴다. 운영업체는 다시 이 일을 다른 업체에 하청을 넘길 수도 있다. 모회사가 매장탄량을 소유하고 처리공장(석탄의 에너지, 유황, 재 등에 따라 다양한 시장에 내보낼 석탄을 준비하는 곳)까지 같이 운영하는 경우가 이례적인 일은 아니지만 석탄을 채굴하는 작업에 대해서는 대개 운영업체 활용을 겸한다. 이러한 구조를 감안한 산업의 수직적 통합 인센티브에 관한 논의로는 부에싱(Buessing, 2013) 참조. 웨스트버지니아 법원은 일련의 사건들에서 이 같은 의무를 농장업의 경우 공동 고용주인 대지소유주에게; 파산 고용주의 경우에는 "수동적 투자자(passive investors)"에게; 그리고 기업 간부들에게 각각 적용시키고 있다. 크랜델, 스타레트, 파커(1998, 568~571) 참조.
53) 매사추세츠(M.G.L.A. 149 ∫ 148B); 뉴햄프셔(N.H. Rev. Stat. ∬ 275:42(II) 및 279:1(X)); 인디애나(IC ∫ 22-2-2-3) 참조.
54) 이 목록에는 캘리포니아, 콜로라도, 코네티컷, 델라웨어, 하와이, 일리노이, 루이지애나, 메릴랜드, 매사추세츠, 미시건, 미네소타, 몬태나, 뉴저지, 뉴욕, 펜

실베이니아, 유타, 워싱턴이 포함된다. 오분류와 관련한 주정부기관과 근로기준분과(WHD) 간 공동 이니셔티브에 관한 논의로는 http://www.dol.gov/whd/workers/misclassification 참조.

55) 독립계약자적정분류법(The Independent Contractor Proper Classification Act)은 섹션 530을 연방세제법의 피난처 조항으로 삼고 있다. 이는 고용주가 노동자들을 독립계약자로 분류할 수 있게 한 허점이다. 그러한 기업들이 세금, 산재보상금, 실업보험금 납부를 회피하게 만듦으로써 그 비용이 고스란히 개인 노동자들에게 전가된다(또한 많은 사례에서 보듯이 납세 순응 문제를 야기한다). "S. 2044— 110차 의회: 2007 독립계약자적정분류법," 2007년 GovTrack.us(연방법원 데이터베이스), http://www.govtrack.us/congress/bills/110/s2044/text, 2012년 9월 2일 참조. 노동자오분류법(The Employee Misclassification Prevention Act, H.R. 3178—112차 의회)은 하원의원 린 울시(Lynn Woolsey)에 의해 도입되었다. http://www.govtrack.us/congress/bills/112/hr3178, 2013년 7월 1일 참조.

56) 뉴욕: 맥키니 노동법(McKinney's Labor Law ∫ 345-a.); 캘리포니아: 캘리포니아 노동 규약 & 2677.

57) 캘리포니아: 캘리포니아 노동규약 ∫ 2810 참조.

58) 일리노이 일일 및 임시노동서비스법(Illinois Day and Temporary Labor Services Act (820 ILCS 175/) 참조. 이 법이 통과된 2000년 당시 일리노이에는 600개의 지사를 둔 150개 일일 임시노동자 서비스대행업체 및 30만 명이 넘는 임시노동자들이 있었다.

59) 로저스(2010) 글린(2011, 109에서 인용) 참조. 다른 학자들 또한 균열고용에서 비롯된 다양한 문제들을 봉합하기 위해 대대적인 법적 변화를 요구했다. 캐서린 스톤(Katherine Stone, 2004), 가이 다비도브(Guy Davidov, 2004), 신시아 에스트런드(Cynthia Estlund, 2010)는 고용결정의 권한 이양이 어떻게 법과 일터 현실을 동떨어지게 만들었는가에 대해 연구했다.

60) 미국 화학안전위원회(CSB)는 2012년 사건 청문회에서 "딥워터 호라이즌에서 마콘도(Macondo) 가스분출 한 달 전쯤 운영업체의 '웰킥(well kick)'—가스분출을 일으킬 수 있는 유정 속 탄화수소의 유입—대응 지연 사례가 있었다고 지적했다. BP 측은 사고상황을 조사했지만 트랜소션과 비공식적 구두 논의 후 나온 증거에 따르면, 트랜소션이 조사결과에 따른 변경조치를 시행하지 않았음을 알 수 있다." 사건 조사는 이 글을 쓰는 현재에도 진행되고 있다. 7월 청문회 제출 보고서

는 미 화학안전위원회(CSB) 사이트 참조. http://www.csb.gov/investigations/detail.aspx?SID=96&Type=1&pg=1&F_All=y (2012년 9월 1일).

61) 4장에서 언급한 수평 및 수직 평등(형평성)은 이러한 일자리들이 이미 조직경계선 내에 있었던 시대에도 등장한 개념이다. 관련 규범과 벤치마크는 이후 크게 변화했을 뿐만 아니라 일자리가 다시 조직 안으로 불러들여지는 상황에서조차 예전만큼 강한 효력을 발휘할 가능성은 낮다. 그러한 사례에서 임금 패턴 연구는 매우 유용한 정보를 제공해준다.

62) 스티글리츠는 경제적 게임의 룰—규제적이면서도 거시적인—이 "1%에 기울어져 있으며, 그 이유는 정치적 게임의 룰 역시 1%에 의해 만들어지고 있기 때문"이라고 주장했다(스티글리츠 2012, 119). 이 같은 결과는 대중의 의견을 성공적으로 조작해 최상위층 의견과 합치시키려는 노력, 그리고 정치 과정자체에 영향—특히 정치과정에 참여하는 사람들의 측면에서—을 미치려는 노력 양쪽에서 비롯된 것이다. 같은 책, 5장 6장 참조.

63) 이 섹션은 일터법안(Weil 2008a)의 정치경제에 관한 대규모 연구와 더불어, 규제 형태로 투명성을 이용하는 법안 통과와 잇따른 개선에 영향을 준 요소들에 관한 연구를 토대로 한 것이다(펑, 그레이엄, 와일, 2007, 5장 참조).

64) 비즈니스 업계의 이러한 역학관계는 초기 주법안 통과에 주효했다. 이에 대한 초기 일화로는 피시백과 캔터(Fishback and Kantor, 2000), 피시백(Fishback, 2007) 참조.

65) 한 가지 예는 거의 10년간의 투쟁 끝에 2007년 연방 최저임금 인상법안이 통과된 것이다. 의회의 정치적 통제권 변화가 법안 통과에 박차를 가하면서 2007년 7월까지 30개 이상 주에서 최저임금 인상정책이 채택되었다.

66) 이 점에서 중요한 것은 투명성 관련법안 통과다. 펑 그레이엄과 와일(2007)은 소비자 상품, 건강, 일터 부문의 여러 투명성 법안 통과가 주 법안과 함께 시작되었으며, 연방 차원의 단합된 반대를 분열시키는 데 일조했음을 보여준다.

67) 예를 들어 노동자적응고지법(WARN)과 가족의료휴가법(FMLA)의 경우 처음 법안이 도입되고 나서 법적 효력을 갖게 되기까지 10년 이상 걸렸다. 한 가지 예외가 2009년 릴리 레드베터 공정임금법으로 2007년 6월 처음 하원에, 2007년 7월 상원에 제출되고, 2009년 1월 의회에서 최종적으로 통과된 후 2009년 1월 29일 버락 오바마 대통령의 서명을 마친 첫 번째 법으로 제정되기까지 2년이 채 걸리지 않았다.

9장 새로운 법 시행 접근

1) 정부실적검토법(GPRA)은 앨 고어(Al Gore) 전 부통령이 주창한 법적 이니셔티브로, 예산 편성 및 책정, 감독에 활용되는 정보 유형을 확대하기 위해 정부기관이 의회에 지속적인 실적 기준을 제공하도록 요구하는 법안이다. 많은 연방기관들은 정부실적검토법(GPRA) 보고 요건과 연계된 내부전략 기획 및 예산절차를 채택하고 있다.

2) 별도로 표기하지 않을 경우, 이 섹션에 나온 모든 수치는 근로기준분과(WHD) 조사보고자료(WHISARD) 분석에 의거한 것이다. 필자는 1998부터 2008년까지의 자료를 이용해 가능한 한 장기적 추이를 나타내고자 했다. 초창기 근로기준분과(WHD) 조사보고자료(WHISARD) 자료의 신빙성에 의문이 있는 경우에는 2003~2008년 기간에 한정시켜 분석했다. 분석에 포함시킨 것은 공정근로기준법(FLSA) 조사결과(위반 사실이 전혀 없는 조사자료들도 포함)가 첨부되고 회계연도 2009년 말에 마무리된 모든 사례들이다. 공정근로기준법 조사결과가 기록되지 않는 조사, 예를 들면 아동노동 사례 등은 포함시키지 않았다.

3) 각 연도 미 정부 예산(the Budget of the U.S Government) 수치로, 직업안전보건국(OSHA), 탄광안전보건국(MSHA), 고용기준국(ESA) 산하 근로기준분과(WHD), 고용기준국(ESA) 산하 평등고용기회(Equal Employment Opportunity) 시행 지출을 나타낸 것이다. 모든 수치는 1982~1984 고정 달러 기준이다. 1977~2010년은 4개 기관 대통령 예산에 규정된 실제 지출, 2011년은 의회 예산결의, 2012년은 오바마 행정부 2012년 예산 지출을 근거로 한 것이다.

4) 보고된 비용은 오로지 연방 직업안전보건국(OSHA) 시행 프로그램을 위한 것으로, 주 직업안전보건국(OSHA) 프로그램 지출이나 직업안전보건국(OSHA)이 주에 제공한 지출 내역은 포함시키지 않았다.

5) 미 상무부(US Department of Commerce) 카운티 비즈니스 패턴 시리즈에 근거한 업체 수와 노동자 수 추정치.

6) 사례 건수는 근로기준분과(WHD)가 시행한 평균 물리적 조사 건수를 말한다. 표 9.1의 각주는 이 자료를 이끌어내는데 사용된 자료와 방법론을 제시하고 있다.

7) 이는 미 통계국 정의에 따른 것이다.

8) 이 추정치는 주거건설 현장 수와 주택건축 착공 수 비교에 근거한 것이다. 주택건축 착공은 집이 현재 지어지고 있음을 미국세조사국이 확인한 물리적 위치를 나타내고 있다는 점에서 현장을 보다 정확히 대변하고 있다. 이 추정치는 국세조

사국이 2005년 2006년 수집한 전체 주택 건설 착공(Http://www.census.gov/costruction/nrc/)과 같은 기간 업체 데이터(http://www.census.gov/econ/susb/data/susb2007.html)에 토대를 둔 것이다. 필자는 2005~2006자료를 이용해 주택시장 붕괴 이전 활동을 포착하고자 했다. 주택 거품이 꺼지고 난후, 이 수치는 업체당 주택 건축 착공 수 12건으로 떨어졌으며, 진행 중인 주거건설 현장 수는 여전히 보고된 업체 수의 몇 배 규모인 것으로 나타났다.

9) 농무부 조사(the Census of Agriculture) 정의에 따른 것으로, http://www.agcensus.usda.gov/Publications/2007/Full_Report/usv1.pdf, 2013년 7월 2일 참조.

10) 농산품에 대한 필자 추정치와 관련한 또 한 가지 이슈는 농무부 조사의 94% 이상이 공정근로기준법(FLSA)이 아닌 다른 법에 따라 기록된 것이다(다른 산업의 경우, 조사의 12.7%가 공정근로기준법(FLSA)이 아닌 다른 법에 따라 기록된 것이다). 역시 공정근로기준법에 따라 기록된 조사결과를 살펴보면, 조사률은 5,351%(표 9.1 참조)에서 0.35%로 떨어진다. 표 9.1의 마지막 열의 확률은 그만큼 더 줄어든다는 뜻이다.

11) 조경, 홈헬스케어의 물리적 작업 현장 수와 관련해 손쉽게 입수할 수 있거나 믿을만한 자료는 전혀 없다. 국세조사국 일터 정의와 실제 물리적 일터 현장 수간 차이가 클 가능성은 매우 농후하다.

12) 표 9.2 3열은 일터 감사관이 실제로 위반이 관측될 만한 일터 현장을 방문할 가능성을 과하게 산정한 것이다. 반면 4열은 산재된 일터 현장 활동과 그 방해 효과를 조정해주는 중심 현장 역할을 낮게 측정한 것이다. 농업의 경우, 현장 대다수는 작은 소규모 농장이라 노동자들을 고용하지도 못할 수천 곳을 반영하고 있다. 농장 수를 매년 10만 달러 이상 생산하는 농장으로 제한한다 해도 약 35만 개의 농장이 있다는 점에서 이 산업 공식 2만 2,650개 업체와는 크게 비교되는 수치다.

13) 지와 와일(Ji and Weil 2012)에 근거한 추정치. 다른 산업 국가들은 정부 규제기관의 입지 하락과 점점 더 늘어나는 일터 수라는 유사한 시행 과제에 직면해 있다. 예를 들어, 영국 HM 수익관세국(HM Revenue and Customs, 최저 임금 시행을 책임진 정부기관)은 "1999~2000년 이래 매년 약 5000곳을 방문해왔다. 현재 영국에 160만 명의 고용주들이 있다고 치면, 일반적인 고용주의 경우 대략 천년에 한 번 정도 이 기관의 방문을 예상할 수 있는 셈이다" 맷카프(Metcalf, 2008, 499) 참조.

14) 표 9.2는 또한 많은 균열산업의 실제 근로현장이 정부 데이터상 일터를 추정하는 방식이나 전통적 시행 관행이 가정하는 방식에 반영되어 있지 않다는 사실을 잘 드러내준다. 과거 가장 큰 규제 대상이었던 산업(특히 제조업)에서 업체와 일터가 동의어였지만, 지금은 전혀 그런 상황이 아니다. 균열은 노동자들이 일하는 곳이 급여를 관리하는 비즈니스 조직으로부터 이탈되었음을 의미한다.

15) 또는 전국적인 주택건설업체 산하에서 영업하는 하청업체의 조직적인 위반을 주의 깊게 살펴야 한다. 이들은 전형적으로 소수의 노동자만 직접 고용하고 나머지는 계약직으로 돌리거나 다른 업체에 하청을 준다. 그러므로 근로기준분과(WHD)는 하청업체에 초점을 맞춘 위반패턴(POV) 조사 전략을 구사해야 한다. 즉, 위반사실이 적발될 경우 주택건설업체 해당 부서에 연락을 취하되, 조직적 위반 패턴이라고 판단될 경우에는 전체 프로젝트를 담당하는 주택건설업체 전국사무소와 접촉해야 한다.

16) 예를 들어 패스트푸드 부문에서 지와 와일(2012)은 다른 위반 요소들을 상수로 한 통계 조사결과, 브랜드 업체들이 상당한 체불임금을 누적했다고 밝혔다. 특히 일반 맥도날드 매장(조사대상 상위 20개 브랜드 회사들 중 전반적인 기준 준수기록이 가장 높은)과 비교해, 서브웨이, 도미노 피자, 파파이스 치킨 등의 사례에서 조사건수 당 체불임금 비율이 매우 높은 것으로 나타났다.

17) 미 노동부 "미 노동부 근로기준분과(WHD)와 서브웨이 프랜차이즈 본사 간 연방 노동법 준수 제고 협력" 근로기준분과(WHD) 뉴스 보도 13-0687-NAT 2013년 5월 8일 참조.

18) 공정근로옴부즈맨(The Fair Work Ombudsman)은 2009년 공정근로법(the Fair Work Act)에 의거해 창설되었으며 2012년 초, 해당 프로그램이 공표되었다. 전국 프랜차이즈 프로그램에 관한 자세한 사항은 다음 참조. http://www.fairwork.gov.au/about-us/franchise-assistance/Pages/national-franchise-program.aspx.

19) 미 의회, 하원의원, 제조업체 위원회 "착취 시스템" 의회보고서, 52번째 회의, 2차 세션 제1권 번호 2309, 1893, iv-viii 참조.

20) 이민과 교육에 관한 산업위원회 보고서(the Industrial on Immigration and on Education) 워싱턴 DC: 미 정부 인쇄국(Government Printing Office, 1901), vol. 15. 의류산업의 근로기준 규제 역사는 애버내시 던롭 외(Abernathy, Dunlop, et al) 1999, 2장 10장 15장 참조.

21) 미국에서 남성 의류는 1920년대 이래 제조업체가 제품을 디자인하고 재단, 봉제 다림질, 포장까지 하는 제조환경에서 생산되었다.
22) 노동시장 조건은 임금을 법정 최저임금 이하로 낮추는 경향을 보였다. 여성의류 부문에서 많은 초보 봉제사들은 수개월이 지나야 기준급에 이르기 때문에 다른 노동자로 대체되기가 쉽다. 또한 진입장벽이 낮기 때문에 이민자들을 주로 끌어들였다(예를 들어 20세기 초에는 슬로바키아인, 독일인, 동부 유럽인; 오늘날에는 히스패닉, 중국인, 아시아 노동자들). 노동자 공급은 넘치고 기술수준은 상대적으로 낮은 편이어서 봉제사의 임금 수준도 비교적 낮고 장시간 노동(심지어 사람이 지내기 힘든 노동 환경에서조차)이 심한 편이었다. 게다가 많은 노동자의 불법적 지위와 언어장벽, 문화적 차별은 이러한 노동자들의 협상력을 깎아내리는 요인으로 작용했다. 고든(2005) 참조.
23) 클린턴 행정부 당시 의류산업 최상부에 초점을 두려는 혁신적인 시행 노력의 일환으로 근로기준분과(WHD)는 "무작위 조사표본"을 이용하기 시작했다. 이는 근로기준분과(WHD)가 주도권을 쥐고 있는 산업에서 프로그램의 효과를 가늠하기 위한 방법이었다. 표적 산업 일터에 대한 무작위 샘플은 프로그램 시작 전에 선정되고, 그러한 일터들은 법 준수 여부에 관한 철저한 조사를 받는다(직접 조사 또는 소비자 불만조사에 따른 조사와 유사). 이러한 시행 프로그램이 자리를 잡은 이후 또 다른 무작위 샘플 조사가 실시되고 다시 한 번 규정준수율이 재점검된다. 이 때 나타난 준수율 변화로 프로그램의 영향을 측정할 수 있다. 이 섹션에 나온 결과는 로스엔젤레스와 뉴욕에서 시행된 무작위 조사표본에 근거한 것이다. 보다 자세한 사항은 와일(2005b), 와일과 말로(Weil and Mallo, 2007) 참조.
24) 이 수치는 근로기준분과(WHD)가 실시한 무작위 선정 계약업체들에 대한 조사를 통해 수집한 자료를 바탕으로 한 것이다.
25) 사실 조사결과 최저임금 규정 위반이 적발된다 하더라도, 이후 재조사받을 확률이 높아지고 과징금을 물게 되더라도 업체는 법 위반을 다시 할 가능성이 크다. 보다 자세한 설명은 와일(2005b) 참조.
26) 다른 균열산업에서와 마찬가지로, 의류 공급업체들은 의류 제조업체와 그 하청업체들이 구체적이고 엄격한 기준과 지침을 따를 것을 요구한다. 그 예가 삭스 핍스 에비뉴의 공급업체 지침이다. "공급업체의 효율성이 경쟁력 유지와 고객만족의 핵심이므로, 이를 잘 숙지하고 있는 판매업체들과의 협력적 제휴는 매우 긴요한 사항이다. 그러므로 판매업체들은 우리가 요구한 대로 즉각적인 상품 준

비, EDI 거래, 교통, 포장, 인보이스 지침을 따를 것을 기대한다." 삭스 핍스 애비뉴, 판매자 기준 매뉴얼 2013년 6월 20일. (http://www.saksincorporated.com/vendorrelations/documents/SFAVendorStandardsManual06-20-13.pdf, 2013년 7월 2일).

27) 공정근로기준법(FLSA), 섹션 15(a)(1), 29 U.S.C ∫ 215(a)(1) 참조. 이 조항은 구체적으로 노동부가 공정근로기준법 조항 위반으로 생산된 상품의 운송을 금하는 임시제한명령 및 예비영구금지명령을 취하도록 허용하고 있다.

28) 리오나드(Leonard, 2000)는 공정근로기준법(FLSA) 핫 카고 조항과 그 전반적인 적용에 대해 상세히 설명해 놓았다.

29) 그러나 이 합의는 제조업체가 자발적으로 시행해야 하며, 합의조건은 정부와 제조업체/중개업체 간 협상결과에 따른 것이다. 여기서 말한 조건은 공식 정책자료에 구체화된 노동부 모범합의서에 의거한 것이다(미 노동부 1998a, 1998b).

30) 이 수치는 계약업체 무작위 조사를 바탕으로 한 것이다. 엄격한 모니터링(급여심사와 불시점검을 요하는 모니터링)을 하는 하나 이상의 제조업체(고객회사) 하위 계약업체의 위반률 및 노동자당 체불임금율과 그러한 모니터링을 전혀 받지 않는 다른 계약업체를 서로 비교한 것이다. 와일과 말로(2007)는 1998년 서던캘리포니아와 1999년과 2001년 뉴욕시 사례에 대해 각각 유사한 추정치를 제시, 하청업체 자체 선정보다 모니터링의 효과가 더 크다고 주장했다.

31) 자세한 결과는 와일(2005b)과 말로(2007)에 잘 나타나 있다.

32) 물론 상위에 초점을 맞춘 정책은 제조업체보다는 공급체인과 소매업체 역학의 궁극적 동인에 규제 압력을 가하는 것이다. 그러나 법적 의견에 따르면, 일반적으로 소매업체는 핫 카고 조항에 해당되지 않는다. 왜냐하면, 소매업체가 이러한 상품생산과 직접적으로 결부되어 있지 않다고 간주되기 때문이다. 특히 "상품이 [노동법] 준수 아래 생산된 것이라는 생산업체의 서면확인을 성실히 이행했다고 할 때," 구매자로서의 소매업체가 핫 카고 조항을 위반했다고 볼 수 없다. 핫 카고 정책에 대한 보다 상세한 논의는 리오나드(2007, 17) 참조.

33) 와일과 말로(2007)는 분류효과가 평균적인 법준수율과 비교해 새로운 계약업체들(사업경력 2년 미만)의 법준수율 향상을 이끌었다는 증거를 제시했다. 높은 사업변동률을 감안할 때, 이 효과는 시간이 지날수록 체계적인 법준수 개선으로 이어질 것이다.

34) "연방법원, 포에버 21로 하여금 미 노동부에 공급체인정보 제출토록 명령" 근로

기준분과(WHD) 뉴스 보도 13-1447-SAN, 2013년 3월 14일, http://www.dol.gov/opa/media/press/whd/whd20130447/htm. 2013년 7월 2일.

35) "미 노동부, 포에버 21에 발부된 소환장 집행" 근로기준분과(WHD) 뉴스 보도 12-1989-SAN, 2012년 10월 25일(http://www.dol.gov/opa/media/press/whd/WHD20121989.htm, 2013년 2월 15일). 2013년 3월, 미 지방법원 판사 마거릿 모로(Margaret Morrow)가 포에버 21에 자료 제출을 명했으나 결국 해당자료는 노동부에 제출되지 않았다. 힐다 솔리스, 미 노동부 노동부장관 대 포에버 21(Hilda L. Solis, Secretary of Labor, United States Department of Labor vs. Forever 21, Inc.) 소송, 미 지방법원 캘리포니아 중앙지구, 행정소환장 이행강제 청원 허가명령(사건번호, CV 12-09188MMM(MRWx)), 2013년 3월 7일.

36) 직업안전보건국(OSHA)은 노동부와 연계해 2010년 이래 일련의 기업 차원 합의서에 서명했다. 그 개요서는 다음에서 찾아볼 수 있다. http://www.osha.gov/pls/oshaweb/owasrch.search_form?p_doc_type=CWSA&p_toc_level=0&p_keyvalue=&p_status=CURRENT (2013년 2월 16일).

37) 이 합의는 연방 직업안전보건국(OSHA) 프로그램과 함께 주 안에 있는 모든 시설을 포괄한다. 연방 직업안전보건국(OSHA, 사건이 벌어진 매사추세츠 현장 관장)과 먼로 간 합의이기 때문에, 주 직업안전보건국(OSHA) 프로그램 하의 25개 주는 적용되지 않는다. 단, 기업 차원의 합의에는 이렇게 적혀 있다: "합의 당사자는 피항소인의 근로현장이 이법의 섹션 18('주 계획 현장')에 따른 직업안전보건국(OSHA) 기준 시행 권한을 가진 주에 위치해 있음을 인정한다." 직업안전보건국(OSHA)과 먼로 머플러(Munro Muffler Brake Inc.) 간 합의, 2011 9월 12일. http://www.osha.gov/pls/oshaweb/owadisp.show_document?p_table=CWSA&p_id=2194, 2013년 2월 16일.

38) "데뮬러스 수퍼마켓, 매사추세츠와 뉴햄프셔 모든 시장에서 위험을 시정하고 노동자 안전을 향상시키는 데 동의하다" 직업안전보건국(OSHA) 지역 뉴스 보도, 지역1 뉴스 보도 12-841-BOS, 2012년 5월 7일. http://www.osha.gov/pls/oshaweb/owadisp.show_document?p_table=NEWS-RELEASE&p_id==22350, 2013년 2월 16일. 이 합의는 다음에서도 찾아볼 수 있다. http://www.osha.gov/pls/oshaweb/owadisp.show_document?p_table=CWSA&p_id=2185(2013년 2월 16일).

39) "전 사업장 유압식 승강기 위험으로부터 노동자를 보호한다는 원칙 아래 노동부

와 합의에 이른 먼로 머플러" 직업안전보건국(OSHA) 지역뉴스 보도, 지역1 뉴스 보도 12-1570-BOS/BOS 2012-159, 2012년 8월 24일. http://www.osha.gov/pls/oshaweb/owadisp.show_document?p_table=NEWS_RELEASE&p_id=22884, 2013년 2월 16일.

40) 대형 상업건설 및 공공건설 분야에서 주 계약업체는 건설활동을 조율할 뿐만 아니라 프로젝트 기한 완료를 보장하는 책임도 맡고 있다. 과거 수십 년간 "종합"건설업체가 바로 이 역할을 맡아 현장 직원들을 직접 고용했다. 반면 특수 전문기능만 다른 곳에 하도급을 맡겼다. 그러나 최근 종합건설업체는 엄밀히 말해서 조율 역할("프로젝트 매니저")에 치중하고 있다. 이는 기본적인 기능마저도 하청업체들이 맡게 되는 것을 의미한다. 종합건설업체에서 건설관리업체로 전환한 것은 부분적으로 건설업에서 노조의 레버리지를 줄이려는 노력을 반영한 것이기도 하다. 과거 단체교섭 모델에서 종합건설업체는 현장의 모든 작업을 노조 하청업체가 맡는 요건을 포함해 "기본 기능조직"(목수, 인부, 작업 기사 노조)과 계약을 맺었다. 하지만 이제는 종합건설업체의 역할에서 직접 고용을 제거함으로써 모든 계약업체 및 하청업체와 개별 계약을 맺을 수 있게 되었다. 이는 건설현장에 노조 및 비노조 계약업체들이 혼재하도록 문을 열어두는 계기가 되었다. 이러한 변화는 건설업 대부분의 직종에서 노조 회원 비율이 줄어드는(매우 급격히) 것과 때를 같이하여 일어났다. 산업구조 변화는 와일(2005a), 건설업의 역사적 구조와 관련한 벤치마크는 던롭(1961) 참조.

41) 심지어 2005년과 2006년 건설 붐이 최고조에 다다랐을 때 5개 상위 주택건설업체가 라스베이거스, 휴스턴, 댈러스 같은 대도시 시장에서 건설되는 단일 주거건설의 1/3 이상을 차지했다. 업체 간 연합이 가속화된 중요 요소는 복잡하고 중대한 택지개발 건설 단계뿐 아니라 땅을 취득하거나 선정, 매매하는 데 있어 저비용 자본에 접근할 수 있었다는 점이다. 주택건설 붐에 이르기 몇 년 전 전국 주택건설업체의 부상에 관한 논의로는 애버내시, 베이커 외(2012) 참조.

42) 노동부장관 대 뉴잉글랜드 네이션스 루프와 네이션스 루프(Secretary of Labor vs. Nations's Roof of New England, LLC and Nations Roof LLC) 소송, 직업안전보건 심사위원회, 안건목록10-1674, 지역 1 조사 번호. 311593180, 2010년 12월 3일 참조.

43) 다음 조건은 뉴잉글랜드 네이션스 루프와 네이션스 루프 그리고 미 노동부 법무관 합의에서 발췌한 것으로 노동부장관 대 뉴잉글랜드 네이션스 루프, 네이션스

루프, 안건목록 10-1674, 지역 1, 조사 번호, 311593180, 합의안, 2011년 7월 28일 참조.
44) 이 합의는 각 계열사에 지정된 안전보건 감독관이 안전보건 활동으로 근무시간의 최소 1/3을 할당하도록 규정하고 있다.
45) 데이비스 베이컨 법(Davis-Bacon Act)은 연방 프로젝트 및 특정 연방기금 프로젝트 하에서 작업하는 모든 계약업체와 하청업체가 노동자들에게 노동부가 정한 임금과 기타 수당을 제공하도록 요구하고 있다. 계약근로시간안전기준법(the Contract Work and Hours and Safety Standards Act)도 유사한 요건을 제시하고 있다.
46) "미 노동부 결의안, 리타이어 컨스트럭션사에 근로기준 위반 책임을 지우다." 근로기준분과(WHD) 뉴스 보도 12-1532-NAT, 2012년 7월 26일 참조. http://www.dol.gov/opa/media/press/whd/WHD20121532.htm 2013년 2월 15일.
47) 규제 목적의 투명성 강화 활용 증대는 펑과 그레이엄, 와일(Fung, Graham and Weil, 2007) 참조.
48) 로스엔젤리스 카운티 레스토랑 등급시스템 효율성에 관한 연구로는 진과 레슬리(Jin and Leslie, 2009)참조.
49) 최근 한 예는 2010년 캘리포니아 투명성 강화 공급체인법(the California Transparency in Supply Chains Act)이다. 이 법은 캘리포니아를 기반으로 사업을 하는 주요 소매업체와 제조업체가 주 대상이며, 공급체인 내에서 벌어지는 일종의 노예제도와 인신매매 행태 근절 노력 입증을 요구하고 있다. http://www.state.gov/documents/organization/164934.pdf 참조. 클린턴 행정부는 투명성 강화 인터넷 예비버전을 활용, 근로기준분과(WHD)가 주도하는 계간 "의류업 시행보고서"를 발간하고, 지난 분기 위반 공급업체들(제조업체, 중개업체, 계약업체)을 목록별로 제시했다. 이어 이러한 서면(추후 PDF 기반) 보고를 통해 핫 카고 프로그램 금수조치와 관련성이 큰 모든 제조업체와 소매업체에 문제의 공급업체에 대한 정보를 제공했다. 금수조치를 당할 가능성이 높은 계약업체를 고용했을 때 감수해야 할 비용이 상당함을 감안할 때, 이 정보는 기업의 하청업체 선정은 물론 나아가 법 준수 결정에 커다란 영향을 미칠 수 있다.
50) DOL-타임시트 앱(DOL-Timesheet app)은 애플 아이튠을 통해 이용가능하다. http://itunes.apple.com/us/app/dol-timesheet/id433638193?mt=8. eat/shop/sleep 앱에 관해서는 http://information.challenge.gov/

submissions/4585-eat-shop-sleep 참조.
51) 이 섹션은 와일(2012b)에 바탕을 둔 것이다.
52) 현재 전국 프랜차이즈 청소용역서비스 제공업체가 연루된 수많은 소송들이 계류 중에 있다(예를 들어 커버롤과 재니킹 프랜차이즈에 대한 여러 건의 소송). 이러한 소송들은 프랜차이즈 계약이 실제로 프랜차이즈 업체와 가맹점 간 기본 고용관계를 피하려는 시도인지 혹은 불안정하고 지속가능하지 않은 모델인지에 관한 심각한 문제를 제기하고 있다. 자세한 논의는 6장 재참조.
53) 우선 첫째 불만제기로 이어진 과정, 둘째 일터에 내재할 문제와 불만제기 간 관계 양측에서 중대한 이슈들을 제기하고 있다. 이 문제에 대한 자세한 논의는 와일과 파일스(Weil and Pyles, 2006); 파인과 고든(Fine and Gordon, 2010), 와일(Weil, 2008, 2009, 2010) 참조.
54) 제지이론은 과징금이 법 위반의 잠재적 이익과 위반사항이 적발될 가능성을 모두 반영해야 한다는 데 기반하고 있다. 단순화된 시행모델은 적정 과징금 정책 수립 요소들을 이해하는 유용한 토대를 제공한다. 정책기관이 신규 법안 준수를 유도할 과징금 액수를 정하는 경우를 예로 들어보자, 일반적인 고용주가 이성적 방식으로 행동한다고 가정하면, 대개 법 준수에 따른 혜택과 법 위반으로 인한 과징금 위험 사이를 저울질하게 될 것이다. 이에 정책기관이 활용할 수 있는 수단은 두 가지다. 모니터링과 과징금. 정부기관은 고용주 행위를 변화시키기 위한 정책을 수립할 때, 신규 법안은 대가가 크며 법안이 통과되기 전에는 고용주가 법을 지키려 하지 않는다는 점을 고려해야 한다. 이 프레임워크는 베커(Becker, 1968), 스티글러(Stigler, 1970)가 주창했으며, 폴린스키와 샤벨(Polinsky and Shavell, 2000)이 발전시켰다. 제지 효과와 관련된 유용한 문헌은 윈터(Winter, 2008), 클라이너와 와일(Kleiner and Weil, 2012)이 있다. 보다 초기 논의로 공정근로기준법(FLSA) 최저임금 기준은 아쉔펠터와 스미스(Ashenfelter and Smith, 1979) 참조. 이법의 초과근무 조항과 관련해서는 에렌버그와 슈만(Ehrenberg and Schumann, 1982); 직업안전보건법(OSHA)과 관련해서는 스미스(Smith, 1979), 탄광안전보건법(MSHA)과 관련해서는 애플턴과 베이커(Appleton and Baker, 1984) 참조.
55) 탄광 보건안전을 둘러싼 독특한 정치적 역학은 직업안전보건국(OSHA)이나 근로기준분과(WHD)에 비해 훨씬 더 엄격한 과징금 매커니즘으로 이어졌다. 탄광안전보건국(MSHA)의 과징금 정책은 이후 탄광업을 뒤흔든 위기에 대응한 법적

규제를 반영하고 있다. 1969년 탄광안전보건법(MSHA) 통과로 이어진 법적 노력은 웨스트버지니아 파밍턴(Farmington) 대형 참사에서 시작되었다. 이 사고로 업계 반대를 물리치고 법안 통과를 지지하는 강력한 정치 연대가 조직되었다. 그 결과 더 엄중한 시행력과 엄격한 과징금 부과를 비롯한 법안이 쏟아져 나오게 된 것이다. 전국 탄광사고와 높은 진폐증 발병률이 대중에 널리 알려지면서, 1977년 다시 법안 개정이 이루어지게 되었다. 탄광 사망사건이 불러온 대중의 분노는 심지어 공화당 행정부 아래서도 이 법을 더욱 강화시키는 데 일조했다. 특히 2006년 첫 5개월간 3건의 연속적인 사고로 19명의 광부들이 목숨을 잃은 것을 계기로 의회가 보다 광범위한 변화를 시도, 탄광개선 및 신응급대응법(the Mine Improvement and New Emergency Responses Act(MINER Act)을 수립하게 되었다. 이 법은 과징금 강화와 아울러 탄광 운영업체가 보다 광범위한 응급대응조치를 채택하도록 요구했다. 즉, 무너진 탄광에 갇힐 위험에 처한 광부들을 소개(疏開)시키고, 탈출 불가 상황에 대비해 지하 대피소를 마련하는 데 주안점을 둔 것이다.

56) 30. U.S.C. 820(a); 30 C.F.R. 100.5(c), 100.4(c), 100.5(d).
57) 미 노동부 탄광안전보건국(MSHA) 2011 참조. 2011년 12월 사법부는 알파 내추럴 리소시스(Alpha Natural Resources, 사고 이후 메시 에너지를 구매한 회사)와 전격적인 합의에 도달했다. 여기에는 2억 900만 달러 규모의 기업 형사책임이 포함되었고, 추가로 개별 형사소추 외 민사소송이 아직 계류 중이다.
58) 데이빗 맥커티어(Davitt MaAteer) 주독립심사위원회 회원들 "2010년 4월 5일 폭발: 탄광 기본안전조치 위배," 웨스트 버지니아 주지사 보고 2011년 5월. http://s3.documentcloud.org/documents/96334/upperbigbranchreport.pdf) 참조.
59) 심각하고 상당한(S&S) 위반은 심각한 질병이나 상해로 이어질 가능성이 합당하게 예상되는 위반이다. 위반이 초래한 조건이나 관행이 탄광안전보건위험에 심각하고 상당한 영향을 미칠 것인지의 여부를 판별하는 데 있어서, 탄광안전보건국(MSHA) 편람은 "감사관이 근원적인 안전보건 기준 위반이 있었는지; 위반이 안전보건 위험을 초래할 가능성이 있는지(보건안전 위험척도상); 그 위험이 상해나 질병으로 이어질 합당한 가능성이 있는지; 상해나 질병이 엄중하고 심각한 정도인지"를 결정해야 한다고 명시하고 있다(미 노동부 2008, 18-19).
60) 규제안은 실제 권한이 부여되기까지 적잖은 저항을 겪어왔다. 탄광안전보건법(MSHA)은 노동부 장관으로 하여금 위반패턴(POV) 여부를 결정짓는 기준 수립

권한을 부여했고, 1980년 첫 위반패턴 규제안을 제시했다(45 FR 54656). 여기서 처음 위반패턴 통고 발부와 종결에 대한 심사와 기준, 절차가 소개되긴 했지만 그 복잡성과 모호성, 적용범위 문제 때문에 지속적인 비난의 대상이 되었고, 결국 1985년 탄광안전보건국(MSHA)에 의해 철회되었다(50 FR 5470). 탄광안전보건법(MSHA)은 1989년 시행절차와 기준 보완을 거친 개정안을 새로 발표했고 청문회와 내부 회의를 거친 끝에 1990년 마침내 최종 확정되었다(1977년 연방탄광안전보건법 통과이후 거의 14년만이며, 첫 규제안이 나온 지 10년만이다). 1990년 안은 연례 위반패턴(POV) 심사의 분권화와 다양화가 특징이었지만 2006년 사고(Sago)와 다비(Darby), 아라코마(Aracoma)에서 탄광사고가 잇따라 발생하면서 이 프로그램의 재평가가 요구되었고, 위반패턴(POV) 심사의 집중화와 일관화 제고 노력이 재개되었다. 탄광안전보건국(MSHA) 책임자인 조 메인(Joe Main)이 2011년 2월 이를 반영한 새로운 안을 제기했고, 2011년 8월에 마무리된 대중 검증을 거쳐 2013년 1월 23일 최종안이 채택되고, 2013년 3월 25일에 발효되었다. "위반패턴: 최종안," 30 C.F.R. 104, RIN 1219-AB73, http:..www.msha.gov/REGS/FEDREG/FINAL/2013finl/2013-01250.pdf. 2013년 2월 13일.

61) 연방등록 78. no. 15. 2013년 1월 23일 5057 참조.
62) 2006년 MINER법안 통과 이후 논란이 되었던 소환 및 명령 건수가 눈에 띄게 증가했으며, 과징금 수준도 함께 올라갔다. 2010년 11월 탄광안전보건심사위원회는 무려 8만 8,000건의 소환 및 명령안 처리가 밀려 있었는데, 기존 법규에서는 위반패턴(POV) 지위 산정에 포함되지 않았을 사건들이다.
63) 노동부 장관 대 블랙맥(Secretary of Labor v. Black Mag LLC). OSHRC 안건목록 10-2043 참조. 미 노동부 직업안전보건국(OSHA), 지역 1 "미 노동부, 블랙맥의 직업안전보건법 소환 결의" 뉴스보도 11-888-BOS/BOS 2011-233, 2011년 6월 29일 참조.
64) 손톤, 거닝엄, 카건(Thornton, Gunningham, Kagan, 2005) 참조. 최근 연구는 공정성, 도덕, 종교에 대한 인식이 납세나 기타 사회정책 준수에 미치는 영향을 진단하는 데 초점을 맞추고 있다. 이러한 연구들은 대개 "납세 도덕"과 각종 법 준수율(경제적으로 이성적인 행위자로부터 기대되는 것 이상) 간 강한 연관성이 있다고 간주했다. 즉, 준수 행위가 규제 당사자의 개인적 계산뿐 아니라 그 행위의 사회적 인식에 영향을 받는다는 것이다. 그러한 인식의 중요성을 반영한 정책이 수립된다면, 시행 시스템의 파급효과는 훨씬 더 커질 수 있다. 두 가지 관련

논문으로 토글러(Torgler, 2006)와 할라(Halla, 2010) 참조.

10장 깨진 유리창 고치기

1) 다시 한 번 말하지만 공정성 개념은 여기서 매우 중요한 문제다. 쏜턴, 거닝엄 카건(Thornton, Gunningham, Kagan, 2005)을 비롯한 정치학자와 경제학자들이 입증한 바에 따르면, 법을 준수하는 회사들은 업계 강력한 시행 징후에 긍정적으로 대응했기 때문이라는 것이다. 강력한 법 시행 신호가 시스템의 공정성에 신뢰를 제공하기 때문이다. 즉, 불평등한 시행 환경에서는 정작 법을 준수하는 회사가 불이익을 볼 것이라는 우려가 더 크다는 의미다. 이 논리를 역으로 말하자면, 법 시행 제도가 느슨할 거라는 인식은 공정성에 대한 불신을 가져와 결국 법 준수 의지를 저해할 것이다.

2) 프리먼과 로저스(Freeman and Rogers, 1999). 다양한 법적 권리에 대한 무지는 모리스(Morris, 1989), 에스트룬드(Estlund, 1992), 에드워드(Edwars, 1993), 드 키아라(DeChiara, 1995), 선스타인(Sunstein, 2001), 그리고 가장 최근 논문인 에스트룬드(Estlund, 2011)가 자세히 다루고 있다.

3) 이 점은 와일(Weil, 2004), 와일과 파일즈(Weil and Pyles, 2006)에 보다 자세히 설명되어 있다. 야니브(Yaniv, 2001)도 참조.

4) 번하트, 밀크먼 외(Bernhardt, Milkman, et al, 2009).

5) 예를 들어 직업안전보건법(OSHA) 섹션 11(c)은 이 법에 따른 직원의 권리행사에 대해 어떠한 보복이나 해고도 금하고 있다. 직업안전보건법(OSHA)은 21개 규정에 대한 내부고발자 보호조치를 취하고 있다. 일터 관련 다수 규정과 함께(가령 연방철도안전법(the Federal Railroad Safety Act), 지상운송지원법(The Surface Transportation Assistance Act)), 여기에는 사베인즈 옥슬리법(Sarbanes-Oxley Act, 기업회계 투명성 제고를 골자로 한 법안), 수질보호법(Clean Water Act), 안전식수법(Safe Drinking Water Act), 기타 법 등의 내부자고발 보호조치가 포함되어 있다. 직업안전보건법(OSHA)이 내놓은 내부고발자 보호조치에 대한 상세 목록은 다음 참조. http://www.whistleblowers.gov/index.html.

6) 고용주에 직접 불만을 제기한 비율 대 정부기관에 불만사항을 접수시킨 비율은 국가고용법프로젝트(National Employment Law Project, 2010)에 보고되어 있으며, "작년에 불만제기를 하거나 노조 조직화를 시도한" 피고용인의 20%는 번하트, 밀크먼 외(Bernhardt, Milkman, 2009, 24)에 보고되어 있다. 두 수치 모

두 정부기관을 통해 취해진 모든 유형의 문제에 대한 불만제기율을 나타내고 있기 때문에, 여기서 이끌어낼 수 있는 불만제기 비율은 모든 잠재적 적용가능 법령(공정근로기준법(FLSA), 직업안전보건법(OSHA), 전국노동관계법(NLRA), 기타 고용차별 관련 정책 등)에 대한 불만제기율을 나타낸다.

7) 전 산업에 걸친 기존 일터 조건에 대한 객관적인 측정을 위해 와일과 파일스는 직업안전보건법(OSHA)에 대한 산업재해 작업손실일을 활용했으며, 공정근로기준법(FLSA)에 대해서는 인구조사(CPS)를 근거로 해당 노동자당 초과근무 위반건수로 산정했다. 보다 자세한 설명은 와일과 파일스(Weil and Pyles, 2006, 66-69) 참조.

8) 불만제기율 산정은 2001~2002년과 2007~2009년에 등록되고, 2010년 3/4분기에 마무리된(행정적으로 종결된) 총조사와 부분조사, 조정(전화로 이루어진 불만제기), 감사를 모두 포함하고 있다. 비록 2007~2009년에 제기된 대부분의 불만들이 2010년에 마무리되었지만, 아직 논쟁중이거나 장기 행정처리와 연관된 소수의 사례들은 여전히 종결되지 않은 채 남아 있으며, 불만제기율 집계에도 포함되지 않았다. 이는 2007~2009년 불만제기율이 실제 사례보다 집계가 덜 되었다는 뜻이다. 그러나 종결되지 않은 사건들이 불만제기율 산정에 미치는 효과는 매우 미미하다.

9) 표 10.1은 불만제기 산정에 있어 와일과 파일스(2006)에 사용된 것과는 다소 상이한 정의가 적용되었다. 근로기준분과(WHD)에 접수된 공정근로기준법(FLSA) 위반에 대한 불만제기 건수를 집계하되, 같은 기관이 관장하는 다른 규범 위반 불만제기 건수는 집계하지 않았다. 이와 대조적으로, 와일과 파일스는 근로기준분과(WHD) 관할 타 규범을 포함한 불만제기율을 산정해 발표했다.

10) 특히 오스터먼과 슐만(Osterman and Shulman, 2011), 칼레버그(Kalleberg, 2011), 번하트, 밀크먼 외(Bernhardt, Milkman, et al, 2009) 참조.

11) 공동체, 노동자 조직, 정부기관 사이의 주 및 지역 파트너십과 관련한 세 가지 사례에 대해서는 파인과 고든(Pine and Gordon, 2010) 참조.

12) 많은 노동법 학자들이 옹호하는 사항으로, 전국노동관계법(NLRA)의 권리에 대해서는 위신저(Wissinger, 2003), 에스트룬드(Estlund, 2011) 참조.

13) 이 요건은 어떤 경우(가령, 직업안전보건법(OSHA))에 법령 자체에 포함되어 있으며, 다른 경우(가령, 공정근로기준법(FLSA))에는 법안 통과 후 발부된 규제안에 나와 있다.

14) 매사추세츠와 일리노이에서 통과된 법안은 인력업체가 파견한 모든 임시노동자에게 임금, 작업현장 명과 주소, 식사와 교통편 제공 여부, 불만제기 방식 등을 포함한 기본 정보를 제공하도록 요구하고 있다. 매사추세츠 임시노동자 권리법(Massachusetts Temporary Worker Right to Know Act, MGLA 149 ∫ 159C) 그리고 일리노이 일일 임시근로서비스법(the Illinois Day and Temporary Labor Services Act, 820 ILCS 175/) 참조.
15) 노동부 근로기준분과(WHD), "우리가 도울 수 있다(http://www.dol.gov/wecanhelp/)" 캠페인 참조. 이들 단체가 제기하는 비난 중 하나는 근로기준분과(WHD)가 밀입국 노동자조차 권리행사를 하도록 만든다는 것이다. 공정근로기준법(FLSA)과 다른 연방일터 정책이 이민자 지위와는 상관없이 모든 노동자의 권리를 보장하기 때문이다. "우리가 도울 수 있다" 캠페인은 노동부로 하여금 캠페인 자료의 일부로서 다음 내용을 사이트에 게재하도록 촉구했다. "초당적인 차원에서 노동부는 최저임금법과 초과근무 기준이 이민자 지위와는 상관없이 모든 노동자를 보호하고 있음을 일관되게 주장해왔다. 그렇지 않을 경우, 이 나라의 근로 가치를 떨어뜨리는 일이 되기 때문이다." http://www.dol.gov/opa/media/press/whd/WHD20100890.htm.
16) 2010년 12월 22일, 75 Fed. Reg. 80410 참조. 관련 자료와 내용은 다음에서 찾아볼 수 있다. http://www.federalregister.gov/articles/2010/12/22/2010-32019/proposed-rules-governing-notification-of-employee-rights-under-the-national-labor-relations-act#p-12. 국가노동관계위원회(NLRB) 노동자 권리 상세 내용은 다음에서 찾아볼 수 있다. http://www/nlrb.gov/poster. 국가노동관계위원회(NLRB) 의장 마크 개스턴 피어스(Mark Gaston Pearce)의 논평은 다음에서 찾아볼 수 있다. http://www.nlrb.gov/news-outreach/news-release/nlrb-chairman-mark-gaston-pearce-recent-decisions-regarding-employee-rig(2013년 7월 2일)
17) 올슨(1965)은 개인적인 인센티브가 우세하다는 점에서 집단행동 문제를 극복하는 것이 왜 어려운지를 일찍감치 간파했다. 바로 이점이 일터 정책 대부분의 핵심적 난제를 조명해준다. 즉, 개별적으로 초점이 맞추어져 있으나 효율적 집단행동이 요구된다는 뜻이다(와일, 2004).
18) 특히 인사문제나 법적 수당과 관련해 대리인으로서 기능하는 노조 역할은 프리먼과 메도프(Freeman and Medoff, 1984)에 잘 나타나 있다. 노조 행위의 중간투

표자 모델(median voter model)은 노조 간부들이 기존 시니어 회원들의 의견을 반영하는 정책을 추구할 것이라고 예측한다. 노조 간부와 회원들 간 이해 격차는 노조가 주장하는 주장과 일반 노동자의 요구사항 간의 격차로 이어질 수 있다. 노조는 일터 규제와 관련이 없는 전략적 대의에 대한 권리(가령 단체교섭이나 파업 시 압력의 근원)를 "남용"하려는 경향을 보인다(미감사원(GAO, 2000). 그러나 노조 간부/회원 간 이해관계 격차는 선거제도를 통해, 그리고 노조원들이 제기하는 공정대표 의무주장에 의해 조정될 가능성이 있다.

19) 직업안전보건법(OSHA)에 대해서는 와일(1991, 1992, 1996); 탄광안전보건법(MSHA)에 대해서는 모랜츠(Morantz, 2011), 가족의료휴가법(FMLA)은 버드와 브레이(Budd and Brey, 2003); 노동자 산재보상에 대해서는 버틀러와 워럴(Butler and Worrall, 1983), 허치, 맥퍼슨, 듀몬드(Hirsch, Macpherson, and DuMond, 1997), 실업보험은 블랭크와 카드(Blank and Card, 1991)와 버드와 맥콜(Budd and McCall, 1997); 종합적으로는 와일(Weil, 2004)과 파인과 고든(Fine and Gordon, 2010) 참조.

20) 미 노동부 노동통계국(BLS, 2013) 참조.

21) 노동법은 공정근로기준법(FLSA), 노동관리관계법(the Labor Management Relations Act, LMRA), 철도노동법(the Railway Labor Act, RLA), 노동자퇴직소득보장법(Employee Retirement Income Security Act, ERISA)을 포함하고 있다. 미 연방법원 연례보고서 기준, 표 4. 4 참조. http://www.uscourts.gov/uscourts/Statistics/JudicialFactsAndFigures/2010/table404.pdf.

22) 서킷 시티 스토어 대 애덤스(Circuit City Store Inc v. Adams), 532 U.S. 105(2001) 소송. 최근 법원은 AT&T 모빌리티 대 컨셉시언(At &T Mobility LLC v. Concepcion) 소송, 584F.3d 84(2011) 연방 중재법(the Federal Arbitration Act)의 정당성을 옹호했다.

23) 노동자센터에 관한 연구는 파인(Fine, 2006) 참조. 시어도어 외(Theodore, 2008)는 여러 도시에서 일일 노동시장의 역할과 구조를 바라본 인구학적 연구조사를 실시했다. 스커리(Skerry, 2008)는 법적, 정치적 취약성을 감안, 이 같은 이민자 커뮤니티의 중요 역할행사 가능성에 회의적인 시각을 드러냈다.

24) 예를 들어 헬러스타인, 맥키너니, 뉴막(Hellerstein, McInereny, and Neumark, 2011)은 지리적, 인종적 거주지를 통한 노동시장 조건의 정보 확산을 연구했다. 40세 이하 노동자의 2/3 가량이 적어도 한 번은 노조 일터에서 일해본 적이 있다

는 버드(Budd, 2010)의 연구결과는 이와 밀접한 관련성이 있다. 특히 주목해야 할 점은 이의제기나 권리행사에 있어서 그러한 노출이 노조 일터와 비노조 일터 노동자에게 남기는 태도다.
25) 출신 국가와 현재 거주하는 국가 간 이민자의 지속적인 유대는 페기 레빗(Peggy Levitt)의 "다국적 사람들"을 포함해 많은 논문에서 연구된 바 있다. 이 연구는 초창기 세대의 일방적이고 일시적인 움직임과 달리 많은 사람들에게 이민이 어떻게 두 공동체 사이의 지속적인 유대 문제가 되었는지를 탐색하고 있다. 이는 사회적 네트워크와 두 나라 공동체에 속한 노동자들의 집단적 정체성에 심대한 영향을 미치는 문제다.
26) 엑스타인과 뉴엔(Eckstein and Nguyen, 2010)은 이 산업의 비즈니스 변화와 노동시장을 조사했다. 사라 매슬린 니르(Sarah Maslin Nir), "법정 승리를 발판 삼아 단결하는 네일살롱 노동자들," 〈뉴욕타임스〉, 2012년 4월 11일, 2012, A18.
27) 보다 상세한 역사로는 위디콤브(Widdicombe, 2011) 참조. 또 다니엘 메시(Daniel Massey, "도시 택시기사 조직, AFL-CIO에 가입하다," 〈크레인즈 뉴욕 비즈니스(Crain's New York Business)〉, 2011년 10월 20일 참조. http://www.crainsnewyork.com/article/20111020/LABOR_UNIONS/111029995
28) 로렌스와 카우프먼(Lawrence and Kaufmann, 2011)에 따르면, 미국 20개 대형 프랜차이즈 시스템 중 12개가 활발하게 활동중인 독립 프랜차이즈 가맹점 협회를 두고 있다. "남은 8개(맥도날드, 에이스 하드웨어(Ace Hardware), 메리어트, 힐튼, 리맥스(Re/Max), 콜드웰 뱅커(Coldwell Banker), 헬스 마트(Health Mart))도 프랜차이즈 가맹점으로 구성된 권고위원회를 두고 있다.
29) 다음은 회원들에게 보낸 아시아계 미국인 호텔운영자협회(AAHOA) 성명에서 발췌한 것이다.
9000명의 회원을 대신해, 2008년 10월 17일 금요일 아시아계 미국인 호텔운영자협회(AAHOA)는 아코르, 어메리카즈 베스트 벨류 인, 베스트 웨스틴, 칼슨, 초이스, 힐튼, IHG, 라킨토, 세틀인앤드스위츠/게스트 하우스, 비스타, 윈덤의 핵심 경영진들에게 서한을 보냈다. 아시아계 미국인 호텔운영자협회(AAHOA)는 최적의 진행방식을 결정하기 위해 몇 주 내에 그들과 직접 만날 것을 요청하는 내용이었다. (…) 불안하고 힘든 상황에 직면해 프랜차이즈 업체와 가맹점은 서로가 서로에게 의지하는 한 배에 탄 공동체다. 현재 위기를 극복하기 위해 한 자리에 앉아 모두의 이익을 보호할 향후계획을 논의할 필요가 있다.

그러한 노력의 일환으로, 아시아계 미국인 호텔운영자협회(AAHOA)는 프랜차이즈 회사들이 이행해줄 것을 기대하는 사항들을 아래 일일이 기재하는 한편, 프랜차이즈 회사들이 이미 고려중이거나 시행중인 사항에 대해 알려줄 것을 요청했다.
- 프랜차이즈 가맹점에게 공사 그리고/또는 리노베이션 프로젝트시 6~12개월의 시한 연장을 허용한다.
- 재정시장이 안정화되고 산업 수익성이 회복될 때까지 신규서비스, 프로그램, 시스템 도입을 중단하거나 연기한다.
- 시스템 차원에서 그리고 해당 지역 차원에서 프랜차이즈 회사들의 마케팅 활동을 늘린다.
- 심각한 재정위기에 직면한 프랜차이즈 가맹점들의 로열티 수수료를 낮춘다.
- 가맹점 영업권 내 신규호텔 설립이나 전환 승인 수를 제한함으로써 기존 프랜차이즈 가맹점을 보호한다. 특히 해당 지역의 예약률과 객실점유율이 하향추세일 경우에는 더욱 그렇다.
- 각 호텔의 개별 사안을 논의하기 위해 프랜차이즈 가맹점과 프랜차이즈 회사 주요 인사 간 직접 만나 마케팅, 경영, 경비절감, 효율적이고 생산적인 시설 운영 등을 협의한다.
- 조기 계약 종료시(자발적이든 비자발적이든), 손해배상금을 6개월 이하의 로열티 수수료로 제한한다. 단, 종료 직전 6개월간 가맹점이 지불한 로열티 수수료 금액을 기준으로 한다.
http://www.aahoa.com/Content/ContentFolders/Pressroom/AAHOANews/MemberAlert—WorkingWiththeFranchisors.pdf(2009년 10월 5일)

30) 기준 그 자체를 둘러싸고 아시아계 미국인 호텔운영자협회(AAHOA) 내에서 상당한 논란이 있었다(1998년 이래 두 번 개정). 이 논란에는 어느 측이 브랜드 심사를 맡을 것인가(AAHOA냐 아니면 브랜드 회사냐), 그리고 기준 위반의 결과는 무엇인가 하는 내용이 포함되어 있었다. 현행 기준은 다음에서 찾아볼 수 있다.
http://www.aahoa.com/Content/NavigationMenu/AboutUs/12points/default.htm(2012년 8월 3일).

31) 이 조치는 프랜차이즈 잠재 구매자들로 하여금 투자의 위험과 혜택을 가늠할 수 있도록 필요한 정보를 제공하기 위한 것이다. 따라서 프랜차이즈 기업은 모든 잠재 가맹점들에게 프랜차이즈에 대한 구체적 정보를 포함한 공시문건을 제공해야 한다. "프랜차이즈와 관련한 공시요건 및 금지규정," 16. C.F.R. 436과 "비즈니

스 기회에 관한 공시요건 및 금지규정" 16 C.F.R. 437 참조.

32) 물론 비즈니스협회가 가격설정(즉, 가격 결정 제한)에서 취할 수 있는 역할과 관련한 법적 한도는 있다. 그러나 그러한 한계 내에서 이 논의는 "산업 및 노동관계" 연구에 깔려 있는 기본 개념 중 하나로 수렴된다. "임금, 수당, 노동조건 논의는 산업 관계에 의해 형성된다. 즉, 임금뿐만 아니라 가격 설정 방식을 포함해 시장 내 회사들 간 관계에 의해 일정한 틀이 정해진다. 노동 역사가인 데이비드 브로디(David Brody)는 많은 논문에서 석탄산업의 노조화 발전 등 비교적 전통적인 주제에 천착했다. "개별 광부에 톤당 임금을 지급하는 것은 미 석탄산업 전체 노동관계 시스템의 핵심으로, 톤당 가격은 기본적인 탄광 운영자료였다. 이를 중심으로 탄광업의 노동관계의 주요 특성을 유추할 수 있다" 브로디(1993, 135. 제4장).

33) 농장노동자가 전국노동관계법(NLRA)에 의해 보장받지 않기 때문에 필요한 조치였다.

34) 재배업자, 농장노동자, 캠벨 수프, 블래식 피클을 전부 포괄하는 원래의 집단합의는 존 던롭에 의해 중재된 결과다(1993 던롭, 34~36). 발표문: 나는 합의 하에서 분쟁 해결을 관장하는 (재배업자, 노동자, 중립자로 구성된) 3자기구인 던롭농업위원회(Dunlop Agricultural Commission) 의장으로 활동할 것을 선언한다.

35) 이모칼리노동자연대(CIW) 합의는 개별 재배업자와 관계된 단체교섭 합의가 아니며, 합의에 따라 보장을 받는 노동자들에게 추가적인 임금을 지급하는 데 초점을 두고 있다.

36) 1990년대 중반, 학생단체, 노조, 노동자와 인권 운동가들이 주도한 대중 캠페인 물결은 의류공장과 나이키, 아디다스 같은 유명 신발의류 제조업체의 착취 현장에 대중적 관심을 불러일으켰다. 이는 다시 수많은 모니터링 그룹의 형성과 이들의 활발한 활동으로 이어졌다. 1996년 미 노동부는 의류업 파트너십(Apparel Industry Partnership AIP)을 후원했으며, 그 과정에서 미 의류 제조업체들을 비롯해 UNITE!(미 의류업 종사자 노조), 전국소비자연대(the National Consumers League), 기타 종교단체와 비영리조직은 해외 계약업체들의 노동 기준을 모니터링할 방법을 수립하기로 합의했다. 1998년 11월 빌 클린턴 대통령은 이러한 모니터링 매커니즘에 관하여 당사자들 간에 이룬 이 합의가 "전 세계 노동착취 행태를 줄이는 역사적인 한걸음이 될 거라면서, 소비자들에게 그들이 구매하는 의류가 정당하고 인간적인 노동조건 하에서 만든 제품이라는 확신을 주게 될 것"이

라고 역설했다. 의류업 파트너십(AIP)은 1999년 공식 통합을 거쳐 공정노동협회(the Fair Labor Association)가 되었다. 베리테(Verité), 코베르코(COVERCO), 노동자 권리 컨소시엄(the Workers Rights Consortium) 같은 국제 모니터링 그룹도 이 무렵 형성되었다.

37) 케이스 브래드셔(Keith Bradsher)와 찰스 두히그(Charles Duhigg) "중국 전자 공장에 엿보이기 시작한 변화의 조짐" 뉴욕타임스, 2012년 12월 26일. http://www.nytimes.com/2012/12/27/business/sings-of-changes-taking-hold-in-electronics-factories-in-china.html. 2013년 1월 15일. 주목할 만한 것은 이 기사의 저자들 또한 처음 애플 공급체인 문제를 대중에 알린 초창기 기사 일부를 작성했다는 점이다.

38) 스티븐 그린하우스(Steven Greenhouse)와 짐 야들리(Jim Yardly), "변화의 장애물," 〈뉴욕타임스〉, 2012년 12월 29일, 스티븐 그린하우스, "공장 붕괴 그 후" 〈뉴욕타임스〉, 2013년 4월 30일 참조.

39) MIT 리처드 로크(Richard Locke)는 다양한 산업 내 이러한 전개상황에 대해 집중적으로 연구했다. 진단 및 평가와 관련해서는 로크, 아멘구얼, 망글라(Locke, Amengual, and Mangla, 2009), 로케 (Locke, 2013), 관련 논의는 제임스 존스턴 외(James, Johnstone, et al, 2007) 참조.

40) 모니터링 분야에서 복수 행위자들의 부상은 21세기 첫 10년에 쓰여진 많은 논문에서 다루어졌다. 특히 오로크(O'Rourke, 2003), 펑, 로크, 세이벨(Fung, O'Rourke, and Sabel, 2001) 참조. 많은 공동연구는 비교연구로 진행되고 있으며, 그 중에는 국제노동기구(International Labor Organization, ILO)의 노동조건 규제(Regulating Decent Work) 이니셔티브와 스탠포드 공정 공급체인(the Standford Just Supply Chain) 연구 네트워크가 있다.

41) 의류산업과 신발산업 내 이러한 통합의 혜택에 관해서는 로크, 킨, 브로스(Locke, Qin and Brause, 2007)와 로크와 로미스(Locke and Romis, 2007) 참조. 한편 전자산업 통합의 영향에 대해서는 로크, 디스텔호스트 외(Locke, Distelhorst, et al, 2012) 참조.

42) 2006년 말, 국제노동기구(ILO)는 기본적인 일터 정책 시행을 보장하기 위한 조치로, 회원국으로 하여금 노동조건 감사를 강화하고 현대화하는 일련의 정책을 채택하도록 요구했다. 광범위한 노동 어젠다를 추진하는 과정에서 국제노동기구의 고용 및 사회정책 관장 조직위원회는 이렇게 지적했다. "가장 중요한 전략적 이

슈는 노동시장 관리의 질이 한 국가의 지속적인 빈곤 감소 추진 성패를 좌우한 다는 점이다. 개선된 노동 감사와 안전한 일터 관리는 직장 내 사회적 보호조치 강화와 함께 제품 품질 개선, 생산성 증가, 사고 감소, 노동자 의욕 향상으로 이어진다." 국제노동청(International Labour Office, 2006, 3). 국제 노동감사관들의 도전과제에 관해서는 본 리크토픈(Von Richthofen, 2002), 레퀴에(lécuyer, 2002), 피오레와 슈랭크(Piore and Schrank, 2008), 파이어스(Pires, 2008) 참조.

43) 데이비드 바보자(David Barboza))와 찰스 두히그(Charles Duhigg)에서 인용, 어터(Autor), "폭스콘의 변화를 가져온 국내외 압력," 〈뉴욕타임스〉, 2012년 2월 20일, B1, B2.

44) 사업 규모로 볼 때 폭스콘은 경쟁업체들의 기준, 나아가 전체 산업기준을 변화시키는 잠재력을 갖고 있지만 궁극적으로는 국제 공급체인의 근로기준에 따라 돈을 지불하려는 최종 소비자의 선택과 의지에 영향을 받는다.

45) 제이콥스(Jacobs, 1961, 31-32) 참조.

11장 균열경제

1) 미 노동부, 노동통계국(BLS) 자료에 근거한 고용분포 추정, 2010년 고용통계(http://www.bls.gov/ces/cesbtabs.htm); 오스터먼과 슐먼이 인구조사(CPS) 아웃고잉 로테이션 그룹 서베이를 이용해 작성한 저임금 노동자 분포. 저임금 노동자 4인 가족 기준 빈곤 수준으로 정의(오스터만과 슐먼Osterman and Shulman 2011, 4장 참조).

2) 하우스먼(Houseman, 2001) 참조. 이 서베이는 계약직 노동자를 다음과 같이 정의했다. "특수 계약 하에 의무나 과제를 수행하기 위해 다른 조직에 고용된 개인으로 행정업무를 이행하거나 비즈니스를 지원하기도 한다. 또한 비즈니스 운영 핵심활동을 수행할 수도 있다"

3) 칼레버그와 마스덴(Kalleberg and Marsden, 2005) 참조.

4) 데이 하우스먼, 폴리브카(Dey, Houseman, Polivka, 2010), 고용 통계(노동통계국(BLS)이 관장하는 월간 조사); 경제 센서스(미 통계국이 5년마다 실시하는 산업체 조사); 인구조사(CPS, 미 통계국과 노동통계국(BLS)이 수집한 60만 가구 전국대표 서베이; 임시노동자 서베이, 인구조사(CPS) 추가 서베이; 노동통계국(BLS) 직업고용통계 프로그램(200,000업체 연2회 조사를 기반으로 한 고용 및 임금 추산), 이 논문은 성장률 추산과 마찬가지로, 서베이마다 산정 수치가 매우 다를 수

있음을 보여준다.
5) 데이, 하우스먼, 폴리브카(2010): 표1 경제 센서스 추산; 표3 인구조사(CPS) 임시노동자 서베이 추가자료를 토대로 한 산업 분포; 그림 7(a-f) 직업고용통계를 바탕으로 한 직업성장률.
6) 임시직 노동자 정의: "은퇴나 복학 등과 같은 개인적 사유로 직업활동을 지속할 수 없는 사람들은 임시노동자로 간주되지 않는다. 그 근거로, 만약 그와 같은 사유만 없다면 일을 재개할 수 있는 선택권을 가진 사람들이기 때문이다." 미 통계국 인구조사(CPS).
7) 인구조사(CPS)는 미 통계국이 실시하는 가계 서베이로 임시근로도 포함하며, 표에 나온 수치는 1995년 2월과 2005년 조사결과를 나타낸 것이다. 미 감사원(GAO)은 오분류와 관련한 2006년도 보도자료에서 이 정의를 이용한 바 있다. 여기에 제시된 수치는 미 감사원(GAO) 보고 인구조사(CPS) 임시근로 추가자료를 바탕으로 한 것이다.
8) 이 정의는 미 감사원(GAO, 2006)에서 발췌한 것이다. 나는 여기에 직접고용 임시직(특정 기간 동안만 일을 하도록 회사에 직접 고용된 임시노동자들)이나 표준시간제 노동자들을 포함시키지 않았다. 왜냐하면 이들은 전일제 노동자들과 유사한 표준적 고용관계에 있을 가능성이 높기 때문이다.
9) 전체 고용 중 시간제 고용성장률이 가장 빠른 국가는 독일로 14.2%에서 22.1%로 성장했다. 캐나다는 18.8%에서 19.9%로, 이탈리아는 10.5%에서 16.7%로 증가했다. 임시고용은 독일의 경우 10.4%에서 14.7%로, 프랑스는 12.3%에서 15.3%로, 캐나다는 11.3%에서 13.7%로, 이탈리아는 7.2%에서 무려 13.4%로 늘었다. 경제협력개발기구(2012), 통계 첨부자료, 표E(시간제 고용) 표F(임시고용) 참조.
10) 이 내용은 다음 표에서 찾아볼 수 있다. 1995년에서 2011년까지 OECD 국가 여성인력 및 전체 인력 구성비율 증가를 비교한 것이다. 경제협력개발기구(OECD)(2012, 표E와 표F)

	여성인력			전체인력		
	총고용비율			총고용비율		
	1995	2011	% 변화율	1995	2011	% 변화율
시간제 고용	20.2	26	28.7	11.6	16.5	42.2
임시 고용	11.3	12.5	10.6	10.6	12	13.2

11) 노동자와 일터에 대해 우리가 아는 내용의 다수는 미 통계국이 실시하고 노동통계국(BLS)이 분석한 가계조사에 근거를 두고 있다. 그러나 가계조사를 이용해 경제의 균열 정도를 측정하는 것은 문제의 소지가 있다. 왜냐하면, 노동자들은 자신의 법적 고용주와 일상업무를 관장하는 업체 관리자를 제대로 구분할 수 없을지도 모르기 때문이다. 노동통계국(BLS)과 미 통계국에 의해 광범위하게 이용되는 고용주 기반 서베이가 이러한 측면을 잘 드러내고 있으며, 9장의 "업체" 정의에서 살펴보았듯이 그 자체의 방법론적 복잡성을 보다 가중시킬 수도 있다.

12) 모기지론을 융자받는 과정에서 필자가 쓰고 있는 책에 관해 설명을 들은 법률대리인이 한 코멘트다.

13) 융자 고객에게 제시된 공시문건에서 이 업무를 맡은 회사인 타이틀 소스(Title Source)는 "서명대리인" 역할을 이렇게 설명했다: "오늘 당신과 함께 하는 서명대리인은 타이틀 소스의 대표자다. 서명대리인은 당신의 대출기관을 위해 일하는 것이 아니며, 그 역할은 당신이 서명하게 될 문건을 확인하는 일이다. 즉, 해당 개인들이 필요 문건에 제대로 서명하고 있는지 확인하고 거래 서명을 증명하기 위한 것이다. 서명대리인은 당신에게 법적 조언을 제공하거나 서류의 법적 목적을 설명할 수 없다. 서명대리인은 다음 질문들에 답할 수 없다." (그 밑에는 이자율과 수수료, 대출기간과 절차, 서명 등에 관한 일련의 질문들이 나열되어 있다). 요컨대, 법률대리인은 증인을 필요로 하는 대출자의 요구에 따라 단지 배석할 뿐이기 때문에 차용자에게는 아무런 서비스나 혜택을 제공하지 않는다.

14) 전문 인력에 준하는 금액 책정이 법률회사의 관행이었지만, 지금은 저비용 하급 변호사나 준법률가에게 맡기는 추세다.

15) 부루스 맥크웬(Bruce MacEwen)은 클레스 크리스텐슨(Chris Christensen)의 혁신자 딜레마 개념을 차용해 법절차 아웃소싱(LPO)의 잠재적 영향을 꼬집었다(크리스텐슨 2006). 부르스 맥크웬, "바리케이드 앞의 혁신자들," 애덤 스미스 님(Adam Smith, Esq. 블로그), 2010년 7월 10일. (www.adamsmithesq.com/2010/07/innovators_at_the_barricades/. 2013년 2월 18일.

16) 3단계 시장 붕괴는 변화하는 법률 시장을 다룬 다수의 법률 블로그 분석에 잘 나타나 있다. 예를 들면, 조딘 펄롱(Jordan Furlong) "중층 법률 시장과 그 함의" Law21(블로그), 2011년 3월 25일. http://www.law21.ca/2011/03/the-stratified-legal-market-and-its-implications., 2013년 2월 12일.

17) 이 3단계 법률 업무 구분을 메시 독트린의 석탄 채굴 3단계 분류와 비교한 것은

주석 495

매우 흥미롭다. 두 경우 모두에서 이러한 카테고리화가 나타내는 의미는 가능한 한 일반적이고 흔한 상품은 외부계약으로 돌리고, 전문적인 고급 법률 사무나 고급 석탄 채굴은 내부 보유 용도로 가져가려 한다는 점이다.

18) LR 솔루션즈 http://www.lrsolutions.com/expert.html(2013년 2월 9일).
19) 시장 중간 층위에서 빠르게 부상하고 있는 회사 유형의 한 예는 액시엄 글로벌 (Axiom Global Inc.)이다. 액시엄 글로벌은 급성장중인 13년차 법률서비스 회사로, 대형 "브랜드" 회사들에 비해 낮은 금액으로 법률 업무를 제공한다. 2013년 2월 캐릭 캐피털 파트너스(Carrick Capital Partners)로부터 2,800달러의 추가 주식형 펀드를 지급받은 바 있다. 제니퍼 스미스(Jennifer Smith), "2,800달러의 펀드 수익을 올린 엑시엄" 2013년 2월 6일, 월스트리트 저널 법률 블로그(Wall Street Jounal Law Blog) 참조. http://blogs.wsj.com/law/2013/02/06/axiom-scores-28-million-round-of-funding/, 2013년 2월 17일.
20) 로스쿨 지원 하락세에 대해서는 에단 브로너(Ethan Bronner) "비용 상승과 일자리 감소로 점점 하락세를 보이는 로스쿨 지원 추세" 〈뉴욕타임스〉, 2013년 1월 30일. http://www.nytimes.com/2013/01/31/education/law-schools-applications-fall-as-costs-rise-and-jobs-are-cut.html, 2013년 2월 17일. 법조계 보수 분포 변화와 관련해서는 캐서린 램펠(Catherine Rampell), "최상위 일자리의 추락," 〈뉴욕타임스〉, 2012년 7월 16일 참조. http://economix.blogs.nytimes.com/2012/07/16/the-toppling-of-top-tier-lawyer-jobs/ 2013년 7월 3일.
21) 이 상황에 대해 전문법조인협회(the Association for Legal Career Professionals) 이사인 제임스 레이폴드(James Leipold)는 이렇게 지적했다. "초임 하락폭은 예상보다 컸다. 대부분 대형 법률회사의 수임 기회 축소에 기인한다고 볼 수 있다." "2011년 법률인 평균 초임은 지속적으로 하락했다." NALP: 전문법조인협회, 2012년 7월 12일. http://www.nalp.org/classof2011_salpressrel. 2013년 2월 18일.
22) 퓨 리서치 저널리즘 연례조사(Pew Research Annual Survey of Journalism)에 따른 산업통계 및 트렌드, 에드몬즈(Edmonds et al, 2012) 참조. 이 보고서 8~12페이지에 광고수익 내용이 상세히 나와 있다. 구독 수입이 일정함에도 불구하고 연간 신문구매율(특히 주중)은 점점 떨어지고 있다.
23) 미 뉴스협회(the Newspaper Association) 수집, 에드몬즈 외(Edmonds et al) 보

고 통계에 근거한 수치(2012. 1).

24) 부분적 페이월은 〈뉴욕타임스〉와 기타 신문사들이 지난 몇 해 동안 채택한 아이디어다. 퓨 리서치 연례 저널리즘 조사(The Pew Research Annual Survey of Journalism)는 이 업계 민간 투자자들이 "디지털 전환에 적극적인 자세를 취하는 경향이 있음"을 지적했다: 에드몬즈 외(2012, 17).

25) 같은 자료 참조. 6.

26) 미 뉴스에디터협회(the American Society of News Editors)가 실시한 조사 "ASNE 뉴스룸 센서스(2012년 4월)"에 기반 한 내용.

27) 신문사들은 특정 기사를 써낼 비상근 통신원들을 활용해온 반면, 저내틱은 현지 뉴스 리포터들을 아예 대체하는 방식을 취했다.

28) 저내틱 홈페이지(http://www.journatic.com. 2012년 7월 9일).

29) 어떤 기사가 필리핀에서 작성되는지는 확실치 않다. 인터뷰 중 팀폰은 해외 기사 작성자들은 단지 자료를 모으고 표제만 쓸 뿐, 그 이상의 것은 하지 않는다고 주장했다.

30) 애너 타코브(Anna Tarkov), "아웃소싱 저널리즘," 〈포인터(Poynter)〉, 2012년 6월 30일, 2012년 7월 3일 업데이트, (http://www.poynter.org/latest-news/top-stories/179555.journatic-staffer-takes-this-american-life-inside-outsourced-jounalism/2012년 7월 9일), 저내틱에 관해 공개적인 발언을 한 라이언 스미스(Ryan Smith)는 이렇게 전했다. "저내틱의 전략은 회사와 그 노동자들이 아예 존재하지 않는다는 것을 세상에 확신시키는 일이었다." 라이언 스미스, "아웃소싱 하이퍼 로컬뉴스를 다루는 저내틱의 미디어 신풍경에 관한 경험" 〈더 가디언(the Guardian)〉, 2012년 7월 6일. http://www.guardian.co.uk/commentisfree/2012/jul/06/adventures-journatic-new-media-outsourced-hyperlocal-news, 2012년 7월 14일.

31) 〈시카고 트리뷴〉과 타 신문사들의 출판사이자 저내틱 고객인 트리뷴 컴퍼니(the Tribune Company)는 2012년 4월 다음과 같이 밝혔다: "저내틱에 전략적 투자를 했으며, 양사는 비중 있는 관계를 진전시켜나갈 것이다." http://journatic.com/news/provider-of-hyperlocal-content-will-expand-its-capabilities/ 2012년 7월 9일.

32) 내셔널 퍼블릭 라디오 프로그램 '디스 어메리칸 라이프(This American Life)'에 방영된 라이언 타일러 스토리는 "존재하지 않는 척하는 사람들"에 관한 서로 다

른 이야기들로 구성된 "예기치 못한 변화(Switcheroo)"라는 제하의 프로그램에 실린 이야기 중 하나다. http://www.thisamericanlife.org/radio-archives/episode/468/switcheroo(2012년 6월 29일 방영).

33) 피터 프로스트(Peter Frost)와 애밋 사시데브(Ameet Sachdev) "도를 넘는 현실: 로컬뉴스 전달이 점점 힘든 일이 되어가고 있다" 〈시카고 트리뷴〉, 2012년 7월 22일, 1, 4.

34) "콘텐츠 팜" 모델은 2011년 구글의 랭킹 프로토콜이 콘텐츠 팜 기사들에 낮은 점수를 주면서 어려움을 맞았다(에드몬즈 외, 2012년 19). 그러나 저내틱 모델은 〈시카고 트리뷴〉 같은 확고한 뉴스매체에 기사를 실으면서 이러한 문제를 불식시키고 있다.

35) 저내틱은 자사 홈페이지에 다음과 같은 광고를 하고 있다. "저내틱은 최대 콘텐츠 생산자 중 하나이자 수천 개 중소업체 온라인 마케팅 동력이다" 저내틱 같은 회사들은 인하우스 뉴스 제공자나 마케팅 회사들이 전형적으로 해왔던 일을 맡고 있다. 이와 동시에 회사 자체에서 했던 일, 가령 연례 리포트 등의 콘텐츠를 제공하는 아웃소싱 회사들로 구성된 신산업이 형성되고 있다.

36) 넬슨 슈와츠(Nelson Schwartz), "거대 금융기관들이 월스트리트에서 일거리를 몰아내고 있다," 〈뉴욕타임스〉, 2012년 7월 2일, A1, A3.

37) 회사들은 핵심역량을 해치지 않으면서 고용을 털어버리는 복잡미묘한 균형잡기에 직면해 있다. 대다수 중간급 일자리를 없애는 데서 오는 잠재적 비용절감은 크겠지만 회사 핵심역량인 투자정보나 기밀 사항 유출 위험 등에도 대비해야 한다는 점 때문이다. 그러므로 하위업체들에 대한 보안 유지가 조직 관계 형성의 중요 요소가 될 것이다. 법조계 균열 확대의 경우도 마찬가지다.

38) 미 수입소득 불평등에 관한 중요 연구로 피케티와 사에즈(Picketty and Saez, 2003)를 들 수 있다. 두 저자는 타 연구자와 대중이 이용할 수 있도록 소득불평등에 관한 상세 추산치를 주기적으로 업데이트해왔다. 최근 자료로 사에즈(Saez, 2013) 참조. 의회 예산국(Congressional Budget Office, CBO, 2011) 참조.

39) 미셸, 비벤스, 굴드, 셔홀츠(Mishel, Bivens, Gould, and Shierholz, 2013) 참조.

40) 피케티와 사에즈는 소득분포 상위에 초점을 맞춘 통계치를 제시했다. 소득분포 상위 10~5%의 소득비율은 다소 하락해 1980년 11.5%에서 2007년 11.0%였으며, 상위 5~1%는 다소 증가해 1980년 13.0%에서 2007년도 15.2%를 나타내고 있다. 피케티와 사에즈(2003), 사에즈(2013) 참조.

41) 같은 책.
42) 미셸, 비벤스, 굴드, 셔홀츠(2013).
43) 크루그먼은 이 기간 동안 미국이 "높은 불평등에서 상대적 평등으로, 이어 다시 높은 불평등으로 되돌아가는 커다란 경제적 호"를 그리고 있다고 언급했다.(2007년 5월). 골딘과 마고(Goldin and Margo, 1992)는 대침체와 1960년대 "대압착(부유층과 노동자 계급의 소득 차이가 줄고, 노동자 간 임금 차이도 줄어든 시기)" 사이 기간 동안 나타난 반대 경향에 대해 논했다.
44) 이 시기 임금 변화 요인에 대한 문헌은 비교적 많은 편이다. 아시모글루(Acemoglu, 2002), 버먼과 바운드, 그릴리치스(Berman, Bound and Griliches, 1994), 버먼, 바운드, 매친(Berman, Bound, and Machin, 1998); 버나드와 젠슨(Bernard and Jensen, 1997), 카츠와 머피(Katz and Murphy, 1992), 리(Lee, 1999) 참조.
45) 사에즈가 최근 내놓은 논문에서 살펴볼 수 있는 또 다른 변화는 소득분포 상위 1% 수입 중 대부분이 봉급과 최고경영진 성과급이라는 사실이다. "그 증거로 오늘날 상위 소득자들의 차이점은 과거 누적된 부로 수익을 벌어들이는 "임대업자"라기보다 "일하는 부자들"라는 점을 들 수 있다. 즉, 대호황기 재산을 불린 사람들과 달리, 고소득 노동자이거나 이제 막 재산을 누적하기 시작한 신규 기업가들이다(사에즈, 2013년 5월).
46) 같은 책, 동일한 맥락에서 국민소득에서 차지하는 임금과 봉급 비율은 2010년 49.9%라는 최저수준까지 떨어졌다(50% 밑으로 떨어진 건 처음). 1970년 59%에 육박한 제2차 세계대전 이후 최고 수치에 비해 최저점이다(국민소득에서 차지하는 노동자 수당은 1970년대부터 비교적 같은 비율을 유지한 12%였다). 동시에 기업 이익은 1970년 국민소득의 8.5%에서 2010년 14.2%로 증가했다. 이 수치는 미국 상무부 경제분석(2011)에 따른 것으로, 국민소득은 노동자, 부동산 소유주, 임대료, 기업, 이자, 정부보조금을 뺀 정부 소득의 총합이다. 국내총생산(GDP) 비율 분석도 동일한 경향을 보이고 있다. 세후 기업 수익은 GDP 비율로 최고수준인 반면, 임금과 봉급 비율은 최저수준인 GDP의 44%다.
47) 케네스 로고프(Kenneth Rogoff)와 카르멘 라인하트(Carmen Reinhart)는 "대침체"라는 용어 자체가 단순히 전형적인 불황을 연상시킨다는 점에서 도움이 되질 않는다고 주장했다. 대신 대공황에 이은 두 번째 불황이라는 점을 강조해 "제2차 대수축(the second great contraction)이라 명명했다(라인하트와 로고프, 2009).

48) 1970년대와 1980년대 고용과 산출량 증가 관계에 대한 실증적 연구결과, 거시경제적 모델 예측치 이상으로 산출량 증가에 고용하락 반응이 나타났다. 그 이유로, 고용/산출량 산정에 활용된 데이터 편향성, 측정이 쉽지 않은 불황기 노동력 활용 문제, 기업의 인력 비축 관행 등을 들 수 있다. 페이와 메도프(Fay and Medoff, 1985)는 미국 제조업체 조사에서 경기침체에도 불구하고 노동자 유지비율이 상당히 높았다는 증거를 내놓았다.

49) 국가고용법 프로젝트 연구 저자인 아넷 번하트(Annette Bernhardt)가 인구조사(CPS)에서 활용한 데이터는 임금과 시간, 직업을 나타낸 대표적인 가계조사다. 이 분석에 이용된 366개 직업은 평균임금 랭킹에 따라 크게 3개 카테고리로 분류되었다. 경기침체기 고용하락은 2008년 1/4분기부터 2010년 1/4분기까지, 경기회복기 고용성장은 2010년 1/4분기부터 2012년 1/4분기로 되어 있다. 국가고용법 프로젝트(2012) 참조. 경기회복 초기 유사 문제를 다룬 섬과 맥래프린(2011) 참조.

50) 어터와 돈(Autor, and Dorn, 2009), 어터(2010), 어터와 레비, 머네인(2003) 참조. 이 분석은 대학교육 및 학위에 따른 임금 프리미엄 확대와 일맥상통한다. 일상적, 수동적 업무 수요가 늘었지만 노동자 공급도 그만큼 늘었다. 바로 이 점이 저임금 직종의 지속적인 임금 정체 이유다. 반면, 비일상적, 추상적 업무 수요는 대학 및 대학원 졸업자 공급을 앞질러 해당 직종의 임금을 올리고 있다. 노동시장 기술 요건 변화에 대해서는 머네인(2004) 참조. 유럽 내 유사 트렌드에 관해서는 구즈, 매닝, 살로몬스(Goos, Manning, and Salomons, 2009) 참조.

51) 직업 양극화와 균열이 전반적인 임금구조에 미친 영향 비교 등 활발한 연구가 진행 중인 이 분야는 앞으로 관심 있게 지켜볼 필요가 있다.

참고문헌

Abernathy, Frederick, Kermit Baker, Kent Colton, and David Weil. 2012. *Bigger Isn't Necessarily Better: Lessons from the Harvard Home Builder Study.* Lanham, MD: Lexington Books.

Abernathy, Frederick, John T. Dunlop, Janice Hammond, and David Weil. 1999. *A Stitch in Time: Lean Retailing and the Transformation of Manufacturing—Lessons from the Apparel and Textile Industries.* New York: Oxford University Press.

Abernathy, Frederick, and Anthony Volpe. 2012. "Technology and Public Policy: The Preconditions of the Retail Revolution." In Gary Hamilton, Benjamin Senauer, and Misha Petrovic, eds., *How Retailers Are Reshaping the Global Economy.* New York: Oxford University Press.

Abraham, Katherine, and Susan Taylor. 1996. "Firms' Use of Outside Contractors: Theory and Evidence." *Journal of Labor Economics* 14, no. 3: 394–424.

Acemoglu, Daron. 2002. "Technical Change, Inequality, and the Labor Market. *Journal of Economic Literature* 40, no. 1: 7–72.

Adler, Paul. 2003. "Making the HR Outsourcing Decision." *Sloan Management Review* 45, no. 1: 53–60.

Alexander, Charlotte. 2012. "The Law and Economics of Peripheral Labor: A Poultry Industry Case Study." *Berkeley Journal of Employment and Labor Law* (forthcoming).

Appelbaum, Eileen, and Rose Batt. 2012. "A Primer on Private Equity at Work." *Challenge* 55, no. 5: 5–38.

Appelbaum, Eileen, Annette Bernhardt, and Richard Murnane, eds. 2003. *Low Wage America: How Employers Are Reshaping Opportunity in the Workplace.* New York: Russell Sage Foundation.

Arlen, Jennifer, and W. Bentley MacLeod. 2005. "Beyond Master-Servant: A Critique of Vicarious Liability." In *Exploring Tort Law,* edited by Stuart Madden. New York: Cambridge University Press, 111–142.

Appleton, William C., and Joe Baker. 1984. "The Effect of Unionization on Safety in Bituminous Deep Mines." *Journal of Labor Research* 4, no. 2: 139–47.

Ashenfelter, Orley, Henry Farber, and Michael Ransom. 2010. "Labor Market Monopsony." *Journal of Labor Economics* 28, no. 2: 203–210.

Ashenfelter, Orley, and Robert Smith. 1979. "Compliance with the Minimum Wage Law." *Journal of Political Economy* 87, no. 2: 333–350.

Autor, David. 2010. "The Polarization of Job Opportunities in the US Labor Market: Implications for Employment and Earnings." Center for American Progress / The Hamilton Project.

Autor, David, and David Dorn. 2009. "Inequality and Specialization: The Growth of Low-Skilled Service Employment in the United States." Cambridge, MA: National Bureau of Economic Research Working Paper 15150.

Autor, David, Frank Levy, and Richard J. Murnane. 2003. "The Skill Content of Recent Technological Change: An Empirical Exploration." *Quarterly Journal of Economics* 116, no. 4: 1449–1492.

Baker, George, and Thomas Hubbard. 2003. "Make versus Buy in Trucking: Asset Ownership, Job Design, and Information." *American Economic Review* 93, no. 3: 551–572.

Baldwin, Carliss, and Kim Clark. 1997. "Managing in an Age of Modularity." *Harvard Business Review* 75, no. 5: 84–93.

Barthélemy, Jérôme. 2001. "The Hidden Costs of IT Outsourcing." *MIT Sloan Management Review* 42, no. 3: 60–69.

Batt, Rosemary, David Holman, and Ursula Holtgrewe. 2009. "The Globalization of Service Work: Comparative Institutional Perspectives on Call Centers." *Industrial and Labor Relations Review* 62, no. 4: 453–487.

Batt, Rosemary, and Hiroatsu Nohara. 2009. "How Institutions and Business Strategies Affect Wages: A Cross National Study of Call Centers." *Industrial and Labor Relations Review* 62, no. 4: 533–552.

Bebchuk, Lucian, and Jesse Fried. 2004. *Pay without Performance: The Unfulfilled Promise of Executive Compensation.* Cambridge, MA: Harvard University Press.

Becker, Gary. 1964. *Human Capital: A Theoretical and Empirical Analysis with Special Reference to Education.* New York: Columbia University Press.

———. 1968. "Crime and Punishment: An Economic Approach." *Journal of Political Economy* 76, no. 1: 169–217.

Berle, Adolph, and Gardiner C. Means. 1932. *The Modern Corporation and Private Property.* New York: Harcourt, Brace and World.

Berlinski, Samuel. 2008. "Wages and Contracting Out: Does the Law of One Price Hold?" *British Journal of Industrial Relations* 46, no. 1: 59–75.

Berman, Eli, John Bound, and Zvi Griliches. 1994. "Changes in the Demand for Skilled Labor within US Manufacturing Industries: Evidence from the Annual Survey of Manufacturing." *Quarterly Journal of Economics* 109, no. 2: 367–397.

Berman, Eli, John Bound, and Stephen Machin. 1998. "Implications of Skill-Biased Technological Change: International Evidence." *Quarterly Journal of Economics* 113, no. 4: 1245–1279.

Bernard, Andrew, and J. Bradford Jensen. 1997. "Exporters, Skill-Upgrading, and the Wage Gap." *Journal of International Economics* 42, nos. 1–2: 3–31.

Bernhardt, Annette, Ruth Milkman, Nik Theodore, Douglas Heckathorn, Mirabei Auer, James DeFillipis, Ana Luz Gonzalez, Victor Narro, Jason Perelshteyn, Diana Polson, and Michael Spiller. 2009. *Broken Laws, Unprotected Workers: Violations of Employment in Labor Laws in America's Cities*. Center for Urban Economic Development, University of Illinois Chicago / National Employment Law Project / UCLA Institute for Research on Labor and Employment.

Bernstein, Peter. 1992. *Capital Ideas: The Improbable Origins of Modern Wall Street*. New York: The Free Press.

Bewley, Truman. 1999. *Why Wages Don't Fall during a Recession*. Cambridge, MA: Harvard University Press.

Blair, Margaret. 1995. *Ownership and Control: Rethinking Corporate Governance for the Twenty-First Century*. Washington, DC: Brookings Institution.

Blair, Roger D., and Francine Lafontaine. 2005. *The Economics of Franchising*. New York: Cambridge University Press.

Blanchflower, David, and Alex Bryson. 2010. "The Wage Impact of Trade Unions in the UK Public and Private Sectors." *Economica* 77, no. 305: 92–109.

Blank, Rebecca, and David Card. 1991. "Recent Trends in Insured and Uninsured Employment: Is There an Explanation?" *Quarterly Journal of Economics* 106, no. 4: 1157–1189.

Blinder, Alan. 2006. "Offshoring: The Next Industrial Revolution?" *Foreign Affairs* 85, no. 2: 113–128.

Bluestone, Barry, and Bennett Harrison. 1990. *The Great U-Turn: Corporate Restructuring and the Polarizing of America*. New York: Basic Books.

Boal, William, and Michael Ransom. 1997. "Monopsony in the Labor Market." *Journal of Economic Literature* 35, no. 1: 86–112.

Bobo, Kim. 2011. *Wage Theft in America: Why Millions of Americans Are Not Getting Paid and What We Can Do About It*. Rev. ed. New York: The New Press.

Boushey, Heather, Shawn Fremstad, Rachel Gragg, and Margy Waller. 2007. "Understanding Low-Wage Work in the United States." Center for Economic Policy and Research Policy Paper, March.

Bowles, Samuel. 1973. "Understanding Unequal Economic Opportunity." *American Economic Review* 63, no. 2: 346–356.

Bradach, Jeffrey. 1998. *Franchise Organizations*. Boston: Harvard Business School Press.

Brenner, Joël Glenn. 2000. *The Emperors of Chocolate: Inside the Secret World of Hershey and Mars*. New York: Broadway Books.

Bricker, Jesse, Arthur Kennickell, Kevin Moore, and John Sabelhaus. 2012. "Changes in U.S. Family Finances from 2007 to 2010: Evidence from the Survey of Consumer Finances." *Federal Reserve Bulletin* 98, no. 2: 1–80.

Brody, David. 1993. *In Labor's Cause: Main Themes on the History of the American Worker.* New York: Oxford University Press.

Brown, Charles, James Hamilton, and James Medoff. 1990. *Employers Large and Small.* Cambridge, MA: Harvard University Press.

Brown, Charles, and James Medoff. 1989. "The Employer Size-Wage Effect." *Journal of Political Economy* 97, no. 5: 1027–1059.

Brown, M., A. Falk, and Ernst Fehr. 2004. "Relational Contracts and the Nature of Market Interactions." *Econometrica* 72, no. 4: 747–780.

Brynjolfson, Eric, and Andrew McAfee. 2011. *Race against the Machine: How the Digital Revolution Is Accelerating Innovation, Driving Productivity, and Irreversibly Transforming Employment and the Economy.* Lexington, MA: Digital Frontier Press.

Budd, John. 2010. "When Do U.S. Workers First Experience Unionization? Implications for Revitalizing the Labor Movement." *Industrial Relations* 49, no. 2: 209–225.

Budd, John, and Angela Brey. 2003. "Unions and Family Leave: Early Experience under the Family Medical Leave Act." *Labor Studies Journal* 28, no. 3: 85–105.

Budd, John, and Brian McCall. 1997. "The Effect of Unions on the Receipt of Unemployment Insurance Benefits." *Industrial and Labor Relations Review* 50, no. 3: 478–492.

Buessing, Marric. 2013. "Vertical Integration in the Mining Industry: An Incomplete Contracts Approach." Working paper, Boston University Department of Economics.

Buessing, Marric, and David Weil. 2013. "Health and Safety Consequences of Mine-Level Contracting and Vertical Integration." Working paper, Boston University School of Management / Department of Economics.

Butler, Richard, and John Worrall. 1983. "Workers' Compensation: Benefit and Injury Claims Rates in the Seventies." *Review of Economics and Statistics* 65: 580–589.

Camerer, Colin. 2003. *Behavioral Game Theory.* Princeton, NJ: Princeton University Press.

Cappelli, Peter. 1999. "Career Jobs Are Dead." *California Management Review* 42, no. 1: 146–167.

Cappelli, Peter, and Monika Hamori. 2008. "Are Franchises Bad Employers?" *Industrial and Labor Relations Review* 61, no. 2: 147–162.

Card, David, and Alan Krueger. 1995. *Myth and Measurement: The New Economics of the Minimum Wage.* Princeton, NJ: Princeton University Press.

Carpenter, Jesse. 1972. *Competition and Collective Bargaining in the Needle Trades.* Ithaca, NY: New York State School of Labor and Industrial Relations.

Carré, Françoise, and Randall Wilson. 2004. "The Social and Economic Costs of Employee Misclassification in Construction." Report of the Construction Policy Research Center, Labor and Worklife Program, Harvard Law School and Harvard School of Public Health.

Chandler, Alfred D. 1977. *The Visible Hand: The Managerial Revolution in American Business.* Cambridge, MA: Harvard University Press.

———. 1980. *Giant Enterprise: Ford, General Motors, and the Automobile Industry.* New York: Arno Press.

———. 1990. *Scale and Scope: The Dynamics of Industrial Capitalism.* Cambridge, MA: Harvard University Press.

Chandler, Alfred D., and Richard Tedlow. 1985. *The Coming of Managerial Capitalism: A Casebook on the History of American Economic Institutions.* Homewood, IL: Irwin.

Christensen, Clayton. 2006. *The Innovator's Dilemma.* New York: Harper Business.

Cleeland, Nancy. 2009. "Dark and Bitter." *American Prospect,* October 2 (available at http://prospect.org/article/dark-and-bitter-0).

Cline, William. 1997. *Trade and Income Distribution.* Washington, DC: Institute for International Economics.

Coase, Ronald. 1937. "The Nature of the Firm." *Economica* 4: 386–405.

Cohan, William. 2009. *House of Cards: A Tale of Hubris and Wretched Excess on Wall Street.* New York: Doubleday.

Commons, John R. 1904. "The New York Building Trades." *Quarterly Journal of Economics* 18, no. 3: 409–436.

———. 1935. *History of Labor in the United States, 1896–1932.* Vol. 3. New York: Macmillan.

Computer Economics. 2000. *1999 Outsourcing Trends and Outsourcing Statistics.* Irvine, CA: Computer Economics Inc.

———. 2012. *2010/2011 Outsourcing Trends and Outsourcing Statistics.* Irvine, CA: Computer Economics Inc.

Congressional Budget Office. 2011. *Trends in the Distribution of Household Income between 1979 and 2007.* Washington, DC: Government Printing Office.

Cowie, Jefferson. 1999. *Capital Moves: RCA's Seventy-Year Quest for Cheap Labor.* Ithaca, NY: Cornell University Press.

Crandall, Grant, Sarah Starrett, and Douglas Parker. 1998. "Hiding behind the Corporate Veil: Employer Abuse of the Corporate Form to Avoid or Deny Workers' Collectively Bargained and Statutory Rights." *West Virginia Law Review* 100: 537–599.

Curry, James, and Martin Kenney. 2004. "The Organizational and Geographic Configuration of the Personal Computer Value Chain." In *Locating Global Advantage: Industry Dynamics in the International Economy,* edited by Martin Kenney and Richard Florida. Stanford, CA: Stanford University Press, 113–141.

Dalzell, Robert. 1987. *Enterprising Elite: The Boston Associates and the World They Made.* Cambridge, MA: Harvard University Press.

Davidov, Guy. 2004. "Joint Employer Status in Triangular Employment Relationships." *British Journal of Industrial Relations* 42: 727–746.

———. 2006. "The reports of my death are greatly exaggerated": "Employee" as a Viable (though Overly-Used) Legal Concept." In *Boundaries and Frontiers of Labour Law: Goals and Means in the Regulation of Work,* edited by Guy Davidov and Brian Langille. Oxford: Hart Publishing, 133–152.

Davidov, Guy, and Brian Langille. 2004. *Boundaries and Frontiers of Labour Law: Goals and Means in the Regulation of Work.* Oxford: Hart Publishing.

Davis, Gerald. 2009. *Managed by the Markets: How Finance Reshaped America.* New York: Oxford University Press.

———. 2013. "After the Corporation." *Politics and Society* (forthcoming).

Davis, Steven, John Haltiwanger, Ron Jarmin, Josh Lerner, and Javier Miranda. 2009. "Private Equity, Jobs, and Productivity." In *Globalization of Alternative Investments Working Papers: Global Impact of Private Equity 2009,* edited by A. Gurung and Josh Lerner. New York: World Economic Forum.

———. 2011. "Private Equity and Employment." Cambridge, MA: National Bureau of Economic Research Working Paper 17399.

DeChiara, Peter. 1995. "The Right to Know: An Argument for Informing Employees of Their Rights under the National Labor Relations Act." *Harvard Journal on Legislation* 32: 431–471.

Dey, Matthew, Susan Houseman, and Anne Polivka. 2010. "What Do We Know about Contracting Out in the United States? Evidence from Household and Establishment Surveys." In *Essay in Labor in the New Economy,* edited by Katherine Abraham, James Spletzer, and Michael Harper. Chicago: University of Chicago Press, 267–304.

Dobbin, Frank, and Erin Kelly. 2007. "How to Stop Harassment: Professional Construction of Legal Compliance in Organizations." *American Journal of Sociology* 112, no. 4: 1203–1243.

Dobbin, Frank, and John Sutton. 1998. "The Strength of a Weak State: The Rights Revolution and the Rise of Human Resources Management Divisions." *American Journal of Sociology* 104, no. 2: 441–476.

Doeringer, Peter, and Michael Piore. 1971. *Internal Labor Markets and Manpower Analysis.* Armonk, NY: M. E. Sharpe.

Dube, Arandajit, and Ethan Kaplan. 2010. "Does Outsourcing Reduce Wages in the Low-Wage Service Occupations? Evidence from Janitors and Guards." *Industrial and Labor Relations Review* 63, no. 2: 287–306.

Dunlop, John T. 1961. "The Industrial Relations System in Construction." In *The Structure of Collective Bargaining,* edited by Arnold Weber. Chicago: University of Chicago Press, 255–277.

―――. 1993. *Industrial Relations Systems*. Rev. ed. Cambridge, MA: Harvard Business School Press Classic.

Eckstein, Susan, and Thanh-nghi Nguyen. 2010. "The Making and Transnationalization of an Ethnic Niche: Vietnamese Manicurists. Working paper, Department of Sociology, Boston University.

Edmonds, Rick, Emily Guskin, Tom Rosenstiel, and Amy Mitchell. 2012. *The State of the News Media 2012: An Annual Report on American Journalism*. Pew Research Center, Project on Excellence in Journalism, April 11.

Edwards, Richard. 1993. *Rights at Work: Employment Relations in the Post Union Era*. Washington, DC: Brookings Institution.

Ehrenberg, Ronald, and Paul Schumann. 1982. *Longer Hours or More Jobs? An Investigation of Amending Hours Legislation to Create Employment*. Ithaca, NY: ILR Press.

Ehrenreich, Barbara. 2008. *Nickel and Dimed: On (Not) Getting by in America*. New York: Holt.

Erickcek, George, Susan Houseman, and Arne Kalleberg. 2003. "The Effects of Temporary Services and Contracting Out on Low-Skilled Workers: Evidence from Auto Suppliers, Hospitals, and Public Schools." In *Low Wage America: How Employers Are Reshaping Opportunity in the Workplace,* edited by Eileen Appelbaum, Annette Bernhardt, and Richard Murnane. New York: Russell Sage Foundation, 368–406.

Erickson, Chris, and Daniel Mitchell. 2007. "Monopsony as a Metaphor for the Emerging Post-union Labor Market." *International Labor Review* 146, nos. 3–4: 163–187.

Estlund, Cynthia. 1992. "What Do Workers Want? Employee Interests, Public Interests, and Freedom of Expression under the National Labor Relations Act." *University of Pennsylvania Law Review* 140, no. 3: 921–1004.

―――. 2005. "Rebuilding the Law of the Workplace in an Era of Self-Regulation." *Columbia Law Review* 105, no. 2: 319–404.

―――. 2008. "Who Mops the Floors at the Fortune 500? Corporate Self-Regulation and the Low-Wage Workplace." *Lewis and Clark Law Review* 12, no. 3: 671–693.

―――. 2010. *Regoverning the Workplace: From Self-Regulation to Co-regulation*. New Haven, CT: Yale University Press.

―――. 2011. "Just the Facts: The Case for Workplace Transparency." *Stanford Law Review* 63: 351–407.

Eyster, James J., and Jan A. deRoos. 2009. *The Negotiation and Administration of Hotel Management Contracts*. 4th ed. New York: Pearson Custom Publishing.

Farber, Henry, and Kevin Hallock. 2009. "The Changing Relationship between Job Loss Announcements and Stock Prices: 1970–1999." *Labour Economics* 16, no. 1: 1–11.

Fay, Jon, and James Medoff. 1985. "Labor and Output over the Business Cycle: Some Direct Evidence." *American Economic Review* 75, no. 4: 638–655.

Federal Trade Commission. 1969. *Economic Report on Corporate Mergers*, 23. Washington, DC: Government Printing Office.

———. 2001. "Buying a Janitorial Services Franchise." Produced jointly with the Maryland Attorney General's Office. Washington, DC: Federal Trade Commission (available at http://www.ftc.gov/bcp/edu/pubs/consumer/invest/inv15.shtm #how, accessed December 18, 2011).

Feenstra, Robert. 1998. "Integration of Trade and Disintegration of Production in the Global Economy." *Journal of Economic Perspectives* 12, no. 4: 31–50.

Feenstra, Robert, and Gordon Hanson. 1999. "The Impact of Outsourcing and High-Technology Capital on Wages: Estimates for the United States." *Quarterly Journal of Economics* 114, no. 3: 907–940.

Fehr, Ernst, Lorenz Goette, and Christian Zehnder. 2009. "A Behavioral Account of the Labor Market: The Role of Fairness Concerns." *Annual Review of Economics* 1: 355–384.

Fehr, Ernst, and Klaus Schmidt. 1999. "A Theory of Fairness, Competition, and Cooperation." *American Economic Review* 114, no. 3: 177–181.

———. 2002. "Theories of Fairness and Reciprocity." In *Advances in Economics and Econometrics,* edited by Matthias Dewatripont, I. Hansen, and S. Turnovsly. New York: Cambridge University Press, 208–257.

———. 2007. "A Theory of Fairness, Competition, and Cooperation." *Quarterly Journal of Economics* 97, no. 2: 817–868.

Ferguson, Niall. 2008. *The Ascent of Money: A Financial History of the World.* New York: Penguin.

Fine, Janice. 2006. *Worker Centers: Organizing Communities at the Edge of the Dream.* Ithaca, NY: ILR Press / Cornell University Press.

Fine, Janice, and Jennifer Gordon. 2010. "Strengthening Labor Standards Enforcement through Partnerships with Workers' Organizations." *Politics and Society* 38, no. 4: 552–585.

Fishback, Price. 2007. "Seeking Security in the Postwar Era." In *Government and the American Economy: A New History,* edited by Price Fishback. Chicago: University of Chicago Press, 507–518.

Fishback, Price, and Shawn Kantor. 2000. *Prelude to the Welfare State: The Origins of Workers' Compensation.* Chicago: University of Chicago Press.

Foulkes, Fred. 1980. *Personnel Policies in Large Non-union Workplaces.* Englewood Cliffs, NJ: Prentice Hall.

Freeman, Richard. 2007. *America Works: Critical Thoughts on the Exceptional U.S. Labor Market.* New York: Russell Sage Foundation.

Freeman, Richard, and James Medoff. 1984. *What Do Unions Do?* New York: Basic Books.

Freeman, Richard, and Joel Rogers. 1999. *What Workers Want*. Ithaca, NY: ILR Press.

Friedman, Milton. 1970. "The Social Responsibility of Business Is to Increase Profits." *New York Times Magazine,* September 13.

Frydman, Carola, and Dirk Jenter. 2010. "Executive Compensation." *Annual Review of Financial Economics* 2, no. 1: 75–102.

Fung, Archon, Mary Graham, and David Weil. 2007. *Full Disclosure: Perils and Promise of Transparency*. New York: Cambridge University Press.

Fung, Archon, Dara O'Rourke, and Charles Sabel. 2001. "Realizing Labor Standards: How Transparency, Competition, and Sanctions Could Improve Working Conditions Worldwide." *Boston Review* 26, no. 1: 1–20.

Galbraith, John Kenneth. 1971. *The New Industrial State*. 2nd ed. Boston: Houghton Mifflin.

Gazel, Neil. 1990. *Beatrice: From Buildup through Breakup*. Urbana: University of Illinois Press.

Gereffi, Gary, John Humphrey, and Timothy Sturgeon. 2005. "The Governance of Global Value Chains." *Review of International Political Economy* 12, no. 1: 78–104.

Ghilarducci, Teresa. 2008. *When I'm Sixty-Four: The Plot against Pensions and the Plan to Save Them*. Princeton, NJ: Princeton University Press.

Gibson, John, and Steven Stillman. 2009. "Why Do Big Firms Pay Higher Wages? Evidence from an International Database." *Review of Economics and Statistics* 91, no. 1: 213–218.

Gilley, K. M, C. R. Greer, and A. A. Rasheed. 2004. "Human Resource Outsourcing and Organizational Performance in Manufacturing Firms." *Journal of Business Research* 57, no. 2: 232–240.

Glynn, Timothy. 2011. "Taking the Employer out of Employment Law? Accountability for Wage and Hour Violations in an Age of Enterprise Disaggregation." *Employee Rights and Employment Policy Journal* 15, no. 1: 101–135.

Goldin, Claudia. 1986. "Monitoring Costs and Occupational Segregation by Sex: A Historical Analysis." *Journal of Labor Economics* 4, no. 1: 1–27.

Goldin, Claudia, and Robert Margo. 1992. "The Great Compression: The Wage Structure in the United States at Mid-Century." *Quarterly Journal of Economics* 107, no. 1: 1–34.

Goldstein, Bruce, Marc Linder, Laurence Norton, and Catherine Ruckelshaus. 1999. "Enforcing Fair Labor Standards in the Modern American Sweatshop: Rediscovering the Statutory Definition of Employment." *UCLA Law Review* 46: 983–1106.

Gomory, Ralph, and William Baumol. 2000. *Global Trade and Conflicting National Interest*. Cambridge, MA: MIT Press.

Goos, Maarten, Alan Manning, and Anna Salomons. 2009. "The Polarization of the European Labor Market." *American Economic Review Papers and Proceedings* 99, no. 2: 58–63.

Gordon, David, Richard Edwards, and Michael Reich. 1982. *Segmented Work, Divided Workers: The Historical Transformation of Labor in the United States.* New York: Cambridge University Press.

Gordon, Jennifer. 2005. *Suburban Sweatshops: The Fight for Immigrant Rights.* Cambridge, MA: Belknap Press of Harvard University Press.

Greenhouse, Steven. 2008. *The Big Squeeze: Tough Times for the American Worker.* New York: Knopf.

Grossman, Gene, and Elhanan Helpman. 2005. "Outsourcing in a Global Economy." *Review of Economic Studies* 72, no. 1: 135–139.

Grossman, Sanford, and Oliver Hart. 1986. "The Costs and Benefits of Ownership: A Theory of Vertical and Lateral Integration." *Journal of Political Economy* 94, no. 4: 691–719.

Hacker, Jacob. 2006. *The Great Risk Shift: The Assault on American Jobs, Families, Health Care, and Retirement and How You Can Fight Back.* New York: Oxford University Press.

Halla, Martin. 2010. "Tax Morale and Compliance Behavior: First Evidence on a Causal Link." Working paper, Austrian Center for Labor Economics and the Analysis of the Welfare State.

Hallock, Kevin. 2009. "Job Loss and the Fraying of the Implicit Employment Contract." *Journal of Economic Perspectives* 23, no. 4: 69–93.

———. 2012. *Pay: Why People Earn What They Earn and What You Can Do Now to Make More.* New York: Cambridge University Press.

Hart, Bob. 1984. *The Economics of Non-wage Labor Costs.* London: George Allen and Unwin.

Hart, Oliver, and John Moore. 1990. "Property Rights and the Nature of the Firm." *Journal of Political Economy* 98, no. 6: 1119–1158.

Hayes, Robert, and William Abernathy. 1980. "Managing Our Way to Decline." *Harvard Business Review*, July–August, 67–77.

Hellerstein, Judith, Melissa McInerney, and David Neumark. 2011. "Neighbors and Coworkers: The Importance of Residential Labor Market Networks." *Journal of Labor Economics* 29, no. 4: 659–695.

Hirsch, Barry, David Macpherson, and Michael DuMond. 1997. "Workers' Compensation Recipiency in Union and Nonunion Workplaces." *Industrial and Labor Relations Review* 50, no. 2: 213–236.

Hollister, Matissa. 2004. "Does Firm Size Matter Anymore? The New Economy and Firm Size Wage Effect." *American Sociological Review* 69, no. 5: 659–676.

Houseman, Susan. 2001. "Why Employers Use Flexible Staffing Arrangements: Evidence from an Establishment Survey." *Industrial and Labor Relations Review* 55, no. 1: 149–170.

Hsiao, H. I., R. G. M. Kemp, J. G. A. J. van der Vorst, and S. W. F. (Onno) Omta. 2010. "A Classification of Logistic Outsourcing Levels and Their Impact on

Service Performance: Evidence from the Food Processing Industry." *International Journal of Production Economics* 124, no. 1: 75–86.
Hutchins, B. L., and A. Harrison. 1926. *A History of Factory Legislation*. 3rd ed. London: Frank Cass.
International Labour Office. 2006. *Strategies and Practices for Labour Inspection*. Governing Body, 297th Session, GB.297/ESP/3. Geneva: International Labour Office.
Investment Company Institute. 2012. *2012 Investment Company Fact Book*. 52nd ed. www.icifactbook.org.
Jacobs, Jane. 1961. *The Death and Life of Great American Cities*. New York: Vintage.
Jacoby, Neil. 1969. "The Conglomerate Corporation." *The Center Magazine* 2, 1–20.
Jacoby, Sandy. 1999. "Are Career Jobs Headed for Extinction?" *California Management Review* 42, no. 1: 123–145.
James, P., R. Johnstone, M. Quinlan, and D. Walters. 2007. "Regulating Supply Chains to Improve Health and Safety." *Industrial Law Journal* 36, no. 2: 163–187.
Jamieson, Dave. 2011. "The New Blue Collar: Temporary Work, Lasting Poverty, and the American Warehouse." 2011. *Huff Post Business,* December 20 (available at http://www.huffingtonpost.com/2011/12/20/new-blue-collar-temp-warehouses_n_1158490.html?view=print&comm_ref=false, accessed July 18, 2012).
Jensen, Michael, and William Meckling. 1976. "Theory of the Firm: Managerial Behavior, Agency Costs and Ownership Structure." *Journal of Financial Economics* 3, no. 2: 305–360.
Jensen, Michael, and Kevin Murphy. 1990. "Performance Pay and Top-Management Incentives." *Journal of Political Economy* 98, no. 2: 225–264.
Ji, MinWoong. 2010. "Impacts of Multi-unit Franchising on Workplace Compliance Behavior." Working paper, Boston University.
Ji, MinWoong, and David Weil. 2012. "Does Ownership Structure Influence Regulatory Behavior? The Impact of Franchisee Free-Riding on Labor Standards Compliance." Working paper, Boston University.
Jin, Ginger, and Philip Leslie. 2009. "Reputational Incentives for Restaurant Hygiene." *American Economic Journal: Microeconomics* 1, no. 1: 237–267.
Johnson, Simon, and James Kwak. 2011. *Thirteen Bankers: The Wall Street Takeover and the Next Financial Meltdown*. New York: Vintage.
Johnstone, R., C. Mayhew, and M. Quinlan. 2001. "Outsourcing Risk? The Regulation of Occupational Health and Safety Where Subcontractors Are Employed." *Comparative Labor Law and Policy Journal* 22, nos. 3–5: 351–394.
Joiner, Fred. 1942. "Incentive-Wage Plans and Collective Bargaining." *Bulletin of the United States Bureau of Labor Statistics,* no. 717. Washington, DC: Government Printing Office.

Jost, Micah Prieb Stoltzfus. 2011. "Independent Contractors, Employees, and Entrepreneurialism under the National Labor Relations Act: A Worker-by-Worker Approach." *Washington and Lee Law Review* 68, no. 1: 313–373.

Kahn, Shulamit. 1997. "Evidence of Nominal Wage Stickiness from Microdata." *American Economic Review* 87, no. 5: 993–1008.

Kahneman, Daniel. 2011. *Thinking, Fast and Slow*. New York: Farrar, Straus and Giroux.

Kahneman, Daniel, Jack Knetsch, and Richard Thaler. 1986. "Fairness as a Constraint on Profit Seeking: Entitlements in the Market." *American Economic Review* 76, no. 4: 728–741.

Kahneman, Daniel, and Amos Tversky. 1984. "Choices, Values, and Frames." *American Psychologist* 34, no.4: 341-350.

Kalleberg, Arne. 2011. *Good Jobs/Bad Jobs: The Rise of Polarized and Precarious Employment Systems in the United States, 1970s to 2000s*. New York: Russell Sage Foundation.

Kalleberg, Arne, and Peter Marsden. 2005. "Externalizing Organizational Activities: Where and How U.S. Establishments Use Employment Intermediaries." *Socio-Economic Review* 3, no. 3: 389–416.

Katz, Lawrence, and Kevin Murphy. 1992. "Changes in Relative Wages, 1963–1987: Supply and Demand Factors." *Quarterly Journal of Economics* 107, no. 1: 35–78.

Kaufmann, Stuart. 1986. *A Vision of Unity: The History of the Bakery and Confectionery Workers International Union*. Kensington, MD: Bakery, Confectionery, and Tobacco Workers International Union.

Kaufmann, Patrick J., and Francine Lafontaine. 1994. "Costs of Control: The Source of Economic Rents for McDonald's Franchisees." *Journal of Law and Economics* 37, no. 2: 417–453.

Keller, Kevin Lane. 2008. *Strategic Brand Management: Building, Measuring, and Managing Brand Equity*. 3rd ed. Upper Saddle River, NJ: Pearson/Prentice Hall.

Kelling, George, and Catherine Coles. 1996. *Fixing Broken Windows: Restoring Order and Reducing Crime in Our Communities*. New York: Martin Kessler Books/The Free Press.

Kelling, George, and James Q. Wilson. 1982. "The Police and Neighborhood Safety." *The Atlantic*, March, 29–38.

Kenney, Martin, and Richard Florida. 2004. *Locating Global Advantage: Industry Dynamics in the International Economy*. Stanford, CA: Stanford University Press.

Kerr, Clark. 1977. *Labor Markets and Wage Determination: The Balkanization of Labor Markets and Other Essays*. Berkeley: University of California Press, Institute of Industrial Relations.

Kleiner, Morris, and David Weil. 2012. "Evaluating the Efficacy of NLRA

In *Research Handbook on the Economics of Labor and Employment Law,* edited by Cynthia Estlund and Michael Wachter. Cheltenham, UK: Edward Elgar, 209–247.

Kletzer, Lori. 2001. *Job Loss from Imports: Measuring the Costs.* Washington, DC: Institute for International Economics.

———. 2002. *Imports, Exports, and Jobs.* Kalamazoo, MI: Upjohn Institute for Employment Research.

Kochan, Thomas. 2005. *Restoring the American Dream: A Working Families' Agenda for America.* Cambridge, MA: MIT Press.

Koller, Frank. 2010. *Spark: Lessons from Lincoln Electric's Unique Guaranteed Employment Program.* New York: Public Affairs.

Krugman, Paul. 2007. *The Conscience of a Liberal.* New York: W. W. Norton.

Lafontaine, Francine, and Patrick J. Kaufmann. 1994. "The Evolution of Ownership Patterns in Franchise Systems." *Journal of Retailing* 70, no. 2: 97–113.

Lafontaine, Francine, and Kathryn L. Shaw. 1999. "The Dynamics of Franchise Contracting: Evidence from Panel Data." *Journal of Political Economy* 107, no. 5: 1041–1080.

———. 2005. "Targeting Managerial Control: Evidence from Franchising." *RAND Journal of Economics* 36, no. 1: 131–150.

Lawrence, Benjamin, and Patrick Kaufmann. 2011. "Identity in Franchise Systems: The Role of Franchisee Associations." *Journal of Retailing* 87, no. 3: 285–305.

Lazonick, William. 2010. "Innovative Business Models and Varieties of Capitalism: Financialization of the US Corporation." *Business History Review* 84, no. 4: 675–702.

Lécuyer, Normand. 2002. *New Forms of Labour Administration: Actors in Development.* Geneva: International Labour Office.

Lee, David. 1999. "Wage Inequality in the United States during the 1980s: Rising Dispersion or Falling Minimum Wage." *Quarterly Journal of Economics* 114, no. 3: 941–1024.

Lemann, Nicholas. 2012. "Transaction Man: Mormonism, Private Equity, and the Making of a Candidate." *The New Yorker,* October 1, 38–52.

Leonard, James. 2000. "Hot Goods Temporary Restraining Orders under the Fair Labor Standards Act in the Agricultural Sector of the Economy: A Manual for Legal Assistance Programs." Unpublished manuscript.

Lerner, Stephen, Jill Hurst, and Glenn Adler. 2008. "Fighting and Winning in the Outsourced Economy: Justice for Janitors at the University of Miami." In *The Gloves-Off Economy: Workplace Standards at the Bottom of America's Labor Market,* edited by Annette Bernhardt, Heather Boushey, Laura Dresser, and Chris Tilly. Champaign, IL: Labor and Employment Relations Association, 243–267.

Levinson, Marc. 2011. *The Great A&P and the Struggle for Small Business in*

Levitt, Peggy. 2001. *The Transnational Villagers*. Berkeley: University of California Press.

Levy, Frank, and Richard J. Murnane. 2005. *The New Division of Labor*. Princeton, NJ: Princeton University Press.

Lewis, Michael. 2009. *Panic! The Story of Modern Financial Insanity*. New York: W. W. Norton.

———. 2010. *The Big Short: Inside the Doomsday Machine*. New York: W. W. Norton.

Liu, Peng. 2010. "Real Estate Investment Trusts: Performance, Recent Findings, and Future Directions." *Cornell Hospitality Quarterly* 51, no. 3: 415–428.

Livesay, Harold. 1975. *Andrew Carnegie and the Rise of Big Business*. Boston: Little, Brown.

Locke, Richard. 2013. *Improving Labor Rights in a Global Economy*. New York: Cambridge University Press.

Locke, Richard, Matthew Amengual, and Akshay Mangla. 2009. "Virtue out of Necessity? Compliance, Commitment and the Improvement of Labor Conditions in Global Supply Chains." *Politics and Society* 27, no. 2: 319–351.

Locke, Richard, Greg Distelhorst, Timea Pal, and Hiram Samel. 2012. "Production Goes Global, Standards Stay Local: Private Labor Regulation in the Global Electronics Industry." MIT Political Science Department Research Paper No. 2012-1.

Locke, Richard, Fei Qin, and Alberto Brause. 2007. "Does Monitoring Improve Labor Standards? Lessons from Nike." *Industrial and Labor Relations Review* 61, no. 1: 3–31.

Locke, Richard, and Monica Romis. 2007. "Improving Work Conditions in a Global Supply Chain." *Sloan Management Review* 48, no. 2: 54–62.

MacDuffie, John Paul, and Takahiro Fujimoto. 2010. "Why Dinosaurs Will Keep Ruling the Auto Industry: The Complexity Revolution." *Harvard Business Review* 88, no. 6: 23–25.

MacDuffie, John Paul, and Susan Helper. 2007. "Collaboration in Supply Chains: With and without Trust." In *The Firm as Collaborative Community*, edited by Charles Heckscher and Paul Adler. New York: Oxford University Press, 416–466.

Manning, Alan. 2003. *Monopsony in Motion: Imperfect Competition in Labor Markets*. Princeton, NJ: Princeton University Press.

Medoff, James, and Katherine Abraham. 1980. "Experience, Performance, and Earnings." *Quarterly Journal of Economics* 95, no. 4: 703–736.

Metcalf, David. 2008. "Why Has the British National Minimum Wage Had Little or No Impact?" *Journal of Industrial Relations* 50, no. 3: 489–511.

Milgrom, Paul. 1988. "Employment Contracts, Influence Activities, and Efficient Organization Design." *Journal of Political Economy* 96, no. 1: 42–60.

Milkman, Ruth. 2006. *LA Story: Immigrant Workers and the Future of the U.S. Labor Movement.* New York: Russell Sage Foundation.

Mines, Richard, and Jeffrey Avina. 1992. "Immigrants and Labor Standards: The Case of California Janitors." In *U.S.-Mexico Relations: Labor Market Interdependence,* edited by Jorge Bustamante, Clark Reynolds, and Raul Hinojosa-Ojeda. Stanford, CA: Stanford University Press.

Mishel, Lawrence, Josh Bivens, Elise Gould, and Heidi Shierholz. 2013. *The State of Working America.* 12th ed. Ithaca, NY: Cornell University Press.

Mookherjee, Dilip, and Masatoshi Tsumagari. 2004. "The Organization of Supplier Networks: Effects of Delegation and Intermediation." *Econometrica* 72, no. 4: 1179–1219.

Morantz, Alison. 2011. "Does Unionization Strengthen Regulatory Enforcement? An Empirical Study of the Mine Safety and Health Administration." *New York University Journal of Legislation and Public Policy* 14, no. 3: 697–727.

Moritz, Michael. 1984. *The Little Kingdom.* New York: William Morrow.

Morris, Charles. 1989. "NLRB Protection in the Nonunion Workplace: A Glimpse of the General Theory of Section 7 Conduct." *University of Pennsylvania Law Review* 137: 1673–1754.

National Employment Law Project. 2004. "Subcontracted Workers: The Outsourcing of Rights and Responsibilities." New York: National Employment Law Project, March.

———. 2010. "How Do Workers Make Complaints about Working Conditions? Findings from the 2008 Unregulated Work Survey." NELP Policy Paper, June (available at http://www.nelp.org/page/-/Justice/2010/ComplaintMethodsFact Sheet2010.pdf?nocdn=1, accessed December 14, 2011).

———. 2012. "The Low-Wage Recovery and Growing Inequality." Data brief (available at http://www.nelp.org/page/Job_Creation/LowWageRecovery2012 .pdf?nocdn=1, accessed September 3, 2012).

Oi, Walter. 1983. "The Fixed Employment Costs of Specialized Labor." In *The Measurement of Labor Costs,* edited by Jack Triplett. Chicago: University Chicago Press, 63–122.

Olson, Mancur. 1965. *The Logic of Collective Action: Public Goods and the Theory of Groups.* Cambridge, MA: Harvard University Press.

O'Neill, John, and Anna Mattila. 2006. "Strategic Hotel Development and Position: The Effect of Revenue Drivers on Profitability." *Cornell Hotel and Restaurant Administration Quarterly* 47, no. 2: 146–154.

———. 2010. "Hotel Brand Strategy." *Cornell Hospitality Quarterly* 51, no. 1: 27–34.

O'Neill, John, and Q. Xiao. 2006. "The Role of Brand Affiliation in Hotel Market Value." *Cornell Hotel and Restaurant Administration Quarterly* 47, no. 3: 210–223.

Organization for Economic Cooperation and Development. 2012. *Employment Outlook 2012*. Directorate of Employment, Labour and Social Affairs. Paris: OECD.

O'Rourke, Dara. 2003. "Outsourcing Regulation: Analyzing Nongovernmental Systems of Labor Standards and Monitoring." *Policy Studies Journal* 31, no. 1: 1–29.

Osterman, Paul, and Beth Shulman. 2011. *Good Jobs America: Making Work Better for Everyone*. New York: Russell Sage Foundation.

Ou, Charles, and Victoria Williams. 2009. "Lending to Small Businesses by Financial Institutions in the United States." In *Small Business in Focus: Finance; A Compendium of Research*. Washington, DC: Small Business Administration's Office of Advocacy, 9–38.

Perritt, Henry. 1988. "Should Some Independent Contractors Be Redefined as Employees under Labor Law?" *Villanova Law Review* 33, no. 6: 989–1041.

Perrow, Charles. 1984. *Normal Accidents: Living with High-Risk Technologies*. New York: Basic Books.

Pfeffer, Jeffrey. 1998. *The Human Equation: Building Profits by Putting People First*. Boston: Harvard Business School Press.

Picketty, Thomas, and Emmanuel Saez. 2003. "Income Inequality in the United States, 1913–1998." *Quarterly Journal of Economics* 118, no. 1: 1–39.

Piore, Michael, and Andrew Schrank. 2008. "Toward Managed Flexibility: The Revival of Labor Inspection in the Latin World." *International Labor Review* 147, no. l: 1–23.

Pires, Roberto. 2008. "Promoting Sustainable Compliance: Styles of Labor Inspection and Compliance Outcomes in Brazil." *International Labour Review* 147, nos. 2–3: 199–229.

Polinsky, A. Mitchell, and Steven Shavell. 2000. "The Economic Theory of Public Enforcement of Law." *Journal of Economic Literature* 38, no. 1:45–76.

Prahalad, C. K., and Gary Hamel. 1990. "The Core Competence of the Corporation." *Harvard Business Review*, May–June: 79–91.

Quinn, James Brian. 2000. "Outsourcing Innovation: The New Engine of Growth." *Sloan Management Review* 41, no. 4: 3–28.

Quinn, James Brian, T. Doorley, and P. C. Paquette. 1990. "Technology in Services: Rethinking Strategic Focus." *Sloan Management Review* 31, no. 2: 79–87.

Quinn, James Brian, and Frederick Hilmer. 1994. "Strategic Outsourcing." *Sloan Management Review* 35, no. 4: 43–55.

Ransom, Michael, and Ronald Oaxaca. 2010. "New Market Power Models and Sex Differences in Pay." *Journal of Labor Economics* 28, no. 2: 267–315.

Rebitzer, James. 1995. "Job Safety and Contract Workers in the Petrochemical Industry." *Industrial Relations* 34, no. 1: 40–57.

Rebitzer, James, and Lowell Taylor. 2011. "Extrinsic Rewards and Intrinsic Motives: Standard and Behavioral Approaches to Agency and Labor Markets." *Handbook of Labor Economics*. Amsterdam: Elsevier.

Reich, Michael, David Gordon, and Richard Edwards. 1973. "A Theory of Labor Market Segmentation." *American Economic Review* 63, no. 2: 359–365.

Reinhart, Carmen, and Kenneth Rogoff. 2009. *This Time Is Different: Eight Centuries of Financial Folly*. Princeton, NJ: Princeton University Press.

Rogers, Brishen. 2010. "Toward Third-Party Liability for Wage Theft." *Berkeley Journal of Employment and Labor Law* 30, no. 1: 1–64.

Rosen, Sherwin. 1988. "Implicit Contracts: A Survey." *Journal of Economic Literature* 25, no. 4: 1144–1175.

Ruckelshaus, Cathy. 2008. "Labor's Wage War." *Fordham Urban Law Journal* 35, no. 2: 373–404.

Saez, Emmanuel. 2013. "Striking It Richer: The Evolution of Top Incomes in the United States (Updated Data on Income Inequality Including 2011 Estimates)." Working paper, University of California at Berkeley (available at http://elsa.berkeley.edu/~saez/TabFig2011prel.xls).

Samuelson, Paul. 2004. "Where Ricardo and Mill Rebut and Confirm Arguments of Mainstream Economists Supporting Globalization." *Journal of Economic Perspectives* 18, no. 2: 135–146.

Schiller, Zach, and Sarah DeCarlo. 2010. "Wage Theft: Survey of the States." Report of Policy Matters Ohio, Cleveland, OH.

Seligman, Joel. 1985. "The SEC and Accounting: A Historical Perspective." *Journal of Comparative Business and Capital Market Law* 7: 241–266.

———. 1995. *The Transformation of Wall Street*. Boston: Northeastern University Press.

Shapiro, Carl, and Hal Varian. 1999. *Information Rules: A Strategic Guide to the Network Economy*. Boston: Harvard Business School Press.

Silverstein, Michael, and Neil Fiske. 2005. *Trading Up: Why Consumers Want New Luxury Goods—and How Companies Create Them*. New York: Portfolio Book.

Skerry, Peter. 2008. "Day Laborers and Dock Workers: Casual Labor Markets and Immigration Policy." *Society* 45, no. 1: 46–52.

Slichter, Sumner, James Healy, and Robert Livernash. 1960. *The Impact of Collective Bargaining on Management*. Washington, DC: Brookings Institution.

Smith, Robert. 1979. "The Impact of OSHA on Manufacturing Injury Rates." *Journal of Human Resources* 14, no. 1: 145–170.

Staiger, Douglas, Joanne Spetz, and Ciraran Phibbs. 2010. "Is There Monopsony in the Labor Market? Evidence from a Natural Experiment." *Journal of Labor Economics* 28, no. 2: 211–236.

Stark, Oded, and Walter Hyll. 2011. "On the Economic Architecture of the Workplace: Repercussions of Social Comparisons among Heterogeneous Workers." *Journal of Labor Economics* 29, no. 2: 349–375.

Stigler, George. 1970. "The Optimum Enforcement of Laws." *Journal of Political Economy* 78, no. 3: 526–536.

Stiglitz, Joseph. 2012. *The Price of Inequality: How Today's Divided Society Endangers Our Future*. New York: W. W. Norton.

Stone, Katherine. 2004. *From Widgets to Digits: Employment Regulation for the Changing Workplace*. New York: Cambridge University Press.

———. 2006. "Legal Protections for Atypical Employees: Employment Law for Workers without Workplaces and Employees without Employers." *Berkeley Journal of Employment and Labor Law* 27, no. 2: 251–281.

Sturgeon, Timothy, and Richard Florida. 2004. "Globalization, Deverticalization, and Employment in the Motor Vehicle Industry." In *Locating Global Advantage: Industry Dynamics in the International Economy*, edited by Martin Kenney and Richard Florida. Stanford, CA: Stanford University Press, 52–81.

Sum, Andrew, and Joseph McLaughlin. 2011. "Who Has Benefited from the Post–Great Recession Recovery?" Working paper, Center for Labor Market Studies, Northeastern University (July).

Sunstein, Cass, Daniel Kahnemann, David Schkade, and Ilana Ritov. "Predictably Incoherent Judgments." *Stanford Law Review* 54: 1153–1215.

Thaler, Richard, and Cass Sunstein. 2008. *Nudge: Improving Decisions about Health, Wealth, and Happiness*. New Haven: Yale University Press.

Theodore, Nik. 2010. "Realigning Labor: Toward a Framework for Collaboration between Labor Unions and Day Labor Worker Centers." Special report, Neighborhood Funders Group.

Theodore, Nik, Edwin Melendez, Abel Valenzuela Jr., and Ana Luz Gonzalez. 2008. "Day Labor and Workplace Abuses in the Residential Construction Industry: Conditions in the Washington, DC Region." In *The Gloves-Off Economy: Workplace Standards at the Bottom of America's Labor Market*, edited by Annette Bernhardt, Heather Boushey, Laura Dresser, and Chris Tilly. Champaign, IL: University of Illinois Press, 91–109.

Thornton, Dorothy, Neil Gunningham, and Robert Kagan. 2005. "General Deterrence and Corporate Environmental Behavior." *Law and Policy* 27, no. 2: 262–288.

Torgler, Benno. 2006. "The Importance of Faith: Tax Morale and Religiosity," *Journal of Economic Behavior and Organization* 61, no. 1: 81–109.

Tversky, Amos, and Daniel Kahneman. 1974. "Judgment under Uncertainty: Heuristics and Biases." *Science* 185, no. 4157: 1125–1131.

U.S. Department of Commerce, Bureau of Economic Analysis. 2011. *National Income and Product Accounts.* http://www.bea.gov/national/index.htm#gdp.

U.S. Department of Labor. 1998a. "Full Hot Goods Compliance Program Agreement." DOL Form FCPA(AB). CP1. Washington, DC: Wage and Hour Division, U.S. Department of Labor.

———. 1998b. "Protecting America's Garment Workers: A Monitoring Guide." Washington, DC: Department of Labor. October.

———. 2008. *MSHA Handbook Series.* Mine Safety and Health Administration. Handbook Number PH08-I-1. Washington, DC: Government Printing Office.

U.S. Department of Labor, Bureau of Labor Statistics. 1975. *Handbook of Labor Statistics.* Bulletin 1865. Washington, DC: Government Printing Office.

———. 1994. *Employment and Earnings,* vol. 41, January. Washington, DC: Government Printing Office.

———. 2003. *Employment and Earnings,* vol. 50, January. Washington, DC: Government Printing Office.

———. 2011. "Workplace Injuries and Illnesses—2010." USDL-11-1502. Released October 20.

———. 2013. "Union Members—2012" USDL-13-0105. Released January 23.

U.S. Department of Labor, Mine Safety and Health Administration. 2011. "Report of Investigation: Fatal Underground Mine Explosion, April 5, 2010—Upper Big Branch Mine–South, Performance Coal Company Montcoal, Raleigh County, West Virginia, ID No. 46–08436." December 6 (available at http://www.msha.gov/Fatals/2010/UBB/PerformanceCoalUBB.asp; downloaded January 15, 2012).

U.S. Department of Labor, Occupational Safety and Health Administration. 1990. *Phillips 66 Company Houston Chemical Complex Explosion and Fire: Implications for Safety and Health in the Petrochemical Industry.* Report to the President. Washington, DC: Government Printing Office.

U.S. General Accountability Office. 2006. *Employment Arrangements: Improved Outreach Could Help Ensure Proper Worker Classification.* GAO-06-656. Washington, DC: GAO.

———. 2009. *Employee Misclassification: Improved Coordination, Outreach and Targeting Could Better Ensure Detection and Prevention.* GAO-09-717. Washington, DC: GAO.

U.S. General Accounting Office. 2000. *Worker Protection: OSHA Inspections at Establishments Experiencing Labor Unrest.* GAO/HEHS-00–144. Washington, DC: GAO.

Von Richthofen, Wolfgang. 2002. *Labour Inspection: A Guide to the Profession.* Geneva: International Labour Office.

Webb, Sidney, and Beatrice Webb. 1897. *Industrial Democracy*. London: Macmillan.

Weil, David. 1991. "Enforcing OSHA: The Role of Labor Unions." *Industrial Relations* 30, no. 1: 20–36.

———. 1992. "Building Safety: The Role of Construction Unions in the Enforcement of OSHA." *Journal of Labor Research* 13, no. 1: 121–132.

———. 1996. "If OSHA Is So Bad, Why Is Compliance So Good?" *RAND Journal of Economics* 27, no. 3: 618–640.

———. 2004. "Individual Rights and Collective Agents: The Role of New Workplace Institutions in the Regulation of Labor Markets." In *Emerging Labor Market Institutions for the Twenty-First Century,* edited by Richard Freeman, Larry Mishel, and Joni Hersch. Chicago: University of Chicago Press, 13–44.

———. 2005a. "The Contemporary Industrial Relations System in Construction: Analysis, Observations, and Speculations." *Labor History* 46, no. 4: 447–471.

———. 2005b. "Public Enforcement / Private Monitoring: Evaluating a New Approach to Regulating the Minimum Wage." *Industrial and Labor Relations Review* 52, no. 2: 238–257.

———. 2008a. "Mighty Monolith or Fractured Federation? Business Opposition and the Enactment of Workplace Legislation." In *The Gloves-Off Economy: Workplace Standards at the Bottom of America's Labor Market*, edited by Annette Bernhardt, Heather Boushey, Laura Dresser, and Chris Tilly. Champaign, IL: Labor and Employment Relations Association, 287–314.

———. 2008b. "A Strategic Approach to Labor Inspection." *International Labor Review* 147, no. 4: 349–375.

———. 2009. "Rethinking the Regulation of Vulnerable Work in the USA: A Sector-Based Approach." *Journal of Industrial Relations* 51, no. 3: 411–430.

———. 2010. *Improving Workplace Conditions through Strategic Enforcement*. Report to the Wage and Hour Division. Washington, DC: U.S. Department of Labor.

———. 2012a. "Broken Windows, Vulnerable Workers, and the Future of Worker Representation." *The Forum* 10, no. 1 (available at http://www.degruyter.com/view/j/for.2012.10.issue-1/1540-8884.1493/1540-8884.1493.xml?format=INT).

———. 2012b. "Market Structure and Compliance: Why Janitorial Franchising Leads to Labor Standards Problems." Working paper, Boston University.

Weil, David, and Carlos Mallo. 2007. "Regulating Labor Standards via Supply Chains: Combining Public/Private Interventions to Improve Workplace Compliance." *British Journal of Industrial Relations* 45, no. 4: 805–828.

Weil, David, and Amanda Pyles. 2006. "Why Complain? Complaints, Compliance and the Problem of Enforcement in the U.S. Workplace." *Comparative Labor Law and Policy Journal* 27, no. 1: 59–92.

Wells, John Calhoun, Thomas Kochan, and Michal Smith. 1991. *Managing Workplace Safety and Health: The Case of Contract Labor in the U.S. Petrochemi-*

cal Industry. Report to the U.S. Department of Labor. Beaumont, TX: The John Gray Institute, Lamar University.

Widdicombe, Lizzie. 2011. "Thin Yellow Line: The Taxi-Driver's Advocate." *The New Yorker,* April 18, 72–77.

Williamson, Oliver. 1985. *The Economic Institutions of Capitalism*. New York: The Free Press.

Winter, Harold. 2008. *The Economics of Crime: An Introduction to Rational Crime Analysis*. London: Routledge.

Wissinger, G. Micah. 2003. "Informing Workers of the Right to Workplace Representation: Reasonably Moving from the Middle of the Highway to the Information Superhighway." *Chicago-Kent Law Review* 78: 331–356.

Womack, James, Daniel Jones, and Daniel Roos. 1991. *The Machine That Changed the World: The Story of Lean Production*. New York: Harper Perennial.

Woods, Rose. 2009. "Industry Output and Employment Projections to 2018." *Monthly Labor Review,* November, 52–81.

Yaniv, Gideon. 2001. "Minimum Wage Noncompliance and the Employment Decision." *Journal of Labor Economics* 19, no. 3: 596–603.

Zatz, Noah. 2010. "'Who Is an Employee?' and Other Questions." Prepared for NLRB/George Washington University Symposium on "The National Labor Relations Act at 75: Its Legacy and Its Future." Manuscript (available at http://www.nlrb.gov/75th/Documents/Zatz.pdf).

찾아보기

ABM 인더스트리즈 190
A&P 49, 50, 51, 53, 66, 408, 409
AT&T 154, 159
BP 딥워터 호라이즌 37, 260, 261, 289
IRA 71, 415
JP모건체이스 386
LR 솔루션스 380, 381, 496
OBC 93, 94, 421

ㄱ

가디너 민즈 57, 58, 69
가족의료휴가법 294, 295, 296, 347, 350, 473, 488
거대 복합기업 59, 80, 81, 82, 410, 418, 419
건강보험개혁법 425
《경제적 공포》 6
경제협력개발기구 376, 494
계몽된 이기심 38,
고용 털어버리기 19, 27, 31, 113, 114
고의적 오분류 25, 111, 326
골드만삭스 387
공공정책 27, 30, 199, 249, 253, 26, 285, 297, 319, 325, 327, 334, 347, 353, 396, 404, 454, 462
공급체인 23, 29, 45, 95, 99, 130, 137, 141, 144, 165, 223, 224, 225, 235, 237, 245, 249, 265, 281, 312, 315, 357, 360, 362
공정근로기준법 17, 39, 217, 257, 279, 282, 289, 290, 339, 446, 463, 474, 478, 486
공정근로옴부즈맨 310, 476
공정근로협회 363
공정노동연합 246
공정성 의식 119, 120, 121, 123, 429
국가고용법프로젝트 392, 405, 407

국가노동관계위원회 258, 348, 407, 487
국제노동기구 492, 493
국제노동연구소 363
국제노동청 493
굿앤플랜티 81
규모의 경제 23, 50, 53, 55, 60, 80, 95, 116, 155, 243, 431, 459
균열고용 24, 35, 37, 40, 44, 47, 48, 96, 97, 104, 105, 133, 176, 224, 254, 264, 284, 289, 334, 337, 346, 370, 371, 372, 373, 397, 400
균열일터 5, 21~47, 68, 91, 92, 111~133, 140, 144, 157, 163, 176, 180, 187, 216, 221, 224, 227, 248, 252, 253, 256, 265, 284, 295, 298, 301, 318, 324, 350, 359, 361, 367, 371, 375, 378, 385, 389, 391, 393, 398, 400, 401, 402, 404
균열 전략 28, 143, 175
글로벌 공급기지 43, 44, 243
기업담보차입매수 73, 82
《기업의 본질》 51
깨진 유리창 이론 336, 346, 368

ㄴ

나이키 324, 362, 491
낸시 클리랜드 132
네이션스 루프 320, 321, 322
노동부 근로기준분과 169, 172, 288, 344, 479, 481
노동자권리컨소시엄 363, 364
노동자적응고지법 294, 295, 296, 473
노아 자츠 284
노예제도 481
농장노동자조직위원회 359

뉴시스 258
〈뉴욕타임스〉 136, 196, 236, 245, 246, 382, 386, 418, 444, 450, 452, 460, 461, 462, 489, 492, 493, 496, 497, 498
뉴욕 택시노동자연대 353
닉 말로스키 441
닐 거닝험 333
닐 재코비 410

ㄷ
다우존스 440
단체교섭권 34, 360
대공황 25, 386, 387, 388
대노동자 보복 282
대니얼 미드랜드 358
대니얼 카너먼 120
대만 243, 244
대분기 388
던롭농업위원회 491
던킨도넛 29, 100, 103, 405, 423
데리 구 246
데뮬러스 슈퍼마켓 318, 479
데이비드 리카르도 237, 458
데이비드 바보자 245, 461, 493
데이비드 어터 365, 393, 500
데이비스 베이컨 법 481
도로시 손톤 333
도미노 피자 278, 279, 280, 476
도이치방크 386
독립계약자 14, 25, 40, 170, 172, 226, 226, 258, 259, 260, 276, 278, 286, 353, 371, 375, 379, 407, 447, 454, 463, 464, 471, 472
독립계약자적정분류법 286, 472
돈 블랜켄십 329
듀퐁 55
드발 패트릭 219
디어 358

ㄹ
라이언 넛슨 155
러더포드 푸드 266, 463, 465
레드 바버 91
레밍턴 하이브리드 시드 267, 465
레오 선 441
로널드 코어스 51,
로버트 카건 333
로버트 헤이즈 417
로베르트 산체스 439
로스차일드가 252
로저스 프리미어 언로딩 서비스 231
로지스틱스 15, 34, 88, 95, 168, 224~234, 364, 270, 281, 393, 395, 455
루시언 베브척 75
리노베이션 260, 261, 490
리엔지니어링 87, 420
리용 앤 산스 165, 167, 440, 467, 468
리즈 데이 155, 437, 438
리즈 엘더먼 462
리처드 레니 164
리처드 프리먼 339
리타이어 컨스트럭션 322, 323, 439, 481
리턴 인더스트리스 59
린 생산방식 87

ㅁ
마운트 올리브 피클스 359
마이크로텔 29, 206, 209, 405,
마이클 밀리컨 82
마이클 피오레 61, 411
매사추세츠 오분류법 276, 469
매출수익률 183, 185, 445
맥도날드 178, 182, 194, 273, 357, 358, 361, 442, 445, 468, 476
맥코믹 하비스팅 머신 컴퍼니 421
맥콤 266, 463, 465
맥키니 노동법 472
먼로 머플러사 317, 318
메리어트 호텔 14, 48, 172, 207, 210, 212, 217, 452, 489
메시 독트린 153, 433
메시 에너지 컴퍼니 146, 285, 433
메이시스 48, 228
멜 브룩스 185
모기지론 495

찾아보기 523

뮤추얼펀드 71, 72, 415
미국 경기부양법 322
미국교육여행위원회 15, 163, 169
미국 유색인지위향상협회 296
미 노동부 33, 299, 311, 360, 441, 448, 453, 464, 465, 476, 479, 483, 484
미 노동총연맹 산업별 조합회의 353
미 노동통계국 33, 302, 413
미 연방무역위원회 405
미트 롬니 416, 417
미 화학안전위원회 37, 406, 473
미 회계감사원 375
밀턴 프리드먼 414

ㅂ

바코드 28
뱅가드 72, 415
뱅크 오브 아메리카 15, 16, 84
버라이즌 137, 154, 159
버락 오바마 79, 286, 474
베라비 데아지 353
베세머법 54
베인 캐피털 73, 416, 417
벡텔 156
복수 고용주 정책 269, 271, 467
북미산업분류체계 302, 303, 304, 446
불법행위법 259, 262, 265, 275
브라이언 팀폰 383
브로드웨이 뮤지컬 463
브리쉰 로저스 288
블래식 피클 357, 359, 361, 491
블랙락 71, 72, 415
블랙맥 332, 333, 484
블랙스톤 그룹 73, 180
비개인화 전달서비스 240
비비안 포레스테 6
비어트리스 웹 116, 122
비어트리스 푸즈 59, 81, 419
《빅 스퀴즈》136
빌 슐런 440
빌 클린턴 311, 477, 481

ㅅ

사모펀드 55, 72, 73, 76, 107, 108, 416
삭스 핍스 애비뉴 29, 98, 99, 103, 105, 229, 422, 423
산미나 244
산재보상기금 149
상공회의소 355, 412
상쇄비용 106
상장지수펀드 415
〈샌프란시스코 크로니클〉 383
샘소나이트 81
샘스 357
샤프 243
샬럿 알렉산더 408
서밋 컨트렉터스 271, 289, 467
서브웨이 183, 310, 476
서비스노동자국제노조 447
〈선데이 가제트〉 434
선두기업 22, 23, 27, 31, 38, 41, 244
세리디언 코퍼레이션 83
세이콤 245
세이프웨이 226, 357
셀레스티카 244
소니 243
소수자 우대정책 62, 411
소호 콜 컴퍼니 149, 434
수동적 투자 471
수직적 평등 121, 122, 125, 126, 429
수평적 평등 121, 122, 126, 429
슈나이더 내셔널 230, 455
슈나이더 로지스틱스 15, 88, 229, 231, 281, 282, 455
스톡옵션 75, 417
스티브 잡스 78, 79, 418
스티븐 그린하우스 136
스티븐 데이비스 107
스프린트 159
《승부 없는 싸움》 359
시드니 웹 116, 122
시스코 시스템즈 191
시어 스로벅 54
〈시카고 트리뷴〉 383, 385, 498

실리콘밸리 79
싱가포르 243
싱귤러 104, 156, 157, 161, 423, 438, 439
싱어 소잉 머신즈 컴퍼니 421

ㅇ
아넷 번하트 500
아돌프 버얼 57, 58,
아시아계 미국인 호텔운영자협회 354, 355, 356, 489, 490
아웃소싱 38, 43, 77, 78, 83, 84, 89, 111, 132, 133, 164, 165, 190, 204 224, 235, 236, 267, 305, 371, 373, 379~389, 393, 397, 401, 419, 420, 460, 497, 498
아이비엠 22, 48, 62
아이튠즈 스토어 78
아이팟 78
아이패드 78
아이폰 78, 153, 154, 159, 246, 324, 418
아일랜드 크릭 콜 148, 150
알코아 48
알파 내추럴 리소시스 433, 483
알프레드 슬론 58
암묵적 계약 117, 427
애너 타코브 384, 497
애트나 62
애플 22, 78, 79, 241~249, 324, 362, 418, 458, 460, 461, 483, 492
애플스토어 243
얌! 185, 361, 445
양도제한부 주식 75
어거스트 벨몬트 252
엔소로 156, 157, 160, 161, 437, 438
엘크 크릭 149
역선택 96,
연방계약준수국 299
연방규제규약 466
연방노동법 256, 281
연방순회재판소 266, 267
연방준비이사회 414
오렛 반 히어든 246
오토매틱 데이터 프로세싱 83

오프쇼어링 43, 133, 224, 235, 236, 237, 239, 240, 241, 242, 358, 397, 401, 459
올리버 윌리엄슨 51
월더 오이 117, 412
월마트 15, 16, 45, 50, 98, 226, 228, 229, 230, 232, 234, 235, 243, 247, 280, 281, 364, 362, 406, 456, 457, 458, 470
웨스타워 커뮤니케이션스 156, 157, 160, 161, 169, 437, 438
웨스트버지니아 규약 471
웬디스 357
위성위치확인시스템 28
위탁경영 5, 24
윌리엄 애버내시 417
윌리엄 영 276
유나이트 서비스 컴퍼니 219
유나이트 히어 219
유에스 스틸 48
유연석탄업경영자협회 146, 147
유한책임 출자자 73
유한책임 파트너 416
이모칼리노동자연대 361, 491
이주단기노동자보호법 347, 361
이주자계절보호법 358
인력조달업체 234, 405
인센티브 보수체계 74, 122, 123
인터내셔널 하비스터 358
임금지불징수법 150, 285
임시고용 89, 166, 375, 376, 377, 494

ㅈ
자버 311
자본시장 5, 17, 19, 23, 26, 44, 57, 59, 65, 68~76, 107, 110, 111, 112, 179, 180, 239, 391, 413, 414, 415
자산수익률 183, 185, 445
재니킹 192, 277, 280, 448, 449, 452, 469, 482
저네틱 383, 384, 498
전국노동관계법 40, 257, 257, 348, 487, 491
전국노동관계위원회 258
전국보수조사 425
전국식당협회 355

전국자영업연합 295, 355
전국정부회계위원회 360
전미여성연맹 296
전자데이터교환체계 231
전자문서교환 28, 29,
전환가동 260, 261,
정부실적검토법 299
제2차 대수축 500
제2차 세계대전 62, 81, 242, 387, 411, 499
제3자 경영 23, 31, 38, 45, 284, 454
제너럴 다이나믹스 156
제너럴모터스 48, 55, 58, 108, 230, 242, 387, 460
제너럴 푸즈 55
제록스 48
제시 프리드 75
제인 제이콥스 366, 367
제임스 본쌕 53
제임스 윌슨 335
제지이론 482
제프리 브라다치 443
제프 윌리엄슨 246
조던 버랩 468
조시 H. W. 부시 260
조엘 로저스 339
조지 켈링 335
조지프 스티글리츠 291, 473
존 던롭 360
존 로빈슨 426
존 스타인벡 359
존 커몬스 252
존 케네스 갤브레이스 60
중국노동감시기구 245, 461
증권가격연구센터 425
직업별 고용구조조사 420
직업안전보건국 40, 160, 161, 167, 169, 270, 271, 272, 299, 306, 312, 317, 319, 320, 321, 326, 331, 332, 339, 346, 439, 440, 441, 464, 466, 467, 468, 474, 479, 483, 484
직업안전보건법 62, 257, 265, 268, 289, 307, 320, 332, 339, 344, 347, 350, 463, 466, 482, 484, 485

ㅊ
찰스 두히그 245, 461
〈찰스턴 가제트〉 433
찰스 페로우 161, 439
책임 있는 계약자법 287
청소부정의관리연구소 451
청소부 정의 캠페인 447
청소용역서비스 25, 190, 191, 196, 198~230, 275, 277, 303, 304, 305, 327, 370, 447, 448, 449, 450, 469
최저임금 34, 35, 39, 40, 133, 140, 186, 187, 189, 200, 216, 217, 220, 257, 274, 276, 279, 286, 288, 296, 297, 307, 314, 315, 323, 327, 342, 352, 446, 473, 477, 482, 487
최후통첩 게임 119, 120, 427

ㅋ
카르멘 라인하트 500
캐롤 타이스 469
캐리 콘 387
캐빈 햌록 109
캐스콤 14, 170, 171, 172, 441
캘퍼스 72
캠벨 수프 357, 359, 360, 361, 491
커버롤 15, 275, 276, 277, 469
컨티넨탈 브레드 59
컴퍼니 오브 뉴욕 252
컴퓨터 이코노믹스 420
케네스 로고프 500
케이티 존스턴 469
코닥 48, 62
코스트코 357
콘아그라 82
콘텐츠 팜 383, 383, 498
콜버그 크래비스 앤 로버츠 82
퀴즈노스 183, 445
크레이그 산본 332
키스 브래드셔 245

ㅌ
타임워너 14, 16, 170, 171, 172
타즈린 패션 247

타코벨 104, 177, 183, 185, 423
탄광노동자연합 145, 146, 147, 149, 434, 435
탄광안전보건국 145, 151, 306, 331
탄광안전보건법 148, 329, 330, 350, 434, 483, 484, 488
탐색마찰 116, 426
터퍼 155
투자회사연구소 415
트라이앵글 셔츠웨이스트 247
트랜스로딩 231
트랜스오션 37
트로피카나 81
티모바일 159
티핑포인트 367

ㅍ

파견 노동자 374, 376
파드로니 252
패스트푸드 업체 28
페이윌 383, 497
페이첵스 83
페트리어트 콜 코퍼레이션 150
〈포춘〉 43, 80
폭스콘 241, 244, 245, 246, 248, 249, 362, 365, 396, 461, 493
폴 나이든 433, 434
폴 새뮤얼슨 240, 459
폴 크루그먼 388, 499
표본집단 35, 341
프랜차이즈 5, 45, 86, 100, 103~139, 140, 177~250, 255, 273~280, 297, 305, 309, 327, 347, 354, 356, 371, 377, 393, 399, 405, 421, 423, 442, 445~453, 468, 469, 476
프랜차이즈 공시문건 103, 199, 201, 209, 423, 424, 448, 451
프랜차이징 136, 137, 140, 185, 186, 189, 191
프레드 폭스 122
프로퍼블리카 155, 468
프리미어 웨어하우징 벤처스 15, , 231, 281, 455
플렉스트로닉스 244
피고용인오분류법 286
피고용인자유선택법 294

피델리티 71, 72, 415
피바디 에너지 151, 435
피자헛 102, 103, 107, 139, 183, 185, 424
피터 데린저 61
피터 카펠리 408, 413
필립스 260, 464, 465

ㅎ

하스트 퍼블리케이션 258, 463
하스피텔리티 스태핑 솔루션스 203, 204, 214,219
하얏트 호텔 코퍼레이션 203, 204
하워드 존슨 421
하원 제조업위원회 311
하청 5, 6, 23, 24, 27, 28, 31, 38, 43, 46, 60, 86, 104, 111, 133, 137, 140, 142~173, 220, 227, 230, 231, 233~248, 261~280, 285, 287, 297, 309, 311, 315, 319, 320, 323, 347, 371, 373, 377, 379, 383, 389, 419, 420, 421
핫 카고 290, 478
핵심역량 6, 23, 25, 26, 32, 45, 68, 77~91, 96, 98, 98, 131, 141, 157, 175, 224, 226, 230, 237, 241, 243, 255, 272, 298, 356, 380, 384, 398, 418, 430, 431, 498
행크 파버 109
허쉬 초콜릿 15, 162, 163, 168, 169, 441
허스트 코퍼레이션 40, 447
헌츠 81
헤지펀드 72, 73, 416
헨리 베세머 54
현금공개매입 719
홈헬스케어 28, 45, 176, 180, 264
확정갹출형 퇴직수당제도 33
확정급여형 연금제도 70, 71
확정기여형 연금제도 70, 71
후방 통합 95
휴렛패커드 243, 244, 396
〈휴스턴 크로니클〉 383
히타치 243
힐튼 월드와이드 207

찾아보기 527

옮긴이 **송연수**

고려대학교 사범대학 영어교육과를 졸업하고, 동 대학교 국제대학원에서 북미유럽 분야를 전공해 석사학위를 취득했다. 1995년부터 2005년까지 외교통상부 외교안보 연구원(현 국립외교원) 아태연구부 선임연구원을 지냈다. 현재 전문번역가로 활동 중이다. 번역한 책으로 《용서라는 고통》《레일웨이 맨》이 있다.

균열일터, 당신을 위한 회사는 없다

첫판 1쇄 펴낸날 2015년 10월 20일

지은이 | 데이비드 와일
옮긴이 | 송연수
펴낸이 | 지평님
본문 조판 | 성인기획 (010)2569-9616
종이 공급 | 화인페이퍼 (02)338-2074
인쇄 | 중앙P&L (031)904-3600
제본 | 다인바인텍 (031)955-3735

펴낸곳 | 황소자리 출판사
출판등록 | 2003년 7월 4일 제2003-123호
주소 | 서울시 영등포구 양평로 21길 26 선유도역 1차 IS비즈타워 706호 (150-105)
대표전화 | (02)720-7542 팩시밀리 | (02)723-5467
E-mail | candide1968@hanmail.net

ⓒ 황소자리, 2015

ISBN 979-11-85093-22-2 03320

* 잘못된 책은 구입처에서 바꾸어드립니다.